U0579088

索·恩 历史图书馆

016

THE WESTERN FRONT

A
History
of the
First World
War

〔英〕尼克·劳埃德（Nick Lloyd）/ 著

祁长保 / 译

第一次世界大战史

社会科学文献出版社

SOCIAL SCIENCES ACADEMIC PRESS (CHINA)

尼克·劳埃德 (Nick Lloyd) / 作者简介

伦敦国王学院现代战争学教授,著有多部关于第一次
世界大战的著作,如《帕申代尔》(*Passchendaele*)等。

祁长保 / 译者简介

1992 年毕业于国际关系学院,现为自由译者,近年已
有多部译作出版,包括《苍白的骑士:西班牙流感如
何改变了世界》《黑斯巴达克斯:海地国父杜桑·卢维
杜尔传》《死敌:太平洋战争,1944-1945》等。

索·恩 历史图书馆已出版书目

献给威廉

目　录

词汇表

A7V——德国 1918 年投入使用的重型坦克

ADC——副官

Amalgamation——融合。指将美军士兵编入英军或法军的理念

Army——集团军。由上将指挥的包含 2~7 个军团的编制

Army Group——集团军群。由上将指挥的两个或更多的集团军

Battalion——营。由中校指挥的步兵单位，名义上的兵力达到 1000 人

Battery——炮兵连。炮兵部队的编制，通常包含 4~6 门大炮

Boche——德国兵。对德国士兵的俚称

Brigade——旅。由准将指挥的主要战术编队。3 个旅组成一个英国师（每个旅包含 4 个营）。法军、德军和美军的旅采用不同的体系，每个旅有 2 个团

Chasseurs——猎骑兵。精锐的法国轻步兵

Chief of Staff——参谋长。某一军队组织的主要参谋。在德军体系中，参谋长通常是一位联合指挥官

Corps——军团。通常由中将指挥的 2~5 个师的集合

Counter-battery——反制炮兵。直接针对敌方炮兵开火的炮兵

Creeping barrage——移动弹幕。弹着点以预先确定的速度向前移动的炮火。旨在让防御者无法抬头，并护送己方步兵到达目的地

Division——师。战场上的基本战术单位，由少将指挥，拥有 1 万~1.5 万名士兵，配备医护、工兵和炮兵武器支援。美国师要大得多，有 2.8 万人

Doughboy——美国兵。美国步兵的俚称。这个名字起源于 1846~1848 年的墨西哥战争，当时美国部队浑身沾满尘土，看起来就像裹在未烘焙的面团里

Eingreif division——反攻师。其字面意思是"干预师"，它是经过专门训练的预备部队，布置在敌人炮火射程以外，用于开展反攻

Escadrille——法国空军中队

Groupement——分队。营一级的坦克部队，或至少两个空军中队

Hindenburg Line——兴登堡防线。建于 1916~1917 年的德国主要防御体系，包括一些附属阵地，如齐格菲防线和德罗库尔 - 凯昂防线

Jagdgeschwader——飞行大队。德国空军的战斗机部队，包含 4 个中队

Jagdstaffel——飞行中队。战斗机中队，通常包含 9~12 架飞机

Landwehr——后备军。德军预备部队，用于执行防守任务，经常包含一些岁数较大的人员

Materialschlacht——物资战。这个德语说法的字面意思是"物资的较量"，指 1916 年西方战线上出现的那种工业化的大规模战事

Minenwerfer——臼炮。德军的重型迫击炮

New Army——新陆军。英国在战时招募的志愿兵

Pillbox——碉堡。钢筋混凝土的掩体

Regiment——团。由几个步兵营组成。法军和德军的师包含四个团，每团三个营。英军的团级体系与欧陆国家不同，只把它作为其营级部队的常设单位

U-boat——U 型潜艇。德军潜艇，"U"代表德语中的"潜艇"（*Unterseeboot*）

Vollmacht——授权。授予德国陆军参谋以上级名义发布命令的权力

Zero Hour——进攻零时。进攻将要开始的时间

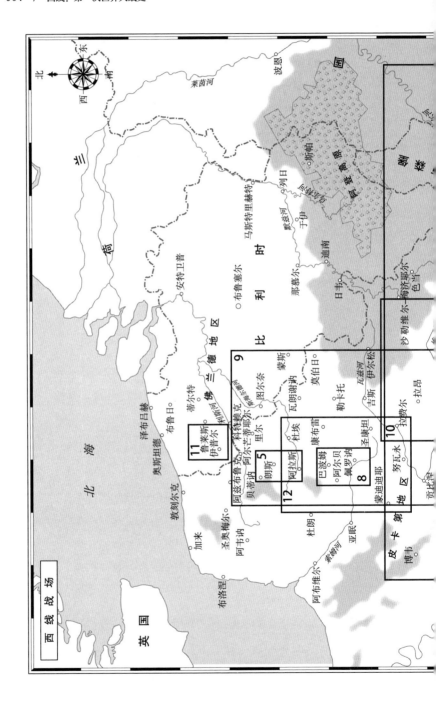

xvii

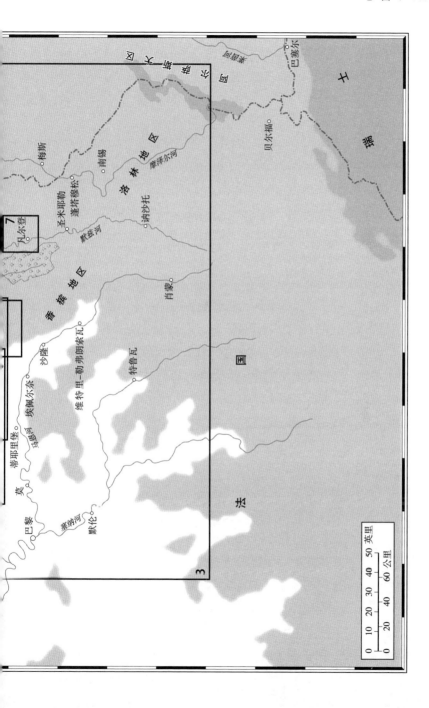

序　言

1916 年 7 月 21 日，作为澳大利亚第 1 师的一员，列兵阿瑟·托马斯（Arthur Thomas）进入索姆河畔波济耶尔（Pozières）附近的战壕。"我们已经到达这幕大戏的舞台中央……"他在日记中写下，"面前可怕的考验令我们着迷。我们周围方圆数英里的天空中有一片火光，照明弹的七彩光芒照亮了天际，大地在骇人的冲击之下摇摆颤动，简直就是地狱一般的景象。"[1] 托马斯从墨尔本出发，途经埃及，抵达西线战场。在这个第一次世界大战的决定性战场上，四个列强——德国、法国、英国和 1917 年之后的美国——展开了 20 世纪最血腥的数场战役，包括索姆河、凡尔登、伊普尔（Ypres）和默兹 - 阿戈讷（Meuse-Argonne）战役。

对于眼前所看到的景象，托马斯既感到恐惧又禁不住心生敬畏，这是那些亲身经历者的典型反应。这是一个战争巨釜，沸腾着、骚动着，正在展开一场改变世界的杀戮试验。西线战场将成为僵持不下和大肆杀戮的代名词。在带刺的铁丝网和泥泞不堪的严酷环境中进行的目标含混的消耗性搏斗，给 20 世纪一些最重要的文学作品赋予了灵感，包括埃里希·玛丽亚·雷马克（Erich Maria Remarque）的《西线无战事》（*All Quiet on the Western Front*）、恩斯特·容格尔（Ernst Jünger）的《钢铁风暴》（*Storm of Steel*），以及阵亡于 1918 年 11 月的威尔弗雷德·欧文（Wilfred Owen）的令人难忘的诗篇。至少在英国，西线战事的传奇已经深深嵌入了社会肌理。在大战中丧生的 76.4 万英国人当中，将近 85% 死于法国和比利时。[2] 如此巨大的牺牲远远超过了此前或之后发生的任何冲突，西线从没有被遗忘，作为一个关于徒劳无功的愚蠢故事的主要组成部分，至今仍在影响着针对战争的社会观念。

xx 本书计划作为第一次世界大战历史三卷本的第一卷。随后两卷将分别聚焦东线战场，包括意大利和巴尔干半岛，以及包含非洲和中东的斗争在内的更广泛的战事，但我选择从法国和比利时开始。虽然各个战场之间明显存在相互的影响和冲击，由舰队的移动或铁路的牵引、人流或资金的转移而联结起来，但是我希望依次关注战争的每一个部分。每个人都有自己心目中的英雄与恶棍、流氓与无赖，无论是佛兰德的泥泞还是喀尔巴阡的高山，阿拉伯的沙漠还是东非的热带草原，它们都带来各不相同的环境挑战。每一条战线都有其自身的内在动力，其独特性足以保证形成完整的叙事，不会因为转向次要战场或附属行动而受到影响。正是这种差别使这段历史与众不同，向曾经的参战者呈现出战争的整个过程。这三卷书将一起讲述这场大战的故事，它是 20 世纪的一个令人震惊的灾难性时刻，旧秩序崩溃，新时代诞生，并以其众多的可能性令人惊惧不已。

我一以贯之的目标是写出这四年半时间的叙事史，尽可能详尽地讲述故事，而不在内容上添加抽象的理论或针对太多不同的解读进行冗长的评论。相反，我试图尽可能拉近读者，让他们能坐在主要角色身边观察这场战争，并形成自己的判断。本书主要是透过那些在现代军队所谓的"作战层面"上打仗的高级指挥官的视角写成的。政治显然侵入了这一领域，在后方筹措资源并维护国内士气对战备工作至关重要，而我的主要关注点是那些面对现代战争恐怖与复杂的现实的作战将领。他们

是如何努力应对的，他们是如何成功的，或者更有可能是如何
失败的，这才是本书的核心。

　　多年来，这些人一直被刻画为"蠢驴"或"屠夫"，人们　　
认为毫无怜悯之心的军人贵族在进行一场错误的战争，无法适
应或改变战场上呈现的新的现实情况。然而现实是一幅尝试与
错误、成功与失败交织的混乱场面，每一次前景看好的发展都
会伴随着同样有效的反制措施。在西线战场上，1914 年秋天
开始的堑壕战意味着英法组成的协约国部队除了进攻别无选
择。于是，他们发动了一系列重要攻势，每次攻势都比上一次
更大，目的是突破堑壕网络，重新回到运动战，并希望它一旦
重启，就能够击败德国。在每一次进攻中，他们都投入了大量
的人力，而且利用了技术手段，但结果却是他们的努力屡屡
受挫，流血的代价越来越高。作为回应，德军挖掘了更深的战
壕，将其防御网络扩充为迷宫般更为复杂的防御工事，并在可
能的情况下发动反击。直到 1918 年，成熟的武器系统、新的
战术和新的人力才使协约国突破战线，重拾机动能力，并最终
取得决定性的胜利。

　　所有的指挥官都在这个巨大的漩涡中奋力挣扎，努力应对
这场给他们的生活带来与其他人同样的破坏的战争。他们并不
像今天经常被描述的那样，是不近人情的钢铁之躯，缺乏人性
和温度。他们也都是有家庭的人，其中一些家庭成员会因为他
们指挥过的战役而受到严重的伤害。斐迪南·福煦（Ferdinand
Foch）是这场战争中的伟大英雄之一，他在战斗开始后的头
几周内就失去了独子。另一位法国将军诺埃尔·德·卡斯泰尔
诺（Noël de Castelnau）有三个儿子阵亡。埃里希·鲁登道夫
（Erich Ludendorff）领导的德国军队在 1918 年遭到毁灭性的
失败，他发现他的继子在发动新一轮大规模攻势的几天后在一
次空难中受了致命伤。甚至将军们自己都不安全。与"城堡将

军"（chateau general）①的荒唐说法相反，有数百位将军在战争中死伤，被狙击手射杀，被炮火击中，或是死于无休止的作战行动导致的疾病和健康状况不佳。在欧洲，很少有哪个家庭没有受到这场大战的影响，战争指挥官们也不例外。

xxii　　这些将领所统帅的军队规模空前，其拥有的武器系统的威力和杀伤力都令人惊叹不已。虽然第一次世界大战中许多知名的技术都起源于数年以前，例如 1897 年速射野战炮首次出现，海勒姆·马克沁（Hiram Maxim）的机枪在 1883 获得专利，1903 年动力飞机被发明出来，但是在西线战场上，这些技术得到改进并发展成为极其有效的杀人机器。它们与 1915 年最先应用的毒气和 1916 年 9 月首次亮相的坦克等全新发明并驾齐驱，赋予了西线的战事一种颠覆性，而无论是在东欧还是在中东等其他战场上都并不总是如此。曾在 2002~2005 年担任英国陆军发展与政策局长的乔纳森·贝利（Jonathan Bailey）少将写道，"现代战争方式"就诞生于法国。到 1917 年，战斗已经在三维空间展开，炮兵和空军在作战行动的计划和执行中发挥着核心作用。这场"间接火力革命"可以瞄准敌方纵深的防御、指挥和控制设施以及预备队，将战争变得与 1914 年大相径庭。³

　　能够从所有主要参与者，包括德国以及法国、英国和美国的角度讲述这个故事至关重要。虽然我希望尽可能在内容叙述上保持中立，但我很快就发现，在对这一时期的诸多写作中，法国军队的努力一直受到忽视。除了 1916 年传奇性的凡尔登保卫战，英语读者对法国在战争中扮演的角色基本上还是陌生的。从战争的第一天到最后几天，作为西线战场上协约国陆军

① 出现于一战后期的说法，指指挥战争的将领高高在上，对部队的实际情况缺乏了解，对士兵的伤亡漠不关心，而他们自己毫发无损，就像躲在安全的城堡里面一样。——译者注（本书脚注均为译者注，后文不再特别说明）

中规模最大的一支军队，法军承担了大部分的战斗，也引领了这场"现代战争方式"的许多技术和战术发展。如果这本书能有助于更广泛地认识到法国付出的牺牲及其在战斗中无可置疑的坚韧和创造性，那么就可以在各协约国对1918年胜利的贡献上做出一个更加平衡和公正的评价。

这种相互交织的叙述性写作依赖广泛的资料。首先是战后 xxiii 出版的官方历史和文件集：1925~1944年由德意志帝国档案馆汇编的十五卷本《世界大战》（*Der Weltkrieg*），1922~1947年出版的詹姆斯·埃德蒙兹（James Edmonds）爵士的十四卷本《军事行动：法国和比利时》（*Military Operations. France and Belgium*），以及多卷本的法国官方历史《大战中的法国军队》（*Les Armées françaises dans la Grande guerre*）。虽然有着各自的不足，但它们都包含了大量的事实资料，有助于使1914~1918年西线战场几乎不间断的战斗具有一定的条理和连贯性。法国官方历史中的附录还包含数千页的文件、书信和报告，可供历史学家从中挖掘信息。尽管美国从未出版过官方历史，但一套十七卷的美国远征军历史文件选编《世界大战中的美国陆军，1917~1919》（*United States Army in the World War, 1917–1919*），也保证了美国士兵们为结束战争所做的巨大贡献没有被遗忘。

西线战场一直是许多学术研究的主题，我要感谢对其各个重要方面已经进行了研究的众多历史学家。当我努力探索法军在马恩河与香槟地区、凡尔登与埃纳河（Aisne）的经历及其史诗般的战斗时，伊丽莎白·格林哈尔希（Elizabeth Greenhalgh）和罗伯特·道蒂（Robert Doughty）的著作一直在我手边。我要感谢格林哈尔希对福煦所作的详细传记，对战争中法国军队的总体描述，以及对协约国联盟之性质的学术研究。道蒂的《代价高昂的胜利：大战中的法军战略与行

动 》（*Pyrrhic Victory. French Strategy and Operationsin the Great War*）也对法国如何进行这场战争做出了全面评估。至于对手一方，应该特别提到乔纳森·伯夫（Jonathan Boff）的《黑格的敌人：鲁普雷希特王储与德国的西线战争》（*Haig's Enemy. Crown Prince Rupprecht and Germany's War on the Western Front*），霍尔格·赫维希（Holger Herwig）的《马恩河 1914》（*The Marne, 1914*），还有罗伯特·福利（Robert Foley）的《德军战略与通往凡尔登之路》（*German Strategy and the Path to Verdun*）。我发现它们对于理解德国在西线的战略与行动至关重要。

英国和海外的众多档案馆、图书馆的工作人员在提供资料方面从来都是有求必应。我要感谢英国国家档案馆、帝国战争博物馆、大英图书馆、牛津大学博德莱安图书馆、加拿大战争博物馆、加拿大图书档案馆、澳大利亚战争纪念馆、弗赖堡的联邦档案馆–军事档案馆、宾夕法尼亚州卡莱尔的军事历史研究所，以及华盛顿特区的国会图书馆。尤其要感谢英国国防学院联合军种指挥与参谋学院霍布森图书馆的团队。我要感谢蒂姆·盖尔（Tim Gale）博士和乔纳森·伯夫博士通读了本书手稿，还要感谢维京出版的丹尼尔·克鲁（Daniel Crewe）和其他所有人，利弗赖特出版公司的丹·格斯尔（Dan Gerstle）、彼得·罗宾逊（Peter Robinson），以及我的作品经纪人乔恩·伍德（Jon Wood）。最后要向我的家人说，谢谢你们为我提供了我所能要求的所有爱和支持。这本书献给我的儿子威廉，他是在手稿完成后不久出生的，他出现在我们的生活中，为我按时完成本书增添了额外的动力。

NL

英格兰，切尔滕纳姆

2020 年 4 月

前奏：一种战争行为

1914 年 8 月 2 日，将近晚上 7 点，布鲁塞尔的比利时外交部里一片忙乱。德国大使赫尔·冯·贝洛 - 扎莱斯克（Herr von Below-Saleske）将一个标有"绝密"字样的信封交给比利时外交大臣让·达维尼翁（Jean Davignon）。信封里是一份将要破坏欧洲和平的文件："帝国政府收到可靠情报，大意是法国军队计划沿日韦（Givet）至那慕尔（Namur）的默兹河一线推进。这一消息无疑表明法国意图通过比利时领土进犯德国……出于自卫的目的，德国必须先发制人，阻止任何恶意的进攻。"如果德国被迫"为了自身的安全而进入比利时领土"，这不应被视为"一种战争行为"。相反，如果比利时采取一种"善意中立"的态度，则一俟宣告和平，德国将立即撤离其领土，并赔偿所造成的一切损失。然而，假如比利时企图阻挡德军或拒绝他们的自由通行，德国将别无选择，只能视其为敌人。"在此种情形下，德国将不会对比利时承担任何义务，而未来之两国关系必将由武力决定。"[1]

作为布鲁塞尔这个戏剧性事件的起因，5 个星期之前，萨拉热窝发生了一次野蛮暗杀，引发了欧洲外交的空前危机。6 月 28 日，奥匈帝国的皇位继承人弗朗茨·斐迪南大公前往萨拉热窝，视察躁动不安的帝国南部领土，但遭到一名疯狂的波斯尼亚枪手加夫里洛·普林西普（Gavrilo Princip）枪击后死亡，此人与塞尔维亚民族主义分子的"民族自卫组织"

（Narodna Odbrana/National Defence）存在关联。这起谋杀案将奥地利和塞尔维亚之间几十年来的积怨推到了顶点。一份最后通牒于 7 月 23 日向贝尔格莱德发出，警告塞尔维亚，除非它镇压实施了这次暗杀并参与各种针对奥地利"恐怖主义行为"的"颠覆运动"，否则奥地利别无选择，只能"终结这些对君主政体的和平构成长期威胁的阴谋"。塞尔维亚迅速同意了奥地利的大部分要求，只是对于由奥地利任命的人员进行调查的要求，塞尔维亚表示了犹豫，因为它"违背了宪法和刑事诉讼法"，但这就足以让奥地利召回其大使并开始备战。[2]

此时，错综复杂的欧洲联盟体系开始被激活：奥匈帝国和德国组成的同盟国对阵塞尔维亚及其昔日的保护国俄国，后者同时又和法兰西共和国结盟。当奥地利准备入侵塞尔维亚并一劳永逸地解决"巴尔干问题"时，作为其主要盟友，德国将出兵支持。对德国来说，这意味着执行"施利芬计划"（Schlieffen Plan），这是由 1891~1906 年担任总参谋长的阿尔弗雷德·冯·施利芬（Alfred von Schlieffen）伯爵制订的一系列作战计划的最后版本。在充分研究了德国的局势后，施利芬得出结论，如果发生一场欧洲战争，德国必须准备将几乎全部兵力集中于西线，只留下少数军团抵御俄国军队对东普鲁士的入侵。出于对两线作战的担心，施利芬想利用俄国在动员上的缓慢和笨拙，于几周时间内击败法国。德国将采取大范围横扫比利时和低地国家的方式，从侧翼包抄重兵防守的德法边境，并在巴黎以东的某个地方展开一场决定性的战役。一旦完成这项任务，德国便可以在自己认为合适的时机对付俄国。

比利时国王阿尔贝一世（Albert I）知道危险已迫在眉睫。这位 39 岁的国王有两只蓝色的眼睛，目光锐利，面色红润，在他 1909 年继承王位的时候，战争的阴霾就已经开始笼罩。晚上 9 点 30 分，他将内阁大臣们召集起来，此时太阳刚刚落山，暮色中的建筑物被镀上一抹粉色的微光。他提醒大臣们，召开这次会议"不是为了决定应该给出什么样的答复"，而是"为了让对国家负有责任的领导人感受到当前面临的严重局势"。他预言，这场战争将会导致"他们做梦也想不到的残酷暴力"，对这个国家来说将是一场"可怕的考验"。他们起草了答复，同时呼吁英国和法国帮助抵抗侵略。德国人的通知"出人意料而又令人非常痛苦"，是"一种对国际法的公然挑衅"，不可能具有任何正当性。因此，比利时"坚定地竭尽所能抵抗一切侵犯其权利的企图"。德国陆军将不会得到"自由通道"。[3]

战争现在已不可避免。8月3日晚，德国向法国宣战，法国在数小时内做出了回应。随着欧洲各个城市变得越来越焦躁——欢呼雀跃的爱国人群和闷闷不乐的旁观者混杂于一处——欧洲各国领导人争先恐后地对自己的立场做出解释。在柏林，帝国首相特奥巴尔德·冯·贝特曼·霍尔维格（Theobald von Bethmann Hollweg）于8月4日下午3点向帝国议会发表讲话，确认德国军队已经占领了卢森堡，且"可能"已经进入比利时领土。"先生们，这违反了国际法，"他相当坦率地承认，"尽管法国政府在布鲁塞尔宣布，只要对手保持中立，它就会尊重比利时的中立……但我们知道法国已经做好了前进的准备。"贝特曼·霍尔维格坚持认为，他们必须采取行动，先行阻止法国对莱茵河下游地区的进攻。"因此，我们被迫忽视卢森堡和比利时政府合乎情理的抗议。对于这一错误——我公开地说——我们此时犯下的这个错误，一旦实现我们的军事目标，我们将努力予以纠正。"[4]

在法国议会，总理勒内·维维亚尼（René Viviani）宣读了雷蒙·普恩加莱（Raymond Poincaré）总统的讲话："法国刚刚成为一场粗暴的、有预谋的袭击的目标，这是对国际法的公然蔑视。"普恩加莱表达了对法国陆军和海军的信心，坚称在即将到来的斗争中"正义将站在法兰西一边"，并将"由她所有的儿子英勇地守卫"，没有什么能在敌人面前破坏他们神圣的联盟。今天，他们怀着对侵略者的共同愤慨，抱着共同的爱国信念，以兄弟的身份团结在一起。法兰西将再次前进，捍卫自己的领土，同时支持俄国军队在不久便将形成的东线战场所做的努力。普恩加莱随后提醒他的听众，法国也将得益于"英国的忠诚友谊"——该国与欧洲其他主要大国曾共同签署了1839年《伦敦条约》（Treaty of London），对比利时的中立和独立做出了保证。[5]

这场战争可能起源于巴尔干半岛，但西方的主要参与者仍有一种事业未竟的感觉。德国要利用这场战争来击败一个危险而难以和解的对手，而法国则致力于为1870年的耻辱复仇，当时普鲁士军队在一系列套路固定的血腥战役中击败了拿破仑三世的第二帝国军队。1871年1月，德意志帝国在凡尔赛宫的镜厅宣布成立，在普鲁士的领导下统一了德意志各邦，它标志着欧洲的力量均衡发生了巨大变化。现在的法兰西第三共和国失去了东部的阿尔萨斯省和洛林省大部，被迫支付了50亿法郎的巨额赔款——这一金额反映了它的地位下降，变成了欧洲大陆上的第二大国。但法国从未放弃那些"失去的省份"，在1914年之前的几年里，收回这些省份的呼吁一直持续不断。

在等待下一步会发生什么的时候，每个人都有一种奇怪的不安，这种感觉因让人透不过气的暑热而加剧，就像一条毯子一样笼罩着欧洲。在布鲁塞尔的美国大使馆，美国大使布兰德·惠特洛克（Brand Whitlock）在宣战当天的下午会见了德国大使馆秘书赫尔·冯·斯特鲁姆（Herr von Strum）。斯特鲁姆"紧张、焦虑、不安"，两个黑眼圈表明他过去一周睡眠很少。"泪水不断涌上他的眼眶，突然他用手捂住脸，身体前倾，手肘抵住膝盖，一副绝望的样子。"经过了很长时间，他最后开口说道：

"哦，这些可怜而愚蠢的巴尔干人！""为什么不让他们滚 5
开！为什么不让他们滚开！"

惠特洛克站在他面前，一言不发。说完，斯特鲁姆站起来，擦干眼泪，然后两人握手告别。当天晚间，德国代表团撤离了布鲁塞尔。

第一部分

战争可不像演习：从列日到第二次香槟战役

（1914年8月~1915年11月）

第一章
仿佛看到了阿提拉

　　为德国获取胜利的任务落在了施利芬的继任者，66 岁的陆军大将赫尔穆特·约翰内斯·路德维希·冯·毛奇（Helmuth Johannes Ludwig von Moltke）的肩上，他被称为"小毛奇"，以区别于他那位曾经率领普鲁士军队取得了 1866 年和 1870 年两次胜利的家喻户晓的叔父。虽然他有一个如此显赫的姓氏，对他的任命却鲜有赞同者，许多批评者认为那只是源于小毛奇和德皇威廉二世的友谊，因为他曾多年担任德皇的副官。小毛奇身上总有一种奇怪的优柔寡断，这对于一位普鲁士军官来说十分令人担忧。他是个秃子，大腹便便，面颊撑在制服的硬领上。作为一个教养良好的人，在拥有"铁与血"传统的德意志帝国总参谋部里，他显得有些格格不入。除了音乐和美术，小毛奇还热爱灵修与深奥的智慧，却缺乏一个真正伟大的军事将领应当具备的基本素质：意志坚定，加上比任何对手都能快上一倍的思考速度。他的观点也受到对于德国暗淡未来的悲观情绪的影响——有一种意见认为，除非德国现在就开战，否则它将在未来的战争中遭到法俄两国的碾压。"我们已经做好准备，它越早到来，对我们就越有利。"毛奇在 1914 年 6 月 1 日写道，此时距离费迪南大公遇刺仅剩四个星期。[1]

　　德军如果想要迅速推进，就需要夺取沿比利时东部边境设置的一系列堡垒。所以，施利芬的计划是在入侵比利时的同时也入侵荷兰，从而使他的部队获得更大的迂回空间。而毛奇却坚持认为应当保持荷兰的中立地位，使其作为德国通往外部世界的"通气管"。[2] 如此一来，德军右翼就不得不穿越列日（Liège）周边的一道狭窄走廊。这座城市坐落在默兹河畔一个林木繁盛的谷地，位于一套复杂的公路网络的中心，同时也是服务于欧洲这一地区的多条铁路线的枢纽。作为扼守比利时平原的门户，列日的战略重要性早已得到承认。1888~1891年，环绕这座城市修建了12座堡垒，就如同钟表上的12个钟点排成一圈。每座堡垒都呈等边三角锥，由混凝土建造，外围有宽阔的壕沟并设置了带刺铁丝网，里面有机枪和装甲炮塔，内部配置榴弹炮作为其主要装备。

对于阿尔贝国王和比利时人民来说，暗淡的局势似乎已无可挽回。这个国家根本没法抵抗迫在眉睫的入侵。比利时军队只有5个师，不到12万正规军，疏于训练，火炮不足，缺乏现代通信设备，且过于依赖30~35岁年龄段的要塞部队。如一位观察者所言，这些部队"完全不具备任何军事价值"。[3] 总之，面对德国大军压境，比利时人不可能指望在任何大规模的军事行动中取得胜利，但是他们可以拖延德军并干扰其行动计划，以证明自身的勇气。碍于保持中立在政治上的必要性，迟至8月3日，比利时军队还分散于全国各地，部署在英军、法军和德军可能入侵的多条路线上，以抵抗首先破坏其中立地位的任何一方。随着德国照会的最后期限来临，比利时军队迅速集结，其中第3师开往列日，并在那里很快遭遇奥托·冯·埃米希（Otto von Emmich）将军指挥的第十军团的6个加强旅。

埃米希的任务很简单，他要以闪电般的突袭夺取这座城市，让德军的右翼开始向巴黎远征。8月4日晚上，他的人马到达列日外围，被比利时部队拦住了去路；守军隐蔽在临时修建的路障后严阵以待，那里步枪林立。德国人匆匆宣读了一份埃米希签署的公告，重申了德国政府关于法军已经进入比利时领土的声明。这是一个谎言——当时，法军接到的命令是不得进入距离边界 10 公里范围之内，但这是德国证明其战役计划合法性所必需的一个谎言。埃米希要求德军获得通行的许可。如果对方让出通道，他保证比利时人民可以免于"战争的恐怖"。[4]

德国的计划制订者认为城里的守军不会超过 6000 人，结果却发现对手的数量及顽强的斗志远远超出预料，这就对施利芬严格的时间表造成了第一次也是最关键的一次延误。[5]列日守军的指挥官是 63 岁的杰哈德·勒芒（Gérard Leman）中将，这位比利时军事学院原教官冷峻的面孔上有两只深邃的眼睛，他怀着坚不可摧的使命感指挥着大约 3 万人的部队，国王阿尔贝一世给他的命令是"坚守到底"。他命令部队掘壕固守，匆匆构筑一道将各个堡垒串联起来的防线，并抓紧储备给养和弹药，准备在围困中坚守。但是已经没有时间了。第二天，也就是 8 月 5 日的上午，一个送信人挥舞着停火的旗子又给勒芒送来了一封信，再次要求允许德军通过。勒芒已将指挥部设在位于市中心的旧城堡里，他对这封信轻蔑地挥了挥手不予理会，因为他根本没有兴趣与侵略者谈判。[6]

德国人立即下达命令，以重炮火力为先导开始攻击东部环线上的堡垒——埃弗涅堡（Fort d'Évegnée）、弗尔洪堡（Fort de Fléron）和巴赫松堡（Fort de Barchon），但是第一波攻击在一次血淋淋的混乱场面中被瓦解了。进攻者排成密集的纵队，就像在和平时期行军一样，完全暴露于比军步兵的枪口之下，成群地倒了下去。最终在精明的参谋埃里希·鲁登道夫的指挥下，有一支德国部队得以潜入市中心。[7]之后这些堡垒仍然坚持抵抗了 10 天。比军总部和要塞守军之间的最后一次电话联络是在 8 月 6 日上午，线路中断之前，一个疲惫的话务员低声说道："德国人来了。"[8]这些堡垒并不是为了进行 360 度的防御作战而设计的，其内侧防守薄弱。它们也无法抵挡当时德国和奥匈帝国已经建造出来并紧急调往前线的超级重炮。8 月 11 日，四门巨炮的组件被运到比利时，准备部署。昵称"大贝尔塔"（Big Berthas）的两门 420 毫米"M 型"榴弹炮，炮弹重 2000 磅，射程达到 9 公里，还有两门 305 毫米斯柯达攻城迫击炮，都已抵达对堡垒的射程以内。8 月 12 日上午，它们开火了。[9]

这些巨型火炮以高角度发射的炮弹从上方狠狠砸向目标，伴随着类似于高速火车的轰鸣，先是不祥的隆隆巨响，迫近以后又变成疯狂的尖啸，最后是天崩地裂般的爆炸。一个个堡垒相继陷落，装甲炮塔在腾空而起的混凝土和砖块的烟尘中坍塌，成百上千的生命在令人窒息的黑暗中消亡。在隆桑堡（Fort de Loncin），勒芒和不断减员的部下苦苦支撑到 8 月 15 日。堡垒内部的情况简直无法描述。各种口径的枪炮声，金属撞击混凝土和砖块的砰砰声，令人战栗的高爆炮弹爆炸声，这些刺耳的声音持续不断。在残损的墙体内部，昏暗的通道里弥漫着尘土和无烟火药的恶臭，而勒芒仍在竭尽全力。此时，其他堡垒多已投降或者被摧毁了，只剩下勒芒这支分队还在不顾一切地顽强抵抗。将军的腿被落下的砖石砸断，但是他坚持指挥，坐着一辆勉强能用的汽车四处巡视。直到 8 月 16 日上午，骇人的"大贝尔塔"的又一轮炮击终于打破了这一局面，仍在比军手中的两个炮位上升起了白旗。

勒芒将军极其幸运地在炮击中生还。一颗炮弹命中堡垒的弹药库，之后发生的大爆炸撕开堡垒的墙壁，他麾下的大多数守军都牺牲了。"这场爆炸的惊人后果实在难以形容，"一名比军的幸存者记录道，"在一团巨大的火焰、浓烟和尘埃中，堡垒的整个中间部分垮塌下来。"[10]当勒芒从昏迷中苏醒，埃米希向他致意，并就其部下的英勇顽强简单说了几句。勒芒咕哝着说了句老笑话，"战争可不像演习"，随后微笑着向这位将军表示感谢。这时，他才突然想起忘了什么事情，解下身边已经扭曲的佩剑，递给面前的胜利者。但是埃米希没有接受，他靠近勒芒的耳边轻声说："能与您交锋是我的荣耀。"¹¹

所用时间的确比预计的长了一点，但此时德军的战争计划已势不可挡，通向比利时心脏地带的道路敞开了。　13

法军总参谋长，62 岁的约瑟夫·雅克·塞泽尔·霞飞（Joseph Jacques Césaire Joffre），在战争爆发时被任命为总司令。他出身于工兵，职业生涯的大部分时间都是在本土以外的法国殖民帝国度过的。霞飞身形壮硕，大腹便便，有一头灰色卷发、两条粗眉毛和浓密的八字胡。一位同时代人形容他"更为魁梧，而非优雅"，并补充说，"短脖子和宽肩膀使他的气质看起来不仅有异于常人，而且显得更为强悍。但是对这样一个精明、强壮、宽容，而且最重要的是本质上真正具有男子汉气概的人来说，举止上的友善与和蔼又为他的脸增添了真正的魅力，一种不可抗拒的吸引力"。¹²他可能不是法国陆军塑造过的最光彩照人的军官，但在法国那种充斥着阶级和反教权偏见的政治环境里，这个脚踏实地、意志坚强的人似乎是正合适的人选。他的政治或宗教信仰不致引起怀疑，很能干，并且天生就知道什么时候可以说话，什么时候又该闭嘴。1911 年，他被任命为总参谋长。

法国的战争计划是在 1914 年 2 月发布的，它是多位作者多次妥协，以及长期战略困境的产物。法国人口少于德国，经济实力也明显不如对方，因此必须找到胜利之法，或者至少给德皇的陆军造成足够的损失，直到它的盟友沙皇俄国出手相救。其结果便是一系列部署方案中的最新一版，即第 17 号计划的出台。它准备将法军沿其东部边境集结。法国部署 5 个集团军，130万人，其中3个集团军沿着法德边境行进，从贝尔福（Belfort）一路延伸到隆维（Longwy），然后另外两个集团军在西北方向。一旦它们就位，霞飞将在两个方向上"发起"攻击：右翼是在图勒（Toul）下方的孚日山脉（Vosges）和摩泽尔河（Moselle）之间，以收复阿尔萨斯和洛林这两个"失去的省份"；另一路是从凡尔登－梅斯（Metz）一线向北。这些进攻旨在夺取主动权，扰乱附近的任何德国部队，特别是在阿尔萨斯－洛林"协助清除仍然忠于法国事业的那部分人口"的德军。[13]

左翼至关重要。据守战线最北端的是夏尔·路易·朗勒扎克（Charles Louis Lanrezac）将军的第五集团军，他们沿着林木茂盛的法比边境部署在伊尔松（Hirson）和色当（Sedan）之间。作为霞飞的门生，朗勒扎克一度在法国军队中颇受青睐，他曾任教于法国军事学院（École Militaire），并被誉为一个聪明而具有独创性的思想者。他在那里充分展示了军人的风度和过人的才华，可是如今在紧张焦灼的指挥当中，他却失去了勇气。在来自比利时的一连串紧急情报的惊吓之下，他在8月14日来到"法国最高统帅部"（Grand Quartier Général）并告诉霞飞，他怀疑德国人正在北方展开大规模的包抄行动。如果是这样的话，那么他需要立即重新部署，向西北方向转移，否则就有侧翼完全敞开的风险。回到自己的司令部后，朗勒扎克提交了进一步的证据，德军的右翼可能多达8个军团和4个骑兵师。他写信给霞飞说："我们通过审讯获取的这一情报似乎表明，存在数量庞大的敌军在默兹河两岸展开包围行动的威胁。"[14]

法国军方完全想到了敌人可能会通过比利时进攻，但无论是霞飞还是他最亲密的顾问，都从未真正了解德国人进攻计划的整体规模。德国不会侵犯中立的比利时，施利芬计划"可能只不过"是为了掩盖突然入侵法国而精心设计的虚假信息，德国"根本没有"足够的兵力大批部署在默兹河以北。但那又怎么样呢？如果德军转向右翼并将其大部分作战兵力投放到比利时，那么它肯定会使自己在其他防御地区处于劣势。霞飞给朗勒扎克回复了一份简短的电报，解除了他的担忧："我只看到你所说的这个行动给我们带来的好处。但威胁尚在远方，其确定性远非绝对。"[15] 霞飞的关注点在别处，他于 8 月 8 日发布了"第 1 号总指令"，概括其意图为"所有部队团结一致，争取战斗"。他计划在两个地方突破边境，以掌握主动权，使法国早日取得胜利，并配合俄国在东线计划发动的进攻。最右翼的第一集团军将挺进萨尔堡（Sarrebourg），而在它左侧，第二集团军要朝萨尔布吕肯（Sarrebruck/Saarbrücken）挺进。朗勒扎克只能耐心等待。[16]

　　8 月 14 日开始进军。两个法国集团军在 5 天里先是谨慎地向东推进，眼看着德军的后防线在他们面前瓦解，将废弃的村庄付之一炬，并用炮火扰乱和减缓法军纵队的推进。正是在这里，法军第一次见识到了德国军团能够发挥的惊人火力，77毫米、105 毫米和 150 毫米口径的火炮对法军炮兵形成压制，并始终使进攻者保持在射程以内。早在第二天，第二集团军司令诺埃尔·爱德华·屈里埃·德·卡斯泰尔诺（Noël Édouard Curières de Castelnau）将军就确认，他的部队正陷入一场"消耗战"，需要"某些类似于围困作战的措施"。必须逐一占领每一个阵地，战壕、防御工事和掩蔽所都得到"最充分的"利用，尽管他极力强调这并不意味着"我们放弃进攻的想法"。[17] 然而，战役仅仅开始几天就显露出法国进攻战计划的危险性。"步兵和炮兵部队都经受了严峻的考验，"第二集团军8 月 15 日报告，"我们的炮兵被敌人的远程大炮限制在一定距离以外，无法靠近，也无法进行反制。我们的步兵勇往直前，但是在很大程度上被敌军炮火和隐藏在战壕中看不见的敌军步兵阻拦。"[18]

德国在该地区的指挥官是巴伐利亚王储鲁普雷希特，德国最高级的王室将领之一。他指挥的第六集团军接到指示，在发动摧毁法军前进的侧翼的攻击之前将敌人拖入一张"大网"。这与德国将兵力集中于右翼的计划是一致的，即只采取必要的行动将法国人牵制住，直到从北方发起攻击。这一点大家都很清楚，但随着法军一步步推进，鲁普雷希特和他的手下越发焦虑，尤其是当他们开始怀疑自己是否比对手更有优势时。他们还担心，在巴伐利亚部队除了撤退一事无成的时候，战争就会结束。鲁普雷希特请求允许他发动反攻，在与毛奇进行了一系列激烈讨论后，他终于获准做任何他认为正确的事情，并被警告他必须为发生的事情"承担责任"。[19]他的部队于8月20日开始前进，其凶猛有力的进攻让法国人目瞪口呆。结果便是一场溃败。到8月23日，第一和第二集团军拖沓的纵队撤了下来，回到了他们的攻击线上，没有取得任何进展，只是心怀对其对手实力的持久敬重。

随着法国战争计划开始破产，霞飞召开了一轮争论激烈的会议。8月16日星期日，他会见了英军总司令、陆军元帅约翰·弗伦奇（John French）爵士。61岁的弗伦奇是一名荣获勋章的骑兵，在南非战争期间解救莱迪史密斯（Ladysmith）的壮举使他成为整个帝国的英雄。他身材矮小却生性勇猛，性格紧张易怒。他生气时——这是经常发生的——便会脸颊发红，眯起眼睛，然后把拳头砰砰地砸向桌子，吓得手下纷纷躲闪。法国总统雷蒙德·普恩加莱在巴黎会见了约翰爵士，他对这位英军司令官并不满意。"他个子矮小，举止文静，没有什么特别的军人气质，只会直视着你的脸；他的脸颊和下巴刮得很干净，灰白的胡子微微下垂。"他"很艰难地说着我们的语言"。[20]

霞飞并不赞同普恩加莱对约翰爵士的看法，对他作为指挥官的能力有更为宽容的评价，但这是一个令人担忧的例子，表明一位英军指挥官如果要和英国的盟友密切合作，他必须付出多么大的努力。当时，一支由两个各包括两个师的步兵军团和一个大型骑兵师组成的，共计约 10 万人的远征军正在横渡英吉利海峡，他们要在法军左翼附近的要塞城市莫伯日（Maubeuge）占据一块阵地。霞飞希望在 8 月 22 日发动一次大规模进攻，但约翰爵士坚持他不可能在 8 月 24 日之前部署完毕。霞飞解释了他的作战计划，并敦促约翰爵士命其手下尽快投入战线。他承认，他对德军在比利时的部署情况了解得"不够精确，以至于我无法对我的意图给予确切描述"。然而，他确实想在桑布尔河（Sambre）以北的某个地方发动一场"全面行动"，在那里英军将可以攻击"德国部队的外翼，如果可能的话，从其背后实施打击"。约翰爵士承诺尽力而为。[21]

英国的动员速度似乎很慢，尽管这令最高统帅部和巴黎方面感到苦恼，但是向欧洲大陆派遣英国远征军（British Expeditionary Force，BEF）这项任务迅速且顺利地完成了。8 月 6 日，英国在向德国宣战两天后，由首相赫伯特·阿斯奎斯（Herbert Asquith）主持，在唐宁街 10 号召开了一次紧急会议，决定派遣远征军奔赴法国，虽然新任命的陆军大臣、陆军元帅、喀土穆伯爵基钦纳（Kitchener）只同意派遣四个师外加一个骑兵师，将余下两个师留在国内防备入侵。[22]基钦纳是一个固执而专断的人，因其集权倾向而声名狼藉，他怀疑任何一方都不太可能取得迅速而具有决定性的胜利，因此，他眼下并不想把一切力量都投入战场，尽管巴黎迫切地要求他这样做。这种谨慎反映在他给约翰爵士的指示中，虽然"必须尽一切努力以最富有同情心的方式迎合我们盟友的计划与愿望"，但基钦纳明确表示，"英军及其增援部队的人数"将受到"严格限制"，必须对此"极为谨慎"。[23]

支持其盟友，但只是在一定程度上，当约翰爵士准备让手下各师在前线各就各位的时候，这种微妙的平衡意识将不断地在他的脑海中闪动。8月17日，他见到了朗勒扎克，发现对方是一个积极向上、令人敬佩的人物。弗伦奇在日记中写道："朗勒扎克看起来是一个非常有能力的军人，他的判断力和决断力给我留下了深刻的印象。"朗勒扎克也表现出异乎寻常的自信，声称他们现在离滑铁卢不远，正要迎来一场伟大的胜利！直到后来，他们分开之后，双方的关系才开始破裂。在大举撤退的压力下，每个人都指责对方不可靠，使己方得不到支援。朗勒扎克对弗伦奇在法语上的笨拙不以为然，而约翰爵士则看不起朗勒扎克作为前军事学院教授所受的"高等教育"，他酸溜溜地指出，这个职位"让他几乎不知道怎么打仗"。从现在起，在前线最关键的区域上，这种不信任和误解将困扰英法之间的合作。[24]

霞飞发起进攻的速度可能让德国最高统帅部感到惊讶，但当右翼准备开始大规模包抄行动时，任何担忧都已烟消云散。德国军队现在已经集结完毕。在过去的两周里，每天都有数百列火车向西开行，跨过莱茵河，卸下一群群困惑、兴奋而又紧张的年轻士兵，他们穿着灰色羊毛制服和硬挺挺的皮靴。他们很快被编入连和营、团和旅、师和军团，共同组成了世界上公认最强大的军事组织。截至8月17日，已经组建了7个庞大的集团军，从斯特拉斯堡一直排到杜塞尔多夫，共有包括11个后备军团在内的34个军团、10个骑兵师和17个"后备"（Landwehr）旅，总兵力160万人。只有25万人留在东普鲁士，以防备俄国入侵。[25]

距离这次战争的决定性行动只有几周的时间了，人人充满了希望。随着时间的临近，毛奇越来越激动，他写信给战场上的最高级别军官、68 岁的第二集团军司令卡尔·冯·比洛（Karl von Bülow）将军。留着一头独特白发的比洛是帝国获勋最多的军人之一，胸前别着作为普鲁士最高荣誉的黑鹰勋章。"我给你写这封信只是为了表达我的满意，因为您将是做出第一批重大决策的领导者之一。一旦军队完成部署，我们就可以布好阵形。命令将由皇帝陛下颁布。感谢上帝，在埃米希将军的指挥下，列日的大胆行动取得了成功。他做得很好。我国人民的团结一致令人印象深刻……现在只有一个目标，胜利！"[26]

除了毛奇，与第一集团军司令官亚历山大·冯·克卢克（Alexander von Kluck）将军的关系对比洛来说是最重要的。在 1914 年的德国陆军中，第一集团军是规模最大的，也可以说是最重要的，这支 25 万人的进攻利器将被部署在右翼并作为攻击前锋。克卢克性格凶猛，脸上有时会凝结出可怕的怒容。他有携带大量个人武器的习惯，无论是一把手枪还是一支步枪，他都会拿着它在面前挥舞，表现出一种几乎无法控制的攻击性。"好像没有人胆敢接近他"，被吓坏了的法国平民法布雷先生这样写道。他的房子在战役中被这位将军征用。"从他那可怕的神态中，我仿佛看到了阿提拉。"[27] 8 月 10 日，克卢克发布了他的第一道命令，指示部下做好前进的准备。命令下达后，他们将跨越默兹河，然后经过列日向布鲁塞尔推进。如此多的部队集中在如此狭小的地区，需要最严格的纪律和最好的组织工作，因此克卢克提醒下属军官，他"将对部队的行军能力提出极高的要求"。[28]

德国军队的大本营——包括最高统帅部（Oberste Heeresleitung，OHL）——于 8 月 16 日上午离开波茨坦前往科布伦茨（Koblenz），德皇及包括毛奇在内的随行人员坐在舒适的车厢里，德国的乡村从眼前静静地掠过。一切都进展顺利，除了请求陪伴丈夫的毛奇之妻埃丽莎（Eliza）与她的女佣登上皇家火车时造成的短暂延迟。埃丽莎和她的女仆是这趟列车上仅有的女性，这种不寻常的安排引起了总参谋部各级人员的惊愕，并加重了对毛奇的抱怨。据说毛奇曾有一段时间身体不好，甚至可能崩溃。事实上，他已经病入膏肓，并在 8 月 1 日就德国是否可以对俄国而不是法国启动战争计划与德皇发生了冲突。当毛奇告诉他这是不可能的，威廉回击道："如果是你的叔叔，就会给我一个不同的答案！"[29]

20   直到 8 月 18 日——最高统帅部在科布伦茨开始运转的第二天——德国右翼的第一、第二和第三集团军才得以推进。在克卢克的第一集团军中，四个齐装满员的军团和另外三个后备军团绕过列日，在灼热的阳光下向西行进。在南部，比洛的第二集团军也采取了同样的动作，指向要塞城市那慕尔，并在 8 月 20 日抵达，与列日一样，那慕尔也需要超级重炮的关照。马克斯·冯·豪森（Max von Hausen）男爵的第三集团军以梯队形式通过阿登高原（Ardennes）向南移动，直指日韦和那慕尔之间的默兹河。三个德国集团军的行进场面令人叹为观止。无边无尽的灰色步兵纵队，扬起厚厚的棕色尘埃，后面跟随的一列巨大的辎重列车在这片景象中逶迤向前，除了成千上万只靴子在路面上嘎吱作响，踏出奇怪而令人不安的声音，还有步枪、刺刀、罐头盒和头盔不断相碰发出的叮当声。一个德国士兵回忆道："向前后哪个方向看，都望不到纵队的尽头，如同一条巨蟒穿行在这片田园美景中。"[30]

行军对人们提出了紧迫的要求，他们在炎热的 8 月长途跋涉，经过曾经生机勃勃的村庄，村庄里如今只有一群安静的老人和妇女，这些无法逃离的人只是在军队经过的时候注视着这些征服者。运送如此大量的人员、马匹、枪炮和物资，需要复杂的组织工作。第一集团军有三条主要路线，每一条由两个军团使用，由一位负责统一安排食宿的将级指挥官统领。[31] 他们取得了惊人的进展，除了偶尔出现绝望挣扎的后卫行动，比利时军队只能无助地眼看着自己的国家被占领。列日陷落后，阿尔贝国王的剩余各师，除一个师派去驻防那慕尔，其他都撤至热特河（River Gette）一线，然后又退到安特卫普的防御工事后面。8 月 20 日，就在鲁普雷希特于洛林发起反击的那天，德军进入了布鲁塞尔。之后不久，那慕尔遭到猛烈攻击，榴弹炮和迫击炮的炮弹在城镇上空呼啸而过。到 8 月 24 日，大部分堡垒要么瘫痪，要么被摧毁，在这座城市被看似不可抗拒的德军吞没之前，撤离的守军幸运地逃到了法军的防线。

为了确保右翼三个集团军之间密切协作，毛奇将克卢克置于第二集团军司令比洛的指挥之下，后者是他心目中最有能力的将军。浑身散发着攻击性的克卢克发现，从属于第二集团军是一种恼人的干扰，他越来越把比洛视为自己成功路上的绊脚石。指挥情况因通信不畅而更加复杂，这将给毛奇的部队带来麻烦。令人费解的是，最高统帅部竟只有一台无线电发报机，传输距离只有 300 公里，尽管随着部队的推进，已经设置了中继站，但延迟是常见的，而且信息经常以明码发送，因为将内容编码太费时间。至关重要的是，第一和第二集团军之间没有无线电通信，结果就是他们都想各自为战，很少顾及另一方的计划。[32] 这是战争中的"摩擦"开始影响德军进攻的另一个标志，德军的攻势已经显露出令人紧张和沮丧的迹象，这将驱使德国士兵做出谋杀和亵渎的可怕行为。

在穿越比利时的行军中，不时发生枪击和纵火事件，同时有关游击队战士——所谓"自由射手"（franc-tireurs）——的谣言在德军中传播。经过一周的长途行军，人们已经精疲力竭，他们很容易会认为在每个角落里都有一队狙击手和纵火者，或者在每栋房子里都有残忍的比利时家庭主妇渴望着残害他们的伤员。可以理解的是，对于在敌方领土上推进如此之远，从上到下的官兵都感到紧张，而完成更远距离行进的巨大压力意味着不能容忍任何延误。8月25日晚，伟大的中世纪大学城勒芬（Louvain）的市中心在似乎是来自德国部队的炮击中被烧毁，这里是阿尔贝国王前往安特卫普之前的司令部所在地。在接下来的几天里，克卢克的手下洗劫了这座城市，围捕嫌疑人并向惊恐的平民开枪，空气中到处飞舞着燃烧的纸屑。这座基督教文明的伟大图书馆所遗留下来的一切，现在只剩下一堆"熏黑的墙壁、石柱和发出暗淡微光的书籍的余烬"。[33]

失控的德军士兵不仅仅出现在勒芬。从8月初开始，就零星发生了针对比利时平民和士兵的暴力事件。维塞（Visé）是首批被占领的城镇之一，它在8月16日被焚毁。之前有关开枪的谣言在街上流传，在随后的报复行动中，600栋房屋被烧毁，23名居民被杀害。比利时士兵曾在阿尔斯霍特（Aarschot）阻击了德国人几个小时，那里有20名被俘士兵遭处决，他们的尸体被扔进河里。比利时的其他地区也承受了德国出于压制和统治目的的计划的主要压力。8月23日，豪森的第三集团军抵达迪南（Dinant）市，发生了战争中最严重的一次大屠杀，674名比利时平民在一连串的野蛮暴行中被杀害。法军的几个营在该镇战斗撤退时炸毁了默兹河上的桥梁，之后德国士兵进行了报复，烧毁房屋，驱逐平民，在几个小时内就杀害了约10%的人口。[34]施利芬计划中穿过比利时的畅通道路现在变成了一座屠宰场。

霞飞并没有被洛林的挫折吓倒，现在已经准备好发动主要进攻。在法国中部，分别由皮埃尔·鲁菲（Pierre Ruffey）和费尔南·德·朗格勒·德卡里（Fernand de Langle de Cary）两位将军指挥的第三和第四集团军将向东北方向的阿尔隆（Arlon）和讷沙托（Neufchâteau）挺进，希望从侧面阻截住德军的北翼。最高统帅部估计，德国在阿登地区的兵力不超过 6 个军团和少数几个骑兵师，因此认为法国军队将占有明显优势。但是，法国情报部门弄错了。德国人根本不在下风。相反，这一区有第四和第五两个集团军，号称有 10 个军团，外加一系列专门承担防御职责的"后备"旅。他们还得到了 42 个 105 毫米和 150 毫米榴弹炮兵连的支持——"两倍于法国人的重炮"——用一位法国军官的话来说，这给了他们的步兵"一副钢铁盔甲——他们几乎不需要现身便可以步入在他们的大炮下不堪一击的阵地"。[35]

8 月 22 日黎明时，浓重的灰色雾气笼罩着大地，掩藏了双方成千上万的部队，他们正朝向对方行进。当雾气消散，热气在杂乱的树林中升起时，在战线两侧爆发了一连串激烈而持久的战斗；数百场令人迷惑的，有时是杂乱无章的小规模冲突造成可怕的杀戮，阿登高原那平静的青翠景色被猛烈的炮火摧毁。"从山那边的未知的田野传来了可怕的交战的声音，"一个法国人敬畏地记录道，"这是一场战争。步枪射击的嗒嗒声和机枪的咆哮声，就像翻滚的巨浪消失在布满卵石的海滩上，大炮的轰鸣将所有这些噪声包裹起来，形成一个声音，就像大洋中的风暴，伴随着起伏撞击的海浪，发出低沉的砰砰声和风刮过海浪的刺耳尖啸。"[36]

霞飞对朗格勒·德卡甲的第四集团军寄予厚望，希望它能够对自己所认为的德军防线最薄弱部分发动雷霆一击。结果却是一场惨败，这场可怕的悲剧导致第 17 号计划崩溃，损失了数千名士兵，其中包括一些法国最优秀的部队。阿登高原的森林地区对作战来讲非常可怕，丘陵和山谷让行进的步兵很快就

24

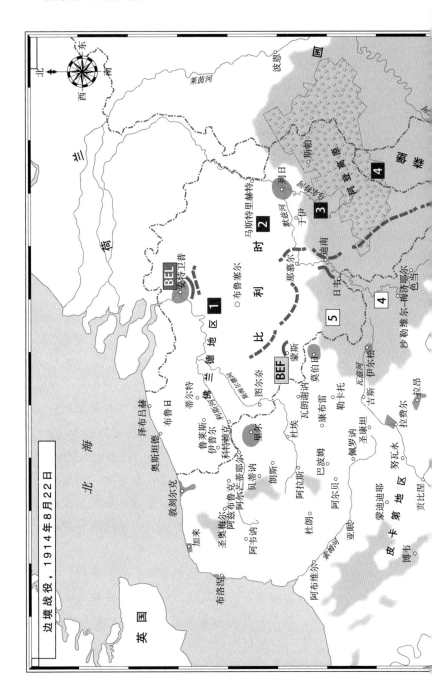

边境战役，1914年8月22日

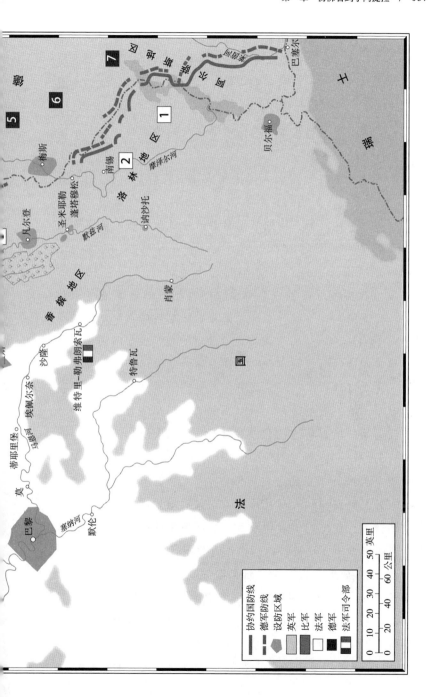

筋疲力尽，茂密的林地妨碍了必要的观测与侦察，狭窄的道路造成部队分散，容易遭到伏击。第四集团军向北推进，各个兵团平行前进，彼此之间稍稍形成梯队，就像"一座向南并向东倾斜的楼梯"，使其右翼处在攻击之下。[37] 由于全军缺乏协调，对敌人了解不足，当法军各单位遭遇强大的德军时，他们很快就发现自己陷入了困境。

这些错误最终让法国人付出了生命的代价。从 8 月 20 日至 23 日，短短 4 天内可能就有多达 4 万名法军受重伤，在阿登高原那片杀戮之地，到处都是身着鲜艳红蓝制服的法军阵亡者。最糟糕的一天是 8 月 22 日，有 2.7 万人死亡。正如一位权威后来所说，这是"1914 年的恐怖高潮"。[38] 一些糟糕的战斗发生在罗西尼奥勒（Rossignol），精锐的殖民地军团在那里与德国第六军团展开了殊死搏斗。法军指挥官朱尔·勒费弗（Jules Lefèvre）将军确信，他面对的只是少量的骑兵巡逻队。其实他遭遇的是防守严密、兵力强大的德国陆军士兵，所以他一次次发动攻击，一波接着一波，却只看到自己的士兵被大量射杀。据一篇报道称，当时"密集的子弹主要杀死的是军官，因为他们很容易通过平顶军帽上的金色条纹辨认出来，而且所有的冲锋都被刺刀挡住……每当他们试图向前冲去，都会有几十个人被看不见的敌人打倒在地"。[39] 更糟糕的是，当天晚些时候，勒费弗的人马被包抄，在某些地方被包围。尽管拼命试图突围，但他们仍被切断了与邻近单位的联系。到当天结束时，殖民地军团已被打垮，伤亡人数超过 1.1 万。[40]

26   法国指挥官无法阻止灾难的蔓延。朗格勒·德卡里在斯特奈（Stenay）的指挥部里，距离前线 30 多英里，他不晓得手下部队的进展有多糟糕。无论如何，由于手头只有传令兵和民用电报网络，即便他想做些什么，也几乎没有机会影响战斗的进程。"现代战争中，由于参战士兵数量庞大，而且战场范围很广，指挥官再也不可能亲临战场，也不能亲自去勘察地形了。"他如此抱怨道。第一条消息是中午左右传来的，进展缓慢。第十七军团和殖民地军团都对"巧妙地隐藏"在树林中的机枪感到吃惊。此处地形的性质意味着朗格勒·德卡里离开指挥部也毫无意义。"我会在树林里迷路的！"他几年以后写道，"但是这一天太令人焦虑了……坏消息不断传来，我不仅要保持镇定，还要向我手下的军官和所有身边的人展示一个领导者在危急时刻必须具备的自制力。"[41]

在南部，鲁菲的第三集团军情况稍好一些，该部正向隆维和维尔通（Virton）这两个城镇挺进。他们遇到的是德国第四集团军，后者在那里掘壕固守，正等着他们。法军奋勇向前却徒劳无功。结果是一系列重大的战术失败，德军炮兵给法军各师造成重创，战场上到处都是残缺不全的尸体，各营在猛烈的炮火中被击溃；成千上万的伤员蜂拥退下前线。当晚，鲁菲给霞飞发了一份简短的电报："昨天的袭击之所以失败，完全是因为我们面前的战场没有先行火力准备，既没有炮火也没有步兵火力。至关重要的是，在步兵进攻之前，必须先由炮兵做好火力准备，然后炮兵还要给予进一步支援。通常情况下都不允许刺刀冲锋。"[42] 到了 8 月 24 日，第三和第四集团军都已全面撤退。

战斗的严峻考验暴露了法军在各个层面上的诸多问题。尽管法国可以动员的男子几乎与德国一样多，但这只是因为法国的人员征召比例更高，而这些人员往往没有受过良好的训练或领导。德国拥有大量经验丰富的士官，而法国在招募并保留足够的军官和其他各级人员方面长期存在问题，导致许多单位在战斗中缺乏进取心和驱动力。此外，几十年来，德军的总参谋部一直被誉为世界上最优秀的；直到 1911 年，法军总参谋长一职被赋予在和平和战争时期全权负责军队战备工作的职能，这才算可以和德国相提并论。这是一个值得庆贺的变化，因为它提高了法国军队的指挥效率，废除了一项防止权力过于集中在某一个人身上的旧法律，但新规的出台是否已经太迟还有待观察。[43]

在军队下层，其他问题也很明显。法国骑兵有一个不好的习惯，那就是在马鞍上待的时间太长，骑行过于劳累，到了战场上经常已精疲力竭而不适于作战。步兵很勇敢但疏于训练，经常无法完成相对简单的任务，战术过于单一。侦察不足或根本不做侦察，而且常常在没有足够炮火支持的情况下，强迫士兵以不协调的、随意的方式发动进攻，造成惊人的损失。在步兵武器方面，法军主要还是使用 M1886 勒贝尔（Lebel）栓式步枪，与德国步兵配发的更可靠的、射速更高的毛瑟 98 式步枪相比，前者性能较差。虽然相比于毛瑟步枪的 5 发弹匣，勒贝尔的筒状弹仓可装 8 发子弹，但它在重新装弹时非常麻烦，而且往往导致子弹射出去的时候精度出现偏差。即使是著名的"法国 75"——M1897 式 75 毫米速射野战炮——也有明显的缺点。尽管它可以达到最高每分钟 6 发的惊人射速，向敌军头上抛撒大量致命的弹片，但它的平射弹道在丘陵地带受到限制，而且其炮弹重量不足以摧毁野战防御工事或战壕。当战争进入僵持阶段，法国长期缺乏重型火炮成为一个显著劣势，需要数年时间才能纠正。

随着阿登高原上展开激战，人们的注意力转向了法军左翼。到 8 月 20 日，朗勒扎克的第五集团军已经完成了一次迅速而令人疲惫不堪的北进，以迎击即将到来的德军进攻，却发现己方占据的是比利时西南角一个暴露的突出部。是按照霞飞的命令进攻，还是等待即将到来的突袭，第五集团军司令拿不定主意。他让下属茫然地等了 48 个小时，同时仔细权衡在桑布尔河北岸或南岸作战的风险。[44]"在此之前，朗勒扎克将军的随行人员一直感觉到有一双坚定的手握着舵柄，迅速而有力地向前航行，"一位旁观者记录道，"但是现在，却好像是船上的帆在随风飘动。有一种奇怪的犹豫气氛。"[45] 法军缺乏一次坚定的进攻，这下轮到比洛来抓住机会了，他在 8 月 22 日采取了行动，向河对岸发起了一连串突击，希望与在默兹河推进的第三集团军的进攻相互协调。朗勒扎克突然回过神来，下令反攻，想要将德国人击退，但为时已晚。除非发生奇迹，否则第五集团军是坚持不住的。

在其他地方，8 月 23 日是西线激战的一天，克卢克的第一集团军撞上了霍勒斯·史密斯 - 多伦（Horace Smith-Dorrien）中将的英国远征军第二军团，前一天晚上，沿着蒙斯 - 孔代运河（Mons-Condé Canal）静静的绿水，第二军团占据了有利的位置。涌入总司令部的有关德军就在附近的情报越发紧急，约翰·弗伦奇爵士当天上午已经去过史密斯 - 多伦的指挥部，他不确定接下来该当如何。他指出，第二军团处于孤立的位置，必须"为任何形式的移动，无论前进还是撤退"做好准备。[46] 最后还是敌人解决了这个问题。到了 10 点，史密斯 - 多伦可以听到运河方向传来的小型武器和炮火的隆隆声。在那一刻，冯·夸斯特（von Quast）中将正在把他的第九军团调上来，以为他面前什么也没有，也许是一层薄弱的骑兵防线，会在纵马逃跑之前打上几枪。结果却是，他的军团撞上了正规的英军步兵，对方根本无意给他们让路。

蒙斯战斗是一场遭遇战——两军迎头相撞——一方努力投入足够的兵力以保持前进势头，另一方则紧紧抓住一个在数量上占优势的对手。战斗持续了当天的大部分时间，德军纵队在猛烈的炮火中一点一点强行跨过运河。史密斯 - 多伦的手下表现出色，对攻击者给予一次次凌厉的打击。"德国人成群结队地跃出战壕，因为他们的把戏就是人海战术，但是我们稳稳地瞄准，把他们挨个撂倒……倒下去一排，像一窝蜂似的立刻又上来一排，"一名英国士兵汇报说，"一排接一排的敌人不断上来，隐蔽在自己人的尸体后面，最近的时候离我们的战壕大约200码①，但那已经够近了……军官告诉我们要保持快速射击，我们做到了，把无数的子弹射到他们身上。"47 但是随着这一天慢慢过去，德军进攻的全部力量开始展露出来，英军别无选择，只能在夜幕降临时与敌人脱离接触。然而，如史密斯－多伦所说，他们在撤退时依然士气高涨，"对于我军在敌人面前具备的优势信心满满"，并为让敌人陷入困境的"快速而准确的步枪射击"感到骄傲。第二军团的这位司令回忆道："这一天的突出特点正是这种步枪火力，以及双方都笼罩在战争迷雾当中。"48

当英军在蒙斯把德国人击退的时候，东边 20 英里处法国第五集团军的阵地开始崩溃。朗勒扎克知道英国人正在行动，但他并不打算提供帮助，也许是担心如果他那样做，很可能会让自己受到反击。8 月 23 日下午，豪森的第三集团军各分遣队终于越过默兹河，向翁艾村（Onhaye）进发，那里应该是朗勒扎克的右后方。幸运的是，第 51 后备师的士兵以一次凶猛的刺刀冲锋将德国人击退。在菲利普维尔（Philippeville）的司令部里，朗勒扎克认为撤退已经不可避免，于是起草了撤退命令。"我非常担心，"他写道，

> 不能说我的担忧是毫无根据的，因为形势实在太严峻。敌人无处不在，远比我想象的多得多。沙勒罗瓦（Charleroi）离色当（1870 年法国遭到决定性失败的地方）不远……在敌人面前逃跑并不光彩，但以任何其他方

---

① 1 码 =0.9144 米。

式行动都将使我军全军覆没，使我们法国的军队无法从他们在孚日山脉到埃斯科河（L'Escaut）前线遭受的全面失败中恢复元气。立即撤退至关重要，我决心下达这一命令。[49]

协约国正在溃逃。8月23日和24日，关于战线各处德军的捷报纷至沓来，这就是最高统帅部形成的印象。在阿登高原，皇储威廉的第五集团军于8月23日下午宣布"完全胜利"，"抓获包括将官在内的数千名俘虏，缴获敌军大量枪炮"。几小时后，第三集团军发来电报，称其战线上的敌人已"全面撤退"，且正在追击当中。8月25日，副官长汉斯·冯·普勒森（Hans von Plessen）在统帅部会见了作战处长格哈德·塔彭（Gerhard Tappen）中校。在讨论了各集团军的动向并了解了那些再次预言德国即将取得胜利的最新战报之后，塔彭确信终点不远了。他仔细研读钉在墙上的地图，然后转向普勒森，摘下钢丝边眼镜，露出了笑容。

"问题将在六周之内全部解决。"[50]

第二章

直到最后一刻

"一个人必须面对事实。"8月24日上午，霞飞在向陆军部提交的报告中写道，"尽管我们的陆军在数量上占据了一定的优势，但在战场上并没有表现出我们因最初的部分成功而希望看到的那种进攻精神……"考虑到他们所遭受的挫折，法国军队现在将回归防御，尽其所能消耗敌人，并等待反攻的时刻。[1] 同一天，霞飞向他的集团军司令们发出一份通知，提请他们注意最近在作战中发现的一些令人担忧的战术问题，特别是步兵和炮兵"紧密结合"的必要性。仅仅依靠刺刀和高昂的士气占领阵地已经不够了。除非攻击协调得当，否则法国人的勇敢将是徒劳的。[2]

白天，霞飞在他的总司令部整理第17号计划的遗留事宜。洛林战败的消息尤其令人难以接受。当霞飞收到确认法军已被击退的报告时，他的眼睛似乎有点模糊；有一阵子，他那沉重的身躯似乎要在这份重压之下变形。但接着又透进来一丝光亮，一名风尘仆仆的联络官赶到，他解释说，撤退进行得井然有序，部队的士气依然高昂，他们在一两天里就能准备好再次投入战斗。霞飞瞬间恢复了镇静。

"嗯，现在我很平静，"当天深夜，他对一个参谋说，"我知道我会有一件好武器。"[3]

霞飞有时显得如此冷漠，如此自大而缺乏想象力，但他有一种品质，比其他品质更重要，也正是现在所需要的。他没有惊慌失措。他继续前进，继续参与这场游戏。"第 2 号总指令"
于第二天 8 月 25 日发布，这是他首次对令人失望的第 17 号计 32
划做出重要调整。"由于无法实施当初计划的进攻行动，未来
的作战将以这样一种方式进行，即在我们的左翼，第四和第五
集团军、英军以及从东部新抽调的部队组成联合力量重新发起
进攻，而其他集团军则在必要的时候对敌人加以遏制。"霞飞
此前曾对德国取道比利时发动大规模行动的可能性视而不见，
但现在他不能再只专注于其他方面了。就像一个棋手在一块巨
大的棋盘上移动棋子一样，他开始重新部署他的战斗顺序，将
几个军团从他的右手边转移到左手边，让他们在那里组成一
个新的集团军，集结在亚眠这座城市周围，能够打击德军的
侧翼。[4]

关于可能的反攻（或他所谓的"全面战役"）的想法开始
凝聚起来，霞飞此时需要足够的时间让他的各个集团军——特
别是陷入困境的朗勒扎克第五集团军——安然撤回而不被包抄
过来的德国右翼围困。第三、第四和第五集团军奉命继续撤
退，但是必须确保彼此保持联系并发动"短促而猛烈的反击"，
对敌人加以干扰。但当霞飞查看地图和阅读最新报告时，有一
个念头困扰着他：朗勒扎克。这位第五集团军司令在来自德军
右翼的威胁这个问题上可能是正确的，但霞飞从他这个部下身
上发现了更多情况，而不仅仅是保护自己人马的谨慎愿望。相
反，法国总司令闻到了恐惧和犹豫不决的味道，在西线战场
上，这些可能是致命的。他还对英国远征军的状况感到焦虑，
并知道在未来几周内他将需要英军的全力支持，而如果朗勒扎
克继续留任的话，那是不可能实现的。

撤退日复一日地进行。在蒙斯与敌人脱离接触后，英军指
向了西南方向，绕过莫赫马勒（Mormal）森林的两侧，朝着
勒卡托（Le Cateau）前进，而第五集团军与比洛的第二集团

军进行了一系列追击战斗。英法两军都设法避免被敌人包围，
但是部队已经被烈日下无休止的行军搞得精疲力竭，对他们来
说这几乎是无法避免的结局。8月25日晚，固执的英军骑兵师
师长埃德蒙·艾伦比（Edmund Allenby）少将飞奔前来见史密斯－多伦，并告诉他，除非他能在第二天一早恢复撤军，否
则克卢克的人马就会"在他们出发之前赶上他们"。被敌人抓
住并全面摧毁的噩梦般场景是一种现实的可能了，而史密斯－
多伦及其手下陷入了想象不到的困境，疲惫燥热，浑身沾满多
日行军的灰尘，他们现在必须当机立断。约翰爵士已经下令继
续撤退，但史密斯－多伦不确定能否做得到。他和下属的一名
师长休伯特·汉密尔顿（Hubert Hamilton）少将进行了交谈。
后者是一位开朗勇敢的殖民地老兵，他承认，由于他的部队里
有许多士兵掉队，他们无法在第二天早上继续行军。面对这样
的灾难，史密斯－多伦做了任何天生的军人都会做的事：他坚
守阵地，展开了反击。[5]

　　第二天，即8月26日，清晨的薄雾刚刚散去，克卢克就
发现英国第二军团沿着勒卡托至康布雷（Cambrai）的公路占
据了一道浅层防御线。他一刻也没有等待，下令各师推进，却
遭到了和上次一样猛烈的步枪火力攻击。这一次，英军的火炮
抵近部署，在目视范围内射击。英军一直坚持到傍晚，但这次
伤亡更加惨重，从蒙斯的1571人增加到7812人。[6]这可能是
远征军最接近被打垮的一次。然而，史密斯－多伦的部队最终
逃了出来，吞下了数英里道路上的尘土，让敌人对他们的军人
素养敬佩不已。"战场上是一片可怕的景象，"有名当天冲进了
科德里村（Caudry）的德国士官回忆道，"到处都是死伤者，
扔着各种各样的装备……从俘虏身上可以看出，这是一群久经
考验的对手，足以在当天的战斗中和我们平分秋色，他们是经
验丰富的殖民地军队，戴着埃及勋章，体格健壮，军容威武，

装备精良。"[7]

　　在撤退的绝望日子里，很多关于法军的事情被暴露出来，其中大多数都令人失望。但也有一丝丝的鼓励，第一和第二集团军从洛林且战且退，已经挡住德国人，并在南锡（Nancy）城外守住了一排被称为"大冠冕"的林木繁茂的丘陵，他们固守在那里毫不动摇。后来，随着右翼变得更加安全，霞飞开始向东转移越来越多的部队，充分利用法国铁路网将部队在战线上往来调动，并在关键的地方获得优势。至关重要的是，随着将由米歇尔·约瑟夫·莫努里（Michel Joseph Maunoury）将军指挥的第六集团军开始在巴黎及其周边地区组建，霞飞的左翼力量变得更强大。霞飞原先倾向于在亚眠作战，但德军前进的速度意味着他不得不将预备队部署到南边更远处。莫努里毕业于巴黎综合理工学院，是 1870 年的老兵。他现在将司令部设在法国首都，试图掌握一批后备师和从每个可能方向集结而来的北非部队。霞飞命令他"对敌人的右翼发动攻击"，并"在东北的大方向上"恢复进攻。[8]

　　经过战斗的考验，一批称职的军官开始涌现出来，他们已经显露出非凡的能力，在貌似可怕的困境中取得了成果。斐迪南·福煦是来自塔布（Tarbes）的一个加斯科涅人，曾指挥被誉为"铁军"的第二十军团在洛林作战，他很快就以凶猛好斗而又能干的将军形象而闻名。他被提升为新组建的第九集团军的司令，该集团军是由遭受重创的朗格勒·德卡里部队的部分士兵组成的。另一颗冉冉升起的新星是一位来自洛林的准将，夏尔·芒然（Charles Mangin），他于 8 月 23 日在翁艾村的反攻将德国人赶回了默兹河，从而将第五集团军从可能的包围中解救出来。下令发动这次袭击的是第一军团指挥官路易·弗朗谢·德埃斯普雷（Louis Franchet d'Espèrey），芒然那高昂的斗志给他留下了深刻的印象："我赶到的时候，敌人正在

34

夜幕掩护下逃跑。燃烧的村庄腾起的火焰照亮了黑暗，我看到
芒然正等着我，脸上挂着胜利的微笑，全然不顾撤退中的敌人
射来的弹雨。我能看出他的平静，那双目光炯炯的眼睛，坚毅
35 的下巴上有一处在法属西非的迪纳（Diena）留下的枪伤。他
发起了这么多势不可当的进攻，那平静而威严的声音仿佛还萦
绕在我的耳边。"弗朗谢·德埃斯普雷坚信芒然在战场上的存
在是不可或缺的。他"展示了自己的价值，所有使他成为杰出
指挥官的品质都是显而易见的——对形势的清晰理解、迅速的
决策、不屈不挠的勇气，尤其是难以形容的个人魅力，这些无
形的力量全部源自他的内心，使下属在他的面前俯首帖耳"。9
未来几周里，霞飞正需要这样的人。

似乎是期待着敌对行动即将结束——一个猎人悄然靠近，
准备捕杀——8 月 29 日，德国最高统帅部进一步迁到卢森堡。
如今，德国人的总部临时安顿在一座了无生气的校舍里，四处
散发着粉笔灰和樟脑球的气味。"我们既没有煤气也没有电用
来照明，只能依靠昏暗的煤油灯，"毛奇在给妻子的一封信中
写道，"因此，今天从各集团军送来的报告使我格外高兴。"他
接着说：

> 在西部，比洛率领的第二集团军报告，他们已经在
> 对阵法国的五个半军团的战斗中取得了胜利。我们都住
> 在一起，我的手下和我本人，就在科洛涅酒店（Hotel de
> Cologne），这里的业主是德国人。它算不上很好，但是
> 在战场上就得将就一下。一个人住得是好是坏都不成问
> 题。我很高兴来到这里，而不是在宫廷里。听到那里的谈
> 话，我就感到很不舒服。陛下对局势的严重性一无所知，
> 这真令人伤心。现在已经有了一种喜气洋洋的感觉，简直

能让我恨上一辈子。现在，我将继续与我的好伙伴们一起工作。对我们来说，只有认真履行职责，我们谁也不怀疑还有多少工作要做，事情到底有多难。[10]

几天前，毛奇发布了一项总指令，概述了他如何看待余下的战役进程。所有现役的法国军团都已参战，并"遭受了重大损失"，他们的后备师也受到了"严重的削弱"，比利时军队处于"彻底瓦解的状态"。预计目前正在"全面撤退"的法国军队将努力为了让俄国人进一步推进而争取时间，同时尽可能重新组织人力。与此相应，德国军队将"朝着巴黎的方向挺进"，以尽可能快的速度移动，"以避免让法国有时间重新组织人员并筹划新的抵抗"。[11] 考虑到他们已经临近一场历史性的胜利，毛奇授权将两个军团从他的右翼转移到东线战场。由于东普鲁士受到俄国两个集团军的威胁，统帅部对此感到不安，而且对法国的胜利即将到来，他们很可能会在东线逃过一劫。事后证明，这个决定造成了巨大而致命的后果。

在他的司令部里，毛奇经历了一番孤独的、几乎是隐修般的挣扎。他查看堆在临时桌子上的地图，研读形势报告，和手下的参谋交谈。每天晚上他都和妻子一起吃饭，享用的是普通而单调的食物，偶尔喝一杯莱茵葡萄酒。霞飞可以依靠完善的内线战略（interior lines）和大量快速反应人员。与之形成鲜明对比的是，毛奇不爱活动，脑子反应慢，仿佛是在水下指挥战争。允许下属自由行动，即所谓"指导性指挥"（directive command）的传统深深扎根于德国陆军内部，而且在1914年，指挥需要跨越的距离遥远，它使毛奇陷于隔绝状态，不确定是否以及何时进行干预。这也使他的集团军司令们自行其是，克卢克对自己从属于比洛的地位大为光火，豪森的第三集团军保持着缓慢而谨慎的步伐，还有迫不及待地想要夺取南锡的鲁普

36

雷希特。在历史上的这一关键时刻，德国的庞大陆军此时已经深入法国，无法指挥或召回。

当德军朝着马恩河开进的时候，阿尔弗雷德·冯·施利芬伯爵那幽灵般的身影在德军的头上若隐若现。在统领德国陆军将近 15 年后，这位前总参谋长于 1913 年 1 月去世。他的作战设计基于一次大规模的侧翼行动，那将颠覆法国人的防线。"整个行动的基本要素是，"他在 1905 年写道，"强大的右翼，它的组建将有助于赢得战斗，使我们可以毫不留情地追击敌人，并一次又一次地将他们击败。"[12] 然而，毛奇始终认为需要对该计划加以修改，于是，随着战争形势变化，他开始做出变更。8 月 20 日在洛林发动攻势的决定是对施利芬强调右翼的第一次偏离。此外，当有了一批后备旅可用时，毛奇把他们派去加强鲁普雷希特的第六集团军。实际上，当进攻展开时，毛奇就开始设想这样一种前景：先让右翼将法国军队牵制住，再以中路各集团军将法军一分为二，从而形成左右两个包围圈。对毛奇来说，穿越比利时的行军"本身并不是目的，只是达到目的的一种手段"。[13] 然而，对施利芬的宏伟构思做的这一关键修改既不为各级指挥官接受，也没有得到他们的理解，他们只是不得不将它付诸实践。

在右翼的末梢，克卢克不断寻找敌人的侧翼，以便可以从那里发起最重要的战斗，将协约国军队的残部击溃并消灭。到第一集团军于 9 月 3 日抵达马恩河，部队已经行军作战 30 天，行程 312 英里。这是一场超人一般的耐力与毅力的表演。沿着比利时的鹅卵石公路，在法国北部绵延不绝的林荫大道上，克卢克的士兵们满身尘土，双脚生疼，肩膀酸痛，在毫无遮拦的阳光下低着头，拖着沉重的步子前行。"行军、战斗，战斗、行军，接连不断，没有丝毫间歇"，克卢克承认。随着部队向前推进得更远，德军的实力逐渐削弱，情况变得越来越糟糕——他们不得不派出更多的部队来守卫交通线，并控制他们侵占的大量人口中心。举例来说，第三后备军团已被派往北部去掩护安特卫普，阿尔贝国王的军队正在那里掘壕固守，一个后备旅留在了布鲁塞尔，控制比利时的首都。[14]

　　现在迫切需要使这场战役圆满结束。施利芬最初布置给第一集团军的任务是从北面和西面包围巴黎，毛奇在 8 月 27 日的"总指令"中重复了这一点。然而，右翼各集团军越向前推进，他们的战线就拉得越长，比洛将军的心里也就越焦虑。为了保持德军各部的联系，他在 8 月 30 日要求克卢克做一个"向内回旋"，使针对法国第五集团军的"胜利得到充分利用"。[15] 这意味着克卢克要将他前进的方向从西南变成正南，然后再转向东南，从巴黎的东面而不是西面绕过去。克卢克几天之前就想到了这一点，所以他马上同意了。他认为，英国人与他们之前的比利时人一样，几乎肯定已经被打垮，不会再造成任何影响。此外，一旦把如今已成残兵败将的法军包围并消灭，巴黎就会像颗熟透的苹果一样落下来。这样一来，至关重要的是，第一集团军要找到法国的左翼并实施侧翼包围，与第二集团军和第三集团军联手进攻，摧毁法军的一个侧翼。一俟完成这项任务，战线便可以合拢，战争也就结束了。因此，8 月 31 日上午，克卢克的部队改变方向，奔赴瓦兹河（Oise）。

　　回到最高统帅部，毛奇已经认可了比洛的"向内回旋"。考虑到通信的延迟，除了盖上橡皮图章之外，他可能也别无选择。但他的战略眼光仍然不同于那些战场上的集团军司令。到了 9 月 2 日，毛奇越发有信心以其中路而非右翼的各集团军打败法国人。因此，暂时放弃巴黎的决定意味着克卢克的集团军将不得不充当他的侧翼警卫，以阻止任何来自法国首都的突击。最高统帅部在 9 月 2 日到 3 日夜间发给第一、第二和第三集团军的无线电报对此做出确认。"意图是将法军从巴黎向东

38

南方向驱赶。第一集团军将成梯队尾随第二集团军，负责保护各个集团军的侧翼。"[16]但为时已晚。第一集团军的前锋第九军团已经越过了马恩河，领先比洛一天的时间。他们不在梯队之中，而是冲在了前面。如果要护卫侧翼，他们就需要停下来，然后挥师向北。

克卢克惊呆了。这道命令不仅令人困惑，而且完全违背了施利芬对右翼兵力的重视。如果停下来一两天让比洛赶上，那么他就会把主动权交还给敌人！克卢克根本无意这么做，所以他下令跨过马恩河继续追击。第四后备军团负责殿后，奉命守卫他的侧翼，但集团军的其余部队要继续前进。9月4日，他电告毛奇，解释了为什么不能执行留在第二集团军身后的命令：

> 第一集团军询问其他集团军的位置。截至目前，在他们关于重大胜利的信息之后，已经多次请求支援。在激烈战斗持续的情况下，第一集团军执行行军命令的能力已达极限。唯有如此，才能为其他各集团军打开马恩河渡口，并迫使敌人撤退……在这种情况下，最高统帅部第2220号命令，即第一集团军分阶段跟随第二集团军，是不能够遵照执行的。只有第一集团军继续推进，才有可能按计划实施将敌人从巴黎向东南方向驱赶的行动。对侧翼的必要保护削弱了进攻力量。需迅速增援右翼。[17]

克卢克固执己见。他的侦察机发现了敌军向南撤退的长长队伍，这证实了他的想法，即如果他能迫使法军退到塞纳河对岸，进攻便可以结束。但他不知道霞飞在巴黎集结了多少部队，也不知道自己的侧翼变得多么暴露。精灵从瓶子里出来了。毛奇对军队失去了控制。

8月30日，在苦苦思索之后，各方同意法国政府迁往波尔多。陆军部长亚历山大·米勒兰（Alexandre Millerand）通知新任命的巴黎军事长官约瑟夫·加利埃尼（Joseph Galliéni），他现在全权负责保卫这座城市，"直到最后一刻"。听到这句话，加利埃尼似乎一时出现了退缩，他拦住了部长，缓慢而从容不迫地问道：他是否明白自己所说的这句话的全部含义？他是否意识到，整个巴黎或其大部分地区可能被夷为平地？米勒兰缓缓地点了点头："直到最后一刻……"[18]

在巴黎防御问题上的残忍态度凸显了法国对当前危机的应对方式。霞飞从来不是一个多愁善感的人，他迅速采取行动，革除了那些他认为软弱或无能的人。鲁菲将军的第三集团军于阿登高原被击垮，在霞飞到访了他的司令部以后，鲁菲将军于8月30日被解除了职务。霞飞看到他"处于高度紧张的状态，发表了对大多数下属的严厉谴责"，于是把他拉到一边，并告诉他把指挥权移交给在边境战役中表现出色的军团指挥官莫里斯·萨拉伊（Maurice Sarrail）。朗勒扎克也没能坚持多久。霞飞9月3日去见他，发现他"犹豫不决，畏缩不前"；他并未丧失才智，可现在却倾向于对每一道命令都提出批评，无法消解弥漫在他司令部里的消沉气氛。[19]朗勒扎克平静地离开了，他确信自己的撤退命令挽救了集团军，但现在由别人来承担这可怕的指挥责任，这让他松了一口气。霞飞用一个意志更加坚定的部下路易·弗朗谢·德埃斯普雷接替了他。

9月1日晚上11点，法国情报部门证实克卢克的集团军已转向东南方向。一支德军的骑兵巡逻队遭到扫射，损失了一个士兵，他从马上摔了下来，在地上留下一个鼓鼓的背囊。法军参谋人员从里面发现一张沾满鲜血的地图，上面展示了克卢克的作战命令及其部队正在采取的前进路线。这证实了几天前通过破译德军无线电密码收集到的情报。[20]现在很清楚了，第

40

一集团军正在向东南方向移动，显然仍在寻找法国军队的左翼。这意味着施利芬计划的一项重要准则——右翼要向巴黎以西推进并包围法国首都——现在已被废弃，德军侧翼完全暴露出来了。

当霞飞下定决心发动大反攻时，英国远征军中与他处于同一地位的约翰·弗伦奇爵士开始崩溃。史密斯-多伦在勒卡托的坚守把他吓坏了，一些幸存者跌跌撞撞，绑腿拖在尘土中，让他担心出现最坏的情况。与朗勒扎克一样，这种悲观情绪令他感到前途渺茫，开始相信失败不可避免。8月30日，他给霞飞发去电报，警告他说，英国远征军"在10天内都无法进入它在战线上的位置"，他提议退到塞纳河后面。[21] 针对其部下所经历的磨难，他在一定程度上反应过度了，而且对朗勒扎克完全丧失了信心，指责后者在蒙斯把他暴露于敌人面前。第二天，他甚至给基钦纳勋爵发了电报，重复表达他这种厌恶感。"如果法国人继续目前的战术，总是一声不吭就从我的左右两翼撤退，并放弃所有发动进攻的想法，那么法国战线上的缺口当然还会存在，而后果必须由他们承担。"[22]

基钦纳并非不明白英国在如此关键的时刻退出战线的后果，读到约翰爵士的电报时，他差一点就失去了他那传奇般的自制力。在要求召开内阁紧急会议之前，他迅速发出一份紧急回电，对这一提议表示"惊讶"。阁员们聚到一起后，基钦纳要求指示弗伦奇在原地按兵不动，且无论如何不能按他的计划后撤，这得到众人的同意。在基钦纳返回陆军部之前，又一封电报发了出去："政府目前极为焦虑，唯恐你们的部队……无法与我们的盟友密切合作……"他回去后看到了约翰爵士的后续电文，其中强烈指责法国人在英军侧翼后撤。[23] 基钦纳意识到他必须果断出手解决这个棘手问题，才能避免一场战略上的灾难，于是他乘坐能赶得上的最早一班火车，然后转乘皇家海军的驱逐舰穿越了英吉利海峡。9月1日下午，他在英国驻巴黎大使馆与约翰爵士会面，并表明了自己的想法。他告诉弗伦奇，远征军将始终按照霞飞的意愿行事。这位英军总司令愤怒得双颊通红，面容因沮丧而扭曲，他发现这次会面极具侮辱性，而看到这位陆军大臣身穿英国陆军元帅的卡其色哔叽军装，就更加深了他的屈辱感。然而这的确奏效了，英国远征军留在了前线。

基钦纳的催促恰当及时地坚定了约翰爵士的信念。现在，霞飞的反攻已经完成了最后的部署。法国最高统帅部于9月4日发布了作战命令："此时应当充分利用冒进的德国第一集团军的位置，并集中协约国左翼各集团军的全部力量予以打击。"24 反攻将在两天后开始，第六集团军从巴黎向东开赴蒂耶里堡（Château-Thierry），而英国远征军和第五集团军则转身面对敌人，准备向北推进。霞飞已经得到英国人支持的保证，并让弗朗谢·德埃斯普雷指挥第五集团军，后者也告诉他自己的部队已经做好了准备。霞飞对行动进展感到满意，他知道一个最重要的时刻已经来临，他的国家命悬一线，但他并未流露些许焦虑。他还是在平常的时间吃饭，胃口也很好。霞飞的宽阔肩膀所承载的重量足以压垮任何稍微软弱一点的人。

或许在所难免，最后一刻似出现一些犹疑。亨利·贝瑟洛（Henri Berthelot）是霞飞最信任的参谋，他倾向于再稍等一段时间，让德国人更充分地落入陷阱，但霞飞担心机会稍纵即逝。9月6日上午，战役开始，他向部队发布了一份口气坚决的公告，针对形势的严峻性发出旗帜鲜明、毫不动摇的宣言："我们即将进行的这场战斗将决定我国的命运，重要的是要提醒各级官兵，向后看的时刻已经过去了，必须以我们的全部力量进攻并击退敌人。不能再前进的部队一定要不惜任何代价坚守他们已占领的土地，宁可战死也绝不屈服。在目前这种局面下，我们不能容忍任何软弱的行为。"[25]
9 点刚过不久，最高统帅部驻政府联络官埃米尔·埃尔比永
（Émile Herbillon）上校来到于前一天晚上迁至塞纳河畔沙蒂
永（Châtillon-sur-Seine）的霞飞总司令部。霞飞此时安顿在
马尔蒙城堡（Château Marmont）里，这是"森林中的古老城
堡"，他占据了一个明亮的小房间，只有一张桌子和几把椅子。
埃尔比永沿着"宽阔的走廊、台阶破旧的楼梯、门闩硕大的古
老房门"一路走来，去觐见总司令。"我刚刚向他敬礼，他就
招手让我靠近标有各集团军位置的地图。他向我展示冯·克卢
克正在转向东方，远离巴黎，朝着英军的左翼移动。在这种情
况下，前线的其他部分继续抵抗德军……莫努里的集团军将迎
战德军的右翼，从侧面进攻。"霞飞这种难以置信的自制力让
埃尔比永感到惊讶。"我永远不会忘记那个时刻，以及他那神
奇的镇定。他用坚决的手掷下了骰子，平静地等待着未来；我
感受到一种无法抗拒的自信，当他握着我的手时，他又和蔼地
笑着说：'现在就这样了，我亲爱的朋友，剩下的一切由天意
决定。'"[26]

就这样了。霞飞一边看着，一边等着。他把头歪向窗户，
听着北方的隆隆炮声；他看向微光闪烁的前线，在那里，两支
大军正展开殊死搏斗。

霞飞预计战役在 9 月 6 日上午开始，但其实前一天下午就
已经爆发战斗，当时，从巴黎出发的莫努里第六集团军的先头
部队与德军第四后备军团在名为圣苏普莱（Saint-Soupplets）
的村庄周围发生遭遇战。第四后备军团原本是从克卢克的主力
部队中拆分出来的，目的是在他继续跨过马恩河时掩护其右
翼，但它的兵力处于很大劣势，要以区区 2.2 万人对阵第六集
团军的 15 万人。[27] 可是他们的行动恰好足以挡住莫努里，同

时紧急给克卢克送去消息，请求他立即赶来。当天早上，一名德国飞行员发现法军长长的纵队在向德军暴露的侧翼推进，他立即发出加急警报，却被认为当前情况"绝对不构成危险"。直到后来，午夜前后，第二军团指挥官亚历山大·冯·林辛根（Alexander von Linsingen）中将再次给克卢克的司令部打去电话，明确表示局势正变得多么严峻，他在噼啪作响的电话线路里大声喊道："巴黎的幽灵已经变成血肉之躯了！"[28] 克卢克这才突然意识到自己所面临的危险，他命令下属两个军团尽快向北挺进。这一策略对于保护其后方至关重要，但它扩大了第一和第二集团军之间原本就已经相当大的缺口，也导致比洛因发现自己的右翼暴露而大发雷霆，他早就对同为集团军司令的这位同僚心怀疑虑。

在 9 月 6 日至 10 日发生的一系列漫长而艰苦的争夺中，莫努里和克卢克在乌尔克河（Ourcq）畔的交锋只是第一场。除此之外，还有弗朗谢·德埃斯普雷和比洛在小莫兰河（Petit Morin）的战斗，福煦和豪森在圣贡（Saint-Gond）的沼泽地的战斗，朗格勒·德卡里和符腾堡公爵（Duke of Württemberg）在维特里（Vitry）附近的战斗，萨拉伊和威廉皇储在凡尔登的战斗，以及卡斯泰尔诺和鲁普雷希特在南锡城下的战斗。每个集团军各自为战，拼命与两翼的友军单位保持联系，小心翼翼地坚守任何一处阵地。无论在哪里，都是近战和混乱，双方的大多数士兵几乎甚至不知道情况到底如何。"搏斗在我们周围展开，从地平线的一侧延伸到另一侧，"一个法国龙骑兵回忆道，"如果长官们都无法理解，我们这些列兵就更是如此……周围都是震耳欲聋的枪炮声。地平线如同被一排排不断爆炸的炮弹笼罩着，我们什么也不知道，绝对不知道。"[29]

4 天来，德军与法军一直在相互角力，每一方都是在一个

45

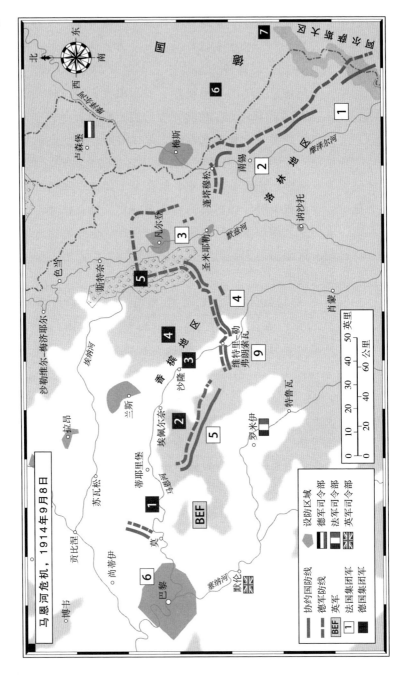

马恩河危机，1914年9月8日

地方获得优势，却在另一个地方失去优势。在大多数地方，德军以极大的勇气、决心和战术技巧作战。9月6日，克卢克的两个军团完成了将近30英里的急行军，到达乌尔克河，然后直接投入战斗。在其他地方，9月8日凌晨，德军的四个师沿着圣贡的沼泽地带发动了猛烈的夜间进攻，把惊恐的守军一举肃清，几乎导致福煦的新编第九集团军全面崩溃，后者在法国中部的防线岌岌可危。尽管战斗十分惨烈，但法军各营仍然表现出近乎牢不可破的意志，坚持前进，并继续承受着可怕的伤亡。即使是克卢克这样不喜欢在谈论对手时流露感情的人，也发现自己对"这些法国士兵"不管遭受了什么"都能够迅速恢复的非凡和独特的能力"感到钦佩。[30]有个德国军官看着法军士兵排成"密集的阵线"发动反攻，并观察到时间如何仿佛放慢然后停止："我今天仍然可以看到那些法国人，在他们前面是一名指挥官，身穿绣着金边的制服，右手举着军刀，左手握着手枪，用一种哑剧表演的方式要求我们放下武器，冯·格拉赫（von Gerlach）上尉也反过来要求他这样做。看见他摇了摇头，上尉马上命令：'开火！'然后在步枪的一轮齐射中，第一排法国士兵栽倒在地，其他人逃走了。"[31]

　　尽管法军各部经常采用笨拙的战术，但在合适的情况下，他们也能造成可怕的破坏，特别是当他们防守的阵地条件不错时。第六集团军多次试图在要塞城市南锡周围粉碎法军，但是9月3日至10日，在"大冠冕"林木繁茂的山丘上发动的正面进攻中，伤亡率高达60%。在这里，德军穿过开阔地带，然后试图爬上一系列岩石陡坡。尽管霞飞从第二集团军中调走了大部分最优秀的部队，但法军仍坚守阵地，他们的75毫米炮表现出色，因其弹片飞溅形成特有的黑色烟雾而赢得"黑色屠夫"的绰号。鲁普雷希特的集团军在8月伤亡3.5万人，在接下来的一个月又损失了2.9万人。第七集团军也参加了在洛林

46

的战斗，在同一时期付出了 6.4 万人伤亡的代价，然而最后还是证明无法突破防线。[32]

南锡保卫战的英雄是第二集团军司令卡斯泰尔诺将军。62 岁的他来自蒙彼利埃西北部艰苦的朗格多克山区圣阿夫里克（Saint-Affrique, Languedoc）。卡斯泰尔诺的战争经历从灾难开始，他指挥了第一次突入洛林地区的进攻，但不到一周就被击退了，可是他没有灰心丧气。作为人们口中的"战斗修道士"，卡斯泰尔诺是一位虔诚的天主教徒，在战场上总有私人神父陪同。卡斯泰尔诺狂热地信奉法国士兵的冲劲，也是在边境战役中被挫败的法国战争计划的设计者之一。他迅速做出调整，监督法军右翼的坚固防御，确保法军不会陷入双重包围的困境。"他有一种本领，能用一句亲切的话语照亮他所遇到的每一张脸庞，让他们瞬间成为自己的崇拜者，"最高统帅部的一个参谋写道，"这个小个子男人，如此机警和开朗，洋溢着诚实与可信。"[33]

但是协约国能否利用德国第一和第二集团军之间敞开的缝隙呢？英国人的位置十分关键。在 9 月 1 日与基钦纳会面后，约翰爵士回到了英军总司令部，调治他那受伤的自尊心，为其部队遭受的损失而苦恼，并等待霞飞的进一步指示。虽然第三个军团的到来增强了远征军的实力，但蒙斯撤退带来的影响随处可见：混编的各营，一队队行进中的伤员；成堆的废弃物资、丢弃的装备和制服；戴红领章的参谋人员正在紧急应对混乱和无序的局面。然而，英军仍然可以在即将到来的战斗中发挥重要作用。9 月 5 日晚，霞飞恳求约翰爵士，说如果他不参战，那将会影响"英国的荣誉"。弗伦奇立即甩开了自己的悲观情绪，并承诺他们一定竭尽全力。[34] 不幸的是，由于混淆了命令，前一天刚刚完成另一次向南进军的英国远征军，到 9 月 6 日上午，距离其预定攻击出发点已超过 10 英里。

英军最终掉转方向，但敌军骑兵的持续进攻让他们行动速度迟缓，对方用机枪和榴霰弹对付进攻者，然后疾驰而去。英国人在第一天只推进了 11 英里，第二天不到 8 英里，最终于 9 月 9 日才渡过马恩河，平均每天只前进了 7 英里。[35] 但是英军的实力在德国最高统帅部的心目中被放大了，他们越来越恐惧地看着己方两个前锋集团军之间的缺口。渐渐地，英国远征军与弗兰谢·德斯佩里将军的第五集团军一起，越来越深入比洛暴露的侧翼，到 9 月 8 日晚间，当收到关于敌军纵队向北挺进马恩河的报告时，比洛的灾难迫在眉睫了。"在这种情况下，强大的敌军很有可能在第一和第二集团军之间形成突破，除非第一集团军在最后关头决定向东折返，再次与第二集团军会合，"他在回忆录中写道，"如果不这样做，并且敌人尾随第一集团军渡过马恩河，第一集团军将面临被迫向西而去的风险。"[36]

毛奇躲在卢森堡那沉闷的司令部里，开始怀疑战役正朝着不利于己方的方向转变。"我几乎无法言说，最近几天我所承担的而且还要继续承担的巨大责任是多么难以想象。"他在 9 月 8 日写给妻子的信中说，"如果付出了这些血淋淋的代价，却没有取得任何实际的成功，那就太可怕了。这几天的局势极为紧张，没有来自远方各军的消息，对危险的意识几乎超出了人的忍耐极限。我们身处的可怕困境常常像一堵难以透视的黑色墙壁挡在我的面前。"[37] 两天来，统帅部几乎没有听到右翼的任何消息。"仍然没有决定，"格哈德·塔彭在 9 月 8 日写道，"第二集团军的情况很危急。"[38] 毛奇向手下司令官发送了信息，试图了解发生的情况，但收到的回复很少，即便到那时，他们仍未能刺破笼罩在战场上的那层不确定的迷雾。9 月 8 日，他命令情报主管里夏德·亨奇（Richard Hentsch）中校去往前线，必要时授权撤退。"指导性指挥"的原则之一是参谋可以代替高级指挥官，因此亨奇虽然只是一名中校，但能够以毛奇

48

的名义发布命令。亨奇是伟大的总参谋部最受尊敬的成员之一，头脑清楚冷静，但他带着一种深深的不祥之感来完成这一使命。他宁愿由一名更高级的官员来代替他的职位，或者至少能得到对方的书面指令。但毛奇什么都没做，这让亨奇担心"万一失败了，他会成为替罪羊"。[39] 他视察了第三、第四和第五集团军的司令部，并确信他们应付得很好。他将会发现，问题出在更西边。

第二集团军司令部位于雄伟的蒙莫尔堡（Châteaude Montmort），这是一座文艺复兴风格的秀丽城堡，以其四座圆形砖塔而闻名，曾是撰写了那部晦涩难懂的 18 世纪手稿《分析机遇游戏的尝试》（*An Attempt to Analyse Games of Chance*）的皮埃尔·德雷蒙·德蒙莫尔（Pierre de Rémond de Montmort）的住宅。具有讽刺意味的是，当天晚上与比洛会面的亨奇可能已经失去了这种机遇。比洛对他和克卢克之间存在的缺口感到担忧，并哀叹手下部队的当前状况。他认为，在过去一个月的作战中，他的部队已经被消耗殆尽，甚至用"灰烬"一词形容。[40] 有一个现实的危险，即从南边上来的敌军纵队包围第一集团军并冲破德军防线，这可能给战役带来无法形容的后果。亨奇从来不是最乐观的人，当意识到局势的严重性，他聚精会神地听着比洛的话。关键是，他几乎没有采取任何方式来反驳比洛的悲观观点，而是毫无异议地接受了将军的评估，向统帅部发送了一份多少有些隐晦的电文，称局势"严峻但并非毫无希望"。[41] 第二天，也就是 9 月 9 日上午，他收到了空中侦察报告，证实英军正在拉费泰苏茹瓦尔（La Ferté-sous-Jouarre）渡过马恩河，比洛此时终于失去了勇气，将右翼向北撤回马恩河畔的埃佩尔奈（Épernay），并下达了全线撤退的命令。

天一亮亨奇就离开了蒙莫尔，最终在马勒伊（Mareuil）

第一集团军司令部的外面找到了克卢克的参谋长赫尔曼·冯·库尔（Hermann von Kuhl）。库尔说，他们正试图在巴黎城下制伏莫努里，而并不太关心英国远征军，因为知道他们或许会慢慢压上来，并可能被德军骑兵挡住。亨奇摇了摇头，他认为比洛的第二集团军处境万分危险，如果第一集团军继续留在目前的位置，它将被向北移动的敌军各部包围！他举起一支炭笔，拿着库尔的地图，画出了他希望第一集团军遵循的路线。为了支持比洛，必须朝东北方向的苏瓦松（Soissons）撤退。当库尔再次表示反对，亨奇透露，他已获最高统帅部"授权"，在他认为必要的情况下发起撤退。"讨论持续了很长时间，"库尔回忆道，"我强烈反对撤退的决定，并一再指出我们在右翼的有利形势。为了继续战斗直到最后胜利，我们已经考虑了所有的选项。"[42] 但是没有用。报告传来，比洛已经开始向后撤，所以也就这样了。"集团军如今陷入了孤立。"库尔去见克卢克将军，把这个消息告诉了他。第一集团军司令"怀着沉重的心情"接受了撤退，下令部队后撤。

在随后的几十年里，当德国军人和历史学家重新探寻1914年战役的遗迹时，亨奇的判断是否正确这个问题一直挥之不去。第二集团军是否像比洛相信的那样已经精疲力竭？如果给他更多的时间，克卢克能击败莫努里吗？撤退的命令是否过早，甚至根本没有必要？这些问题永远不会有答案，尽管马恩河的力量平衡显然越来越不利于德军。德军右翼的力量现在弱于它所对抗的英法联军，尽管德军在战场上依然表现出色，但他们的作战位置处于漫长而脆弱的补给线末端，而且正在耗尽实力。胜利与否也取决于指挥官的勇气和毅力。当霞飞和他的将领们依然保有他们的勇气和毅力，德国最高统帅部，由于战斗的激烈和沟通的困难，从毛奇以降的各位将领变得迷惘而恐惧，只有可敬的克卢克除外。1870年的战败通常被归咎于过分强调被动的防御作战，从那之后，法军一直坚持认为胜利属于坚持时间最长的一方，属于拒绝屈服的一方。1914年，他们是正确的。

当法军指挥官意识到发生了什么，一种疲惫不堪之后的兴奋感席卷了他们。莫努里将军的第六集团军与克卢克第一集团军的战事已陷入僵局，9月9日晚，莫努里给霞飞打电话，告知对方敌人已全面撤退。

"我的将军，"他擦去眼中的泪水，低声呢喃，"那么我确信胜利属于我们了。"43

在第五集团军，弗朗谢·德埃斯普雷将军发表了一份激动人心的公告，祝贺他的部下取得胜利，但敦促他们继续前进。"敌人在两翼顽抗，但中路已被突破，被迫以强行军向东和向北逃窜……这只是初步胜利。敌人被动摇了，但还没有被彻底击败。你们现在面临的是对耐力的巨大考验，你们将不得不进行许多长途行军，参加许多艰苦战斗。"44 福煦也警告他的部下，未来还会有更多的战斗。"德军内部充斥的混乱是我们胜利的前兆，如果以最有力的行动继续我军已经开始的努力，就一定能阻止敌人的步伐，并将他们赶出我们热爱的国土。但我们每个人都必须相信，成功属于坚持时间最久的人。"45

霞飞保持着他一贯的"镇定"。"今天早上，德军的中路已经开始崩溃，"他在9月10日告知普恩加莱，"福煦正在向马恩河移动，到处都能发现敌人仓促撤退的痕迹，敌人的陆军军团，尤其是近卫军团，损失惨重。在右翼，我们正在奋力抵御猛烈的进攻，一切都在鼓励我们满怀希望进一步扩大胜利。"46 东线战场发生了大规模的战事，这个令人震惊的消息缓和了霞飞的情绪。在那边的坦嫩贝格（Tannenberg，又译坦能堡）战役中，俄国对东普鲁士的入侵被击退。法国情报部门截获了一份德军的新闻稿，其中披露了他们如何俘虏了 6 万~7 万名战俘，以及俄国第二集团军已被"歼灭"。[47]几十年来，法国战略一直基于这样一种假设，即俄国将在任何对德战争中扮演重要角色，迫使德国在两条战线上削弱自身实力，同时还要有确保胜利的关键的人数优势。随着俄国人在东普鲁士的沼泽地里像狗一样被猎杀，这种假设现在已随风而去了。如果要打败德国人，那就一定是在西线战场。

在接下来的 4 天里，德国 5 个集团军失去了联系，沿着他们来时的路线后撤，越过了小莫兰河、马恩河，然后跨过乌尔克河——这一线河流已经变成了显示德军侵入法国有多远的标记——最后在沿埃纳河北岸的茂密林地中得以喘息，他们曾努力争取的胜利已化为泡影。"既然法国人在避免一场决战，那么我就应该放弃，"比洛将军 9 月 16 日写道，"现在，这可能会导致我们的行动出现某种停顿。我们正在重新集结……部队需要替换人员，必须休息一下。"[48]对于那些在指挥链上位置较低的人来说，当他们意识到长达一个月的严酷考验不会以香榭丽舍大街上的胜利游行而告终，而只有更多的战斗和更多的行军时，他们心中升起更大的愤怒和困惑。"当时所发生的事情已经极为明显了，"一位观察者回忆道，"我们清楚地知道胜利的前进是什么样子，以及是什么样的精神激励着它。一个月以来，我们一直心怀这种精神，但现在大不相同了。我们不明白，但我们能看得出来，这就够了。"[49]激励德军前进的喜悦和期待此时已然消失，只剩下刻板而正规的专业素养。

德军在他们身后留下了遭到残酷对待的乡村，到处都是空酒瓶，还有在苍蝇纷飞的阳光下发黑发臭的人畜残骸。"电话线杆都倒了，布满弹孔，电线在公路上打着卷，十分恼人。"一个尾随敌军撤退的英军联络官回忆道，"一支破步枪或一把刺刀插在地上，就标志着一个士兵的坟墓，在用过和没用过的

52

弹药中散落着红色的法国军帽，到处都是炮弹留下的深深裂缝。死马躺在地上，大部分都内脏凸出，空气中弥漫着腐烂的气息。远处的田野里是辨认死者身份的肃穆人群，在伏于地面的红蓝相间的制服中移动。"[50] 伤亡数字要过一段时间才能最终确定，它们揭示的是一幅可怕的场景。1914 年 9 月，法军的总损失是超过 1.8 万人阵亡、11.1 万人受伤、8.3 万人失踪。尽管官方数据从未公布过，但是德国的损失似乎少一些。从 9 月 1 日至 10 日这 10 天中宣布的伤亡总数是仅有不足 10 万人阵亡、受伤和失踪。[51]

如此惊人的流血牺牲只带给霞飞稍纵即逝的优势，但他决心充分利用。他打算尽可能地逼迫德国人，所以命令手下各集团军向北挺进，利用敌人撤退的时机，将撤退变成一场溃败。但是，令其非常恼火的是，他的集团军司令官们的步伐跟不上节奏。大量伤亡和几个星期连续战斗的累积效应，加上频繁的暴雨，令法军元气大伤，并且让德国陆军如一份报告所说，"没有丢盔卸甲就与敌人脱离了接触，也没有给对手留下任何胜利的标记"。[52] 尽管人们希望德国人会一路撤退到莱茵河，但是到 9 月 12 日，越来越多的报告涌入法国最高统帅部，称德军正在放慢速度，并在某些地方掘壕固守。现在，克卢克的第一集团军被重新部署在瓦兹河上的诺扬，从这里开始，德军的防线沿着埃纳河以北的贵妇小径山脊（Chemin des Dames Ridge），一直延伸到由加入比洛第二集团军的新编第七集团军占领的克拉奥讷（Craonne），然后再绵延到兰斯（Reims），最后平坦地向东伸展大约 70 英里，抵达仍在法军手中、防御坚固的城市凡尔登。从那里开始，战线折向东南，并延伸到瑞士边境。在 8 月的大部分时间里，它一直如此。

协约国的指挥官们审视着德军的新阵地，一边用双筒望远镜四处扫视，一边嘴里不停咒骂。有一点非常清楚，埃纳河是一条天然的防御带。9 月 13 日，当英国远征军试图穿越时，他们遇到了从远处河岸上方高地上倾泻而下的猛烈火力，几座仍然矗立着的桥梁或是英国人扔过去的浮箱引起了敌人的关注，一阵阵炮弹击中河岸或落在水中，巨大的水柱冲天而起。在接下来的三天里，进一步的攻击只取得了缓慢而艰难的进展，各营被卷入了在森林茂密的山丘和小径上展开的激烈近战，敌人频繁地反击，而所有这些都伴随着不断恶化的天气。9 月 14 日，约翰·弗伦奇爵士命令部下掘壕固守。第二天，霞飞意识到他的前进已经过早地停止。显然，德军"打算接受在埃纳河以北的预设阵地上的战斗。因此，这不再是一场追击战"，他承认，"而是一种有条不紊的进攻，利用我们所掌握的一切手段，继而巩固夺取到的每一块阵地"。[53] 不管霞飞是否意识到，堑壕战已经开始了。

　　在其他方面，埃纳河也是一个分水岭。之后几天，德皇一直在就总参谋长是否应该留任征求意见，9 月 14 日，他命令毛奇请病假。毛奇最初拒绝，声称自己身体健康，但是对任何关心他的人来说，其身体状况下降都是显而易见的。统帅部的一个参谋马克斯·鲍尔（Max Bauer）少校回忆了"毛奇是如何彻底崩溃的。他坐在地图前面无精打采——一个绝望的人"。[54] 官方从未宣布过他的降职，以避免证实对德军在马恩河遭遇逆转的怀疑，于是毛奇如同一个可怜而痛苦的幽灵徘徊在最高统帅部里，象征着 1914 年那个失落的梦想。现在，德国迅速在西线取得胜利的努力宣告结束。

54

第三章

真正有价值的人

　　埃纳河沿岸为期两周的战斗时断时续，协约国军队的进攻被德国的一系列猛烈反击取代。双方都没有取得什么进展。战争陷入了僵局。频繁的大雨使道路变成了泥泞的小径，而白色的薄雾几个小时都不会消散，干扰了空中观察，这是真正进入秋季的第一个明显标记。"日日夜夜，几乎无休止的步枪射击和大炮轰鸣在河谷上空呼啸而过，还有飞机在高空翱翔，尽管那时飞机还不多。对战壕的补给、加固和救援遭遇了严重困难，必须在夜间进行，而且大部分时间里雨水增加了作战的难度"，这是史密斯－多伦对马恩河战役之后反高潮局面的描述。在埃纳河上作战的 6 天里，他的军团已经伤亡 1 万人，尽管士兵情绪良好，但不断增加的损失还是令人气馁。"起初这看似不同寻常，绝无可能，"他哀叹道，"但随着战事发展，我们才明白没有什么不寻常或不可能，适用于开阔地作战的原则在这里并不适用。"[1]

　　霞飞在马恩河取得的胜利被证明是昙花一现。"总体局势仍然没有变化，"9 月 18 日，他在写给陆军部长米勒兰的信中指出，

　　　　英军和我方第五集团军的部队已经击退了猛烈的反击，第五集团军正在占领埃纳河以北贵妇小径那片高地。同样，敌人对兰斯发动进攻的努力也徒劳无功。在城市

以东，直到阿戈讷地区以及阿戈讷与默兹河之间，我们正在取得一些小小的进展。德国人似乎正在撤离沃埃夫（Woëvre）南部。这一切使我们相信，他们正在通过调动和运送部队来增强他们的右翼和中路。与此相应，我们也在改变阵形。[2]

56

　　随着德军在贵妇小径高地上站稳脚跟，法国最高统帅部唯一的选择就是继续将部队调到左翼，试图包抄敌人。霞飞对率领第六集团军打响了马恩河战役的莫努里将军有些失望，他决定组建一支新的力量来完成这项任务。9月20日，卡斯泰尔诺将军被赋予了在法国左翼重新组建集团军的任务，正是他在南锡的顽强防御促使马恩河的胜利成为可能。他将获得一些师和军团——一俟它们可用——包抄德军的右翼。霞飞还安排了一支新的集团军，即第十集团军，在更北边的阿拉斯（Arras）附近集结，指挥它的将是另一颗冉冉升起的新星——长着一张圆脸，出身步兵的路易·埃内斯特·德·莫德休伊（Louis Ernest de Maud'huy）。他曾在马恩河指挥一个军团，再次发动进攻时，他成了卡斯泰尔诺手下。

　　霞飞希望赢得一场决定性的战役，但意识到这可能无法实现。弹药短缺现在变得十分严重。已经耗费了大量的炮弹，特别是最常见的75毫米炮，使政府的库存处于危险的低水平。霞飞四处寻找补给，搜寻了从敦刻尔克到巴黎的所有仓库，同时命令指挥官尽可能节省炮弹。他甚至在9月20日再次写信警告米勒兰，如果炮弹产量不能迅速增加，他们将在短短五周内打光弹药："因此，政府有必要正视现实；火炮弹药的制造必须大幅增加，否则我们从11月1日起将不会再有能力积极参与战争。我估计，为了继续作战，陆军的需求必须增加到每天至少5万发炮弹，每门火炮大约12发。"[3]

57

　　对资源的持续压榨并非法军独有，摆在普鲁士陆军大臣埃里希·冯·法金汉（Erich von Falkenhayn）面前的局势也很危急，他刚刚接替了毛奇在最高统帅部的职务。53岁的法金汉作为一名中将还很年轻，留着灰白的短发、稀疏的胡子，略带嘲弄的眼神流露出强烈的自信。毛奇和许多其他高级军官一样鄙视他，但是德皇对他的能力有信心，希望他接手，相信他就是能恢复军队斗志的"那个人"。⁴甚至他还被允许继续担任陆军大臣，使政治和军事权力前所未有地集中于一人。法金汉也一样几乎没有朋友，而且好像缺乏很多人类的情感，只是以绝对的精准专注于面前的任务。毛奇喜欢音乐和文学，而法金汉几乎没有时间去做这些分散注意力的事情，他是一个不知疲倦的工作狂，冷静、专注、非常专业。他也没有毛奇身上的脆弱。

　　法金汉研究了德军的态势，但并没有留下什么好印象。在一段时间内，他一直对毛奇处理战役的方式抱有疑问，这早不是什么秘密。即使在边境战役之后，统帅部被胜利的消息淹没时，他也刻意地无动于衷。在9月1日访问最高统帅部期间，他告诉毛奇的参谋人员，他们没有取得任何成果。

　　"这不是一次获胜的战役，而是一场有序的撤退，"他抱怨道，"给我展示你们的战利品和俘虏。"可是没有人能做到。⁵

　　尽管德军指挥官从未公开承认实际发生的情况，但德军无疑已在马恩河的战斗中被削弱。最高统帅部甚至拒绝告诉奥军总司令弗兰茨·康拉德·冯·霍岑多夫（Franz Conrad von Hötzendorf），后者不得不对西线发生奇怪的局势反转做出自己的判断。然而，东线的形势却令人鼓舞。尽管已在坦嫩贝格取得了胜利，但要求重新投入对俄战争的呼声越来越高。到目前为止，奥匈军队表现不佳，对塞尔维亚发动了灾难性的入侵，8月底，它被毫不客气地从德里纳河（Drina）对岸赶了回来。另外，这也证明了无法阻止俄军在加利西亚的推进。这一系列的失误引起了德国最高统帅部的担忧，如果不大量投入德国的资源，这个二元君主制国家将无法作战并获胜。法金汉别无选择，只好尽其所能派遣部队去充实在西里西亚新组建的第九集团军，并授权发动一场奥德联合反攻，希望能够吸引俄国的后备部队，以便在足够长的时间里将局势控制住，"为西线计划争取时间"。[6]如今，他正努力掌握一项十分复杂而又难以令人满意的工作，就是在东西两条战线之间平衡资源和人力，它将在未来三年里一直困扰德军的指挥官们。

法金汉认为，最高统帅部和作战指挥部之间的距离，无论是在字面上还是在比喻上，都存在重大问题，因此他将最高指挥部移到阿登地区的沙勒维尔－梅济耶尔（Charleville-Mézières），那里更靠近前线，这将使他能够对作战进行更严格的把控。他还尽最大努力弥补已经开始造成不利影响的弹药和物资短缺，尽管这并非易事。在西线，最近的铁路终点站距离战线也有 5 天行军路程，而且在默兹河与其右翼之间只有一条主要的横向铁路线。后备部队的缺乏也妨碍了德军的自由调度。尽管要塞城镇莫伯日于 9 月 8 日投降，带来了 4.5 万名法国战俘和 400 门火炮，并腾出 5.5 万人以上的围城部队，法金汉仍在竭力为他的计划拼凑足够的作战力量。[7]大多数集团军司令都不愿意从他们的战区抽调部队，统帅部因此不得不另寻出路，包括在德国本土组建五支后备军团。虽然担心这些部队尚未做好战斗准备，但法金汉对此问题并不在乎。他现在需要这些部队。

随着施利芬计划的破产，德国面临着看似黯淡的前景，要在两条战线上进行一场可能持续数年的战争。但法金汉并没有放弃在西方取得决定性胜利的希望。现在的关键战场位于努瓦永（Noyon）——克卢克的右翼正"悬而未决"——和海峡港口之间的北部地区。如果他们能够夺取法国重要的工业中心，切断英军与大海的联系，那么或许可以从毛奇留下的战争废墟中复原一些东西。格哈德·塔彭于9月15日结束了对前线的闪电之旅，他报告说，随着第一和第二集团军之间缺口的缩小，"主要危机似乎已经克服"。[8] 此外，法国人已经精疲力竭。如果德军能够发动新的攻势，塔彭相信他们会取得突破。法金汉知道他需要重新获取主动权，并尽快将部队转移到右翼，因此下令重新部署鲁普雷希特在洛林的第六集团军。与此同时，他向此时已是集团军群司令，负责第一、第二和第七集团军的比洛下达命令，授权他沿战线启动新一轮攻击，阻止法军增援其左翼。第三、第四和第五集团军也接到命令进攻法军的中路。

9月18日，法金汉会见了鲁普雷希特，并让塔彭向对方介绍了自己的计划。直到亚眠地区都没有敌军，但他们知道法军骑兵正在向北移动，所以他们必须迅速行动。法金汉认为一个重要的机遇就在眼前，因此他向第六集团军发出了新的命令，该部将"承担起保护我军右翼的责任"，目的在于"以最快速度决定性地结束右翼的战斗……"[9] 德军工兵和劳工团正在试图修复比利时和法国的铁路网，其中一部分被战火摧毁，或是被比利时或法国破坏者炸毁，直到9月24日至25日夜间，鲁普雷希特的先头两个军团才得以进入防线，将法军赶出索姆河畔的佩罗讷（Péronne）。在其他地方，法金汉决心结束战役开始阶段遗留下来的所有未完成事宜，因为德国军队已经安顿下来，准备长期占领法国和比利时。在安特卫普城外，由汉斯·冯·贝泽勒（Hans von Beseler）将军指挥的第三后备军团已包围该城，现正等待超重型榴弹炮的到来，以便攻占城市的防御堡垒。战争的焦点如今牢牢地集中于北部。

9月28日，安特卫普的围城战开始，轰击外围堡垒的420毫米榴弹炮炮弹的声音让人既熟悉又恐惧。不到一天，拱卫城市南部边缘的两座堡垒已沦为熊熊燃烧的废墟，比利时最高统帅部希望它能作为协约国的北方堡垒屹立不倒。现在显然需要撤离安特卫普，尽可能地挽救部队，同时在撤退结束前挡住德军的进攻。守军兵力不足却毫不畏惧，继续坚守阵地，占领了城外狭窄的一线战壕和防御工事，并以惨重代价击退了德军的轮番进攻。但德军的攻城大炮消灭一切抵抗只是个时间问题。更令人担忧的是，随着法金汉将部队向北调动，比利时人与英军和法军的联系将被切断。如果要守住安特卫普，就需要援军。

想要成为安特卫普未来拯救者的人以一种难以置信的方式出现了，他就是英国海军大臣温斯顿·丘吉尔。到此时为止，他的战争一直是在伦敦进行，德国公海舰队拒绝与英国皇家海军交战，他只能焦急地等待。比利时最初请求伦敦派遣3万名士兵，以保持奥斯坦德（Ostend）和安特卫普之间的公路畅通，但这被认为是不可能的。为了坚定守军的决心，丘吉尔提出派遣一个旅的皇家海军陆战队，甚至建议亲自领导这次冒险。[10]他于10月3日抵达，但发现情况比他预期的还要糟糕。"外围堡垒一个接一个地陷落，"他写道，"巨大的德国榴弹炮发射五六枚炮弹就足以将它们夷为平地……各种物资——枪炮、弹药、探照灯、电话、加固堑壕的材料——都十分欠缺。"丘吉尔认为安特卫普几乎不可能坚持足够长的时间，以等待协约国部队从南方赶来，因此他在安特卫普市待了三天之后，经过一段"焦虑的公路上的汽车旅程，幸运的是没有比谣言更糟糕的事情发生"，到达奥斯坦德并登上一艘军舰返回了英国。[11]

到了10月7日，安特卫普局势危急。内线堡垒遭到猛烈的炮火袭击，越来越多的市民逃离城市，带着他们能够聚拢起

60

来的所有东西，排成长长的可怜队伍逃往乡村。10月10日，
地区长官别无选择，只能在防线最终垮掉的时候树起了白旗。
幸运的是，大部分比利时陆军逃了出来，总数达到7.5万人，
在法国海军陆战队和几天前登陆泽布吕赫（Zeebrugge）的英
军第7师的掩护下向西奔赴艾泽尔河（Yser）。一俟抵达那里，
比军将据守协约国防线的最左端。在英吉利海峡岸边的尼厄波
特（Nieuport），战线消失在一片大风吹成的灰色沙丘中。这
是一支极度疲惫的部队，已经被不间断的战斗拖垮，弹药和补
给不足。但如今已退无可退。当他的人马踽踽前行时，阿尔贝
国王命令不得放弃艾泽尔河上的阵地："艾泽尔河战线是我们
在比利时的最后一道防线，保证这道防线的安全对于总体作战
计划至关重要。因此，必须不惜一切代价守住这条战线。"[12]

在南部，卡斯泰尔诺试图包抄德军在埃纳河上的阵地，
但是进展缓慢。到9月26日，德军进入索姆河畔的巴波姆
（Bapaume），封锁了他的去路。卡斯泰尔诺未能取得进展的
原因有很多，不论到底是什么，这位第二集团军司令似乎都
在洛林的战斗中失去了一些东西。他的儿子夏尔·德·屈里
埃·德·卡斯泰尔诺（Charles de Curières de Castelnau）少
尉于8月20日阵亡，这是一记重创。他现在很疲惫，也很容
易气馁，沉溺于自己的问题，而不是用自身的意志与人格去解
决问题。一位当时见过他的人称，他"庄重、严肃，苍白的脸
上流露出内心的悲伤，但他仍不屈不挠、充满干劲，静静地聆
听……"[13] 10月4日，他的耐心终于耗尽，霞飞请费迪南·福
煦协调聚在北方的各支协约国部队。在给米勒兰的一封信中，
霞飞承认，福煦在他的集团军司令中"从性格和军事能力的角
度来看，具有无可争辩的优势"。[14] 他已成为霞飞最重要的一
位将领。

福煦现在相当于一位集团军群司令，是总司令的助手，因

此比他曾经的上司卡斯泰尔诺更高一级。"他身材清瘦，优雅，流露出非凡的气质，他的多尔曼上衣（dolman jacket）①像手套一样合体，他总是立刻就能引起注意……精力充沛、淡定且诚实，"这是军事学院一个学生对他的描述，"饱满的前额，高挺的鼻子，那双灰蓝色的眼睛直视对方的脸。他说话时不用手势，却充满权威和说服力，声音严肃、刺耳又相当单调，遣词造句表现出严谨的推理能力，甚至对数学公式信手拈来。有时候，他的谈话不容易让人跟上，因为内容丰富，但他让听众保持注意力的办法既有语气上的真诚，也有观点上的精明。"15福煦的崛起引人注目；更重要的是，与卡斯泰尔诺一样，他正在应对一场可怕的个人悲剧。他的独子热尔曼（Germain）在8月被宣布失踪，并在次年被确认死亡。尽管福煦一直希望能有好消息，但这从未影响他继续战斗的决心。

福煦没有浪费时间，马上乘车返回了司令部。他对这一路是这样描述的："道路都被炮火撕成了碎片，却仍然挤满了车队，我们借助被摧毁后草草修复的桥梁跨过河流，穿过在战斗中已面目全非的村庄。"10月5日凌晨4点刚过，他到达亚眠以南的村庄布勒特伊（Breteuil），随后与卡斯泰尔诺交谈。在疲劳中熬红了双眼的第二集团军司令告诉福煦，他的部下已经陷入激烈的战斗，一个军团在努瓦永城外受阻，几个国土防卫师正在向索姆河撤退。因为他必须占据很大的 片战场，所以与正在阿拉斯周围集结的第十集团军保持联系变得越来越困难。卡斯泰尔诺觉得他可能需要撤退，但福煦丝毫没有这种感觉。如果撤退，他们就有可能失去北部的大部分区域，包括海峡港口，并使包抄德军右翼的任何打算化为泡影。所以他们要奋起战斗。"无论遇到什么困难或需要付出多大牺牲"，第二

---

① 指轻骑兵穿的肩部宽松的斗篷式短外衣。

集团军都要坚持下去。[16]

到 10 月 1 日，在阿拉斯已经能看到德军巡逻队了，在接下来的三天里，杜埃（Douai）和朗斯（Lens）的煤矿区被德军占领。前线突然爆发的进攻和随后的仓促反击，将一个个营和团吸进了一场几乎无法控制的旋涡般混乱的战斗。对于协约国来说，现在很大程度上取决于第十集团军司令路易·埃内斯特·德·莫德休伊将军。他是一个爱抽烟斗的洛林本地人，最热切的愿望是解放他的家乡梅斯。他想尽最大的努力维持一种秩序井然的表象，但是别无选择，只能在各营到达后立即将他们投入前线，而他们通常对面临的挑战一无所知。他的司令部里没有打字机或电话，他与部队沟通的唯一方式是在纸片上草草写下命令，然后交给筋疲力尽的传令兵。当联络官从前线回来时，他们总是带着同样令人沮丧的故事："我们整天都在承受敌人的猛烈攻击，在人数上被大大超越。我们没有预备队了，我们的弹药快打光了，我们的部队累垮了，而且在战线上部署得太过稀疏，他们能够把防线守住，这真是一个奇迹。我们需要增援。我们需要弹药。"[17]

在一些地方，战斗双方势均力敌，这种不可预测性能让人发狂，其结果取决于勇气和钢铁的储备。一名法国参谋马塞尔·若诺（Marcel Jauneaud）奉命给维克托·杜巴尔（Victor d'Urbal）送去一道命令。后者是莫德休伊的军团指挥官之一，他的指挥所在阿拉斯西南几公里处，位于靠近前线的一条沟里。若诺刚传达了莫德休伊的命令，就有"敌人的散兵排成一线"攀上附近的山脊。"然后，非常平静的杜巴尔将军，依旧面带微笑地对我说：'现在好好看看。'我刚才看到的排在公路两侧平地上的炮兵连用 75 毫米火炮发射了一轮炮弹，它们纷纷落在山脊上。在爆炸产生的烟雾中，尖顶头盔弹了起来，然后四散消失了。我们看到我方增援部队，武器准备就绪，向前挺进，爬上拉沙佩勒（La Chapelle）山脊，再次将它夺回。这是一次出色的行动！"

若诺蜷缩在沟里，抬头看着满面笑容的杜巴尔。

"中尉，"他说，"现在，请你告诉莫德休伊将军，我们是如何执行他的命令的。"[18]

这就是福煦接手的混乱局面。他尽了最大努力为协约国军队的向前推进注入紧迫感，但这并没有为他赢得朋友。卡斯泰尔诺从未原谅从前的部下成为自己的上司，拒绝听取他的恳求。10月5日晚，当福煦像"一阵风"一样冲进他的城堡，出现在他的司令部里时，即使是一贯镇定自若的莫德休伊也发现自己在福煦的严厉注视下失去了自信。那一刻，莫德休伊正在和他的参谋长讨论放弃受到猛烈攻击的阿拉斯的可能性，但福煦拒绝考虑。他搂着莫德休伊，陪同将军进入一间侧室，然后关上了门。"不必细听，就能知道发生了什么，"一位在场的参谋回忆道，"时不时传出高声的叫嚷，仿佛能让整个房子都颤抖起来。"

"我不想听！"福煦咆哮道，"你明白吗？我不想听！我聋了！我只知道三种战斗方式。进攻！抵抗！滚开！我禁止你考虑最后一个——只能在前两项中做选择！"然后，福煦的声音变得更安静了，"整个第二十一军团？机动？守住防线？撤离？你已经这样做啦？梯队！我们必须找到一条抵抗线……"[19]

对福煦来说幸运的是，到10月8日，阿拉斯的防线得以稳定下来，战事向北朝着里尔（Lille）而去，从那里直到海峡沿岸。莫德休伊的左翼也得到了英军的支持，后者在10月的第一周开始离开埃纳河。将英军向北转移的想法来自约翰·弗伦奇爵士，而他的行动是由不知疲倦的温斯顿·丘吉尔推动的。他向霞飞建议，英军"重新获得其在战线左侧的位置"是有意义的，因为他们在那里更靠近自己的基地和交通线。[20]虽

64

然这让霞飞颇为头疼——他正在艰难地向北调动足够多的法国部队，但最终还是达成了一致，史密斯－多伦的第二军团是率先离开的，在10月1日到2日的夜间默默地从埃纳河撤退，前往贝蒂讷（Béthune）附近的法军左翼。然而，需要一段时间才能将所有英军集中起来，参加霞飞的全面进攻，到那时，鲁普雷希特王储的部队已经在北部占据了重要的阵地。这块阵地将是新的一系列进攻的跳板。

一场大规模的战事隐约出现在北方。10月12日，萨克森部队进入里尔，占领了法国最重要的工业城市之一，夺取了霞飞的一个主要目标，这让霞飞十分恼火。10月13日上午鲁普雷希特成为第一位进入里尔的高级指挥官，他穿过了一大群难民和一队队身穿灰色制服的士兵——他们沿着潮湿又落满树叶的道路向这座城市行进。"在杜埃和里尔之间，里尔的居民成群结队地逃离该镇，"他写道，

> 也许他们以为英法两军会对该镇进行二次炮击。在里尔，人们非常紧张；这不足为怪，因为该镇的一部分已经被烧毁或仍在燃烧。我确实看到了消防队员，但由于一颗手榴弹摧毁了自来水厂，因此没有采取任何措施来灭火。幸运的是，没有风，而且起了一层薄雾。街道上到处都是碎片，明亮的火焰从一些房子的窗户和屋顶上冒出来，还有些房子已经被烧毁。有的地方空气炽热，小街上飘着小团的烟雾，不断传出噼啪声和砰砰声。[21]

最高统帅部于10月14日发布命令，要求德军所有部队集结在里尔和海峡沿岸之间。鲁普雷希特的第六集团军将继续处于防御状态，而新组建的第四集团军则将向前挺进，实施一场

"毁灭性打击"并突破协约国的左翼。在符腾堡公爵阿尔布雷希特（Albrecht）的指挥下，第四集团军在入侵法国的大部分时间里都扮演着辅助角色，但现在它已成为法金汉心里的重中之重。虽然这是一支规模庞大的部队，但它的队伍中少有珍贵的老兵。它的 5 个兵团中有 4 个是由后备部队组成的，其中很多人年纪比较大，还有战争爆发以后加入的大量志愿兵，包括许多渴望为保卫祖国贡献力量的学生。法金汉已经命令他们尽快赶赴前线，他确信他们可以突破防线。当鲁普雷希特的一名参谋质疑这样的后备军团是否有效时，法金汉告诉他，他们将配备比平常更多的重炮，其中大部分是安特卫普围困战的战利品，而且他们的士气"十分高昂"。[22]

几天之内，这场大规模的行动开始了，5 个军团向西行进，荡平了一路遇到的所有骑兵巡逻队或小股民兵，一心要撕裂协约国的防线。刚刚从安特卫普腾出手来的德国部队沿着艾泽尔河岸向比军发起攻击，沿海地区的战斗爆发了，尽管他们无法突破。双方都不知道对方的实力，也都过于乐观地认为可以在北方取得一定胜利。10 月 16 日，福煦收到霞飞的电报，确认了额外两个法国师的部署情况，他希望这能让他们向科特赖克（Courtrai）推进。[23] 但法国情报部门错过了新到的德国集团军的行动，福煦认为他正面对着战线上的一个缺口，如他所说"一个没有部队的地区"，这意味着如果能够迅速向梅嫩（Menin）和鲁莱斯（Roulers）推进，他们仍然有机会包抄德军。他参观了伊普尔市，爬上了中世纪布艺大厅的顶部，眺望着"一片绿色的大海，小小的白色岛屿标志着富饶的村庄所在，还有漂亮的教堂和优美的尖塔。从任何方向都看不到裸露的土地"。这片美景成为福煦后来所谓的"一场极度暴力和野蛮的冲击"发生的地方。[24]

10 月 20 日，由中将道格拉斯·黑格（Douglas Haig）爵士指挥的英国第一军团行经伊普尔，遇到了反方向前行的潮水般的难民，难民们在细雨中浑身湿透。第一军团是英国远征军北上的最后一支部队，幸运地躲过了蒙斯和勒卡托的激烈战斗。现在，它发现自己正处于德国第四集团军行进的路线上，该部正在迅速靠近。黑格在 10 月 16 日见到了约翰爵士，后者告诉他，敌人正在"撤退"，我们"很快就能将他们包围"。爵士还"估计敌人在奥斯坦德至梅嫩一线的兵力只有大约一个军团，不会更多"，并指示他攻占布鲁日。[25] 然而，在德军的强大压力下，协约国取得重大进展的希望迅速灰飞烟灭。那一天，第四集团军终于和迎面排开的英法两国部队发生了接触，攻击了对方的防线，并引发了对协约国是否可能发动进攻的紧急反思。到 10 月 21 日，鉴于黑格所说的"所有这些不确定的、兴奋的和绝望的信息"，他被迫停止进攻，并满足于在伊普尔周边保持一条细细的防线。[26]

没有一个德国指挥官喜欢这个战场。第二骑兵军团指挥官格奥尔格·冯·德·马尔维茨（Georg von der Marwitz）将军看到它的时候，抱怨说，这里不太可能发生决定性的战斗。"我们当然并非嗜血如命，但人人都明白，仅仅取得一半成功是没有任何意义的，而决定性的胜利在很长一段时间内都不会到来。这一地带有上千条河，有绵延数英里的村庄、树篱、河岸和沟渠，甚至还有矿区，这确实有利于防御。我们只能在少数区域推进，当然会很慢。"[27] 对于步兵军官来说，佛兰德地区（Flanders）的问题是难以观察。那里几乎没有高地，平坦的农田被排水沟和小型障碍分割，对防守一方有利。因此，战斗会变成在每一处农舍或树林、战壕线或田地的单独作战。由于在没有对士兵进行战前全面训练的情况下部署了大量新编部队，德军指挥官很快发现，他们的士兵更容易迷路或困惑，或在受到攻击时惊慌失措，需要军官监督。只是，他们确实拥有数量上的优势。[28]

到处都是相同的情况，德军的猛烈袭击席卷了伊普尔的南北两侧，貌似有大量炮火支援，轰鸣声在战线两侧响起，摧毁了破碎的乡村。英军正面对着德国第六集团军的全部压力，敌人向西北方向推进，越过利斯河（Lys），而德国第四集团军则从北边的鲁莱斯方向下来，在伊普尔市周围将守军置于一个越来越紧的钳形之中。在接下来的几天里，激烈的战斗仍在继续，英法两军在潮湿的土地上刨出细细的堑壕，或者在他们防守的农场和村庄里凿出射击孔，拼命坚守。德军各营高喊着"前进"往上冲，而英国人则带着一种德国军官所说的"绝望中的勇气"战斗，因为双方都意识到了这是生死攸关的一战。[29]约翰·弗伦奇爵士在他的回忆录中明确指出："这完全'取决于我们'，通过艰苦卓绝的战斗牢牢地守住我们的阵地，直到获得某种形式的解脱。"[30]

在如今位于圣奥梅尔（Saint-Omer）的总司令部，约翰爵士的情绪好像天气一样反复无常，时好时坏。有时，他对协约国军队即将取得的胜利充满了乐观和热情，这通常是在见到福煦之后，但是其他时候，他又努力克制自己被这场巨大而痛苦的战争淹没的感觉。当他建议将所辖部队转移到法军左翼时，他确信英军有很大机会利用德军暴露的侧翼，但是到了10月21日，在他意识到敌人有多么强大时，他又开始寻找摆脱困境的方法。他甚至向霞飞建议，英军可以撤退到布洛涅（Boulogne）稳固的营地，法军总司令不得不立即阻止他这项提议，并且直言不讳地告诉他"这种事情绝不允许"。[31]但约翰爵士喋喋不休，在寄回伦敦的信中轻松地坚持认为形势是有利的，同时通过私人方式摆脱了他所承受的令人不快的压力。

德国人还在纷纷涌来，10月22日和23日是激烈战斗的日子，英军士兵有时以小组形式战斗，向折磨他们的敌人发出一波接一波的齐射。英国步兵装备的是李－恩菲尔德弹匣式短步枪，这是一种牢固可靠的武器，右手使用可以每分钟射出15发子弹，常常让德国人误以为他们面对的守军士兵比实际要多得多。由于只有3个英军师占据了伊普尔周围一条细细的防线，面对着两倍多的进攻者，这条防线很有可能被突破。幸运的是，法国第九军团作为增援部队于10月22日晚进入伊普尔，奉命第二天发起反攻，这使协约国军队士气高涨，相信决定性时刻就在眼前。法国最高统帅部发布的一份特别的每日命令指出："就我们目前的情况而言，在任何一点上打破最小的平衡都会使局势朝着有利于我们的方向发展。你们在前线面对的敌军……似乎大部分属于新组建的军团，没有太大价值。利用这一点，以最大的力度向鲁莱斯发起进攻……"[32]

然而，进入鲁莱斯不会有盛大游行。协调伊普尔周围的众多协约国部队已经够困难的了，尽管在某些地方击退了德军，但英、比、法三国部队不可能在多个地方行动上进行合作。在接下来的一周时间里，局势依然严峻，从拉巴塞（La Bassée）到尼厄波特的战线上都爆发了战斗，德军在某些地方防守，而在另一些地方进攻。在此期间，伤亡人数继续攀升，令人担忧。例如，史密斯－多伦的第二军团——控制着伊普尔以南的防线——在10月遭受了将近1.4万人的伤亡。再往北，比利时军队也受到了严重的打击。10月15日至25日，艾泽尔河上的比军疏散了9000多名受伤官兵，不包括死亡和失踪人员。[33] 10月25日晚，英军飞机注意到不祥的移动——长长的行军纵队和繁忙的铁路交通指向佛兰德地区，更多的德国人正在赶来，这越发令人担忧。从此时起，协约国军队继续处于防御态势。

这场战役在10月的最后几天达到了可怕的高潮，由两个德国军团组成的一个新集团军被投入战场。马克斯·冯·法贝克（Max von Fabeck）中将是一个久经沙场的柏林人，曾指挥符腾堡第十三军团，被选为新一轮进攻的领导者，因为法金汉已经对鲁普雷希特失去了信心，认为他缺乏必要的动力圆满完成任务。在进攻的前夜，法贝克发布了一道残忍的命令，敦促他的部下实现"决定性意义"的突破。"因此，我们必须而且将要取得胜利，一劳永逸地终结长达几个世纪的拼搏，结束这场战争，并给予万恶的敌人决定性打击。"他们拥有两倍于敌人的兵力优势，将沿着伊普尔的东南侧翼进攻，越过位于城市南边的梅西讷山脊（Messines Ridge），将敌人推向海岸。[34]法贝克尽其所能动用更多重炮，10月31日拂晓，在来到第六集团军司令部视察的德皇的注视下，其下属各师发起进攻。

当天的战斗异常残酷。德国人冲上来了，有时排成密集纵队，却遭到了守军准确无误的步枪和机枪射击。猛烈的炮火让战场上空笼罩着一团肮脏的灰色烟雾。"对于进入一片空旷的甜菜地的轻步兵的第一次冲锋，敌人以一阵密集的步兵火力予以迎击，"一名德国军官回忆起这次进攻，"顽固的英国人不会被赶走，然而，近卫轻步兵以同样的毅力，不顾惨重损失，奋力向前推进。在随行工兵的帮助下，他们成功切割炸毁了铁丝网……通过缝隙或者越过铁丝网，两个连剩余的几个人冲进了战壕……"[35]有时候战斗势均力敌，双方在战线各处展开肉搏，人们用铁锹和木棍、石头来攻击对手。然而，可怕的压力，特别是重炮火力，不可避免地给英军这条薄弱的防线造成损失。刚过1点，一连串炮弹在乌热城堡（Hooge Château）英军师级指挥官和参谋正在开会的房间爆炸。指挥第1师的塞缪尔·洛马克斯（Samuel Lomax）少将受伤，数十名参谋阵亡或重伤。在那一刻，德军攻占了盖鲁维特村（Gheluvelt）。黑格翻身上马朝着前线奔去，他确信，除了去找他的部下和他们一起战死，他已经别无选择。

福煦的司令部位于一个名叫卡塞勒（Cassel）的小村庄，

坐落在伊普尔以西约 20 英里的山顶上。福煦按照他在这种情形下的一贯做法，将预备队送到需要他们的地方，并让自己保持积极的心态。盖鲁维特失守后不久，面如土色的约翰·弗伦奇爵士拜访了他，并传达了这个坏消息。福煦过去几次都拒绝撤退，现在也不打算屈服。至于他们应该到前线去的建议，福煦也不予理睬。

"我们必须先直起腰来，"他厉声说道，"然后我们才能去死。"他随后走到自己的办公桌前，迅速下达了一项指令："绝对不允许后退，要坚持原有的阵地，掘壕固守。"他警告说，任何可能引起恐慌的撤退都会导致丧失整个阵地，并切断英法两军的联系。"可以利用晚上的时间重新组织部队。撤回来没有用，而且在白天撤退是危险的。"[36]

约翰爵士离开了福煦的司令部，得到对方的承诺，法国军队将发动进攻以缓解黑格的压力。这就是协约国军队在第一次伊普尔战役中的情况，一大堆不同的单位在一起战斗，有时是有组织的，有时又不是。在满身泥垢、疲惫不堪、折损严重的各色各样的步兵队伍当中，掺杂着身穿破烂黑色制服的比利时军人、法国的国土防卫部队和海军陆战队，以及下马徒步的英法骑兵。福煦已经算是一位集团军群司令，但比军和英军不在他的指挥系统内，而且约翰·弗伦奇爵士的军衔比他要高，后者是陆军元帅，他只是上将。然而，这似乎无关紧要，协约国军队继续战斗，在必要的地方填补缺口，分担守住防线的艰巨任务。福煦从来都不是擅长外交辞令的人，但他理解自己所处职位的敏感性，并始终以最敬重的态度对待约翰爵士。幸运的是，他和英军副总参谋长亨利·威尔逊（Henry Wilson）是好朋友，他们相识多年，而且威尔逊的法语非常流利。有一天，弗伦奇和威尔逊拜访福煦的司令部，福煦先和约翰爵士握手，看到威尔逊后张开双臂上前，在对方的双颊上分别给了"一个大大的吻"。[37]这些事情减轻了战争带来的压力。

战线总算是守住了。那天下午，伍斯特郡第二团夺回了盖鲁维特那座俯瞰伊普尔的山脊，并在开阔地上实施了迅速而果断的反击。伍斯特团"端着刺刀排成长长的不规则阵线"，马上向前急攻，在冲锋中损失了100多人，但是设法夺回了防线。[38]第二天，德国人再次尝试，并在11月11日以精锐的普鲁士近卫军发动最后攻击，但他们再也不会像10月31日那样差一点就突破战线了。此时，比利时人已经在涨潮时打开了尼厄波特的防洪闸，淹没了艾泽尔运河周边的低洼地带，阻止了任何进一步夺取协约国防线最左端的企图。德军只好止步于把他们的敌人钉在伊普尔四周一个狭窄的突出部，同时承认在伤痕累累的战线上彼此都有一种不愿承认的敬佩感。几年后，一名总参谋部军官奥托·施温克（Otto Schwink）上尉回忆道："在我们对他们施加的强大压力下，敌人的指挥官和他们的部队都没有屈服……这一事实让我们不得不承认，站在我们对面的是真正有价值的人，他们认真彻底地履行了自己的职责。"[39]

11月11日这次被击退的进攻，是德国在1914年最后一次尝试突破防线，它的失败结束了整场战役。随着天气逐渐变冷——到11月20日，地面就积雪了——双方都盘点了他们经历的这场大屠杀。对第四集团军的后备军团来说，佛兰德地区的战斗是灾难性的。许多营往往战斗到全军覆没；有的营从战线上撤下来时已如行尸走肉，只剩下寥寥几个人，溅满泥浆、眼窝深陷。"就在昨天，我们还不确定能不能有一个人活着回去，"一个德军幸存者写道，"你们不可能想象战场是个什么景象……每一寸土地都要争夺，每隔100码就有一道战壕，到处都是一摞摞的尸体！所有的树都被炸成碎片，最大的炮弹把整个地面翻起来有1码深，死去的牲畜，被炮火彻底摧毁的房屋

74

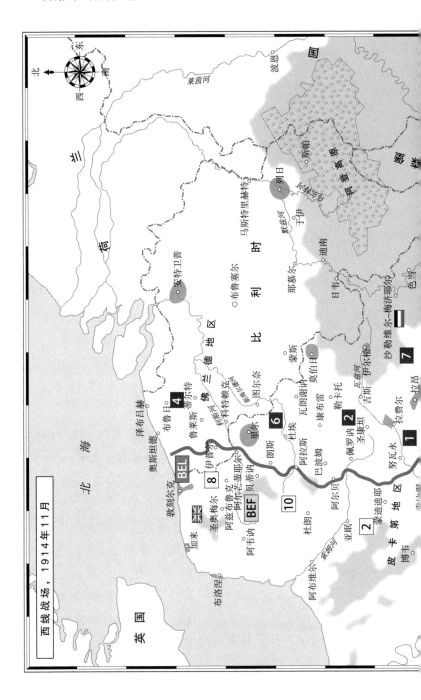

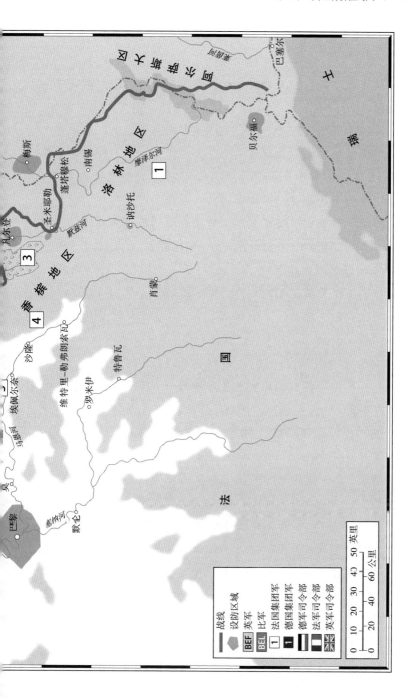

和教堂，再也没有一丁点用处了。"[40] 德军伤亡人数可能高达13.4万人，三个后备军团至少损失了一半的兵力，这为"在伊普尔屠杀无辜者"（Kindermord）中爱国牺牲的伟大神话奠定了基础。[41]

在战争开始之后德军遭受的惨重伤亡基础之上，如果再加上佛兰德地区的损失，就是一个令人震惊的数字。德军至少有80万人伤亡，其中11.6万人阵亡。[42] 损失的规模如此之大，以至于他们无法掩盖，对从前那些有教养的精锐部队造成了深刻的影响。当副官长汉斯·冯·普勒森陪同德皇在杜埃大教堂参加"令人愉快的"圣诞弥撒时，他被列队在外面广场上的第一轻步兵近卫团的样子吓了一跳。"第一近卫团几乎没有军官了！我的眼里充满了泪水！在一个大广场上，他们排成一个敞开的箱式队形。德皇陛下的讲话令人动容。部队给人留下了极好的印象。但是，没有军官。这不可能！"[43]

对英法两国来说，1914年10月和11月的战斗永远不会达到它在德国所拥有的那种神话般的地位，但有关这条战线险些被突破的记忆，人们也不曾忘记。晚年的约翰·弗伦奇爵士回忆起，在那些日子里，"作为一个独立的第一流强国，帝国与被实际毁灭之间，只有一道细细的由疲惫不堪的英国士兵坚守的战线"。[44] 他的部下的英雄主义从未受到怀疑，但代价如此可怕。10月14日至11月30日，远征军伤亡人数超过5.8万人，其中有近8000人在战斗中丧生，使战争爆发之后英军伤亡总数达到8.6万人，超过了作战行动开始时的全部步兵人数。[45] 英国远征军现在只是原来那支部队的一个相形见绌的仿制品，支撑它的是从帝国各地尽最大努力召集起来的人力资源。最引人注目的是由来自英属印度的两个殖民地师组成的印度军团，它在整个10月和11月的防线坚守中发挥了英勇的作用。在其他地方，本土营投入战斗的时间远远早于任何人的预期，但英国严重缺乏训练有素的兵员是无法掩盖的事实，它迫切需要增援。

战斗逐渐平息。虽然步枪和机枪的爆裂声从未离开平坦的佛兰德地区，但战斗的狂暴已经过去。"将军，敌人的攻击已经停止，"福煦在 11 月 13 日写给霞飞的信中说，"他们似乎放弃了夺取伊普尔的念头，从而放弃了从我军左翼包抄我们的计划。你派来的援军真是太好了，他们大部分已到达。在没有敌人干扰的情况下，他们仍在部署当中。"虽然霞飞提出的包围策略没有实现，但福煦相信他们在佛兰德地区仍然取得了一些切实的成果。他估计敌人在这场战斗中投入了 14 个军团，

> 这样的努力证明了德国军官对伊普尔阵地的重视……至于我们，如果我们聚集起协约国的全部兵力并成功保卫我们的海军基地，所取得的战术结果仍然是完全被动的。我们阻止了敌人执行他们的计划，不管他们为了执行计划付出了多么大的牺牲。我们会坚持下去。由于敌人的软弱，在目前的情况下，可以做出对我方有利的重要决策。情况就是这样，将军。我军的抵抗就相当于对他们提出了最高的要求，我们损失很严重，但是考虑到敌人在进攻时的密集纵深队形，他们的损失肯定要大得多。[46]

在对伊普尔的绝望防守中，福煦相信收获了一些重要的东西，这并不像听起来那么奇怪。事实上，在法金汉考虑未来的行动时，未能突破战线并取得决定性胜利给他带来了沉重的压力。加来（Calais）仍在协约国手中。即便伊普尔和凯默尔山（Kemmel Hill）这两个他发誓要夺取的地方性目标，也被证明是力不从心的。11 月 12 日，他被告知，西线德军剩下的弹药储备只够坚持 6 天，这意味着任何进一步的大规模行动当下

76

都不可能了。[47] 除了让战事自行发展，已别无选择，同时他努力从德军的战略迷宫中找到一条出路。11 月 18 日，他会见了帝国首相贝特曼·霍尔维格，直言不讳地告诉他，"我们不可能战胜敌人"，他们需要摆脱协约国联盟中的一个大国，无论是俄国还是法国，否则他们就没有希望击败对手的联合部队，并将被迫陷入一场使自己逐步被扼杀的战争。如果他们可以通过谈判与俄国达成和解——或许要求一些"小小的边界调整"和一笔战争赔款——就能迫使法国妥协。[48]

法金汉意识到，如果不对战略做出重大调整，就无法取得这场战争的胜利，但是他得到的回应是冷冷的沉默和尴尬的侧目。贝特曼·霍尔维格已经在 9 月 9 日起草了一份临时战争目标清单，要求"在所有可以想象的时间里"保障德意志帝国的"安全"。它包括可能要求法国在领土上做出让步，可以是从敦刻尔克到布洛涅的沿海地带和孚日山脉的西坡，支付巨额战争赔款，并让比利时沦为德国永久控制下的"附庸国"。[49] 此外，最高统帅部里出现了越来越多的呼声，认为德国应该改变施利芬计划的主要原则，在东线而不是西线谋求胜利。对于在法国出现的僵局，这是一种可以理解的反应，但随着战争被拖入第一个冬天，面对德国更广泛的难题，法金汉的洞见却遭到了忽视。

"我们要去往何方？" 12 月 1 日，德皇在等待前线的消息时提出了这个问题，"从来没有胜利，总是失败"，他喃喃自语道。

第四章

新状况

"他的个子相当高，脸上的每一根线条都透出活力，眉毛下有一双锐利的眼睛……他穿着简单的卡其色制服，没有任何装饰，热情而简洁地向我们打招呼。"[1]基钦纳勋爵 11 月 1 日抵达敦刻尔克，这就是雷蒙·普恩加莱对双方会面的记忆。随着佛兰德地区的战斗到了危急时刻，英国陆军大臣再次来到法国，与协约国的同行举行了一系列重要会议，敦促他们为陷入困境的英国远征军提供更多支持。霞飞、米勒兰和法国财政部长里博（Ribot）都出席了会议，当福煦从卡塞勒驱车赶来的时候，他的注意力仍然集中在前线的战事上。

"好吧，我们被打败了！"基钦纳在向福煦打招呼时咕哝地抱怨道。福煦听到这句话，严肃的脸耷拉下来。他即刻又恢复了常态，回答说，最重要的是尽快将增援部队投入使用。

基钦纳无动于衷。"1915 年 7 月 1 日，你在法国将有 100 万训练有素的英国士兵。"他这些话指的是在战争头几个月就席卷整个英国的大规模征兵活动。"在那之前，你一个人也得不到，或者说几乎得不到。"

几名法国代表随后几乎是不约而同地突然开口："我们的要求没有那么多，但我们希望尽快得到——实际上是立即得到。"

基钦纳在转身离开前嘟囔道："在那个日期之前，不要有任何指望。"[2]

正如预期的那样，基钦纳断然拒绝过早派遣军队，这在英国的盟友看来难以接受，他们希望看到尽可能多的英国军队尽快来到法国。

"两年，"里博低声对普恩加莱说，"他真的以为这场战争会持续两年吗？"

普恩加莱尽最大努力为基钦纳鼓劲，与这位陆军元帅共进晚餐直到午夜。"我们彼此之间似乎建立了信任，他随着夜幕降临变得相当和蔼可亲"，但每当他催得太急时，他都会使元帅的行为举止变得强硬，让元帅蓝色的眼睛中闪烁着钢铁般的光芒。[3] 基钦纳确信这场战争将是漫长而令人疲惫的，英国必须尽可能明智地利用自己的资源。此外，他并不想创建了一支全新的志愿陆军，却看着它还未准备妥当就被投入战场。即使对法国人来说难以接受，基钦纳的策略还是合理的。英国的"新陆军"只有在大部分战斗结束后才能部署。它将在德国和法国互相消耗殆尽之后保证和平，从而在战争结束时维护英国在世界上的首要地位。

新陆军的组建工作一片混乱，成千上万的平民，包括北方的磨坊工人、伦敦的办公室文员、公共汽车司机以及介于他们之间的所有人都变成了士兵，或者至少是类似于士兵。由于没有征兵的传统，基础设施也很少，他们最初几个月的训练远远不能令人满意。在冰冷的教堂大厅里露宿几个星期，在城市公园里长时间操练，还有假装地进行武器的装填和堆放，因为没有真正的武器闲置可用。战前，陆军大臣理查德·霍尔丹（Richard Haldane）组织了一套本土防御系统，但基钦纳选择自己组建陆军。他将在本土防御系统之外并在陆军部的指导下行事，这是一项经常受到批评但可能是不可避免的决定。霍尔丹曾敦促基钦纳通过各郡社团组建新的师，就像本土防御系统一样，但基钦纳担心这样做会将太多的权力拱手让给地方官员，让他们忽视本土防御的主要职责。霍尔丹不会是最后一位意识到基钦纳总是自行其是的政府官员。[4]

陆军大臣可能坚决反对过早部署他新组建的集团军，然而在 1914 年至 1915 年的冬天，他在国土防卫上逐渐放松，只有少数几个营被派往海外，以鼓励精疲力竭的英国远征军各级官兵的士气。到 1915 年 2 月，48 个国土防卫营被投入海外服役，而满员的第 4 师，也就是北米德兰师已率先抵达法国。[5]虽然这对约翰·弗伦奇爵士的部队是一种受欢迎的、必要的加强，但它并没有增进这两人之间的感情。在敦刻尔克，法国代表团曾暗示，他们仍然怀疑英国的承诺，只是基钦纳提出，如果他们对约翰爵士不满意，就可以将他解职。霞飞本可以抓住机会用威尔逊取代弗伦奇，前者是一位著名的亲法派，他对法国最高统帅部的忠诚可以信赖，但是当基钦纳只提到 61 岁的前地中海地区总司令伊恩·汉密尔顿（Ian Hamilton）爵士的名字时，霞飞感到困惑。他宁愿保留弗伦奇，并向基钦纳保证他会与这位陆军元帅维持"顺畅而友好的"工作关系。[6]

在福煦向威尔逊传递消息时，关于撤换的消息不可避免地被泄露给了约翰爵士。他非常愤怒，派他的副官弗雷迪·格斯特（Freddy Guest）向首相抱怨基钦纳的两面派行为。安抚的话语很快就传到了圣奥梅尔，阿斯奎斯私下向约翰爵士保证谣言毫无根据，而且丘吉尔敦促他不要让"挑拨离间者在你和基钦纳之间造成隔阂"。[7]但约翰爵士从这些保证中没有获得多少安慰，而是越发地将陆军部的主人视为不共戴天的敌人——一个不顾一切地诋毁他的人。这意味着，此时的他比以往任何时候都更加依赖法国人的善意。几天后，他拜访了福煦，为对方的支持和忠诚深表感谢。他想尽快见到霞飞本人，但福煦让他平静下来，建议他"等一等，直到紧迫的事件让我们有更多的自由"。[8]

霞飞旁观着英国最高统帅部内部的裂痕，希望利用它们为自己谋利。约翰爵士误以为法军总司令"拯救"了自己，而他并不知道的是，他在整个9月和10月的碌碌无为，已让霞飞向普恩加莱表示，有必要向英国政府施压，要求他们撤掉英国远征军司令，尽管对潜在替代者的能力并不满意。[9] 至于基钦纳坚持的持久战，坦率地说，是令人沮丧的，是不受欢迎的，这样一个盟友似乎陶醉于让别人进退两难。12月8日，霞飞发布了另一项"总指令"，表明他打算在整个冬天继续战斗。"当下，我们重组部队和补充弹药的工作接近完成。此外，许多迹象表明，德国人已经开始向波兰运送部分部队。因此，现在到了再次发动进攻的时候，以便将敌人推向东北部，让我们为随后对他们的交通线采取行动做好准备。"进攻将采取两次攻击的形式：莫德休伊的第十集团军向康布雷和杜埃挺进，而在香槟地区，朗格勒·德卡里的第四集团军向北边的阿蒂尼（Attigny）进攻。[10] 霞飞希望这场重新发动的攻势能取得重大成果，即便是在隆冬时节，穿越冰冻的田野，在苍白的天空下。就算没能成功，至少它将提供一个机会来检验法国陆军一直在研究的一系列新的技战术。

在阿图瓦（Artois）地区，莫德休伊将军谨慎行事。福煦在12月14日见到了他，两人一致认为这次攻击"在作战方法和缓慢动作上都具有围城战的特点"。"只有在通过仔细观察确保炮兵占优势，充分利用优势做充足准备，以及有可能突破堑壕周边铁丝网的情况下"，才能发动攻击。这次见面中，福煦"强调，重要的是不要走得太快，而要确保一个胜利的结果"。[11] 同一天，朗格勒·德卡里警告下属指挥官，他不会接受任何未能摧毁德军防线的行为，无法突破对方防线已被视为所有攻击中存在的一个主要问题。[12] 但结果证明这要比预期的更加困难，法军的大炮在重量和精确度方面都不足以突破德军

81

的防线。最终结果是一场失败，一场血腥而徒劳的演示，表明在这个奇怪的堑壕战的新环境中，取得重大进展是多么困难。

在阿图瓦地区，进攻开始的 12 月 17 日是非常寒冷的一天，刺骨的寒风吹过冰冻的战场。一阵预先炮击倾泻到德军防线上，但这未能避免进攻者一离开战壕就被步枪和机枪火力撂倒，战壕里很快就堆满了僵硬的尸体和颤抖的伤员。指挥第 70 师的法军指挥官埃米尔·法约勒（Émile Fayolle）少将，看着他的士兵冲向卡朗西村（Carency）。在半小时的猛烈炮火"显然造成了毁灭性的效果"之后，攻击在上午 10 点开始。步兵从他们的前沿阵地刚刚爬出来就遇到密集的火力，进攻失败了。第二天，法约勒又得到两个营，再次把他们投入战斗，但是遭遇了同样致命的火力，又损失了 150 人。在最后一次失败后，他费力地来到由肮脏、憔悴的士兵占领的前线，目睹了恶劣的作战条件。"伤员们整天躺在泥泞中，还要再躺一整夜，冰冷的雨一直在下，"他说，"真是些无名英雄啊！交通壕里的泥浆有 50 厘米深。这场战争太可怕了……我们最终会赢，但为何要坚持这种不必要的损失呢？"[13]

第二阶段行动三天后开始，由第四集团军在香槟地区发起攻击。但同样的伤心故事再次上演，尽管德军的部分防线陷落，例如爆发激战的现场，被炮弹撕碎的佩尔特村（Perthes），但并木有重大进展。"需要根据已克服的障碍来衡量所取得成绩的价值，"朗格勒·德卡里在 1 月 13 日给霞飞的信中警告说，"在对进攻行动进行了长时间准备之后，12 月 21 日针对被围困地区的不同部分的不间断攻击取得了胜利。"朗格勒·德卡里认为，他们应该坚持这种耐心而有条不紊的攻击，"任何其他战术都有可能削弱部队士气"，"坚持不懈地攻击"，就有望"带来重大成果"。[14]霞飞的回答既直率又中肯，凸显出他是一个在最疯狂的时刻也能保持冷静，并且仍然相信有可能取

82

83 　得突破的人。问题在于，他们展开进攻的战线太窄，可能不到
五六百米宽，而且兵力太少。"必须以所有可能的力量迅速发
动突然袭击；如果在这种情况下实施进攻，敌人就无法及时地
重新集结并调动预备队。攻击也应以可用兵力在尽可能宽的战
线上展开。狭窄战线上的侧翼或纵深式攻击通常更容易受到反
击，因为这使得敌人可以将兵力集中在攻击点上……"霞飞还
警告朗格勒·德卡里，所有指挥官都必须"亲临战场"并"亲
自参与进攻"，这样的"尽职尽责，将带来彻底的胜利"。[15]这
种鼓励是霞飞的典型风格，他的进攻意识一如既往，但朗格
勒·德卡里正确地认识到，在不牺牲大量兵力的情况下，法国
陆军不具备在如此广阔的战线上发动攻击的资源或手段。如果
他们试图在每一个地方突破，就很可能哪里也无法突破。

　　协约国方面困惑而有些疯狂地寻找着答案，同样的情况也
出现在战线的另一侧。法金汉未能重启德军在西线的战役，引
发了德国最高统帅部内部激烈的权力斗争。威风凛凛、身材魁
梧的陆军元帅保罗·冯·兴登堡（Paul von Hindenburg）率先
对法金汉发难，这位 67 岁的东线总司令被誉为"坦嫩贝格胜利
者"。兴登堡鄙视法金汉这样一个暴发户，不相信他所认为的那
种过度失败主义，一再主张应当在东线战场积极作为。1 月 9 日，
他致信德皇，声称如果所有增援部队都被派往东线，"对东普鲁
士的敌人造成决定性的，甚至可能是毁灭性的打击并不困难"。
向西线投入更多的部队"只会加强我们的防御力量，或者像伊
普尔那样"——在这里，他克制不住对法金汉的攻讦——"导
致伤亡惨重的正面进攻，而成功的概率很小"。[16]
　　兴登堡出身于波森（Posen）一个古老的普鲁士家族，深
84 　受德意志军国主义传统的影响，12 岁时便加入了学生军训队，
并参加了 1866 年和 1870 年的战争。1914 年 8 月，本已退休

的他重新出山，登上了前往东线的快车，并在坦嫩贝格战役前被及时授予第八集团军的指挥权。在途中，他通过介绍认识了新任参谋长埃里希·鲁登道夫，后者刚刚在列日立下了战功。两人很快形成了一种难以想象的亲密伙伴关系。兴登堡身上具有典型的实用主义和庄重严肃特质，总是表现出一种力量，而且几乎总保持沉着冷静，但比他小 18 岁的鲁登道夫则是这段关系的核心，有强烈的职业操守和不屈不挠的进取心。两人都从来没有接受决定性胜利的时代已经过去这种观点，他们都认为俄国人是可以打败的，而且，一旦德国解决了东方的问题，就可以对英法两国做最后的大清算。但正如兴登堡所言，这只能发生在"一个被打倒在地的俄国的尸体上"。[17] 如今，头戴着坦嫩贝格的胜利桂冠，兴登堡和鲁登道夫试图为德国重新制订战略。这两个人的威望使他们成为可怕的对手。

　　至于法金汉，他从未被对俄决战的说辞说服。受拿破仑 1812 年那场注定失败的战役的困扰，他相信恶劣的天气、糟糕的路况以及俄国的广阔战略纵深，都排除了取得影响深远的胜利的可能性。无论如何，"相信一旦打败俄国，我们在西线的敌人就会做出让步，是一个严重的错误"，他后来写道，"东线的任何决战……都不能避免我们在西线战斗到底"。[18] 1 月 12 日，他在访问总部位于兴登堡家乡波森的"东线德军最高司令部"（Oberbefehlshaber Ost，简称 Ober Ost）时，听到了有关不可能在法国取得胜利的言论，以及在他背后那些令人不安的沉默和耳语。他离开波森时，并未对是否会向东线派遣增援部队做出承诺。直到回到柏林，再次面对奥地利人愈加疯狂的电报［后者正试图保住加利西亚的普热梅希尔（Przemyśl）市］之时，他才同意向南方前线部署更多的部队，作为所谓"南方军"的一部分，东线德军最高司令部可以酌情使用。[18]

　　这只是一场激烈的意志之战的开场白。在授权德国部队向东转移后，法金汉更进一步，命令鲁登道夫向"南方军"汇报，从而拆散了东线德军最高司令部里这对日渐强大的搭档。兴登堡立即意识到法金汉想要做什么，并决心加以阻止。他写信给德皇，要求撤掉法金汉，重新任命鲁登道夫，使后者再次成为东线的支柱。只需"寥寥几笔，通过恢复之前毛奇的总参谋长职位，并让鲁登道夫回到他在波森的参谋长岗位上，在东线部署新的军团，（他）就可以再次为国家带来平静、安全和信任"。而且，如果法金汉不被解职，那么他就辞职，这谅必会引起公众对这位在战争中取得无可争辩的胜利的德军指挥官的命运的广泛怀疑和担忧。[19]

但是毛奇没有官复原职。解职后，他被派往安特卫普指挥围城行动。比军要塞的陷落短暂地让他振奋起来，但他无法回到最高统帅部，即便他还在希望自己只是被暂时搁置。10 月下旬，他因严重的胆囊感染而病倒，数周时间卧床不起。当汉斯·冯·普勒森去医院探望他时，毛奇从床上挣扎起来，说他感觉好多了，"想重新挑起这副担子"，而普勒森只是敦促他继续康复，他在日记中吐露，毛奇的复职是"不可能的"。[20]毛奇的确在随时了解事态发展，定期写信给德皇，并从 1915 年1 月起敦促他重新调整对俄战略。如果他们能够在东线达成有利的和平，那么"在我看来，这场战争就算是取得了胜利"。[21]可是再也没有人征求毛奇的建议，他在柏林被安排了一系列乏味的参谋职位——沉湎于自己的不幸，并半心半意地加入了针对法金汉的种种活动。

在最高统帅部里，德皇是一副消沉的形象，他担心不断的争吵和内讧可能会破坏德国的战争努力，并向他的助手发誓，他将因兴登堡的傲慢无礼而开除他的军职。自从战争行动开始之后，威廉二世一直努力在战争中找到自己的位置。毛奇曾受命接替受人尊敬的施利芬，他的倒台是对德皇个人的沉重打击，他现在发现自己被困在司令部里，只能在地图上绘制出战争的进展，却奇怪地无法参与其中。他经常获知前线的消息，而且很喜欢听德意志英雄主义的浴血故事，通常是晚餐后在壁炉边讲述的那些，但这只会激发他对真实事物的兴趣。他在 10 月访问了前线，到达离战壕 1000 码以内的位置，这鼓舞了他的精神，使他"充满了战斗的欲望"。[22] 然而，在其他时候，他却情绪低落，觉得自己就像是一个无用的闲散之人，只是被那些重大的历史事件一路推着，同时挣扎着鼓起勇气与之对抗。

德皇小心翼翼地捍卫自己任命和罢免总参谋长的权力，对越发高涨的反对法金汉的呼声并不买账。贝特曼·霍尔维格以及包括毛奇和鲁普雷希特在内的许多高级军官都希望他离职，后者在第一次伊普尔战役中失去了对法金汉的信任。尽管德皇明确表示，他对法金汉保持信心——至少目前如此，但他确实做了让步，任命维尔德·冯·霍恩博恩（Wild von Hohenborn）少将担任陆军大臣。他还将鲁登道夫调回波森，并授权在东普鲁士部署包含四个新组建军团的第十集团军。然而，战争进入新的一年后，德国最高统帅部内部的紧张局势仍未缓解。现在德国的战略思想有两个极端。在统帅部，法金汉试图找出一种方法，使德国的军事态势与其政治目标相匹配。而在东线，兴登堡和鲁登道大则努力用传统方式，以德国军队的一场猛烈的粉碎性打击赢得这场战争。而德皇在二者之间紧张地坐立不安，仿佛是一个不可靠的风向标，一会儿指向这边，一会儿又指向那边。

威廉二世在名义上是战场上的陆军最高指挥官，但 1914 年 8 月以后，他允许总参谋长以他的名义发布命令，而他本人既没有相应的气质，也不具备把控细节的能力，因此他无法干涉具体的军事事务。他缺乏指挥地面作战的能力，这使他游移不定地转向海上作战。长期担任帝国海军大臣的阿尔弗雷德·冯·提尔皮茨（Alfred von Tirpitz）海军元帅，也是创建德国大舰队的人。这支舰队大部分仍被封锁在威廉港（Wilhelmshaven）里面。他于 1 月 2 日见到了德皇，发现其周围的"壁垒比以往任何时候都更加难以逾越"。当德皇宣布现在是舰队"真正做些什么"的时候，提尔皮茨试图将他说服。"这正是德皇的特点，他不会下任何决心，也不会承担任何责任，"他抱怨道，"但是不能诱导他决定该做什么，我总是抓住一切机会向他慷慨陈词，可他只是一味地逃避我。"23

对德皇来说，问题在于皇家海军貌似无敌。到 1915 年的前几个月，他们在主力舰上的优势达到 3∶2 的比例，这意味着在北海进行的常规海战除了歼灭德国公海航队，不可能取得任何其他战果。24 正是鉴于此种困境，他考虑了海军参谋长冯·波尔（von Pohl）上将提出的建议，以更激进的方式使用德国 U 型潜艇。英国的封锁每个月都在加强，有效地切断了德国与国际市场的联系，阻止了德国进口原材料和食品。尽管柏林抗议说，这违反了区分各种违禁品的 1909 年《伦敦宣言》（Declaration of London），它理论上允许德国进口食品、石油和棉花，却并没有什么效果，国际舆论坚定地站在英国一方。因此，除非用潜艇反制英国，否则德国最终将会因饥饿而屈服。

德皇和贝特曼·霍尔维格首相都对如此大幅度地升级海战持谨慎态度，并担心击沉中立国船只，特别是美国船只会造成的影响。提尔皮茨也需要同意这一计划。他不确定德国是否有足够的力量果断出击，因为德国目前只有 34 艘 U 型潜艇可以参与作战，而且他希望有更多的时间来筹划这样一场行动。对于在不确定其货物或目的地的情况下击沉船只，也有人就其合法性提出反对意见，但问题的最终解决还是要靠一场决定性的胜利，不论是在陆地上还是海上。2月4日，德皇视察了威廉港的舰队，随后签署了一项命令，警告"所有商船避开法国的北部和西部海岸，因为德国打算利用所掌握的一切战争手段针对英国的运输系统和运往法国的弹药进行打击"。此后，不列颠群岛周围水域的任何商船或中立船只都有可能被摧毁，其船员会葬身大海。[25]

12月攻势的失败开启了协约国漫长的失望季节，西线战场上德军的真正实力变得显而易见。现在到处都可以看到迅速强化的外层防御工事，数百英里长的沙袋和木制矮防护墙上散置着机枪掩体，全都覆盖着不断加长的卷曲的带刺铁丝网，就像在军队驻扎的地方长出来的一丛丛恶魔般的杂草。一个法军列兵在1915年2月的家信中记录了这片土地是多么快地就被战争扭曲出了一种死神徘徊不去的可怕景象：

> 当我们11月来到这里时，这片平坦开阔的土地非常壮丽，目之所及的田地里种满了根茎作物，点缀着富裕的农舍和成堆的玉米。现在，它成了一片死亡之地，所有的田地都被翻开和践踏，农场被烧毁或成为废墟。这片土地孕育出另一种作物——顶部有十字架的小土堆，或者只有一个倒置的瓶子，里面放着长眠在下面的那个人的身份证件。当我沿着沟渠或凹陷的小路奔跑以躲避敌人的弹片和砰砰的机枪扫射时，死亡的翅膀多久会与我擦肩而过一次呢？

有些战壕的情形已经十分可怕，它们的墙壁由尸体支撑，肉体在寒冷空气中发黑。在一个被人遗忘的地方，甚至有两只高筒靴朝上立着，"鞋尖露在外面，高度正合适"，这不可避免地引发了把德国佬当作衣架的黑色幽默。[26]

无法预见能否以及如何打破僵局并恢复机动，但最近的失望并没有削弱福煦对胜利的信念。他在元旦那天写信给霞飞，介绍了自己在阿图瓦地区的挺进计划：

> 目前，我们仅限于为进攻做准备，且正在将这一准备工作迅速推进。事实上，在阿拉斯正面，特别是阿拉斯以北，我们的态势可以总结如下：法军的炮兵无疑在数量上优于敌人，而在位置上也优于敌人；在任何情况下，只要敌人想采取行动，我军就可以通过压制敌人的炮火来维持优势。总而言之，敌人几乎一直保持静默。法军的大量步兵只是由于敌人的庇护所和各种障碍物，才被德军步兵阻挡。

福煦解释说，他们的野战炮被移动到尽可能靠近敌军堑壕的地方，大致相距900~1500米，然后置于坑中或有掩蔽物覆盖。如果能够摧毁敌人的防线，他相信自己的部队将可以前进。联络官确保能够与部署妥当、准备前进的步兵营保持密切联系。"这次任务将在第十集团军的正面执行，以同时在多处发动进攻为目的。只要雨一直下，这就是我们所能做到的全部。当天气转好，我们就会受益于这些充分的准备工作。我仍然对此很有信心。"[27]

除了在西线作战，法国没有其他选项。战争近在咫尺，真实存在的切身利害关系意味着战争策略的核心问题是如何击败德国陆军。尽管如此，随着战争的扩大，向其他战场派遣部队的问题变得更加紧迫。法国政界人士对此特别感兴趣，他们在8月30日后被迫流亡波尔多，最近回到了巴黎，现在渴望着重新控制战争。在12月22日的一次特别会议上，国民议会代表

投票决定留在巴黎，直到战争胜利结束，并开设了一系列的议 90
会调查机构，即所谓的"委员会"，它们调查战争的各个方面，
从征兵到弹药和医疗。[28]霞飞从 8 月开始几乎享有了独断专行
的权力，几乎没有时间应付这种业余水平的干预，并尽其所能
挫败他们。他阻止议会代表们访问前线，并反击那些认为战争
运作效率不高的观点。

在苏瓦松附近的埃纳河北岸重新爆发的激烈战斗无助于霞
飞的后防线行动。法军最初在 1 月 8 日发动了一系列横渡河流
的进攻，并成功夺取了 132 高地这个重要阵地。为占领高地而
展开的争夺持续数日，法德两军的步兵冒着冻雨和冰雹，在猛
烈炮火下跋涉。1 月 12 日的一次重大反击中，法军战壕"被
炮弹淹没"，被迫从河流北岸几乎全部撤离，并引发了人们对
德国即将恢复进攻巴黎的担忧。虽然情况并非如此，但这次失
利的突然性和决定性还是在巴黎引起了不安。随后几天里，霞
飞甚至不得不聆听陆军部长米勒兰有关法军作战中需要更好地
集中炮火的训斥，这不出所料地引发了激烈反应。第二天，霞
飞发来一封怒气冲冲的电报，威胁说如果政府对他缺乏信心，
他将辞职，但米勒兰做出了让步，并承诺给予他坚定不移的支
持。为了摆脱尴尬，霞飞四处寻找替罪羊，最终撤掉了亨利·
贝特洛（Henri Berthelot）将军，他曾是最高统帅部负责作战
和情报的副参谋长，在苏瓦松指挥了几个后备师。[29]

"苏瓦松事件"的不幸后果只是让人们更加关注在海外取
得迅速胜利的可能性。1914 年 10 月底，针对奥斯曼帝国的战
争行动开始，尽管英国率先反对土耳其，但包括司法部长阿里
斯蒂德·白里安（Aristide Briand）在内的许多法国高级政治
家都渴望干预巴尔干和地中海地区。当霞飞听到这件事时，他
决心阻止所有这样的预期成为现实，他认为这将转移西线战场 91
所急需的兵力。1 月 8 日，他编写了一份简报，阐述了为什么

不应将法国军队派往外围战场（在当时，有人建议派他们去和奥地利人作战）。他们没有足够的剩余人力来这样做，但最关键的是在战略上存在重要缺点："我们的目标是在主要战场打击敌人。"显然，这一主要战场位于德国集结了最大规模的最优质部队的地区。"我们要打败的不是奥地利，而是德国。"[30]

对于英国来说，情况有所不同，或至少看起来是这样。几乎就在霞飞努力掌控法国政府的战争计划时，基钦纳也在伦敦考虑详细阐述这些计划。"有一种感觉逐渐在我的头脑中占了上风，尽管保卫我们所坚守的防线至关重要，但除了完成这项任务所必需的部队之外，其他部队可以在别的地方发挥更多作用。"他在1月2日给约翰·弗伦奇爵士的信中写道，"可以'在哪里'取得有效进展，这个问题包含着很多的可能性，需要进行大量的研究。您的参谋人员有何看法？"[31]基钦纳的信写得正当其时。他正在考虑一项提议，派遣一支海军远征军去打开达达尼尔海峡，希望能以这种方式让奥斯曼帝国退出战争。至于西线，已经归于平息的战况令他不满和困惑。在陆军部里他那座孤零零的塔楼中，基钦纳在地板上踱来踱去，努力寻找解决方案。

"我不知道该怎么办，"他告诉外交大臣爱德华·格雷（Edward Grey）爵士，"战争不应该是这样的。"[32]

在法国，约翰爵士对基钦纳的来信既震惊又蔑视。如果具备足够的大炮和弹药，就"可以"突破战线——他在整整一年时间里都将保持这一立场。最好的行动方案是与舰队一同沿佛兰德海岸发动进攻。如果能得到足够的增援，约翰爵士相信他们可以向奥斯坦德和泽布吕赫挺进。[33]但他的想法毫无结果。经过战争委员会的讨论后，基钦纳以一封直言不讳的回信告知他，"在当下，这样的进攻获得的优势与要付出的巨大损失不相匹配"。此外，约翰爵士所要求的增援规模"只有在未来增

援部队的组织结构发生重大变化时才能提供"，而且无论如何，
都没有足够的时间供应他所需要的弹药。"你已经指出，在这
场战争所创造的新状况下，进攻作战需要大量的火炮弹药，即
便是 10 天或 20 天，也需要为每门大炮每天准备 50~100 发炮
弹。而且，除非储备能够累积起来以满足这样的消耗，对堑壕
中的敌人展开大规模进攻作战是不明智的。"[34]

约翰爵士和霞飞可能都对次要战线抱有不信任的态度，但
他们并不能总像他们希望的那样充分合作。在 1 月下旬与霞飞
会面后，约翰爵士同意将英军防线向北转移，接替伊普尔周围
的两个法国军团，以将其解放出来去参与其他地区的作战。到
目前为止，英国远征军已被重新编成第一和第二两个集团军，
分别由黑格和史密斯 - 多里安指挥。约翰爵士希望黑格的部队
在拉巴塞以北与莫德休伊的第十集团军一起发起进攻。然而，
承诺中的英军增援部队未能抵达，因为这个常规师已被改派前
往达达尼尔海峡，约翰爵士不得不承认，他暂时无法接替其中
一个法国军团。2 月 18 日，他写信给霞飞，确认正给他派来一
个本土师，该师"在被送进战壕之前需要一些训练"。得知此
事后，霞飞对这最新一次的冷遇，努力抑制着自己的愤怒。在
他看来，这再一次表明英国没有认真对待这场战争。他在 2 月
19 日回信告诉弗伦奇，他收到的部队"虽然素质较差"，也不
应阻止他把法国部队替换下来，如果不这样做，"我将无法实
施我所计划的攻击"。[35] 他立即取消了第十集团军的进攻，让
英国人独自发动攻击。道格拉斯·黑格爵士的第一集团军将于
3 月 10 日在新沙佩勒村（Neuve Chapelle）展开独立行动。

关于战壕正面以及如何进攻和向何处进攻的争论，将是未
来三年一直存在的主题，也是协约国之间经常出现严重分歧的
话题。虽然霞飞和法国最高统帅部希望利用尽可能多的英军力
量来实现法国的战争目标，但伦敦对于全力投入西线战场持谨

93

慎态度，它本能地转向别处，既要保持战略独立，又要实现更广泛的帝国目标。目前，英国试图在两条战线上控制战争，期望约翰爵士能在法国付出最大努力，同时将越来越多的资源转移到地中海，在那里，针对奥斯曼土耳其的战事即将开始。以君士坦丁堡为目标的海军行动于 2 月启动，小心翼翼地展开，英法两国的舰只遭到海岸炮台的攻击，而漂浮在狭窄海峡中的一排水雷被证明极为有效。3 月 18 日，协约国失去了三艘战舰，另有两艘受损严重，随后协约国撤退，并开始计划对加利波利（Gallipoli）半岛发起大规模两栖攻击。这次袭击最终发生在 1915 年 4 月 25 日，从而开启了达达尼尔海峡上旷日持久的剧痛。

在大多数战争中，寒冷天气的到来几乎总是会暂停作战行动，但 1914~1915 年不是这样。在东线，德军的新攻势于 2 月 7 日开始，以两个集团军在暴风雪中奋战，打击格罗德诺（Grodno）周围的俄国第十集团军。俄军遭受了可能高达 20 万人的可怕伤亡，其中包括 9 万人被俘，但是增援部队稳住了局势，随后发起了反攻。[36] 作为一场战术和作战层面的奇观，"马祖里（Masuria）冬季战役"令人惊叹，但是从战略角度上看，它并没有改变什么。俄军仍在作战，似乎并未濒临彻底失败。在最高统帅部，法金汉只能哀叹自己运气不佳。正如他一直警告的那样，在可预见的未来，如果将预备队部署在东线，将迫使德军在西线只能进行防御作战，把主动权交给敌人，而敌人将毫不迟疑地采取行动。此外，定期报告显示，协约国的兵力日益强大。截至 1915 年春季，据估计协约国将向战场投入多达 22 个新师，德国情报部门报告说，基钦纳的第一个新集团军将于 2 月到达前线，另一个也将在 4 月抵达。[37]

在法国和比利时，冬天慢慢过去了。圣诞节是短暂的节日友好时刻，但在大多数区域，前线的生活是讨人厌的寒冷与饥饿的结合，夹杂着偶尔出现的死亡与恐怖的瞬间。战线的某些部分现在已经稳定下来，敌对双方都愿意保持这种状态，但其他部分仍是一派疯狂的场面。在位于西线战场正中央的香槟地区，战斗从未真正停止过。这里是霞飞选择的战场，法军必须突破此处的德军防线。如果能够在这一区域向前推进，切断为数十万德军提供补给的沙勒维尔－梅济耶尔铁路线，那么就有可能重新开启运动战并取得决定性战果。法国第四集团军在整个冬天持续获得增援，到2月中旬发动进攻时，它拥有5个军团共15.5万名士兵，配备879门火炮，其中有110门重炮。[38]计划是由两个军团在佩尔特村周边首先突破德军防线，然后在战线上展开一系列后续进攻。正如之前在马恩河所做的那样，霞飞鼓励他的将领们抓住即将到来的时机。"我寄希望于你们，并且对第四集团军充满信心，"他在攻击前夜给朗格勒·德卡里发去电报，"为了使你能够充分利用取得的成功，现有一切力量将随时为你们提供支持。"[39]

朗格勒·德卡里的任务是艰巨的。德军工兵部队已经在炮兵的大力支援下，将他们1914年的临时防线变成了精心修筑的野外工事，而激烈的战斗已经将这片土地变成了一片废弃的荒地。香槟地区的高地"由白色的易碎石灰岩构成，仅覆盖了一层薄薄的表土"，一位德国观察者回忆道，"每一块弹片，铲子的每一个动作，都会暴露出发光的岩石。这片乡村几乎没有水源，只有稀疏的植被。笨重的，常常又是扭曲而低矮的松树，聚在一起形成一片片林地，通常是狭长的带状，像凸凹不平的盾牌上的铁条……在森林之间，有大片的草地和休耕地块"。[40]在被刺骨的西风席卷的这片贫瘠大地上，成千上万的法国士兵和技工辛苦地为一场大规模进攻做准备：挖掘战壕，修建道路，运送成吨的物资、弹药和食品。

95

2月初的突然变暖导致冰雪融化，地面很快变得危险难行。直到 2 月 16 日，攻势才开始，进攻者再次奋力挺进。脸色晦暗、瑟瑟发抖的法军步兵排成长长的队伍向山上的一串德军阵地发起进攻，却面临着对手的毁灭性火力攻击。有几处取得了进展，但随后不久迎来猛烈的反击，形成了僵局。1914年 9 月从马克斯·冯·豪森手中接任德国第三集团军司令的卡尔·冯·艾内姆（Karl von Einem）将军清楚地知道法国人的企图。"下午传来消息，在大约 9~10 公里宽的战线上将有一次大规模攻击，从战俘那里很快就得到确切消息，正在进攻的是法国第一、第四和第十七军团，"他写道，"目标是在司令部所处的武济耶（Vouziers）取得突破。"猛烈炮击持续了一整天，德军防御工事遭受了一场"狂暴的飓风"。最高统帅部提出派遣增援部队，但由于没有立即到达，艾内姆试图联系法金汉，解释他们正在面临的巨大挑战。当电话最终接通时，总参谋长只能给他一个后备师。

"你们能不能坚持住？"法金汉问道。

"能。"艾内姆低声说，他明白自己没法说不。

艾内姆确信，德军在香槟地区的防线需要不惜一切代价坚守。"我们的阵地目前是整个战场上最重要的，"他在 2 月 19 日写道，"如果法国人成功突破，我们在法国和比利时的整个战线将处于极大的危险之中，甚至可能难以维持。但我们会坚持下去，就像我们迄今所做的那样。"[41] 随着战斗持续，他越来越担心最高统帅部未能理解或没有重视这一点，他们似乎认为他在危言耸听。格哈德·塔彭看到了大部分发给统帅部的增援请求，他对不得不向第三集团军增派一个师并不乐观："该集团军正在失去需要独自坚守的想法……"[42]

在香槟地区，法军的攻击遵循着一种相似的模式；这将成为未来三年堑壕战的基础。先是连续几天的忙乱行动，在靠近德军防线的地方挖掘战壕和通道，再是用75毫米炮或任何可以拼凑起来的大炮向整个进攻的前沿开火，之后逐渐演变为一场猛烈的炮击，德国人称之为"凶猛的连珠炮"，这通常被比作中国鞭炮一个接一个爆炸的声音。随后，进攻的步兵会尝试穿越无人地带。那是一个疯狂得令人心跳停止的危险时刻，部队不得不暴露在可怕的火力覆盖区域内。大多数攻击都被步枪和机枪的火力击退，使敌对双方部队的中间地带堆满了伤亡人员。然而，守军一方所承受的持续性压力并不容易应对。潮湿寒冷的天气加上厚厚的泥浆会造成堑壕坍塌，需要持续的监控。统帅部甚至命令在后方3公里处建立一道备用防线，这不失为一项明智的预防措施，却耗费了宝贵的人力和工程资源。[43]

战事拖延不决，直到霞飞于3月17日最终取消了战斗。法德双方一个又一个师被卷入了香槟地区弹痕累累的山坡上狂暴的阵地战。这次攻势非但没有恢复运动战，反而集中在少数村庄和突出部，如佩尔特、苏安（Souain）和马西热（Massiges），并造成了越来越多的伤亡。法军损失总计约4.3万人，尽管德军伤亡人数大致相同，但未能实现突破给法国最高统帅部带来了更大的困难。[44] 虽然没有显著的战果，朗格勒·德卡里强调，却取得了对敌人的重要道义优势。"我必须再次指出，部队士气大增，"他在给霞飞的信中写道，"他们拥有对胜利的渴望，在战斗中表现出活力和冲劲，而且这种感觉日复一日地增强。陆军总医务官今天对我说，他对重返战场的受伤士兵的良好精神状态感到非常吃惊。我想我可以说，第四集团军的32天攻势在取得了不可否认的物质成果之外，还帮助部队提高了士气，增强了他们对最终胜利的信念。"[45]

朗格勒·德卡里是否真的相信这一点并不清楚。像所有法国军官一样，他知道对战败者的惩罚。但如果他花时间亲眼看看前线的悲惨状况以及从这场大混乱中逃出来的那些男人和男孩子，他的观点肯定会有所不同。他们看上去就像死人；浑身沾满来自土壤中的石灰岩和白垩的粉尘，一副紧张不安的怪异外表，仿佛刚从地下世界钻出来的苍白幽灵。一段德国人的描述记录如下：

> 在这片黏糊糊的灰色泥泞中，几乎不可能取得任何进展。结构松散的岩石被子弹击碎，并被不断落下来的雨水软化。香槟地区的泥巴真难对付，它让每一个动作都瘫软无力，到处都会沾上污渍，不仅制服和装备上有白色的残留物，而且在脸上和手上也留下一层苍白的外壳。战斗结束了，它就像一个怪异的无名坟墓，下面覆盖着那些倒下的人，既有朋友也有敌人的躯体。[46] 从这个炼狱中回来的每个人都一下子变老好几岁。从他们的眼中，看不出任何对这一可怕经历的热情。[46]

这就是西线战场的"新状况"。所有人都在猜测它会持续多久。

第五章
真是件糟糕的事情

到 1915 年春天，阿登地区首府沙勒维尔 - 梅济耶尔，这座令人愉快的城市俨然已经成了德意志帝国的第二个中心，现在这里聚集了来自同盟国各地的贵族、政治家、外交随员和军人，令人眼花缭乱。德国军官与土耳其官员擦肩而过，新闻记者在街上与形形色色的秘密警察和士兵挤在一处，餐厅里每晚都挤满了来自奥匈帝国各个角落的低级王室成员，他们试图尽可能靠近帝国权力之所在。城里的生活主要集中在火车站及其毗邻的广场，即所谓"站前广场"，在皇室抵达后，该广场已被封锁。德皇威廉二世下榻在科尔诺别墅（Villa Corneau），这里曾是《小阿登报》（*Petit Ardennais*）的编辑乔治·科尔诺（George Cornau）的家。他在那里据说就像拿破仑一样，睡在一张上了磁漆的白铁床上。但是他与那位伟大的法国指挥官的相似之处仅此而已。德皇的战争包括定期乘车前往附近的色当战场，那里是 1870 年取得伟人胜利的地方，或者在他的别墅周围散步，检阅军队，看望住院的伤病员，他钟爱的巴吉度猎犬总是陪伴在侧。[1]

沙勒维尔因在当地生活和工作的德国军官而得到一种毁誉参半的名声。"很自然。我们被视为强盗、杀人犯和强奸妇女的人，"对这个地方不感兴趣的提尔皮茨元帅抱怨道，"如果我把它与任何一个同样大小的德国城镇进行比较，结果会完全有利于我方……房屋、街道、广场——都稍显昏暗。尽管卡诺广场（Place Carnot）住的都是富裕的资产阶级家庭，但它看起来却像一个维护得很糟糕的阅兵场。"[2]1915 年 1 月，一个被派往最高统帅部的参谋回忆，他在这座官邸中的军官食堂消磨了仅有的一点空闲时间。他们坐在小小的木头桌子旁，狼吞虎咽地吃着妻子寄来的糕点，并试图偷听高级军官们在说什么。每天晚上，埃里希·冯·法金汉都会出现，形容憔悴，面无表情，坐到他最喜欢的桌子旁，周围簇拥着他的侍从们——这些人被称为"耳语俱乐部"，因为他们习惯尽量放低声音，以防被别人听到。[3]

法金汉有很多事要操心。他住在这座官邸的私人套房里，像德皇一样，经常在街上散步，手里挥着一支手杖。有传言说，如果他用右手握着它，通常是从前线传来了好消息，可如果是坏消息，他就会用左手抓着手杖，阴沉的脸上眉头紧锁。[4] 1915 年春天，统帅部被迫进行了多次变化，幸运的是，战线上的大部分地段现在都安静了下来。亚历山大·冯·克卢克在 3 月被弹片严重击伤，这是可以预见的，因为他去视察第三军团时太靠近火线。他被授予"功勋勋章"（Pour le Mérite），曾于 1914 年秋天领导伊普尔的浴血进攻的马克斯·冯·法贝克将军接替他指挥第一集团军。克卢克当时名义上的上司卡尔·冯·比洛也只多待了几周，在 4 月因心脏病发作而回国。一位军团指挥官，弗里茨·冯·贝洛（Fritz von Below）接掌了第二集团军。

对于法军在香槟地区的尝试，虽然法金汉基本上不为所动，并相信第三集团军会坚守阵地，但德国是否应该在西线发动进攻的问题仍悬而未决。他同意了陆军部的一项建议，即从每个师中撤走一个步兵团，使各师所辖从四个团减为三个，并用撤出来的团组建新的编队，然后用于在东线或西线的进攻行动。与此同时，他指示手下的集团军司令们研究在他们各自的地区采取攻势的可能性，由此形成了一些不同的计划，但没有一个是完全令人满意的。3月4日，鲁普雷希特的第六集团军提出一个建议，发动一次大规模攻势，在阿拉斯市周边分割英法两军。先通过一连串的进攻打击敌人，然后在一次主攻中突破防线，挥师布洛涅和加来。问题是，这样一次作战行动需要动用大批兵力，包含13个军团和500多个炮兵连。[5]

100

德军指挥官认为，将最初的突破转变为更大范围的决定性进攻至关重要。第一集团军参谋长赫尔曼·冯·库尔正在研究如何越过埃纳河并重新发起对巴黎的进攻，根据他的观点："突破性行动必须以足够有效的方式进行准备，并以足够强大的兵力实施——至少在人力所及的最大程度上——才能确保成功。这一突破一定要出其不意，必须取得成功。"[6]仔细选择突破地点是很重要的，特别是不能有阻碍攻击的重大障碍或特殊战术地形。此外，在主攻之前必须进行有力的佯攻，以吸引守军的兵力，削弱他们在关键地点的实力。之后，仔细瞄准目标的轰炸将打开防线，实现突破。但是，利用德国现有资源能否实现这样的计划，人们尚不清楚。在陆军部，维尔德·冯·霍恩博恩怀疑任何此类计划能否行得通。师级人员的重组只创建了16个新师，当然有所助益，但远不足以展开如此大规模的行动。目前，任何攻击的结果可能都只是获得几英里宽的"毫无价值"的土地，而不是决定性的胜利，这显然也是法金汉所持的观点。[7]

来自东线战场的可怕消息中止了这些讨论。3月22日，在为期6个月的围困之后，奥地利位于加利西亚的普热梅希尔要塞陷落，对这个二元君主国来说是一场灾难，超过12万人的部队和900门大炮被敌人俘获，俄军现在正准备入侵匈牙利。奥地利最高统帅部开始发出紧张不安的急电，要求德国再次投入军队。不久之后，在柏林召开的一次会议上吵得不可开交，康拉德·冯·霍岑多夫甚至威胁说，如果不立即支援，他就去求和。[8] 德国最高统帅部的许多官员不愿屈服于康拉德的请求，相信他是在为了本国利益夸大其词，不过是"奥地利人叫喊狼来了的又一个例子"。不管怎样，加利西亚传来的坏消息被协约国海军在达达尼尔海峡的败退抵消了，后者似乎消除了对奥斯曼帝国的任何直接威胁。尽管如此，法金汉注意到更广泛的国际形势中浮现出暴风雨前的乌云。尚置身事外的两个大国，意大利和罗马尼亚开始转向协约国一方，这给仍然深陷于普热梅希尔余波中的奥匈帝国拉响了警报。

　　东方的事态发展迫使法金汉出手。现在，他开始认真考虑在东线战场开展一次行动，一场大范围的进攻，它将阻止俄军的前进，并鼓舞奥地利人，同时将德国的强大实力展示给意大利和罗马尼亚。因此，他于 4 月 13 日写信给康拉德，向对方通报了自己的计划。"阁下知道，我认为再次试图包围俄军的最右翼（参见兴登堡和鲁登道夫的马祖里战役）是不可取的。"因此，他提议派遣 8 个师沿喀尔巴阡山脉北缘前往戈尔利采（Gorlice），然后向东北方向大踏步前进，直插俄军侧翼。"除了最严格的保密措施，执行这次行动还有一个额外的先决条件，"他继续说，"那就是，尽可能满足意大利的要求，以便使其保持沉默，至少是在我们受到攻击之前……在我看来，只要能让意大利不卷入目前的战争，似乎什么样的牺牲都是值得的。"康拉德在同一天回信表示赞同："阁下提出的行动与我长期以来的期待一致，但由于缺乏足够的兵力，至今无法实施。"[9] 这次进攻将在 5 月 2 日开始。

　　剩下的唯一问题是在西线战场上做些什么。戈尔利采的进攻需要将部队向东移动，德国充分利用其内部线路运送部队去面对俄军。法金汉希望尽可能分散或误导协约国的注意力，因此在计划发动东线重大攻势的同时，他希望在西线也发动一次

攻击。正是在此时，他着手为使用一种新式武器——毒气——制
订绝密计划。1899 年的《海牙公约》(Hague Convention) 禁
止使用"有毒武器"和"以扩散窒息性或有害气体为唯一目的
的射弹"，尽管德国是该公约的签署国，但德国的高级军官们
多半不在乎使用此类武器的国际后果。[10] 法军已经试验了各种
化学制剂，包括在炮弹中添加刺激性物质，这为德国进行化学
战提供了充分的理由。这一决定从 1914 年秋季开始变得越发必
要，因为常规弹药的库存开始减少。正如统帅部的常驻重炮专
家马克斯·鲍尔所记录的，"我们只是追随对手的脚步"。[11]

　　到 1915 年 1 月，有限的毒气弹库存已经就绪，尽管人们
仍然怀疑它们能否对战场产生重大影响。此时，位于柏林的德
皇威廉物理化学研究所所长弗里茨·哈贝尔 (Fritz Haber) 建
议，将氯气泵入特殊的储罐中送到前线，并在风向合适的时候
将其释放。使用这种云雾状毒气的优点是，它比从炮弹中释放
出的任何气体都要集中得多，而且运用这种方法可以突入重重
加固的阵地，或者那些距离德军防线太近而常规轰炸无法奏效
的阵地。不久之后，法金汉批准了在西线使用氯气的计划，尽
管他的一些高级指挥官感到不安。他们认为氯气是肮脏而卑鄙
的，有损于普鲁士军队的伟大传统。曾成功守住香槟地区防线
的卡尔·冯·艾内姆向他的妻子抱怨说，这将"在世界上造成
巨大的丑闻"，它还是"战争不再与骑士精神相关"的又一个
例子。第六集团军的鲁普雷希特也同样不感兴趣，他写道，这
将不可避免地被协约国军队效仿，用于对付德军。[12]

　　最终，行动地点选在了佛兰德地区。这将是一次有限的尝
试，以期打破敌人的防线，并在可能的情况下占领伊普尔市。
第四集团军司令符腾堡的阿尔布雷希特公爵同意这样做，并安
排在贝特霍尔德·冯·戴姆林 (Berthold von Deimling) 少
将的第十五军团防区展开毒气攻击。戴姆林是一个冷血的杀

102

103

手，战前在德属西南非洲担任司令官时，因残忍表现而臭名昭著，所以成为这次行动的理想选择，即便如此，使用这种武器的决定最初也把他吓得面色苍白。令其"内心的疑虑"得以平息的想法是，"使用毒气或许会带来伊普尔的陷落，甚至可能赢取整场战役"。[13] 截至 4 月 11 日，沿伊普尔突出部的北侧设置了 1600 个大气瓶和 4130 个小气瓶，装有近 150 吨氯气，一组组地放在前线的防炮洞中。[14] 德国部队在等待前进的命令时，发放了在防毒溶液中浸泡过的棉垫，作为基本的保护措施。一切都取决于风。这次行动的代号是"消毒"（Disinfection）。

法国最高统帅部现在位于巴黎以北大约 25 英里的尚蒂伊（Chantilly）的孔代大饭店。马恩河战役后，1914 年 10 月，霞飞迁到了那里，发现它很符合自己的需要，尽管那里有些太靠近巴黎，军方不太喜欢。霞飞住在附近的诺德铁路公司董事长普瓦雷（Poiré）先生的别墅里。每天早餐后，他都会走到孔代大饭店，拖着脚迈上台阶，经过身穿制服的服务生和戴着羽饰的卫兵，深深地低着头，陷入沉思。他通常披着一件单调乏味的蓝色斗篷，配上红色的马裤才显得有了生气，而他的面孔隐藏在高高的平顶军帽下面。一进门，他就缩进自己那间曾是图书馆的办公室，开始一天的工作。听取前线的报告，处理每天收到的大量信件，并会见所有来访的外国客人。在 11 点 30 分准时供应的午餐是丰盛的法国食物，算不上奢侈，霞飞通常是默默地用餐。下午，他常常在统帅部周围的树林里散步，然后工作到 9 点 30 分或 10 点。这就是日复一日的例行常规。[15]

霞飞坚不可摧的信心和坚忍在 1914 年是必不可少的，但现在，随着香槟地区的攻击反复进行，却只带来越来越长的伤亡名单，岁月的负担似乎更重地压在他的肩上。国民议会的代表并不了解陆军在战场上的全部表现，但很难假装取得了任

何重大胜利。早在 1915 年 1 月，前陆军部长阿道夫·梅西米
（Adolphe Messimy）就警告普恩加莱，法国最高统帅部的军官
们生活在"象牙塔"里。"他们下令发动局部的攻势，只是为了
能有东西写进新闻稿里，"他说，"但这些攻势牺牲巨大，注定
失败。"[16] 这一点在当月晚些时候的"苏瓦松事件"中被残酷地
揭露出来，之后米勒兰一度质疑霞飞的战术，结果只是对方以
辞职相威胁。当第一次香槟战役于 3 月陷入停顿的时候，霞飞
的权威正慢慢开始瓦解，因为法国显然无法打破堑壕僵局。有
一天，他说，"我一口一口地咬他们"，指的是慢慢蚕食德国防
线的过程，可是这样的回答几乎无法让他的批评者闭嘴。

　　很明显，下一次进攻将在阿图瓦地区进行。霞飞正在考虑
由第十集团军进攻阿拉斯北部，这将需要英军的支持，而福煦
决心领导这次进攻。但是让英国人参与其中，这说着容易做起
来难，约翰·弗伦奇爵士拒绝替换伊普尔周边的两个军团，导
致霞飞放弃了对黑格进攻新沙佩勒的计划提供任何有意义的支
持。这一决定在巴黎和伦敦都引起了恐慌，也无助于改善约翰
爵士和基钦纳之间冰冷的关系。当陆军部的那个"老妇人"按
照法国人对那位陆军大臣的称呼向他转达了霞飞的一些抱怨，
并对"在得到增援后，你却不准备执行霞飞对你的要求"表示
担心后，约翰爵士勃然大怒。几天后，他在一封简短的电报中
解释说，不可能"用一个本土师执行他的要求，而我原本需要
的是一个常规师"，况且他与霞飞的关系一直"非常友好"。[17]
尽管如此，未能与法军就一次联合进攻达成一致，意味着英军
在 3 月初将要单独作战。约翰爵士对未能得到法军支援感到不
满，但是他表示同意单独作战，热切地想要表明英军有能力在
必要时自行发动进攻。

　　在乐观进取的外表下，约翰爵士努力应对战争的需要。西
线战事的巨大规模和强度震惊了大多数旁观者，尤其是英军

105

的正规军人，形塑其职业生涯的是多年"从棕榈树到松树"（from palm to pine）①维护帝国治安的经历。欧洲的大规模武装冲突是一幅异常而可怕的景象，即使是在相对较小规模的交战中，骇人的伤亡也几乎不可理喻。1915 年 2 月，第一集团军参谋长约翰·高夫（John Gough）准将距离前线太近，被狙击手打伤而阵亡，这是一个特别沉重的打击。助手们注意到，约翰爵士开始愈加频繁地出神，凝视着远方，深深地思考死亡与灵魂。在写给红颜知己威妮弗雷德·本内特（Winifred Bennett）夫人的信中，他谈到自己在圣奥梅尔的办公室"充满了我那些死去朋友的灵魂……我有时会让这些已经逝去的值得称道的朋友，像我一样的男孩子，挤满我的房间。那是一支'沉默的军队啊'。呜呼，哀哉！房间变得越来越小，连我的密友们都容纳不下了"。18

黑格的第一集团军在 3 月 10 日早晨 7 点 30 分发起进攻。就其本身而言，这场战斗没有多大意义，与同时展开的法军行动相比，是微不足道的，但它似乎真的给协约国军队带来了切实的希望，意味着他们驶上了正确的轨道。在精心准备和集中兵力之后，黑格的部队实现了战术突破，向前推进了 1200 码，占领了新沙佩勒村。特别新颖的是使用飞机拍摄了整个战场，让英军能够在前进过程中更好地了解敌情。几天后，弗伦奇为黑格的成功兴奋不已，向他发电表示祝贺。虽然超过 1.25 万人阵亡、受伤或失踪的伤亡数字让他脸色苍白，但他安慰自己，德军的损失要高得多。"据说敌人的堑壕里堆满了死人。"凭借这一令人鼓舞的进展，他派人告诉威尔逊，让他尽快与霞飞会面，"告诉他有必要就我们的共同行动达成某种共识"。19

现在需要就协约国的战略方向做出重要决定。3 月 24 日，

---

① 英国著名作家吉卜林一部作品的名字，在这里用来代表大英帝国的广阔疆域。

霞飞电告约翰爵士："在这场战争中，敌人占据着组织最为严 106
密的防御阵地，并且拥有足够的人员和物资进行有力的防御，
我们的进攻只有满足以下条件下才能成功。"协约国需要在一
条"广阔战线上"具备"兵力优势"，拥有"足够的物资"摧
毁敌人的防线，还要有"充足的弹药储备"。霞飞希望，在
五六周内，他们能组织起完成这项任务所需的战斗力。"我充
分相信，这次进攻将给敌人造成沉重打击，可能足以取得最大
的战果，我们的行动会成为迈向最终胜利的重要一步。"[20]约
翰爵士表示他有意参与，但他还不清楚这能否得到伦敦的批
准，以及能为他提供多少增援。

现在，协约国领导人之间的对决已经拉开帷幕。3月29
日，基钦纳、弗伦奇、米勒兰和霞飞在尚蒂伊会面，商讨协约
国军队的下一步行动。霞飞希望在4月底以前完成对阿图瓦地
区的进攻，但在此之前，必须进行一系列小规模袭击，"以防
止德军从我方前线撤军，譬如说将部队调往喀尔巴阡山"。基
钦纳不同意，声称局部攻击只会推迟大规模进攻可能开始的时
间。当霞飞再次发出呼吁，要求向法国派遣更多英国部队时，
基钦纳再次不置可否。问题不是缺少人手，他耸耸肩，而是能
否得到足够的枪支弹药。尽管如此，他还是同意派遣两个师到
法国，这将使约翰爵士能够接替伊普尔附近的第九和第二十军
团，法军总司令对此做出了积极回应。[21]

基钦纳如同狮身人面像一般凝视着大家，但脑子里却是一
系列复杂的计算。法国政府对更多人员和枪支的渴望永远无法
满足，而英国在地中海的投入却一直在增加。因为计划在4月
下旬登陆加利波利半岛，英国的战争行动现在要一分为二，基
钦纳努力寻找一条安全的航线，希望能在土耳其或法国出现一
些迹象，照亮前进的道路。在尚蒂伊会议后几天，约翰爵士在
伦敦与他共进早餐时，陆军部长摊开了他手中所有的牌。"而 107

后他明确地告诉我，"约翰爵士在日记中写道，"他认为我和霞飞'正在接受考验'。如果我们在接下来的一个月或6个星期内证明我们果真能取得一些'实质性进展'并'突破德国防线'，就他而言，他将调遣所有能够调遣的部队支持我们。但如果我们失败了，政府必然就要转向其他战场上的作战行动。"²² 基钦纳笃信一条古老的军事格言，他只会锦上添花。

当气瓶打开时，太阳开始下山，燃烧着落入西方的地平线。过了一会儿，可以听到气体逸出的那种尖啸声，在无人区开始形成一片不祥的黄绿色云雾。一位德国目击者描述了这一可怕的景象："整个天空……变成了黄色，敌人的所有火力都停下了，我们的步兵向前迈进，在这片雾气中悄无声息地推进，没有受到任何损失。"²³ 几分钟内，德军的野战炮轰鸣起来，雨点般的炮弹开始在已遭重创的伊普尔市以北的协约国防线上爆炸。在可怕的云雾经过的路径上有两个法国师，他们守着由狭窄的胸墙和草草挖出的战壕构成的一道细窄的防线，惊恐地望着这团云雾像缓慢移动的波浪一般掠过他们的阵地。人们的眼睛开始流泪，喉咙发紧，当他们惊恐地意识到这是释放了某种毒物，咳嗽和喷溅声变得恐慌起来。那些没有屈服于烟雾的人陷入了疯狂的恐慌，混乱蔓延开来。4月22日下午5点刚过，第二次伊普尔战役开始了。

在6公里宽的战线上，两个德国军团的士兵大步向前，惊讶地盯着残留的旧战壕。他们将法军推回艾泽尔运河一线，占领了朗泽马克（Langemarck）和皮盖玛（Pilckem）这两个村庄，并准备席卷伊普尔突出部的剩余部分。"从运河的一侧，我们只能看到一片片黄色的烟雾"，一位法军上校回忆说，他已经到了距离布京厄不到300米的地方，然后就"被鼻子和喉咙的严重刺痛压垮，我们的耳朵开始嘶鸣，呼吸变得困难，周遭弥漫着一股难以忍受的氯气味"。他们很快就遇到了那两个师的残部，真是一幅恐怖的场景，仿佛"出自但丁的'地狱'"。"人们四处逃窜，本土军、'土著步兵'、祖阿夫轻步兵、手无寸铁的炮兵，所有人都很痛苦，帽子掉了，衬衫敞开，疯狂地奔跑，向四面八方散去，喊着要喝水，吐着血，有些人甚至在地上翻滚，拼命地呼吸。"[24]

协约国的防线上被撕开了一道深深的裂缝，但由于法金汉拒绝了阿尔布雷希特公爵关于派出增援部队的请求，所以德军没有预备队来乘胜扩大战果，在天光渐暗时，进攻势头消失了。当一名军团指挥官敦促阿尔布雷希特继续进攻，跨过艾泽尔运河并占领博伊塞格时，他别无选择，只能拒绝："这将带来巨大的牺牲，同时很难在西岸守住这么一大片阵地。你的军团应该满足于当下的战绩。"[25]与此同时，英法两国的增援部队也迅速接到命令，要求他们尽快行动起来，有的乘坐公共汽车和火车，有的排成长长的纵队行进。在曾经的战线右侧是新近到达比利时的加拿大第1师，他们现在发现自己的左翼"毫无遮拦"。夜幕降临时，几个加拿大营在副师长、维多利亚十字勋章获得者理查德·特纳（Richard Turner）准将的指挥下，向附近代号为"基钦纳"的树林发起了英勇的反击，尽管他们攻下了阵地，但遭受了严重损失，在满是树木碎片的可怕黑暗中，只有炮火的亮光，部队变得混乱无序。这种混乱不堪会给在伊普尔的作战留下创伤。

毒气袭击的消息在福煦位于卡塞勒的司令部引起了"强烈而短暂的惊讶"。[20]尽管协约国情报部门收到消息说德国人打算使用某种窒息性气体，但大多数观察者似乎认为这些情报只是谣传或谎言，目的是给各协约国的首都带去更多愤怒和厌恶感。消息传出后几小时，基钦纳致信约翰爵士，告诉他："如你所知，使用窒息性气体是违反战争规则与惯例的……这种作

109

战方式表明，我们的敌人在我军面前为了弥补他们所缺乏的勇气，将会表现得多么无耻。"[27]基钦纳紧急启动了对所发生事件的详细调查，几天之内，法国陆军部就向其部队发放了数千块棉口罩。经过在硫代硫酸钠中的浸泡，这些棉垫可以对氯气起到中和作用，虽然只能提供基本的保护，但在这次袭击之后的晦暗日子里，它们有助于提振士气。

福煦和约翰爵士在 4 月 23 日晚上见面，他们都同意恢复协约国的防线至关重要——如果不能迅速完成，那就不可能守住伊普尔。然而，在协约国军队发动大规模反击之前，第二天，4 月 24 日早上，敌人又释放了一团毒气。阿尔布雷希特公爵接到命令摧毁协约国的防线，因此他授权对圣朱利安（Saint-Julien）的加拿大军阵地发起集中攻击，这几乎肯定会迫使协约国军队放弃突出部。但这次不会有恐慌。加拿大人已经得到可能会有更多毒气袭击的警告，他们已经尽了最大努力做好准备，用浸湿的棉布绑带包住嘴巴和鼻子，站在堑壕的防护矮墙上，向对面蜂拥而至的敌人射击。绑带当然起到了作用，但毒气的窒息效应很快削弱了许多守军士兵，让德军进入了已经笼罩在奇怪的绿色阴影中的战壕。"我无法真正描述这种肮脏可憎的瘟疫在我们所有人当中传播的惊骇与恐怖，"一名加拿大军官回忆说，"战壕呈现一派奇怪的景象，人们咳嗽、吐痰、咒骂、匍匐在地并试图呕吐。"[28]

当天晚些时候，当英国和加拿大的各营从前线撤退时，火光冲天、炮火肆虐的圣朱利安村也被放弃。接下来的几天里，一系列匆忙的反击成功阻止了德军的进攻，尽管伤亡惨重，局势依旧十分混乱。约翰爵士心急如焚，他给基钦纳发了电报，对他的盟友发表了长篇大论。他们无法协调一次恰当的反击，"因为法国人昨天一整天什么也没做"。[29]问题是，法军已经撤退到博伊塞格的艾泽尔运河后面，他们需要时间重组。他们的大部分火炮都在 4 月 22 日损失了，增援部队到达的时间比预期的要长。当他们最终做好进攻准备时，与英国人和加拿大人的协作却是一片混乱。命令无法传达，传令兵迷路了，从三面包围着突出部的德军大炮一直在无情地轰击他们的阵地。

　　福煦正在为定于 5 月初在阿图瓦地区发动的春季攻势做准备（尽管恶劣的天气会将攻势推迟到 9 日），因此他几乎没有多余的兵力派遣到伊普尔。所以，恢复防线的责任落在英国远征军的身上。于是，英军总司令部下令，在接下来的一周内再次发动一系列攻击。其中大多只是徒增英军的伤亡，招致了约翰爵士越来越大的怒火。他责备法国人让他失望，并猛烈抨击那些他认为正使他遭受损失的人。史密斯 – 多伦在勒卡托因违抗命令于 5 月 6 日被撤职，在建议撤退到更容易防守的、被称为"总司令部战线"的后方阵地后，他被立即解职。约翰爵士反对他所认为的史密斯 – 多伦的"悲观态度"，认为这"对他的指挥官和部队造成最坏的影响"。[30] 然而，史密斯 – 多伦一离开，约翰爵士就批准了撤退，使英军部队更靠近伊普尔，但是在一条更容易防守的战线上。对于目睹了总司令部里发生的事件的亨利·威尔逊来说，伊普尔的战斗是一团糟。他在日记中写道："这真是件糟糕的事情。"[31]

　　在法金汉看来，毒气攻击十分成功。一种新式武器经过了测试，而敌人则全神贯注于收复失守的阵地，无法对德军各师向东线的调动做出反应。然而，这次行动并没有产生决定性的作用，一部分高级军官对此感到困惑。马克斯·鲍尔和弗里茨·哈贝尔一起观看了毒气袭击，他在最高统帅部的走廊上踱来踱去，丝毫不掩饰自己的沮丧，抱怨氯气的使用使他失去了眼前的机会。法金汉"没有意识到在对手找到保护措施之前，大规模地快速应用这种新武器的可能性"，他解释说。"增加和使用毒气战部队的命令迟迟不下。不是发布命令，而是询问

111

各集团军是否想用它。如果我们在1915年初组织了大规模的毒气袭击，可能当年就取得了巨大成功……"[32] 或许的确如此，但法金汉还有其他优先事项。

5月的第一个星期，在沙勒维尔-梅济耶尔，高级军官及其参谋人员突然迅速前往火车站，登上了开往东方的火车。为了指挥对俄军的反攻，法金汉与最高统帅部的大部分人一起移驻西里西亚的普莱斯（Pless），只留下一些骨干人员，以便在他不在时监督战事的进展。他相信协约国军队的突破并非迫在眉睫，他的部队也能够守住阵地。有97个德国师在西线战场与法国、英国和比利时的112个师对峙，协约国只有微弱的，而非决定性的优势。高级参谋弗里茨·冯·洛斯伯格（Fritz von Lossberg）被任命为法金汉的首席联络官，并被授权以其名义颁布命令，就像马恩河战役中的里夏德·亨奇一样。法金汉在启程前往东线之前说："我完全相信你，你会做出正确的决定。"[33]

当下，洛斯伯格只能靠自己了。他曾是普鲁士陆军学院一名极具天赋的学生，刚刚庆祝了47岁生日，就被授予了西线战场的艰巨任务。由于最高统帅部只有7个师的预备队，在发生危机的时候，几乎没有可用于增援前线的宝贵人力。法金汉命令每个集团军在后方约2公里处建立第二道防御阵地，同时明确表示不得主动撤退，必须不惜一切代价坚守防线。洛斯伯格与鲁普雷希特的第六集团军保持着定期联络，并确保有两个后备师在阿图瓦前线的行军距离内，因为阿图瓦地区正遭受越来越猛烈的炮击。5月7日上午，法金汉和他的参谋人员走了。洛斯伯格不知道，现在距离协约国发动春季攻势只有不到48小时了。如果法军要突破这条战线，那就是现在。

法国最高统帅部无意让伊普尔的激烈战斗破坏春季攻势的

计划。早在 2 月 14 日，福煦就向统帅部简要介绍了他在北方发动新一轮攻击的愿望，以简短而间断的句式表达其坚强不屈的意志。只有进攻才能赢得这场战争。进攻将始终采取相同的模式，即一场"在整个战线上实施的全面行动"和一场"实现突破敌军防线的预期结果的决定性攻击"。[34] 第十集团军将占领维米岭（Vimy Ridge），那是绵延在阿拉斯以北的一片高地，俯瞰着杜埃平原。从任何一个方向发动侧翼攻击都要夺取洛雷特圣母院（Notre-Dame-de-Lorette）山嘴和名为纳维尔圣瓦斯特（Neuville-Saint-Vaast）的村庄，使法军能够俯视伸向远方的平坦矿场。[35] 与英军的协调也会更好，黑格的第一集团军将在北边的奥贝尔（Aubers）附近展开战斗，向拉巴塞挺进，以拦截向南移动的德军增援部队。

新近晋升的第十集团军司令维克托·杜巴尔将军是实施这次决定性打击的人。他有 6 个步兵军团，在 1000 多门大炮和充足弹药的支持下，此时真的有希望赢得一些实实在在的战果。杜巴尔命令步兵以"最大的力量和速度"展开攻击，"昼夜不停"。每支部队都要不惜一切代价向前推进，不必担心侧翼的友军，保持进攻势头。[36] 他将进攻维米岭，这条战线上最关键部分的任务交给了亨利·菲利普·贝当（Henri Philippe Pétain）。这位蓝眼睛的步兵来自加来海峡省（Pas-de-Calais）的一个小村庄，战争爆发时，他只是一个 58 岁的临近退休的旅长，其职业生涯晋升缓慢，曾当了 5 年少尉、7 年中尉和 10 年上尉。[37] 但是贝当拥有与众不同的品质，只不过枯燥的日常守备执勤和团级行政工作扼杀了这些品质。上级军官注意到了他的个性与才智，以及对更高权威的漠视，这一特点早在 1900 年他被任命为陆军军事学院的讲师时就显露出来。在那里，贝当曾宣扬步兵 - 炮兵协调和火力的重要性——这对于1914 年之前的法国陆军算得上异端邪说，他们当时重视的还是进攻精神和部队"并肩"向敌人前进的必要性。但贝当认为，无论拥有多么高的热情或个人勇气，也无法战胜配备机枪和装载无烟火药的后膛装步枪这类新式武器的坚固工事中的防御者。

根据 1914 年的情况，贝当的异端邪说很快被重新考虑。霞飞早在 8 月 24 日就注意到，法国步兵经常缺乏与炮兵的协调，因此在进攻中往往付出极高的代价，而且准备不足。作为朗勒扎克第五集团军的一部分，贝当目睹了步兵在没有火力支持的情况下是多么脆弱，又是多么容易泄气。截至 10 月，他在高级军官的定期选拔中崭露头角，并连续获得晋升，先变成师长，然后是军团指挥官。在那些岗位上，他对细节的敏感和关注，再加上他对不能在愚蠢的冒险中浪费部下生命的坚持，都为他赢得了越来越多的仰慕者。报道指出了他"在战火中的坚韧、镇定和不屈不挠的远见，（以及）在危险时刻的持续介入"。[38] 与许多出身步兵者不同，贝当很熟悉自己的炮兵连，每个炮兵连都必须在他面前开火，以检验其准确性和射击技术。[39] 他还尽可能地探访战壕，像幽灵一样穿过昏暗的地下走廊，仿佛他早就见识过一切，在这里提一个建议，在那里下一句命令。不久，士兵中开始流行一种说法，说他是一个与众不同的人，是一个他们可以信赖的人。

春季攻势前的详细计划是展现法军内部当时所盛行的专业精神的典型。这次攻击将得到史无前例的炮兵支援，包括使用所谓的"移动弹幕"帮助步兵抵达目标。在攻击开始前的几周内，建立了数百个指挥所、前沿弹药库和医疗救护站，同时从法军防线向前掘进坑道，以缩小无人区的宽度。在新沙佩勒，法军从空中拍摄了整个战场并绘制成地图。与此同时，法军步兵的面貌开始改变。从 1915 年春天开始配发一种新的天蓝色制服，取代了洛林和马恩河战场上随处可见的深蓝色上衣与红色裤子。新版制服缺少从前的锐气，但是更适合西线战场，其单调的蓝色往往会在战场上褪成肮脏的灰色。就连法军那标志性的圆顶军帽也成了战争的无情工业化的牺牲品。在 1915 年，它逐渐被阿德里安钢盔[①] 取代，为士兵头部提供保护。如此细致的准备工作让官兵信心倍增。5 月 8 日晚上，杜巴尔给福煦发去电报："步兵已经准备就绪，正在等待开拔。"[40]

5 月 9 日的曙光明亮而温暖，血红色的太阳从破碎的大片无人地带升起。早上 6 点，法军的大炮开火了，一系列刺耳的爆裂声撕开这个春季的早晨，直到它们汇成一曲渐强的咆哮。炮火持续了四个小时，炙热的泥土、灰尘、烟雾和碎片覆盖了德军的防线。第三十三军团的先头部队是摩洛哥师，一支从当地军队和来自北非的法国殖民者中招募的精英部队。该师经过了休整，也受到了良好的训练。前两波冲锋的士兵将大衣和背包甩在身后，他们要冲破德军防线，尽可能向前推进。"我的人扔下了背包，以便跑得更快。"一个营长回忆说，"如果他们的衣服挡住了去路，他们便会裸奔……"[41]后备连会打扫被占领的阵地，追捕幸存的抵抗者，并将他们消灭。上午 10 点，炮兵开始延伸射击，继续以德军内部阵地为目标，而就在此时，步兵们在一片参差不齐的欢呼声中向前冲去。

不到 90 分钟，摩洛哥师就突破了德军的中路，冲上了维米岭的山顶，向前推进了 4 公里。"敌人显然乱成了一团，"一名军官回忆，"我们遇到一些局部的，但……不再是任何有组织的抵抗。甚至大炮似乎也失去了准头，阵阵炮火高高地射向空中，不时映照出敌军的混乱场面。"[42]贝当那个师的前进速度如此之快，甚至让第十集团军措手不及。各地的支援部队接到命令尽快向前推进，但集团军的预备队远在 7 英里之外，他们几乎不可能对当天的战事进行干预。此外，中路的猛烈攻击无

115

---

① 由军需官阿德里安（Adrian）根据巴黎的消防员佩戴的头盔设计的一种钢盔。

法在整条战线上复制。两侧是防守严密的几个村庄，左侧是阿布兰圣纳泽尔（Ablain-Saint-Nazaire）和苏谢（Souchez），右侧是纳维尔圣瓦斯特。在这里，德军防线具有更大的纵深，包含多个据点，迷宫般延伸的战壕和筑有防御工事的墓地，这都需要时间清理。法军步兵以同样的决心发起进攻，但仍在奋力突破，逐栋房屋地争夺，与此同时，后方一波波的支援部队正等待前进。

当法军占领了维米岭，德军面临着堑壕战开始后最危急的时刻。凌晨4点，鲁普雷希特王储被爆炸的"巨大噪声"惊醒，随后是一架飞机嗡嗡飞过的声音。驾驶这架飞机的法国飞行员颇富进取心，他想方设法地找到了王储的司令部。两个小时后传来消息，北边的英军也在进攻，尽管不久后便证实他们未能进入德军的战壕。形势很快明朗，主要的危险是在维米岭，那里的法军正在展开大规模进攻。鲁普雷希特尽可能快地集结起他的预备队，又给洛斯伯格拨通了电话，要求提供统帅部预备队中的第58师和第115师，洛斯伯格表示同意，但是他们需要一段时间才能部署到战场。与此同时，他下令在战斗最激烈的苏谢发动一次反攻，并通过望远镜观察洛雷特圣母院周边的高地，那里现在"正遭受非常猛烈的炮击，完全笼罩在爆炸之中"。[43]

116　　在梅济耶尔，洛斯伯格仔细观察着战况。"最初的报告一收到，"他回忆说，"根据我自己的前线经验，我立刻就明白了，第六集团军的情况很严重。"当鲁普雷希特要求动用统帅部手中的两个师时，洛斯伯格试图联系普莱斯，但没有成功。既然已被授权在法金汉不在时采取行动，他便下达了调动这两个师的命令，同时拼命尝试向最高统帅部通报这次进攻的严重性。第二天晚上，他终于找到了自己的上司。"然而，线路情况非常糟糕，尽管冯·法金汉将军能够理解我对形势的描述和我下达的指令，但是他的回答却完全听不清。"洛斯伯格不得不要求在柏林的电话接线员将他的话转达给法金汉，后者随后批准了这一决定："冯·法金汉将军对每件事情都同意。"[44]

战斗持续到第二天，尽管这次战役的危急时刻已经过去。杜巴尔希望5月10日将会发生期待已久的德军在维米岭两侧阵地的崩溃，因此他下令重新发动一连串进攻，却都以失败告终。德军炮兵正在集中火力摧毁法军防线，并间歇性地炮击无人区，阻止了法军送上更多的援军。法军炮兵连的弹药储备下降很快，以至于杜巴尔不得不提醒他的炮手不要"不合理地消耗"炮弹。[45]尽管他本能的冲动是继续把兵力投入战斗，但是这种办法不太可能取得成功，德军预备队此时已经上了战场，正在奋力掘壕固守。摩洛哥师在遭受了5000多人的伤亡后，于5月11日被撤了下来。[46]在5月13日与他的军团指挥官会面后，杜巴尔决定集中精力扫荡他们的侧翼，包括纳维尔圣瓦斯特的废墟，然后再次尝试登顶。现在他必须重新组织队伍，将大量伤员送下去，而且弹药几乎用尽了，也需要重新储备。

这次战役也给防守一方造成了惨重的损失。面对攻击，首当其冲的三个师有2万多人阵亡、负伤或失踪。[47]"死亡率达到90%"，一个幸存者记录，"几乎没有军官活下来。弹药打光了，肚子饿得咕咕叫。已经好几天没有睡觉，精神都要崩溃了。有无数伤员，有自己人，也有敌人，没人能帮他们。步兵和掷弹兵精疲力竭地躺在他们的洞穴中，几乎失去了思考的能力，只是抓住一个令人无法思考的平静时刻。再来一次这样的进攻，法国人就可以肩扛着步枪向苏谢进军了。"[48]第六集团军的司令部里，鲁普雷希特意识到他的部下承受了多么大的压力，然而他又不禁想到，如果协约国能更好地协调行动，就可以取得更多的战果。"我们的敌人如果等到基钦纳新的集团军全部到达再发动进攻，结果就会更有利于他们。他们可能出于

118

117

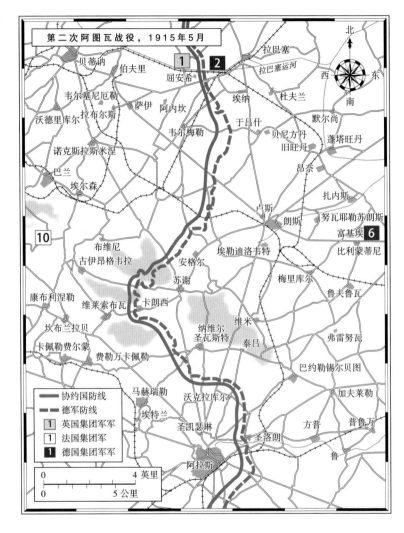

政治原因而仓促发动攻击，以弥补在伊普尔的失败，并以胜利
结果鼓舞俄国人和意大利人。"[49] 尽管如此，阿图瓦地区的战
斗显示出法军正在变得多么强大，菲利普·贝当这位法军指挥
官显然有着过人的本领。

第六章
按兵不动是可耻的

6月15日，英国首相赫伯特·阿斯奎斯向下议院发表讲话。"在我国历史上从未有过如此危急的局势，"他边说边从笔记上抬起眼睛，扫视着坐满议员的一排排绿色席位。一个新的联合政府于5月25日成立了，执政的自由党得到了统一党和工党的支持。如此安排的目的，如阿斯奎斯所言，是"不惜一切代价追求这场战争的胜利"。他相信，为此就需要——

> 扩大政府的基础，使它看起来不再只具有某一派别或某一政党的特征。毋庸置疑，这将不仅向我们国内的人民和海峡对岸的同胞，还要向全世界——包括协约国、敌国和中立国——彰显，经过将近一年的起伏和变化，英国人民比以往更加坚定，团结一心实现共同目标，消除一切差别，联合一切个人的和政党的，以及所有道义和物质的力量，共同推进他们的事业。[1]

联合政府的成立反映了人们对战争失利的更广泛担忧。"在他演讲之后的形形色色的辩论中，"《泰晤士报》报道说，"有许多迹象表明，我们每天在这些专栏中揭露的困难和不快的事实终于得到了普遍的承认。它们一个接一个地显现出来——在营地和舰只上浪费公帑，目前这种混乱的征兵方法极不公平，拒绝面对我方多次战役的真相，尤其可悲的是对战争物资需求缺乏预见性。"[2] 这种反省是由达达尼尔海峡和法国战场上的两次失败的阴影带来的，同时也因为国际局势不断恶化。英军和澳新军团各师非但没有将土耳其军队赶出加利波利半岛上的岩石陡坡，反而遭遇了顽强的抵抗而寸步难行，可怕的堑壕战恐将再次上演，只不过这次是在土耳其的烈日下。尽管意大利在 5 月 24 日对奥匈帝国——而不是德国——宣战时举行了庆祝活动，但意大利军队是一支羸弱之师，严重缺乏机枪与大炮，无法对其宿敌发动决定性打击。在海上，人们也越来越担心 U 型潜艇的影响。5 月 7 日，丘纳德轮船公司①的班轮"卢西塔尼亚号"（*Lusitania*）沉没，包括 128 名美国公民在内的 1000 多人丧生，在德国于不列颠群岛周围强行建立"交战区"的尝试中，他们是最著名的受害者。

对约翰·弗伦奇爵士来说，5 月 9 日的事件是一个无法逆转的节点。黑格的第一集团军在奥贝尔山脊被残忍击退，40 分钟的炮击也未能给步兵扫清道路，他们在试图穿越无人地带时惨遭屠杀，短短几小时内就有 1.1 万人伤亡。[3] 约翰爵士在一座被摧毁的教堂塔楼上观看了这场进攻后，默默地退回了圣奥梅尔，焦虑地意识到自己在基钦纳设定的"考验"中已经失败。在大步走上总司令部的台阶时，他的挫败感又加深了一层。他收到了陆军部的一封电报，要求他向马赛发送 2 万发野战炮弹，在那里有一艘船正等着将炮弹运往达达尼尔海峡。电报上说，从法国调集这些弹药会更快更容易。约翰爵士恼怒地把电报揉成一团，气得脸色发黑。在接下来的日子里，他开始相信基钦纳对一切都负有责任，他未能给在法国的部队提供足够的支持，造成自己的部下丧生。他将自己的抱怨倾诉给了查尔斯·阿考特·雷平顿（Charles à Court Repington），这是

---

① 由英国大船主萨缪尔·丘纳德（Samuel Cunard）创立的一家轮船公司。

一位曾担任军官的战地记者，此时常驻在总司令部。除了向雷平顿透露了缺少炮弹的消息外，弗伦奇还派了他的两个副官前往伦敦，向政府提出军队"急需高爆炮弹"。这是一个意在扳倒陆军部长的阴谋。[4]

雷平顿的加急稿件《来自法国的一个教训》于 5 月 14 日刊登在《泰晤士报》上，称远征军正"受制于某些不利因素，难以取得惊人的胜利"。尽管这次袭击是"精心策划和英勇实施的……但是条件太艰苦了。高爆弹的缺乏是我们获得成功的致命障碍"。[5]与达达尼尔海峡的挫折合在一起，"炮弹丑闻"被证明是阿斯奎斯四面楚歌的自由党政府难以承受的，它引发了一场惊人的政治危机。尽管基钦纳的巨大威望足以保护他免受这场风暴的打击，但他现在也形象受损，经常成为政府成员愤怒抱怨的对象，他们因为他的神秘和霸道而与之疏远。基钦纳对此毫不理会。在苏丹和南非的时候，他已习惯独断专行，现在也没有什么理由改变。当他在陆军部的一群下属坚持要发表一份声明来回应这些指控时，他却挥手把这些人赶开："我们的工作是继续进行战争——在我们赢得战争以后，会有足够的时间来回答这些问题。"[6]

政治危机不可避免地导致人事调整。温斯顿·丘吉尔离开了海军部，在达达尼尔海峡发生的血淋淋的灾难玷污了他的声誉。基钦纳最有力的批评者之一，卡那封郡（Caernarvon）的自由党议员大卫·劳合·乔治被任命为军需大臣，军需部是一个新的政府部门，负责推动英国的战时生产。至于约翰·弗伦奇爵士，这件事也没给他带来什么好处。阿斯奎斯还不确定是否必须撤掉他，但时间已经不多了。虽然他并没有对雷平顿撒谎，但在奥贝尔山脊发现的照片比约翰爵士意识到的要复杂得多。总司令部在进攻前没有对高爆炮弹提出任何具体的担忧，失利主要是由于德军的工事在新沙佩勒战斗之后得到加固，以

121

及重型火炮的缺乏和炮弹的质量问题，有很大比例的炮弹未爆炸。这就意味着德军炮兵连和他们隐藏的机枪能够在几分钟内阻止进攻。除非这些缺陷在未来的攻击中得到纠正，否则英军只能继续苦苦挣扎。[7]

122　　　在巴黎，气氛同样阴沉。"一次非常令人沮丧的部长例会，"普恩加莱于 5 月 29 日记录道，"阿拉斯的作战久拖不决，所有的部长都在问，我们多久才能看到这场围攻战结束。他们记得，几周前，当霞飞在这里吃早餐时，他让我们认为战争可以在 6 月结束。今天，渴望已久的结束似乎永远遥不可及，连议会也变得非常不安。"[8] 那个时候，总统仍在思考如何回应议会陆军委员会的一份严厉批评的报告，它概述了战场上陆军装备的严重短缺。从 1914 年 8 月开始，在总数 300 万支的勒贝尔步枪中，有超过 70 万支丢失或损坏而无法修复，但尚未制造出替代品。炮兵的情况更为严峻，法军在战争中使用了 4700 门野战炮，以 75 毫米炮为主，但已经损失了 500 门，还有更多因为过度使用或弹药故障而发生爆炸。尽管陆军部长米勒兰并不认可这份报告，告诉普恩加莱它"出于极度的偏见"，但这几乎无助于平息日益高涨的反对他的呼声。[9]

　　　一周又一周过去，法国议会中对战争进展情况的抱怨不断累积。曾在 1914 年 8 月被派往前线的外交部前副部长阿贝尔·费里（Abel Ferry）于 7 月 5 日向内阁提交了一份有关沃埃夫作战的报告，即在凡尔登东南部的那片平原上发生了特别激烈的战斗。报告记述了一个关于无谓的杀戮的恐怖故事，让议会代表们震惊不已。3 月 18 日，他那个 250 人的连队被投入战斗，但几天内便只剩下 29 个人。这场血腥而徒劳的"消耗战"令费里十分恐惧。"据说将于设定的日期，在没有任何警告的情况下发射人体'葡萄弹'，以取得士气上的优势。德军战壕前的数千具法国人的尸体为敌人……保持了士气优势。"

如果这种情况继续下去，费里警告说，陆军身上"进取性的价值观"将被"摧毁"。他相信，他所目睹的一切是一种共同的体验。"这些小规模行动有其战术和地理原因，但背后缺乏战略思维，'看上去我们只是在为报纸或新闻稿作战'。我们仅仅是走一步看一步。对于堑壕战，没有任何具体情况是可以预料的或有所准备的……后人会惊讶地发现，在各级士兵中拥有如此权威的政府，竟然这般冷漠。"[10]

123

这样的抱怨不可避免地落在了亚历山大·米勒兰身上。据说，他是最高统帅部的喉舌，不愿意约束霞飞，也不允许对陆军事务进行适当的审查，一位议员甚至轻蔑地称之为"一坨冰"。[11]作为一位经验丰富、爱国且意志坚定的政治家，米勒兰以他所知的唯一方式做出了回应，抵制对军事问题的非必要干预，同时尽可能少地做出让步。在霞飞坚决反对的议会视察前线的问题上，以及米勒兰担心会分散注意力的陆军委员会检查工厂权利方面，双方展开了激烈的斗争。当米勒兰6月29日出现在参议院时，他有力地捍卫了自己的立场，声称在战争爆发后的10个月里，战争物资的产量增加了六倍。此外，尽管他理解对战争相关活动进行更大程度的公开和审查的要求，但这不应以牺牲军事效能为代价。然而，他的呼吁只到此为止，政府最终被迫在陆军部设立四个副部长职位，负责武器装备、医疗救护、后勤和军用航空。这项举措削弱了米勒兰的权力，并加强了对重大战争行动的审查。[12]

米勒兰可能转移了针对总司令的大部分注意力，但霞飞也未能逃过来自日益增长的挫败感的压力。6月，在普恩加莱的推动下，他正式将下属部队划分成三个集团军群，前者希望这一举措能减轻总司令的负担，并确保其他高级指挥官参与战略的制订，从1914年8月开始，这项工作在某种程度上由霞飞独自承担。他的三位最高级将领负责指挥集团军群，奥古斯丁·迪巴伊（Augustin Dubail）负责东部集团军群，中部集团军群由卡斯泰尔诺指挥，北部集团军群则交给福煦，他同时也是霞飞事实上的副手。当法国政府提出与这些高级军官定期在尚蒂伊会晤的可能性时，毫不意外地，霞飞抬手阻拦。他抱怨说，这会让他的指挥官们离开岗位，对战争行动造成干扰。于是只好作罢。然而，霞飞需要一场胜利。他知道，随着战争的持续，来自平民的压力只会越来越大，马恩河战役带来的喜悦已经退去，人们沮丧地意识到，霞飞只是让法国没有被打败，并没有赢得这场战争。仅仅一口一口地咬是不够的。

在东线战场上，德军的反攻强度超出了法金汉的预期，对俄军实施了决定性的打击，扭转了东线战争的走势。5月2日早6点，在戈尔利采与塔尔诺（Tarnow）之间的俄军防线上，一场猛烈的炮击撕碎了这个春天的黎明。四个小时后，德国和奥匈帝国的部队向前推进，冲破了俄军防线，只遇到了很小的阻力，之后进入了开阔地带。由于没有后备防线可以依靠，俄国第三集团军在一片恐慌和混乱中崩溃。同盟国在两天之内前进了16英里，截至第六天，他们已经俘虏了14万名战俘，缴获了200门火炮。6月3日，宏伟的普热梅希尔要塞被收复，三周后，奥匈帝国的军队阔步行进在加利西亚首府伦贝格（Lemberg）的街道上，人群中洋溢着"难以形容的喜悦"。[13]面对即将崩溃的西南战线，俄军总司令尼古拉·尼古拉耶维奇（Nicholas Nikolaevich）大公不得不放松对喀尔巴阡山的控制，命令他的各个集团军向东方进行长途行军。它将开启这场大战中规模最大的一次撤退。

6月7日晚，法金汉返回西线，在前往鲁普雷希特的第六集团军之前，他先到佛兰德地区拜访了阿尔布雷希特公爵。至少按照鲁普雷希特的说法，在戈尔利采的成功并没有缓和他的情绪，前者发现他看起来"老了很多"，即便他仍然拥有过人的记忆力。"他完全承认陆军处于困难的境地"，鲁普雷希特回忆说，"并同意派遣第三军团的一个师去替换"第六集团军"消耗殆尽的一个师"。[14] 尽管法金汉的语气显得乐于相助，但两个人之间并没有多少热情。鲁普雷希特决定在阿图瓦作战期间调动后备师以后，最高统帅部于 5 月 14 日向他发出了措辞强硬的遣责，法金汉明确表示，"绝对不应当为了支援已经拥有充足资源的前线地区而动用统帅部的全部预备队"。同时，第六集团军的事务受到了不必要的干涉，统帅部派出了自己的联络官直接与鲁普雷希特的两个军团进行沟通，这直接打乱了常规的指挥链。

　　巴伐利亚王储鲁普雷希特不曾受到如此粗暴的对待，并对指责其未能恰当组织防御战的说法报以傲慢的蔑视。他强调了法军袭击的规模及其造成的危险。他无意"将最后一支预备队不必要地部署在西线，但必须指出的是，只有实力较弱的预备队部署在拉巴塞运河以北，如果敌人再次成功突破，他们很难恢复战局"。最后，德皇出面才将局面平息了下来，他站在鲁普雷希特一边，指示法金汉再写一封信，确认他有责任支持那些"在智力、品德和体能上都经历了严峻考验的人"，而他的干预"很容易冒犯那些无一例外地证明了自己能够胜任这项任务的前线指挥官"。[15] 鲁普雷希特现在认为此事已经了结，但法金汉还是禁不住对这个麻烦的巴伐利亚人打出最后一记重拳。5 月 19 日上午，深受鲁普雷希特信赖的参谋长克拉夫特·冯·戴尔门辛根（Kraft von Dellmensingen）奉命立即向阿尔卑斯军团报到。那是一支当时为对付意大利人而集结起来的精锐山地部队。这是统帅部赠送的一件临别礼物。[16]

　　在激怒共事者上，法金汉的能力堪称大师级别。到 1915 年夏天，德国陆军大部分高级军官都站到了他的对立面，包

125

括鲁普雷希特在内，他不得不去适应一位新参谋长，粗暴冷漠的普鲁士人古斯塔夫·冯·兰布斯多夫（Gustav von Lambsdorff）。但是，不管对法金汉有多少怒气，德皇仍然是他的坚定支持者。这有助于这位最高统帅在普莱斯保持半超然的生活方式，接收法金汉的每日战况简报，但与之保持隔绝。当最高统帅部的铁路部门负责人威廉·格勒纳（Wilhelm Groener）见到正在普莱斯公园里例行散步的德皇，为他的快乐和惬意而震惊。"他为自己和我点上了香烟，我们聊了将近一个小时，"他回忆道，"至高无上的陛下一如往常地开朗和友好。当我们谈起战争，我想我感觉到了一点担忧……但最近发生在东线的重大事件显然让他满心喜悦。他还对奥地利人在意大利前线的抵抗感到欣慰。当你和皇帝私下交谈时，他的举止与在宫廷环境中完全不同。他讲话很坦率，感觉不像是皇帝。他对法金汉的信心是不可动摇的。他信任此人，而他与东线的（兴登堡和鲁登道夫）那些人不存在内心的关联。"[17]

尽管在后备师的问题上存在争议，但德国陆军正在迅速适应在法国和比利时不断变化的战事。最高统帅部已经发布了一系列关于香槟战役的报告，强调了在当前条件下进攻和防守两方面所面临的挑战，最主要的是发现法国人犯了"两个无可争议的错误"：发动进攻的战线太窄，而且没有"将有效进攻坚持到底"。即使法军大举进攻，他们也不可能让德军的炮兵连、堑壕迫击炮或侧翼火力沉默，并且他们缺乏持续前进的战斗力量。因此，结论就是德军必须表现得更好，并建议攻击"相当大"——至少"20公里宽"——的前沿，以夺取敌军火炮为目标。最初的突破"仅仅是达成目的的手段"，报告强调，进攻行动的要点是"在开阔战场上展开一场决战"。[18]

至于未来的防御战要采用什么样的方法，就不那么清楚了。"法军攻击的主要特点是难以抵挡的炮火准备，他们不顾

一切地瞄准意图突破的那部分防线……这种准备包括小心翼翼
地初步测距，然后是密集的火炮射击，爆裂火光中的雷鸣般怒
吼，有时能不间断地持续数小时。"由于德军战壕通常位于所
有起伏地形的前斜坡上，目的是获得良好的火力覆盖范围，所
以它们很快就会沦为"一片废墟"。此外，仅仅用一道堑壕几
乎不可能守住阵地，需要的"不是一条或甚至几条固定防线，
而是容许一定行动自由的大片防守区域，以便最大限度地利用
战场配置所提供的所有优势，并尽可能克服一切不利因素"。[19]

127

　　这场防御战究竟应当如何进行，存在着不同的意见。在
这座官邸里，许多人仍然支持建立牢固的前沿防线，这与统帅
部最初的告诫一致，即"一英尺的土地都不可放弃"。[20]弗里
茨·冯·洛斯伯格认为，尽管有必要建立一个纵深的防御网
络，但第一道防线应当奋力防守，一旦失守，要尽快夺回。对
这一观念的主要挑战来自马克斯·鲍尔，他认为"在静态作战
中维持一条僵硬死板的战线"代价高昂而且没有必要。"令人
震惊的受害者向着天空哭号，却无济于事，"他抱怨说，"最
糟糕的是，丢失了一段战壕的指挥官往往被立即解职，会导致
每个指挥官都据守一段非常狭窄的堑壕，进而造成更大的伤
亡。"[21]无论如何，它将取决于协约国是否能够改变他们的进
攻方法，而答案只有在战场上才能找到。

　　在洛雷特圣母院和纳维尔圣瓦斯特伤痕累累的山坡上，战
斗仍在继续。天空中充满了炮弹炸开的尖啸声，成千上万的
法国士兵像蚂蚁一样在漆黑中艰难跋涉，从未停止他们往返前
线的连续移动。对于守军来说，这样的日子太可怕了，痛苦不
堪，因为人们都被疲惫压垮了，忍受着看似无休无止的恐怖的
堑壕战。"在一条半敞开的战壕里，连着两天没有休息，每个
人都时刻保持警惕，白天黑夜都上着刺刀，"这是1915年春末
一个德军士兵对苏谢的回忆，

对面，敌人就埋伏在大约 20 码远的地方，我们之间坑道纵横，有障碍物提供保护，一堆炸弹像小山一样放在他们手边。在这样一处障碍的顶上，躺着一个同伴，可是我们够不到他。他蒙眬的眼睛凝视着西边，一只手握着他信赖的武器，另一只手伸开，仿佛随时准备跳起来，那一头曾经是金黄色的头发被鲜血染成了深红色。许多人都像那样躺在战壕外，有战友也有敌人。没有人去埋葬他们，没人有时间做这件事。[22]

在 5 月 9 日至 11 日的激烈战斗之后，前线已经稳定下来，变成一系列小规模攻击、持续炮击和频繁的战壕突袭。5 月 19 日，杜巴尔将军告知霞飞，在目前的情况下，"应采取的行动依次是，发动猛烈和压倒性的炮击，步兵冲锋，占领对我们必要的、可作为冲锋点的阵地"。[23]

6 月 16 日，法军做了最后一次努力，动用了更多的火炮和弹药，将火力倾泻到德军防线上，包括首次使用的毒气弹——一种二硫化碳和磷的混合物——它既是窒息剂，又是燃烧剂，以敌人的炮兵连为目标，成功地让对方沉默了一个半小时。[24]法军步兵在一些地方取得了进展，攻占了苏谢公墓，摩洛哥师再次表现出色，夺得了约 1 公里的阵地，但随后发现自己处于暴露的位置，两侧都在敌人的纵向火力之下。杜巴尔提出派出增援部队，但贝当拒绝了，因为他认为除非侧翼被清理干净，否则新上来的部队将遭受不必要的损失。第十集团军现在已经达到了极限。来自前线的报告承认，德军大炮正变得越来越占优势，而法军火炮则更加容易发生事故。炮管会因过度射击而爆裂，有时会导致炮手负伤或阵亡。6 月 16 日，第二十一军团因炮管爆炸损失了 7 门大炮；第二天，贝当的部队又损失了 9 门，这导致最高统帅部发出了一封愤怒的通告，抱怨这一"严重危机"，并命令指挥官只有在绝对必要时才能开炮。[25]

　　6月中旬，第二次阿图瓦战役结束。正如一位法军将领所 129
说的，这是协约国所能做出的"最大努力"。5月9日，法国
派出15个步兵师，在3个骑兵师和1075门火炮的支持下发起
进攻。6月16日，几乎有20个师加入战斗，包括6个后备师
和1160门火炮——对阵的却只是12个已受重创的德军师。弹
药的消耗前所未有，在5个星期的激烈战斗中，用掉了近200
万发75毫米炮弹和35万发重炮炮弹。然而，这还不是全部，
法军伤亡人数总计超过2200名军官和10万名士兵。[26]后来，
贝当的一个师长，埃米尔·法约勒（Émile Fayolle）沮丧地
问道："这次失败的尝试之后，又该怎么办呢？我们是否应当
得出结论，任何突破都是不可能的？如果德国佬有许多相隔甚
远的防线，炮兵无法用炮火将其同时覆盖，而且总有人来支援
守卫这些防线，那么突破更是难以实现。战争的命运现在掌握
在罗马尼亚人和保加利亚人的手中……"[27]

　　霞飞还没有完全准备好依靠东线这些靠不住的盟友来解救
自己。他丝毫没有耽搁就开始计划另一次进攻，这次他称之为
"双重行动"，规模比5月那次攻势大得多。他一有可能便视察
前线，经常前往靠近德军防线的兰斯。一俟抵达那里，他会被
护送到某个合适的观察点，从那里他通过双筒望远镜窥视地平
线上已被长草覆盖的敌军阵地。与1914年12月一样，他选择
的战场是香槟和阿图瓦这两个地区。7月12日，他向福煦和卡
斯泰尔诺通报了新行动的概要。福煦将在北部发动进攻，破坏
德军战线，夺取维米岭，最重要的是，吸引敌人的预备队并将
其钉在那里。然后由位于香槟地区的卡斯泰尔诺集团军群发起
主攻，该集团军群将包含法军的大部分兵力，包括现在由法军
新星菲利普·贝当指挥的第二集团军。一旦卡斯泰尔诺的军队
向前推进，这将是"战线上的共和国各集团军进攻的信号"。[28]

在伦敦，英国的政界和军方领导人对地中海地区的作战行动越发担忧。重组后的战时内阁在 6 月 7 日举行了第一次会议，现在又被称作"达达尼尔委员会"。与会各方同意增援加利波利的伊恩·汉密尔顿将军，以便在夏季晚些时候发动一场重大进攻，希望能突破土军防线。6 月 26 日，基钦纳撰写了一篇形势评估，他直截了当地指出，协约国能够在不久的将来取得决定性胜利的唯一战场是达达尼尔海峡。他坚持认为，法国军队"绝不应当在持续的毫无成效的进攻行动中耗尽实力，结果很可能是敌人的伤亡人数少于我方"，在西线战场采取"积极防御"策略是最明智的选择。[29]

7 月 6 日，协约国领导人举行了一次会议，英国代表团包括阿斯奎斯、基钦纳和新任海军大臣阿瑟·贝尔福（Arthur Balfour），他们前往加来讨论本年剩余时间的战略。但他们一踏上外国领土，事情就开始出错。英国人没有被告知主要会议的时间，还以为是上午 10 点左右，所以他们在酒店里悠闲地享用早餐，让法国总理勒内·维维亚尼在霞飞和米勒兰的陪同下，在"加来阴暗的月台上上下下"，等待他们的盟友出现。[30]会议终于开始，却没有达成明确的协议。说着一口流利法语的基钦纳同意立即向法国派遣新陆军的 6 个师，后续还有更多，同时呼吁停止在法国展开大规模进攻。[31]霞飞听到增援的消息当然很高兴，但当基钦纳谈到继续他所谓的"消耗战"时，他只是耸了耸肩，嘴里咕哝着。尽管法军总司令明确表示他支持进攻，但他谨慎地没有做出太多承诺，使一直对过度投入新的行动持谨慎态度的法国代表团感到高兴，并给英国人留下了他同意基钦纳观点的错误印象。

第二天，阿斯奎斯和基钦纳前往伊普尔，在那里检阅了部队，而霞飞在尚蒂伊主持了与俄国、意大利和塞尔维亚的军事代表的另一场会议。正如他在这一整年所做的，霞飞还是认为协约国必须协调他们的进攻，尽可能地给敌人施加压力。同时，他们还必须防止同盟国集中打击协约国的某个成员。"在这种条件下，"他解释说，"承受敌军主要冲击的协约国部队的基本原则是，他们有权得到承担较小压力的友军大举进攻的支持。"因此，出于军事荣誉和国家利益的考虑，法英军队有必要尽快发动进攻。出席会议的约翰·弗伦奇爵士支持霞飞的动议。进攻不仅具有战略意义，而且从士气的角度来看也很重要。"法国士兵比任何其他士兵都更富有进攻精神，必须对此加以利用。"[32]

俄国的大撤退持续了整个夏季，让协约国会议厅里的气氛更显晦暗，并引发了东线可能完全崩溃的可怕预期。华沙于 8 月 4 日陷落，两周以后，北边的科夫诺（Kovno）要塞投降，到当月月底，德国和奥地利军队已经荡平了波兰，向北进攻库尔兰，甚至到达了距离其出发地 200 多英里的布列斯特 – 立托夫斯克（Brest-Litovsk）。然而，后撤终于结束了。如今的俄军比之前更加集中，更靠近他们的补给线，最后，他们开始受益于枪炮和炮弹产量的增加，因为他们的工业生产为一场长期战争做好了准备。相比之下，法金汉的部队精疲力竭，远离铁路终点，在通往俄国西部的通道上遇到了无法通行的沼泽和森林地形，那里几乎没有公路和铁路，也没有食物。[33]

法金汉的大部分时间都在普莱斯度过，在越来越大的地图上绘制胜利，并用德皇钟爱的粉红色香槟庆祝成功。虽然兴登堡抱怨说他们做得还不够，就像他在 8 月 13 日信中所说，德军的行动"并未歼灭敌人"，但法金汉反驳道："从目前东线的行动来看，歼灭敌军从来就没有希望，那只是符合最高统帅部所定目标的一场决定性胜利。"[34]法金汉的心思越来越集中于巴尔干地区，在那里与保加利亚的谈判正在取得进展。一旦联盟达成，德军将向南移动，开辟通往奥斯曼帝国的陆路通道，

132

一劳永逸地解决"塞尔维亚问题"。至于西线，法金汉满足于观望和等待。7月29日在梅斯举行的一次有集团军参谋长出席的会议上，他重申，没有迹象表明协约国会在不久的将来再次发动攻击。一大批炮弹已离开英格兰运往达达尼尔海峡，但不清楚在阿图瓦战役停止后，法军是否正在准备另一次进攻。因此，各集团军都有必要通过突袭或小规模行动搜集敌人的情报，同时准备在未来一段时间内守住防线。[35]

几周时间过去了，人们越发担心法金汉低估了协约国的决心。弗里茨·冯·洛斯伯格认为这位将军过于乐观，英法两国不可能在穷尽一切努力前任由俄国被肢解。当统帅部在8月命令另一个军团向东转移时，洛斯伯格变得焦虑起来。"我对这个决定感到不安，因为我越来越认为我们在西线的敌人正在集结新的力量展开大规模攻击。如果发生这种情况，统帅部在西线只有三个完整的师和两个薄弱的师作为预备队。"[36]在法国未来可能采取任何行动的香槟地区，卡尔·冯·艾内姆敏锐地意识到统帅部的漠不关心。当他们在8月初会面时，法金汉告诉他，东线战场的情况"进展非常缓慢"，他不想被"进一步拖入那个地区"。然而，艾内姆担心他的一些步兵师会被"抽走"，并恳求法金汉不要"过快地进一步削弱本集团军……"[37]

约翰·弗伦奇爵士最初承诺支持霞飞的新一轮进攻，并与福煦会面，以进一步安排细节。福煦希望英军将第十集团军的进攻延伸到拉巴塞运河，同时用计划于当年晚些时候抵达的基钦纳的第三集团军接替阿拉斯以南的法国部队。约翰爵士同意了这些要求，但是当黑格将军有机会查看拟议的进攻地点后，他又很快退缩了。黑格报告说，朗斯以北的区域"面临非常大的困难"，到处都是采矿建筑、矿渣堆和选址非常好的防御工事，需要大规模的围攻行动。虽然有可能"占领敌人的第一道战壕……但不可能继续推进，因为我们自己的炮兵无法提供支持"。[38] 一贯反复无常的约翰爵士现在又开始陷入消沉和沮丧当中，令他的指挥官们感到不安。他担心自己会再次陷入像在奥伯尔山脊发生过的那样一场灾难，并努力寻找出路。他探访了前线，但离开时却比之前任何时候都更加抑郁，因为他意识到英国远征军缺乏足够数量的火炮和弹药，而这些东西可以给他的部队带来一个获胜的机会。

约翰爵士拒绝匆忙接受霞飞的动议，并在 8 月 10 日的一封信中解释说，他更愿意在拉巴塞运河以北作战，因为那里有更大的成功概率。然而，由于他曾承诺支持霞飞，他现在将"按照您作为总司令所表达的愿望"增援黑格的第一集团军。这将使他能够"通过压制敌军炮兵并保持步兵坚守在前线"来为法军的作战行动提供帮助。约翰爵士的把戏很明显，霞飞马上就看穿了。弗伦奇打算进行一次炮火展示，而不是步兵攻击，从而将德军固定在他的战线前方，炮击敌军的战壕，但不是去冒着可能伤亡数万人的风险进行全面进攻。不出人们所料，霞飞拒绝接受，并迅速回信："您肯定明白我的意思，即只有以您现有的最大兵力采取大规模的强力攻击，满怀成功希望地执行并坚持到底，这种支持才能有效。"[39]

霞飞几乎耗尽了耐心。接下来，他又通过米勒兰给伦敦发去一封措辞强硬的电报，收到这封电报时，基钦纳正在消化刚刚从达达尼尔海峡传来的一则失败消息。汉密尔顿将军的夏季攻势未能取得突破，新陆军的几个师陷入了苏弗拉湾（Suvla Bay）环境恶劣的灌木丛林地带。陆军部长在他漫长的职业生涯中见多识广，但这肯定是他的至暗时刻之一。正当他对汉密尔顿的信心丧失殆尽时，他又一次面临着对英国远征军司令的严重不满。8 月 16 日至 19 日，他不得不再次来到法国，在前线与高级军官谈了三天，并承受着霞飞和米勒兰二人的强大压力。最后，基钦纳还是让步了，他告诉约翰爵士，无论之前有

134

何反对意见，现在都必须与法国人"积极合作"。这一点在 8 月 20 日达达尼尔委员会的一次会议上得到确认，当时基钦纳详尽地解释说，他们再也无法回避"在西线发动一场真正的严肃进攻"。[40]

没有人喜欢这样，但阿斯奎斯感觉自己别无选择，只能接受基钦纳的建议。正如阿斯奎斯给国王的信中所言，基钦纳虽然"对获得任何实质性的军事优势一点也不乐观"，但是他"强烈认为，如果不想给联盟关系造成严重甚至致命的伤害，我们就不能拒绝霞飞将军请求和期待的合作"。[41] 温斯顿·丘吉尔"用了很大力气"指出这种行为方式的"缺点和危险"，他进行了数周的争辩，但收效甚微。当达达尼尔委员会于 9 月 3 日重新召开会议时，丘吉尔恳求陆军部长"尽一切手段阻止在法国实施一场猛烈进攻"。基钦纳呆呆地盯着他，然后摘下自己的帽子，把头发捋顺，又耸了耸肩。他回答说，如果他这样做，就会"打破英法联盟"，这不是他想做的事情。不幸的是，他补充道："我们不得不按照我们必需的方式，而不是我们希望的方式，进行这场战争。"[42]

霞飞打出了一手好牌，他表现出一种与其笨重的身躯相悖的灵活与狡猾。现在他已经获得了基钦纳的支持，回到法国政府，他提出了发动秋季攻势的想法。尽管有消息称英法两国之间的关系取得了某种突破，但巴黎方面只有半心半意的热情。"我们将被拖入一场新的攻势，与其说是希望真正帮助俄国人，不如说是因为我们必须在俄国人面前证明我们自己"，这就是普恩加莱听到这个消息时的反应。[43] 然而，霞飞的威望日益削弱，几乎没什么理由去响应他的号召。7 月 22 日，他罢免了另一位将领，第三集团军司令莫里斯·萨拉伊，在法国议会引发了一场抗议的风暴。萨拉伊是法国最有权势的政治将领之一，深受左翼人士的喜爱，也是一位坚定的共和主义者，于是当时有人说萨拉伊可能是替代现任总司令的理想人选。霞飞声称，免职决定是因为他在战场上表现不佳，却很少有人相信这一点。

霞飞现在成了孤家寡人，走在一条孤独的道路上，他的一些最亲密的盟友开始动摇，而对这次进攻的性质和可以合理预期的战果，就连他的高级指挥官之间也出现了分歧。在 8 月 11 日的一次会议上，福煦和卡斯泰尔诺在新攻势的规模上发生了冲突，前者更倾向于有限的围攻式作战，而后者仍然坚持果断的"爆裂"。当福煦说他需要弹药来进行持续数天的一系列攻击时，霞飞告诉他"围困战"不是他们想要的。卡斯泰尔诺表示同意："我们的目标是在敌人的阵地上形成一个侧翼，然后从那里机动。因此，第一步行动是突破防线——或至少将它推得足够远，在广度和纵深上为我们提供必要的机动空间。"他们应当"通过有条不紊的进攻而不是仓促的袭击来创造突破"。如果行动得当，他们可以在一两天内推进 10~12 公里。

福煦对此不以为然。他说，在阿图瓦地区，敌人几乎立即就派出了三个师的预备队，阻止了他们的突破。他们的炮兵只能对敌军第一道防线有效，第二道和第三道防线需要单独的攻击。在随后的讨论中，霞飞大概不可避免地站在了卡斯泰尔诺一边。

"如果我们采用你的有条不紊的进攻方式，"霞飞看着福煦说，"这将需要一个月的战斗，最大限度地消耗弹药，我们什么时候才能准备好发起进攻呢？也许明年，也许永远都不能。为了我们和我们的盟友，我们需要采取行动。正如我们的条例所述：按兵不动是可耻的。"[44]

因此，主要进攻将在香槟地区展开，而且它将具有决定意义。福煦将不得不满足于阿图瓦地区的一次辅助攻击——他欣然接受了这一决定，即使他现在开始与总司令相背离。当然，他们必须进攻，但只有通过一系列有条理的行动才能取得战果，其中涉及大量的人员和弹药，以及缓慢而稳定的推进。一

136

位出席会议的参谋人员说："曾经身经百战的福煦将军似乎因阿拉斯的失败而受到了伤害。"[45]

在基钦纳访问后，英国将要扮演的角色逐渐明朗。可以理解，最近一次干预让约翰·弗伦奇爵士满腔怒火，并使他对即将发动的袭击失去了兴趣，他对自己的处境深感忧虑，并让黑格尽其所能地继续干下去。尽管第一集团军司令仍然担心战场的状况，但使用毒气的可能性激发了他的进攻欲望。在伊普尔袭击事件发生后的 10 天内，基钦纳就下令研究报复的方法，一名雄心勃勃的常备军军官查尔斯·福克斯（Charles Foulkes）少校受命指挥一个新单位，即特种旅，负责组织战场上的化学战。截至 6 月，陆军部已经设法为"氯气波"攻击制订了大纲，该攻击将遵循已知的德国人的方法。把氯气密封在钢罐中，成批地部署到前线上。在那里，连接到钢瓶上的管子向外伸出去，进入无人区，然后人们拧开阀门。[46]

黑格开始笃信毒气。8 月 22 日，他参加了福克斯的一次气瓶释放氯气的展示活动，留下了深刻印象，并迅速将其纳入了自己的攻击计划。他相信，这将打破堑壕僵局，让决战成为可能。"毒气对敌军前沿部队士气的影响，"他向手下的一位军团指挥官说道，"可能会使卢斯（Loos）的守军受到影响，就像距离伊普尔以北大约 5 英里的情况一样。"[47] 因此，黑格开始策划一场进攻，其规模对英军来说是空前的，两个军团将发起主攻，占领卢斯和于吕什（Hulluch）的村庄，以及被称作"霍亨索伦堡垒"的一座巨大的德军防御前哨，然后向东挥师休特杜勒运河（Heute Deule Canal）。如果一切按计划进行，他们将前进 5 英里，包抄兰斯以北的德军阵地。在协约国各集团军准备进攻的时候，西线战场上的活动减少了，就像是奋力一击之前深吸一口气。

第七章
没有完成任务

　　法国第二集团军的新任司令官拥有出众的身材，个子高高的，一头灰色的短发，浓密的髭须几乎遮住了他的嘴。6月22日，第三十三军团指挥官菲利普·贝当中将接到升职和调动的命令。在不到一年的时间里，他从一位错过了晋升机会而即将退休的上校，变身为即将进行的大战中最大规模的一支集团军的司令。7月下旬，贝当拜访了卡斯泰尔诺位于蒂耶里堡的司令部，接受了自己的新职位，却几乎没有庆祝之意。贝当的贴身副官贝尔纳·塞里尼（Bernard Serrigny）注视着这两个人，当两位将军讨论他们的计划时，他默默站在一旁："贝当是个来自北方的人，不动声色，安静，专注于自己的逻辑，从不说一句没用的话，另一人来自阳光明媚的南方，口若悬河，精力充沛，有趣，但有时会使其观点淹没在一片滔滔不绝之中！"卡斯泰尔诺解释说，这次袭击将在很大程度上重复5月9日的行动。只是贝当表达了自己的不安。他辩解道，从5月开始，情况发生了很大变化。现在敌军机有了第二道防线，距离第一道防线约4英里，处于法军大炮的射程以外。因此，考虑到可用的人员和弹药数量，他们不太可能取得"有限的战略成功"。[1]

　　卡斯泰尔诺的计划是让他的各集团军"形成一个侧翼"，以"突破"前线并穿越德军阵地："一旦侧翼建立起来，后备部队将对在法国－比利时前线作战的相当一部分敌军部队施以重创。在敌人当前的阵地上建立侧翼，就有了建立自由行动区所需的广度和纵深，也就是为负责攻击敌人整个阵地的部队提供了机动区域，意味着能够突破防线，击退任何残余敌军……"[2]霞飞原本希望在7月开始进攻，但频繁的推迟导致直到9月底才一切就绪。准备工作的规模令人眼花缭乱。在香槟地区，由35个步兵师和7个骑兵师组成的两个集团军集结在德军防线对面，得到850门重型火炮和1000多门75毫米炮的支援。在阿图瓦地区，杜巴尔将军将沿着12英里的战线出动17个师，由400门重型火炮外加670门野战炮支持。在英军方面，准备工作同样详尽无遗。截止到9月24日晚间，容纳大约150吨氯气的5000多个气瓶已被运到法国，并部署在从兰斯郊外到拉巴塞运河之间的黑格第一集团军的前沿。黑格的攻击还将得到前所未有的大规模炮兵支持。超过900门火炮，包括110门超重型榴弹炮，将进行为期4天的预先炮击，向德军防线发射超过25万发炮弹，提高了在战线上取得大规模突破的可能性。[3]

事实上，协约国仍有许多工作要做。尽管他们的兵力超过了对手，香槟地区由42个师对17个师，阿图瓦地区是29个师对13个师，但他们必须在前所未有的复杂阵地上奋战。到1915年秋天，德军加固了香槟地区的防御工事，堑壕、村庄和天然地形屏障交织分布。除此之外，还有位于北侧3~5公里的第二道防线。因为从法军防线上几乎观察不到，所以很难进行炮击。[4]完成这一切需要对各种细节给予一丝不苟的关注。贝当于9月5日下达了最后指示。他的炮兵会在防御工事中开辟出巨大的缺口，摧毁敌军炮兵连，而实施弹幕和佯攻则会诱使守军在战壕中布防，对新一轮炮火束手无策。然后，法军将向特定地点发射毒气弹和燃烧弹，而在袭击前一天晚上，战斗工兵会进入无人区，并打开铁丝网中所有剩余的缺口。"炮火

准备的目的是摧毁进攻区域内的所有敌军阵地，并削弱其抵抗 140
力，以便让突击部队只会遇到一群犹疑困惑的敌人。"[5]

炮击于 9 月 22 日开始。大批弹药被送上了前线，天空
中布满了法国飞机，飞行员正忙着观察火炮的弹着点。良好
的天气使法国大炮有条不紊地瞄准掩护德军战壕的带刺铁丝
网，同时捣毁了重要的十字路口和战线后方的露营地，在光
秃秃的白垩丘陵上腾起了一团团巨大的灰尘。现在，30~35
个炮兵连——一排排 75 毫米野战炮，四周散落着成堆冒着烟
的弹壳——对德军每个师级防区投下了巨大火力。由萨克森
人组成的第 24 后备师守住了塞尔奈昂多穆瓦村（Cernay-en-
Dormois）的防线，那里在短短 10 个小时内就落下了 8 万颗炮
弹。[6]对法国人来说，不幸的是，9 月 24 日的大雨干扰了轰炸，
并在最后几个小时让法军无法观察德军防线。这个月剩下的时
间里，恶劣天气时断时续。然而，法军并没有推迟进攻的想
法。法军已经射出了太多弹药，并召集了太多部队，不能再考
虑重新安排进攻。

卡尔·冯·艾内姆将军在他位于武济耶的司令部里，带着
一种厌倦的重复感观看着炮火准备。几周时间内，他一直在警
告最高统帅部，存在敌人再次发动进攻的危险，现在它终于狂
怒地袭来了。"猛烈的炮击已经持续了 24 小时以上，大量的
爆炸声和撞击声仍在持续，没有间断，"他在 9 月 23 日写道，
"20 个侦察气球悬停在法军一侧的天空中，数不清的飞机在我
们的前方嗡嗡作响，观察一切并引导炮火。相比于法国人的 20
个气球，我们整个集团军只有 5 个气球……"他的主要职责是
"召集和分配预备队，并鼓舞他们的士气"，而他渴望靠前线更
近一些，那"比困在这里领导和等待要容易得多"。当天，他
与法金汉通了电话，对方以"多少有些恼怒的语气"告诉他一
个令人愉快的消息，最高统帅威廉二世皇帝将在后天，即 9 月

25 日下午到访他的司令部。[7]

迫在眉睫的进攻使每个人在压力下都紧张不安。那天晚上, 艾内姆和他的工作人员 "安静地" 吃饭。"就天气而言, 当天也非常闷热, 战事同样十分胶着。每个人都全神贯注于自己的想法, 没有说多少话。我好几次试着开始交谈, 但都作罢。"尽管第三集团军的整条战线上已经垂下一道炮火的帷幕, 但法金汉仍然不相信法国人是认真的。在进攻的前几天, 他曾陪同德皇巡视了科尔马 (Colmar) 和斯特拉斯堡 (Strasbourg), 视察部队并颁发勋章, 而每当洛斯伯格提出再一次进攻的问题时, 他都置之不理。9 月 24 日, 当艾内姆打电话向法金汉通报香槟地区 "非常严峻的局势" 时, 他以特有的不悦驳回了增援的请求:"法国人根本没有勇气……"[8]

9 月 25 日凌晨是一个焦灼的时刻, 人们强烈地感受到即将发生非常严重的事情。在英军战区, 黑格将军在他的前敌司令部, 位于安日 (Hinges) 的城堡里度过了一段时间, 考虑是否释放毒气。过去几周, 他一直在和总司令部争论, 如果天气条件不利, 是否可以推迟使用 "氯气波", 约翰爵士和后来的霞飞都坚持认为, 无论条件如何, 所有攻击都必须在 9 月 25 日展开。黑格解释说他的进攻完全依赖于毒气, 如果没有毒气就不应该发动进攻, 但遭到了毫不妥协的拒绝: 任何推迟都是 "非常不可取的"。[9] 在听取第一集团军气象专家欧内斯特·戈尔德 (Ernest Gold) 上尉的简报后, 黑格最终在当天早晨 5 点后不久下达了继续行动的命令。风很平静, 没有将毒气吹过德军防线所需的狂风, 但风力有望在进攻前增强。黑格的毒气专家福克斯也告诉他, 如果条件完全不适合, 他的手下就不会释放毒气。[10]

与维米岭的忧虑氛围不同, 杜巴尔将军的第十集团军没有

那么多紧迫感。在这里，法国的进攻直到下午 1 点才开始，让 142
他们的炮兵至少有四个小时的白昼时间来观察炮火对德军第二
道防线的效果。鉴于自己在以往战斗中的经验，杜巴尔对手下
步兵推进太远持谨慎态度，并希望在夺取山脊线之前发动一
系列预备性攻击，但在霞飞的压力下，福煦坚持要求第十集团
军继续前进。福煦用一番涂抹修改了杜巴尔的计划，提醒他进
攻是"穿透"或"突破"防线，他攻占山脊线的计划"过于狭
隘"。因此，杜巴尔于 9 月 4 日下达了新的指示，确认第十集
团军的攻击目标将"不止于一次战术上的成功"，而是要实现
对杜埃的"战略突破"。[11]

福煦知道第十集团军的许多军官并不热衷于再次进攻山脊。
对于英国人正在做什么以及他们是否真的会发动攻击，法国人
心中也有合理的担忧。但他们不必担心。黑格的第一集团军在 9
月 25 日率先行动，尽管风力条件不理想，清晨 5 点 50 分还是
从前线释放了夹杂着烟雾的毒气。在某些地方，风力太弱，气
体几乎原地不动，而在另一些地方，毒气被吹回了英军防线，
导致一片绝望而恐慌的场景，特种旅那些疲惫焦虑的军官试图
阻止氯气灌满战壕。其他地方，南半部分的卢斯村对面，毒气
在无人地带形成了一团肮脏的云雾，然后沿着斜坡向下滚向德
军防线，将大量守军赶了出来。"这是一幅美妙而可怕的景象，
我到死都不会忘记，"一个眼看着进攻开始的炮兵军官回忆道，
"前方 100 码处，空气中弥漫着浓浓的红色薄雾，随着每一颗刚
爆炸的炮弹的浓烟与火光，它变得越来越浓……这红色的模糊
景象，就像透过彩色窗户上的红色玻璃看到的日光，我们的人
三三两两地蹒跚前行，直到从我们的视线中消失。"[12]

预先炮击破坏了德军的防线，但并没有将其彻底摧毁，前
线的大片带刺铁丝网仍然完好无损。英国人一登上战壕的顶
部，迎面而来的就是机枪的猛烈射击。英军士兵戴着防毒头 143

盔——一个浸满了防毒溶液的布质面罩——看起来像"某种可怕的恶魔或妖怪"，他们冒着密集的火力跌跌撞撞地冲向德军战壕。[13] 依靠人数优势，再加上毒气的骇人效应，他们拿下霍亨索伦堡垒，冲破卢斯村，甚至攀上了俯瞰朗斯镇的70号高地山顶。但他们已经变得非常混乱，各营由冲在第一线的军官指挥，很容易将他们与部下区分开来，所以英军遭受了严重的损失。当天，有9名中校或代理营指挥官被打死，12人受伤。正如一位幸存者后来所说，"成为伤亡者似乎只是时间问题"。[14]

在鲁普雷希特的总部，从大约上午10点开始，有关敌军进攻的报告蜂拥而至，包括卢斯周边使用了某种毒气的可怕消息。"几个月来我一直担心的事情已经发生了，"鲁普雷希特指出，"我们过早地使用了毒气这种最新武器，它应该只在决定性的攻击中使用……"他命令一个后备旅压上去，同时也告知最高统帅部有关"极其危急"的情况。法金汉抛弃了早先的乐观情绪，承诺派出近卫军团增援，第二天早上他们就会到达里尔。尽管这是一个好消息，但近卫军团已经在东线损失超过2.1万人，鲁普雷希特担心他们在日益绝望的局面下发挥不出多大作用。[15] 在卢斯，指挥第117师的孔策（Kuntze）少将只有3个团，要在9公里长的战线上抵抗貌似势不可挡的敌军。当这个师的残余部队从前线撤下来时，他沿着于吕什村的西部边缘匆忙地重组了第二道防线。[16]

香槟地区还在下雨，薄薄的灰色细雨从头盔上滴落下来，形成水洼，预先炮击在9点达到了疯狂的高潮。15分钟后，包括法军中一些最优秀的部队，来自8个军团的各个攻击营向前推进，穿过飘浮的烟雾爬进无人区，大炮正在对他们前方的防线狂轰滥炸。与早些时候的攻击不同，弹幕一直停留在敌军的阵地上，直到攻击者接近它的那一刻。这在技术上是一项令人难以置信的成就，使法军能够穿过火力密集区，突破德军的第一道防线。[17] 在左边，朗格勒·德卡里的第四集团军以布隆德拉（Blondlat）将军的第二殖民地军团为先导，摩洛哥师向苏安村以北的一个叫作纳瓦林农场（Navarin Farm）的山顶阵地推进。虽然他们能够在短短45分钟内前进3公里，但损失惨重，部队变得混乱。第10殖民地师师长马尔尚（Marchand）少将受重伤，一名旅长阵亡，另一名负伤。下午4点，布隆德拉打电话给第四集团军司令部，警告说情况"非常不明确"。他的人已经"尽了全力"，但无法夺取德军第二道防线。迫切需要进一步利用他们的"部分战果"。[18]

贝当的第二集团军也出现了类似的情况。推进最快的是巴雷（Baret）中将的第十四军团，他们在佩尔特以北奋力穿越了四条连续的战壕。"行动进展迅速，部队严格按次序前进，"一名法国军官报告说，"他们解决了德军的第一道防线，让敌人陷入困境，然后毫不迟疑地向前推进，将清理堑壕的工作交给了指定的单位。德军炮兵来不及对我们的前线进行反击……此时突击部队及其支援部队已经突破了火线，即危险区"，这意味着后备部队能够不受阻碍地推进。第27师的部队甚至设法到达了德国的第二道防线，但是防线铁丝网未被切断，来自两侧的直射火力意味着前进被迫停止。但这已经是一个惊人的壮举，该师在短短两小时内前进了4公里。[19]

在阿图瓦地区，尽管英军联络官就卢斯战况向法军联络官发送了紧急报告，但第十集团军仍然按兵不动。福煦确实设法将进攻提前到午后12点25分，但是当攻击最终发起，结果却令人失望。四个军团发动了猛烈的进攻，向被摧毁的苏谢村挺进，在冲上山脊时攻击达到高潮，但在杜巴尔右翼的其他地方，反复发生的问题再次出现。法军各营努力穿越破碎的地形，闪电般的反击来得比预期的要快，机枪的密集火力和突然降临的炮火给他们带来沉重打击。"一段可怕的时间，"有位幸

146

145

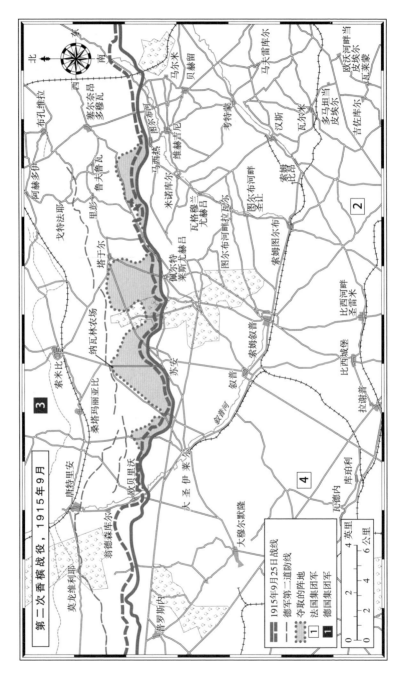

第二次香槟战役，1915年9月

北 南

图例：

━━━ 1915年9月25日战线
------- 德军第二道防线
⋯⋯⋯ 夺取的阵地
[1] 法国集团军
[1] 德国集团军

0 ─ 2 ─ 4 英里
0 ─ 2 ─ 4 ─ 6 公里

存者回忆道，"阿图瓦的低空暗无天日，我们这些人的内心也是如此。"人们"疲惫不堪"，来增援的都是先前受过伤或身体欠佳的人，被驱赶着冲向苏谢去面对大火席卷的裸露山坡。[20]尽管德军第一道防线的部分地段已被占领，但在其他地方，进攻完全失败。杜巴尔从未真心投入这次攻势，但他还是立即下令第二天早上恢复进攻："最顽强的一方将获得胜利。"[21]

在沙勒维尔－梅济耶尔，法金汉坐在办公室里，将送来的战报翻来翻去，官邸的走廊里回响着没完没了的电话铃声和数不清的勤务兵的声音。到9月25日下午，来自香槟地区战俘审讯的情报表明，战线后方正有大规模的后备部队移动，一个被俘的法国军官对俘虏他的人说："进攻将会日夜持续，直到取得突破。"卡尔·冯·艾内姆刚过中午时就打电话报告："无比凶猛的连珠炮落在整个阵地上。"当他要求增援时，法金汉什么也给不了他。

"英国人正在向北进攻，"他说，"最高统帅仰赖于每个人忠于自己的职守。"

"是，"艾内姆回答，"这勿庸置疑，但是可能终究只是可能。"[22]所以，艾内姆毕竟是对的，法国人的确是"有勇气的"。

充分意识到协约国进攻的巨大规模，给法金汉造成了沉重的打击。当天下午6点左右，有消息称，在第三集团军待了一天后，德皇已经返回最高统帅部。于是法金汉发出一份紧急报告："所有预备队都已被征召。我们希望在今天夜间和明天弥补损失。"[23]直到第二天早上，他才见到德皇并亲自递交每日简报。在洛斯伯格的陪同下，法金汉承认香槟地区的形势令他不安。第三集团军参谋长马克西米利安·冯·赫恩（Maximilian von Höhn）已"建议全面撤出在许多地方已被突破的防线"。此时，洛斯伯格插话，强调"必须不惜一切代价维持目前的阵地"，他们应该"为每一寸土地而战"。不出所料，德皇被这

147

句话打动，与法金汉交谈后不久，他宣布洛斯伯格——他被任命为第三集团军的新任参谋长——将前往香槟地区。不到一个小时，赫恩就走了。

洛斯伯格订了一辆车，马上开往武济耶，下午 3 点刚过，他大步流星地走进了艾内姆将军的司令部。抵达后几分钟内，在塔于尔（Tahure）据守前线重要地段的第八后备军团指挥官保罗·弗莱克（Paul Fleck）中将打电话请求指示。他想知道他的人马是否应该开始计划中的撤离，因为如果是这样的话，就需要马上下达命令。洛斯伯格立刻回应道："取消撤退命令。第八后备军团要死守阵地。"

弗莱克被洛斯伯格的语气吓了一跳，问他是在跟谁说话。

洛斯伯格坚定地回答："第三集团军新任参谋长。"[24]

这种坚决拒绝撤退的态度将成为第三集团军的新口号。当天傍晚，洛斯伯格见到艾内姆将军时，后者"似乎受到代价高昂的战斗和困难局势的严重影响"。意识到最高统帅部的很多眼睛都在盯着他，艾内姆别无选择，只好让洛斯伯格得到授权，有权以艾内姆的名义发布命令。随着天色渐暗，洛斯伯格努力穿越战线后面炮击过的道路和泥泞的小径，很高兴现在又回到了前方，用他的话说，在这里，他才能"更轻松地呼吸"。他在路上遇到的军官和司令部参谋人员——他们的制服上沾上了泥，眼睛里充满了疲惫——告诉他同样的事情。预计法军将在苏安以北的索米比镇（Sommepy）附近展开一次大规模行动，所以急需更多的枪炮弹药和任何可用的预备队。德军情报部门称，包括 5 个后备师在内的 23 个法国师对阵寥寥 7 个德国师，尽管法金汉已经命令另外一个师从比利时改道前往香槟地区，并派出更多的重型火炮与额外的飞机。[25] 在可能的时候抓紧时间睡了一觉以后，洛斯伯格下令将这些部队派往受威胁的区域，同时以自己的热情和毅力激励第三集团军那些疲惫的参谋人员。

通过德军的第二道防线，无论是在阿图瓦还是香槟，需要的都不仅仅是坚持。由于它通常位于有轻微起伏的反坡上，因此很难进行炮击，而且正如福煦在战役前警告的那样，在对它们展开攻击之前，需要进行全面和长时间的准备。在卢斯，黑格的进攻势头在第一天下午就消失了，没有预备队可用，守军正好得到了足够的时间去建一道临时防线。尽管如此，黑格仍决心继续作战，并于9月26日下令率先到达法国的新陆军的两个师继续向剩余的德军国防线推进。结果是一场灾难。在以强行军抵达前线以后，这些缺乏经验的部队在战场上很快就失去了方向感，陷入混乱。正如一名军官后来所说："从旅长以下，没有人知道任何阶段的进展情况。"[26]

由于缺乏炮兵支持，甚至缺乏最基本的情报，一个营又一个营在试图接近于吕什周边的敌军战壕时陷入了凶残的纵射火力包围。一个中尉接到"用不褪色的铅笔写的，被雨弄得几乎无法辨认"的进攻命令后，率领他的排"排成两列缓步前进"，但遭到两翼"非常猛烈"的步枪和机枪射击，只有"一小群人"能够到达带刺铁丝网，这些铁丝网"纹丝未动，非常坚固"，部分隐藏在长草中。在下达撤退命令之前，我们向敌人的护墙和偶尔可见的钢盔进行了几分钟的快速射击。[27]后备师共伤亡8000多人，他们的尸体散落在德军第二道防线前的地面上，这条战线后来被称为"停尸场"。[28]

当数千名英国战时志愿兵在卢斯外面遭到屠杀的时候，霞飞会见了福煦，讨论了进攻事宜。过去几天里消耗了大量的弹药，他们几乎不可能继续同时支撑两场大规模进攻。法军总司令一贯平静的面容现在因担忧而起了皱纹，他告诉福煦，由于目前不可能攻打维米岭的顶峰，他命令将所有多余的师和尽可

149

能多的弹药送给卡斯泰尔诺，后者正在集结他的部队，重新向德军后备阵地推进。福煦尽可能节省，同时尽量不给人留下阿图瓦地区的行动正在逐渐平息的印象。[29]

在香槟地区，直到第二天，9月27日下午晚些时候，大约4点，第二道防线才遭到袭击。随着夕阳在白云飞驰的天空中射出耀眼的黄光，第二集团军的炮兵开火了，75毫米炮弹以其熟悉的尖啸声预示着进攻就要开始。法军步兵再次跌跌撞撞地跃出战壕，向前推进，从圣苏普莱和索米比到血流成河的塔于尔村，整条战线上都爆发了激烈的战斗。防线上的德军各团能够击退大部分攻击，同时对法军的进攻路线发起集中的炮击，确保防线不被突破。"这真是可怕的一天，"那天下午参加进攻的一名外籍军官回忆道，"我们正在缓慢前行。我们的对手很强硬，他们那些配合默契的大炮不断用140毫米的毒气炮弹轰击我们。无论白天还是黑夜，没有一丝喘息的机会。下雨了。太阳灰蒙蒙的，我们都冻得发抖。"[30]

对贝当来说，9月27日失败的进攻证实了他一直以来的怀疑，即不可能在西线战场实现突破。尽管有一份报告指出已突破第二道防线，但事实并非如此。"实际情况不同"，他在给卡斯泰尔诺的信中承认敌人的防线是连续的。"防范进攻者的铁丝网完好无损，只有用与第一道防线强度相同的炮击才能将其粉碎。毫无疑问，任何缺少这种准备的部队都将被摧毁。这是我本人的，也是所有前线官兵的观点……"贝当提议巩固现有阵地，调用重型火炮，并对德军防线进行摄影侦察。然而，任何新的攻击都必须由新的部队进行。他的部下各师伤亡惨重，其"进攻价值"已"消失殆尽"。[31]

在德国最高统帅部里，法金汉是一个喜怒无常的人，当参谋向他提交报告时，他经常怒气冲冲地瞪着对方。格哈德·塔彭在9月27日上午的简报会上看到了法金汉，按照他的说法，对方仍然"非常沮丧"。[32] 然而，当法国的最新进攻显然失败时，他的情绪确实逐渐缓和。那天晚上，空气中仍然充斥着火炮的隆隆声，一群法军战俘被带到武济耶去见洛斯伯格。他们被"派到步兵防线上侦察地形，以便准备就绪的法军主力骑兵编队发动进攻"。洛斯伯格很高兴看到"法军领导层高估了他们目前的成功"。从战役第一天起，他终于在夜里第一次睡了个好觉，大敞着窗户倒在了行军床上。他太累了，以至于一次空袭都没有惊醒他，有架法国飞机在离他的司令部大约一百米的地方投下一枚炸弹。[33]

在战线另一侧，未能实现期待已久的突破不可避免地促使人们开始寻找替罪羊。对英国远征军而言，9 月 26 日可怕的大屠杀还有待处理。黑格曾于 9 月 29 日致函基钦纳，说明了总司令部对这场战斗的战术安排，特别是将后备师部署得太远。"没有将任何预备队置于我的指挥下，"他抱怨说，"根据报告，我的进攻取得了完全的胜利。敌人的第二道防线上没有部队，我那些勇敢的弟兄们未曾遇到任何抵抗就到达并进入那里。"[34] 黑格抗议说，如果不是约翰爵士在调动增援部队时动作迟缓，这场战斗本可以成为一个"转折点"。虽然黑格说的有一定道理，但预备队的问题实际上可以归结为第一集团军投入的规模。弗伦奇曾经给予黑格行动的自由，但是越发认为针对卢斯的计划过于冒险，所以将后备师置于他自己的指挥之下，作为控制黑格的办法。这是一个混乱的解决方案，只会导致后备师在匆忙前进时出现混乱不堪的状况。[35]

约翰·弗伦奇爵士只能责怪他自己。这位英军总司令经常卧床不起，反复地感冒和发烧，对比从前那个自己，他现在已成了一个忧郁的影子。"他似乎厌倦了战争，"当弗伦奇 9 月 28 日去看黑格时，黑格回忆道，"他说，在他看来，我们应该尽快抓住一个机会达成和平，否则英国将会毁灭！"[36] 在

151

所有可能的时候，约翰爵士把时间都花在了视察前线上。在向前线行军的长长的官兵队伍里，当他认出了其中一张面孔时，他那红润的脸庞顿时亮了起来。但进攻的可怕代价消解了他仅剩的一点决心。在写给威妮弗雷德·本内特的信中，他讲述了参观伤员急救站的经历。对于一个身体和精神上都已痛苦不堪的人来说，这是一场可怕的折磨。"死者、濒死者和重伤员都混在一起。可怜的伙伴们，他们光荣地忍受着痛苦，其中许多人认出我来，向我微笑。"尤其令人痛心的是，9月27日，陆军参谋学院从前的一位教授，咄咄逼人的汤普森·卡珀（Thompson Capper）少将试图率领一次反攻，在从一条交通壕里跃出来时被击中，而后阵亡。"我'最最亲爱的'，"约翰爵士显然痛苦地写道，"我们遭受了如此可怕的损失，令我非常沮丧和悲伤。"[37]

高级军官们也无法从西线作战的可怕代价中幸免。10月2日，卡斯泰尔诺将军接到了令人心碎的消息，他的另一个儿子于格在作战中牺牲，悲痛几乎让他垮掉。于格随他所属的炮兵连被部署到阿图瓦地区，但是他一直在指挥部工作，因而远离前线。当他的一位同伴负伤时，于格要求去接替同伴，但他的指挥官表示拒绝："你父亲把你托付给我照顾，我不允许你这样做。"于格坚持自己的想法。"照顾我是他作为父亲的责任，但提出这个要求则是我作为儿子的责任。"于是，他的指挥官勉强同意放他走。后来有人问卡斯泰尔诺，战争结束后会去做什么，他沉重地回答："我会为我的孩子们哭泣。"[38]

在前三天的疯狂进攻之后，接下来的一周，德军在香槟地区的指挥部安静多了。"法国人将自己限制在猛烈的炮击和盲目的局部进攻上。"洛斯伯格写道，"这些突袭迫使我们有目的地在前方战线上减少兵力部署，以便后退并随后对敌人的正面和侧面发起反击，重新占领我们的阵地。"[39]尽管德军继续坚守阵地，并给对手造成严重伤亡，但是如此激烈的战斗给守军带来了巨大的压力。来自第三集团军的报告充满了对炮火造成的重大损失、前线守军的精疲力竭以及"战壕和障碍物（正在）遭受严重损毁"的抱怨。[40]10月5日，艾内姆将军估计，自从进攻开始，他的部队伤亡人数在4万以上。"由于缺乏防炮洞，前线的伤亡每天都在增加，救援部队也在遭受损失，因为通往（第二道防线）的战壕同样不足。"[41]

香槟地区如今成了骇人大屠杀的代名词。一个德国军官记得，前线仿佛"巫婆的水壶"，那里"来来回回都是不间断的炮弹的号叫声"。走上一条通往前线的主干道后，满是卡车和马匹拖曳的大炮，士兵的外表很快"与背景融合，因为我们闪亮的新式'战场灰'（Feldgrau）制服上覆盖了一层灰白色的白垩粉尘"。到达前线后，人们的情绪显然低落下来。"不计其数的尸体，还有被各种口径的炮弹犁开的土地，不可能不对我们这些新来士兵的精神和士气产生影响。"[42]事实上，艾内姆非常担心新来的部队如何应对他所谓的"阵地战"的"特殊性"。第三集团军仍处于守势，但最近几天的战斗已变成一场激烈的拉锯战，需要采取新的战术。冲过无人地带夺取机枪阵地是没有用的，艾内姆指出："必须对它们进行包围，从侧面用手榴弹攻击。或是切断对他们的支援。如果无法做到这一点，则从左右两翼清理堑壕，然后对相关区域释放毒气。即使是最顽固的法国人也无法忍受这个。"[43]

霞飞曾希望在10月5日发动新的进攻，但直到第二天卡斯泰尔诺的各集团军才准备就绪。进攻于上午5时20分开始，薄雾像卷曲的藤蔓附着在地面上，使穿越防线的大规模行动的声音变得模糊。能见度的降低意味着对过去48小时的轰炸效果无法进行适当的观察，法军几乎立即就发现敌人的防线要比

153

他们想象的完整得多。[44] 朗格勒·德卡里的第四集团军一直护卫着贝当的左翼，但收效甚微，敌人的顽强防御挡住了他们，第二集团军则碰上了未切割的带刺铁丝网，阻止了他们进入德军战壕。艰苦的战斗只勉强换来一些微小的战果。法军占领了塔于尔村，并夺取了纳瓦林农场的废墟，但是在整条战线上都遭遇猛烈的反击。10月6日晚，霞飞终于向事实低头，下令停止进攻。第二次香槟战役结束了。

　　法国最高统帅部内部的关系破裂不可能像英国远征军那样严重，但随着秋季攻势的失利逐渐明朗，对霞飞的支持不可避免地减少了。米勒兰于10月6日晚上给普恩加莱打电话，告知他"非常糟糕的结果"。"我们已经占领了塔于尔，我们推进到纳瓦林农场附近，并抓获了1000名战俘，但并没有'完成任务'。"[45] 为这样一个非决定性的结果而付出的代价是惊人的。在两周的战斗中，法军发射了410万发75毫米炮弹，加上80多万发重炮炮弹，耗尽了全国的库存。人力成本也是巨大的，截至10月7日，贝当的第二集团军已承受了6.2万人以上的伤亡，朗格勒·德卡里的第四集团军的伤亡超过了这一数字，有7.5万多人阵亡、负伤或失踪。在阿图瓦地区，第十集团军遭受了4.8万人的伤亡，黑格试图突破卢斯的努力也以可怕的失败收场，为协约国军队秋季攻势中令人沮丧的伤亡总数又增加了5万人。[46]

　　当人们意识到战争尚未濒临结束，马恩河战役后可能一直存在的所有温和的乐观情绪都烟消云散了。在有关第十集团军作战行动的报告中，杜巴尔将军承认，西线现在已经演变成一场大规模的围困战，只有一个关键区别。在传统的围攻中，守军失去的每一块阵地都会使其更接近灭亡，但在目前的情况下却不一定如此。正如德国在香槟地区所展示的那样，守军可以建造两条甚至三条需要单独进攻才能通过的防线，从而防止攻击者获得任何进攻势头。因此，只有在敌人无法建立此类阵地的战线上，才有希望取得突破。[47]贝当得出了几乎相同的结论。"香槟战役表明，'在我们目前的军备状况下，我们的准备方式和进攻部队，很难在一个进攻波次中占领敌人的连续阵地'。"唯一的解决办法是用夺取第一处阵地的相同方法占领第二处阵地。"这种连续进攻需要大量的人力资源和前所未有的弹药消耗，而且只有在第二次打击过后，敌人没有新的部队来对抗我们，这些人力资源和物资消耗才能永久地击退敌人。"[48]

相反，对于德军来说，似乎没有什么可学的。法金汉扬扬自得地夸耀这场"有史以来最伟大的战斗"，正如一些协约国评论员所说的，这已经成为"进攻者的一次可怕失败。在人员和物资方面付出了巨大的代价，换来的结果和预期的目标相比不值一提，就其本身来讲也微不足道，因为从一般的角度来看，德军阵地几段狭窄的区域后撤几英里与否无关紧要"。[49]第六集团军甚至在战役结束后不久就印制了一份文件，强调了德军防御原则的基本合理性。尽管法军已经取得了一些进展，特别是在苏谢附近，而英军则动用了压倒性的兵力冲向卢斯附近的德军阵地，但在其他地方，德军的防御已经被证明是非常有韧性的。在高地反坡上的战壕几乎不可能被协约国攻占，德军有序的反击也多次挽救了战局。[50]

德国守军可以说已经打退了双重进攻，但这样做的代价也是相当大的。在香槟地区，有1700名军官和8万名各级士兵伤亡，而在阿图瓦地区，另有5万人伤亡或失踪。火炮消耗量也是前所未有的，第六集团军和第三集团军在绝望的防御行动中消耗了成千上万吨的弹药，香槟地区用掉了150万发野战炮弹，阿图瓦地区是120万发，再加上60多万发重型火炮弹药。[51]如此高的弹药支出令人印象深刻，但不由得使人担心这仍然不够。法军和英军的发射量几乎是这一数字的两倍，而且由于海外供应充足，很有可能在未来几个月内还会增加，可是协约国对德国的封锁不太可能被打破。由于抗议越来越多，包括美国政府措辞强硬的声明，德国于9月1日停止了无限制潜艇战行动，并告知华盛顿，如果班轮不"试图逃跑或进行抵抗"，就不会在没有警告的情况下被击沉。[52]两周后，帝国海军进一步修改了政策，不再攻击英吉利海峡和不列颠群岛以西的商船。U型潜艇被允许继续在北海作战，但它们必须遵守关于拦截和搜查商船的标准规则，确认商船的货物之后，才能将其击沉。[53]

156　　　法金汉没有过多受到U型潜艇战的影响，一心专注于其他战场。9月6日，保加利亚最终加入同盟国阵营，并着手瓜分塞尔维亚。一个月后，当霞飞在香槟地区的攻势逐渐平息时，一支奥德保三国联军开始向南移动，于10月9日占领了贝尔格莱德余烬未消的废墟，然后向多山的内陆地区开进，衣衫褴褛又缺乏基本补给的塞尔维亚军队开始向南长途败退。法军迅速登陆萨洛尼卡（Salonika），打破了希腊的中立，但他们来不及拯救塞尔维亚，后者很快被同盟国军队占领。这一重要转折事件标志着协约国的一场灾难，同时也意味着法金汉的又一次胜利，他努力用一个显著的高潮结束了这一年。10月8日，《法兰克福报》做了总结，即趋势终于转向有利于德国的方向。"突破我军防线的危险已经消除，我们在东线的进攻正在进行当中，总参谋部已经断定，我们有足够的人员和实力使塞尔维亚和巴尔干地区成为战争的中心。我们的敌人已经在法国战场上牺牲了成千上万的人，并且还在将更多的人投入战争，但这些人流淌的无数鲜血都是徒劳无功的。"所有的赞扬都应归于总参谋长法金汉，"一切尽在他的掌握之中"。[54]

　　对于在秋季攻势下了巨大赌注的那个人来说，1915年10月是痛苦的，他尝到了失败的滋味，不管他如何努力地像往常一样继续下去。战斗取消后不久，美国《科利尔周刊》（*Collier's Weekly*）的撰稿人欧文·约翰逊（Owen Johnson）先生在尚蒂伊的一栋设施完善的别墅里受到法国总司令的接见。"所有东西都透着一股简朴的味道，"约翰逊写道，"门外没有哨兵，也没有喧哗的军官聚集在花园里……外厅里也没有其他人——整座房子里一片安详平静，军官们在电话上不断地低声细语也无法将它打破……"当约翰逊见到霞飞的时候，第一件，也是最引人注目的事情是，他似乎是"常识的最高法院"，是"最简单的、最容易接近的人……他的相貌相当有特点。头颅硕大，方方正正，眉毛和灰白的胡子重重地下垂。他既不紧张也不激动。不言不语，但是大脑在不停地运转"。当约翰逊对法国军队中的"友爱精神"及其对战争结果的重要性发表了一些值得称赞的评论时，霞飞的脸色似乎明朗起来。

"无论发生什么，法国军队都不会垮掉，"他解释说，"现在已经不是最初实力不均的那几个星期，再也不是了。"55

霞飞的外表可能显得温暖和蔼，但他意识到法国正面临一场持续时间不确定的战争。也许是为了避免人们对自己的权威提出更多的质疑，霞飞在10月7日写了一封信，承认尽管"取得了相当大的战术成功，但我们仍无法实现战略突破，而后者才是我们进攻的目标"。现在法国迫切需要其盟友承担起更多的责任。"从战争一开始，法国便首当其冲。它为我们共同事业的最终胜利无私地献出了自己的鲜血。这种情况再继续下去，就会对它的未来造成永久的损害。它的盟友仍有大量军队可供使用，现在必须承受战争的主要压力，这将确保最终战胜敌人。为了在最后的作战阶段取得胜利，法国必须保存其剩余部队，而不应当再把部队不必要地耗费掉。"因此，现在该由英国人多做一些了。"1915年，法军发起进攻，而英军基本上保持在防御阵地上。在即将到来的冬天，这种情况必须扭转。"56

第二部分

命运的天平：从凡尔登
到第二次埃纳河战役
（1915年12月~1917年5月）

第八章

行刑之地

　　1915 年 12 月 19 日，法国一个非常寒冷的日子，正午时分，道格拉斯·黑格将军接任了英国远征军司令。他是在约翰·弗伦奇爵士辞职后被任命的，此前针对在卢斯使用后备师的问题，一场"上层争吵"升级。[1]约翰爵士辩称，他们于 9 月 26 日上午被移交给第一集团军，因此，他们的不当部署完全是黑格的错。黑格提交的文件表明，情况并非如此，他们迟迟未能到达前线，是因为他们在总司令部的控制下等待时间过长。当约翰爵士命令黑格放下这件事时，这位第一集团军司令坚持自己的立场，他在给一位朋友的信中说，弗伦奇不仅"非常不了解一支庞大军队的高层指挥的原则，而且缺乏必要的气质！他是如此激动和兴奋——就像一瓶苏打水突然爆炸——以至于完全没有能力思考严峻的局势并做出合理的决定"。[2]

　　到底谁说得对，这个问题在接下来的几年一直没有定论，但毫无疑问，约翰爵士已经败在越发咄咄逼人的黑格的手下。他回到伦敦与首相会谈，首相暗示需要做出改变，最好任命一位年轻人接替他。弗伦奇得到指挥国内部队的职位，他接受了，但是他将在自己的整个余生都对自己的不幸命运耿耿于怀。12 月 20 日，霞飞向他慷慨道别，在为这一场合准备的祖阿夫轻步兵的注视下，这位身材高大的法国人热情地握手——他的眼睛在军帽下熠熠闪光——然后在弗伦奇胸前别上一枚法国战争十字勋章。[3]然而，在微笑的背后，很少包含对约翰爵

162　士离去的遗憾。对于霞飞和法国最高统帅部来说，更紧迫的问题是黑格是否会比他的前任更为俯首帖耳，他是否能够让日益壮大的英军撼动德军，并将他们赶出法国。

　　对弗伦奇继任者的选择并不令人感到意外。正如温斯顿·丘吉尔后来写的那样，对黑格的任命"没有制造任何惊喜，没有带来任何心痛，也没有引起任何嫉妒"。[4] 道格拉斯·黑格时年 54 岁，是"英国陆军首屈一指的军官"。从骑兵生涯开始，黑格先后在苏丹、南非和印度服役，一路稳步晋升，直到 1911 年担任奥尔德肖特（Aldershot）的指挥官。他是一个沉默寡言的人，对自己的专业非常认真，他的一位最亲密的助手证实，"他的脸像燧石一样坚硬"。几天前，他在总司令部会见了军事秘书亨利·劳瑟（Henry Lowther）准将，并告诉准将，他只有一个想法，"也就是尽我最大的努力赢得战争。在我看来，只有那些证明适合晋升的人才应该得到提拔。在部队人员晋级方面，我没有'朋友'，我无法一直忍受别人把"工作"做完。[5]

　　黑格接到的指示与约翰爵士大致相同，尽管基钦纳或许更加强调与英国的盟友进行密切合作。黑格要"协助法国和比利时政府将德国军队赶出两国领土，并最终恢复比利时的中立"。他将独立指挥，"在任何情况下都不受任何盟军将领的指挥"，但"英法两国作为一支联合军队的最密切合作"将是他的"主导政策"。[6] 两周之前，12 月 6 日至 8 日，在尚蒂伊举行了由霞飞主持的一系列重大会议，约翰爵士也出席了。会议商定协约国的主要目标仍然是摧毁同盟国的军队，并尽快恢复在西线、意大利和俄国前线的协调攻势。这将使敌国处于一种钳形的控制之下，防止他们像 1915 年那样，将预备队轮流转移到每一条受到威胁的战线上。[7]

　　为了监督黑格，霞飞任命了一名新的驻英军总司令部联络

官，皮埃尔·德·瓦利埃（Pierre des Vallières），指示他汇 163
报英国人的想法，并尽最大努力"让他们服从"法国的计划。
瓦利埃是一名骑兵军官，以高大挺拔的姿态和长长的胡子闻
名，他在元旦那天见到了英军总司令，对方向他出示了从伦敦
收到的指示。黑格希望大家知道，"一个战场不可能有两位总
司令，而在战场东北部，战争的指挥权属于霞飞将军，他将自
己置于前者的指挥之下"。瓦利埃确实指出黑格似乎更喜欢在
北部采取行动，以恢复海峡港口，而不是在索姆河畔作战，虽
然黑格也曾提出在那边实施一场英法联合进攻。但他很高兴地
报告说，他认为这位苏格兰人"准备给予法国部队的帮助将比
其政府的指示更为全面和审慎"。[8]

　　在尚蒂伊做出明确决定的时候，恰逢协约国一场政治大动
荡接近尾声。维维亚尼政府于10月倒台，取而代之的是由资
深社会党人阿里斯蒂德·白里安领导的内阁。白里安上台后立
即任命加利埃尼将军为陆军部长，取代不受欢迎的米勒兰。白
里安和加利埃尼都坚定地支持法国对巴尔干半岛的干预，认为
一场东线战役可以带来巨大的优势，包括影响希腊和罗马尼亚
加入协约国，尽管霞飞一直对这场远征抱有疑虑，但他认识到
这种投入在政治上的必要性。莫里斯·萨拉伊将军被派往萨洛
尼卡指挥被冠以"东方集团军"大名的法国军队，这使局势变
得更为复杂。霞飞于1915年7月正式解除了萨拉伊对第二集
团军的指挥权，名义上的理由是"军事上的考虑"，但有传言
称，事实是他公开批评最高统帅部，并与议会中的左翼代表保
持联系。萨拉伊有强大的靠山，霞飞非常清楚自己需要小心
行事。[9]

　　尽管出现了危险的政治局面，但霞飞仍然一如既往地严
密把控着法军的战事。随着矛盾加剧，法国政府于12月2日
宣布，霞飞现在是"法国陆军总司令"，指挥权涵盖法国境外 164

的部队，这便赋予他指挥萨洛尼卡登陆的职责。[10] 白里安还任命前中央集团军司令卡斯泰尔诺将军担任霞飞在尚蒂伊的参谋长，以帮助承担较以前增多的职责。霞飞意识到卡斯泰尔诺作为潜在继任者的威胁，但两人相处得很好，经常会看到他们肩并肩沿着孔代大饭店周围的林荫小路散步。霞飞"强壮、身材魁梧"，走路时"双手背在身后，左腿有点拖着"，而卡斯泰尔诺"矮小、粗壮而活泼……在前面 1 码左右的地方急匆匆地走着，用他的手杖击打着草地"，然后做了一个典型的"半转身，让自己退回到总司令的旁边"。[11]

在伦敦，赫伯特·阿斯奎斯的联合政府仍然存在，即使其脆弱的团结开始破裂，这种破裂是战时内阁秘书莫里斯·汉基（Maurice Hankey）所说的"在美索不达米亚以外的每一个战场，协约国军队都遭遇持续失败"的必然结果。[12] 10 月 31 日，军需大臣大卫·劳合·乔治和殖民地大臣安德鲁·博纳·劳（Andrew Bonar Law）同时威胁说，如果基钦纳继续留任，他们将辞职，这最终迫使阿斯奎斯采取行动。[13] 陆军部长被派往达达尼尔海峡执行所谓"调查"任务，在夏季攻势失败后那里仍然陷于僵局。基钦纳亲自看到了狭窄而满是苍蝇的战壕，闻到了铁丝网外面尸体腐烂的难闻味道，但是对撤离是否可行或必要依然拿不定主意。11 月下旬回到伦敦时，他惊恐地发现，阿斯奎斯在他不在的这段时间里迅速采取了行动，不同于首相通常谨慎和冷静的处事方式。阿斯奎斯召集了一个新的、精简的战时内阁，取代了达达尼尔委员会，建议立即结束加利波利远征。他还将更多的权力从陆军部转移到军需部，并任命约翰·弗伦奇爵士的前参谋长威廉·罗伯逊爵士担任伦敦的帝国总参谋长（Chief of the Imperial General Staff，CIGS），这位新任总参谋长现在肩负就军事问题向政府提供建议的更大责任。

当基钦纳得知这些变化后，他驱车直奔唐宁街 10 号，递　165
交了辞呈，但是在房间里踱步的阿斯奎斯拒绝接受。阿斯奎斯
非常希望罗伯逊成为政府军事建议的主要来源，但这并不意味
着不再需要基钦纳。相反，阿斯奎斯让基钦纳记住，"只有他
一个人能为军队抵挡政治混乱的影响，他象征着国家胜利的意
志。如果拒绝回到自己的岗位上，他将背叛自己对军队、民众
和国王所负的责任"。[14] 基钦纳别无选择，只能勉力为之。他
和罗伯逊合作顺利，这位 55 岁出身行伍的军官是一个专业且
勤奋的人，毫无疑问，他再也无法左右英国的战略。在罗伯逊
的敦促下，战时内阁 12 月 27 日同意撤离加利波利的所有剩余
滩头阵地，苏弗拉湾和澳新军团湾（Anzac Cove）已于本月
早些时候被放弃，这样便结束了战争中最血腥的，也是最令人
沮丧的片段。1916 年 1 月 8 日到 9 日夜间，当最后一批军队
离开半岛时，基钦纳独自坐在陆军部的房间里，冷酷地想象着
爱琴海黑暗的海水中可能发生的事情："船只受到攻击而倾覆，
溺水的人……"[15]

这一回，基钦纳过于悲观了。这次行动执行得非常完美，
到早上，3.5 万多人和数千马匹均已全身而退。然而，加利波
利远征的失败对英国绕过西线要塞的希望是一个沉重的打击。
威廉·罗伯逊爵士继黑格之后成为大英帝国最重要的军人，他
对于在土耳其或巴尔干半岛赢得战争几乎不抱任何幻想。在被
任命为帝国总参谋长之前不久，他写了一份备忘录，列出了协
约国当下面临的严峻选择。"这场战争的结果要么是同盟国的
失败，要么是协约国的失败，或者是双方相互消耗殆尽。协约
国的目标是实现第一种结果，这只能通过同盟国中的主要成
员——德国的失败或耗尽而实现。"达达尼尔海峡战役"不再　166
有助于战胜德国"，而巴尔干半岛的任何行动"最多只能间接
地提供帮助"。因此，"法国和佛兰德地区必须继续作为主战

场，我们的主要努力必须集中于此"。[16]

1916 年 1 月 18 日，德皇在塞尔维亚的尼什（Nish）出席了由保加利亚国王斐迪南（Ferdinand）举办的王室宴会，庆祝他们最近在巴尔干和波兰取得的成功。"皇帝看上去怎么样？"一位兴奋的报社记者问道。"不知是由于战争的疲劳、两天旅行的影响，还是健康状况不佳，我无法确定。可以肯定的是，那是一张疲惫而憔悴的脸。"穿着一件有毛皮领子的灰色长外套，戴着尖顶头盔，与又圆又胖的斐迪南国王相比，这位最高统帅看起来很矮小。"头发已经白了，但小胡子黑得有些可疑。他没有了过去那些习惯的手势，那种紧张的突然转身和反复无常的举止。"陪同德皇的法金汉看上去好一些。"虽然已经 50 多岁，但看上去不像已年过半百。他身材修长，动作敏捷，一头理得很短的灰发，似乎是热情、魅力与活力的化身。无论如何，他承担着战争的压力和自身的巨大责任。"[17]

德国一方几乎没有向东道主透露他们对于未来的计划。在阿图瓦和香槟地区的战斗停止后，法金汉花了数周时间思考德国在下一年的战略。他现在意识到，以妥协实现和平的可能性越来越小，这"不再是从前我们所理解的战争，而是一场生死之战"，正如他在 11 月 29 日给贝特曼·霍尔维格的信中解释的那样，"应当由德国来决定尽快实现和平，无论是签下敌人可以接受的条件，还是继续战争，直到打垮敌人的意志，进而瓦解其战争忍耐力，即使冒着用尽德国最后一个人和最后一分钱的风险，这种观点是错误的……在利益如此重大的斗争中，在对方没有给出让步的明确信号前，任何一方拿出一项和平建议，都会显示出灾难性的弱点"。这样一种行为将"自动导致本国人民忍耐意志的减弱、本国军队战斗力的削弱和敌军士气的增强"。[18]

关于德国应该在 1916 年采取什么样的行动，法金汉不乏众人的建议。能够料想的是，康拉德·冯·赫岑多夫敦促对意大利发动一次打击，但法金汉不相信这会带来广泛的影响。在 12 月 10 日奥地利最高统帅部于泰申举行会议后不久，法金汉在给康拉德的信中抱怨说，即使意大利军队在边境遭遇惨败，罗马也不一定会做出妥协。"即使打击成功，也不会对意大利造成致命的影响……没有协约国的同意，意大利就无法讲和，因为它完全依赖协约国提供资金、粮食和煤炭。"康拉德在 12 月 18 日回复说："意大利王国的军队在国土东北部遭遇决定性失败，使其放弃直到阿迪杰（Adige）的整个地区，这极有可能迫使意大利议和，因为在此之后，其国内局势……肯定难以维持。"康拉德相信，对意大利的进攻是 1916 年"最后决战的必要开始"，这对于二元君主国来说是"迫切需要的"。[19]

法金汉对于向俄国或意大利采取行动的可能性不感兴趣，他仍然相信，正如他在 1914 年 9 月所做的那样，德国只能在西线发动坚决的打击。前一年 12 月，他给德皇写了一份有关德国形势的报告，解释了所取得的成就，以及必须怎样做才能赢得彻底的胜利。法国已经"被削弱到其耐力的极限"，俄国的进攻力量已经"遭到严重打击，再也无法恢复昔日的实力"，塞尔维亚军队已经被"摧毁"，同时意大利很快就会明白，它不可能"在可以预见的时间内实现其强盗的野心"。对法金汉来说，英国是德国最强大的对手，必须破坏其对盟友的"极大控制力"。与英国达成谅解的任何尝试都将被视为"德国坚定的决心正在削弱"的迹象。相反，柏林必须让伦敦相信，在一场消耗性的战争中，德国不可能被击败，英国也不可能始终维持自己的联盟。因此，德国不能简单地保持守势；如果它这样做了，可能有一天，它会被针对它而集聚起来的势力打垮。[20]

至于在何处以及如何发动攻击，法金汉认为，西线北段不合适，那里的泥泞地面在春末之前不会变干，不管怎样都无法集中足够的兵力实现突破。但即使德军成功摧毁了英国远征军，将其逼入大海，也可能无法结束战争，因为英国的"真正武器"是"法国、俄国和意大利的军队"。法金汉换到另一个角度进一步阐述了自己的论点，声称由于英国是德国最顽固的对手，所以他们必须打击法国。他认为法国正渐趋虚弱，如果能够让它意识到战争是无望的，那么就可以把"英国最好的剑从其手中打落"。如果德国能够在前线夺取一个关键位置，也许法国总参谋部"会被迫投入所有的兵力"，"流尽最后一滴血"。这次作战行动以一个恰当的不祥代号——"行刑之地"（Gericht）为人所知。

法金汉完成他的计划后，"流尽最后一滴血"这句话很轻易地就从他口中溜出来。即便在未来的几周和几个月里，他试图掩盖自己的企图，模糊或淡化这一说法，他也完全清楚它实际上意味着什么。12月初，法金汉与德皇谈论过让法军"流尽鲜血"，汉斯·冯·普勒森无意中听到这句话，并记录在他当天的日记中。[21]皇帝对这一提议做出了积极的回应，令法国人在血腥和痛苦中屈服，这个想法唤起了他的使命感和对荣耀的不可抑制的渴望。与此同时，法金汉又热衷于重启无限制潜艇战，希望它与地面战役同步展开。但他在这件事上遇到了困难。此前，对美国人介入的担忧已经吓退了德国，而且德国没有足够的 U 型潜艇来维持长时间的破坏力，这是另一个必须考虑的因素。关于潜艇战的争论将持续数周，令法金汉别无选择，只能继续计划他的主要进攻行动。

这次对法军"行刑"的地点是凡尔登，这座被壕沟环绕的城市位于兰斯以东 70 英里处，依偎在逶迤向北流入大海的默兹河的河谷之中。传统上，它是法兰西的东大门，东边是林木覆盖的超过 400 米高的一连串丘陵。1885~1913 年，在环绕城市 3/4 的范围内，筑起了一系列坚固而相互支撑的要塞，它们被深深地建在地下，用砖块、砂石和混凝土砌成，确保这道屏障后面的法兰西安全无虞。1914 年，凡尔登已经成为法国西线战场的枢纽，支撑着香槟地区的战线从这里转向，往南延伸到瑞士边境。然而，比利时那些被粉碎的要塞给凡尔登投下了一道阴影。1915 年，在霞飞的命令下，这里的很多重型火炮已经被拆除，目的是弥补法国在榴弹炮上的长期匮乏，这便导致这些要塞的火炮和人员配置都不足。它们仍被视作 19 世纪战争方式的遗迹，这些空壳之中的守军只会落得被包围歼灭的结果。早在 1915 年 8 月，指挥东部集团军群的迪巴伊将军便清楚地表明，这种要塞综合体的价值"仅限于它们能为战场上的作战行动提供便利"，而且它们现在被置于总司令的麾下，后者可以"随心所欲地处置其资源"。[22]

法金汉将此次进攻托付给德皇的长子，第五集团军司令，33 岁的威廉皇储。威廉对军事一知半解，只爱好女人和香烟，他那单薄扁平的身形和平庸的步法给了协约国的宣传人员很多口实，戏称他为"小威利"（Little Willie）。自从战争开始，他便指挥第五集团军，其表现出的判断力出乎那些批评者的意料。他和自己的参谋长，55 岁的施密特·冯·克诺贝尔斯多夫（Schmidt von Knobelsdorf）成为一对亲密无间的搭档。后者是一位非常有经验的近卫军人，与最高统帅部有着密切的联系。12 月 14 日，克诺贝尔斯多夫来到柏林，向法金汉简要汇报了进攻计划。展开一幅地图后，他解说道，如果占领凡尔登以北河流两岸的阵地，他们的炮兵便可以俯瞰这座城市，迫使法军撤离。在思考该计划时，法金汉提出，这次进攻的规模超出了他们的资源承受力。为了能在 2 月初的某个时间动手，德军在这次行动中只有 5 个军团可以使用，所以仅能进攻河流的东岸。[23]

法金汉对于德军必须沿河东岸接近凡尔登的偏见立刻显现出问题。克诺贝尔斯多夫回忆了法金汉如何在地图上指出发起进攻的位置，并勾画出他们要采取的路线。"我确切地记得，我是如何狠狠地盯着他问，那是不是全部计划，而且我们不应当同时进攻默兹河西岸。"法金汉摇了摇他的头，解释道，没有足够的兵员与火炮进攻西岸。克诺贝尔斯多夫再次提出抗议，声称他可能不得不沿着东岸与半个法国集团军作战，法金汉许诺将给他提供足够的部队和弹药。就这样，克诺贝尔斯多夫返回了皇储在斯特奈的司令部，计划落定。[24]

法金汉对扩大进攻前沿的呼声充耳不闻。最高统帅部的重炮专家马克斯·鲍尔亲自考察了战场，并立即得出了相同的结论——除非他们能沿两岸发动攻击，否则部队将遭到猛烈的直射炮火。他对进攻前沿过于狭窄的抗议，同样遭到忽视。[25] 法金汉拒绝听取各个方面提出的大范围进攻的必要性，对于法国在 1915 年多次尝试的那种进攻，他不相信能够奏效。获胜的方法是使用有限的步兵和密集的炮火，给对手造成严重的损失，并将他们卷入一场消耗战。他还担心预备队的短缺，希望在后方保留几个师，以防协约国在战线其他位置发动救援攻势。当格哈德·塔彭试图就此事向他施压时，激起一阵异乎寻常的怒火。"我会承担责任，"法金汉厉声说道，"我不想再次陷入像秋天的香槟战役那样的境地。我肯定不会。"[26]

2 月 11 日上午，法金汉跟随德皇回到沙勒维尔 – 梅济耶尔，准备指挥即将开始的凡尔登进攻。在当天晚些时候举行的集团军参谋长会议上，法金汉解释说，统帅部暂时将留在西线，他重申"这场战争的结局只能在西线战场取得"，又解释说，德国陆军现在"正进入西线战场一个具有决定性意义的作战阶段"。[27] 人们并不清楚法金汉是否真的想夺取凡尔登。克诺贝尔斯多夫和皇储都相信，这次进攻必须有一个主要目标，重要的是努力夺取这座城市，或者至少攻占要塞综合体，而法金汉摧毁法军的目标也可以通过占领高地而让他的炮兵来完成。至于皇储，他似乎与法金汉的批评者一样，对于让法军"流尽最后一滴血"的想法感到"不安"，只是他忍住了自己的恐惧，什么也没说。他非常清楚自己的父亲在多大程度上仍然支持法金汉，他不想危及选择第五集团军发动进攻的决定，而他对完成这项任务怀着"长期压抑的渴望"。[28]

炮兵将是这场战役的关键。法军在香槟地区的攻势得到了大约 800 门重炮的支持，其中许多已经损坏或废弃，而德军对凡尔登的进攻则依靠着更加令人印象深刻的火炮阵列。他们调集了 1200 多门大炮，其中 2/3 被归类为重型或超重型，从 150 毫米榴弹炮到 420 毫米的"大贝尔塔"都有，后者在列日和莫伯日作战中都非常有效。为了发动这场进攻，德军至少储存了 200 万颗炮弹，由专门建造的窄轨铁路线运送它们穿越冬季的严酷地带。这次行动还将动用 200 多门重型战壕迫击炮，它们被部署到靠近前线的位置，将在进攻那一刻将炮火倾泻到法军的防线上。数英里长的电话线连接到前方区域，炮兵阵地上覆盖着伪装网，同时建起了数百个补给站和炮弹堆场，要么在峡谷和洞穴中，要么在树冠掩护下，使法军观察员无法发现它们。[29]

172

此次进攻被严格保密。禁止前线部队在无人地带像通常攻击前所做的那样挖掘壕沟或通道，以避免泄露任何消息，而在战场上空巡逻的德国战斗机中队形成一个只有少数法国飞机能够穿越的空中屏障。在此战役之前，飞机在作战行动中只发挥了次要作用，用于侦察和炮兵观察，它们脆弱且不可靠，木质框架容易受到各种自然环境因素的影响，且容易发生机械故障。直到 1915 年夏天，随着福克 E1 型单翼飞机被投入战场，这种情况才开始改变。这种飞机由钢管制成，配有同步断续装置，可使前装弹带式机枪的射击穿过螺旋桨。空战仍然很少发生，但在这一年的最后几个月，协约国发现自己飞行缓慢且通常没有武装的飞机越发受到压制，很快变成所谓的"福克灾难"。尽管单翼机的生产数量很少，而且为了保守其技术秘密而经常被留在德国，但这种革命性武器装备产生了广泛的心理作用。

德国空军在凡尔登区集中了 168 架飞机，包括 21 架最新型的福克 E3 型，轻而易举就在空中把他们的猎物一扫而空。法国在凡尔登地区只能勉强拼凑出 30 架飞机，不仅在数量上处于劣势，而且他们的许多飞机属于发动机装在飞行员后面的"推进"类型，容易受到单翼机的攻击。德军飞机在战场上进行了广泛的观察，同时瞄准了法国的观察气球，它们一被拉起来便被从天上射落。到进攻开始时，法军的反制炮兵火力已经严重受损，他们对敌方部署的了解也只剩下用双筒望远镜扫描地平线所能收集到的信息。"最初几天，进攻完全出乎敌人的意料，"德国空军司令恩斯特·冯·赫普纳将军（Ernst von Hoeppner）记录说，"我们的飞行员几乎完全掌握了制空权。"30

随着攻击越发临近，人们的预期也越来越高。2 月 11 日晚，皇储向他的部下发布一份公告，敦促他们"向我们的敌人表明，胜利的钢铁意志仍然存在于德国之子们的心中"，而且强调"祖国对我们抱有很高的期望"！31 攻击本应在第二天早上开始，但因雨雪交加而推迟，这在统帅部里造成恐慌。为了了解天气何时好转，人们每天都急切地整理气象报告，但是好消息迟迟没有传来，人们对实现奇袭开始不抱希望。"雨下了一整天！"威廉·格勒纳（Wilhelm Groener）在沙勒维尔抱怨道，"如果我们不能在凡尔登尽快动手，那么奇袭的效果便会消失。气压计应该还在上升，虽然是上弦月，但是雨还在下。"[32]第五集团军别无选择,只能在厚厚的云层遮盖下等待,其突击部队挤进了山坡上挖出的被称为"坑道"的地下掩体中。然后,在2月20日,当天气情况好转时,命令下达,攻击将在第二天早上开始。

德国人的担忧是有根据的。所谓"凡尔登要塞区"(*Région Fortifée de Verdun*,RFV)的指挥官是弗雷德里克·乔治·埃尔(Frédéric Georges Herr),这位来自阿尔萨斯的60岁的将军在1915年8月被派往凡尔登。几个月来,他一直在警告自己的防线状况不佳,缺少铁丝网和交通壕,结果发现最高统帅部对此几乎漠不关心,法国想打进攻性战争,在这种情况下,防御工事只具备有限的价值。然而,有足够的情报流入统帅部,表明凡尔登正在发生一些事情,导致对这条战线的增援姗姗来迟。到进攻开始时,埃尔在这个要塞区拥有三个军团,他们不仅在人数上与敌军差距很大,而且当时在战线另一边集结的大量兵力在火力上也远远超过了他们。在关键的突出部北侧,保罗·克雷蒂安(Paul Chrétien)中将的第三十军团沿着25公里的战线排列开来,一边疯狂地趁着下雨的时间加强防御,一边祈祷天气不要放晴。[33]

2月21日上午7时12分,第五集团军的大炮准时开火。"在晴朗的冬日天空中,榴弹炮的轰鸣声拉开了合唱的序幕,然后迅速扩大,形成一阵从未听到过的喧嚣",皇储如此描述。[34]几个小时后,他抵达位于凡尔登以北18英里处维塔维勒(Vitarville)的前线指挥部,却遭遇了法军炮兵的反制炮火。尽管炮击断断续续,多少有些盲目,但威廉还是接受部下的建议向北撤退到了斯特奈,脱离了敌人炮兵的射程,使他能够在指挥战斗时不再担心受到干扰。炮击持续了这一天大部分的时间,林木茂盛的丘陵间回响着隆隆的炮声。"这才是像模

174

像样的炮火！"陪同皇帝前往斯特奈亲自视察的塔彭将军记录道。[35] 在中午前后，炮击节奏略微放慢，以使敌人产生一种虚假的安全感，继而又带着同样的怒意启动，将树木轰成碎片，在地上炸出大坑，并将任何愚蠢到暴露自己的人消灭。

在如此密集的火力下，守军只能蜷缩于战壕中，在钢盔下瑟瑟发抖，疯狂地用双手撕挠着地面。前沿阵地和后方之间的交通很快被切断，那些试图穿越烟雾和灰尘的通信兵很快被打死或再也动弹不得，令守军陷入孤立和迷惘。当"离开避难所时，我们再也认不出我们住了四个月的乡村了"，一个法国人回忆道，"几乎没有站立的树木，地面上被炸出来的弹坑让移动非常困难"。[36] 下午 4 点 30 分，黄昏开始降临，德军突击队择路前进，空气中弥漫着钢铁和火药的味道。他们中的许多人都戴着新型的 1916 式钢盔，这种钢盔呈独特的碗形，为头部和颈部提供了极好的保护，并塑造了德国步兵在未来 30 年中的典型样貌。

按照法国在香槟地区作战行动的标准，凡尔登的第一天相对温和，只有三个军团在推进。事实上，他们根本没有展开主攻。克诺贝尔斯多夫下令进行大规模武装巡逻，以评估局势，并希望扫荡所有幸存的法军。除了依靠他们的火炮，第五集团军没有给对方留下任何机会，他们向要塞中投掷毒气弹，并动用了火焰喷射器部队，其可怕的橙色火焰喷射在法军官兵中引起一片恐慌。在一些地方，他们迅速前进，发现了法军防线被炸成碎片后的可怜残骸，但在另一些地方，被猛烈炮击激怒了的守军坚持了下来。在法国防线北部边缘，布瓦迪科赫（Bois des Caures）被炸毁的林地上，一位名叫埃米尔·德里昂（Émile Driant）的中校率领两个营的"猎骑兵"（chasseurs，精锐的轻步兵）投入战斗，但是遭到猛烈炮火的阻击。德里昂以作家和议会代表的身份而闻名，因为批评凡尔登的防御状况和将重炮从堡垒中移除的做法，他激怒了最高统帅部。在离开自己的防空洞迎接即将到来的风暴时，他戴上头盔，对他的手下说："我们就在这里。这是我们的阵地，我们不会离开它。"[37]

在这一天剩下的时间里，德里昂想方设法地坚持，利用他隐藏起来的机枪给进攻者造成了严重伤亡，并在可能的情况下展开反击。事实上，如果考虑到预先炮击的强度，德军最初的攻击有些令人失望。法军第一道防线已被部分占领，但抵抗十分顽强。以炮击摧毁其前进道路上的一切，这个愿望被证明与事实相距甚远。第二天早上，克诺贝尔斯多夫下令不惜一切代价攻占布瓦迪科赫，并且在袭击前再次进行长达 5 个小时的雷霆般的炮击。在德军左翼，第三军团成功攻占了布瓦德维勒（Bois de Ville），却面临一项代价高昂且耗费时间的任务，即清理在最初炮击中幸存下来的地堡和掩体。像以往一样，法国人作战十分英勇，发动了多次反攻，但人数劣势也开始显现。第七后备军团进入当时只剩一片农舍废墟的豪蒙村（Haumont），抓获 400 名俘房，而在布瓦迪科赫，德里昂和他的一群猎骑兵最终被击溃，中校在试图组织战斗撤退时头部中弹。

尽管天气寒冷，暴风雪频繁，但在接下来的几天里，德军的进攻开始有不祥的势头。不像法国在秋天发动进攻时的壮观场面，第五集团军以其无情、残酷的方式逐渐加强了对凡尔登的控制，他们的攻击总是以猛烈的炮火为先导。2 月 23 日，默兹河上的布拉邦村（Brabant）陷落，2 月 24 日，顺山谷延伸 2 英里远的萨摩纽（Samogneux）与 900 名战俘一同落入敌手。[38] 就像法金汉已经多次被警告的那样，德军各营此时正受到来自河对岸的炮火袭击，但东岸的法军防守开始崩溃，克雷蒂安的第三十军团伤亡极其惨重。占据从默兹河到布瓦迪科赫这段战线的第 72 师损失了 192 名军官和 9636 名士兵，而右翼的第 51 师则有 6000 多人伤亡。即便是在 2 月 21 日前来支援

176

的第 37 师，被零零碎碎地投入战斗，"就像被铲进堤坝裂缝中的黏土一样"，也损失了将近 5000 人。[39]

幸好增援部队正在赶来。莫里斯·巴尔富里耶（Maurice Balfourier）将军一度由福煦指挥的第二十（"钢铁"）军团奉命尽快抵达凡尔登。冷气缭绕，长长的一排排双脚酸痛的法国士兵在冰雹中行进，无休止的炮火在地平线上闪烁，隆隆作响。难民们顺着每一条能走的道路涌出城市，而炮弹在头顶上尖叫、撞击建筑物或落在河里后将水柱射向空中的可怕声音更加剧了混乱的感觉。2 月 23 日，法国中央集团军群司令官，卡斯泰尔诺的继任者朗格勒·德卡里将军给埃尔打电话，命令他不得批准任何进一步的撤退："对任何地点的占领……即使完全被包围，也必须不惜一切代价坚持；这看起来可能是毫无指望的，但是对于减缓邻近敌军的推进或在促使我们进行反击方面能够产生无法估量的效果。只有一个命令要遵守：坚持下去，不惜一切代价坚持下去……"[40]

即使是法国最高级的指挥官们，也显然因对灾难越发恐惧而无法正常工作。从德军大炮开始轰击凡尔登的那一刻起，霞飞似乎就陷入了一种奇怪的无精打采的状态。他从来都不曾以思想和行动的敏捷而闻名，但通常可以指望他在时机成熟时采取行动。然而，在这次战役的最初几天，他似乎心不在焉，他这一次不知道该怎么办。最近几周，法国议员们一直在就前线防御，尤其是凡尔登周围的防御，提出令人尴尬的问题。整个 1915 年，法军一直在有条不紊地从要塞系统中挪用闲置的火炮和弹药。当陆军部长加利埃尼就防御能否维持发表尖锐的评论时，霞飞大发雷霆，回答说这样的担忧没有任何理由，下属抱怨他们的上司只会"对军队纪律产生最严重的影响"，并"破坏道德权威，进而让我无法继续正确地行使我的指挥权"。[41]

　　霞飞在巴黎与政客们打交道时的愤慨与他对凡尔登危机的反应形成了鲜明的对比。2 月 23 日晚，当德军再次进攻的消息传来时，朗格勒·德卡里打电话给最高统帅部，告知霞飞，他打算撤离沃埃夫平原，即高地另一侧凡尔登正东方的那一片低洼地带。除了让他"可以自由地做出他认为必要的决定，因为他才是在现场的那个人，必须如此"，霞飞什么也没说。[42] 这种放手不管的态度并不符合卡斯泰尔诺的想法，他担心连续撤退的影响。第二天去见霞飞的时候，他拄着手杖，一如既往地敏锐，提议亲自去一趟凡尔登，确保东岸能够守住。霞飞没有异议，于是卡斯泰尔诺立即启程，于 2 月 25 日凌晨抵达朗格勒·德卡里位于兰斯以南 25 英里的阿维泽（Avize）司令部。在他那小小的办公室里，这两个人谈论着局势，闪烁不定的灯泡照亮了他们严峻的面孔。朗格勒·德卡里怀疑河对岸的前沿阵地能否守得住，但卡斯泰尔诺不认同他的观点。他给埃尔打了电话，毫不含糊地告诉他，阵地"要不惜一切代价守住，用什么办法随你的便"。[43]

　　卡斯泰尔诺感觉到凡尔登的法军指挥官们已经靠不住了。埃尔和朗格勒·德卡里都精疲力竭，似乎很紧张，他们的指挥部里一派手忙脚乱的场面，但在卡斯泰尔诺看来，却是毫无章法的。在离开尚蒂伊之前，卡斯泰尔诺曾要求派来一名新指挥官，并迅速想出给予贝当将军参与协调防御机会的建议。贝当一直在巴黎休假，与他的一位女性熟人住在一起，2 月 25 日上午，他被紧急召到孔代大饭店去见霞飞。

　　"好吧！贝当，你知道，形势还没有那么坏。"霞飞在办公室迎接第二集团军司令时，颇为隐晦地问候对方。[44]

　　霞飞解释说，卡斯泰尔诺被派往凡尔登，解除了埃尔将军作为地区总指挥的权力，现在他（贝当）将指挥防守。贝当很快就离开了，驱车前往这座危机四伏的城市，那里的空气在霜冻中凝滞，地面覆盖着厚厚的冰雪。当他到达位于凡尔登南部迪尼村（Dugny）埃尔的指挥部时，发现这里一片混乱。朗格勒·德卡里、埃尔、卡斯泰尔诺和各色参谋人员，每个人都在同时讲话，于是，霞飞的副参谋长克劳德尔（Claudel）上校努力让事情变得更有条理。"他设法让人们安静下来，并讲明了当下的局面，一种很不乐观的局面！"贝当的一个助手记录道，"进攻右岸的敌军纵队就在杜奥蒙堡（Fort Douaumont）的城墙上，沃埃夫的口袋正在缩小，预备队似乎已被消灭。至于与后方的交通，情况似乎相当危险，从克莱蒙（Clermont）到凡尔登的铁路线和公路均被切断，我们只能依靠从巴勒迪克（Bar-le-Duc）而来的公路获取作战物资。在潮水般涌来的这些坏消息中，唯一积极的一点是敌人没有表现出要进攻左岸的迹象。"45

正当法军指挥官们试图规划出他们的下一步行动时，东岸发生了戏剧性的事件。那里的德军继续缓步前行，正如一名法军参谋所说，"仿佛一块巨大的灰色地毯在大地上展开"。46 那一天，2月25日的下午，凡尔登防御的核心——杜奥蒙堡已经陷落。它是世界上最大的、防守最严密的防御工事之一，建在战场的一个制高点上，扼守要冲，"就像重重地压在周遭大地上的一道梦魇"。47 然而，到1916年初，杜奥蒙堡已经破败不堪，其大部分驻军被调去执行更为紧迫的任务，许多大炮也在前一年被霞飞下令拆除。但它仍然拥有其主要配置，一门令人印象深刻的155毫米榴弹炮，由一群年事已高的本地士兵操控，而且仍是凡尔登防御的关键，吸引着德军的炮火，像磁铁一样让德军各营向它靠近。那天下午，当阵阵雨夹雪席卷战场时，一小群来自勃兰登堡第24团的德军前锋设法钻进了堡垒，让守军措手不及，一枪不发便控制了充满回音的阴暗走廊。

在杜奥蒙堡的消息传来时，贝当那高大、威严而镇定的形象有助于平息迪尼村的紧张情绪，但第二集团军司令无意在埃尔的司令部停留太久。他决定占据西南方向一小段车程外的苏伊（Souilly）的市政厅，在那里他将有足够的房间和空间不受干扰地指挥战役。电话一装好，他就给巴尔富里耶将军打了电话，后者的军团当时正在东岸进入阵地。

"你好！我是贝当将军。我将接管指挥权。告诉你的部队，鼓起你们的勇气。我知道我可以信赖你们。"

"好的，长官，"巴尔富里耶回答，"我们会坚持下去。您可以信赖我们，就像我们信赖您一样。"

在与其他几名指挥官交谈后，贝当让他的一个参谋在墙上挂起一张大比例尺的凡尔登地图，他在地图上标出了每个军团的位置，然后用了整整一晚上的时间口述命令。第二天早上，他下达了"第1号作战命令"，概述了他们必须做的事情：击退敌人的进攻，夺回失去的阵地，"寸土不让"。[48]

第九章
昂贵而致命的苦差事

夺取杜奥蒙堡给德国最高统帅部带来了罕见的兴奋。"冯·法金汉阁下在昨天的晚餐中宣布,勃兰登堡第24团已经突袭了杜奥蒙堡,"威廉·格勒纳于2月26日记录道,"这个据称世界上最坚固的要塞被攻占,我当然希望法军在默兹河右岸的其余阵地也会在短时间内崩溃。"[1]但格勒纳过于乐观了。2月25日开始下雨,地面很快变成厚厚的泥浆,就像粥一样黏稠不堪。法军炮兵火力的增强也令人不安,尤其是从河对岸射来的炮火。汉斯·冯·茨韦尔(Hans von Zwehl)的第七后备军团试图夺取萨摩纽的默兹河渡口,但是陷入了重重缠绕的铁丝网,进展甚微,而法军的激烈抵抗阻碍了进一步向凡尔登推进。克诺贝尔斯多夫命令他的大炮跟上前进的步伐,但皇储称重新部署这些大炮"费时且困难",因为地面已经被猛烈的炮击搅得湿漉漉的。到这个月底,进攻已经停滞。[2]

第五集团军现在迫切需要新的部队和更好的天气,可是这二者都不会来。法金汉并不想让皇储拥有他想要的一切,即使他也认可必须尽快"阻止"造成"不适"的法军侧翼火力。他还意识到,距离法国陆军筋疲力尽还有一段时间。最高统帅部的情报部门估计,到2月底,法国已经在凡尔登部署了15~18个师,但仍有相当多的后备部队尚未投入战斗,因此,法金汉同意向克诺贝尔斯多夫增派两个师,以便后者可以在3月6日将攻击扩展到默兹河西岸,即左岸。[3]但是天公仍不作美。林木覆盖的高地隐藏在黑暗、厚重的云层中，暴风雪席卷了整个战场，丝毫不在意正在冰冻大地上展开的生死搏斗，现在成千上万的尸体遍布于此，在稀薄的空气中慢慢腐烂。

3月6日早上，昏暗的天空中一阵阵雪花飞舞，德军集结起来的各个炮兵连在7点开火，炮口在清晨的薄雾中发出闪光。在四个小时内，他们沿着西岸的一连串村庄和宽阔的山谷袭击了法军阵地，剥掉了仅剩的一点植被，炸飞了掩盖法军防线的一排排带刺铁丝网。"浓烟升到了令人难以置信的高度，"一个法国机枪手回忆道，"形成一层连阳光都无法穿透的厚厚帘幕。"[4] 河流这一边的地势更加开阔，但逐渐隆起形成两个重要的特殊战术地形，304号高地和"死人山"（Mort Homme），法国的主要阻击线就在这里。这些山丘控制着战场，为法军火炮提供了完美的掩护，同时也让观察员获得德军防线的全景。海因里希·冯·戈斯勒（Heinrich von Gossler）将军指挥着两个军团组成的进攻集团，他被赋予了突破法军防线的任务，却只是勉强取得了一点进展。差几分钟不到11点，两个师向前突袭，攻占了福尔日（Forges）和拉涅维勒（Regneville）这两个村庄，但是在死人山的山坡上停住了，法军大炮以暴风雨般的弹片和高爆炸药撕裂了德军纵队。

贝当早就料到德军会袭击左岸，所以在战斗发生时，他有意用漠不关心的态度做出应对。他作为第二集团军司令的任务并不是计划一次决定性的进攻并赢得战争，而是比这要乏味无聊得多，就是让他的部队战斗并打赢一场防御战，坚守他们的阵地，在必要时将其夺回来。在一位本地公证人的那间四处漏风的卧室里睡了一夜后，他花了5天时间才从一场严重的肺炎中康复过来，然后马上开始组织和策划这场正在胃口大开的物资之战，它正以惊人的速度消耗着人员、弹药和补给。由于凡尔登处在漫长而拥挤的补给线末端，也就存在防御可能无法持

183

续的危险。来自南和西两个方向，分别经由圣米耶勒（Saint-Mihiel）和兰斯的主要铁路线已经失去作用，或者被敌人占领，或者容易遭到炮击。通向勒维尼（Revigny）的一条新的联络线完工，从那里可以接上通往巴黎的主线，在此之前，第二集团军不得不依赖来自南边约30英里处巴勒迪克的公路，这条路成为一条重要的大动脉，即"神圣之路"，为法军的防线供应一切所需。[5]

每天，无论是透过办公室的窗户还是从门前的台阶上，贝当都会紧盯着法军的长长队伍，现在他们大多穿着天蓝色的制服，从苏伊的市政厅前走过。声音持续不断；一堆罐子相碰的叮当乱响和靴子在砾石上发出的嘎吱声，交织着各种各样的机动车辆，融汇成日夜不停的刺耳噪声。"不管是挤在不舒服的卡车上，还是在背包的重压下躬身步行，他们用歌曲相互鼓励，用玩笑展露心中的满不在乎。我喜欢他们向我敬礼时那种自信的眼神，"贝当如此描述这一幕，"但他们回来时却垂头丧气！——或是一个个地带着伤残，或是走在因为伤亡而人数锐减的连队中。他们的眼中空无一物，仿佛被恐怖的场景吓呆了。"[6] 从2月27日至3月6日，通过"神圣之路"共向凡尔登这座城市运送了2.3万吨弹药、2500吨补给品和19万人，这是为了确保这场战役得以持续而付出的巨大努力。[7]

激励战场上的部队只是贝当在凡尔登发挥的显著作用的一部分。在空中，自从战役打响，单翼飞机便控制了天空。截至3月中旬，德军的一流飞行员，被誉为"王牌"的奥斯瓦尔德·伯尔克（Oswald Boelcke）已经累积了10次猎杀的纪录。贝当很快意识到必须做出一些改变，在接手之后的几天内，他将努力组织法国空战的任务交给了39岁的飞行员和中队长夏尔·特里科尔诺·德·罗斯（Charles Tricornot de Rose）少校。"给我把天空打扫干净！"据说贝当告诉他，"我什么都

看不见了！"[8] 罗斯开始将战斗机力量集中在凡尔登地区，将
6 个战斗机中队组成一个由他自己指挥的战斗群，装备莫拉
纳 – 索尔尼埃（Morane-Saulnier）单翼飞机，或在可能的情
况下，配备纽波特（Nieuport）双翼飞机，并招募了最好的飞
行员，包括由一群特别的美国志愿飞行员所组成的拉斐特中队
（Lafayette Escadrille）。然后，命令他们进行声势浩大的巡
逻，通常是以四五架飞机组成的机群，使他们可以拥有对敌优
势，并确保他们的侦察中队和气球能够不受妨碍地观察战场。

　　在凡尔登上空的空战过程中，涌现出一批非常优秀的骨干飞
行员，他们将成为战争中最著名的法国"王牌"。乔治·居内梅
（Georges Guynemer）和夏尔·南热塞（Charles Nungesser）是
德·罗斯战斗群中两位最杰出的成员。居内梅是一个体弱多病
的 21 岁年轻人，他坚信自己活不了多久，所以一心投身尽可
能残酷的战斗，不计后果地参加空战。1917 年 9 月，他累计
取得了 50 多次胜利后战死。南热塞同样是勇敢无畏的，他是
一个受伤 17 次的"铁人"，最终总计猎杀 43 次。在战役的最
初几天，20 岁的让·玛丽·多米尼克·纳瓦尔（Jean Marie
Dominique Navarre）给人们留下了最深刻的印象，"一个有
着棱角分明的面孔和乌黑的双眼、充满精神力量的人"，他几
乎是单枪匹马地从德国人手中夺得了制空权。2 月 25 日，就在
杜奥蒙堡陷落的当天，纳瓦尔在一天之内击落了两架敌机，并
在整个春季继续刷新他的纪录。1916 年 1 月推出的纽波特 11
型"幼兽"飞机是一种快速灵活的小型双翼机，纳瓦尔驾驶着
该型飞机开创了一种咄咄逼人又冷酷无情的飞行风格。他首先
在高空盘旋，直到发现合适的目标，他会俯冲下来，通常就对
准敌人编队的正中央，寻找他的猎物。[9] 与单翼飞机不同，纽
波特没有同步机枪，而是依靠安装在上机翼的刘易斯机枪，但
它们在炮火横飞的凡尔登上空被证明非常有效，并很快被列入

英军装备，从而结束了"福克灾难"。

在地面上，战斗仍在继续，强度并未减弱。3月8日上午，以一阵迫击炮火力为先导，德军在右岸发动了另一次突袭，目标是攻占沃堡（Fort Vaux）。一个法国专家将沃堡比作一艘巡洋舰，而杜奥蒙堡是战列舰。前者是凡尔登较小的堡垒之一，但它仍然是防御系统的重要组成部分，法军为此进行了艰苦的战斗。第19步兵团的一个德国军官记录了他如何率领他的排努力前进，但"只有少数人跟上了他"。他与四个人一起，设法到达距离要塞不到150米的地方，却遭遇了"可怕的"机枪射击。

> 我们在一个弹坑里寻求庇护，但里面灌满了水。在炮弹爆炸形成的土堆后面，我们平躺在地面上。没有人敢动一动或抬起头。机枪的火力不停地持续。一颗手榴弹在我们面前爆炸，有块弹片炸伤了我左边那个人的大腿……我们伏得更低了。无法为伤员进行包扎。面对这无情的炮火，我们在坚硬冰冷的地面上趴了5个小时。晚上，我和另一个幸存者设法回到营里。[10]

由于德军无法穿过沃堡周围密集缠绕的铁丝网，进攻失败了。克诺贝尔斯多夫不断尝试，尽可能频繁地命令左右两翼发动进攻，希望将法军的预备队引诱出来，以便让他的部队攻进要塞体系，但法军的防御现在组织得更为严密，补给也更为充足，其炮兵仍然以侧翼火力给德军指挥官造成巨大麻烦。

3月14日，戈斯勒将军在15个重炮连的火力支持下，对死人山发动了新的攻击，并占领这道山脊的北部。战场现在像是一片烟雾弥漫的恐怖荒原。大多数堑壕都已被炮火夷为平地，只留下一片被摧毁的荒凉地带，士兵们，无论是单独的还

是一小群，都带着步枪或几颗手榴弹努力穿行在弹坑之间。战斗令人们极度迷惘。"战场上的这番景象，"一位法国军官回忆道，"与我们此前看到的所有战场都完全不同。有些小树林只剩下一两棵树，其余的都已被掀翻；到处是尸体，这里一只胳膊，那里一条腿。一个角落里，有个阿尔及利亚狙击手坐在那里，他并没有受伤，而是死于窒息。战壕只是一条地下的通道，仅能提供些微的保护，你不得不时刻保持警惕，等待敌人的到来。"[11]

　　西岸的僵局令德军指挥官沮丧，虽然此前的精彩一幕让他们情绪高涨。皇储透过望远镜凝望着暴风骤雨中的前线，试图拼凑出正在烟雾和灰尘中发生的战况，只能哀叹德军的可怕境地。他指出："在第一次大举进攻取得胜利后，我们陷入了激烈战斗带来的昂贵而致命的苦差事中，我们只盼着取得的消极战果能大于我们遭受的损失。"[12] 他承认，目前给予下属的是一个"远期目标"，希望这能激励他们进行"深度的渗透"，但是在这些目标没有实现时，它只会造成伤亡攀升和士气下降。没过多久他就明白了，死人山周围的战斗已开始吞噬他的部队。在 3 月 6 日至 20 日期间，率先发起攻击的第六后备军团伤亡近 1 万人。军官的损失也"高得吓人"，在福尔日附近的战斗中，第 82 后备步兵团失去了团长和 5 个营长。损失如此之大，以至于第 2 营和第 3 营这两个营都是由中尉在指挥，而通常中尉只是排长。[13]

　　人们怀疑德国军队是因为缺乏明确的战略而举步维艰，而德国在更广泛的战争行动上的混乱和分歧使这种怀疑进一步加深。按照最初的设想，"行刑之地"行动要与新一轮的 U 型潜艇攻击同时展开，但决定尚未做出，这在很大程度上是由于法金汉的主要对手——贝特曼·霍尔维格首相的反对。对后者来说，德国在可接受的时限里扼杀英国的可能性微乎其微。此外，如果美国参战，那么德国就不可能赢得与协约国的这场消耗战。3 月 4 日，在沙勒维尔举行了一次政府会议，详细重复了这些不同观点。贝特曼·霍尔维格没有放弃之前的反对立场，拒绝支持重启该战役。"他非常紧张，"海军内阁大臣亚历山大·冯·穆勒（Alexander von Müller）回忆道，"一支接一支地抽着烟，不停地从一把椅子挪到另一把椅子上。他决心避免与美国决裂，也决心打发掉任何反对其决定的人。"[14]法金汉时而表现出一种冷漠的超然，时而又露出最谄媚的笑容，他力促尽快展开新的战役。"潜艇战击中了敌人最敏感的

部位”，他辩称，“因为它以切断其海外交通为目标”，所以也 188
就“没有任何军事上的理由来拒绝进一步利用我们最为有效的
武器”。[15]

　　对于必须做出决断的那个人来说，赌注再高不过了。德
皇现在正苦于不受欢迎的悲观主义和失败主义浪潮，他的神经
“濒临崩溃的临界点”。[16]当他宣布推迟一个月再做最终决定时，
那些希望采取更坚定行动的人做出了愤怒的反应。3 月 10 日，
法金汉要求“立即发起一场无情的 U 型潜艇战役，呼吁拯救
国家与王朝”，而冯·提尔皮茨海军元帅已经对最高战争统帅
失去了仅剩的信心。在 1916 年 2 月的一份备忘录中，他曾呼
吁“立即和无情地诉诸潜艇这一攻击手段……任何进一步推迟
引入无限制战争的行为都将使英国得到采取海军和经济防御手
段的时间，最终给我们带来更大的损失，并使我们无法迅速获
胜……如果击败英国，我们就打断了敌对联盟的脊梁”。[17]但
无人理睬他。两天后，提尔皮茨于 3 月 12 日递交了辞呈，被
接受了。如今，“流尽最后一滴血”只能在陆地上发生。

　　法金汉可能批评了德皇的决定，但停滞不前的潜艇战役似
乎给他对德国战事的指挥做了一个总结，并使他进一步受到谴
责，说他过于优柔寡断和三心二意，无法进行真正的战斗并赢
得这场战争。他同意在东线战场开展行动，但这些行动从来都
不是为了取得决定性的结果，只是一些有限的胜利。他下令在
西线战场首次使用毒气，但这只是作为一次很快便被取消的小
规模进攻的一部分。现在，潜艇战继续间歇性地进行，虽足以
疏远那些中立国家，但不能取得决定性的成果。甚至凡尔登也
有可能在无法削弱法军的情况下耗尽大量的资源。法金汉曾希
望以每 2 个德国人杀死 5 个法国人，但随着冬季逐渐向温暖明
亮的春季过渡，双方的损失开始变得同样血腥。到 3 月底，法
军在凡尔登的伤亡人数约为 8.9 万人。德军的损失几乎相同。 189

第五集团军每隔 10 天向统帅部发送一次伤亡报告。截至 3 月 31 日，其伤亡总数达到 81607 人。[18]

在伦敦，英国政府似乎摆脱了无休止的政治危机。1916 年 1 月通过了《兵役法》，征召 18~41 岁的所有未婚男子或鳏夫，但保留一定的例外情况。[19] 尽管它遭到了工党和自由党的反对，阿斯奎斯政府有能力克服他们的阻力推动该法案，因为担心如果不向部队补充大量人力，就无法取得这场战争的胜利。关于是立刻推行普遍兵役制度还是推迟到第二年，内阁中仍然存在分歧，但这项法案有力地彰显了英国当下对待这场战争的严肃态度。"正如历史所表明的，胜利源自在所有物质和道德力量上的总体优势，"《泰晤士报》的军事记者在 2 月 22 日写道，"而我们一刻也不能忽视其中任何一个因素。我们暂时挡住了敌人，但尚未击败他们。"[20]

至于如何使用这些部队，目前尚未达成共识。1915 年 12 月，协约国在尚蒂伊商定了春季攻势的基本纲要，但其具体安排仍有待确定。霞飞和黑格为英法两军勾画出一个粗略的计划，拟在 7 月 1 日对索姆河发动联合攻击，但在德军袭击凡尔登后，发动联合进攻就变得越发紧迫。在 3 月 12 日的一次协约国军事会议上，各方同意"在尽可能早的日期开始联合进攻作战"，这最终迫使英国政府采取行动。[21] 虽然威廉·罗伯逊爵士敦促发动攻击，但战时内阁仍对这样一场巨大行动的风险感到不安。主要反对者是军需大臣大卫·劳合·乔治。与其他所谓的"东方人"一样，劳合·乔治对英国深入参与西线战事的承诺持谨慎态度，并偷偷地暨向巴尔干半岛或中东等其他地方。尽管"东方人"因加利波利远征的惨败而吃了苦头，但他们顽固地坚持自己的信念，即必须为西线战场上大规模的不断进攻找到一个替代方案。劳合·乔治曾于 1916 年 1 月到访英军总司令部，但发现那位总司令是一个难以评价的人。尽管他热衷于称赞黑格"思维敏捷，而且有条不紊"，但是他的恳求遭到了拒绝，在黑格的私下记录中，这个威尔士人"狡猾而不可靠"。[22]

至于基钦纳，他曾经强烈反对前一年的秋季攻势，但是不情愿地承认了，英国为了避免危及协约就不得不这么做。他曾经是一副高不可攀的形象，只需一眨眼或点点头便能控制所有事情，可是现在他已经饱受折磨，正努力挣脱束缚。到1916年的前几个月，基钦纳在国内外都变得孤立无援，他想要支持法国，但对西线大规模攻势的影响感到不安。在这个问题上，他找到了劳合·乔治这样一个意想不到的盟友。他宁愿等到秋天，给法军更多的时间准备好参战的各师部队，储备好几乎肯定会需要的大量炮弹。但随着这种可能性越来越小，他只能盼望自己组建的部队不会被浪费在时运不济的仓促进攻中。他于3月29日拜访了黑格，并警告他"要提防法国人，保存驻扎法国部队的实力"。[23]

由于首相出访意大利，直到4月7日，战时内阁才考虑这次进攻的问题。随后的讨论主要围绕着进攻的性质，它与之前的进攻有何不同，它会不会成功，以及它对协约国的战争行动意味着什么。意见上的分歧很快显现出来。

"'总攻'到底意味着什么，这个问题很难理解，"基钦纳思索道，"我们在前线一直进攻。这是否意味着在凡尔登战役之后，我们将向前推进，还是会像香槟地区的作战行动呢？"

罗伯逊试图打消所有吹毛求疵的疑虑。"D.黑格爵士将根据情况调整战斗的类型。如果他确信法国人打算把所有的作战任务都交给他，他便会立即停止作战。黑格将军对局势非常了解，不会做任何蠢事。"

"如果进攻失败，会怎么样呢？"劳合·乔治问道。但阿斯奎斯对这个问题置之不理。

"如果我们这一方表现出丝毫的犹疑，就会对法国人产生不良的影响。"24

"东方人"的问题在于，按劳合·乔治的话说，似乎没有简单的方法能"粉碎土耳其人"。那一刻，在美索不达米亚这个到目前为止还没有受到这一系列负面事件影响的战场，人们越来越担心印度第6师的命运，该师已被围困在底格里斯河畔的库特镇（Kut）。查尔斯·汤曾德（Charles Townshend）少将的部队最终将在4月29日投降，让8000名士兵在奥斯曼帝国的监禁中听天由命——其中只有不到一半的人得以幸存。中东的这一可怕消息与距离国内更近的另一场灾难同时发生。在都柏林市中心的邮政总局的台阶上，爱尔兰民族主义者宣布成立爱尔兰共和国。尽管这次叛乱很快被镇压，但这些令人沮丧的事件使伦敦的心思执着于必须在某个地方取得军事成功。问题围绕着黑格想要采取什么样的行动，是一次大规模的突破式攻击还是更为有限的进攻。对基钦纳来说，任何试图重复香槟地区"同一行动路线"的尝试都将是"一个巨大的错误"，尽管很明显，黑格必须得到授权，可以按照他认为合适的方式行事。由于没有简单的替代方案，人们同意他们必须进攻，但前提是黑格要谨慎行事，正如罗伯逊向他们保证的那样，他不会"让自己出丑"。

现在一切都取决于黑格和他指挥的部队。在约翰·弗伦奇爵士率领下于1914年8月参战的远征军已不复存在。最初四个师中的少数幸存者已经加入正在流入法国的一支更加庞大的军队之中。到1916年初，西线战场上的英军已增加到近40个步兵师，外加5个骑兵师，总共约100万人，其中包括数十万基钦纳志愿军、后备役军人、国土防卫军和两个加拿大师。尽管在数量上终于能够匹敌欧陆各国的大规模陆军，但这些黑格在日记中描述的"未经训练的各师"的军事效能值得怀疑。[25]新军的生活是长时间的体力活动和重复的操练，但是缺乏武器培训和战术演习。"基钦纳陆军"的人热情、敏捷、身体健康，受到强烈的自豪感和坚定信念的鼓舞，但是未经实战检验。

到 1916 年春天，西线的英军防区迅速扩大。杜巴尔将军的第十集团军曾多次试图在阿拉斯附近突破德军防线，得到了英国第一和第三集团军的救援，亨利·罗林森（Henry Rawlinson）爵士指挥的第四集团军已进入更南边的防线。英国远征军现在位于从伊普尔以北一直到马里库尔（Maricourt）的战线上，这条战线长达 70 英里。这一南部地区横跨索姆河的蜿蜒河谷，将是协约国下一次进攻的重点。这个地区到此时为止基本上没有发生严重的战斗，除了 1914 年 9~10 月的一些零星作战，现在英法两军的防区在此处接合。尽管这是协约国军队联合进攻的最佳地点，但德军利用中间的几个月对这里进行了大规模的防御加固。曾经一个如田园牧歌般的地方，有着起伏的田野和美丽的景色，此时却变成了一处可怕的防御阵地，分布着各自独立的两道迷宫般复杂的堑壕。

3 月 27 日，霞飞写信给黑格，向他介绍了在德军于凡尔登亮出了自己的底牌以后，他如何看待即将展开的进攻：

> 是否应该由英法部队进行预备性攻击不再成为问题。事实上，我们在凡尔登战役中不得不消耗的人员和弹药是如此之多，以至于我无法在法军前线上考虑除索姆河以南的主要进攻之外的任何其他攻击行动……另一个需要考虑的事实是，由于德军在凡尔登地区的进攻受到拖延，西线德军本身也遭到了严重削弱。在这种情况下，他们的预备队，或者至少是在我们进攻时所拥有的后备力量，将会弱

于我们的预期。

应该以突破埃比泰尔讷（Hébuterne）和拉西尼（Lassigny）之间的德军防线作为目标，然后再向东拓展。[26]收到伦敦的授权后，黑格于4月10日回复："如果真像看起来那样，敌人在凡尔登的失败行动中耗尽了后备兵力，我同意不需要进行预备攻击，而将所有可用力量投入主要进攻当中，那样可能会取得更好的结果。"他希望，各单位的进攻"在空间和时间上尽可能紧密地结合"，并敦促"沿整条战线"同时推进。他预计将动用20~23个师。[27]

这次行动中，英军方面的指挥官是第四集团军司令亨利·罗林森。1916年，他52岁，高高的个子，秃头，走路时迈着瘦长的双腿。"罗利"（Rawly）在伊顿公学和桑赫斯特①接受教育，出身于步兵的他，和大多数同时代人一样，大战前曾在帝国各处服役，包括受命率领一支纵队在南非的草原上猎杀布尔人。1914年，在协约国军队"朝向大海的赛跑"中，他指挥着一个师，又在1915年的战役中接掌了第四军团。他享受过一些胜利，突破了德军在新沙佩勒（Neuve Chapelle）和卢斯的前线，但是在通过其后备阵地时却历尽艰辛，这段经历让他认识到炮火对每次进攻的重要性。如今的任务必定复杂得多，他要让手下笨拙的部队做好准备，向索姆河发起一次大规模进攻。他认为，这是一片"极好的乡村地区"，拥有"非常开阔的视野"，可以让他的炮兵打击德军的防御工事，并"避免步兵遭受从前那样的严重损失"。[28]

到4月3日，罗林森及其参谋长阿奇博尔德·蒙哥马利（Archibald Montgomery）已经拟定好进攻索姆河的计划。10

①　指位于桑赫斯特（Sandhurst）的英国陆军军官学校。

个师将在塞尔（Serre）和马梅茨（Mametz）这两个村庄之间
2万码长的战线上突破德军防线。尽管德军的第一道防线很坚
固，有许多被铁丝网保护的设防村庄，但罗林森相信他的炮兵
能够对付它。问题是如何突破远在4000码以外的第二道防线，
因为这道防线构筑在反坡上，从英军的阵地上看不到它，这意
味着罗林森无法保证能将其摧毁。他不认为一次进攻就可以突
破两道防线，唯恐手下经验不足的部队如果推进得太远，就会
像在卢斯发生的那样，陷入一片混乱。"在这种三四千码的残
破地形上急于冒进，部队肯定会变得混乱无比……"因此，任
何想要一次冲破敌军防线的企图，"在现有的条件下，都将带
来非常严重的风险，相当于在赌博"。[29]

　　鉴于德军防守力量强大，罗林森认为进攻应分为两个阶
段，在猛烈炮击后依次攻克每道防线，可能需要长达两周的时
间。尽管罗林森的作战经验比他的法国同行要少得多，但他已
经开始有了类似的意识，即企图在一次大规模冲锋中取得突破
是徒劳的，相反，他们必须集中精力，依靠大炮和随后的步兵
占领，依次夺取每一处德军阵地：

　　　　在我看来，多获得两三公里的土地并没有多大的影
　　响，而目前的局势如此紧迫，需要我们承担非常严重的
　　损失，以便将大量的德军预备队吸引到我军战线的这一部
　　分。我们的目标似乎更应该是以自身的最小损失杀伤尽可
　　能多的德军，而在我看来，最好的办法是夺取具有战术重
　　要性的位置，那些为我们提供良好的观察视野及我们认为
　　德国人可能会对其发动反攻的地方。

　　这就是他所谓的"咬住不放"，但在此处，罗林森感觉黑
格会是个麻烦。"我敢说，我会与他就这个有限的目标发生争

执，"他在日记中写道，"因为我听说他更愿意抓住一切机会突破德军防线。"[30]

罗林森的担忧是有理由的。黑格被认为是一个有思想的军人，安静而克制，既有方法又有理性，但他对战争的看法仍然非常传统。出身于骑兵的黑格从未拥有约翰·弗伦奇爵士在其职业生涯中拥有的那种天赋与激情，但他依旧深信——就像霞飞在1914年时一样——战争的基本要素是高昂的士气和进攻精神。卢斯的溃败并没有迫使人们重新考虑这些原则，他在1916年1月撰写的一份报告中重申了这些原则。对于为了消耗德军应该打一系列有限的预备性战役的观点，这份报告泼了一盆冷水。相反，最好的行动方案是同时发动决定性的攻击，如果能够以"足够的力量"进行，它们就会带来"巨大的战果"。当霞飞解释说，他不再认为需要预先单独进行"消耗性战斗"时，黑格迅速抛弃了仅剩的谨慎。不存在中间的选项，如果要做，他们就要全力以赴。[31]

但"全线出击"并不是罗林森的想法，黑格对第四集团军的计划也不感兴趣。"我研究了H.罗林森爵士的攻击建议，"他在日记中写道，"他的意图仅仅是夺取敌人的第一道和第二道堑壕系统，并'杀死德国人'……我认为我们可以做得更好，应该将目标扩大到让英法联合部队越过索姆河，与敌人在开阔战场作战！"[32]眼下与法金汉和皇储面对的情况形成了奇怪的对比，前者希望进行有限的消耗性进攻，后者追求决定性的目标，黑格抱怨罗林森的攻击过于谨慎。"将孤立而缺乏组织的部队推进到可以进行支援的范围之外，这当然是不可取的……另外，在一开始就尽一切努力打敌人个措手不及，并充分利用我们给对方队制造的混乱与失序，这么做至关重要。"罗林森所强调的风险被忽视。这些风险可以被"预见到，并在很大程度上通过谨慎的事先安排加以防范"。因此，黑格指示罗林森"进一步考虑将我们的第一步进攻延伸到你的计划之外的可能性"。他还提出了更短、更密集的"飓风式"轰炸的设想，以取代第四集团军制订的时间更长的破坏性轰炸计划，这将对敌方守军造成清晰而震惊的效果。[33]

读了黑格的信，罗林森越发担心。他尽最大努力坚持自己的立场，于4月19日向总司令部提交了一份修订计划，其中重复了他谨慎行事的理由，尤其是他的部队必须行经的距离很长，还要在第二道防线前面剪断铁丝网，而且他的部队普遍缺乏经验，以及他们可能出现混乱。此外，他重申，更长时间的炮击仍然是可取的，因为这可以造成更大的破坏，并防止敌人将弹药和食物运送上来。黑格的反应同样冷淡。当罗林森提到他的行动将"持续相当长的一段时间"时，黑格用蓝色铅笔在文件上草草写下："必须打败敌人！"尽管黑格最终在炮击的问题上表示同意，授权进行"有条不紊"的炮火准备，直到摧毁所有障碍，但他重申第四集团军需要为更深入的推进做好准备，并指示罗林森将塞尔、波济耶尔、孔塔尔迈松（Contalmaison）和蒙托邦（Montauban）列入第一天的目标当中，这些村庄的位置更远，就在德军的第二道防线上，而这正是罗林森想要避免的情况。[34] 由此，这场战争中最严重的一个错误就要出现了。

在整个4月和5月，当黑格和罗林森就索姆河战役的计划争论之时，凡尔登仍然像一口保持沸腾状态的大锅。双方每天都有新来的部队进驻城市周边高地，每天也都有已被惨痛经历掏空的幸存者们退下来。失去了战略和政策的指导，这场战役现在似乎有了独立的生命，已经变成一场由自身逻辑驱动的残酷的杀戮比赛。3月底，法金汉曾告诉皇储，只要他们的伤亡人数少于对手，就必须继续进攻，但几天来，面对不断增加的伤亡和战场上微不足道的成果，他犹豫不决。4月4日，他再次写道："如果我们赢得这场战役，那么我们很快结束战争的可能性将大幅提高。如果我们赢不了，那么尽管至此取得了一些成果，胜利的结局还是会推迟，而只要我们及时决定不在凡尔登陷入僵局，而是向其他地方的敌人发动袭击，我们的胜利就不会受到负面影响。"[35]

在最高统帅部，德国应当如何行事的问题似乎还是没有答案。"没有人知道如何结束凡尔登战役，"格勒纳在4月初承认，"在我看来，法金汉似乎对他能否成功夺取凡尔登怀有深深的疑虑。"[36] 或许是没有意识到法金汉进攻这座城市的最初目的，格勒纳以为是夺取土地。至于法金汉，他发现自己越来越被形势束缚。他一直在与鲁普雷希特讨论是否有可能发动攻势夺回新近被英军占领的阿拉斯市，但是在有多少部队可以动用的问题上二者存在不同意见，这导致进攻一直未能发动。鲁普雷希特要求额外提供8个师，但统帅部只能提供4个，而大部分重型火炮都在凡尔登前线，所以他根本没有兴趣尝试。[37] 到4月底，进攻阿拉斯的计划已经被搁置，这让鲁普雷希特好奇到底是怎么回事。"最令我苦恼的是，"他在日记中写道，"冯·法金汉将军显然不再认为有可能赢得决定性的胜利。果真如此，我们怎样才能结束战争呢？"[38]

法金汉再一次回到了潜艇战的问题上。"与阁下就持续作战和潜艇问题进行了长时间的讨论，"塔彭在4月28日的日记中写道，"如果不强化潜艇战，与英国的战争就无法结束，对我们的其他对手也同样如此。"[39] 法金汉试图让德皇重启潜艇战，但这次尝试又失败了，因为法国轮船"萨塞克斯号"（*Sussex*）在3月24日遭到袭击，导致包括几名美国人在内的约80人丧生。作为回应，华盛顿威胁要断绝与柏林的外交关系，除非它立即放弃"目前针对客货船的潜艇作战方式"，因

为美方认为这种方法"完全不符合人道主义原则、早已确立的
无可争议的中立权以及非战斗人员神圣的豁免权"。面对这一
威胁，德皇立即退缩了，贝特曼·霍尔维格又在5月4日宣布，
德国海军将遵循既定的"登船与搜查"原则，不会在没有警告
的情况下击沉商船，除非对方试图逃跑或反击。[40]

　　5月2日，愤怒而失望的法金汉觐见德皇并抱怨说，由于
没有就这份照会征求他的意见，他别无选择，只好提出辞职。
最高统帅装出大吃一惊的样子，随从们很快过来劝说法金汉改
变主意，但他们之间的关系再也不一样了。由于德国不可能
奢望赢得海上的战争，法金汉便只剩下在凡尔登作战，可是它
现在已变得毫无意义，只是因为人们对它的成功寄予了极大的
希望，这场战役才不得已而为之。于是它就这样继续下去。法
金汉允许继续攻击，但只能以一种有限的方式和较小的规模进
行。他提供了增援，却始终不足以有效替换前线的部队，也不
足以在整条战线上展开大规模进攻。这完美地反映了他的矛盾
心理，用一只手给予，又用另一只手夺走。

　　在整个晚春时节，德军继续攻击默兹河西岸，4月9日攻
占了死人山，但天气条件转差，未来几周都无法采取任何进一
步行动。5月3日重启攻势，从法军手中成功夺取了304号高
地的大部分，但敌人的战斗力并没有突然瓦解或迅速下降。东
岸的进展同样曲折，自攻陷杜奥蒙堡之后，德军发现自己正在
致命的法军侧翼火力下的预设阵地周围作战。4月21日，联
合突击队指挥官布鲁诺·冯·穆德拉（Bruno von Mudra）将
军写信给皇储，讲述了他们正在面对的困难和"不断加强的敌
军炮火"造成的越来越大的损失。他的部下正在承受"来自多
个侧翼，有时甚至是来自身后的、不间断射向其阵地的重炮和
野战炮的火力，交通支援、预备队营地甚至补给站都以同样的
方式暴露在敌人各种口径的火炮之下。因此，突前的步兵阵地

199

每天都在遭受严重的损失，他们的交通线与营地同样如此，食物供应及其他需求品的运输占用了大量时间和精力"。[41]

皇储知道，他的集团军留在当前的阵地太过危险，但同样显而易见的是，任何继续进攻的尝试都充满了风险。他认为，决定性的胜利"只能以巨大的牺牲为代价，这些代价远远超过预期的收益"。与其参谋长克诺贝尔斯多夫的日益疏远也无助于事态的发展。后者仍然坚持进攻，并敦促他"坚信进攻并击溃敌人的想法"。克诺贝尔斯多夫被派到第五集团军，为的是作为一个可靠的好助手，能够指导这位冲动的年轻皇子。可是他现在喋喋不休，仿佛威廉无足轻重。他敦促法金汉继续前进，并驳斥了皇储的悲观态度，甚至密谋将他的一名高级私人军官冯·海曼（von Heymann）中校贬到一个近卫步兵团去，这些都让威廉"深感遗憾"。[42]当皇储向父亲抱怨说自己正在被边缘化时，德皇并没有理睬他。

德国最高统帅部在进攻目标上的争论同样发生在法军当中。在苏伊的办公室里，贝当本能地理解战斗的艰难困苦，因此他定期轮换派往前线的各营，而不是像德军那样，让部队一直坚持在前线，直到精疲力竭。这能让他的部队更好地应对战斗压力，尽管需要各师在凡尔登地区不停地移动，进而限制了霞飞在其他地方进行机动作战的自由。到4月初，对于凡尔登正如何把越来越多的部队吸纳进去，并扭曲了他在当年剩余时间内的计划，霞飞开始警觉起来。"为了判断是否有必要给你派去几个新的师以取代第二十一军团，你能否就打算如何部署第三和第十二军团……发一封电报给我？"这是霞飞在4月2日对贝当的增援要求做出的带有教训口吻的答复，"你知道敌我双方的总体情况。所以，你应该尽你所能避免让我被迫动用目前拥有的最后一个全新的军团，因为将它留作预备队，对于我们的盟友有着十分明显的重要性，同时也是出于我们的未来计划……只有通过这种方式，才能让敌人在凡尔登战役彻底失败，而我们的力量不会枯竭，我们无可置疑的胜利不会遭到破坏。"[43]

霞飞起初设想用 39 个师和 1700 门重炮进攻索姆河，但随着凡尔登的漫长战事迁延不决，越来越多的部队陷入其中，他被迫减少法军对索姆河战役的参与。4 月下旬，减少到 30 个师和 300 门重炮，而一个月后只剩 26 个师。即便是这样的假定也没有持续多长时间，5 月 27 日，最高统帅部预计只能留有 20 个师。[44] 福煦作为法国北部集团军群的指挥官，负责法军一方的作战，他对霞飞的 1916 年计划一直不是很感兴趣。他更愿意再次攻击维米岭，因为他觉得索姆河战役缺乏一个关键的战术目标，而凡尔登消耗了更多的人力，他甚至提出是否要发动这次进攻的问题。[45] 但由于霞飞在这一点上坚定不移，福煦别无选择，只得命令现由埃米尔·法约勒将军指挥的第六集团军将英军的进攻扩展到索姆河以南。

如何安置贝当让霞飞拿不定主意。这个来自北方的人如今已是法国最著名的将领之一，深受其部下的喜爱，这使他越发难以控制。这不仅是从霞飞的角度来看，贝当在人力的需求上太过分，还因为这位第二集团军司令似乎对反击和赶走敌人缺乏热情。霞飞也感受到了来自巴黎的新一轮审查的压力，由怪异的参议员乔治·克列孟梭（Georges Clemenceau）领导的参议院军事委员会负责对法国的战争行动做出评价，而总司令经常成为无端指责的对象。1916 年 3 月，皮埃尔·罗克（Pierre Roques）将军被任命为新的陆军部长，取代患病的加利埃尼。尽管他和霞飞是老朋友，但罗克一直承受着迫使霞飞就范的巨大压力。3 月 23 日，霞飞被告知，他的两名最高级军官，分别担任集团军群指挥官的朗格勒·德卡里将军和迪巴伊将军都应当退役，由新晋的年轻人接替。霞飞迫不得已，只

201

好按照命令行事，借此机会将贝当提升为中央集团军群指挥官，让他于 5 月 1 日接手这个职位，从而使他——至少在理论上——脱离了与战斗的日常接触，并允许其他人以更具攻击性的方式继续作战。[46]

4 月 10 日，即死人山受到攻击的第二天，霞飞视察了凡尔登前线，并对第三军团指挥官罗贝尔·乔治·尼维勒（Robert Georges Nivelle）中将印象深刻，他认为这可能是他要找的人。他觉得贝当需要"更远距离的视角"和"更清晰的视野"，贝当太悲观了，沉迷于凡尔登，或许无法理解对敌人发动一次进攻和采取攻击作战的必要性。[47] 相反，尼维勒拥有霞飞所需要的一切冲劲和乐观精神。他来自法国中部科雷兹（Corrèze）的一个村庄，自从战争开始，凭借勇敢和富有想象力的领导，平步青云，1914 年 8 月，他还是一个炮兵团的团长，仅仅一年以后便已一路升任中将。尼维勒是一个热血的军人，他为自己的技术能力感到自豪，他相信更富于进攻精神的战斗风格能够在凡尔登取得胜利。他接过第二集团军的指挥权时，虽然此时已 59 岁，但他像一个比自己年轻许多的人那样跳上苏伊市政厅的台阶。他承诺要发挥一定作用，给法国带来一些值得欢呼的东西。这只能意味着一件事，就是夺回杜奥蒙堡，而这正是霞飞想要听到的。

尼维勒知道，领导这次攻击的人必须对进攻抱有毋庸置疑的信心。他选择了第五师的师长夏尔·芒然少将，正如他所说，这是"唯一想要进攻的人"。[48] 芒然与尼维勒建立了密切的关系，并为了升职而迫切地想要采取行动，他相信杜奥蒙堡是他个人晋升之路上的关键。芒然与尼维勒密切合作，后者为他提供了尽可能多的火炮和弹药，并确保属下军官完全熟悉攻击计划。他们参观了其他法军要塞，并听取了曾在杜奥蒙堡工作的工程师的简报。他们还大量分发了航空照片，以帮助人们

熟悉它的布局，并在 5 月 17 日开始了炮火准备。连续 5 天时
间里，法军的炮火袭击了要塞及通往它的道路，同时，一个个
工兵连不知疲倦地构筑通道和前沿战壕，以缩小无人区的宽
度。之后，在攻击前几天，芒然对他的部下发表讲话，敦促他
们夺取目标："在你们这 12000 名勇敢者的心中，充满了对国
家的热爱，对野蛮入侵者的仇恨，以及对正义复仇的渴望。我
要致敬你们已经取得的胜利，以及你们将要展示的更加杰出的
英勇表现。我向胜利致敬，我看到它就在我们头上盘旋，巨大
的翅膀摇曳着你们的光辉旗帜。"[49]

　　进攻定在 5 月 22 日上午 11 点 50 分。就在那一刻，芒然
的士兵们跃出了他们构筑的战壕，冲向要塞，随之升起了一道
弹幕，可以按照准确的间隔向前"跳跃"，为他们的前进提供
掩护。在 24 小时内，法军的一些炮兵连打出了 1200 发炮弹，
大约每分钟一发，而未出现弹药短缺情况。[50]尽管德军机枪猛
烈地扫射无人地带，攻击的各营仍然顺利抵达杜奥蒙堡那破损
的城墙下。他们坚守在那里，形成一个个小组，挤在任何能找
到的掩蔽物下，试图进入守军盘踞的堡垒。下午 2 点，第二集
团军司令部收到了一条电话信息。在战场上空盘旋的一架侦察
机看到"杜奥蒙堡有大量步兵，他认为他们是法军。第一组从
西南角进入……然后冲到堡垒中央。第二组人爬上了西边的护
城河。第三组人正从北角离开要塞"。芒然欣喜若狂，跑回去
见尼维勒，当他走进办公室时，尼维勒半信半疑地转过身来。

　　"杜奥蒙堡是我们的了！"他喊道。[51]

第十章

四面楚歌

    杜奥蒙堡那满目疮痍的废墟并没有在法军手中停留多久。德军立即发动了反攻，到 5 月 24 日，堡垒周围只剩下为数不多的法军，他们在堡垒的外壁上吃力地攀爬着，仿佛那是某种大型动物的藏身之处，最后这些人都被打死或俘虏了。又一次，法国人面临着失望。在芒然指挥下发起进攻的第 5 师有 1.2 万人，其中 5300 人阵亡、负伤或宣告失踪，这是该部在战争中最惨痛的一次交战。[1]芒然将失败归咎于炮击不够猛烈和增援部队晚到，并且自信地称，如果再给他一次机会，他能毫不费力地夺回堡垒。"第 5 步兵师刚从杜奥蒙堡撤下来的 2000 人都有着坚定的信念，他们已经打败了敌人，如果占领的阵地没有守住，那是因为接替他们的部队表现欠佳。他们相信，只要有强有力的炮火准备，他们的攻击总能够成功。"一俟该师重新组织起来，芒然便自信地认为，这支部队将"再次具备他们已经多次展现的进攻价值"。[2]

    在第二集团军司令部，尼维勒将军想再试一次。5 月 31 日，永不气馁的他致信贝当，要求对方批准再一次攻击，这将需要"至少两个新的师"。[3]贝当带着一种空虚的悲伤感审视着重夺杜奥蒙堡的失利。伤亡数字已经够糟糕的了，但更麻烦的是整件事所表现出来的鲁莽，将单独一个师推进到一个严密防守的突出部，处于三个方向的敌人的俯视之下，并简单地以为有法兰西的激情就足够了。这样的攻击永远不会成功，只会进一步损害军队已经饱受打击的士气。此外，保持第二集团军的实力变得越发困难。霞飞曾在 4 月警告贝当，他将不得不让他的各个师在前线坚持更长的时间，随着战役的拖延，前线的补给和人员配备等问题迅速增多。6 月 7 日，德军再次发动猛烈进攻，沃堡失守，局势进一步恶化。

从几个星期前开始，德国最高统帅部一直流传着，要在凡尔登发动新一次更大规模的攻势。尽管至此时为止遭遇了不少失利，但最高层的德国军官意识到，在协约国攻打索姆河之前，可能还有足够的时间取得一场大胜。在这种愉悦的胜利心情中，德皇甚至握紧拳头表示，德国国旗将于 6 月中旬飘扬在凡尔登上空。施密特·冯·克诺贝尔斯多夫巧舌如簧地说服法金汉再试一次，他对最终突破法军的东岸防线保持乐观。目标是从杜奥蒙堡推进，冲破剩下的防线，削弱法军坚守这座城市的能力。火炮和人员逐渐从西岸转移，两个军团在 6 月 1 日早上发起攻击。德军士兵蜂拥向前，"就像被人踢了蚁丘的蚂蚁"。[4] 配备火焰喷射器的特别突击队被用作攻击前锋。"汹涌的火海倾泻到挤在前线战壕里的法国人身上，"一个德国军官回忆道，"敌人看着从巨大的黑色烟云中喷出的火焰正在逼近……就像一个规模巨大的自然事件，未知的现象向他们铺天盖地而来。"[5]

起初，一切进展顺利。"无法描述冲向法军战壕的第一阶段，"一个跃向前方的攻击者回忆道，"我们只看到身边黄色、红色和白色的闪光。透过蒸汽和烟雾，人们有时会看到一个同伴的身影瘫倒在地。其他人立即填补了他留下的空当。"几乎没有机枪的射击，德军不时停在弹坑里喘口气，然后继续向前推进，用手榴弹或火焰喷射器清除掩体和战壕，直到抵达目的地，一片位于杜奥蒙堡和沃堡之间，被称为"布瓦德拉卡耶特"（Bois de la Caillette）的树林。"在我们四周，躺着一大群死去的法军士兵，尸体半埋在沙子里。到处都可以看到人体的碎块……衣物、制服、武器、马车和弹药随处可见。"然而，进攻一方也遭受了巨大损失。沃堡的侧翼火力和有规律的炮火齐射逐渐削弱了进攻的各连，减缓了前进的速度，每一次向要塞推进都以失败告终。[6]

人们并没有要停止进攻的想法。6 月 2 日，沃堡遭到持续炮击。每小时可能有多达 1000 发炮弹击中它的厚墙，打掉了机枪，让 600 多人的守军无法挡住敌人。德军两个师的部队受命重新发起攻击，得以突入要塞并开始清理上层走廊，而守军则向内部撤退。在接下来的 5 天里，德军使用一切办法试图消灭他们，火焰喷射器、毒气、手榴弹和机枪都用上了，但法国人仍然坚守，在一堆堆沙袋和倒塌的砖石后面战斗。空气中弥漫着烟雾与灰尘，死伤者在地面上堆积起来。守军指挥官西尔万 – 欧仁·雷纳尔（Sylvain-Eugène Raynal）少校试图向法军前线传递消息，放飞了所有的信鸽，但是没有任何救援，加上几天前就已经断水了，他除了投降别无选择。"我听到了这座堡垒的战斗中最令人震惊的英雄故事"，皇储说，他对守军的英勇留下了深刻的印象，允许雷纳尔留下了自己的佩剑。[7]

沃堡的失守给法国最高统帅部带来了沉重打击。在巴勒迪克，贝当认为，"敌人的参战部队越来越多，炮火强度越来越大，这无疑证明，他们企图与我方速战速决，为达此目的，他们不惜任何代价。"他担心东岸的阵地越来越局促。除非法军能够维持一条从弗罗泰尔（Froideterre）的堡垒一直延伸到苏伊堡和塔瓦讷堡（Fort Tavannes）的内部防线，否则德国就能推进到足够靠近的位置，炮击默兹河上的桥梁，进而使凡尔登无可防守。"凡尔登受到了威胁，但凡尔登不能倒下，"贝当在给霞飞的信中写道，"占领这座城市对德国人来说将是一个无法估量的成功，将极大地提高他们的士气，同时降低我军的士气。无论英军在战术上取得多大的胜利，都无法在公众面前弥补这座城市的陷落，而公众舆论的重要性在当下是不容忽视的。"于是，他问是否有可能更早开始救援攻势。"过早行动可能会降低行动效果，与凡尔登落入敌人手中的风险是不能相提并论的。"[8]

霞飞对贝当的叫喊不以为意，读着这封信时，他把双手一摊，抱怨贝当"再次吓倒了所有人"。[9]第二天，即 6 月 12 日，他在回信中说，除了不惜一切代价坚守，别无选择。"这是一个非常严峻的时刻。持久而成功地守住凡尔登使我们的俄国盟友得以顺利进攻，是协约国在当前战役中取得胜利的不可或缺的保证和不容忽视的条件。为了取得这一成果，从前没有，以后也不能忽视任何事情。我希望你通过自己的行动与能力向下属的所有官兵传达同样激励着你的自我牺牲、激情和信心。"[10]好在危机似乎很快就过去了，从 6 月 8 日到 20 日，没有在凡尔登发现新的德国部队，在西岸，猛烈的炮火也开始减弱了。

来自凡尔登的坏消息没完没了地传到巴黎，终于迫使阿里斯蒂德·白里安总理召开议会秘密会议做出回应。人们要求展开一场辩论，在媒体不在场的情况下，让议会代表们对战事的各个方面提出质询，此前这样的要求曾被否决三次，因为保守派对允许批评最高统帅部持谨慎态度，但是到 1916 年 6 月，白里安再也无法拖延。人们通常将他与大卫·劳合·乔治相比，后者有着"同样高高的鼻子，同样向后梳的长发，同样活跃的眼睛"。[11]白里安发现自己也处在了某种奇怪的相似位置，努力恢复在军事方面对议会的控制，同时也坚信萨洛尼卡远征的战略智慧。在整个 1916 年，他一直表现出自己是霞飞的坚强保护者，但他是一个精明而狡猾的战术家，明白法国议会越来越不稳定，并急于摆脱与四面受敌的总司令的紧密联系。

6 月 16 日，代表们聚集在一起，由来自巴黎的安德烈·马奇诺（André Maginot）致开幕词。39 岁的马奇诺与阿贝尔·费里一样，以直言不讳、勇敢地批评最高统帅部而闻名，他指责统帅部在所遭受损失的真实规模上说谎。通过比较法国和德国的伤亡统计数据，他解释了法军的损失从比例上来讲是如何高于德军的。他认为，这是由于法军防御阵地不佳，掩蔽所不够结实，以及进攻没有带来重大进展，却只造成"非常致命的损失"。凡尔登是另一个痛点。马奇诺宣读了加利埃尼在1915 年 12 月写给霞飞的一封信，陆军部长在信中提请对方注意法军防御工事的缺陷，以及对其进行整修的迫切需要：

> 先生们，凡尔登的案例事实上以一种惊人的方式表明了我刚才所说的一切。正如几天前提及的……这真的很有象征意义，它是一项毫无争议的证据，证明了我们的最高统帅部的轻率与不足……如果我能说敌人的损失远远高于我们所遭受的损失，那我将多么欣慰，充当这样一个无情的批评者，这对我来说是痛苦的，但是你真的必须知道真相。国家的利益，国家的命运本身，需要你了解这些真相。[12]

听证会持续了 6 天；这 6 天充斥着争论和反驳、谴责和断言、证据与证言，法国的政治家们倾诉着他们的沮丧，而霞飞的辩护者则出于对他的支持而团结起来。白里安本人在第四天，即 6 月 19 日现身，为政府如何应对战争、陆军委员会的作用及凡尔登的防御辩护：

> 参众两院军事委员会的委员们可以到访前线各处进行评估。他们回来了，并且带来了他们的结论。我们与他们进行了交谈，参议院的委员会我出席了 15 次，众议院委员会也去过五六次。我没有拒绝会见你们的委员会，这些

成员们可以说，在我有权通知他们的所有问题上，我都已毫不犹豫地将政府的决定通知了他们。你们可能认为这些措施还不够；你们想在你们的特权范围内提高效率。无论你们采取什么步骤，我都会说政府将为之提供便利。

至于他对凡尔登的处理，白里安认为没有什么可以回答的。对默兹河沿线各师进行轮换的政策引起了批评，而敌人并未加以效仿，只能"眼看着整个部队被摧毁"。"现在，我们从德军尸体上发现了致其家人的信件，在战俘、军官甚至一个师长的身上都发现了写好的信件。这些信是怎么写的呢？他们谈到德国某些部队几乎完全被歼灭，士兵们陷入了可怕的疲惫不堪的状态。"[13]

白里安做得足够了。一位旁观者指出，这是一场"非常个人化"的表演。"他赞扬了政府的作用，以至于伤害了霞飞，而在为这位总指挥进行辩护时，他又自鸣得意地回顾了自己收到的意见以及他为限制对方权力而采取的措施"。6月22日举行了信任投票，政府以440票对97票获胜，然而几乎没有迹象表明政府的批评者已经妥协。[14] 秘密会议可以算是控制法国战争活动的又一轮斗争，但它也意味着更深层次的东西。这是来自法国议会代表的沮丧而痛苦的呼声，他们看着身边发生的大屠杀和无数负伤与致残的同胞，想要知道：这种情况还将持续多久？还有多少法国人会在胜利到来之前死去？

在巴黎发生这些重大事件的同时，随着德军攻势逐渐减弱，凡尔登出现了一种令人感觉不祥而又紧张的平静。这一次，法国应当感谢俄国的解救。自去年夏天俄军大撤退之后一直处于休眠状态的东线战场恢复了生机，6月4日，俄军在加利西亚发动了对奥匈帝国的一次大规模进攻。俄国西南方面军司令阿列克谢·布鲁西洛夫（Aleksei Brusilov）将军发起一次突然袭击，采取了西线战场率先应用的许多最新技术。一周之内，奥匈帝国的两个集团军就已经分崩离析，超过19万名战俘被运到后方，使这个帝国突然濒临灾难性的崩溃。[15] 于是，法金汉再次发现自己在东西两线之间左右为难。奥地利最高统帅部立即请求增援，向德国最高统帅部发出了一封封加急电报。尽管最终有四个师被送上火车派往东部，但法金汉不会再分出更多兵力，而是迫使康拉德·冯·赫岑多夫从意大利前线调配部队。在给康拉德的一封令人焦虑的信中，法金汉明确表示，"再次向东部调配部队是不可行的"。此外，俄国在东线的收获并没有"动摇战争将在西线战场上决定胜败的信念。相反，可以假定，鉴于准备已久的英法攻势即将开始，这些行动将加速事态发展，并使其更为严重。正如我当然希望的那样，西线的现有力量将足以抵挡这次攻势，然后我们将根据情况采取行动"。[16]

在凡尔登，战斗正接近高潮。布鲁西洛夫攻势可能迫使德国向东线转移部队，但是为对默兹河进行最后一次大规模打击而准备的预备队正在集结。这将是另一种进攻，如今要把法军炮兵作为目标。弗勒里村、苏伊堡和贝尔维尔岭（Belleville Ridge），这些法军大炮聚集的地方，将会受到毒气攻击，一旦他们被打倒，步兵将向前推进。6月21日清晨，夏季的天空中没有一丝风，东岸的法军炮兵阵地上到处升起了"绿十字"，那是光气的代号，它比氯气的毒性要强得多，可以穿透法军的防毒面具。反应是断断续续的。德军的炮击通常遭到快速而猛烈的反制炮火，但那天法军的炮兵军官和他们的士兵都在挣扎求生，他们要么昏倒在草地上，要么用力抓挠着嘴和喉咙，根本无法操作火炮。

在随后的两天里，炮击一直持续，将法军的阵地化为廱粉，为以山地军团为首的步兵冲锋开辟了道路。满怀着攻占这座城市的期望，德皇再一次来到前线。6 月 23 日早上，四个军团向蒂欧蒙岭（Thiaumont Ridge）的法军防线推进，遭遇的只是一些晕头转向的幸存者和几个丧失了战斗力的团。巴伐利亚第一军团夺取了蒂欧蒙，这一战绩后来被视作"整个凡尔登攻势中最大的成就"。与此同时，山地军团推进了 1 英里，到达弗勒里村，浓烟与火光让天空暗了下来。"一开始，诸事进展顺利，"皇储记录，"但是在到达最终目的地之前，敌军的大炮和机枪的猛烈火力在各处阻止了我们。整条战线上，在我军前进浪潮的后面，一道无法穿越的火网扫过了大地……"17

　　整整一天，第二集团军司令部一直接到报告，说前线遭到猛烈炮击，之后就是强力的步兵攻击。尼维勒将军保持着冷静，一位参谋对他的沉着举止留下了深刻的印象："他的脸色略有些苍白，表情如常，像雕塑一般，眼睛微微眯着，体格强壮。从根本上来说，他似乎更深思熟虑而不是胆大妄为，话语不多，声音低沉，态度明确。"18 他授权尽快展开反击，现在担任军团指挥官的芒然以其惯常的热情实施了反击。敌军发起进攻的战线宽度太窄，法军炮手还能够向防线上的缺口射击，并给德军送上补给和增援部队的其他行动造成混乱，但法军的防线已经变得极其薄弱——在 1500 码长的前线上，只有一个受到重创的猎骑兵团。19　切都取决于有没有预备队，而在这方面，法军占据了优势。增援部队排成长长的蓝灰色纵队，迅速向前挺进，当炮弹呼啸而来时，他们就赶紧俯下身体躲避。一名军官在前往蒂欧蒙防区的途中，描述了他在"天黑前登上一道山脊"时看到的"战场景象"，"如雪崩一般的炮弹、爆炸、烟雾、观察点和飞机，分布在难以置信的广阔范围里，这真是一个巨大的悲剧。在这样的时刻，灵魂远离了大地，有多少祈祷升上了天空，又有多少悔恨，我们感觉此时大地上的自己是这么的渺小……到处都是成堆的死人，绝对有必要踩着他们逃出这里，德国人已经发现了我们，打过来一阵炮弹。我们躺在朝向敌人，形成一片盲区的山坡上"。[20]

终于，德军的前进速度放缓，随着各支部队混乱地搅到一处，进攻停止了。"无法再统一指挥，"一份报告写道，"在混乱的地形中，维持精准的阵形是完全不可能的，因为只剩下很少的参考位置可以用来确定方向。此外，敌军炮火正在迅速增强，到正午时已经变得十分凶猛，因此，即使是大多数只配备了少量兵力的预备队，也到达了已被切成碎片的战线上。几个由无所畏惧的士兵组成的小群体继续向前进攻。"[21] 在最关键的时候，第五集团军的预备队用完了。然而法金汉又一次发动了进攻，却半途而废，他提供了足够的兵力开辟出道路，但由于缺乏后续部队而失败。更糟糕的是，越靠近凡尔登，法军的抵抗就越激烈。"这是一个决定性的时刻，"尼维勒在 6 月 23 日的命令中说，"有一种四面楚歌的感觉，德国人对我们的战线发起狂暴而绝望的进攻，希望在受到协约国各个集团军攻击之前到达凡尔登的城门……同志们，你们不会放他们过去的！"[22]

在巴勒迪克，虽然一直被视为冷静和勇气的化身，贝当此时似乎也失去了他传奇般的风度。他没有想到德军预备队的数量如此之少，只是一心牵挂着那些已经被打垮的法军各团，总是惦记他们的防线是多么接近于崩溃。当天晚上，他给卡斯泰尔诺打了电话："你必须加快英国人的进攻。"[23]

贝当的祈祷就要得到回应了。第二天，即 6 月 24 日，罗林森将军的大炮开始对索姆河实施预先炮击，使德国最高统帅部里压力骤增。法金汉别无选择，只能给凡尔登的皇储发电报，要求他顶住："总体形势表明，迫切需要严格限制集团军群的人员、物资和弹药消耗。"法金汉希望能很快攻占蒂欧蒙和弗勒里附近的法军阵地，但尚无定论。虽然皇储认为这意味着攻势的结束，但"一如既往坚强的"克诺贝尔斯多夫根本不听，他给法金汉发去电报解释说，由于东岸的法国守军如今被挤压在一个狭窄的区域，背对着凡尔登，他打算继续向他们施压。弹药的消耗不会超过"经批准的每日用量"，他们会使用自己的部队，但攻击仍将继续。[24] 然而，采取决定性行动的时机已经过去。增援部队紧急地涌到索姆河，早在 7 月 2 日，法金汉就已将 7 个师转移到新战线，几乎用光了统帅部的预备队。一周之后，150 门现代化重炮离开凡尔登，再也没有回来。这座要塞城市不再是一个战争重心了。[25]

6 月 2 日晚上 7 点，伦敦的海军部宣布，在北海的日德兰半岛外海，英国皇家海军大舰队和德国公海舰队发生了一次"海上交战"。[26] 如后世所见，这次"日德兰海战"是这场战争中规模最大的一次海战，从 5 月 31 日傍晚到晚间的昏暗之中爆发了一系列猛烈的冲突。双方都企图引诱并消灭对手，采取的行动仓促得令人困惑，长长的无畏战舰编队从远方穿过烟雾和水汽。当德国公海舰队意识到有可能被占据数量优势的英国皇家海军捕获并摧毁时，它掉头便跑，逃入雾气之中，躲过了彻底覆灭的结局。然而，这场战斗也给英国舰队带来严重破坏，损失了三艘战列巡洋舰，炮弹击中了它们的炮塔并点燃了弹药库。德国舰队逃脱时仅失去一艘战列巡洋舰，但许多舰只都严重受损，它们再也不敢冒险远航，害怕再陷入这样的战斗就会导致灾难性的失败。

英国皇家海军还在思索他们的战舰为什么没有赢得第二次特拉法尔加之战的胜利，第二周就又传来了坏消息，皇家海军"汉普郡号"（*Hampshire*）装甲巡洋舰在奥克尼（Orkney）西海岸沉没，它碰上了一颗水雷，造成 600 多人死亡，其中包括基钦纳勋爵，他正要前往俄国与对方的总参谋部成员会谈。英国政府对俄国未来参与战争的程度感到不安，而且已向沙皇提供了大量贷款，他们希望一位内阁主要成员的访问能有助于澄清事实，并让俄国认识到改革的必要性。基钦纳同意前往，希望这能给他一些时间，远离白厅那场令人筋疲力尽的纸面战争。况且，反正罗伯逊接过了帝国总参谋长的许多职责，留给他做的事情并不多了。6月5日4点，基钦纳登上了"汉普郡号"，随后船只在狂风中起航，但几个小时后在马威克角（Marwick Head）附近沉没。人们最后看到基钦纳时，他正在后甲板上来回踱步，几乎面无表情。此时救生艇已经放了下来，但是要么撞在了船舷上，要么在靠近海岸线的锯齿状岩石上撞碎了。几分钟之内，巡洋舰就沉没了，基钦纳的尸体一直没有找到。[27]

英国这位伟大战争英雄的辞世，加上日德兰半岛余波的持续，给这个国家蒙上了一层阴影，此时陆军正准备向索姆河"大举推进"。查尔斯·雷平顿在《泰晤士报》上发表了一篇充满赞美之词的悼念文章，称基钦纳为"一位非凡的人物"，他"在各个方面的所作所为，都使他在个性上超越了同时代的所有人，尽管他特立独行，但他的性格足以让他渡过那些更具才华的人都无法克服的难关"。[28]大舰队总司令、海军上将约翰·杰利科（John Jellicoe）爵士得知这一消息时，陷入了崩溃，在办公桌前啜泣不已。但这个消息对陆军的触动是最大的。"没有了他，我们可怎么办呢？"这就是道格拉斯·黑格爵士对他的情报主管约翰·查特里斯（John Charteris）所说的话。后者确信"实际上没有人能取代他的位置"。[29]尽管出现了这一悲剧性的损失，但至少对某些人来说，陆军大臣已经实现了他的目标。在第四集团军司令部里，罗林森哀叹着"我生命中一块最重要的里程碑"的逝去，但是想到"基钦纳已经完成了组建新军的任务……我相信他们会让他感到骄傲"。[30]

新军现在已经准备好奔赴前线，带来了基钦纳所希望的西   214
线兵力的关键优势。在索姆河，为了给进攻提供支援，复杂的
保障设施建设工作一直在紧张地进行。铁路和公路得以扩建和
改造，水井被开凿出来并安装水泵，电话线顺着公路铺设，从
地下延伸到前线。此外，还建造了额外的临时住所，以容纳正
赶来的成千上万的士兵，并为弹药库和伤员急救站留出了足够
的空间。在火炮方面，第四集团军成功集中了很多令人印象深
刻的武器，包括 800 门 18 磅的英国标准速射野战炮、200 多
门 4.5 英寸榴弹炮和 128 门 60 磅大炮，远远超出前一年在卢
斯使用的火炮。炮弹数量之多前所未有，堆积如山，包括 260
万枚 18 磅炮弹和 26 万枚 4.5 英寸榴弹炮炮弹。[31]

空中支援对即将发动的攻击至关重要。在法国空军的倡导
下，皇家飞行队现在也采用编队飞行，每架侦察飞机在三架战
斗机的护航下拍摄并绘制战场地图。除了纽波特，英国人还驾
驶 DH2 型和双座的 FE2 型飞机，它们都是发动机在飞行员身
后的"推进"型，可以安装前射机枪，使其有更好的机会击落
敌机。英国人也有他们自己的"王牌"飞行员。1915 年，指
挥第 24 中队的维多利亚十字勋章获得者拉诺·霍克（Lanoe
Hawker）少校在一天内击落了三架飞机，第二年，他成为新
一批空中英雄中最杰出的一位。他命令他的飞行员们在索姆河
上空"攻击一切"，表现出皇家飞行队的进取精神，他们持续
击落德国的侦察气球，并阻止了敌方战斗机的活动。由于敌人
的力量集中在凡尔登地区，英国一方在整个夏季都占据着绝对
优势。[32]

预先炮击持续了一个星期。由灰尘和烟雾组成的巨大云层
覆盖了德军阵地，炮弹源源不绝地从人们头顶飞过。然而，有   215
太多需要切断的铁丝网和要摧毁的据点，使第四集团军资源紧

张，并产生了不均衡的效果，一些地方清理了铁丝网，而其他地方却原封未动。匆忙的工业扩张也造成许多炮弹存在缺陷，落地后并未爆炸，而对榴霰弹的依赖，以及高爆弹的匮乏，都让英国人发现，他们几乎不可能摧毁位于德军防线深处的掩体，除了最大口径炮弹直接命中以外，其他进攻都奈何不了它们。在总司令部里，黑格对炮击的缺点充耳不闻，就像他对待罗林森关于很难在第二道防线前切割铁丝网的观点一样。"战士们士气高昂，"他在袭击前一晚写道，"一些人表示，他们以前从未得到过这样的指示，也从未被告知他们面临的作战行动的性质。铁丝网从来没有切割得这么好，炮兵准备也从来没有这么彻底。"[33]

另一个问题是何时发动进攻，早上 7 点 30 分太晚了。罗林森想早一点，在日出时就出发，但他接受了法军的提议，即在白天进攻，以便对敌人的防御进行观察，这是法军的标准做法。7 月 1 日早上，当英军准备"跃出堑壕"时，蔚蓝的天空中太阳正明亮地照耀着，空气中回荡着云雀的叫声。然后，时间一到，哨声吹过了防线，第一批英军从战壕中爬出来，穿过己方的铁丝网，循着仔细清理出来的路径，朝着德军战壕前进，几乎被尘土、烟雾和毒气笼罩。尽管法国陆军在进攻时早已放弃了让士兵负担过重的做法，但第四集团军几乎没有考虑过这一点，并为步兵夺取并巩固战果提供了所需要的一切，他们遵循的是这样一种假设，即如此可怕的轰炸中没有什么东西能幸存下来。英军以"战斗队形"向前推进，随身携带钢盔、掘壕工具、帆布背包和卷起来的防潮垫。此外，还有两个防毒面具、220 发小型武器弹药、一支步枪和两枚手榴弹，总重量约为 66 磅，这些人除了蹒跚而行外别无他法。[34]

罗林森被不断的质疑困扰。他骑着马来到阿尔贝镇（Albert）附近被称作"大看台"的高地上，观看步兵的行动。除了"大量爆炸的炮弹"外，他几乎看不到任何东西，所以他回到了位于西南方向 6 英里外凯里约城堡（Château de Querrieu）的司令部，等待消息。[35] 人们最初的希望是第四集团军马上就将取得一次大胜，有报道称进攻各师已经横扫了第一道防线，但随着上午的时间慢慢过去，人们的情绪逐渐低落，到了中午，人们清楚地知道了，一些据点仍在顽强抵抗，骑兵几乎没有机会靠拢。在前线的北部和中部，从塞尔一直到弗里库尔（Fricourt），四个军团全都被凶猛的机枪和炮火击退，无人地带到处都是死者和濒死者。几乎每一个地方都在上演同样可怕的故事：攻击者一离开战壕就遭到火力袭击，在惊心的砰砰枪声里，军官和士兵们纷纷成为机枪和步枪子弹的目标，倒在了地上。随后，更多的部队被调上前线，奉命进攻，并遭受同样的可怕命运。"我们正在支援另一个连，能够看到他们是如何勇敢地猛冲上去。但是他们一无所获，"一位军官报告，"德军的机枪没有被消灭，他们立即精准地向我们的防护矮墙开火。士兵们一站起来就跌回战壕里，不是当场死亡，就是身负重伤。据我所知，那些走出去的人，再也没有人见过或听说过他们。"[36]

有些地方，在德军防线上实现了小规模的占领。在蒂耶普瓦勒（Thiepval），士瓦本堡垒（Schwaben Redoubt）这个壮观的据点被第 36（阿尔斯特）师占领，但是突前的各部很快被切断并包围，陷入一阵阵手榴弹攻击之中。再往北，在戈梅库尔（Gommecourt），第三集团军的牵制性进攻也失败了。一位幸存者回忆道：

> 一波波的攻击迎面遭遇由高爆弹和榴霰弹形成的完美飓风，除此之外，还有我们自己的烟幕弹、堵塞的交通壕和可怕的伤亡造成的混乱。尽管如此，袭击还是以极大的

决心展开，并实现了目标。由于凶猛和持续的炮击切断了援军和弹药支援，占领的阵地无法守住。在一天结束时，震惊、疲惫而又痛苦不堪的幸存者，跌跌撞撞地回到了自己的后备战线。他们失魂落魄，根本不知道自己是如何熬过来的，他们太累了，根本不在乎了，而最糟糕的是，他们都留下了惨痛的失败感。[37]

只有在沃尔特·康格里夫（Walter Congreve）中将的第十三军团占领的南部区域，这一天才是按计划进行的。不同寻常的是，英军在该区域占据了高地，他的三个师得益于良好的观察，再加上对德国守军拥有优势的法军炮兵提供的帮助，占领了蒙托邦和马梅茨这两个村庄。康格里夫是一个天生的军人，"一个典型的英国人，是军人与乡绅的结合体"，曾在南非获得维多利亚十字勋章。[38]他让他的炮兵部队高度重视反炮兵火力，与敌军炮兵展开较量，将其摧毁或赶走。他的攻击各师也采用了一种移动的弹幕，迫使守军一直保持伏低状态。这有助于他的人马在没有遭遇猛烈火力的情况下穿越无人区，然后冲进已被炮击严重破坏的德军战壕。"每一寸土地都被炮弹翻开，坑坑洼洼都是爆炸的痕迹，"曼彻斯特团的一个成员回忆道，"到处是弹坑和新翻出来的泥土。"[39]

继续向南进攻的是法约勒将军的第六集团军，他们夺取了约3000码的阵地，并在几乎没有损失的情况下占领了栋皮埃尔（Dompierre）、贝昆库尔（Becquincourt）和屈赫吕（Curlu）这几个村庄。"德军的第一道阵地都被掀翻了，"法约勒写道，"多亏了霞飞。他真是太棒了。"[40]霞飞对盟友的表现不太满意，在他的联络官看来，是深感失望。隶属于第四集团军的炮兵专家埃林（Héring）少校报告说，"英国步兵出色地向前推进，实现了最初的目标。不幸的是，在某些时候，英

军未能在德军炮火下坚守……"英军炮兵是另一个需要担心的 218
因素。野战炮兵连"有组织地轰击了步兵前方的区域",但使
用的是榴霰弹,而不是更有效的高爆弹。至关重要的是,除了
第十三军团以外,对反炮兵火力的准备也"完全不足"。埃林
认为,失败最终源于"在指挥上不够坚决"。"行动非常冷静
和有条理,一般来说很多是出于常识,但是从中看不到丝毫的
果断。每一个决定都是艰难做出的,之后都要与具体执行者进
行讨论。我们努力让他们尽量发挥主动性。"另一位观察者将
"失败的原因"归于"炮兵准备不足"和"在第一波次的攻击
后忽视了针对敌军战壕的扫尾工作"。他们总结说:"英国人还
没有掌握'窍门'。"[41]

数日里,英军总司令部都没有意识到这场灾难的严重程
度,给黑格留下的印象是,尽管伤亡惨重,但进攻已经有了一
个良好的开端。他的副官于 7 月 2 日报告说,总伤亡人数超过
了 4 万,黑格称:"考虑到参战的人数和攻击战线的长度,不
能认为这一数字很严重。"直到 7 月 5 日才浮现出更多细节。
到那时为止,总共损失了 2266 名军官和 68609 名其他各级人
员,黑格再次认为这个数字是可以接受的。"有很多人的伤非
常轻,"他写道,"在任何其他军队中,他们都不会撤离下来,
但是让他们短暂撤离被认为是更好的政策……"[42] 尽管黑格表
现出雷打不动的乐观,但毫无疑问,第四集团军遭遇了严重挫
折,几天之内,谣言便在伦敦四处流传。劳合·乔治甚至气冲
冲地告诉莫里斯·汉基,进攻已"彻底失败",他早就知道在
西线发动进攻是"愚蠢的"。[43]

到 7 月 1 日夜幕降临时,德国第二集团军的士兵取得了
明显的胜利。虽然前线上只有少数几个师,被对手在兵力上远
远超过,但他们却给对手造成了可怕的伤亡,这表现出他们高

219 超的战斗技巧，也显示了英军进攻的弱点，后者简直是漏洞百出。尽管承受了连续 7 个昼夜的炮击，前沿守军仍拒绝离开战壕，继续坚持战斗，在弹幕移开后的紧张时刻，他们冲向防护矮墙并部署武器。随后，他们迅速开火，杀伤了一波又一波的攻击部队，空气中回荡着重机枪射击的砰砰砰的声音。效果是毁灭性的。射击停止很久很久以后，德军的老兵们还能回想起那一天令人毛骨悚然的景象，战场上有一排排的尸体，与尚在痛苦扭动的伤者交叠在一起。

在南边的战区，情况就不那么乐观了。那里的防线已经被占领，守军一片混乱，疲惫不堪。巴伐利亚第 6 团被迅速派上前线阻止英军向蒙托邦进军，但已被"彻底消灭"，在 3500 人的总兵力中，只有 500 名浑身泥渍的幸存者。在法军战区，情况更为严重。预先炮击在战场的这个角落取得了最佳的效果，第十四后备军团指挥官赫尔曼·冯·施泰因（Hermann von Stein）中将报告说，他损失了 109 门火炮，第 121 师的整个炮兵部队都因猛烈炮击而"失去了作战能力"。[44] 索姆河以南的德军防线几乎完全崩塌，法约勒的部队向第二道防线推进。那里的当地军团指挥官金特·冯·潘纽维茨（Günther von Pannewitz）中将批准了一次短暂的撤退，以巩固己方阵地，却招来了决心不惜一切代价坚守防线的最高统帅部的愤怒。

7 月 2 日上午，法金汉乘车抵达圣康坦（Saint-Quentin），愁眉苦脸地来到第二集团军司令部。他没有心情寒暄，直接告诉集团军司令弗里茨·冯·贝洛将军，因为批准了潘纽维茨的撤退，他解除了对方的参谋长保罗·格吕纳特（Paul Grünert）的职务。贝洛立即表示抗议，他咬紧牙关为下属辩解，但法金汉只是挥手让他走开，并告诉他，已经做出了决

220 定，现在将由一贯可靠的统帅部防御专家弗里茨·冯·洛斯伯

格接替这个位置。尽管后来发现，法金汉早就获知了撤退的消息，本来可以及时制止，但他还是任其发生，特意利用这次机会向第二集团军宣示他的权威，提醒他们到底是谁说了算。"阵地战的首要原则必须是寸土不让，"他向集合起来的军官们发表讲话，"如果丢掉了，就立即反攻，即使耗尽最后一个人也要把它夺回来。"[45]

第二天早上，洛斯伯格抵达圣康坦，乘车开始长时间的巡视，以熟悉第二集团军的部署。这些亲眼所见使他确信，他们必须"为每一寸土地而战，在任何情况下都不能撤退"。这样的命令"在去年秋天的香槟战役中效果很好"，他确信需要再次执行。地面战场很有希望，尽管他担心协约国的空中优势，但仍有许多村庄和特殊战术地形可以固守，协约国的飞机不断在前线嗡嗡地上下翻飞，侦察德军阵地，指示己方火力。[46]当晚，在法金汉的指示下，贝洛将军发布了一项新的命令，表达了他坚持战斗的决心。"战争的结果取决于第二集团军在索姆河上的胜利，"他说，"尽管敌人目前在火炮方面占据优势，但我们必须赢得这次战役……我禁止主动放弃阵地。每一位指挥官都有责任让集团军中的每一个人意识到自己决战到底的决心。必须让敌人踏着自己人的尸体前进。"[47]

协约国军队进攻的真正规模是一个发人深省的提醒，提醒人们注意 1914 年 9 月法金汉警告过的一切：德国不能指望赢得一场对抗这么多强国的消耗性战争。同时，这也凸显了他1916 年战略的失败和进攻凡尔登决定的可疑性。德国没有让法国"流尽最后一滴血"，而是卷入了两场大规模战役，其部队要如何应对还有待观察。7 月 8 日，法金汉会见了德皇，并向他简要介绍了自己的战争策略，试图证明已采取的行动的合理性：

到目前为止，我们的战事总体上遵循了如下的简单理念：在东线战场，就俄国的内部局势而言，如果能维持前一年取得的成果基本不变，似乎就够了。在西线，我们决心通过让法国人流血牺牲让他们恢复理智。这将迫使英国人采取进攻行动，我们希望这只给他们带来重大伤亡，而不是决定性的胜利，同时能给予我们反攻的机会。如此一来，我们预计，进入冬季时，我们将摧毁这三个主要对手继续战争的意志，而在这种情绪下，将不得不达成某种我方获胜的和平。[48]

在索姆河，几乎没有迹象表明即将采取和平行动。英国在7月1日遭受了可怕的挫折，但罗林森的部队已经做好再次进攻的准备。7月14日发起了另一次大规模行动，两个军团向北推进，指向巴赞丁岭（Bazentin Ridge）上的德军第二道防线。黑格违心地批准了这一计划，他反对罗林森的新奇想法，声称在黑暗中集结两个师，然后在黎明"对1000码远的开阔高地"进行攻击，失败的可能性太大，是"不稳妥的"。[49]但罗林森斗志昂扬，让黑格相信他的部队有能力做到这一点，而且炮火会扫清道路。他是对的。四个师可以趁着薄雾笼罩的黎明向前移动，悄无声息地沿着标记过的路线行进，直到距离德军防线500码以内。然后，在凌晨3点20分，发起一场持续五分钟的猛烈炮击，随后步兵向前冲去。在缓缓推进的弹幕掩护下，他们得以在长达6000码的战线上夺下了德军的第二道防线，只遇到断续的抵抗。[50]

对巴赞丁岭的袭击表明，尽管英军可能还无法与德军或法军相提并论，但他们学习得非常迅速。7月15日，陆军大臣维尔德·冯·霍恩博恩记录了最高统帅部里"非常严肃"的气氛。"我们感觉不可思议的是，我们的军队正在像这样崩溃，一个村庄接着一个村庄，一片森林接着一片森林……法金汉非常沮丧，昨天夜里打算承认失败。"[51] 似乎是为了应对激烈的战斗，德国守军于 7 月 19 日进行了重组。贝洛负责指挥索姆河北部重新组建的第一集团军，而曾在凡尔登指挥一个攻击集群的马克斯·冯·加尔维茨（Max von Gallwitz）将军受命率领索姆河以南的第二集团军，并负责一个新组建的集团军群，协调整个防御。7 月 17 日，加尔维茨到统帅部报到，在那里与法金汉见面，发现他"相当严肃的"脸上布满了忧虑。加尔维茨用他一贯的乐观腔调，主张对法军展开反攻，却被法金汉打断：

"坚持住，坚持住，"他只能说出这句话来，同时他的手指深深地按在太阳穴上，"这是唯一重要的事情！"[52]

第十一章
比以往更加暗淡的未来

1916 年，马克斯·冯·加尔维茨 64 岁，留着灰色短发和每天都要仔细修剪的山羊胡子，外表显得机警又专业，带着很高的声誉来到索姆河。他是一个来自布雷斯劳的虔诚的天主教徒，在入侵塞尔维亚期间，他在兴登堡领导的东线战场指挥过一个军团，之后接手第十一集团军。与法金汉会面后，加尔维茨前往圣康坦，在那里他看到贝洛将军情绪激动，在办公室里来回踱步，为了每一件事情责骂着最高统帅部。贝洛曾反复向法金汉抱怨形势的紧迫性，但对方只说自己无能为力。"在我看来，法金汉低估了我们这里面临的危险的严重程度，"他回忆道，"除非绝对必要，否则他可能不想因重新部署而破坏凡尔登的攻势。"[1]

加尔维茨对他的发现并不满意。"炮兵和步兵之间没有建立有序的联络，部队经常在行军劳累和伙食不济的情况下投入战斗，具有良好保护措施的据点被过早地放弃。"很明显，情况需要改变，所以当天下午他发布了新的命令。当前的阵地要得到"加固和维护"，要增加对敌方炮兵阵地的空中侦察。对弹幕射击应进行"精准的控制"，鉴于有限的弹药供应，要不惜一切代价"避免所谓的骚扰、惩罚和报复性射击"。如果敌人占领了一处阵地，须立刻展开反击。[2]加尔维茨既是一个集团军的司令，负责前线特定部分的防御，也作为一个集团军群的指挥官负责整个战役。尽管德军新的指挥安排运作得并不算特别顺利，但这位新任指挥官还是决心重塑防御战，使其更有秩序。在与贝洛相处了几个小时后，加尔维茨感到高兴多了："我现在对诸多困难有了更好的理解。" ²²⁴

尽管英国人在行动上仍不够老练，容易陷入许多持续时间或长或短的小规模袭击，而不是像对巴赞丁岭的黎明攻击那种计划周密的进攻，但是给德军造成的损失也是显而易见的。截至 7 月底，德国在索姆河畔损失了 12 万人以上，其中 1.8 万人阵亡。³ 加尔维茨意识到，德军面临的一个主要问题是对手在物资方面日益增强的实力。英法两国的军队现在都能发射成千上万枚炮弹，而且取得的效果越来越明显——这是惊人的工业动员能力，以及不受限制地得到美国武器生产商的供应的结果。英军的炮弹仍然有些不可靠，在部分战场上还会出现哑弹，但向德军防线投射的大量火力，被证明是守军很难应付的。还要加上令人担忧的空中优势。战役打响时，协约国在索姆河地区拥有 310 架飞机，对阵区区 104 架德国飞机。德国最高统帅部调集了额外的几个中队到索姆河，但他们一直无法匹敌英法两国的空中力量，到 8 月，德国第一和第二集团军只能集结 251 架飞机，而他们的对手有 500 架。⁴

德军步兵对这方面的劣势有最深切的感受。他们据守的不再是界线清晰的堑壕与混凝土和钢铁支撑起来的坚固掩蔽所。现在的战场就仿佛一片被风暴掀翻的大海，布满了弹坑，到处都是尸体。由于协约国军队的残酷炮火像夏季的雷电一样在战线上轰鸣，前线部队越来越多地在两套战壕系统之间不稳定的灰色地带上占据他们的位置，这里被他们称为"漏斗地带"。虽然在灰色地带英法两军的火炮很难瞄准他们，但不可避免地增加了他们在供应食物和饮水方面的问题。由此导致的通信中断经常造成"上级指挥部完全孤立，各军种之间缺乏合作"，贝洛将军在一份战斗报告中指出，"投入激烈战斗的步 ²²⁵

兵，经常几个小时或几天无人支援，只能自生自灭"，而协约国"无可争辩的"制空权更是加剧了这种情况。"敌人的空军不仅在不受干扰的情况下引导着炮兵火力，而且用炸弹和机枪不分昼夜地骚扰躲在战壕和弹坑里，以及往返战壕途中的我军步兵。"[5]

尽管战斗的需求不断变化，但是在索姆河战役期间，德军指挥官仍对他们的士兵素质保持信心。贝洛将军说："我们的步兵优于敌方。"他相信敌人之所以能够"占据优势"，是因为"技术手段的完美应用，特别是利用了迄今为止无法想象的大量火炮和弹药"。他还提到了"（敌军）步兵、炮兵和飞机相互合作的模范方式"——协约国方面也提到了这种进步。[6]在7月中旬对这次战役进行总体研究时，法约勒将军确信，"战争的艺术"基本上已经在索姆河"消失"，取而代之的是技术与火力这些"机械手段。航空制造业日益重要。空战。令人眼花缭乱的德国大炮。部队目前缺乏机动性。堑壕战使士兵变得僵化，他们的心态是扭曲的，尤其是在炮兵方面，仅采取一些小措施是解决不了问题的。从6月26日，即炮火攻击的第一天开始，每门火炮发射了5000发炮弹，而马恩河战役中只有140发……"[7]

这一特点在波济耶尔表现得最为明显。这是一个横跨阿尔贝–巴波姆公路的小村庄，它将成为前线战斗最激烈的一个地区。尽管英军的主要发力点已经转移到右翼，罗林森试图从巴赞丁岭推进，但波济耶尔仍在德军手中，它的阻挡使英军无法继续向北推进。截至7月中旬，对这个村庄的几次攻击都被击退，显然需要准备充分的围困行动，并提供充足的炮火与兵力。7月17日，黑格见到了罗林森，告诉他，自己正在把这一战区移交给休伯特·高夫（Hubert Gough）爵士的后备集团军。最北端罗林森的两个军团，也就是在第一天便被击溃的第十和第八军团，被置于后备集团军的控制之下，他们接到命令保护左翼，在可能的位置穿过"沙袋迷宫"向前"掘进"，扩大敌军防线上的缺口，并确保有尽可能多的师参与战斗。[8]

对波济耶尔的袭击发生在 7 月 23 日凌晨，澳大利亚第 1 师的士兵在德军信号弹的刺眼强光下越过无人区，然后冲进敌人的战壕，经过 4 天的猛烈轰炸，这里已变成满是弹坑的一片废墟。这是一场势均力敌的混战，需要几天时间才能完全巩固他们的战果，将他们攻占的阵地与最初的防线连接起来，清除所有剩余的狙击手，并承受敌人经常发起的反攻。尽管德军试图夺回波济耶尔，但几次尝试均止步于无人地带，但贝洛将军并不想如此轻易地失去阵地，他下令以密集的炮火覆盖村庄，将它变成红砖粉尘下的一堆破碎瓦砾，田野上散落着白垩碎片和尸体。"没法形容重型火炮的轰炸，"一位老兵回忆道，"你什么都不能做——只能站在堑壕里，承受着它……当你看到我们自己的重炮捣毁了德军的防线，为进攻做好准备时，你几乎会为弗里茨感到遗憾——这太可怕了。我见过一个德国人从废墟之中被炸上了天——胳膊和腿都飞舞起来。"[9]

在第四集团军的防区，前进的主要障碍在于隆格瓦勒（Longueval）和德尔维勒树林（Delville Wood）这两个孪生阵地，以及威严耸立的高树林（High Wood）阵地。在 7 月 14 日的黎明攻击之后，罗林森的行动已经中断，德军增援部队涌入，以防止更深入的进犯。德尔维勒树林现在只是一堆翻起来的泥土和破碎的树桩。南非旅于 7 月 15 日占领了它，却发现自己陷入三面包围，并遭到多次反击。地下有粗壮的树根，很难挖掘，不易获得保护人员免受重炮袭击的掩蔽所。战斗在 7 月 18 日下午达到了恐怖的高潮，德军两个师的部队实施反攻，以经过专门训练的突击部队为先导，在火焰喷射器部队的支持下，向树林中推进。"手榴弹不停地从突进地带上空飞

227

过，"一个目击者说，"爆炸伴随着剧烈的轰鸣，石块、横梁、树木和树枝在空中回旋，浓重的灰尘和烟雾很快便充斥在空气里。"[10]

结果是代价高昂的僵局。德军各部进入了树林，遇到了狙击手和机枪的猛烈射击，在一系列混乱的遭遇战、残酷的白刃搏斗和反冲锋中，进攻被瓦解了。"即便还有幸存的军官，他们也没人认识自己的手下，也很少有人还认识他们的指挥官，"一个德军幸存者回忆道，"在混乱的战场上，所有的秩序都不复存在，尤其是在满目疮痍的浓密森林中。"[11] 当南非旅于7月20日最终撤下来时，原有的121名军官和3032名各级士兵只剩下780人在点名时应答。[12] 在血腥的愤怒中，索姆河就变成了这个样子。在枪林弹雨下的进攻和反攻，在越发绝望的情形下奋战，这里再也不是法国北部令人愉快的农田景象，只剩下苍白破碎的荒废土地，遍布着死尸。

罗林森也许是一个比高夫更认真负责的指挥官，在渴望决定性的行动与为将来的攻击确保合适的出发地点之间，努力地协调他的部队。英军各部准备向前线移动，进行小规模攻击，却经常遭遇失败，第二天会有更多的营再次尝试。罗林森批准在7月15日至22日对隆格瓦勒区域展开6次单独的袭击，与此同时却未能与法军形成任何有意义的协调行动，这使福煦越发沮丧。索姆河从来不是他选择的战场，英军于1916年7月在作战行动中断续表现的不一致性让他非常恼火，他在7月19日给黑格发了一封信，称所谓的"一场全面进攻"是"取得广泛持久战果的最佳方式，通过使敌人无法集中其炮火，避免我方损失并保持所取得的成果"。[13]

228　　英军还是发动了攻击。在隆格瓦勒的西北方向，耸立着浓密的高树林，它是战场上的一个制高点。在那里，可怕的故事似乎在反复上演。7月14日，一群印度骑兵中队首先到达这里，他们高举着旗帜，飞马穿过玉米地，但是一次迅速的反击把他们击退回英军防线。在接下来的两个月里，英军发起一次又一次的攻击，一个营又一个营沿着倾斜的田野向树林推进，想方设法在其东南边缘控制了一小块区域，然后遭受了轮番的反攻或轰炸。7月23日上午，英军再次发动攻击，但在一片乱糟糟的残破树木间遇到激烈的抵抗，这片树林中如今密布着堑壕。一个守军回忆，"一波接一波的"英国士兵如何冲向"我们仓促掘出的战壕。接着，红色的照明弹腾空而起，一道致命的弹幕突然落在我们整个阵地前面，把敌人整排地撂倒……但英国人坚持不懈"！[14] 后来，负责夺取这片树林的第十五军团指挥官亨利·霍内（Henry Horne）中将几乎准备承认失败。"我们已经得到了高树林的一部分，但不是全部，"他报告说，"就目前的情况来看，很难再继续下去了。我绞尽脑汁地想着怎么才能完成任务。"[15]

"命运的天平早已倾斜。现在一切都结束了。天平一端不断上升，而另一端稳稳地下降，承载着今后无论如何也无法减轻的重量。"1916年8月1日，也就是战争爆发两周年之际，法国总统普恩加莱先生的这番话是协约国新闻界发表的一系列激动人心的公告的一部分。战争进入了第三年，欧洲人民再次开始面临一种可怕的前景，又是一个没有和平迹象的冬天，霞飞、黑格和劳合·乔治都仍秉持各自的想法。然而，普恩加莱相信还有希望，他写道，协约国现在"开始收获（他们）坚持不懈的成果"。"俄军正在追击溃败的奥地利人，在东西两线都受到攻击的德军正在投入预备队。英国、俄国和法国的部队正在为了解放我们的领土而携起手来。天空开始放晴，太阳正在升起。"[16]

尽管人们对他的领导能力越来越不抱幻想，约瑟夫·霞飞还在坚持，他那高大的身躯盘桓在孔代大饭店的走廊上，他使

229

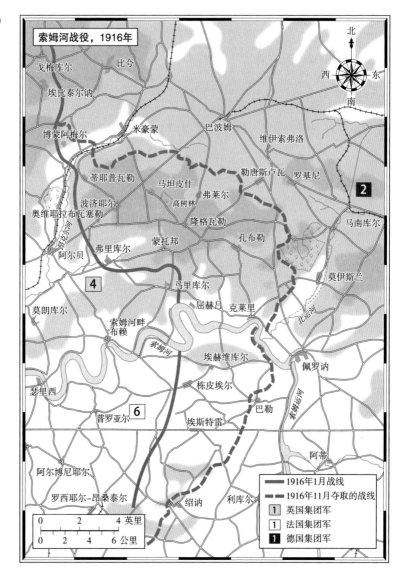

索姆河战役，1916年

戈梅库尔　　比夸
埃比泰尔讷
博蒙阿梅尔　　米豪蒙　　巴波姆　　维伊索弗洛
蒂耶普瓦勒　　马坦皮什　　勒唐斯卢瓦　　罗基尼
波济耶尔　　高树林　　弗莱尔
奥维耶拉布瓦塞勒　　隆格瓦勒　　孔布勒　　马南库尔
阿尔贝　　弗里库尔　　蒙托邦　　莫伊斯兰
莫朗库尔　　马里库尔
索姆河畔布赖　　屈赫吕　　克莱里
瑟里西　　埃赫维库尔　　佩罗讷
普罗亚尔　　栋皮埃尔　　巴勒
埃斯特雷
阿尔博尼耶尔　　阿蒂
罗西耶尔-昂桑泰尔　　绍讷　　利库尔

北
西　东
南

2
4
6

0　2　4 英里
0　2　4　6 公里

1916年1月战线
1916年11月夺取的战线
1　英国集团军
1　法国集团军
1　德国集团军

出浑身解数维持协约国的团结和各方力量的集中。在 8 月 20
日写给高级指挥官的一份报告中，他表示相信他们对德军施加
的压力开始显现效果。"无论我们在西线战场上取得多大的成
功，英法两军的进攻仅凭其力度和持续时间，就能对结束战争
产生决定性的影响。他们承受了德国陆军当中大部分优质部队
的攻击，因而限制了德国向其摇摇欲坠的盟友伸出援手。他们
在凡尔登的成功抵抗，是俄国与意大利军队的顺利推进的必要
前提……""1917 年的战役将标志着敌人力量的最终衰败，前
提是协约国成员继续团结奋战，这正是我方实力的一个基本要
素，也是对我们的胜利最有价值的保证。这样的想法是合情合
理的。"[17]

霞飞还在担心英军正在做什么。瓦利埃随时向他通报英军
的最新进展，他偶尔会去见黑格，但事实证明，很难按照他所
希望的那样密切协调他们各自部队的行动。罗林森对黑格集中
攻击右翼的决定感到不满，虽然罗林森在右翼取得了最大的胜
利，但是他希望英军能在更宽阔的战线上继续推进。只是黑格
表示拒绝，并告诉他，自己"对于英军的行动只向英国政府负
责"。[18]霞飞一次又一次地试图让黑格遵守法军的计划，最好
是向东部进行广泛的推进，而不是黑格现在尝试的向北前进，
但收效甚微。恶劣的天气、经验的不足、优先事项的不同和后
勤问题都迫使这两个盟友得过且过，只是在力所能及的情况下
推进，而很少以协调一致的方式进行。英军的攻击现在"逐渐
消失于次要和局部的作战中"，霞飞抱怨说，"这些行动代价
高昂，进展缓慢，只能给人一种还在作战的错觉"。相反，与
福煦一样，霞飞希望组织一次"共同行动"——像 7 月 1 日那
样的大规模进攻，集中他们的力量并重新发动攻势——行动有
望于 9 月初展开，就在罗马尼亚参战的同时。[19]

尽管黑格经常声称希望与法军密切合作，但事实证明不

可能在霞飞希望的日期发动攻击，一系列的延误最终破坏了联合攻击的前景。黑格决心只在自己准备妥当的情况下战斗，由于在即将到来的攻击中可能使用新武器，他更不会仓促行事。1915年12月，他第一次听说了有关装甲车辆，即"毛毛虫"——后来被称为"坦克"——的研制成果，并在随后一年中不断了解其进展。首批六辆装甲车于8月15日离开英国，黑格第二天通知罗林森，他要开始计划一次大规模进攻，坦克将被用来"突破莫瓦尔（Morval）与勒萨（Le Sars）之间敌人有所准备的最后一道防线，以期为骑兵打开道路"——这是计划在9月中旬某个时候的一场进攻。[20]

道格拉斯·黑格爵士"轻盈、活泼、结实，总是一丝不苟地穿着卡其布军服，作战靴像镜子一样光亮"。虽然索姆河战局已拖延到8月，但他仍然对胜利充满信心。突破防线并将其部队推进到德军防御纵深地带的尝试在7月可能失败了，但他始终坚信，敌人迟早会崩溃。敌情报告称德国部队抵达战场时遇到"巨大的混乱"，这让他感到振奋，并相信许多营的兵力已减少到不足百人，有些团仅剩全部兵力的1/3。[21]然而，进攻的代价超出了任何人的预期，早在7月29日，罗伯逊就警告黑格，"当权者"开始"对局势感到不安"。他担心伤亡人数正在上升，而进攻的主要目标——"缓解凡尔登的压力"已经大体实现。因此，他希望黑格考虑"30万人的损失能否带来真正的重大战果，假如不能，我们就应该满足于现在取得的战果"。[22]

罗伯逊一直支持黑格，即使这份记录透露出他对战役进展的担忧。帝国总参谋长认为他在陆军部的主要作用是保证英国的战争内阁走上了1915~1916年冬季铺就的那条循规蹈矩的战略路径——主要焦点在于西线战场——并避免或尽可能减少任何浪费英军力量的冒险。他也知道，对黑格及其表现的任何批评都可能危及英军对法国战事的关注。然而，他也不敢过于乐观地认可这场被黑格视作典范的攻势，7 月 5 日，就在大规模进攻的努力遭遇灾难性失败几天后，他写信给黑格的参谋长朗斯洛特·基格尔爵士（Sir Launcelot Kiggell），称"成功之路在于深思熟虑"。虽然黑格总是倾向于突破，但罗伯逊像罗林森、福煦和其他人一样，主张谨慎的、围攻式的推进，依靠大炮摧毁防御，避免大批步兵进攻的风险。"要沿着一条宽广的战线一步一步地前进，以实现非常有限和适度的目标，并禁止超越这些目标，直到参战各部实现所有目标。"[23]

我们不清楚罗伯逊写这样一封信有什么目的。他特别要求基格尔不要给"任何人"看，但可能一直希望它被泄露给那位总司令，促使其改变目标。他在 7 月 29 日对伤亡情况所做的说明可能也是出于类似的想法，以不冒犯黑格自尊心的方式巧妙地提出建议，他可以帮助黑格避免说到却做不到的一些后果。但黑格厚着脸皮，对罗伯逊的警告置若罔闻，直言不讳地重申了进攻背后的理由。凡尔登的紧张形势已经缓解。此外，如果西线战场没有如此激烈的战斗，布鲁西洛夫也不可能取得如此大的成功。至于索姆河，黑格确信他已经"给敌人造成了巨大的损失"，而这就是他的意图。他将"保持不变的压力"，且"无论何时何地，只要我的准备情况和总体形势足以获得胜利，我都会大力推动我军进攻"。[24]

然而，黑格的确意识到，现在可能不是决定性进攻的适当时机。在 8 月 2 日撰写的一份形势评估中，他对所谓"目前开展作战行动的一般原则"做出概括："当前的情况是，敌人已经完成了人员与火炮的大量增援，而且还可以在一段时间内持续替换疲劳的部队。"随着德军从进攻初始不可避免的混乱中恢复过来，黑格承认，他们"仍然非常强大，没有精心且有条理的准备，不可贸然行动"。所以就有必要为下一次攻击做好准备，同时加固防御阵地以防备敌人的反攻。为了使这一被他

233

称为"疲劳战"的阶段能够"成功终结"，有必要"节制使用人力和物力，以确保在战斗的危急时刻拥有"最后的预备队"，他认为这一时刻将会出现在 9 月下旬。[25]

鉴于几周内预计不会出现战斗高潮，一些皇室成员和高级政客受到索姆河上发生的激烈战事的吸引，先后前往法国。看完战线后方的大量准备工作，排成长长队列的大炮炮口指向天空，以及旁边堆积如山的废弃弹壳，访客们不可避免地会在黑格及其参谋人员面前驻足。总司令部现在位于滨海的蒙特勒伊（Montreuil-sur-Mer），这个围墙环绕的小镇令人赏心悦目，距离海岸上的勒图凯（Le Touquet）只有很短的车程。8 月 12 日，国王乔治五世陛下来吃午饭，与普恩加莱、霞飞和福煦在黑格的城堡外合影留念，然后前往城堡内仔细查看一张大幅的前线地图。一位等候的记者证实，这一餐"极为友好和亲密"。[26]另一位著名的客人是首相阿斯奎斯，他被护送到弗里库尔的郊外，这是一个设防村庄，曾在 7 月 1 日抵抗了多次进攻。在那里，他遇到了他的儿子雷蒙德，近卫步兵第一团的一名军官。他们走上一个小土坡，突然，随着"嗖—砰"的声音，一枚德军野战炮的炮弹在附近爆炸，溅了他们满身泥土。匆忙躲进附近的一个防空洞后，他们在忽明忽暗的电灯下等待炮击结束。当天晚上，阿斯奎斯与黑格共进晚餐，喝了一瓶他最好的白兰地，表示对进攻完全有信心，并愿意尽一切可能提供帮助。234 "我认为黑格做得很好，"他在给一位朋友的信中写道，"他坚持原来的计划，不让自己在别人的催促下仓促行事。"[27]

大卫·劳合·乔治的观点则不同。作为基钦纳勋爵去世后任命的新一任陆军大臣，他一直怀疑西线战场的进攻是否明智，惨重的损失和罗伯逊的含糊其辞丝毫没有改变他的想法。收到罗马尼亚向同盟国宣战的消息，他急忙向军事行动处主任弗雷德里克·莫里斯（Frederick Maurice）爵士发出一份紧急通知，说明倾尽一切努力的极端重要性。"我们承受不起另一场塞尔维亚那样的悲剧"，他这么写的时候回忆起了前一年发生的事情，当时协约国在萨洛尼卡登陆的速度太慢，未能阻止塞尔维亚被迅速占领，"因此，我再次敦促总参谋部考虑，如果罗马尼亚遭到难以应对的袭击，我们可以和法国与意大利一起立即采取什么样的行动，以缓解其压力"。但劳合·乔治的恳求没有回应。在战争委员会 9 月 12 日的一次会议上，各方同意在可预见的未来维持对索姆河的进攻，帝国总参谋长认为援助罗马尼亚的最佳方法就是在西线战场坚持到底。[28]

劳合·乔治本来可以对罗伯逊在战争委员会的立场进行质询，但他此时正在法国巡视凡尔登，并会见了包括福煦在内的很多法国高级官员。他期望向福煦询问远征军的表现，尤其是"英军夺取的阵地并不比法军多，即便是同样多，但为什么伤亡却如此惨重"。福煦不置可否，并谈起法国步兵是如何"吸取了 1914 年的教训"，可是劳合·乔治再次向他追问英军指挥官的能力。福煦还是没有上钩，回答说"他在这个问题上没有办法形成意见"。劳合·乔治不满意地离开了，但几天之内，这件事情传到了黑格那里，令他怒火中烧，同时又难以置信。"除非福煦将军亲自告诉我这段对话，否则我无法相信一位英国内阁大臣会如此缺乏教养，去向一位外国人提出有关自己下属的这种问题。"[29]

凡尔登和索姆河这两场战役中不断攀升的伤亡数终于开始对德国最高统帅部产生影响。7 月 12 日，在凡尔登的进攻行动正式停止，尽管默兹河畔的战斗持续了整个夏末和秋季，但随着法国发起一系列强有力的反攻，皇储的部队发现自己越来越趋于守势。弗勒里和蒂欧蒙于 8 月 3 日被重新夺回来，而一周后，法金汉就未来战略致函高级指挥官。他写道，"非常重要"

的是，要"让敌人和我们自己的部队都"相信，"默兹河一带的进攻尚未完全结束……此外，我们强化目前在默兹河右岸第一道防线上的阵地（在秋雨来临之前必须采取一切手段）。另外，紧张的军事形势迫使我们要尽可能地节约兵力和弹药"。[30]

法金汉询问了指挥官对局势的看法，但是答案并不容易找到。他概括了德国陷入的困境，即已经丧失了主动权，陷入两场残酷的战役——只有冬季的到来才能让它们结束。克诺贝尔斯多夫和皇储仍然意见不合。威廉认为，如果没有大量额外的人员和弹药储备，就不可能有"真正的收获"，而克诺贝尔斯多夫则采取了不同的方法，按麦克白的逻辑，此人已欠下这么多的"血债"，以至于无论回头还是继续都没什么意义。推进将是困难的，但如果他们不占领弗勒里和苏伊堡周围剩余的高地，那么整个冬天他们就将处在法军炮火之下。法金汉只能在 8 月 21 日做出一个漫不经心的答复，由他自己决定如何继续，让敌人以为他们仍打算进攻，但不使用大量新部队或炮弹。然而，克诺贝尔斯多夫最终失去了法金汉的支持，他在当天晚些时候被解职了。[31]

这些担忧给法金汉造成了危害。到了 8 月，他饱受睡眠不足和过度劳累之苦，持续不断的牙痛和神经痛更加剧了他的坏脾气。每天晚上，他都会坐在摆满了大幅地图的桌子前，用他的话说，努力想着如何"腾出他的部队"。法金汉的敌人——兴登堡、鲁登道夫、贝特曼·霍尔维格和鲁普雷希特等——越来越坚决地对他提出批评。甚至那些过去支持法金汉的人，包括德皇的战时内阁首脑冯·林克尔（von Lyncker）将军现在也得出结论，他已经失去了军队的信任。8 月 16 日，贝特曼·霍尔维格告诉德皇，法金汉战略的失败是因为"法国出乎意料的韧性、俄国惊人强大的力量和奥地利的崩溃"，而战争的结局"比以往任何时候都更多地取决于东线战场"。兴登堡在他位于东线德军最高司令部的大本营中，经常对总参谋长发出愤怒的电报，指责他导致了德国的暗淡前景，并建议把部队调往东线。"法金汉将军看上去糟透了，"威廉·格勒纳写道，"与东线德军最高司令部的争执将他拖进了地狱。"[32]

德皇仍然支持他，他在私下里向法金汉保证，"我们会一同坚持到战争结束"。小毛奇于 6 月 18 日死于中风，这一消息对德皇造成很大影响，在此之后，他不想这么快就失去另一位高级将领。然而，前线令人沮丧的消息和德国局势的难以应对逐渐削弱了威廉对法金汉的信心。当罗马尼亚加入协约国并于 8 月 28 日对奥匈帝国宣战的消息传来，德皇终于不得不接受事实，就最新事态与兴登堡进行了磋商。法金汉很快就得知此事，并立即告知德皇："在他的职权范围以内，未事先征询他的意见便召唤其下属指挥官，这件事将被视为对其权威的破坏，而且标志着他不再拥有最高战争统帅的绝对信任。"8 月 29 日上午，他应邀前往最高统帅部，被解除了职务。[33]

这并非一个不受欢迎的决定。德国陆军的高级成员观点大致相同，法金汉缺乏取得胜利所必需的热情和进取心，而且他的战争方式是错误的，使战事陷入停滞且前途未卜。马克斯·冯·加尔维茨提到"总是缺少两个军团！"，指责法金汉"在资源不足的情况下，逐渐扩大作战规模"。[34] 根据格勒纳的说法：

> 作为像最高统帅部这样的大型工作团队的领导者，他可能具有模范的品格，但是他躲在一堵无人能穿透的不透明的墙壁后面。于是，他给自己造成了一种自我加持的孤立状态，但这并非一个值得尊敬的伟人的特立独行。他缺乏激发信任和信心的天赋。因此，在他第一次失败后不久，他周围就传出想把他赶下台的声音，这就解释了为什么年

237

轻军官愿意出力推翻他，尽管策划阴谋诡计这种做法在德国陆军中并不流行。[35]

法金汉在与德皇会面后不久离开了普莱斯。在与副官汉斯·亨宁·冯·彭茨（Hans Henning von Pentz）上尉离开之前，他凭借"钢铁般的克制"与司令部参谋人员和各部门负责人交谈，并感谢他们的工作。他们登上火车后，彭茨试图谈论之后的任务，以鼓励法金汉，因为他们被派往第九集团军领导对罗马尼亚的战役，但这位将军无法振作起来。

"亲爱的彭茨，"他说，"你满怀着宏大的志向，肯定明白，一旦你已经荣耀加身，就再也没有其他任务可以满足你了。"[36]

法金汉这颗巨星陨落了，他的接班人保罗·冯·兴登堡元帅这颗新星冉冉升起，即使德皇仍然深陷消沉之中。一名助手对德皇好言抚慰，说新闻界对兴登堡的任命感到"欢欣鼓舞"，他却不耐烦地说："我不在乎！"[37]他只是勉强同意了对法金汉的解职，助手们担心兴登堡的巨大威望将不可避免地盖过他这位最高战争统帅。到1916年，兴登堡那图腾般的外形已经成为战争中的德意志帝国力量的象征：高达6英尺的身材和方正的头颅，有厚重眼睑的双目和末端翘起的长长的灰色胡子。他总是干练地穿着一身将级军官的灰色野战制服，上面缀满了装饰品，脖子上挂着一副望远镜，双手插进口袋或手持一根短手杖。尽管兴登堡即使在最疯狂的时刻也总是表现出一种沉着冷静的感觉，他的朋友与盟友，被任命为第一军需总监的埃里希·鲁登道夫却有一个神经紧张、精力充沛的内核。他一贯不喜欢拍照，照片里的他呈现出一张松弛下垂的脸庞，又小又黑的眼睛好奇而嘲讽地凝视着。

这两个人所承继的是一个困难的局面，他们知道其中掺杂的不确定性。在被任命为总参谋长时，兴登堡喃喃自语着"比以往更加暗淡的未来"，这句评论象征着最高统帅部在 1916 年夏末陷入的极度消沉。[38] 尽管西线没有崩溃的紧迫危险，但激烈的战斗正在以稳定的速度消耗着德国的资源。在东线，截至 9 月底，布鲁西洛夫的各集团军已经逼近喀尔巴阡山脉，将罗马尼亚卷入了战争，而在伊松佐河沿线，意大利军队取得了他们至此时为止最大的胜利，占领了戈里齐亚镇，让意大利各地教堂的钟声为之鸣响。随着奥匈帝国开始分崩离析，德国加强了对同盟国内部决策权的控制。9 月 6 日，德皇成为东线"联合最高指挥部"的负责人，该指挥部扩大了德国对奥匈帝国军队关键岗位的控制权，包括将有经验的德国军官和士官安插到奥地利部队里。"我坚信，"兴登堡致信康拉德，"同盟国的命运如此紧密地联系在一起，高级领导层只能在行动中考虑到这一点，采取的行动也只能基于军事考虑。"[39]

尽管他们在东线取得了成功，但兴登堡和鲁登道夫的下属对法国的情况并不熟悉。战争爆发时，兴登堡早已退休，而鲁登道夫在列日陷落后便离开了。然而，他们在行动中思维清晰又冷酷无情，这将成为他们的标志。兴登堡立即就所谓的"兴登堡计划"写信给维尔德·冯·霍恩博恩："与敌方的人力资源相比，我们的人员供应是有限的。想在一定程度上转变这种糟糕的事态，就要让所有适合军事行动的人都上前线。他们在后方和国内的工作必须由适合在卫戍部队服役的人接替，卫戍部队的人数则应尽可能地加以限制……"但即便实施了这些措施，兴登堡仍然担心它们不起作用。"人员、马匹，必须逐步由机器取代。这变得越发困难，同时敌人也意识到了这个原则。"兴登堡要求到 1917 年春季将目前的弹药产量翻一番，并显著增加野战炮、机枪和飞机的数量。这样的计划需要德国工业进行史无前例的动员，而兴登堡认为每一件事情都不应被忽视，包括扩大征兵范围和将工人转移到直接参与战时生产的企业。"在我们目前的情况下，'不劳动者不得食'的原则比以往任何时候都更具有合理性，即使对女性来说……"[40]

被任命几天后，这两人便前往西线。9月5日，在鲁普雷希特位于康布雷的司令部里举行了一次重要会议，出席者包括贝洛、加尔维茨、洛斯伯格和皇储等许多高级军官。兴登堡首先概述了法金汉的消耗战略将被放弃，转而回归过去的原则：决定性的行动，将以德国武装获得最高权威而终结。首先，罗马尼亚将被瓜分。保加利亚正在组建一个集团军群，准备向北进攻。在西线，要采用新的防御战术，以节省人力，并且确保德军配备足以与协约国抗衡的武器和弹药。他们还将开始在法国构筑一道新的后备阵地，由强制劳工和俄国战俘建造，这将使他们缩短战线并节约兵力。

240　　　兴登堡和鲁登道夫出现在康布雷的效果是十分显著的。洛斯伯格注意到，兴登堡的"平静、安详和自信给我们所有人都留下了深刻印象"。[41]鲁普雷希特同样对这两个人的表现感到高兴。"兴登堡给人留下了良好的印象，"他写道，"他的前额特别宽，眼睛是蓝色的，营造出一种开放和亲切的效果。他的态度沉着而坚定。他喜欢打猎，是个爱开玩笑的人，又很平易近人……鲁登道夫有一个思维清晰的聪明头脑。他的脸很苍白，我觉得他应该照顾好自己。他所说的话都对极了。"[42]马克斯·鲍尔是一名经验丰富的参谋军官，他对法金汉的犹豫不决已经越来越失望，而如今涌动在最高统帅部里的这种目标明确的感觉令他兴奋不已，也使其成为新指挥官的狂热崇拜者。"兴登堡属于老派的普鲁士将军，他身材魁梧、神情骄傲，与其年龄相比显得出奇的年轻与活泼，给外界留下了深刻的印象。他以军人的眼光看待一切。"[43]

当德国军队准备对罗马尼亚发动进攻时，如何维持其西线阵地的问题依然存在。鲁普雷希特被晋升为陆军元帅，指挥从阿拉斯到努瓦永的一个新的集团军群，包含第六、第一、第二和第七集团军，兵力近 70 万人，这使他成为最重要的德军作战指挥官。鲁普雷希特正设法将讨厌的古斯塔夫·冯·兰布斯多夫调走，冯·克卢克将军的老参谋长赫尔曼·冯·库尔将和他做伴，二人形成一种强有力的伙伴关系。对于法金汉被解职，鲁普雷希特欣喜若狂，但是当他思忖着索姆河上的阵地时，又陷入低落当中。那里的德军正因激烈的战斗而疲惫不堪，但又担负着尽快发动反攻的职责。他在 9 月 4 日指出："经验丰富的军官和其他各级人员每天都在减少，而替补人员虽然数量充足，但是没有得到同等的军事教育和训练。"他们所面对的协约国军队的战斗力之强令人畏惧。在贝洛的第一集团军，德军 21 个师对阵英军 32 个师和法军 4 个师。索姆河以南的情况更糟。第二集团军只有 11 个师，而法军的数量是他们的两倍。[44]

这种差距在空中更为明显。截至 8 月初，协约国在索姆河的飞机数量上保持了 2∶1 的优势，这给炮兵对抗带来了越来越严重的破坏性影响。[45]德军的炮兵连此前一直拥有占据高地的明显优势，能够向敌军头上倾泻大量炮火，但是英军逐渐占领了更多的阵地，夺取了更高的位置，继续与德军搏斗，同时利用他们的飞机指示炮兵向德军的集结地点开火。从 6 月 24 日开始预先炮击到 8 月下旬这段时间，总计 1208 门野战炮中的 1068 门，再加上 371 门重型火炮损坏、丢失或无法使用。9 月的前两周是德国在这一年中最糟糕的时段，索姆河上的守军遭受了一连串的沉重打击。法军在 9 月 3 日再次发动袭击，夺取了克莱里村（Cléry），在英军防区里的吉耶蒙（Guillemont）和高树林也同时爆发了激烈的战斗。在 9 月的前 10 天，德国第二集团军损失了 520 名军官，还有 2.3 万名其他各级人员阵亡、负伤或失踪——正如马克斯·冯·加尔维茨自己所承认的，这是"令人痛苦的数字"。[46]

对于现在被降为第二集团军司令的加尔维茨来说，形势正在变得无法忍受，他并不是唯一一个认为现在已经达到临界点的人。"这么多伤亡！"他哀叹道，"如果这个游戏持续更长时间，我们将无法获得足够数量的替换人员和补充装备。唯一的希望是，我们的敌人在正进行的攻击中更早地使用他们的步兵——在弹药和装备方面，我们不再对他们占有优势。而他们的预备队太多了，不仅有本地的法国人，还有英国人、俄国人、殖民地军队和其他许多提供协助的人。"[47]德军在索姆河上面对的是世界上各个种族的人。在几天后的攻击中，开创了装甲战争时代的新武器将要登场。

第十二章
获胜将军的面孔

　　英军总司令部 1916 年 8 月发布了《坦克战术运用的预先说明》，开篇第一句是"坦克的目的是帮助步兵前进，尤其是对付敌人的机枪"。它为罗林森将军如何使用这种"新型战争引擎"提供了初步指导。[1] 在即将到来的进攻中，总共有 48 辆马克 I 型坦克可供使用，包括部署在后备集团军的 6 辆。从整条前线上选出的敌人据点，在攻击前一晚被以最严格的保密方式进行了分派。这些坦克被分成两种类型：一种是装备更重的"雄性"，每一边的舷侧炮座内各有一门 6 磅火炮；另一种是"雌性"，配备数挺机枪。这两种类型看起来很相似：菱形，外部是粗糙的锅炉钢板，以保护 8 名乘员免受小型武器的攻击。这些车辆重约 28 吨，最高时速仅为 3.7 英里，噪声巨大，速度慢，向前爬行时不断发出刺耳的声音。在 8 月底第一次看到它们时，罗林森知道它们不太可能带来重大突破，但是希望它们能帮助步兵取得进展。"总体来看……印象相当不错"，这是他的初步结论。[2]

　　9 月 15 日的进攻是 7 月 1 日以后英军的最大一次行动。第四集团军命令三个军团向马坦比什（Martinpuich）和弗莱尔（Flers）这两个村庄发起主攻，如果一切顺利，则抓住机会向北边的德军第三道防线推进。与往常一样，黑格和罗林森之间就攻击的范围又发生争执，黑格担心这位第四集团军司令意识不到向德军火炮线做一次勇猛推进的必要性。罗林森关心的则

243 是，正如他所说，"如果用力过猛，我们就有可能一无所获"，他想要的是更深思熟虑的、步步为营的行动，集中使用火炮，依次对付每一套堑壕系统。黑格命令罗林森用炮火覆盖整个德军阵地，他认为这将实现更大范围的突破，但这是一种危险的战术，如果炮击不够密集，可能会危及最初的进攻。谨慎再次被抛诸脑后，他只好尽可能集中更多的大炮和炮弹，并希望能做到最好。[3]

早上 6 点 20 分，一个漫长而凉爽的夜晚结束了，空中弥漫着雾气，地面一片泥泞，攻击开始了。守军知道有情况了。英军防线后方活动的增加并没有被忽视，甚至有传言称，发现了某种"陆地巡洋舰"，除了最重型的火炮外，它不惧任何其他武器。[4] 事实并非如此，罗林森敏锐地意识到坦克的脆弱性，下令在移动弹幕中留出特殊的"车道"供它们通过，以防被己方炮弹击中，理论上很明智的想法，却在战场上造成了可怕的结果。在进攻以前，48 辆坦克中只有 36 辆能够到达前线，在战线上留下了既没有坦克也没有炮兵火力的缺口。[5] 当步兵向前推进时，速度很快便超过坦克，许多德国据点活跃起来，开始将纵向火力朝进攻者头上倾泻。成功避免了机械故障的少数几辆坦克穿过无人区，很快就吸引了异乎寻常的火力，呼啸而来的子弹像冰雹一样打在锅炉钢板上，噼啪作响，炽热的金属碎片在车内飞溅，惊恐的乘员们蜷缩在地板上。

然而炮击奏效了。尽管黑格恳求分散火力，罗林森还是设法在战线上每 10 码配置一门野战炮或榴弹炮，相当于 7 月 1 日火力密度的两倍，它们摧毁了敌军防线，留下了一片布满弹坑和硝烟的废墟。[6] 正因为如此，进攻步兵突破了他们的最初目标，开始扫荡德军的堑壕，将手榴弹投进防炮洞。失魂落魄的战俘被送往后方。在进攻的核心地带，14 辆坦克帮助占领了弗莱尔村，其中一辆甚至开上了主街，向德军的机枪阵地开

244

火。到下午 3 点左右，罗林森得知他们已经肃清了高树林，并占领了弗莱尔、马坦比什和库尔瑟莱特（Courcelette）三个村庄，而伤亡非常惨重，许多攻击部队已消耗殆尽。事实证明，机枪的射击在某些地区尤其致命。例如，正在向莱斯博（Lesboeufs）进军的近卫师，发现正在横扫无人地带的火力来自右翼的名为"四边形"的德军据点，它逃过了英军的预先炮击。近卫师虽然占领了他们的第一个目标，与据守这个单薄的防炮洞的一群群德国人展开白刃战，却无法继续前进。伤亡率太高了，该师有 4700 多名官兵阵亡，其中包括雷蒙德·阿斯奎斯中尉，他在率领自己的连队前进时受了重伤。[7]

当零星的作战报告在一片混乱之中送到德军指挥官的手中时，他们不出所料地感到沮丧。鲁普雷希特爬上一栋俯瞰战场的房屋顶层，悲伤地凝望着遮蔽地平线的"一团团烟云"。炮火的轰鸣非常骇人，"像大瀑布的声音一样回荡，时而减弱，继而又猛然高亢起来"。[8]在攻击中首当其冲的是第一集团军，贝洛将军考虑将该部队撤至后方，进行重组，但是被洛斯伯格否决了，理由便是他所熟悉的，即他们过去是怎么做的。"在前一年香槟地区战役中，"他提醒贝洛，"我主张进行无限制的战斗，以守住每一寸土地。此时此地，我确信那是正确的做法。"[9]但留下来继续坚持也不是理想的主意，因为德军的前线士兵发现，这似乎是一场越来越不均衡的斗争，在它的持续压力下，他们的士气正在逐渐消退。"你无法想象，"一个老兵在 9 月 15 日进攻后承认，"他们用前所未见的方式打了我们一个措手不及。他们势不可挡地冲向我们，后面是许多配备机枪和火焰喷射器的装甲车辆。另外，堑壕里的大部分守军被之前的炮击炸死或者活埋了。剩下的人想投降，但大多都被打死了。"[10]

在第四集团军司令部，罗林森对当天的战果感到欣慰，尽管正如他所预料的那样，不可能继续扩大英军的战果。他下令第二天恢复进攻，"目的是让骑兵军团推进到他们的目的地，彻底打败敌人"，但当天晚上下了雨，使本来就松软的地面更加软化，增加了火炮前移并巩固其阵地的难度。[11] 雨季即将到来，他决定推迟另一次主要进攻，直到可以和法军恰当协作展开一次联合进攻。9 月 25 日实施了对莫赫瓦勒和莱斯博的进一步攻击；再次值得注意的是，由于集中了火力，罗林森能够向德军防线投下 40 多万发炮弹，这一次得到了法约勒的第六集团军的大力支持。[12] 截至 9 月 26 日晚间，罗林森肃清了德军第三道防线的大部，其左翼的后备集团军攻占了蒂耶普瓦勒，这是一个自 7 月 1 日之后抵抗了多次攻击的据点。终于，英国人似乎抓住了"窍门"。

黑格对已经取得的进展十分欣喜。他在 10 月 5 日致信国王，汇报了他最近的行动"非常令人满意"。"部队看到他们正在稳扎稳打地消灭前线的德军，甚至敌人的防御能力也比几个星期以前差多了。"[13] 战俘审问显示，德军士气似乎已被某些东西击垮，有一种说法令黑格印象十分深刻："军官没有堑壕地图，对战场一无所知。"他在日记中写道："由于普遍存在的混乱和缺乏良好的观察哨，炮兵陷入瘫痪……机枪似乎是唯一还让德国人抱有信心的武器，但机枪手遇到的不利条件是缺乏适当的安放位置……1916 年入伍的新兵在炮火中缺乏经验，不够稳定。"[14] 然而，坦克的首次亮相令人失望，它们没有发挥出明显的战略效果，这些都增加了黑格的压力。10 月 1 日和 7 日新的攻击开始了，但是出现了恶劣天气，薄雾阻止了飞机作战。雨势增强，地面更加湿滑和泥泞，使英军的袭击注定成为一场惨败。情报显示，敌人正在战线后方建造第四道和第五道防御阵地，这场战役似乎正在进入最后的决战阶段。

黑格还没有打算承认"大推进"已经结束。在给威廉·罗伯逊爵士的一封日期为 10 月 7 日的信中，他重申了良好的结果，并解释了自己如何渴望将行动持续到 10 月，甚至在必要情况下延续到整个冬季。[15] 于是，他下达了恢复进攻的命令，第四集团军于 10 月 12 日下午对利尼 – 蒂瓦（Ligny-Thiloy）、博伦库尔（Beaulencourt）和勒唐斯卢瓦（Le Transloy）这几个村庄发动了新的攻击。当天大部分时间都在下雨，使本来就糟糕的地面状况更为恶化，并削弱了前线各营的士气，其中许多营已实力大减、筋疲力尽。结果又是铩羽而归。天气恶劣，几乎无法提供空中掩护，导致德军炮手可以随意攻击英军的堑壕。炮兵的支援也很弱，不足以摧毁防御，使各营在试图穿越无人地带时，立即遭到机枪的持续扫射。第二天，罗林森的参谋长阿奇博尔德·蒙哥马利在浏览关于惨痛伤亡的报告时，写下一篇简短但富有洞见的报告，阐述了胜利难以实现的原因，包括"缺乏突然性"、"观察困难"、没有"足够的集结堑壕"、机枪射击距离太远，更为严重的是，"敌人的士气似乎有所提高，同时他们的战斗更加顽强"。[16]

虽然英军对索姆河的攻击停了下来，但对德军的影响是显著的。对防守的一方来说，9 月是最糟糕的一个月，是一段可怕的忍耐期。事后看来，这段时间应当被视作一个临界点，标志着一条向战败滑落的巨大坡道。第一和第二集团军共有 13.5 万人伤亡，其中大部分被俘，这让德国最高统帅部非常担忧军队士气。9 月 26 日，也就是蒂耶普瓦勒最终落入高夫的后备集团军之手的那一天，鲁登道夫就增援方面所遇到的困难致信鲁普雷希特：

247

> 鲁普雷希特王储的集团军群的替换安排规定，"每 14 天对各师进行定期轮换"。这是不可能长期实施的。因此，该集团军群将不得不改变其替换程序，只有在作战热点地

区，各师才能每14天轮换一次，而在其他地方，他们必须在前线坚持更长时间。在第一和第二集团军内部也应实施更公平的轮换措施，以便部队在平静地段和受到威胁的地段之间轮换部署。[17]

对鲁普雷希特来说，预备队只是众多问题中的一个。作为一个诚实的人，鲁普雷希特缺乏其他德国高级军官那种雄心壮志或权力欲，他一直担心"连续、持久和疲劳的战斗"导致部队状态的恶化。虽然他承认德军步兵"在规模上不如敌人"，但认为他们一直"在素质方面远远优于对方"。然而，近几个月来，"由于大量的损失，特别是军官和士官的伤亡，再加上敌方炮兵连数量令人担忧的增加，这种质量优势已大大削弱"。[18]他还必须应对高级指挥官之间日益严重的失和。马克斯·冯·加尔维茨对于从集团军群指挥官降职并非毫不在意，他指责鲁普雷希特优先考虑索姆河以北的防御，使自己没有足够兵力来抵抗法军。9月下旬，鲁普雷希特和他的参谋长赫尔曼·冯·库尔视察第二集团军时，加尔维茨甚至不屑于派一位军官去迎接他们，竟让他们在无人陪同的情况下来到自己的办公室。[19]

不出所料，这次会议是一场风暴。加尔维茨指出，"两个集团军的兵力分配不均"。在第一集团军中，每个师都负责2.5公里的防线，而在第二集团军中则是4.5公里。虽然加尔维茨对河流南北两边部队数量的比较有一定道理，但鲁普雷希特和贝洛都明白英军各部构成更严重的威胁。鲁普雷希特发现加尔维茨"喜怒无常"，而库尔抱怨说，第二集团军没有向集团军群呈送足够的报告和命令，使他们对其行动一无所知。加尔维茨对他们的问题不予理睬，并警告他们，他认为在法军防区即将发动重要进攻。[20]鲁普雷希特所能做的就是解释他如何发布了在阿拉斯和拉昂（Laon）之间建立后方防御阵地的指令，而且这一指令将立即得到执行。在阵地修建完成之前，加尔维茨只能不惜一切代价坚守。

德国最高统帅部的压力是可以理解的。战斗的激烈给他们留下了深刻的印象；法国和英国现在可以部署的大量资源，坦克的到来，只会让人们更加相信索姆河的战斗正在变得极不均衡。他们都看到了各营残存的部队从前线撤下来，排着稀疏行列的士兵满身泥泞、苍白憔悴、眼神呆滞，完全是一副精疲力竭、信心全无的模样。派往前线的部队伤亡人数可能高得吓人。9月初，当第86燧发枪团在圣康坦东南部集结时，该团的团史作者记录道，除了"残骸"什么也没有留下。他们在索姆河上总共伤亡了78名军官和3300多名士兵。仅仅经过两个月的战斗，该团损失的兵力就超过了战役开始时的全部常规作战力量。而这种情况并不罕见。整个7月，第26后备师在奥维耶（Ovillers）和博蒙阿梅尔（Beaumont Hamel）进行了英勇的战斗，同时承受了超过1万人的伤亡。即使是各个精锐师也感觉索姆河是一场可怕的考验。8月中旬，第1近卫师在短短两天的惨烈战斗中损失了5000多名士兵。同样，第2近卫师投入波济耶尔和蒂耶普瓦勒的战斗，也损失了一半的兵力。[21]

尽管损失如此惨重，但对于索姆河给德军的严峻考验而言，这只是其中的一部分。对从弹坑的海洋中幸免于难的德军步兵而言，在几乎不间断的炮火下，在为了生存而进行的斗争里，他们心中只剩下一种野蛮的绝望。牧师们报告说，参加宗教仪式的人数有所下降，而团级军官们也注意到患病和开小差的人数有所增加，还有整个战役期间自伤事件不断出现。一个在前线待了几个星期的中士抱怨说："这不再是战争，而是相互毁灭。"[22]加尔维茨责怪"单纯防御"的政策具有"一种侵蚀和破坏的作用"，并担心下级军官没有让他们的士兵意识到掘壕固守的重要性。"流汗就可以不流血。如果一个长官不积极鼓励他的士兵挖掘战壕，那就是忽视下属的生命。"即便不太容易陷入不必要的失败主义的鲁普雷希特，也在 10 月初承认："我们最近损失的大量被俘人员是一个坏兆头。总的来说，有太多令人沮丧的事情！"[23]

至于鲁登道夫对替换工作的抱怨，鲁普雷希特理解他面临的困境，但也没法给出多少宽慰。在 9 月 29 日的回信中，鲁普雷希特指出，"集团军群强烈认为，在任何时候，如果一个连战败，就必须整体替换。然而，也必须预见到这种可能性，因为经验已经表明，第二次部署到索姆河的部队不会有与第一次部署时相同的战斗力。原因是缺乏经验丰富的军官和训练有素的团队……"[24] 库尔将安排各师上下前线的过程描述为"勉力维持"。最初的目标是拥有足够的预备队可用，这样就不必将任何一个师部署在前线超过两周。然而，这很快被证明是不可能做到的。"各个师经常不得不在没有足够休息的情况下就被紧急派上索姆河前线，而且消耗得太快。"于是，战地指挥官就必须有"钢铁般的意志，不能失去理智地过早使用增援部队"。只有通过最高统帅部的干预，提供额外的增援部队，前线才得以守住。[25]

幸运的是，10 月战斗的速度放缓了，德军有足够的时间用从西线各处撤下来的新师替换精疲力竭的部队。在凡尔登，皇储奉命处于守势，并提供尽可能多的部队，以取代索姆河的那些精疲力竭的部队。新到来的飞机也对防守给予了支持，尤其是信天翁 D2 型战斗机，由它们组成的"追击中队"对空战产生了直接影响。很快，英法两国显然不能再自由掌控德军防线的上空。"信天翁"超过了他们的战斗机，并被证明对于速度较慢的侦察机而言是致命的，这一点对反制炮兵的行动至关重要。德军步兵长期抱怨英国和法国的飞机在战壕上空占据主导地位，现在他们抬头就能看到"银灰色的又短又粗的"飞机剪影，排列成紧凑的战斗队形，追逐敌机或向对方进行俯冲，两挺前射机枪咯咯作响。德国战斗机的明显优势大大提振了士气。[26]

9月17日，星期天，一个天气晴朗温暖的好日子，当首先装备了信天翁战斗机的第2飞行中队出动时，空中力量的平衡开始改变。在康布雷上空一系列混乱的近距离空战中，德军中队取得了六次胜利，其中有一架FE2型战斗机被中队最新加入的飞行员曼弗雷德·冯·里希特霍芬（Manfred von Richthofen）击落，他是在前一个月才刚刚加入这个中队的。这只是开始，第2飞行中队在1916年的最后几个月里迅速刷新着他们的获胜纪录。截至10月底，它完成了50次击落，这让英法两方都深感恐惧，并促使他们迫切地寻求答案。[27] 9月29日，英国皇家飞行队司令休·特伦查德（Hugh Trenchard）少将致函黑格，要求紧急提高由他指挥的"作战飞机的数量和效能"。"在过去的三个月里，皇家飞行队在法国一直保持着相当大的对敌空中优势，发挥了不可估量的作用。结果是，敌人以超乎寻常的努力增加了战斗机的数量，并强化其速度和力量。"随着信天翁的到来，特伦查德警告说，他们现在面临着失去"既有空中优势"的危险。[28]

在法国最高统帅部，霞飞只能怀着悲伤的心情看着攻势慢慢减弱。对黑格的不满让他时而冒出一句怨言或是刻薄话，说英国人正在迟疑不决，但是这些从来没有真正使他们之间的关系破裂。黑格喜欢"老霞飞"，但是，至少私下里，他从来没有太看重对方的想法，而当法国人要求太多的时候，他总是坚持自己的立场。10月18日，霞飞要求黑格再次考虑恢复宽阔战线作战，却引起了这位英军总司令的尖锐回应，他提醒霞飞，只有他才能对发动攻击的时间做出判断。²⁹ 几天后，当瓦利埃见到黑格时，他立即感受到紧张的气氛。"这是道格拉斯·黑格爵士第一次冷淡地接待我，表明他不需要别人的教训，他和霞飞将军一样深刻地了解战争的艺术，而且他不接受这样的语气。"瓦利埃设法在两人之间安排一次"和解"午餐，但对霞飞"放弃"责任的行为感到震惊，因为他告诉黑格今后不要理会来自尚蒂伊的任何信件。"他的样子很糟糕，"瓦利埃写道，"非常疲倦，体重增加了很多，谨小慎微地迈着步子，就像走在鸡蛋上一样……"³⁰

事实证明英军并不像法国人所希望的那样是一个温顺的盟友，霞飞别无选择，只得让步。他现在越来越深陷困境，法国议会的代表们对战争的指挥焦躁不安。8月，陆军部长罗克斯已经通知他，议员们可以自由检查"各个军种"，并允许政府"随时了解情况"，这又一次引发辞职的威胁。³¹ 霞飞现在感觉自己已被敌人包围，甚至连自战争开始就一直跟随他的主要助手们也不无可疑，福煦被迫发动一场没有把握的战役，贝当对霞飞的进攻呼吁存在不同意见，还有永远和蔼可亲的卡斯泰尔诺，始终是他在最高统帅部里的竞争对手。反倒是尼维勒，这位友善随和的第二集团军司令受到霞飞的青睐。9月13日，也就是黑格在弗莱尔出动坦克的前两天，霞飞视察了凡尔登，出席了在城堡里举行的一个仪式，他把尼维勒拉到一边，告诉他必须夺回杜奥蒙堡。如果英军不在索姆河上实施果断的进攻，那么或许就必须在凡尔登进行。"不要指望英国人，"他在几天前告诉最高国防委员会的成员，"要靠我们自己，只能靠我们自己。"³²

这次行动的准备工作用了一个多月的时间，到10月底，贝当、尼维勒和芒然群策群力，制订出一个很可能成功的计划。10月24日这一天，阴云密布，空中弥漫着浓重的白色雾气。对于期待已久的夺回杜奥蒙堡的进攻来说，这算不上最适宜的天气，但法国最高统帅部不打算继续推迟了。在过去的三天里，法军炮手向默兹河东岸德军控制的山脊射出了一轮又一轮轻重炮弹，包括毒气弹和烟幕弹，消耗了大量弹药。他们已经发射了 50 万发以上的 75 毫米炮弹，加上一批整修过的海岸炮和超重型迫击炮，它们是被匆忙改装以适用于战场的，也同样发射了尽可能多的炮弹。在贝当的坚持下，法军使用两门类似于猛击列日的"大贝尔塔"的 400 毫米铁路榴弹炮来摧毁堡垒本身，其混凝土外墙如今已被灰尘和烟雾笼罩。[33] 在发动袭击的前一天，一场可怕的大火席卷了整个走廊，迫使守军撤离，只留下几个勇敢的观察员负责警戒。德军在 1916 年 2 月的胜利，似乎一度预示法军防线即将崩溃，现在却成了鸡肋，防守越来越难，却又不能放弃。

法军的进攻方法正变得越来越复杂。除了打击德军战壕和接近的防线外，在进攻前几周，还系统地瞄准了敌人的炮兵连，法国战斗机中队则拍摄前线照片，并执行了危险的任务，轰炸防线后面的指挥部和营房、公路交叉口和铁路场站。三个师已经为这次进攻做了周全的准备，在得到关于敌人状况和堡垒布局的最新情报后，他们在专门建造的模拟战场上预演了进攻。尼维勒将军从来没有像现在这样确信自己会成功："长达 27 个月的战争和凡尔登的 8 个月战斗已经表明，并且一天比一天更加证实了法国士兵优于德国士兵。我们面前的敌军素质逐渐下降，而其中大部分都正在索姆河，他们在装备和士气方面已受到极大削弱，每个人都应该意识到，这种优势会进一步强化……"他现在拥有 700 多门大炮的"异常强大"的支援，这将"压倒敌人的炮火，为突击部队开辟道路"。各项准备工作已"尽可能完美"。[34]

进攻于上午 11 时 40 分开始，步兵在一道移动弹幕后面

253

向前移动，每四分钟前进 100 码，这是可以在被炮弹撕裂的地面上保持的速度。抵抗法军的有德军的 7 个师，是一支令人敬佩的战斗队伍，尽管大多数师已在前线坚持了几个星期，筋疲力尽。自 8 月开始，第五集团军的炮兵部队已有 110 多门火炮被调往索姆河，适用于所有剩余炮兵连的弹药消耗率都大大降低，这限制了他们对炮击的反制能力。[35] 当法军发动进攻时，位于前沿阵地的德军小队打出一串串的曳光弹，向他们的支援炮兵发出警告，但是在黑暗中没有被注意到，他们只好独自面对阵地上嘶嘶鸣叫着的弹片形成的黑色弹幕。一个惊恐不已的德军上尉匆匆写了一张纸条放在一只信鸽身上，随后鸽子振翅飞入硝烟弥漫的天空，结果却落入敌人手中："A 区的所有作战阵地都被各种口径炮弹的凶猛'连珠炮'夷为平地，炮击从上午 8 点开始一直持续不断。逃过炮击的士兵表示，他们受到枪弹与手榴弹的压制，守军中还活着的人也都失去了作战能力。"[36]

第 38 师的官兵被授予夺取杜奥蒙堡的"荣誉"，他们主要由来自北非的殖民地部队组成，其中包括夺取要塞的摩洛哥团。战场是一幅可怕的场景。"被水浸泡过的黏土像黄油一样滑腻，"一个军官记录道，"被炮弹炸得不断涌出像肥皂泡一样黏稠的泡沫，与波涛汹涌的海面上泛着泡沫的白色浪峰没什么两样。"在占领并巩固了第一个目标后，部队在 3 点左右继续向堡垒前进。"敌人尽管处于混乱状态，但是仍在进行强有力的抵抗，"一份战后报告指出，"迎面而来一阵阵的机枪射击。我们以机枪、手榴弹和火焰喷射器压垮了敌人的抵抗，尽管受到一定损失，但最终堡垒的所有表面区域还是被我们占领了。"[37]

这一天，霞飞在苏伊和他的助手们聊着天，等候消息的到来。当确认杜奥蒙堡已在法军手中时，他露出了灿烂的笑容。

"那天……"他后来写道，"是我在战争中过得最高兴的日子之一。"[38] 仅在 4 个小时以内，他们就夺取了 2 英里的土地，而德军是花了几个月的时间才从法军手中夺走的，这证明了第二集团军在计划和指挥这次战斗时采用了正确的方法。《晨报》（*Le Matin*）在头版上高调登出了《凡尔登大捷》（"Victory at Verdun"）的新闻，同时正在酝酿一篇由尼维勒和两位将军作为主要角色的"辉煌"行动的报道。[39] 对于指挥进攻区域的夏尔·芒然来说，收复杜奥蒙堡的消息是个人救赎的一个重要时刻。一位朋友在几小时后见到了他，形容他"容光焕发，快乐无比，比以往任何时候都年轻，明亮的眼睛里满是笑意，露出有皱纹的小酒窝，不再像以前那样笑容扭曲了。一位获胜将军的面孔的确很英俊"。[40]

凡尔登和索姆河的战斗还没有结束。在默兹河上，如今无论走到哪里都受到欢迎的尼维勒奉命继续攻击，他使用了自己的有限目标和移动弹幕的标准方法，利用德军当前在凡尔登的弱点进行反复打击。11 月 2 日，沃堡被收复，在它那被炮弹凿透的破旧屋顶上，法军欢庆胜利。虽然一些法国军官认为他们已经做得够多了，应该满足于刚刚取得的这些战绩，但尼维勒想要更多。他在 11 月 11 日致信霞飞，确认他打算在未来几个月保持一种"进攻态势"。因为杜奥蒙堡仍在敌人的直接观察之下，所以有必要进一步推进，向阿赫多姆（Hardaumont）和贝松沃（Bezonvaux）进军，这将使法军防御具有更大纵深，并确保杜奥蒙堡的安全。守住杜奥蒙堡"从战术和士气的角度来看都至关重要"。[41]

在索姆河，攻陷蒂耶普瓦勒以后，高夫的后备集团军继续向北推进，尽管现在越来越困难。第四集团军的防区也有类似的情况。到了 10 月中旬，罗林森向勒唐斯卢瓦的推进陷入

255

严重停滞。10月18日，他又一次与法军联手在河流以南发起进攻，却仍毫无进展。恶劣的天气和缺乏空中支援降低了英军火炮的效能，而被水浸透的地面意味着许多炮弹在爆炸前会陷进泥里。步兵向前行进时越过无人地带的淤泥，水花四溅，遭遇猛烈的机枪火力，他们的攻势陷入了最终毫无意义的激烈炮战中。在一次令人沮丧的经历中，第4师在英军战线的最右侧发动进攻，"没有发现敌人的有组织防线，但我们的进攻队伍遇到来自前方和侧翼的机枪和步枪的密集火力……地面被炮火严重破坏，像冰面一样滑。士兵们在黑暗中不断滑倒，跌入坑中。回来的少数人从头到脚全是泥，都累垮了"。[42]

从季节上来讲，这次进攻持续的时间已经太久，使黑格和罗林森之间本已脆弱的关系变得紧张起来，他们两个人的性格截然不同：黑格总是倔强、乐观，而罗林森一直担心自己给手下的士兵带来灾难。10月29日，黑格告诉他的各个集团军司令，第四和第五集团军都应该准备在整个冬季继续作战，罗林森尽其所能地以最强烈的方式表示抗议。他回答说，"如果我不提出我认为这项政策可能牵涉的困难"，就是没有履行作为集团军司令的职责。他手下的每个师都已两次参加索姆河战役，有些甚至是四次。"他们均失去了7000~1万人不等，军官、士官和专业人员的伤亡十分严重。"考虑到如此巨大的损失，这些队伍需要时间恢复。"可以毫不夸张地说，目前在大多数单位中，甚至在像近卫师这样最好的师里，我们准备春季的全面进攻时所必须倚靠的那些有经验的军官和士官，已经少得不能再少了。"因此，他认为，"投入任何延期行动"都是不明智的，因为存在"严重风险"，也就是说"如果我们在冬天进攻过猛，就可能在明年春天更重要的行动上失败"。[43]

罗林森的固执让黑格只好求助于改名为第五集团军的后备集团军的司令休伯特·高夫，后者一直在谋划英军左翼的行动，一度横跨昂克尔河（Ancre river）一线，但因为大雨而不断推迟行动。黑格渴望发动攻势，并认为这次胜利可以巩固他在定于 11 月中旬举行的协约国内部会议上的地位。11 月 13 日凌晨 5 点 45 分，高夫麾下各师冲出战壕发起进攻，此刻天还很黑，空气寒冷而稀薄。在过去一周里，一场猛烈的炮击落在了德军在博库尔（Beaucourt）和博蒙阿梅尔之间的阵地上，将村庄化为齑粉，并摧毁了已在 7 月 1 日被证明十分致命的机枪巢穴。在很长的一段时间内，德国最高统帅部始终预计英国左翼将发动袭击，但部队的短缺让他们无法在进攻到来时加以遏制。英军的 7 个师动用了多于以往的火炮，并以慢于往常的速度进行移动弹幕攻击，每 5 分钟移动 100 码。他们不顾泥泞的地面，夺取了大多数目标，攻占了大约 2000 码的距离，包括博蒙阿梅尔、博库尔和圣皮埃尔迪维翁（Saint-Pierre-Division）。在当天上午晚些时候确认以后，黑格驱车来到高夫的司令部，祝贺他和下属取得的成绩。他在日记中写道："这个结果很好，因为尽管地面潮湿，我们的部队还是不费吹灰之力占领了阵地，敌人比从前任何时候都更轻易地投降。"黑格相信，在高夫的较小防区内开火的大炮数量超过了 1916 年 7 月 1 日在整条战线上动用的大炮。"这次胜利赢在了一个最恰当的时机。"[44]

257

两天后，协约国内部会议在尚蒂伊如期举行，霞飞主持了有黑格和罗伯逊出席的协约国总参谋部会议。他们的结论与 1915 年 12 月的记录惊人得相似：作战将尽可能在整个冬季持续，协约国军队将最迟在 1917 年 2 月的上半月准备好重启"全面进攻"。[45] 协约国的指挥官们正在展望来年的春天，黑格终于让步了，同意结束索姆河的作战行动。尽管没有达成他的目标，但这位英军总司令对取得的战绩持乐观态度，并未因任何挫折而责备自己。相反，他认为这次进攻是一次胜利，战斗的结果预示着未来的好兆头。"敌人的力量还没有被摧毁，"他在公文急报中写道，"在协约国军队为之战斗的目标实现之前，战争还将持续多长时间也是无法估测的。但索姆河战役使协约国实现这些目标变得毋庸置疑。"[46]

尽管新组建的集团军在这一年中蒙受了巨大损失，黑格的信心仍然毫不动摇。1916年春，基钦纳勋爵曾警告他不要挥霍自己组建的部队，而是要小心地守护。与此同时，罗伯逊曾告诉战时内阁，黑格在下一年"不会做任何蠢事"。然而，到11月中旬，当高夫在昂克尔河的攻势逐渐减弱时，英军在索姆河的损失已经高达41.9万人。[47]这是一个惊人的数字，难以想象的血腥代价引发了人们对战争是否还能继续的深深疑虑。11月13日，留着一把大胡子的前印度总督，阿斯奎斯政府的不管部大臣，第五代兰斯当侯爵（Fifth Marquis of Lansdowne）向战时内阁分发了一份文件，内容有关不必要地拖延战争的危险。没有人能说出"我们的困境，文明世界的困境在一年后将是什么样子，或者，正如我们有时候被告知的，经过两年或三年的，如同我们已经历的那样令人筋疲力尽的战斗以后，它又会是什么样子。暂时还没有人相信我们会输掉这场战争，但是，以这样一种方式，在这样的时间期限内，我们赢得胜利的机会在哪里呢？又怎能将敌人打得落花流水，把根据我们的意志讨论出来的条件强加给他们呢"？[48]

在未来几个月里越发明显的是，双方都没有达成和平的意愿。在德国，对兴登堡与鲁登道夫的任命标志着宁愿付出任何牺牲也要赢得战争的决心，即便索姆河战役已经是一场可怕的磨难。德军的损失略高于英军，如果作战中的阵亡、负伤和失踪人数再加上毒气中的伤亡以及精神失常者的数字，就已接近43万人。[49]虽然这似乎表明在严重的消耗战中取得了有利的结果，但协约国方面的损失还必须考虑到法军的20.4万人伤亡，这表明为消耗德军付出了多么高昂的代价，这是永远不会获利的生意。鲁普雷希特甚至觉得，在战役的最后几周，其官兵们的士气比之前的一段时间都高。"虽然英国人此前排成比较窄的队列推进，但他们最近是以连级纵队进攻，比如（11月）6日和8日的局部猛烈袭击。在一些地方，我军炮火很快就压制住了他们，并使其遭受了巨大损失。大概英国步兵只能以密集队形前进。这可能是由于部队及其军官缺乏技巧，也可能是由于他们不信任部队，因此想牢牢控制军队。"[50]

随着1916年不体面的结束，在鲜血浸透的前线，情况正在迅速恶化。正在那里的人们不得不在一片幽灵般的冰冻荒野中采取军事行动，他们的生命似乎都被这片荒野吞噬了，树木和植被被从土地上剥离或被压成碎片，腐烂的尸体呈现出不同的腐败状态，僵硬的四肢形成极端的角度，所有这些都在一片带刺铁丝网和扭曲的钢铁构成的背景中，成为一个用沙袋围成的地狱。"农田排水系统已被彻底摧毁，"一位英国军官回忆道，"道路的坚硬表面完全被炸飞了，因此，现在，到了11月，人和牲畜都在过膝深的黄白色的泥浆中移动，而每当遇到沟渠或山谷，泥浆就达到齐腰深……我们的斗争对象既包括德国人，也有恶劣的天气。"[51] 11月18日上午，天气越来越冷，空气越来越稀薄，而满目疮痍的前线在新铺的白雪下终于显得柔和起来。索姆河战役结束了。

259

第十三章

非常危险的决定

12 月 3 日，布加勒斯特被放弃。三天后，德奥两国军队沿着白雪覆盖的道路开进罗马尼亚的首都。这个国家刚刚在 8 月 27 日加入协约国，但是在不到四个月的时间内便惨遭占领，让同盟国及时地迎来一场关键胜利，令德国最高统帅部重新燃起希望，认为德国仍具备赢得战争的能力。随着罗马尼亚大部分地区被占领，德国现在能够获得大量粮食储备，这将有助于在即将到来的冬季保障德国人民的粮食供应。当广播中传送出这个重大胜利的消息时，整个帝国一派欢乐景象。在普莱斯，德皇下令敲响教堂的钟声，并为他的"胜利之师"干杯，而在索姆河上，以弗里茨·冯·洛斯伯格为首的第一集团军全体参谋人员整晚庆祝，"喝光了最近才从摩泽尔河的葡萄园运来的酒"。[1]

罗马尼亚的胜利来得非常及时。已经有迹象表明，战争的效应，包括协约国海军封锁的钳制，正在对后方产生有害的影响。到了 1916 年春季，德国和奥地利的城市里已排起了长长的队伍，此时开始出现粮食短缺，取而代之的是越来越多难吃的合成替代食品。德国的食品价格已经是战前水平的两倍，而在奥地利，高企的通胀造成 1916 年 12 月的生活成本上涨六倍。这个季节将永远作为"芜菁之冬"被人们铭记，饥饿的百姓被迫改食不受欢迎的根茎类蔬菜，但异常寒冷的天气导致煤炭短缺，在德国负担过重的铁路网上，大量的土豆腐烂在运输途中。在全国范围内开始出现很多流动厨房，供应一种很稀的炖菜，却好像根本无法缓解饥饿的痛苦，也不能抵抗每周都在增长的对战争的不满。一位德国政治家悲伤地指出："饥饿的人们最想革命。"[2]

贝特曼·霍尔维格急于从罗马尼亚的胜利中获得更大的好处，他在12月12日向德国国会发表讲话。面对簇拥在一起的与会者和一大批聚集在门外的人，他宣布已经向中立国发送了照会，呼吁进行和平谈判。德国及其盟友奥匈帝国、保加利亚和土耳其"证明了它们在战争中获得巨大成功的坚不可摧的力量。它们以坚不可摧的战线抵挡着敌对武装力量的不断攻击……最近的事件已经表明，战争的持续并不能削弱它们的抵抗能力"。因此，同盟国现在希望展开和平谈判，"旨在确保其人民的生存、荣誉和自由发展"，作为"持久和平"的基础。5天以后，美国总统伍德罗·威尔逊进行干预，他直接致函每一个交战国，呼吁各国提出"结束战争的条件"。[3]

12月29日，比利时、法国、英国、意大利、日本、黑山、葡萄牙、罗马尼亚、俄国和塞尔维亚各国政府做出了正式答复，协约国拒绝"接受一项缺乏诚意且毫无意义的动议"。[4]不知道德国最高统帅部是否真的相信这份照会能有什么用处，但是相互保证不会单独媾和的各协约国政府的迅速拒绝，并没有让柏林感到意外，反而为战争扫清了道路。德国领导人从没有真正忘记过潜艇战，随着在罗马尼亚作战行动减少，这一计划又浮出了水面。德国的U型潜艇名义上仍在遵守1916年5月的"苏塞克斯承诺"，将其舰只置于"登船与搜查"的标准巡航规则之下，但要求摒弃这一规则的呼声每个月都在增加，德皇和贝特曼·霍尔威格都因为没有穷尽全部作战手段追求胜利而受到批评，这一指控给缺乏信心的威廉二世造成比其他所有人都更大的痛苦。

261

为最高统帅部提供更多理由的是亨宁·冯·霍尔岑多夫（Henning von Holtzendorff）海军上将。为了给 U 型潜艇松绑，这位德意志帝国海军参谋长大力游说。在 12 月底散发的一份备忘录中，他主张"尽早开始无限制潜艇战"。如果德国每个月击沉 60 万吨船舶——霍尔岑多夫认为这个数字是可以实现的——就可以摧毁英国的商用船队，从而阻碍其海上贸易，到 1917 年夏天，英国便可能会被迫祈求和平。"如果我们能成功打断英国的脊梁，"他写道，"战争将立即以有利于我们的方式结束。"让贝特曼·霍尔维格担心的美国人参战的问题被置之脑后。当然，霍尔岑多夫承认，"应该尽一切可能避免"与美国开战，然而，这"不应该让我们在关键时刻退缩，放弃使用一种能为我们带来胜利的战争手段"。5

霍尔岑多夫的备忘录令人激动不已。几个月内取得决定性胜利的承诺似乎为德国提供了另一条摆脱西线战略僵局的途径。兴登堡和鲁登道夫在使用他们所拥有的任何作战工具上都毫无顾忌，他们认为现在正是取消对德国舰只的任何限制的时候。12 月 23 日，兴登堡在信中敦促首相"尽快采取在未警告的情况下以鱼雷袭击敌方武装商船的方式"。他不相信威尔逊总统是一个诚实的中间人，并认为目前对他"没有更多的兴趣"了。他还警告说，如果不采取更有力的海战策略，士气可能会受到影响。"眼下正在与敌人激烈缠斗的陆军也会以同一观点看待此事。官兵们希望我们动用所有资源，忽略次要事项。如果部队的坚定决心受到削弱，就不可能保证他们的士气。"6

第二天，贝特曼·霍尔维格回信提醒兴登堡，由于此事关乎外交政策，他对此有最终决定权，这场战役在针对敌国舰船的同时将不可避免也会涉及中立国的船舶。此外，由于德国尚未收到对其和平照会的正式答复（这一答复在 12 月 29 日才收到），首相对仓促行事表示担心。"现在还没有人能够说出会是什么样的答复，"他写道，"各种可能性似乎表明，大体会是拒绝，虽然可能会留下某些其他可能性。我们一定不能把那扇门关上。"由于德国新闻界有关可能重启潜艇战的谣言泛滥，贝特曼·霍尔维格希望避免给人留下德国心口不一的印象，并提醒兴登堡，"大本营绝对有必要采取最严厉的措施确保新闻界不会出现此类讨论"。[7]

最高统帅部并不信服。兴登堡于 12 月 26 日答复："不幸的是，军事态势使我们无法容忍任何形式的谈判推迟实施至关重要的军事措施，进而严重影响我们的作战效能。"此外，他还要尽其所能纠正人们的普遍印象，即阻止德国采取潜艇战的是统帅部而不是首相。[8]当德国的条件在几天后遭到拒绝时，兴登堡和鲁登道夫都保持了强硬的立场，在新年那天于普莱斯举行的战略会议上，他们将贝特曼·霍尔维格逼到了角落里。首相努力坚持自己的立场，告诉这两位军官："我们必须非常清楚，从军事形势来看，重大的军事打击不大可能给我们带来最终的胜利"，他们必须意识到潜艇战役是他们的"最后一张牌"——"一个非常危险的决定"！但是兴登堡无动于衷。"至此时为止，巡航模式的潜艇作战只给我们带来了少许的成功，"他承认，"我们需要尽可能采取最为有力和无情的行动。"鲁登道夫表示赞同："潜艇战甚至可以改变我们陆军的处境。（我军敌人的）弹药供应将受到木材和煤炭短缺的影响。这意味着西线战场的部队将得到解脱。我们必须腾出部队准备第二次索姆河战役。"[9]

德皇将做出最终决定。至此时为止，他一贯遵循一条谨慎的路径，听从首相的意见，并小心避免对这样一场战役投入过多，即战前总是承诺如此之多，战后却似乎又一直毫无结果。在 1 月 9 日于普莱斯举行的枢密院会议上，这些观点被再次讨论。霍尔岑多夫敦促他们抓住机会打击敌人，而遭受挫败并陷入孤立的贝特曼·霍尔维格只好承认，如果军事当局认为时机合适，他就不会反对。协约国对德国照会的拒绝刺痛了德皇，他知道，任何进一步的摇摆都可能会削弱后方的士气。截至1916年秋季，帝国议会里多数人支持改变政策，甚至天主教中央党（Catholic Centre Party）也开始鼓吹更加密集的潜艇战。因此，当命令摆在他面前时，德皇便坐下来签署，与此同时，他抬头看着聚在一起的军官并告诉他们，他预计美国会宣战。"如果它真的来了……"他补充说，"那再好不过。"[10] 这场战役将从 1917 年 2 月 1 日开始。德国已经打出了它的"最后一张牌"。

索姆河仿佛逐渐消失在 11 月中旬的大雪中，但是在凡尔登前线战火仍未熄灭。12 月 15 日 10 点，一个寒冷刺骨的上午，白色的雾气笼罩大地，杜奥蒙堡顶部的 155 毫米榴弹炮只开了一炮，作为这场战役的最后一次进攻信号。那一刻，芒然下属四个师在一片弹雨中向前冲去。一道双层移动弹幕引导着他们向目标前进。首先由高爆炮弹扫清道路，接着是另一排榴霰弹，后面是法军步兵步履蹒跚地越过弹坑和结冰的水塘。德军五个师坚守在防线上，尽管为期六天的预先炮击已使他们的防御工事变成一片乱七八糟的壕沟。他们像往常一样勇猛战斗，但未能阻止进攻，法军已深入他们的防线 3 公里，占领了卢维蒙（Louvemont）和贝松沃这两个目标，并夺回了 2 月失守的布瓦德高赫耶尔（Bois des Caurrières）的破碎林地，共抓获1.1 万名战俘。[11]

防线崩溃的速度震惊了德国最高统帅部，汉斯·冯·茨韦尔作为一个军团司令 2 月起就在默兹河作战，因对这次崩溃负有责任而被解职。对于法军来说，这次攻击似乎进一步证明了尼维勒拥有他所谓的那种"公式"。12月18日晚上,仿佛是对德国和平照会的轻蔑回应,芒然向他的士兵下达了命令,承诺他们"必将取得最终的胜利"。最近"在具备特殊防御条件的战场进行的战斗"已经证明,"有可能打败数量更多的敌人",而且"只要谨慎利用火炮、适当的地面布局和机警的空中支援,一支英勇而熟练的步兵就能够实现突破,然后在尼维勒将军的指挥下展开机动。我们既有正确战略又有出色的领导才能。那就是成功的关键"。[12]

尽管尼维勒的胜利带来一派欢欣鼓舞,但正如贝当一直警告的那样,法国陆军的情绪是脆弱的。10月底,联络官告诉普恩加莱总统,一种"极其糟糕的心态"正在前线士兵中蔓延。在财政部分发小册子宣传一笔新的战争贷款之后,彭加莱收到了"来自前线的数十封充斥着侮辱与威胁的信件"。虽然他觉得人们"在悲伤中非常平静泰然",但法国人的耐心已经耗尽。[13]在巴黎,随着凡尔登战役结束,议会关于战争控制权的斗争加剧。11月举行了两次秘密会议,代表们就罗马尼亚发生的灾难质询白里安,就法国是否可以采取更多措施防止这个国家被如此迅速地占领等问题向他提问。"我担心内阁恐怕已病入膏肓,"英国大使伯蒂(Bertie)勋爵写道,"政府在议院中的席位一直在减少。他们的敌人和对手正在倾巢而出,这种局面对他们而言是很难对付的。"[14]尽管白里安艰难通过了信任投票,但他知道,如果想要继续执政,就必须做出改变。他制订了一项计划,在回应批评意见的同时,避免与法国军队的高层陷入混乱而持久的分歧。白里安告诉霞飞,他即将得到晋升,成为法国元帅,之后他要"继续指挥战争"——虽然是作为更为疏离的政府"技术顾问"的角色。从今以后,西线战场的法军将听从另一位军官的命令,一俟得到霞飞的回应,将立即任命这一职位。[15]

266

当霞飞被告知这些计划时，他耸了耸宽阔的肩膀，说他一直遵循政府的命令，"这一方案看似完全合乎逻辑"。直到后来，当法令颁布时，他才意识到自己被剥夺了权力，推到了一个几乎没什么权力，也不用承担多少责任的高调职位上。霞飞要求白里安给予澄清，结果发现政府无意听取他的建议，因此，12月26日，他递交了辞呈且最终被批准。霞飞的权力现已移交给他的继任者罗伯尔·尼维勒将军，他是法国政府的明智选择。还有一些更高级别的候选人，包括各集团军群的指挥官，如贝当、福煦和在1916年取代奥古斯丁·迪巴伊指挥东部集团军群的弗朗谢·德埃斯普雷，以及霞飞的参谋长卡斯泰尔诺。越过他们而任命尼维勒的决定并没有引起多少关注，这着实令人惊讶。出于这样或那样的原因，这些法国陆军中的重要人物都排除了自己的可能性，贝当过分悲观，福煦与霞飞关系太过密切，弗朗谢·德埃斯普雷基本上无人知晓，卡斯泰尔诺过于诚恳。尼维勒没有这些特点。"他相貌英俊、聪明、令人可信而又冷静，"一位英国仰慕者写道，"根据我们的标准来看，他的身材中等，五官端正，棕色的眼睛若有所思，整齐的髭须略显灰白，一头黑发在鬓角处微微泛白，下唇底下的一撮胡子也变灰了。他给人的印象是充满热情、决心与活力。"[16]

此时此刻，法国人民厌倦了这场争斗，而法国的政治家们也无意于卷入另一串优柔寡断的索姆河式战役，尼维勒的"公式"便成为一个诱人的选项。"经验起到了决定性作用"，他在前往最高统帅部之前告诉他的参谋人员，"我们的方法本身已经得到了证明。第二集团军再次更清楚地显示了在士气和物质上对敌人占有的优势。胜利是无疑的，我可以向你保证。德国将为此付出代价。"[17]那些与新任指挥官接触过的人都被他自信的举止深深打动，仿佛他有一个谁都不知晓的惊人秘密。"我们为他的机遇折服，"一位参谋回忆道，"从中看到了命运的象征，比缓慢的晋升过程更为有力，而且我们相信他的好运气。"他甚至也被英国人接受。他的母亲是一位印度军官的女儿，尼维勒的英语很流利，他似乎是西线战场上两个盟国之间紧密联系的化身。《巴黎回声报》上写道："他的确是英法协约的化身。"[18]

除了尼维勒的晋升，法国政府还做出了其他一些任命。皮埃尔·罗克被授予一个集团军司令的职位，路易·于贝尔·利奥泰（Louis Hubert Lyautey）接任陆军部长，后者是一位62岁的殖民地军人，过去四年一直担任摩洛哥总督。卡斯泰尔诺被任命为东部集团军群指挥官，而芒然受命统领第六集团军，法约勒将军则接管第一集团军。除了霞飞之外，另一个主要受害者是斐迪南·福煦，他指挥北部集团军群的职务被弗朗谢·德埃斯普雷接替。福煦经历了艰难的一年，5月发生了一场车祸，他的车撞上一棵树，给他留下满身的伤痕。他还发现自己在索姆河的努力被凡尔登的激烈战斗掩盖，在那里，贝当和尼维勒为争夺法军防线的控制权而相互竞争。福煦从来都不想在索姆河上作战，但他督促法约勒去，同时罗林森和黑格对协同进攻的态度又总是让他感到沮丧。这场战役的微薄成果让法国政客们感到不安，他们很快就注意到，福煦已经与乔治·克列孟梭建立了紧密的关系。这位75岁的参议员和政府的主要批评者从福煦身上看到了他自己具有的某种东西——一个躁动不安地为法国燃烧的灵魂。

由于福煦对索姆河战役兴味索然，以及对那种"有条不紊的战斗"的偏爱，霞飞曾与他发生激烈争吵。当他的名字作为未来总司令的可能人选被提出来的时候，霞飞感到非常困惑，并表示不想让福煦领导索姆河战役的任何后续行动，也不认为他是自己在最高统帅部职位的合适接班人。福煦在1914年曾是一位非常宝贵的作战将领，现在显然变得多余了。12月16

日，他收到一封电报，说他被解除该集团军群的指挥权，不久后，他被"交给陆军部长处置"，这是他被撤职的明确迹象。[19]福煦勃然大怒，高声叫骂，怒气冲冲跑去见霞飞，后者当时住在尚蒂伊的别墅里。他起身迎接这位来客，把手放在福煦的肩头，努力让对方平静下来。

"你被解职了"，他这么说着，又提到了那个法国中部的小镇，法军将领要到那里去接受重新指派的任务，"我也应该被解职，我们都应该被解职"。[20]

12月28日上午，霞飞终于离开了孔代大饭店。包括许多参谋在内的最高统帅部所有工作人员，都聚集在外面为他送行。当他身着深色上衣、红色裤子，戴着法式军帽，以他那特有的圆胖身材出现时，一个本地连的士兵排成整齐的队列，以训练有素的军姿向他敬礼。他对这些士兵进行了简短的检阅——脸上流露出悲伤而疏离的表情——然后敬了个礼，钻进车里走了。[21]他派驻英军总司令部的联络官皮埃尔·德·瓦利埃目送着他离去，这位"马恩河的胜利者"受到如此对待令他感到失望，他心中琢磨着未来会发生什么。"我们知道有些什么东西随他而去了，罕见的自制力、可靠的判断力、从未放弃的努力，以及经过深思熟虑的非常大胆的计划。即便他没有在索姆河上完成他精心准备的广泛而有力的战斗，那又是谁的错呢？"[22]

现在，这些关于法国战争行动的急切问题，在伦敦也出现了。酝酿了几个月的政治风暴终于在12月2日至3日爆发。在1916年，赫伯特·阿斯奎斯的权威不断被削弱，从卢斯和加利波利到美索不达米亚和索姆河，一而再、再而三的挫折耗尽了政府的精力。大卫·劳合·乔治一直谴责阻碍英国战争行动的错误领导与冷漠懈怠。12月1日，星期五，他终于下场加入了战团，发出辞职的威胁，除非任命他担任一个新的、精简的战争委员会的主席，该委员会不得包括首相在内，且"有权……指导与战争有关的所有问题"。阿斯奎斯如果不想成为一个傀儡，就绝对不会接受这样的条件，他给劳合·乔治回信抗议说，必须由首相主持这样一个委员会，而不能将他"贬低到一个幕后仲裁人的位置"。[23]

几天时间里，阿斯奎斯为寻求支持而疯狂地游说，结果发现自己错误地判断了形势，其政府内部的大多数高级成员，包括寇松勋爵和安德鲁·博纳·劳（Andrew Bonar Law），都承诺支持劳合·乔治。不管劳合·乔治有什么缺点，虽然的确有很多，这位53岁的威尔士人总是精力充沛、意志坚定，浓密的灰白色头发向右侧梳过去，黑色的眼睛闪动着阴谋诡计，而且充满了斗志。相比之下，1916年底的阿斯奎斯显得死气沉沉，根据一位内阁成员的记录，"他的眼睛总是流泪不止，五官一直在紧张地抽搐着"。[24]其长子雷蒙德死于索姆河战役，他一直没能从这一重创中恢复过来。当这个可怕的消息传来时，阿斯奎斯及其家人正在牛津郡萨顿考特尼的家中享受一场周末聚会。电话铃响起来，阿斯奎斯的妻子玛戈（Margot）起身去接，而男士们——阿斯奎斯、军需总监约翰·考恩（John Cowans）爵士和指挥第19师的少将汤姆·布里奇斯（Tom Bridges）爵士——正在"餐厅里陶醉于波尔多葡萄酒和白兰地之间"。阿斯奎斯听到这个消息后失声痛哭，他双手颤抖着试图止住悲伤，然后蹒跚地走过去，跌坐在扶手椅上。"我们的孩子雷蒙德在星期五阵亡了"，这是他唯一能对客人们说出来的话。[25]

在这一年余下的时间里，阿斯奎斯一直在勉力支撑，但对于越发充斥在内阁大臣们中间的不耐烦和沮丧情绪，他几乎无能为力。当显然不再能够获得下议院的支持时，他便辞职

了，劳合·乔治组建了一个与从前一样依靠保守党大力支持的
270 新的联合政府。保守党领袖安德鲁·博纳·劳意识到，只有这
位尖刻的威尔士人能够从各个政治派别中获取足够的支持，同
时他还拥有胜利的意志。新首相迅速采取行动，组建了一个仅
由五名成员构成的战时内阁，包括他本人、枢密院议长兼上
议院领袖寇松勋爵、财政大臣博纳·劳、不管部大臣米尔纳
（Milner）子爵和亚瑟·亨德森（Arthur Henderson）。他还任
命莫里斯·汉基爵士为战时内阁秘书，于12月7日晚上会见并
告知对方，他现在已是首相，"尽管他不太喜欢这个职位"。[26]

　　劳合·乔治知道这个重要职位的负担多么沉重。12月19
日，他第一次以首相身份向下议院发表讲话，承认自己"在这
个国家曾经卷入的最大规模的战争中，作为王室首席顾问"，
承担了"能落在任何人肩头的最重要的职责，而国家的命运就
取决于这场战争"。他对德国的和平照会不屑一顾，认为这份
文件是不诚恳的，是令人无法容忍的，是"从普鲁士军国主义
的胜利战车上耀武扬威地传递出来的"。他又尽可能清楚地说
明了政府的任务："坚持自战争开始以来一直在进行的、针对
我们全部国家资源的动员，并提高其效率，以便在无论多长的
时间里都能让国民承受住它的压力，无论路途多么遥远和艰
辛，我们都要向着胜利前进！"[27]

　　对于他所希望的英国进行这场战争的方式，劳合·乔治
有着强烈的想法，但他发现自己受到的限制比预期的更多。为
了确保保守党对其首相职位的支持，他同意不对军队高层做任
何改变，让罗伯逊和黑格都留任原职——他很快就为此感到后
悔。[28]他的战争策略也很难获得广泛赞同。在1月5日分发的
备忘录中，他敦促采取行动支持意大利的进攻："协约国的目
标是杀伤德军。我们可以像在西线战场那样，让他们在意大利
271 也动弹不得……难道不能在伊松佐河的战线上集中英法两军的

炮兵，对敌人发起大规模的突然袭击吗？这样不仅可以确保意大利的安全，防止敌人集中兵力，而且更重要的是，能够粉碎敌军，使其遭受决定性的失败，并向的里雅斯特挺进，跨过伊斯特拉半岛（Istrian Peninsula）。"[29] 协约国已经承受的可怕伤亡令这位新首相心有余悸，他不明白为什么这样的屠杀还要再持续一年。他认为，很有必要尝试一些不同的做法，打垮奥地利人，分裂同盟国中最虚弱的部分。只有这样，在取得一次明显的胜利后，他们才有能力干掉德国。

劳合·乔治希望将英国努力的重点从西线战场转移出去，但是在自己的办公室之外，他几乎找不到支持。到1916年底，皇家海军对活跃于比利时海岸的U型潜艇越发紧张，并通知战争委员会，消灭泽布吕赫和奥斯坦德的德国潜艇基地的任何行动都将受到极大欢迎。黑格一直希望在北方发起进攻，将德国人赶出佛兰德地区，并抵达海岸线，而发动无限制潜艇战的决定只不过给了他更充分的理由。[30] 但当黑格和罗伯逊在唐宁街10号受到劳合·乔治接见时，他们立即意识到，对方不会轻易放弃自己的战略观点。"他嗓子不太好，有些感冒，但是一上来就说了很多。"黑格回忆道。首相渴望的胜利可能是在巴勒斯坦，他还希望给意大利人送去200门重型火炮。黑格对此表示反对，他辩称几乎没有时间做这件事，而且在春天之前也来不及将这些火炮调回来。"为了取得巨大成功，"黑格用他自己那种慢条斯理的方式补充道，"我们必须忍受一些'小小的痛苦'。"[31]

伦敦的讨论很快就让位于法国发生的重大事件，法国政府希望英国认可他们为来年制订的计划。11月举行的协约国内部会议同意将索姆河战役延续到1917年，而尼维勒一俟入主最高统帅部，便放弃了索姆河战役。尼维勒当即撕毁了霞飞的既有计划，代之以更加野心勃勃的想法。在12月21日给黑格的一封信中，他解释道："在1917年的攻势中，英法两军必须努力摧毁西线战场上的敌军主力。"尼维勒提议，在战线的另一部分展开"突然袭击"之前，要沿着英军防区进行一次颇具影响力的攻击，以便尽可能多地锁定德军的预备队。这将实现突破，随后的一支"机动部队"会冲过德军防线上的缺口。[32]

1月中旬访问伦敦期间，尼维勒受邀出席战时内阁的会议，得到一个解释自己想法的机会。对于这样雄心勃勃的提议，劳合·乔治小心翼翼地不让自己轻易做出承诺。他面对的通常都是一些少言寡语的将领，但他发现尼维勒的魅力和口才与他们形成了鲜明的对比。尼维勒重申了法国的官方立场，即下一年要在西线采取决定性行动。"从数量和质量两方面来讲，那里都是敌人主力集中的地方。"然而，他也确实认可，索姆河进攻的"无限期延续"是不得人心的，而且结果也不太可能与协约国要付出的"努力和牺牲"相匹配。但是，这并不意味着他们应该采取守势。相反，他表示他"绝对相信我们必须尽快进攻"，以取得"决定性的战果"。最近在凡尔登的行动是"这一愿望的基础，并为我们指明了前进的方向"。[33]

只有在年初促成这次进攻，而且最好尽快实施，它才能够成功。德国在多瑙河有15个师，在巴尔干半岛还有3个师，这些部队可能在1917年的春末或初夏被调回西线，所以尼维勒发出警告，说他们必须立即采取行动。"在我们这边，没有任何类似的期待：法国无法组建新的师，现有部队开始逐步消耗。"尼维勒尽心尽力地强调，这些计划并不是绝望中的自暴自弃，它基于对法国陆军及其新武器的务实评估，特别是能够摧毁德军防御系统的155毫米榴弹炮的数量不断增加。这些火炮将使他们"至少可以对8公里纵深的区域展开炮火攻击，打击敌军的第一道和第二道防线，以及炮兵战线"，为突破打开通路。就在6个月前，法军炮手还需要五六天的时间才能将炮兵连向前移动，以便攻击新的防御阵地。"现在有可能只需要在进攻中实施一次打击，承担的损失也最小，因为双方步兵一接触，敌军的炮火就停了。"[34]12月15日在凡尔登发生的情况就是这样。曾经需要几周甚至一个月才能完成的任务现在只需要24小时。

英国人依旧心存疑虑。劳合·乔治询问了2月的天气情况，阿瑟·贝尔福琢磨着他们是否有足够的火炮，寇松勋爵询问尼维勒，为什么之前的攻势都失败了，而之后他的行动能成功。黑格已被要求接替索姆河以南的法国第十集团军，这一动作可以帮助尼维勒形成他的"大规模机动"，但是黑格对必须接管更多的正面堑壕很是担心，与此同时他还要训练所属各师，准备好在尼维勒的主攻之前发动辅助进攻。他宁愿等待，或许一直等到干燥的四五月份。这将与意大利和俄国的计划重合，而且让其手下各师得到更好的训练，并装备新的坦克和飞机。但尼维勒对他的担忧不为所动。他说，黑格的理由"不错"，但"我们不应该让自己单纯受到这些因素的影响，否则我们会再次承担后发制于人的风险。拖延更长时间所带来的益处无法与我们先下手为强能获得的优势相提并论"。[35]

尽管对尼维勒的提议心存疑虑，战时内阁还是同意了，并承诺在3月的第一周前替下法国部队，然后不晚于4月1日启动一场联合攻势。这次进攻将尽力实现决定性的战果，但如果没有很快取得预期的成功，战斗将会停止，之后英军可以按照自己的决定，围绕比利时沿海"开展下一步的行动"。[36]尽管黑格还是对不得不额外接管这么多阵地感到不满，但劳合·乔治坚定地认为，比起在进攻中发挥更突出的作用，这样做更为有利。"我们接管了那道防线，就意味着法国能将四个师投入其机动部队。如果不这样做，我们就只能与这四个师一起攻占一两条战壕，法军则无法完成他们的战术动作。"黑格提出异议，劳合·乔治反驳道："如果我们把这些人马交给他们，他们就能用一半的损失占领双倍的土地。"

当天晚上，劳合·乔治回去以后仍然很生气，他将自己与黑格的争论告诉了秘书弗朗西丝·史蒂文森（Frances Stevenson）。

"你处理得很好，"她说。

"是的，我是认真的，"他答道。"黑格并不在乎他损失多少人。他只是挥霍掉这些孩子的生命。我的意思是将来可以拯救他们当中的一些人。他似乎把这些人当作了自己的财产，而我对他们负有责任，我永远不会任他胡来……"37

在1916年的头几个月里，法金汉努力通过对凡尔登的一次次艰苦的进攻，在陆地上粉碎协约国，让法军"流尽最后一滴血"。一年后的今天，德国开始相信海上绞杀。1月31日，德国驻华盛顿大使约翰·冯·伯恩斯托夫（Johann von Bernstorff）将一封对未来具有重大影响力的信件交给美国国务卿罗伯特·兰辛（Robert Lansing），通知对方，由于现在协约国拒绝了德国的照会，并企图"肢解并羞辱"同盟国，德意志帝国别无选择，只能以"充分利用其拥有的所有武器"做出回应。英国坚持所谓的"饥饿战争"，德国现在将"以武力阻止"在英国、法国、意大利和东地中海周边地区的全部海上交通，包括中立国在内。"所有在该区域内遭遇的船只都将被击沉。"38

当德国U型潜艇编队悄然出海的时候，兴登堡和鲁登道夫认真考虑了西线战场的局势。自从1914年8月坦嫩贝格战役前夕，他们匆忙赶往第八集团军以后，两人都坚信德国的胜利只能在东线战场获得。而在法国和比利时，当他们感受到这场战争的真实规模和爆裂程度时，也就不可避免地转变了观念。

1月17日，在英法两国就来年计划达成一致的第二天，鲁登 275
道夫在康布雷向集团军群指挥官及其参谋长做简报，告诉他们
现在西线是"关键的战场"。遗憾的是，他没有足够的预备队，
像赫尔曼·冯·库尔所建议的那样发动一连串的有限进攻，但
他希望能够从罗马尼亚调回更多的部队，同时未来几个月内能
在德国新组建13个师。[39]

人人都怀疑，几周后敌人就要发动一次新的大规模进攻。
德国飞机在寒冷的天空中四处搜索，寻找铁路车厢和弹药库增
加的迹象，同时试图区分旧地点和新地点，并时刻提防可能存
在的欺骗与伪装。德军情报部门估计，到当年春季，英军将可
以部署1200多辆坦克，法军则有800辆。这是严重的高估，
而其他信息更为可靠。特工报告称，大约有1万人的葡萄牙分
遣队正被运到西线战场，尽管德国最高统帅部对其可能的作战
价值不以为意。[40]至于协约国在何时何地发动攻击，鲁登道夫
认为可能会在香槟或上阿尔萨斯这两个地区，尽管有谣言说，
3月协约国会在索姆河大举推进，随后英军将在佛兰德地区
展开行动。"如果敌人的进攻再次失败，"他告诉鲁普雷希特，
"战争可能会在夏季结束"。[41]

有鉴于更广泛的战略背景，德军在1917年将不可避免地
继续处于防御状态。最高统帅部里那两位一心想着进攻的指挥
官并非自然而然地秉持这一想法，但这毕竟是一个明智而务实
的决定。为了有效地做到这一点，就需要采取某些办法，使德
军能够以更少的兵力守卫自己的防线，避免前一年"索姆河大
战"造成的严重和持久的损失。虽然协约国越来越依赖火力，
但德军的战术已经开始变化，强调纵深防御和适时反击，而不
再是静态地坚守前沿阵地，遵照法金汉血腥的命令将一个又一
个营毁灭在索姆河畔，只为了他所谓的不得放弃"一寸土地"。
于是，德军在冬季发布了两份文件，概述了新的作战方法，分 276

别是《防御战的实施》（"Conduct of the Defensive Battle"）
和《纵深组织反击的指示》（"Instructions for a Counter-
Attack Organized in Depth"）。前者确认防御部队的目的不是
"僵化地死守领土"，而是"在保护自身力量的同时，以火炮、
机枪和迫击炮为主要手段尽可能地消耗进攻方"。后者指出，
防御作战成功的关键是"纵深"反击，在防线后面 3~5 英里处
驻扎预备队，然后在适当的时候将投入预备力量，理想的时机
是攻击者筋疲力尽、弹药不足且无法巩固其战果的时候。[42]

新的战术肯定会给德军带来帮助，或者至少让协约国面
对一些不熟悉的挑战。但是，让尽可能多的部队脱离战线，休
息、再装备或重组一支战略预备队，则带来更困难的问题。在
法国，兴登堡在 1916 年 8 月要求的后方阵地现在已接近完成，
这为当下解决预备力量不足的问题提供了一个潜在的方案。德
国工程师选择了最佳地形和最致命的火力覆盖区域，在他们
的监督下，西线后方建起一系列坚固的防御阵地，最重要的
是"齐格菲防线"（Siegfried Line），从康布雷以西的阿拉斯
一直延伸到圣康坦和拉费尔（La Fère），以苏瓦松以东的埃
纳河畔瓦伊（Vailly-sur-Aisne）为终点，这样便消除了德军
防线上的巨大突出部。法国和比利时成千上万的平民加上俄国
战俘，一起被强行编入劳工连，艰难地参与建造这些巨大的工
程。相距 200 码的两条堑壕散布着地下掩体，步兵和预备队可
以躲避在里面，同时得到混凝土的机枪射位和粗粗的带刺铁丝
网的保护，后者有时可以延伸 100 码远。[43]

德军是否以及何时占领齐格菲防线，现在成为一个最重要
的问题。鲁普雷希特王储的各集团军占据着巨大的努瓦永突出
部前线最暴露的部分，他渴望把自己的人马带出索姆河水浸泡
下支离破碎的阵地，去往干燥的地区。1 月 28 日，他向统帅
部发电，指出第六和第一集团军前线战壕的"恶劣状况"，以

及整条前线上"僵化的防御行动"造成的严重损失和士气低落。"部队正变得筋疲力尽，他们是否还有能力承受像1916年索姆河战役那样的防御战，这很值得怀疑。"撤退到兴登堡防线（Hindenburg Line）①是一个"困难的决定"，但鲁普雷希特相信它是"正确的"。44

  在接下来的几天里，争论仍在继续。接替了塔彭的最高统帅部作战主任格奥尔格·韦策尔（Georg Wetzell）在2月2日指出，向齐格菲阵地转移将会腾出13个师和相当数量的火炮，同时还能提供"两周到三周的时间，向未来得及掘壕固守的敌人发动攻击，这是一个永远不会再出现的机会"。至于鲁登道夫，他与库尔交谈，讨论了每一种决定的利弊，然后就德国面临的选择拟成一份备忘录。由于潜艇战想必需要一段时间才能迫使协约国投降，陆军可能不得不在东西两线战场对抗协约国军队的数次进攻，还包括在伊松佐河沿岸抵抗意大利军队，与此同时又要保持"行动自由"，在必要时寻求其他机会。"我们将击退进攻，"鲁登道夫指出，"但我们几乎没有后备力量来弥补任何挫败或发动自己的进攻，而这是我们必须做的……"为了尽可能多保存人力和弹药，他们需要缩短战线。此外，任何进入后方战线的行动都必须在3月之前完成。鲁登道夫承认，这么做存在"政治上的不利因素"，但"英军从加利波利撤退，而我们从华沙撤退"，"这没有对我们造成任何伤害"。45于是，2月4日下午，鲁普雷希特接到命令，开始准备"矮子国王行动"，将他的四个集团军后撤到齐格菲阵地。当晚传来消息，威尔逊总统在国会宣布，除了断绝与德意志帝国的全部外交关系，"没有任何其他选择能够维护合众国的尊严与荣誉"。46

---

① 即齐格菲防线。

第十四章
全新的局面

怀着钢铁般坚定的决心，双方步入了 1917 年，他们都认为已制定出的战略赋予了他们在未来几个月里展开决定性作战的机遇。然而，就目前而言，前线已处于封冻状态。1916~1917 年的冬天是大战期间最寒冷的时期，恶劣的天气将酷寒带到了前线，战壕被厚厚的积雪覆盖，狂风将积雪吹得卷曲起来。法国统帅部现在搬到了巴黎以北 40 英里的博韦（Beauvais），这也算是法国议会代表们所要求的一项变化，他们渴望埋葬尚蒂伊的记忆，拥有一个新的开始。农业研究所被选作统帅部的新址，这是一处"布局凌乱、历史悠久的旧营房"，没有集中供暖设施，坐落在一连串弯弯曲曲的小巷尽头。[1] 尼维勒本希望留在尚蒂伊，他的大多数参谋人员也一样，但决定已然做出。在传令兵的匆忙往来之中，长长的一队队卡车向北驶去，装载着一个现代化军事指挥部所需的数百吨家具、信号设备和文件资料。人们希望这将标志着法国的一个新起点。

在安排新的作战基地的同时，尼维勒正试图确定进攻的细节。1 月下旬颁布的作战计划解释了他的"指导思想"，即杀伤西线战场的德国军队。这次行动将分三个主要阶段进行。首先，英军将于 3 月 15 日前后袭击康布雷，四五天后，弗朗谢·德埃斯普雷的北部集团军群向圣康坦方向进攻。然后经过短暂停顿，法军主力部队将从埃纳河向北挺进，迎接这场战役的关键时刻。[2]这些计划与1915年的攻势有着惊人的相似之处，当时霞飞在北部发动了预备性进攻，然后试图突破中路。尽管那是在香槟地区，而不是埃纳河，但尼维勒希望这次他们能取得更大的成功。毫无疑问，1917年的法军比两年前更为强大。它有了大量更重型的火炮，可以向德军防线投下几乎无限量的炮弹。尼维勒还能动用数月来一直在秘密研发中的130辆坦克。[3]但他的军队面对的也是比1915年面对的更为坚固、更具备纵深的一系列防御工事，以及一个学得很快的对手。尼维勒相信，有可能以更大的规模重现10月和12月对凡尔登的袭击，不是动用少数几个师，而是用整个集团军群，为大规模突破创造条件。这样一个眼花缭乱的行动计划，其勃勃的野心令人激动不已，本应在巴黎引起广泛关切，但是让尼维勒继续下去的只有一个不同寻常的意愿，他想看看自己能做到什么程度。法国已经尝试了其他一切办法，现在，它把自己的信任交给一位在1914年还仅仅是个炮兵上校的指挥官。

尽管尼维勒有着和蔼可亲的自信，但他还是觉得自己惊人的跃升难以理解。早在1916年7月，当第一次听说政府在总司令人选中"提到了他的名字"，他就写信给妻子，表达了惊愕。"对于高级指挥官来说，这简直是疯了，我永远不会同意接替霞飞将军，因为他带给我越来越多的荣誉，赋予我更多的权力，对我充满了信心。"[4]整个冬天，他都保持着一贯的轻松自如，向他的手下保证，一切都井然有序，他的方法是正确的，即便身边最亲近的人已察觉到他越发不安。英国第十集团军联络官爱德华·斯皮尔斯（Edward Spears）在伦敦之行结束后见了尼维勒，他注意到这位法国将军对即将到来的行动感到厌倦。他认为英军在佛兰德地区的进攻计划是不合理的，不可能取得关键战果。"将德军略微赶走一点是没有用的，"他说，"你必须摧毁他们，粉碎他们的力量。"另外，如果英军打算这样做，那么就必须现在做，因为"法国人不可能再支撑 12 个月了"。[5]

当黑格开始拖他的后腿时，尼维勒的心情丝毫没有改善。1 月下旬，黑格通报法国最高统帅部，在将足够的物资从海峡港口沿着拥挤的法国铁路网运输的过程中，他遇到了困难，而这就可能需要他重新考虑作战计划。尼维勒被黑格的这封信激怒，在几天后的回信中表示，他不明白为什么要改变，因为"为这样一场大规模进攻所做的准备……是逐步进行的，目的就是如果总体形势需要的话，在准备工作全面完成之前就可以实施进攻"。[6]尼维勒也越来越担心英国人利用铁路运输困难来限制他们的预备性攻击范围或是将进攻拖延到春末。仍旧担任驻英军总司令部联络官的瓦利埃警告尼维勒，他对英军的承诺"持保留意见"，并怀疑"当前的运输危机"只是"英军总参谋部为了拖延而假装在担心的借口"。[7]

争论持续了几周时间，直到 2 月 26 日，才召开了一次会议，试图打破僵局。在略显沉闷的加来车站酒店，劳合·乔治、黑格和罗伯逊率领的英国代表团会见了白里安、尼维勒和利奥泰。在讨论了英军的后勤需求后，法国代表团同意在 3 月底前增加黑格可用的机车和车皮数量，届时将完成铁路网的进一步升级。黑格相信，一旦运输问题得到解决，他将需要三周的时间，而尼维勒却说这一时间必须减少到不超过 15 天。就在此时，大卫·劳合·乔治介入。他挥挥手把英法两方的后勤专家小组打发走了，并说要由他们"这些专家"来研究这个问题的细节。从协约国的角度来看，最重要的是统一指挥。"敌人只有一支军队，"他说，"协约国必须确保也像一支军队那样团结，尤其是在作战当中，缺少这一点就无法保证胜利。"他补充道，每个人都必须"公开和坦率地"谈论"协同作战"。他要求尼维勒再次解释他的计划，对方照做了，而且在适度的

鼓励下，这位法国将军要求达成"准确和正式的协议"，以缓
和两支军队和两位指挥官之间的关系。劳合·乔治迅速表示同
意，并请尼维勒详细阐述他关于统一指挥的想法，一份显然事
先已起草好的文件很快分发给代表们。从 3 月 1 日起，法国总
司令尼维勒将"在所有方面"对驻法国和比利时的英国军队拥
有"权威"，包括作战行动的规划与执行。一名英军高级参谋
官将常驻于法国最高统帅部，并接受法军的命令。[8]

　　一周以前，在劳合·乔治和法国驻伦敦武官贝尔捷·德索
维尼（Bertier de Sauvigny）之间的对话中，就出现了将黑格
置于法国指挥之下的想法。英国首相解释说，自己完全信任尼
维勒，但是他需要有能力号召西线战场的所有部队。现在刚刚
晋升为陆军元帅的道格拉斯·黑格爵士不能公开从属于一位外
国的将军，但如果认为有必要，劳合·乔治可以私下里命令黑
格服从尼维勒。[9] 2 月 24 日的一次罗伯逊被告知不必出席的战
时内阁会议提出了力挺尼维勒的一个观点。法国人"在战场上
的兵力几乎是我们的两倍"，英军是"在法国领土上作战"，法
国指挥官"无疑……更具有权威"。与黑格相比，尼维勒"给
战时内阁留下了更好的印象"。于是，用寇松勋爵的话说，他
是"拥有最高指挥权的合适人选"。因此，劳合·乔治得到授
权，"在尼维勒计划的准备阶段和作战期间确保统一指挥"。[10]

　　会议因晚餐而暂停，几乎没有发言的威廉·罗伯逊爵士回
到了自己的房间。收到这份文件时，他的脸因压抑的愤怒和难
以置信而阴沉下来。在任何情况下，他都无法同意这些提议。
于是他去见了同样心烦意乱的黑格，后者喃喃自语地说他的
手下"忍受不了接受一个法国人的指挥"。直到第二天上午，
以行政身份出席会议的汉基见到了罗伯逊，事情才得以解决。
"他正处在一种可怕的状态，"汉基回忆道，"在房间里走来走
去，谈论着把'出色的军队'置于某个法国人手下的可怕想

282 法，发誓他永远不会在一个……手下服务。"他告诉汉基，这是战争期间唯一一次他整晚都没有睡觉，他现在正考虑递交辞呈。然而，事情不会发展到那个地步。劳合·乔治很快明白他手下的将领们有多么愤怒，并开始妥协。交给汉基的任务是提出他所谓的"他的方案"，该方案规定黑格将仅在即将到来的进攻中接受尼维勒的命令，如果他认为法国的要求会"危及他的军队的安全"，他也可以向伦敦汇报。[11]

经过修改的协议最终于 2 月 27 日签署，黑格在他那一份协议上添了一个旁注："本人之签署仅针对其准确表述，并非表示同意此项安排。"劳合·乔治在加来到底赢得了什么，我们并不清楚，但他失去了两位最高指挥官的信任，只换来一个与他所珍视的统一指挥相去甚远的临时性安排。另外，恶毒的谣言散布开来，说他将军队置于法国控制之下，作为在英国建立共和国的第一步。[12] 至于黑格和罗伯逊，他们离开加莱时心存疑虑，为首相的行为感到愤怒，因自己受到的羞辱而痛心。3 月 2 日，罗伯逊匆匆写下一张短笺，警告战时内阁，"长期以来，法国希望将驻法英军置于他们的绝对控制之下"，而加来"可能就是法国人打下的最尖的一枚楔子"。如果官兵们接受一位法国将领的指挥，就"不可能期望他们像从前那样作战"，可能还会有来自各自治领的反对。此外，"把这场大规模战役的命运完全交给一位外国指挥官，而此人至今还没有机会证明自己适合这一岗位，从帝国的立场来看，是一个危险的步骤"。[13]

当协约国努力为发动春季攻势协调力量时，在已经酝酿数月的双重危机的推动下，国际局势风云突变。在俄国，战争的压力变得难以忍受。2 月 22 日，天气突然好转，大量人群涌
283 上彼得格勒的街道，成千上万的人参加了大规模的示威游行，抗议工作条件恶劣，也包括对面包质量低劣的不满。在接下来

的几天里，形势变得更加严峻，罢工在整个城市蔓延，引发了当局的暴力反应。卫戍部队出动，逮捕了煽动者，在向人群开枪时大约打死了 40 个人。但这些枪击事件非但没有平息骚乱，反而激起更大的怒火，触发了彼得格勒卫戍部队的兵变，他们拒绝服从命令。几天之内，沙皇在这座城市的权威便已瓦解，他签署了匆匆起草的退位宣言，把皇位交给了尼古拉二世的弟弟米哈伊尔大公（Grand Duke Michael）。尽管人们希望这可以阻止在此"国家遭受磨难的严峻时刻"发生任何进一步的骚乱，但沙皇的退位对俄国的战争努力是一个致命的打击，使仍在战场上的俄国军队陷入极度的迷惘。[14]

在俄国摇摇欲坠之时，美国正在采取必要步骤摆脱中立加入战争。美国驻伦敦大使沃尔特·海因斯·佩奇（Walter Hines Page）定期向华盛顿发去电报，报告联合王国发生的沉船事件，但是在 2 月 24 日，这位 61 岁的北卡罗来纳人得到一个极其重要的信息。当天，外交大臣阿瑟·贝尔福将英国海军情报局截获的一份密码电报递给佩奇，密码电报是在德国外交大臣阿图尔·齐默尔曼博士（Dr Arthur Zimmermann）与德国驻墨西哥公使海因里希·冯·埃克哈特（Heinrich von Eckhardt）之间传递的，内容是"我们打算从 2 月 1 日开始无限制潜艇战。尽管如此，我们仍将努力维持美利坚合众国的中立。如果不能做到这一点，我们将以下述条件为基础向墨西哥提出结盟建议：共同作战，共同和平，慷慨的财政支持，以及我方对墨西哥将重新占领失去的得克萨斯、新墨西哥和亚利桑那领土表示理解"。[15]当威尔逊总统得知"齐默尔曼电报"后，他开始不情愿地朝战争方向迈进。几天之内，他提出"武装中立"的状态，据此，美国船只可以采取任何必要手段保护"我们的人民在海洋上进行的合法与和平的活动"。[16]

美国尚未参战，但人们不可避免地感觉到，美国正在为迫在眉睫的冲突做好准备。《武装船只法案》（The Armed Ship Bill）在参议院被否决，当时一小群参议员进行了长达两天的阻挠，但 3 月 1 日在报刊上发表的德国照会引起了轰动，并鼓舞了那些准备迎接德国挑战的人勇往直前。即使是威尔逊，这位在竞选中承诺"让我们远离战争"的人，也意识到不能不回应德国的不断挑衅。在 3 月 5 日再次就任总统后，威尔逊直击这场即将到来的风暴。他戴着一顶大礼帽，肩上裹着一件厚厚的黑色外套以抵御寒风，手里拿着一捆便条，带着深沉的庄严与悲伤发表了演讲。"我们在海洋上受到了非常不公正的对待，但我们不愿报以错误或伤害。我们始终保持着某种程度的置身事外，致力于维护超越战争本身的紧迫问题之利益。虽然我们所受的某些伤害已经无法忍受，我们依旧明白，我们自己所要求的，正是全人类都需要的——公平对待、正义、生活自由以及免于有组织的错误行为伤害。"他认为，过去 30 个月的战争中的"悲惨事件"已经"将我们变成世界公民"。[17]

暂时来讲，海外事态发展对德国最高统帅部影响不大，它正忙于即将移驻莱茵兰的巴特克罗伊茨纳赫（Bad Kreuznach）的工作。鉴于鲁登道夫所谓西线战场的"极端重要性"，统帅部在接下来的几个月里搬到了这个令人愉快的温泉镇，以便更接近其驻法各集团军。下辖三个集团军的第三集团军群也已成立，由威廉王储指挥。同时，符腾堡公爵阿尔布雷希特接管了西线战场的南部区域，从梅斯一直到瑞士边境。德军仍在急迫地等待协约国的一场进攻，以西线的 154 个师对阵英、法、比三国的 190 个师，他们在数量上面临着相当大的劣势，这就使为部队重新配备更多火炮和弹药变得尤为紧迫。[18]

285 | 1916 年 11 月成立了一个最高战争部，由威廉·格勒纳领导，负责推动战时生产，但它很难实现统帅部野心勃勃的目标。官僚间的内讧、工会的抵抗和政治上的分歧，共同削弱了兴登堡

所要求的对于德国战争活动进行彻底的重新动员，这让将军们愤恨不已，因为那些政客没有意识到"战争意味着德意志的生死存亡"，并且剥夺了他们获取胜利的工具。[19]

在写给德皇的战时内阁首脑弗赖赫尔·冯·林克尔的信中，兴登堡慨叹了生产计划的失败。"军火生产量过去和现在都不充足。举例来说，1916年9月野战炮的产量与2月持平，而这根本就不够。"因为军需品产量"远低于承诺的数量"，德国军队正处于"失能"状态。兴登堡承认，他们现在拥有的炮弹储备多于索姆河进攻开始的时候，但这并不是以增加产量完成的，而是"完全通过部队最大限度的节省才做到的，我不得不给他们非常准确的指示……我们会'渡过难关'，我从未怀疑过。但它必须以最少的生命损失实现，为了达成这一目标，我仍然坚决支持不断扩大的军备计划与合理的食品和劳工政策，后者是实现这一计划的必要条件"。[20]

在前线，随着"芜菁之冬"的持续，德军的情绪沉入了低谷。供应的食品只能说是又少又差，而且变得更加稀缺，"我们几乎每天都会收到的萝卜都冻得硬邦邦的"，一个士兵回忆道。他们的餐食里没有面包，只有少量的肉加上猪油或某种脂肪代用品，当地餐厅也供应不足，"根本买不到什么可吃的东西"。[21]实际情况是如此糟糕，以至于兴登堡在3月颁布一项法令，警告说必须节省开支，因为军队消耗了德国粮食总量的70%。"不得耗费任何多余的东西，即使是再小的数量也不能浪费。我要求所有指挥官向他们的下属解释国内经济形势的严重性，以及我们和敌人之间日益困难的经济斗争的重要性，并不时强调这些指令。我们可以坚持下去，但前提是每个人都要最大限度地节约，直到敌人在潜艇战中屈服。"[22]

对当下的德国各集团军来说，唯一的解脱就是撤退到齐格菲防线。自2月初鲁普雷希特奉命开始撤军之后，爆破队一直

286

在努力工作，将新防御工事前面的区域变成一片荒地，清除所有对敌人可能有价值的东西。被破坏的地区呈现出一派凄惨的景象，在 6~8 英里的范围内，本来是法国最肥沃的农田，现在却成为残忍与恶毒的人类才智的证明。树木被砍伐，桥梁被炸毁，电报线被剪断；铁轨和公路被挖断或设下陷阱；供水遭到污染，砷泄漏到巴勒的索姆河中，而水井则通常被臭气熏天的粪便和宰杀的牲畜尸体堵塞。银行被洗劫一空，商店被烧毁，平民被驱逐出境，那些"无用之口"，即不能工作的人被留下来迎接他们的解放者，则在周遭的破坏中忍饥挨饿，不知所措。"1914 年，他们是唱着歌来的，"内勒镇（Nesle）的一位妇女说，"但他们离开的时候默不作声。"[23]

没有哪位德军高级指挥官对以他们的名义所做的这些事情感到骄傲。鲁普雷希特表示他不同意这些命令，但被告知必须执行。他向最高统帅部争辩，称此类破坏行为将损害德国的国际声誉，并造成中立国的疏远。他甚至建议，他们应该将庞大的人口中心纳入防线，也许是里尔或康布雷，如果协约国有这个胆量的话，就让他们来摧毁这些地方。可是他说的这些都没什么用。兴登堡和鲁登道夫将其归咎于人力的不足，但很明显，他们已经制订好了破坏行动的计划。"直到最后一刻，我都希望命令会改变，"鲁普雷希特承认，"但我所能做的就是放过一些较大的城镇，如内勒、哈姆（Ham）和努瓦永。我本来打算休假，但有人暗示我，这无济于事，而且出于政治原因，也不会允许我离职，因为事情传出去就会被解读为巴伐利亚和帝国之间的争吵。因此，我能做的只是拒绝在实施规范上签名。"[24]

靠近前线的气氛略有不同。作为与鲁普雷希特和库尔失和的必然后果，马克斯·冯·加尔维茨被重新分配到凡尔登，接替第二集团军司令职位的是格奥尔格·冯·德·马尔维茨将

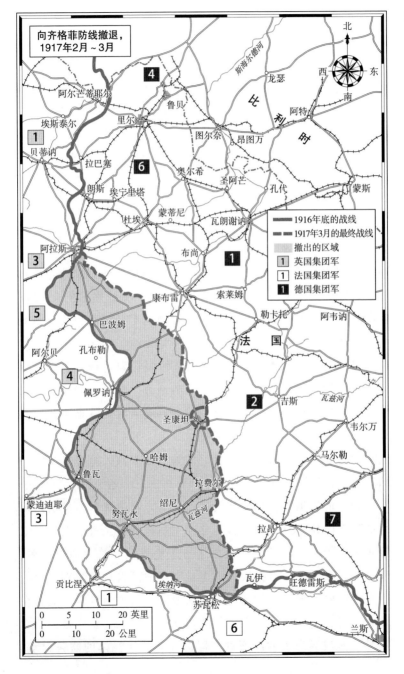

向齐格菲防线撤退，
1917年2月~3月

图例：
- 1916年底的战线
- 1917年3月的最终战线
- 撤出的区域
- 1 英国集团军
- 1 法国集团军
- 1 德国集团军

0 5 10 20 英里
0 10 20 公里

军。他收到了从索姆河撤军并摧毁沿途一切设施的密封指令，这位老派的骑兵并不喜欢这项命令。"在该处阵地前方超过 15 公里宽的区域里，所有城镇和村庄都将被烧毁和炸平，水井也将被填塞……有能力工作的居民会被带往东边。另外，那些不能工作的人要集中在努瓦永周边的几个城镇，留给法国人。"马尔维茨知道这是一个"糟糕的计划"，"一旦被发现，公众舆论便会强烈反对我们"，但他确信这是无法避免的。"军事指挥机构太需要部队了，我们必须开始执行焦土政策。"[25]

2 月 24 日，局部的重新部署在泥泞的昂克尔河开始了，但直到 3 月 14 日，索姆河两岸的第一和第二集团军各单位才开始执行朝向后方阵地的主要撤退行动。后撤进行得很有效率，经过特别挑选的后卫部队尽可能长时间守住防线，然后趁夜间溜走，同时德国飞机确保天空中没有敌机，继续展示出自 1916 年秋季之后日益明显的制空权。一旦他的军队安全地躲在新的防御工事后面，鲁普雷希特就发布一道命令，赞扬其士兵"熟练而及时的"重新部署，"行动完全按照计划进行，敌人没有加以干扰，只是谨慎地跟随。在某些地方，敌人的袭击在我们出发前已迫在眉睫，通过巧妙及时地躲避到后方阵地，我们欺骗了敌人，为顺利脱离接触做好了准备。我们从泥泞的'弹坑地带'转移到了准备充分的良好阵地。如果敌人打算攻击我们的新防线，就需要花费大量的时间，付出巨大的努力"。[26]

德军的撤退完全出乎协约国的意料。秋季之后，英法两国的情报部门就一直得到传言，称德军防线背后正有事发生，但很多都未经证实。侦察机发现了圣康坦周围建筑活动的证据，来自战俘和难民的情报表明，大量平民被赶去从事防御工程的建设，但协约国的指挥官们不相信德国人会主动放弃他们曾在 1915 年和 1916 年通过艰苦作战才守住的阵地。鲁登道夫很清楚尽可能误导敌人的必要性，同时展开了大规模的欺骗行动，并散布可能进行大规模海军突袭或通过瑞士实施打击的谎言，这足以让英国和法国的最高指挥机构一头雾水。事实上，法国最高统帅部非常担心敌人可能会对伊普尔发动袭击，因此在 1 月下旬增派一个师和大量重型火炮加强佛兰德地区的防线。[27]

截至 3 月初，德军撤退的范围已不可否认。蒙特勒伊和博韦都收到了大量报告，称在罗林森的第四集团军正面，沿法国北部集团军向南延伸，从佩罗讷一直到努瓦永和苏瓦松，敌人正在进行大规模的重新部署。尼维勒希望他辛苦制订出来的计划不会受到影响，但是越来越担心德军会像 1916 年那样赶在协约国的前面，抢得先手。当德军撤退的消息传来时，新近上任的法国第一集团军司令埃米尔·法约勒只能难以置信地摇摇头。"局面确实尴尬，非常微妙。这是德国佬的一个妙招。如果我们追击，就会落入他们的圈套，踏进一片缺乏给养、通信中断的混乱地带。如果我们不追击，便会失去接触，他们将不受限制。无论如何，我们的进攻现在都是徒劳的。他们的计划显而易见，就是节省大约 30 个师，在一两个月的时间里向我们发动攻击。"[28]

北部集团军群指挥官弗朗谢·德埃斯普雷同样感到震惊。3 月 4 日，他向尼维勒发电，请求他迅速采取行动。如果他能得到一些坦克，就可以发动突然袭击，打乱德军的部署，深入其后方。"我们进攻得越快，"他说道，"就越有可能让敌人大吃一惊，夺取敌人还没有来得及撤走的那部分火炮。"然而，法国总司令并不打算改变计划，仍然专注于把所有兵力都转移到他的主攻位置。"敌人似乎不太可能不战而退，实际上他们应该是尽全力反抗的，那是他们在我国领土上握有的一项重要保证，也就是说最靠近巴黎的战线，包括鲁瓦（Roye）、努瓦永和苏瓦松……因此，我决定不改变 1917 年作战计划的总方针。"[29]

随着另一场政治危机在巴黎爆发，尼维勒脚下的沙地正在下陷。3 月 14 日，陆军部长利奥泰将军突然宣布辞职。作为摩洛哥曾经唯一的政治和军事权威，他发现陆军部里忧心忡忡的外交和政治气氛令人厌烦与困惑，让他希望重返战场。利奥泰经常开车到前线和军官们聊天，很快他就得出结论，尼维勒的计划极其乐观。他在国会议员中也很不受欢迎，在一次有关军用航空的辩论中，他明确表示不赞成这种讨论，警告说这可能会"使国防面临风险"，暗示议员中有一些人可能居心不良。当议员们高声叫嚷阻止他发言，并指责他"侮辱国会"时，利奥泰只能不知所措地退缩。"这件事我一点也搞不懂，"他对一位朋友说，"我一说话，他们就开始大喊大叫，我甚至不知道是为什么……"在政府陷入混乱的情况下，白里安于 4 天后递交了辞呈。[30]

在爱丽舍宫，普恩加莱总统被留下来收拾残局。"利奥泰的辞职意味着我们需要一个能够确保国会和军队之间关系和谐的人，"他说，"需要一个能够在国内和友邦都点燃信心的人，一个年轻的、精力充沛的人，有坚强的个性、能够轻松形成爱国统一战线的人。"但是，普恩加莱并没有任命一位身心充满活力的年轻人，反而选择了 75 岁的亚历山大·里博（Alexandre Ribot）。这位来自加来海峡省的参议员曾担任白里安的财政部长，被认为是"杰出的爱国者，全力以赴地投身战争，是一个正派的人，不会卷入阴谋或可疑行为"。[31] 至于谁将接替利奥泰，有两个人选，为重组法国战时生产做出很大贡献的社会党军备部长阿尔贝·托马（Albert Thomas），或者是曾担任陆军部发明委员会主任的著名数学家保罗·潘勒韦（Paul Painlevé）。由于托马对此兴趣不大，里博便把这个职位交给了潘勒韦。

在前线，英国和法国军队摸索前进，多少有些犹豫，不确定发生了什么，而且要时刻警惕散布在前进道路上的陷阱。匆忙组建的自行车营，连同所有能搜罗到的骑兵，都被派上了前线，并被命令尽快沿着长长笔直的法国公路前进，清澈的白色天空中唯一的颜色是燃烧的村庄上飘起的缕缕浓烟。黑格于 3 月 17 日召开了一次集团军司令会议，针对敌人可能发动的大反攻提出警告，但什么都没发生——德国人莫名消失了。当天，英军进入巴波姆。"在巴波姆的乡村里，村庄都被遗弃了，"据一名伴随前线巡逻队的记者记录，"所有的东西都被洗劫和烧毁。在我们进入巴波姆的当晚，我从城市向东北两个方向望去，城镇和村庄的大火让天空一片血红。在昨天的那些道路上，我军的士兵浑身脏兮兮、衣衫褴褛、汗流浃背，却在一场实实在在的暴风雪中吹着口哨，不顾一切险阻，快速前进。"[32]

即便对那些身经百战的指挥官而言，惨遭蹂躏的法国乡村也让人难以忍受。"所有生产性的或值得纪念的东西都被破坏了"，夏尔·芒然哀叹道，他催促自己的部队尽快追击敌人。当法约勒将军驱车赶到克罗扎运河（Crozat Canal）时，他注意到周围遭到了"系统性破坏"。努瓦永没有留下任何建筑物，只剩一个由被毁坏的房屋和倒塌的桥梁组成的险恶迷宫，回荡着乌鸦的叫声。"不仅通信线路被破坏，房屋也被烧毁或部分拆除，这一切都是以一种有条不紊的方式进行的，许多果树都被砍倒了。"[33]只有尼维勒不为所动。新任陆军部长潘勒韦于 3 月 22 日会见了这位将军，并告诉他"新形势要求新眼光"。考虑到美国几乎肯定会参战，以及对俄军继续作战的日益担忧，他的计划是否应该"全面修改"？尼维勒认为不用。德军的撤退"解放出来的法军比德军更多"，而事实上，"假如让他负责敌军的调动，他也不可能做得更好"。敌军防线已被攻破，可以说我方没有任何损失。此外，沿着贵妇小径向前，克拉奥讷高原（Craonne Plateau）这一关键目标现在已"触手可及"。[34]

对尼维勒计划的怀疑正在迅速蔓延。在约瑟夫·阿尔弗雷德·米歇勒（Joseph Alfred Micheler）将军的指挥下，成立了一个新的后备集团军群，由第五、第六和第十军团组成，任务是突破重兵防守的贵妇小径山脊。米歇勒留着黑胡须，即使在战壕里，他也总是戴着夹鼻眼镜，因而很容易被辨认出来，他在战争开始时曾率领一个师，后于1916年夏季升任第十军团指挥官。尼维勒对于将进攻行动交给缺乏热情的贝当心存疑虑，米歇勒便被视为一个更可靠的选择，尽管他比其他候选人少一些经验。然而，米歇勒很快意识到，德国人现在有可能将更多师作为预备队，这使他在埃纳河的任务更为艰巨。3月22日，他写信给尼维勒，警告他"德军肯定更加集中在我军战线上，尽管我无法给出具体的统计数字，可能有三个新的师，又或者是四个或五个师……"进展会更加缓慢，因为部队必须对付占据第三道和第四道阵地的更多敌军才能向前推进。这意味着尼维勒此前的作战命令中所强调的情况已经"彻底改变"。[35]

离开了农业研究所冷冰冰的走廊，尼维勒前往位于贡比涅宫的前进指挥部，他坚持认为一切都没有问题。由于主攻计划于4月16日开始，黑格将于一周之前，即4月9日在阿拉斯附近展开预备性攻击，因此几乎没有时间对进攻计划进行全面修订。在4月4日的一份指令中，他承认，德军的撤退"略微改变了"各个集团军的任务，但他们的目标仍然是"摧毁西线的大量敌军"。现在，将采取"持久战"的形式，在此之后，当英法两军会合时，会出现一个"扩大战果的阶段"，英国远征军向康布雷和杜埃推进，北部集团军群指向瓦朗谢讷和莫伯日，后备集团军群则攻克"整个环埃纳河地带"。"正是通过以我们全部现有兵力展开的突然进攻，以及迅速占领最薄弱地点”，他们才能“陷入彻底的混乱”。[36]

如此胸有成竹的预测在巴黎引起了更多的怀疑。4月5日，前陆军部长阿道夫·梅西米向里博总理递交了一份报告，敦促他取消这次进攻。梅西米试探了包括米歇勒在内的一些高级军官的想法，他们给出了同样的意见：“最高统帅部面对的是一个全新的局面，却只对其计划做了最低限度的修改……它将要犯下一个严重错误，可能会给法国带来无法弥补的后果。”虽然法军肯定能“缴获枪炮并抓到俘虏”，但只会“以最重大的牺牲为代价”。[37]潘勒韦读完了这份报告，对尼维勒直率的批评令他十分痛心，他立即驱车去见普恩加莱，并将报告交给了他。法国总统已然目睹德军撤退造成的巨大破坏，并发现尼维勒比以往任何时候都更加紧张。4月2日，他们在苏瓦松镇广场会面时，尼维勒抱怨说，他的骑兵“生锈了”，对于某些“意志过于薄弱”的将领，他不得不“敲打一下”。[38]现在情况很明显，军事观点上存在重大分歧，因此普恩加莱下令第二天，即1917年4月6日的上午，在贡比涅召开一次紧急军事会议。

会议的氛围阴沉忧郁，有一种令人不安的预感。上午10点，当总统专列驶入贡比涅的一条侧线时，一群法军高级将领正在迎候，包括尼维勒、卡斯泰尔诺、贝当、弗朗谢·德埃斯普雷和米歇勒在内，都“板着冷冷而多疑的面孔”，在雪地上跺脚搓手取暖。当他们聚集到室内以后，普恩加莱在里博、潘勒韦和阿尔贝·托马的陪同下，开始讨论他们所面对的变化的环境——俄国革命与美国于当日宣布参战。“这是否说明我们应当改变计划呢？”潘勒韦解释说，他们不想干涉军事行动，但在进攻开始之前，必须清楚地评估局势。“那次聚会令人很不舒服”，他回忆道，“尼维勒将军愤愤不平、自以为是……弗朗谢·德埃斯普雷努力保持冷静，贝当面无表情，米歇勒看起来很焦虑，陷入了慌乱。"[39]

尼维勒一定感觉这整个过程很令人受伤，但他坚持自己的立场。他"指出了等待的危险"，并警告说，如果他们不迅速予以打击，敌人将重新获得主动权。随后，米歇勒被问到有何想法，他"面色苍白而又紧张"，喃喃自语地说着需要尽快进攻之类的话，这立即引起了一片骚动，因为人们以为他对该计划持批评态度。接着，贝当开口说话。他不觉得这次袭击会成功，便以其平静的声音，不带一丝情绪地开始剖析尼维勒的计划，认为突破的可能性很小。那一刻，尼维勒"手抚着制服宣称，由于既不同意政府的意见，也不同意下属的意见，他唯一能做的就是辞职"。当将军说出最后一句话时，普恩加莱和潘勒韦似乎痛苦地皱起了眉头。其他人也加入进来，都说现在不是更换指挥官的时候，尼维勒有必要继续留任。然而，他应该谨慎展开进攻。"如果短时间内没有达到预期结果，"普恩加莱警告说，"我们将不会像在索姆河上那样无限期地坚持战斗。"[40]

战争委员会未能解决任何问题。尼维勒得到授权发动攻击，即使普恩加莱的话似乎表明这次攻击要比想象的更加谨慎。会议也没有采取什么措施将正在法国高级将领之间传播的怀疑排挤出去。当政治家们返回巴黎，将军们也各自登程回到自己的司令部，为进攻做最后的安排。在向北 60 英里的阿拉斯市周围，黑格的大炮已经轰鸣起来，浓烟、灰尘和高爆炸药覆盖了德军的防线。潘勒韦所称的"年轻的凡尔登学派"，即"沃堡－杜奥蒙堡方法"，现在将接受"终极考验"。[41]

第十五章
饱经蹂躏的大地

英国第三集团军司令埃德蒙·艾伦比（Edmund Allenby）爵士现年55岁，除了脑后有一小片头发外，近乎秃顶。他以脾气暴躁、要求苛刻著称，对任何轻微的不检点行为都抓住不放。自1914年起，他就一直在西线作战，在从蒙斯撤退期间曾指挥骑兵师，后于1915年10月接掌第三集团军。随着罗林森的第四集团军向南转移，去接替准备发动尼维勒攻势的法国部队，黑格把英军在即将到来的行动中承担的相应任务交给了第三集团军，他们的防线从阿拉斯一直延伸到桑塞河（Sensée river）畔的克鲁瓦西耶（Croisilles）。艾伦比奉命沿10英里长前线突破德军防线，包抄兴登堡防线的北缘，然后向康布雷推进。他的左翼将由第一集团军下辖的加拿大军团保护，该军团将进攻维米岭。终于，艾伦比领导了他所谓的"一场大战"。[1]

尽管艾伦比被称为粗暴的煽动者，但他喜欢新观念，用最新的发明创造充实了自己的进攻计划，这也表明他愿意吸取从索姆河战役得到的每一个教训。阿拉斯由于离德军前线只有2000码远，因而经常遭到炮击，艾伦比同意利用城市的地下室和隧道网络容纳他所需的数千名突击队员，使他们能够更快投入行动，而无须在敌人的直接观察下长时间行进。在他们头顶，皇家飞行队也付出了艰辛的努力，以隔离战场，驱走布满天空的德军气球。在许多情形下，德国飞机都远远超过了英国的老式飞机，尤其是已到退役时间的 DH2s 型和 BE2s 型。尽管德国飞机给他们造成惨重的损失，但是在袭击发生前的几天里，英国飞机在战线上空不停地巡逻。[2]

297　　该计划最关键的部分是炮兵的支援，第三集团军能够在前线范围内每 12 码处部署一门大炮，其中包括将近 900 门 18 磅炮，另有 276 门 4.5 英寸榴弹炮，以及 500 多门无限量供应炮弹的重型火炮，这是相比索姆河的一大进步。[3]在 5 天的时间里，他们对德军防线施以猛烈而持久的轰炸，同时反制炮兵十分细致地搜寻敌军炮位并给予无情打击。这项工作的核心是开发出有效的方法来记录和跟踪敌人的火炮。"声测距"的原理是通过测量声波到达不同记录站的时间间隔来确定火炮的位置。该原理在大战之前就已经确立，但直到 1916 年夏天一种可靠的麦克风被发明出来，该方法才得以完善。同样，西线战场上"闪光定位"区域的扩大是另一个关键进步。观察人员分成小组，记录炮口闪光的方位，然后通过简单的三角测量过程找到发光的位置。当这些技术与改进后的地图绘制、空中侦察相结合，第一和第三集团军便能够找到他们所面对的大多数敌军炮兵连，以惊人的准确率记录他们的行动。到战役打响的时候，对德军在维米岭上的大约 212 门火炮，加拿大参谋人员已经知道其中 176 门的位置，成功率达到了 83%。[4]进攻时刻一到，他们就会被高爆弹和毒气弹淹没，这样就阻止了他们支持自己的步兵或干扰英军的进攻。

英军将攻击路德维希·冯·法尔肯豪森（Ludwig von Falkenhausen）将军指挥的德国第六集团军。这位司令官现年 72 岁，是陆军中年龄最大的高级军官之一，也是参加过 1866 年和 1870 年战争的老兵。法尔肯豪森以其传统的军旅生活方式著称，他拒绝执行最高统帅部纵深防御的新理论，而是命令他的部队保持前线兵力。这种做法在维米岭是有道理的，那里的战场布局意味着更"弹性"的防御形式是行不通的，因为山脊的东侧边缘向着杜埃平原陡然倾斜，而在其他地方，这种做法被证明不太合适。法尔肯豪森的命令意味着更南边斯卡尔普河（River Scarpe）两岸的德军各师几乎没有机会。他们的反攻师本应在附近进行支援，随时准备击退敌军，但当进攻到来时，他们还远在东边需要行军一整天的距离之外。尽管集团军群注意到了这个问题，法尔肯豪森也多次接到指示，要让他的后备师更靠近，但是他都置之不理。[5]

　　4月9日，复活节星期一的凌晨5点30分，进攻打响了。这天异常寒冷，寒风刺骨，下着一阵阵的雨夹雪。在维米岭，猛烈的移动弹幕下，四个加拿大师向前推进，在进攻零时，更有迫击炮弹和头顶上机枪的连续射击使弹幕更加密集，形成了一堵移动的乒乓作响的金属墙。这次炮击是"一场从未有人经历过的钢铁冰雹"。据守山脊中央和北部区域的第79后备师的师长阿尔弗雷德·迪特里希（Alfred Dieterich）中将回忆道："它的声音仿佛飓风咆哮肆虐的大海。到处都升腾起巨大的泥土喷泉。"[6]随之而来的是加拿大师，他们小心翼翼地穿过破碎的地面，随后对付零星的抵抗，包括坚持到最后一刻的机枪手，孤立的狙击手，或是在炮击中幸存下来的防炮洞和掩体。[7]他们在每一个目标前都停下来，留出时间扫荡他们新夺取的阵地，然后继续前进。截至上午11点，大部分山脊都落入加拿大人的手中。

　　南边也上演了类似的一幕。第三集团军有三个目标，每个目标都在地图上用彩色线路标出，它们都会严格按计划达成：黑色是36分钟后，蓝色是2小时44分钟后，棕色是8小时以后。如果可能的话，绿色标记的第四个目标将在黄昏前被夺取，两个后备师将"跨越式"前进，夺取最后阵地。[8]虽然并非全部目标均可实现，但几乎所有的攻击都取得了显著的成功。"弹幕保持了一条非常均匀的直线，"一位英国军官回忆道，"在我们前方大约 100 码处，一道连续火力形成的帷幕正以步行的速度缓缓前行。烟雾和飞溅起来的泥土稍稍帮助掩盖了我们的前进，并有助于减少狙击手、机枪或任何可能来自我们面前战壕中的步兵火力……部分以小型武器抵抗的德军被刺刀戳中，余下的举手投降。"[9]

随着攻击持续，伤亡人数增加，英军遭遇的守军所在阵地从来没有受到过如此猛烈的打击，有一刻，德军防线似乎出现了巨大缺口。英军某个师的部队甚至突破了第三道防线，行进了 3.5 英里，这是自堑壕战开始以后，任何一方在一天之内取得的最大进展。[10]艾伦比已经集结了三个骑兵师，准备在可能取得突破的情况下继续前进，争取充分利用炮击的作用。有几个中队能够跃马冲上前去，但德军第三道防线上的带刺铁丝网大部分仍然完好无损，因而阻止了英军进一步扩大战果。坦克的表现也令人失望。40 辆马克 I 型被派到战场上，但由于地面不平、机械故障以及由炮弹、手榴弹和迫击炮带来的意料之中的严重损失，他们只形成了小范围的影响。

骑兵和坦克可能已经受挫，但很明显，德军的防御计划也严重失败了。在维米岭，猛烈的炮击摧毁了防御工事，彻底挫伤了守军的士气，令他们以惊人的速度崩溃。在其他地方，法尔肯豪森的部署让他的前线守军顶着巨大的压力为保住自己的性命而战。出现一些局部的反击，但均以失败告终，德军各团闯进了重机枪和炮兵的火力中。最高统帅部的反应不出所料地迅速。4 月 11 日上午，鲁登道夫给仍任职于索姆河的弗里茨·冯·洛斯伯格打电话，告知其被重新任命到第六集团军，"我相信你能把控局势"。洛斯伯格做了他一贯做的事。他问自己是否拥有"全权"，在得到保证以后，他前往第六集团军的作战区域，熟悉每个军团的位置和各自所占据的阵地。"我

很快意识到，敌人占领了维米岭和斯卡尔普河两岸的高地，可 300
以不受限制地观察我们的防守区域。"洛斯伯格计算出了敌方
炮兵可能的最大射程，他决定，与一贯寸土不让的作战格言相
反，必须在弹坑之间部署一道松散的防御屏障。一旦英军发动
攻击，他就会从敌人背后发起"从容不迫的反击"。[11]

　　然而，战争的危急时刻已经过去，英军在接下来的几天里
逐渐失去了进攻的动力。最初的攻击已经得到充分的准备和执
行，但黑格和艾伦比目前还无法确定下一步该怎么做，以及如
何利用最初的突破。在被翻起的地面上前进是一个很耗时的过
程，而天气也没有好转的迹象，道路仍然很滑，有些地方还泡
在水里，这使德国人的援军有足够的时间涌向缺口。4月12日，
黑格在给尼维勒的一封信中承认，他依然希望继续向康布雷推
进，但"由于恶劣的天气和地面状况，我的部队没有办法像在
更好的条件下那样尽快把已经取得的成功继续下去"。因为德
军已经能够增援并加强其炮兵连，进一步的推进现在需要他们
把自己的炮兵向前移动——黑格承认，这是一项"缓慢而艰巨
的任务"。[12]

　　黑格仍然履行了协议中他的那部分义务。德军在北部的防
御工事遭到猛烈打击，整个西线最重要的区域被占领。随着维
米岭落入协约国手中，英国远征军在杜埃平原上获得了宝贵的
视野，并为1915年5月那些差一点攻到了顶峰的摩洛哥人复
仇，那些摩洛哥人的遗骸仍散落在无人地带的一片烟海之中。
"行军和在开阔地带作战的喜悦终于到来了，最重要的是我军
正在前进，这让每个人都很高兴！"黑格给国王写信说，"我
们的胜利已是这条战线上一天之内取得的最大成功。"[13]尽管
黑格因攻占敌方阵地而感到喜悦，但他并未幻想自己的作战行
动能取得决定性的结果。那项任务要留给数十万法军，他们现 301
在正沿着兰斯西北方向40公里的战线进入阵地。春季攻势的

命运将在埃纳河决定。

4月6日，就在普恩加莱总统召开那次效果不佳的紧急作战会议的同一天，米歇勒将军的后备集团军炮兵开始了预先轰炸。他们拥有5000多门大炮，包括2000门75毫米炮和1650门重型火炮，这是自战争开始最大规模的火力。炮击日夜不停，将大地翻开，埃纳河上方仍然覆盖着一层白雪的高地上腾起巨大的烟尘。[14] 但是天公依然不作美。4月9日下雨，降雨在下午变成大雪，4月10日和11日，大风和冰雪增强。接下来的一周还是暴风雪的天气，低低的云层带来了更多的冻雨和雨夹雪。尼维勒只能从贡比涅宫高高的窗户向外凝视，看着灰白色的天空，漫天飞雪，不肯放晴。与凡尔登（经过了全面的测绘和制图，而且法军占据了高地）不同，埃纳河更不利于进攻行动。德军观察员在法军防线上拥有广阔的视野，而他们自己的阵地则躲在高地后面。[15] 法国飞机奋力升空，但通常只能飞行一两个小时，而且无法获得制空权，德国战斗机给对手造成了严重的损失。

米歇勒的集团军群面临着一项十分艰巨的任务。他们必须连续突破三道阵地，纵深约10公里，每一道阵地最多有三条堑壕，而且通常是挖掘在反坡上，并由双层带刺铁丝网保护。铁路和碎石道路也为他们提供了良好的保护，可以在出现危机时迅速增援。埃纳河以北是海拔800米的贵妇小径所在的那片高原，然后陡然下降到艾莱特河（Ailette river）。一名法国参谋沮丧地总结道，攻下这片战场"对炮兵来说不切实际"，而"对步兵来说往往很困难"。陡峭的山坡"意味着山谷中有许多盲点，只能以炮击摧毁"。这块战场地势较低，布满灌木丛和纵横交错的排水沟，一旦离开道路，几乎无法通行。[16]

进攻之前的几天里消耗了大量弹药，包括超过500万发

75 毫米炮弹和 100 万发重型炮弹，但几乎每个地方的效果都令人失望。一份报告指出："炮兵面临着相当沉重的任务，承受着时间压力，充分利用了可以进行观测的难得机会，但风雪让炮弹落点更加分散，影响了炮火的准确性，从而降低了炮击的效力。"[17] 与索姆河战役相比，每个军团配备的火炮数量更多，但它们分布在更宽广的正面，其作用受到削弱。此外，防御工事的重要部分都处在法军火炮的最大射程内，各个炮兵连只好部署在更靠近前沿的位置，使他们很容易受到猛烈的反制炮兵火力的攻击。截至 4 月 16 日，第六集团军下辖第六军团的全部 100 门 155 毫米榴弹炮几乎损失了 1/3，而它们是尼维勒突破德军防线所依赖的重要武器。

　　法军的大部分兵力将针对马克斯·冯·伯恩（Max von Boehn）将军的第七集团军，该部在拉费尔和朱文库尔（Juvincourt）之间掘壕固守，护卫着威廉王储的集团军群的右翼。伯恩是一位退役的普鲁士老将军，在战争爆发时被召回。他严格记录了整个阵地上炮火的增强，经常性的毒气弹袭击，其间穿插进行的猛烈的"连珠炮"，使前沿阵地沦为一片布满疤痕的废弃之地。4 月 12 日，他命令下属各师做好"充分的战斗准备"，并警告他们进攻已迫在眉睫。针对会发生什么情况以及如何避免法尔肯豪森部队在阿拉斯的遭遇，最高统帅部已经发布了相关指导意见："战斗力已经受损的前线各师没有及时替换，在敌人炮击的日子里我方炮兵没有得到充分利用，战役预备队以及前线后方各师位置太靠后，无法及时反击。"伯恩下达了继续向敌人阵地猛烈射击的"严格指示"，尤其是在夜间，同时确保守卫堑壕的各师预备队足够靠近前沿，以便尽早抓住机会投入战斗。[18]

303

　　尽管局势越发紧张，但德军依然士气高涨。最高统帅部的一位特使布拉姆施（Bramsch）少校巡视了第七集团军，并报告说，部队情绪"良好"，各师"做好了战斗准备"。[19] 守军也已经为即将到来的风暴做了充分的准备，这种感觉进一步增强了士气。德军情报部门不可能不知道法军备战的规模，而尼维勒一直粗心大意，对作战行动的保密工作异常松懈。命令副本散发得过于随意，甚至出现在前线的战壕里。4月4日至5日晚，一支德国突击队偶然发现一名法国中士，并将他拖回了自己的防线，从他身上发现的命令透露了邻近的三个军团准备工作的细节。然而，得知此事后，尼维勒什么也没做。命令将保持不变。[20]

尼维勒也不愿意解决两位最高指挥官之间的激烈争吵。位于进攻正面左翼的是夏尔·芒然将军的第六集团军。这支部队的司令现在被公认为法国军队中最凶猛的将领之一，尚未失去任何锋芒。在这场战争中最大一次进攻的前夜，他终于被授予了一个集团军的指挥权，并负责最关键的防区。包括第一和第二殖民地军团在内，他所钟爱的殖民地部队处于先锋位置，奉命为第十集团军开辟向北拓展的通道。尽管其他高级军官对尼维勒的计划心存畏惧，并要求谨慎行事，但芒然并没有这样做，因为他发现自己与米歇勒就这次进攻的性质产生了分歧。芒然选择遵循首创于凡尔登的技术，包括快速推进的移动弹幕，而他名义上的上司米歇勒只是督促他要小心。米歇勒警告说，每3分钟前进100米是不可能的，特别是如果考虑到损失和疲劳的话。但芒然不肯让步，让米歇勒对这个现在与他实际上已经平起平坐的下属越来越恼火。与尼维勒的会面也未能解决问题，米歇勒怒气冲冲地抱怨自己被挖了墙脚，而他也不再为芒然的进攻承担任何责任。[21]

4月16日清晨6点，第五和第六集团军近20万人冲出了战壕。之前下了一天一夜的大雨，导致许多堑壕进水，淹没了突击部队，他们身穿蓝色外套，头戴钢盔，身上沾满了一层黏稠的泥浆与冰水。在他们前面，汹涌的炮火猛烈地砸向德军阵地。一名目击者回忆起那种"炮弹撕裂空气的尖啸声"，与"远处爆炸"的隆隆声相呼应，在其身后留下空气的旋转和振动。[22] 德军的反制炮火是零星的，尽管这似乎是个好兆头，但是在前锋离开战壕后不久爆发出的机枪声是出现了某种问题的第一个标志，尼维勒要竭尽全力重复杜奥蒙堡的经验。

芒然的部队凭着极大的勇气发起进攻，冲向沙维尼翁（Chavignon）和帕格尼（Pargny），却发现德军的防御比预期的要顽强许多，一队队的德军步兵从蜂窝般密布山间的隧道和矿井中涌出来，他们在里面躲过了最猛烈的炮击。一俟防御工事里的人员部署到位，他们便开始射击并迅速阻击了进攻。殖民地军团设法攀上贵妇小径的山顶，但是当他们继续向前，朝着下面的艾莱特河推进时，却遭到了机枪的猛烈射击，并失去了移动弹幕。没有了它的掩护，进攻变得缓慢而代价高昂。芒然试图坚持推进，并向前沿部队发出愤怒的命令："如果带刺铁丝网没有被摧毁，就让步兵去剪断它，你们必须夺取阵地。"[23] 但是这并没有什么用处。一个法国军官在第二攻击波次中向前推进，却在无人地带遇到前锋连堆积如山的尸体。第一波次中有 2/3 的人被"来自小型钢筋混凝土掩体的敌军机枪火力"打倒在地，幸存者"在德国战线上挤作一团"。然后，正如他所说，"一切都慢了下来"。他们留在原地，得到山脊线的庇护，但是一直处在"无情的"炮火下，直到黄昏。[24]

右翼是奥利维耶·马泽尔（Olivier Mazel）将军的第五集团军，他的 5 个军团只取得了很小的战果。同样的问题再次显现。炮击不足以清除德军的防御工事，步兵冒着密集的机枪和炮兵火力奋勇前进。一个军团抱怨说，"猛烈的反攻"来得比预期更快，造成了重大损失，打断了进攻势头。[25] 特别令人失望的是两个坦克营的经历，共有大约 128 辆坦克被送上前线，奉

305

命帮助步兵夺取最终目标，据推测它们在炮击中受到的破坏会比步兵小得多。这些坦克是施耐德 CA1s 型，一种基于美国设计的霍尔特拖拉机的箱形装甲车辆，可搭载 7 名乘员。它装备的武器是一门短管 75 毫米炮和两挺机枪，比英国的马克 I 型更具威力。但 CA1s 型也存在很多问题，如机械性能不可靠，最高速度较慢，空间拥挤，条件简陋。

4 月 16 日清晨，成两路纵队的施耐德坦克试图向贝里欧巴克（Berry-au-Bac）附近的德军防线推进，爬过泥泞的车辙，在风暴肆虐的战场上挣扎向前。其中一队被敌机发现，很快引来猛烈的炮火，车辆撞上了第一道战壕线。英国人在索姆河战役中启用坦克以后，德军已经特意加宽了这些战壕。这减缓了坦克的速度，使它们遭到从高地上呼啸而下的密集火力的攻击。尽管法军步兵英勇地努力帮助它们越过这些障碍，但是没有取得多少成效，坦克被一个个地捣毁。第二队走得更远，到达了第三道防线，但事实证明，它们极易受到故障和敌军行动的影响，遭受了巨大损失。在短短几个小时内，57 辆坦克被德军大炮摧毁，超过参战坦克总数的 40%，许多炮弹引燃了装在车外的汽油罐，把它们变成了燃烧的火把。对于法国坦克来说，这场首秀是如此残酷而又令人沮丧。现在，经过两年多时间开发出来的车辆在暮色中熊熊燃烧，完美地象征了尼维勒心中那逐渐消退的愿景。[26]

夜幕降临时，人们开始意识到法国的这场豪赌失败了。在贡比涅，尼维勒坐在办公桌前，陷入恍惚，呆呆地盯着天空，一个接一个副官给他送来前线的急件。他很"焦虑"，有人写道，"他似乎变矮了，肿胀破坏了他脸部的坚毅轮廓"。[27] 一份报告写道："今天没有从第六集团军那里给我们带来盼望的结果。"出现了一系列问题，其中大部分都已经被预见到了，但是被忽略了："敌人预料到我们的进攻，对前线进行了规模很

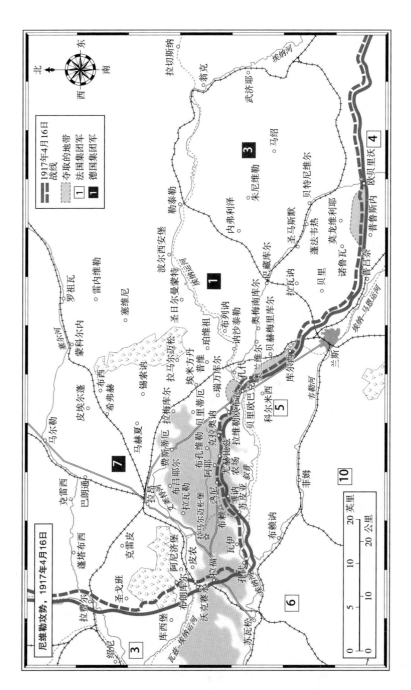

大的增援";"坚固的防御结构（洞穴、山脊、非常深的地下掩蔽所）"，火炮准备不当，恶劣天气妨碍了侦察照相;"饱经蹂躏的大地"，路况因为降雨而变得更糟，使得步兵未能紧紧跟随移动弹幕。[28]

法国的殖民地部队受到特别严重的打击，战场上的部分地区如今布满他们的尸体。当天晚上，指挥第10师的让-巴蒂斯特·马尔尚（Jean-Baptiste Marchand）将军报告了第10师的状况。"损失惨重，总数尚未确定，"他承认，"凯雷特（Quérette）、珀蒂德芒热（Petitdemange）和加尼耶（Garnier）这三名上校无法再指挥各自的旅或团……第52和第53殖民地步兵团失去了指挥官，可以说第52团失去了所有军官。"第15殖民地步兵师也被摧毁，师长莫里斯·介朗（Maurice Guérin）少将坦承，由于"非常惨重的损失"，他的部队无法再承担任何形式的进攻行动。"我下令对这些单位进行重组，并不惜一切代价坚守阵地。鉴于军官的巨大伤亡，我发现很难对他们要求更多。"[29]

4月18日举行了一次部长会议。"潘勒韦讲述了昨天和前天的军事行动，"普恩加莱记录道，"他非常严肃地做了介绍。里博毫不掩饰自己的失望。我们甚至连贝当的预期都没有达到，而他是我们所有人当中最不乐观的。"法军的损失"非常严重"，估计达到3.5万人。几天后，当尼维勒被召唤到普恩加莱的办公室时，他很"沮丧"，但仍保持"平静与自信"，强调德军的损失远高于他们自己，而且他正准备尽快将第十集团军投入战斗。普恩加莱却悲伤地摇了摇头。他们必须"放眼未来"，并尽其所能"拖延战争"。尼维勒仿佛没有听见他的话，他回答说，他正在考虑一系列"小规模行动"，包括"占领克拉奥讷高原和邻近的高地"。目前，这就是他能做的全部。[30]

杰哈德·勒芒将军，列日的比利时守军指挥官。拒绝离开其指挥岗位的勒芒受伤被俘，对俘虏他的人嘟嚷说："战争可不像演习。"

在列日隆桑堡的废墟中，一座被摧毁的炮塔。对于德军1914年的侵略行动，消灭比利时的要塞体系是一个重要的前提条件。

赫尔穆特·冯·毛奇大将艰难地协调德国各个集团军的行动，并在1914年9月患上了神经衰弱。"他坐在地图前面无精打采，"一个军官回忆道，"一个绝望的人。"

埃里希·冯·法金汉是德国最高统帅部毛奇的继任者。冷漠而没有朋友的法金汉艰难地全力投入东线或西线战场，激起关于"在资源不足的情况下……逐渐扩大作战规模"的抱怨。

法军总参谋长约瑟夫·霞飞将军，从1914年执行马恩河反攻的最初逆境中恢复过来。

1914 年 8 月，奔赴前线的德军士兵。

马恩河费尔–尚佩诺瓦兹（Fère-Champenoise）战场上的德军阵亡者。截至 1914 年底，德国已经承受了至少 80 万人的伤亡，其中 11.6 万人战死。

（左二）元帅约翰·弗伦奇爵士，英国远征军司令及其参谋人员。弗伦奇在法国很快便显出力有不逮，在1915年9月时运不济的卢斯战役后被解除职务。

霍拉肖·赫伯特·基钦纳元帅，1914年8月被任命为陆军大臣。基钦纳组建了一支大规模的志愿部队，结果却在未成熟时把它派往法国。他承认："我们不得不按照我们必须的方式，而不是我们希望的方式，进行这场战争。"

1914 年 10 月，艾泽尔河战役期间，行进中的法军步兵。经常被批评为有勇无谋的法国军人，在整个战争中显示了一种"能够迅速恢复的非凡而独特的能力"。

约翰·弗伦奇爵士（左）与霞飞，由一群参谋陪同视察前线。约翰爵士与其法国同僚常常陷入激烈的争吵，他努力在支援霞飞作战行动的同时避免将英国远征军暴露在过多的危险中。

霞飞、福煦和杜巴尔三位将军视察部队。尽管在1915年多次努力打破堑壕僵局，法国陆军却仅仅取得了一些局部突破，霞飞称之为"一口一口地咬"。

1915 年 6 月 7 日
瓦兹河地区，法军
祖阿夫轻步兵冲过
无人地带。

佩戴着早期式样防毒面具的德军第 106 团士兵。1915 年 4 月，伊普尔战役首次动用氯气，开启了毒气战时代，但并没有产生决定性战果。

香槟地区某处的战壕里，等待进攻命令的法军攻击部队。

1916年2月的凡尔登，预先炮击中，正在射击的是一门克虏伯17厘米野战炮。德军的进攻得到当时集结起来的最大规模的炮兵支援。

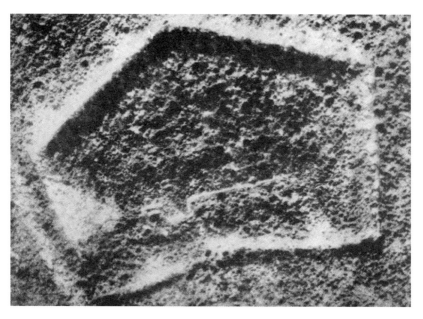

杜奥蒙堡破损外观的航空照片，此处成为凡尔登战役的焦点。

1915 年秋季，亨利·菲利普·贝当将军在他的火车车厢中。他既有耐心，也很坚韧，清醒地认识到火力在战场上的支配作用。他指挥了凡尔登的防御作战，成为一位民族英雄。

1916 年 2 月 25 日，法军步兵准备向杜奥蒙堡进发。军官们经常对比部队投入战斗时满怀信心的状态和从前线返回时的状态："他们的眼中空无一物，仿佛被恐怖的场景吓呆了。"

1916 年 8 月 7 日，向蒂耶普瓦勒进军的威尔特郡团官兵。索姆河上的进攻常常是笨拙而代价高昂的，一个法军联络官不满地说："英国人还没有掌握'窍门'。"

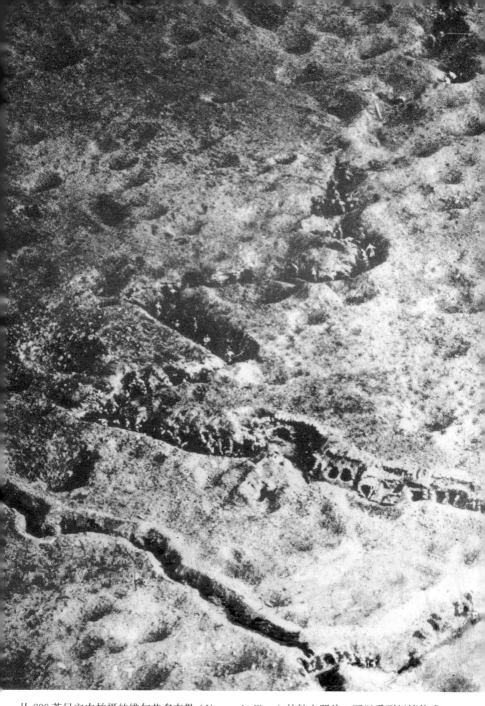

从 600 英尺空中拍摄的维尔芒多韦勒（Vermandovillers）的航空照片，可以看到堑壕构成的封闭的穴居世界。一位法军指挥官悲伤地说，"战争的艺术"基本上已经在索姆河"消失"。

1916 年 8 月，英国远征军司令道格拉斯·黑格爵士
（中），在他位于博凯讷（Beauquesne）的司令部里，
与霞飞（左）和福煦（右）在一起。尽管表面上一
派热诚，其实联军指挥官们很难在索姆河协调行动。

总参谋长保罗·冯·兴登堡元帅（左）与第一军
需总监埃里克·鲁登道夫（右）。从 1916 年 8 月
兴登堡接替法金汉之后，这对搭档执行了一种全
面战争政策。

从1916年开始，鲁普雷希特王储成为西线战场上德军高级集团军群指挥官，负责索姆河、阿拉斯、伊普尔和康布雷的防御作战。

法国杜埃，德军第2飞行中队的信天翁D3型战斗机。1916~1917的冬季，德国凭借远远优于联军机型的新一代战机掌握了空中优势。

悲剧性的人物，罗贝尔·尼维勒将军，1917 年 4~5 月失败的尼维勒攻势的设计师。空有口才和浑身的魅力，这位天才炮兵指挥官无法大规模复制他在凡尔登战役中的成功，而让法国军队濒临崩溃的边缘。

1917年4月，尼维勒攻势中，小心翼翼向前推进的法军步兵。

1917年6月，梅西讷岭战役中，处于全后坐力状态下的一门8英寸榴弹炮。夺取这道山脊是西线战场上坑道爆破战的最高潮，但也依赖了有力的炮兵支援。

1917 年 6 月 13 日，约翰·潘兴将军在布洛涅登岸。对于联军提出的，将美军"合并"到英法联军各师中的要求，潘兴坚决反对，他决心建立一支独立的美国军队，并在前线拥有自己的防区。

1917年6月，美军通过巴黎。从巴黎人民热情的欢迎仪式中可以看出，在战争这一阶段，法国人民已经筋疲力尽。

1917年9月20日，第三次伊普尔战役期间，前沿堑壕中的第13达勒姆轻步兵团。尽管这次战役臭名昭著，它还是让德国守军遭受了重大损失，凸显了"咬住不放"这种精心设计的进攻套路的有效性。

康布雷战役中，在一辆被击毁的英军坦克前摆拍的德军士兵。坦克在 1917 年 11 月 20 日的大规模使用标志着西线战场进入了一个机动性与突然性的新阶段。

1918 年春季攻势中，向前推进的德军突击队。通过将新的渗透战术和短暂而密集的炮击相结合，德军在 1918 年 3 月和 4 月取得了令人瞩目的战果。

1918 年 4 月被任命为总司令的斐迪南·福煦元帅，以其特有的乐观与坚定率领联军走向胜利。"他在身体和头脑上都异常警觉，"一位英军联络官写道，"而且是一个精明而坚定的人。他知道自己想要什么，并能够切实做到。"

1918 年 5 月 27 日，第三次埃纳河战役期间，德军步兵跨过埃莱特河。德军部队在几个小时内前进了 12 英里以上，引发了联军对德军重新进攻巴黎的恐惧。

索普威斯骆驼型战斗机与一群信天翁战斗机展开空中较量。到 1918 年，联军已经重新夺回西线战场的制空权。

经常受到中伤的夏尔·芒然将军天性不畏艰难，脾气粗暴，但是少有比他更好的作战将领。他领导了1918年6月的马茨河与7月的马恩河两场反攻，终于从德军手中夺得了主动权。

1918年7月，在马恩河战役的一次进攻中，一辆施耐德CA1型坦克打头阵。

1918 年 8 月 10 日，在亚眠的一场攻击中，英军的马克 5 型坦克向前推进。在战争的最后几个月里，联军的装甲部队、空中力量和炮兵具有了极大的破坏力。

在默兹－阿戈讷攻势中，美军部队向 240 号高地奋力推进。"这条战线根本不是一条线，"一个美国兵谈到当初的战斗时写道，"而是许多不规则的炮弹坑，由相距 25 码或更远距离的小组士兵占据，在如此浓密的灌木和树丛中，士兵们有时都看不到他们的邻居。"

停战协定签署后不久，在贡比涅的铁路侧线上，斐迪南·福煦（右二）站在他的私人车厢外。当他被问到是否对停战条件满意的时候，他回答说他"十分满意"。"归根结底，打仗的目的是什么呢？无非是执行自己的政策。"

尽管此前的法军进攻曾经给德国最高统帅部造成极度的焦虑，但1917年4月16日这次并非如此，鲁登道夫不失时机地向新闻界发表了一份公报，大肆宣扬法军失败的进攻："法军野心勃勃的大规模突破的企图落空了。"他们的损失"异常惨重"，德军抓获了2100多名俘虏。[31] 如此大规模的进攻会失败，这可能要归因于尼维勒的错误，但也说明了德军在西线战场的防线有多么强大，德军的防御战术是多么有效。事实上，除了阿拉斯周边地区的局部崩溃（原因可能是没有遵守新的战斗原则），德军的纵深防御已被证明是一个具有高度适应性的体系，极难被攻克。

这并不是说没有什么教训要吸取。埃纳河上的战斗很快成为分析案例，王储在4月25日发表了一份报告，再次从根本上肯定了德军防御战术的合理性。它指出，"灵活防御的方式证明是完全成功的"，而且"必须坚持围绕第一道阵地进行战斗的原则"。只要能够得到休息，以及得到能够随时向前移动的师级预备队的支援，每个师就可以据守大约4~5公里的战线。他们需要优质的地图，需要对他们将要战斗的区域提前定位（特别是对于预计要进行反攻的师），还需要对欺骗和伪装有深刻的认识。"通过拍照、战俘口供和侦察活动，敌人了解到我们远在前线后方阵地的细节。"[32]

鲁普雷希特集团军群得出了类似的结论，即纵深防御是对敌军战术的有效反应。即使坦克的威胁越来越大，只要坚决应对，也不必担心。"如果让坦克陷入沉默，就没有什么可怕的，火炮以及轻型迫击炮和机枪可以开始战斗。另外，必须强制使用这些武器击退每一辆靠近的坦克。"最重要的发现是关于反攻师的，他们必须更靠近前线，做好准备，在正确的时机进行干预。"一旦预计到敌军步兵正在逼近，所有预备队就必须提供师级指挥官指挥并向前线移动。只有这样，才能确保立即参战。"[33] 针对法尔肯豪森将军的部署，主要的批评意见是，他的预备队过于靠后。虽然他仍然受到最高统帅部的青睐，按照鲁登道夫的说法，这是"一个特别引人注目的人物"，但仍因 4 月 9 日的败绩受到惩罚，当比利时总督莫里茨·冯·比辛（Moritz von Bissing）于 4 月 18 日去世时，法尔肯豪森被选为他的继任者。他的第六集团军司令由弗里茨·冯·贝洛的堂弟奥托·冯·贝洛（Otto von Below）接替。[34]

尽管最高统帅部里一派乐观，但是从 1917 年春季开始，一种危险的不安情绪开始困扰许多德军高级指挥官，起初还微不足道，但之后每个月都在加重。考虑到维米岭的失守，鲁普雷希特认为形势"无疑很严峻"。他知道自己没有足够的兵力重新夺回高地，所以只得满足于依靠所有能拼凑起来的部队守住自己的阵线。"暂时，我们肯定可以阻止敌人的进攻，"他写道，"然而，在如此大规模的炮兵火力下，如何阻挡进一步的攻势，这一点令人怀疑。这又带来另一个问题：事实上，值得在这种情况下继续战斗吗？"鲁普雷希特只能向东看。"如果不能在几个月内与俄国达成和平，我们将不得不宣布自己战败；因为如果我们犹豫太久，对手的条件只会更加苛刻。"[35]

310　可能要无限期地坚守在防线上，这让人难以接受。4 月 12 日，加尔维茨将军致信王储，批评德国军队当下所陷入的"纯粹防御体系"。进攻"从来都是在士气上更具优势的战争形式"。"攻击更容易实施，可以带来明显的胜利，并通过提高自信心来加强部队战斗力。"相反，防御战"比按计划进行的攻击耗费更多的人员和弹药"。此外，"我们的资源，存在非常大的可能性，会被持续的防御战消耗殆尽"。加尔维茨同样向最高统帅部提出请愿，却没有任何结果。鲁登道夫解释说，在目前的情况下，他们不能继续进攻，尽管集团军群可以"抓住每一个机会"，给敌人造成损失。[36]

协约国的进攻有可能会像索姆河战役那样持续下去，这是一个可怕的前景。德军的损失比英法两方面要少得多，但还是对西线部队的实力造成很大影响。4月和5月，第六集团军伤亡人数在7.9万~8.5万人，在战斗更为激烈的埃纳河，德军的伤亡直到6月底才统计出来，截至那时，数字已高达16.3万人。弹药的消耗速度也达到了前所未有的水平。1917年4月，德军发射了1000万发炮弹，如此高的消耗量不可能无限期地维持下去。[37] 此外，人们担忧德国势必会输掉与协约国——现在又加上美国——之间的这场"物资消耗战"，现在德国国内的动乱局势加剧了这种忧虑。4月16日星期一，就在尼维勒对埃纳河发动大规模袭击的同一天，多达20万名金属工人在柏林罢工，迫使300多家工厂关闭。虽然罢工在威廉二世时期的德国并不罕见，但工人们变得更加强硬，他们抱怨食物配给制度，担心罢工者会被强征入伍。与此同时，在莱比锡爆发的类似罢工更加危险，其中涉及更多的政治要求，包括普选和签署一份不包含领土割让的和平条约。[38]

首相贝特曼·霍尔维格一直在担忧民众的不满情绪，更深一层的是对俄国革命活动向西传播的担心。到1917年春天，他希望以扩大普鲁士的公民选举权来增加对战争的支持。他认为，通过结束自1848年开始实行的三级选举制度，国民将与政权更加紧密地联系在一起，从而防止以暴力改变普鲁士的政治制度。[39] 德皇惊恐地看着俄国发生的一切，并没有采取任何行动，除了那篇令人普遍感到失望的4月7日"复活节文告"。皇帝陛下"决心采取行动，改善我们的国内政治、经济和社会生活"，包括"改革普鲁士议会"和扩大选举权，但这只有在"我们的战士回国"以后才能实现。[40]

可以想见，兴登堡和鲁登道夫并没有对贝特曼·霍尔维格的最新倡议做出热烈响应，在"复活节文告"之后，他们加

311

倍努力推动首相继续前行。鲁登道夫抱怨说，该声明只是"向俄国革命叩头"，他与此事没有任何瓜葛。兴登堡也是这样想的，认为它给人一种德国对战争的投入正在减弱的印象。[41] 在最高统帅部 4 月 23 日对德国战争目标的讨论中，这两个人战胜了对手，确保德皇同意提出一系列新的割让要求，包括占领波罗的海沿岸和波兰的大片领土，比利时与德国结成长期联盟，以及许多其他领土要求，如列日、佛兰德地区沿海和隆维－布里埃（Longwy-Briey）铁矿区。用海军内阁大臣亚历山大·冯·穆勒的话来说，此次会议本身意味着"至关重要的一天"。贝特曼·霍尔维格从来都是一个逆来顺受的人，当统帅部制订这个要将欧洲重置于德国控制之下的计划时，他只是耸耸肩。"如果我们提出最高要价，当然不会有什么坏处，"离开会议时，别人听到他说，"反正我们也得不到。"[42]

重新绘制欧洲地图的可能性最终还是要取决于西线的战事。当德国的陆军在法国坚守阵地时，其 U 型潜艇奋力对英国实施致命的打击。德国潜艇击沉的船只数量相当可观，在英国海军部引发了恐慌，此时的他们好像完全不知应当如何阻止海上局势恶化。2 月被击沉 499430 吨，3 月 548917 吨，4 月 841118 吨，5 月又有 590729 吨，几乎达到了冯·霍尔岑多夫上将所认为的足以迫使英国投降的吨位数字。[43] 兴登堡和鲁登道夫都相信，U 型潜艇将继续给协约国的战争工作造成可怕的影响，但更大范围内的战局仍然充满不确定性，无法做出进一步的预测。

在最高统帅部里，格奥尔格·韦策尔于 5 月 12 日撰写了一份文件，试图阐明如果"世界大战"没有在 1917 年结束，德国将有哪些战略选择。对于韦策尔来说，德国必须进行"最坏情况"的评估，即潜艇战不会取得决定性的胜利。"如果 U 型潜艇战没有在夏末得出结果，到那时为止，我们继续在陆地上的所有地方进行防御作战，世界大战将不会在 1917 年结束。
一旦我们的对手成功地坚持到 1917 年的秋季，我们将不得不
面对一场美国人参战后的冬季战役，并将战争持续到 1918 年。
届时，我们的处境将变得相当困难，因为在 1917 年至 1918
年的冬天，或最迟在 1918 年的春天，新的美国部队将携强大
的炮兵力量加入西线战场的作战。"韦策尔还推测，至少在可
预见的未来，俄军的崩溃不会让大量预备队向西转移。"然而，
如果我们设法战胜所有敌人，于某个决定性的时刻在陆地上取
得巨大的成功，并在冬季之前击溃全部对手，那么整个情况看
起来会大不相同。这可能吗？"对于韦策尔来说，选择是明确
的。决定性的打击只能落在德国最弱的敌人，也就是意大利的
身上。[44]

　　关于鲁登道夫如何回应韦策尔，文件没有记录，但鲁登道
夫还是不想采取进攻性行动。他的重点仍然放在持续战斗的西
线战场上。尼维勒可能已经告诉政治家们，战事如果不成功，
将在 48 小时内取消，但就像索姆河战役一样，战事持续了一
周又一周。4 月 23 日，艾伦比在斯卡尔普河两侧再次发起攻势，
并在接下来的 7 天里不停地打击敌人，而随着法军一点点地前
进，贵妇小径的战斗仍在继续。双方都没有取得明显的胜利，
只是不停地炮击，时常发生空中格斗，死伤人数不断上升。截
至 4 月 25 日，法军在埃纳河遭受 13.4 万人的伤亡，其中 3 万
人在战斗中丧生。[45] 这已经够糟糕的了，但更糟糕的事情还在
后头。普恩加莱在 1916 年秋天"极其糟糕的心态"现在又回
来了，并以可怕的速度在军队中蔓延。士气一直就很低落，但
分散开来的部队开始显现纪律松散的迹象，人们批评他们的军
官，拒绝上前线。当他们被告知要返回贵妇小径时，有些人甚
至完全无法无天了，他们从前线一窝蜂地跑回来，狂野的眼中

313

闪着凶光, 开始抢劫和放火。

1917 年 5 月是一个奇怪的月份, 既标志着一个结束, 又是另一个开始, 如同一个岔路口。道格拉斯·黑格爵士在整个4 月都忠诚地支持了尼维勒, 但现在他意识到自己的部队实力在不断增强, 兵力达到了 180 万, 且每个月还在增加, 于是他开始考虑其他选项。5 月 7 日, 他召见了各集团军司令并告诉他们, 如今他们的重点将放在北边。进攻梅西讷山脊的计划进展顺利, 那里是伊普尔以南高地上的突出部。但它只是一场名为"北方行动"的激烈战役的第一阶段, 黑格希望这次战役可以"保护比利时海岸", 并使战争更接近尾声。[46] 尽管伦敦战时内阁尚未授权, 对于采取何种策略仍存在严重分歧, 但人们感觉英军开始自行其是。尼维勒要求暂时继续他针对埃纳河的主攻, 但黑格对此并不感兴趣。"形势已经转向对他有利的方向,"瓦利埃回忆说, "反复咀嚼着对给他带来困难的尼维勒将军的强烈怨恨, 他现在只想还之以同样的颜色。"[47]

尼维勒蹒跚而行, 尽管自 1916 年 12 月开始, 他一直保持着轻松的作风, 但是他的权威已经不复存在了, 在埃纳河荒凉的陡坡上摔得粉碎。现在, 随着他的未来几乎成为在巴黎经常出现的话题, 普恩加莱、里博和潘勒韦不得不权衡将他解职的影响与让他继续履职的代价。4 月 29 日, 普恩加莱决定任命贝当为陆军参谋长, 这一职位自 1914 年之后一直被搁置, 人们希望他能在那里控制尼维勒, 并着手收拾 4 月 16 日以后被摧毁的部队。[48] 至于尼维勒, 他似乎突然醒悟过来, 意识到自己离失去一切有多近。在收到有关贝当消息的同一天, 他写信给米歇勒, 询问他对芒然在最近的行动中"行使指挥权"的表现有何意见。米歇勒从来没有和芒然相处过, 但他不会被迫为尼维勒提供一个现成的替罪羊:"在作战中面对困难局面的时候, 你仍能看到芒然将军表现得富有活力。"[49]

指责芒然并不能拯救尼维勒。芒然最终被解除指挥权，且奉命留在巴黎以外，他继续为自己进行激烈的辩护，但现在他已明显转向反对总司令。在普恩加莱的作战会议上，米歇勒曾对尼维勒的计划一言不发，但他此时几乎陷入了悲伤与绝望。随后几天，他告诉一位英国联络官，他和"他的下属指挥官都不曾认为他们可以实现既定的遥远目标"。他一再警告尼维勒，"他无法为进攻'准备好'三处阵地，却被告知：'你可以一路前进，那里没有德国人。'这是此次进攻之整体构想的基本理念"。[50] 5 月 15 日，由于高级军官之间的争吵濒临失控，部长会议决定用贝当取代尼维勒，同时任命福煦为陆军参谋长。直到最后，尼维勒仍在反抗。

"我是一个军人，"他在被要求辞职后告诉普恩加莱，"我与政治或议会政策没有任何瓜葛。三年来，我考虑的只有两件事：法国和敌人。我相信，当前提出的这些建议对法国不利，应当拒绝。它们是对德国有利的，会让德国发出胜利的欢呼。"[51]

5 月 17 日，贝当前往贡比涅，在尼维勒的办公室与其会面，这是玛丽·安托瓦内特（Marie Antoinette）住过的房间。在尼维勒启程去北非之前，他们一同吃了一顿简短而沉默的正餐，从此就再也没有联络。尼维勒退出战争的速度与其到来一样迅速。战争不仅仅是一种战术方式，从根木上讲，更是一场国家之间关乎士气与战略的残酷斗争。对于曾在贝当手下服役的贝尔纳·塞里尼来说，尼维勒一直是个有局限的军人，永远看不到真正重要的东西。"战争对他来说是一个科学问题，"塞里尼写道，"他声称把它当作一个方程来求得最终的胜利公式。作为一名技术人员，归根结底，他从未扮演过任何高级角色，无论是在总参谋部还是部队中，他一定是很快就被自己的权威地位压倒了。"塞里尼会一直记得在尼维勒离开的那

315

天，自己走进了他在贡比涅的办公室，仔细研读了仍然散落在桌子上的地图。他注意到，尼维勒只使用 1∶5000 比例尺的主计划图来指导作战，"因为他没有覆盖整个前线的地图。那便是他的性格"。[52]

5 月 19 日，明媚的清晨充满了春天的希望，贝当向各个集团军的司令发布了新命令。"在北部和东北部战线上，敌对双方之间的平衡暂时不允许我们考虑在突破战线后从战略上扩大战果。因此，当下最重要的是，我们要竭尽全力，以最少的损失消磨对手的意志。"贝当毫不含糊地表示，将不再尝试大规模行动——那种"目标遥远"的行动。相反，攻击将尽可能以"经济的"方式进行，最大限度地利用火炮。[53] 这份以贝当的冷静风格写就的文件，准确地概括了这位新任总司令的一贯信念：除非进行精心的准备，否则所有的进攻都是不可能的。尼维勒的"速胜"梦想已不复存在，此时最重要的是生存，协约国已到至暗时刻。只有一丝微弱的光亮出现在大西洋彼岸，世界上最强盛的大国开始动员起来，让人们有理由希望不会失去一切。

第三部分

指挥的问题：从梅西讷岭
到贡比涅
（1917年6月~1918年11月）

第十六章
耐心与韧性

"早上 4 点左右起床，5 点 40 分乘（一趟）开往福克斯通（Folkestone）的专列出发，在那里（我）登船前往布洛涅，大约 10 点抵达目的地。"[1] 约翰·J. 潘兴（John J. Pershing）将军 1917 年 6 月 13 日的日记开篇这样写道，然后他讲述了自己到法国第一天的经历。当时，他在皇家海军驱逐舰的护送下踏上了法国的土地，受到一支法国军乐团的奏乐欢迎。在视察了当地一座军营以后，他做了简短的发言："我很高兴作为我国政府的代表来到法国。我可以说，我给法国人民带来了对未来的最好祝愿。今天早上我在这里受到的接待非常有意义。它给我们大家留下了深刻的印象。这表明，从现在起，我们将拥有共同的目标。"之后，他登上另一列火车，前往法国首都出席美国大使举办的晚宴。《晨报》清楚地说明了这一事件的重要性："我们确信 1917 年 6 月 13 日将被视为大战中最值得庆祝的日子。"[2]

将近下午 6 点 30 分，潘兴乘坐的列车停靠在巴黎北方车站，那里聚集了一大群人，挥舞着美国国旗，激动得屏住了呼吸。他穿着一件简单的橄榄绿色高领上衣，下面是马裤和亮闪闪的棕色马靴，帽子低低地压在眼睛上，看起来像个生意人，而且很严厉。潘勒韦先生、被任命为法国驻美国军事特派团团长的霞飞元帅、勒内·维维亚尼和福煦，以及 W.G. 夏普（W. G. Sharp）大使都在站台上迎接。短暂而愉快地交谈后，潘兴被簇拥着出来，然后乘车去克里永饭店（Hotel Crillon）。"密集的人群排在大道两旁，又挤满了广场，"他回忆道，"男人、女人和孩子们挤满了每一处空当，甚至站到了窗台和房顶上。欢笑混合着泪水，热情的呼喊回荡在空中。女人们爬进我们的汽车里尖叫着'美国万岁'，投掷过来的花束几乎要把我们掩埋。"[3]

潘兴显然对他在巴黎街头受到的热烈欢迎感到惊讶，但仍然不动声色。他的脸就像一副毫无表情的面具，正如一位权威人士后来所说的，"仿佛是为纪念碑量身定做的"。[4] 似乎没有什么东西可以打扰躲在温暖的棕色眼睛和高耸的鼻子后面的灵魂，他双唇紧闭，一言不发。1882 年加入西点军校成为一名学员后，他在美国大草原上度过了几年的时光，每次骑行数日，追逐苏人（Sioux）的战队，学习如何在美国西部缺乏法律约束的广阔天地中生存。尽管他不是特别招人喜欢，但他的手下信任他，认为他更像是一个"冷酷坚强的超级训练教官"，而不是一个父亲。[5] 他是个很难了解的人，经常被指责为冷若冰霜。1915 年 8 月，一场可怕的大火席卷了他的家人在旧金山的公寓，夺走了他的妻子海伦·弗朗西丝（Helen Frances）和他们的三个女儿，而他 6 岁的儿子沃伦（Warren）是唯一的幸存者，这件事更增添了他的冷淡。

出于悲伤的缘故，他的头发现在已经全白了，潘兴以更加异乎寻常的献身精神投入工作当中。1916 年 3 月，他被派去指挥一支远征军，跨过格兰德河（Rio Grande）追捕墨西哥人潘乔·比利亚（Pancho Villa）。尽管没有抓到猎物，但他已经引起了威尔逊总统的注意，他的勤勉以及对担任政治职务明显缺乏兴趣的态度都给总统留下了深刻的印象，而后一点尤其受到欢迎。1917 年 5 月 7 日，美国宣战一个月后，在位于得克萨斯圣安东尼奥的萨姆休斯敦堡（Fort Sam Houston）的南部军区司令部，潘兴收到了陆军部长牛顿·D. 贝克（Newton D. Baker）的电报，内容是命令他以最快的速度前往华盛顿报到。当他到达首都时获悉，他被选中指挥正在准备派往欧洲的远征军。

"我只给你两个命令，"贝克告诉他，"一个是去法国，另一个就是回家。与此同时，你将在法国拥有最高的指挥权。"[6]

美国海军已然是世界上最强的海军之一，其驱逐舰已投入对抗德国潜艇的作战。但是美国的地面部队还没有能力踏上战场。按照欧洲大陆的标准来看，美国陆军的规模很小，只有13.3万名士兵和5800名军官。即使把国民警卫队的大约7万人加进来，美军也不可能在战场上发挥决定性的作用，除非进行大规模的人力动员。[7]此外，还要再加上现代战争装备的严重缺乏。自内战之后，美国陆军一直受制于历届政府的节俭政策，现代战争所需的每一样东西都几乎没有，从飞机和坦克、毒气和速射火炮到机枪、手榴弹和迫击炮。美国参战后不久，霞飞警告说，至关重要的问题是，美国政府"在军事组织工作上非常缺乏经验"，不能让他们遭遇任何可能使其感到气馁的"失败"，应当派出一个法国特别工作组就此类事项向其提供建议。[8]

潘兴于5月26日正式就任美国远征军（American Expeditionary Force，AEF）司令，并收到贝克的一系列简短指示，确认美国并未也永远不会正式与协约国结盟："在反对德意志帝国政府的军事行动中，你受命与其他国家的军队合作对抗敌人；但是在这样做的过程中，基本思想是美国军队是联合部队中一个单独的、不同的组成部分，必须保持这一身份。"[9]众所周知，法国和英国都渴望将美国部队吸收到他们自己的各个师中，作为一种向西线战场直接投入人力的方式。这种做法很快被定义为"合并"，但潘兴谨守他得到的指示，明确表示这不是他想要的方式。然而，美国人确实严重依赖法国陆军的专业知识，同意尽快派遣一个师到海外接受法国的训练，法国承诺为其提供所需的一切装备。美国人将运送原材料、钢铁与人力，法国人会把他们变成一个作战师，装备法军的枪炮弹药，并用他们的方法训练。

潘兴于6月16日会见了新任法军总司令。贝当戴着他的法式平顶军帽，身穿朴素的天蓝色紧身制服和相配的裤子，显得很严肃，脸上写满了忧虑。"贝当的身材和体重在中等以上，留着略显灰白的满脸大胡子（原文如此），当时大约60岁，"潘兴说，"他有和蔼可亲的表情，非常讨人喜欢，但并不特别健谈。"[10]潘兴的参谋长詹姆斯·哈博德（James Harbord）准将对贝当的渊博知识和天生魅力印象深刻，当他们坐下来共进午餐时，他就已经感觉这是一个值得信任的人。"现在，贝当轻易地成为这里的权威人士。他知道法国能做什么，或许还有德国能做什么，其本国人民的心境如何，他们在下一个寒冷的冬天对煤炭的需求如何，他们对某些食品的需求如何……"与潘兴一样，哈博德注意到贝当不愿与人交谈。他在会议期间几乎没说什么，只是为了"打破沉默"，他说他很高兴美国现在参战了，"他希望这还不算太晚"。[11]

潘兴的随行军官们都注意到，法国已经筋疲力尽了。"事实上，法国已经十分厌倦这场战争，"7月9日，潘兴在来到法国将近一个月的时候，写信给牛顿·贝克："普通民众公开抱怨沉重的税负，并抗议说，他们正在受到欺压，同时那些政府承包商却被养肥了……"更令人担忧的是，贝当说他担心可能会爆发"某些近乎革命的事件"，因此潘兴"利用了一个偶然的机会，既没有干预，也不多说话，只是以鼓舞人心的方式谈到法国人民和军队的非凡耐力，并努力激发他们对军方机构及其指挥官的信心"。他自己的观点是，法国人可以坚持到春天，顶住"敌人任何可能的行动，但是被社会主义媒体放大的贫穷和不满，特别是假如政府不能继续支持军队，就有可能使人民和军队丧气，会让灾难接踵而至"。[12]

情况比潘兴想的还要危险。有传言称，有些法军师拒绝上 323 前线，但美国人根本不知道当时影响法国军队的纪律问题真正严重到了什么程度，而法军几乎已被尼维勒在埃纳河的豪赌击垮。4月下旬，当尼维勒下令继续攻击贵妇小径的时候，骚乱首次爆发。士兵们的不满既普遍又具体，厌战情绪、俄国革命的消息、后方的罢工也造成不安，再加上4月的军事行动令人失望，这些都削弱了法军各团本已脆弱的凝聚力。当部队在没有得到充分休息和训练的情况下返回前线时，长期以来对缺少休息、食物品质低劣和条件简陋的抱怨达到了临界点。5月底至6月初，发生了一系列"集体违纪行为"，从拒绝进入战壕，到高唱革命歌曲、开小差、蓄意破坏，以及在战线后方抢劫。[13]

总的来说，有54个师——几乎占陆军的一半——出现纪律涣散的情况，现在由保罗·迈斯特（Paul Maistre）将军指挥的第六集团军尤其容易受到影响。5月初，第2殖民地师的部队被送回战壕，奉命向位于埃纳河高地上浸透了鲜血的拉福磨坊（Laffaux Mill）发动新一轮攻击，这导致军纪迅速崩溃。在他们的营房里发现了谴责战争的传单，当他们的同胞在后方挣着高工资时，这些士兵拒绝参战。产业工人每天可以挣15~20法郎，而军队中最低级别的人每天只能挣0.25法郎。[14]第69师的一个团高唱着《国际歌》在仓库里横冲直撞，拒绝参加训练。来自某个营的一群逃兵试图阻止他们的同伴登上火车开往前线，高呼反战口号并向空中开枪，为此不得不动用了一个宪兵分队。第158师出现了有关休假问题的大规模抗议，士兵们坚称他们得到过承诺，直到军官们做出让步，问题才终于解决，但迈斯特还是让该师返回后方，埋怨其士气"不能令人满意"。[15]

324   对贝当来说，良好的士气归根结底是"指挥的问题"，他决心重建军队的纪律和自信。[16] 6 月 8 日，他明确表示，在问题最严重的单位，在应对占主流的"极其糟糕的心态"时，一些军官没有表现出所需的"动力和精力"，"怠惰等同于共谋"。因此，他将对参与骚乱的人施以"一切必要的惩罚"，而那些在镇压过程中表现"积极"的军官将获得最高统帅部的支持。[17] 虽然共有 112 名暴动者被判处死刑，但是只处决了 25 人，贝当坚持认为只有最十恶不赦的哗变行为才能受到这种惩罚。为了缓和局势，他还增加了休假天数，从每 4 个月 7 天增加到 10 天，下令改善战线后方的设施，尤其是在火车站专门为士兵留出的茶点区，如今储存了更好的食物，并由红十字会配备了工作人员。[18]

     贝当发自内心地要努力重振法国军队的士气。他明白士兵们所能忍受的极限以及他们经历过的苦难。在整整一个月的时间里，这位新任总司令走访了总共 90 个师，与士兵们见面，听取他们的心声。他没有隐瞒形势的困难和未来任务的严峻。一篇题为《我们为何而战》（"Why We Fight"）的文章，在政府就是否应该对其进行删减进行了大量辩论之后，最终发表在 6 月 27 日的《巴黎回声报》（*L'écho de Paris*）上。贝当在文中解释了为什么他们应该继续下去，为什么他们别无选择，只能继续下去："我们很少知道或经常忘记我们为何而战。我们战斗是因为我们遭到了德国的攻击；我们战斗是为了把敌人赶出我们的国土，并通过稳定和彻底的和平，阻止这种袭击再次发生。我们战斗是因为以可耻的失败背叛我们的牺牲者和孩子是一种犯罪；我们是为了和平而战，为了重建我们国家的繁荣而战……我们以顽强的意志而战，我们以纪律而战，因为这些都是胜利的必要条件。"[19]

随着叛乱的火焰被扑灭，贝当开始按照自己的想法重建军队。在很多简短的笔记中，他阐述了法国在未来将如何战斗。在 6 月 20 日发布的"第 2 号指令"中，他建立了一些培训学校，专门指导陆军的各个部门，包括步兵、炮兵、工兵、骑兵和航空兵。各师得到指示，要针对进攻作战接受至少两周的强化训练，重点放在如何攻占敌军阵地，包括炮火准备与巩固。目标将仅限于炮火准备的范围之内，并着力改善不同兵种之间的通信状况。贝当还建议不同武器的训练学校组织组团训练。步兵营将像实战一样训练，与炮兵和空军密切合作，变成贝当所希望的一种所向披靡的进攻武器。[20]

随后是 7 月 4 日发布的"第 3 号指令"。早年间法军天真地依赖进攻精神和与生俱来的勇气，这一特点已不复存在。相反，要以有条不紊的方式重建陆军，就要凭借技术与火力。当下的目标是允许一段时间的休息和训导，直到陆军重新装备并准备好进行一系列有限的进攻。随着法国工业现在集中精力生产更大、更有威力的火炮，重型火炮的后备力量得以建立，每个军团配备两组 105 毫米榴弹炮和两组 155 毫米施耐德榴弹炮，每一组由 12 门组成。各师也将配备两组短管 155 毫米榴弹炮，与 1914 年的规定相比，这是一个显著的提升，当时法军各师投入战斗时只有三组 75 毫米野战炮。[21]

贝当并不满足于炮兵火力的增强，他还大量订购了新型坦克。施耐德 CA1 型坦克在 4 月 16 日落败，但法国最高统帅部并未对它失去信心，反而签署了一项雄心勃勃的战车生产计划，包括推进一种轻型战车的原型研发，后来它成为雷诺 FT–17 型。贝当也相信，在未来的行动中需要确保绝对的制空权，并希望飞机能够轰炸战场上的德军阵地，并深入敌后执行针对洛林和萨尔工业区的任务。他现在确信形势已经扭转："此时此刻，武器生产开足马力，我们的盟友也在不断增加军力，国民的生活最终将得到有序的安排，从巨大的困难中获得的战争经验开始为所有人理解。法国将怀着合理的信心期待它所需要的，而且通过如此巨大的牺牲才赢得的胜利的和平。要保持耐心与韧性！" [22]

道格拉斯·黑格爵士无意等待法美两方都准备好以后再行动。既然尼维勒攻势已经失败，他打算迅速出击，于是为了开展所谓的"北方行动"，他在伦敦进行了数周游说。6月7日凌晨3点10分，赫伯特·普卢默（Herbert Plumer）将军的第二集团军以在德军防线下方引爆19颗地雷为开始，向梅西讷-维柴特山脊（Messines-Wytschaete Ridge）发起攻击。这个坑道爆破袭击的想法源自约翰·诺顿·格里菲思（John Norton Griffiths）少校，这位从前的工程承包商曾建议，在地下60~90英尺深的一层蓝色黏土中挖掘地道，然后在里面装满炸药，并在适当的时机引爆，就能从根基处破坏德军的防线。最终挖出了24条隧道，而协调这么多条隧道的挖掘工作，同时注意保密，真是一项艰巨的任务。一队队的矿工在数百英尺潮湿土壤中汗流浃背地向前掘进，同时还要小心翼翼地安排在夜间将弃土运出来，确保不受到任何怀疑。[23]

当地雷被引爆时，产生了巨大的冲击波，把大部分守军送上了天，给前线留下了许许多多无法辨认的冒着烟的弹坑和坍塌的掩体。一个德国目击者惊骇地看着，仿佛"19朵带有暗红色花瓣的巨大玫瑰，或是……硕大的蘑菇，缓慢而庄严地从地面上升起，然后随着巨大的轰鸣声分裂成碎片，放射出五颜六色的火焰，夹杂着大团泥土和碎片高高地飞上天空"。[24] 当碎片开始雨点般落下时，步兵发起了进攻。一个英国士兵回忆："布满整条山脊的密集炮火以连绵不断的闪光照亮了天空。" [25] 按照英国远征军的标准做法，进攻被分成一系列较短的行程，每一段行程都有精确设计的、先于每个进攻波次的移动弹幕的掩护。随后而来的是排着长队列的英国及各个自治领的士兵，他们散开成防炮阵形，枪支都上着刺刀。在某些地方，随着72辆英国最新的马克Ⅳ型坦克向前推进，也可以听到厚重装甲的叮当声。因为有了更好的装甲和经过改良的传动系统，马克Ⅳ型在战场上更具适应性，像波涛汹涌中的船只一样在无人区滚滚向前。当油灰色的天空破晓，空中尘土飞扬，一小群德国人从他们的防线中跌跌撞撞地走了出来，惊恐地瞪大了眼睛。当天德军被俘7000人，一直以为坚不可摧的山脊终于落入了英军的手中。

贺信很快涌入英军总司令部。国王乔治五世陛下在给黑格的一封信中如是说："请转告普卢默将军和第二集团军，我们对这一成就感到多么自豪，在几个小时内，敌人就被赶出了他们已经坚守了两年半时间的阵地。"黑格也做出热情的回应，发布了一份命令，赞扬普卢默的胜利："继已经取得的巨大成功之后，它提供了最终的关键证据，证明无论是阵地上的兵力，还是对即将发动的进攻的了解与及时准备，都无法使敌人免于彻底失败。尽管德军勇敢而顽强，但问题只有一个：这样的打击他们还能忍受多久。"[26]甚至连通常对英军持批评态度的法国人也受到感染。总司令部的一名联络官报告说，这次袭击"取得了巨大成功"，第一个目标在两小时内就实现了。"英军损失很小，他们士气高昂，重要的是，我们应当表明，从将军到士兵，赫伯特·普卢默将军给我们所有人带来了多么大的鼓舞，我们是多么景仰他的品格。"[27]

1915年5月，为穷尽一切可能保护士兵生命而感到自豪的史密斯－多伦被召回国内，普卢默接掌了第二集团军。他的个子不高，过于肥胖，满头白发，留着浓密的胡须。"没有什么是偶然的，"他的参谋长查尔斯·哈林顿（Charles

328

Harington）回忆道，"他时刻把握着每一次脉动，整个集团军都知晓这一点。"[28] 攻击计划是精心制订出来的。在进攻之前几周，防线后面建造了一个大型的山脊模型，"大约有两块槌球草坪那么大"，每个营的军官都被召集过来，以帮助他们熟悉战场。第二集团军还得益于英军火炮火力的增强，普卢默运用了高超的技巧。这次攻击得到 2000 多门大炮的支持，向德军防线投下 350 万发炮弹，炸毁了一道道带刺铁丝网，以惊人的效果摧毁了无数防炮洞和堑壕。此外，英军的所有大炮中，足足有 1/3 配属为反制炮兵火力，使德军炮兵在英军士兵冲出战壕以后无法对他们的攻击进行干扰。[29]

梅西讷的确给人留下了深刻印象，但是离开前线再看，不列颠和大英帝国所面临的形势并不那么明确。经济目前正遭受劳动力短缺和通货膨胀加剧之苦，而进口的下滑是商船持续损失的必然结果。政府对潜艇战采取了一系列新举措，如减少非必需品进口，启动全面的造船计划；采取护航机制，确保商船可以更安全地横渡大西洋。尽管海军部迟疑不决，不断表示担心护航可能起不到作用，但 U 型潜艇造成的吨位损失在当年下半年开始稳步下降，从 4 月的峰值降至 10 月的 268813 吨，彼时已经大范围实施了护航行动。[30]

6 月 8 日，首相成立了战争政策委员会，成员包括他本人、米尔纳、寇松，以及指挥过布尔战争，现在作为南非代表团成员来到伦敦的扬·斯穆茨（Jan Smuts）。该委员会负责向战时内阁报告"海军、陆军和政治局势"。[31] 帝国总参谋长威廉·罗伯逊爵士显然不是新委员会的成员，只能远远地看着，坐在办公桌后面垂头丧气，为不再征求他的意见感到沮丧。"现在这边出了麻烦，"他在 6 月 13 日给黑格的信中说，"在劳合·乔治的影响下，战时内阁已经开始仅限于由他们内部，再加上斯穆茨，审查战争的整体政策和战略，并'了解事实'。

他们与不同的人一个个会谈，并向各部门发送各种具体问题，让他们回答。不是首先解决政策问题，而是做这些事情，然后告诉我和杰利科，如果可以的话，就去执行吧。"鉴于黑格预定在下周返回伦敦，罗伯逊警告这位陆军元帅，在陈述自己的计划时要小心，"不要表明你能够在今年结束这场战争，或是德国人已经被打败。要证明你的计划是最好的计划，实际上没有其他什么计划是安全的，更不用说是决定性的，就让他们拒绝你和我的建议好了。他们不敢那样做"。[32]

6 月 19 日星期二是黑格的 56 岁生日，他在这一天出席了战争政策委员会的会议。他们"问了我很多问题"，他回忆道，"都倾向于表明每个人比其他人更加悲观"。黑格提交了他的《军事形势评估》，警告不能在西线战场"放松压力"。"德国的微弱希望会重新燃起，并将赢得时间补充食物、弹药和其他需求。事实上，我们已经获得的许多优势都会丧失，这一点肯定会被我们在战场上的军队意识到，并且对他们产生负面的影响，因为他们为获得这些优势付出了巨大努力。"因此，他想把英国的所有资源集中于法国，发动一场攻势，认为这能带来"今年夏季的重大战果，将对最终胜利更有把握，甚至可能让胜利触手可及"。因此，他希望在接下来的几个月里肃清比利时海岸，赢得一系列对敌作战，这"很可能让他们崩溃"。[33]

黑格投下的赌注很高，他不顾罗伯逊的警告，为自己的进攻计划做了一番精彩的演说。至于劳合·乔治，他带着明显的不安听取了黑格的讲话，将大量物资和兵力再次投入西线战场并不是他想要的，而且他毫不迟疑地挑战这场新攻势背后的想法。黑格的备忘录是"一份非常有力的声明"，他的计划当然是"极好的构想"，但它们"可行"吗？美国"尚未动员起它的资源"，到今年年底，他们在法国可能只有 15 万人或 16 万人，这意味着英国仍然要"承受战争的全部负担"。因此，委员会

330

有责任"不让一场进攻给国家造成损害"，它会给本国的人力储备带来巨大压力。"我们现在已经到了不得不从所有可能的地方凑齐人手的地步，"他补充道，"他想让国家能够维持下去。"[34]

6月21日又举行了一次会议，但劳合·乔治与其将领之间的裂痕仍然无法弥合。首相指出，他们必须前进15英里才能真正开始肃清比利时海岸；为了取得如此大规模的推进，他们需要"压倒性的兵力与火炮"，并进行佯攻，引开敌人的预备队，而且"应给敌军士气致命一击，让他们再也无法战斗"。然而，他并不认为这些条件中的任何一个有可能实现。协约国军队在兵力上的优势只有15%，其中包括2.5万葡萄牙部队、与法军编在一起的1.8万名俄国人和13.1万比利时军队，"这些都不是一流的部队"。此外，他提醒委员会说，"他从来没听说过哪一次进攻不是在确信能够取胜的情况下发动的"。他一直被告知，吸取过去的教训，每一次新的攻击都会胜利——这种经历"自然让他心存疑虑"。为什么他们"在这一次就能比在索姆河战役中取得更大的胜利，而我们在那场战役中只取得了五六英里的进展"？[35]

伦敦的这场摊牌似乎没有解决任何问题。黑格得到允许，继续为进攻做准备，最终决定权保留在等待事态发展的战时内阁手中。毫无疑问，清理比利时海岸是一个值得争取的战利品，完全符合英国的战略思维，目前泽布吕赫与奥斯坦德附近的U型潜艇和驱逐舰的活动使之更加急迫。如果能占领这些基地，甚至只要能以重炮轰击，就可以将德国舰只驱赶到更远的地方，使它们更难干扰英国的跨海峡交通。在伦敦的会议期间，第一海务大臣杰利科海军上将情绪低落，警告称"由于缺乏船只"，战争可能无法持续到1918年。此外，如果在德国人被赶出比利时港口之前实现和平，他们是绝不会放弃这些港口的。劳合·乔治听到杰利科的话，立刻加以反驳，如果真是这样，"那么相比于今年的作战计划，我们就有重要得多的决策需要考虑，那就是为和平铺就道路的最佳方法"。[36] 但劳合·乔治还没有为和平做好准备，至少现在还没有。

1917 年初夏，德国面对各种可能性，现在它似乎比 1914 年 9 月以后的任何时候都更接近胜利。俄国在 3 月成立了临时政府，由彼得格勒各地工人委员会支持的温和派代表组成，该政府被授权执政到当年晚些时候选举出制宪会议。尽管协约国希望这能创造出代表俄国人民继续战斗的新决心，但是罢工和不满情绪的高涨、农村暴力事件的增加以及对土地改革与和平的强烈呼声使俄国陷入了瘫痪。陆军部长亚历山大·克伦斯基（Alexander Kerensky）设法在 7 月发动了又一次攻势，打击了加利西亚的奥军阵地，但很快便偃旗息鼓，几天之内，德军的反击便让俄军失去战果，并不得不撤退，在首都引发了进一步的骚乱。

在西线战场上，来自法军的报告显示，这个德国最强大的对手正摇摇欲坠，濒临崩溃。6 月 8 日，即发动梅西讷岭攻势的第二天，皇储集团军群的一名情报官员维特（Witte）少校报告了法国陆军的情绪，他认为，自埃纳河攻势失败之后，法军的情绪已是"今非昔比"：

毫无疑问，应当谨慎对待俘虏的供述，这些话都是在巨大的情绪冲击下说出来的，也是出于想要取悦俘获他们的人。但上周的审讯，在某些关于纪律涣散、兵变等事件的细节上显示出一致性，因此可以毫不夸张地认为法国军队的作战士气已经严重受损。这表明：1. 对战争的厌倦和不愿参加战斗；2. 对高级指挥层缺乏信任，对政治领导层更是少有信心；3. 坚信永远不会取得对德军的决定性胜利；4. 对英国的仇恨与愤怒。[37]

最高统帅部讨论了法国像俄国一样陷入革命的可能性，每一份情报都被仔细研究，以寻找临近终局的证据。自从听到沙皇退位的消息，鲁登道夫的情绪就一直很激动，他认为现在形势已经发生了有利于德国的根本性变化，甚至美国参战的消息也丝毫没有使其动摇。他确信，在 1918 年之前，根本不可能有一支规模庞大、装备齐全的美国军队到达西线战场。据他估计，调动 50 万人将需要 300 万~400 万吨位的船只空间，而且还需要更多的船来维持他们的后勤供应。所以他认为，"美国参战不会给局势带来多大改观"。随着协约国军队可用的船只吨位逐渐减少，鲁登道夫预测将形成缓慢而不可避免的绞杀。"敌人的整个战时经济将衰落到再也不能强行实施针对我们的决策之程度。除此之外，随着船只吨位的减少，英国经济无法正常运转的风险也在增加。这意味着依赖强大商船队的海军声望的坍塌。"因此，"胜利的先决条件仅仅是我们要维护团结、保持勇气"。[38]

兴登堡表示同意。他于 6 月 19 日致函首相："从军事意义上讲，我们的处境是安全的，且将继续保持下去。"[39] 主要危险来自后方发生革命的威胁，或者至少是对战争的不满情绪的加重，这在夏季变得越发明显。兴登堡在给德皇的一封信中警告说，必须提振民众的情绪，"否则我们将输掉这场战争"。[40]在柏林，食物和基本生活用品的短缺已经无法掩盖，德国议会变得越来越不安。天主教中央党的著名成员马蒂亚斯·埃茨贝格尔（Matthias Erzberger）是第一个打破僵局的人，他在 7 月 6 日发表讲话，主张迫切需要在德国进行"深入的改革"，实现"没有割地与赔款"的和平。他表示，潜艇战的效果被过分夸大了，毫无疑问，德国现在可以听到"某些东西在吱吱作响地破裂和坍塌"的声音。埃茨贝格尔的讲话振聋发聩,将帝国议会中的大多数人联合起来——当时天主教中央党与社会民主党一致投票赞成——于 7 月 19 日通过了一项"和平决议",呼吁以"国际政治组织"为基础实现"各个国家之间的相互谅解和持久和解",而不要"强行获取领土"。[41]

这个决议不会有什么约束力,但它惹恼了最高统帅部,并将酝酿了数月的贝特曼·霍尔维格与统帅部之间的危机推到了顶点。兴登堡对决议提出了"最严肃的反对",而鲁登道夫甚至威胁要辞职。"在德意志和普鲁士曾经面临的最严重的危机中,"他在给德皇的信中写道,"陛下决定让现任政治首脑——这位首相留任。"[42]尽管德皇将兴登堡和鲁登道夫召到柏林,并"相当严厉"地告诉他们不要"干预政治",但贝特曼·霍尔维格已经没有时间了。议会中的左右两派现在携起手来反对他。对于左翼人士来说,首相未能实现赢得战争所必需的政治变革,尤其是棘手的选举改革问题,而右翼人士长期将他视为更无情地实施战争行动的障碍。由于统帅部没有退缩的意愿,贝特曼·霍尔维格只好自我了断,他在"和平决议"发布的前几天草拟了辞职信。在柏林贝尔维尤宫(Bellevue Palace)里紧张地走来走去的德皇低调地接受了这份辞呈,并任命前普鲁士食品总监格奥尔格·米夏埃利斯(Georg Michaelis)接替贝特曼·霍尔维格。最高统帅部对此感到高兴。[43]

贝特曼刚刚去职,西线战场便出现了新的危机,风暴云正在那里集聚。对于英军在 1915 年和 1916 年的战场表现,德军指挥官基本上不以为意,但是在这一年的早些时候,失夫维米岭之后,又未能守住梅西讷岭,这就令人担忧了。鲁普雷希特察觉英军在北边集结部队和火炮,并尽其最大努力进行干扰,但 6 月 7 日展示出来的狂暴火力可怕地提醒着德国现在所面临的一切。在 6 月的前 10 天,佛兰德地区的第四集团军阵

334

亡 10374 人，负伤 12624 人。[44] 另外，依靠反攻来击退英军的做法再次被证明很难执行。冯·拉费特（von Laffert）将军指挥着一个军团规模的师集群，据守梅西讷岭，他以为自己的前沿各师至少能坚持 12 个小时，让预备队有充足的时间进入阵地。[45] 但是早在上午 9 点，大部分山脊就落入了英军手中，而被称作"介入部队"的各个反攻师尚在数英里之外。最终，在刚过午后时发动了一系列零星的反击，但是他们在英军新取得的阵地前被一道连续不断的弹幕击溃，侥幸逃脱的少数人也很快被一阵阵机枪火力打退了。

甚至德国自 1916 年之后在空战中占据的主导地位现在也转移到了协约国一方。在这一年的头几个月里，德国取得了空前的胜利，1917 年 4 月是皇家飞行队在大战中最血腥的一个月，有 275 架飞机被击落，超过 421 名飞行员和观察员阵亡、负伤或失踪。[46] 这在很大程度上归功于信天翁飞机的优势，既有 D2 型，也包括 1916 年 12 月投入使用的 D3 改进型。后者的速度更快、机动性更强，在使用得当的情况下威力更大，成为德国空军在战争剩余时间里的支柱机型。德国飞行员也比他们的对手接受了更好的训练，做了更好的战斗准备。由于英国飞行员经常只经过几个小时的训练就被送到前线中队，他们很容易成为一帮经验丰富的德国飞行员的猎物。这些德国飞行员在冬季和春季都取得了可观的战绩，曼弗雷德·冯·里希特霍芬现在指挥着第二飞行队，截至 4 月 13 日，该部击落敌机的确认数字达到了惊人的 43 架。[47]

直到当年晚些时候，随着新一代飞机，包括英国皇家飞行队的 SE5 型与索普威斯骆驼型战斗机和法国空军的斯帕德 13 型战斗机出现，协约国军队才开始恢复元气。尽管有一些初期产品常见的问题，但是一俟装备上强劲有力的 200 马力引擎，SE5 型飞机便被证明是一种高度可靠且能力超强的飞机，易于操纵，飞行平稳，而且火力强大。骆驼型的机动性更强，它可能是英国在这场战争中最好的战斗机，恰如一位飞行员所说，它是"一堆破烂东西里的奇妙机器"。[48] 到1917年夏天，两种型号的飞机都已投入使用，帮助协约国军队将空中力量的对比重新扭转到有利于自己一方。斯帕德13型飞机也加入了它们的行列，这是一款坚固的单座飞机，配备了两挺前射机枪，很快就成为法国以及后来的美国飞行员的最爱。斯帕德于5月首次推出，经历了一连串生产问题和延迟，但最终成为战争中最难以对付的战斗机之一。

　　协约国军队战斗机实力的显著提升迫使德国把自己的战机组成越来越大的机群。6月23日，4个飞行中队被合并为第1飞行大队，以科特赖克为基地，由里希特霍芬指挥。该部的飞行员开始将很多鲜艳的色彩涂抹在他们的飞机上，所以很快便被昵称为"飞行马戏团"。尽管德国仍然能够通过集中飞机来获得局部的空中优势，但还是很难赶上协约国一方的飞机生产数量。在6月25日写给普鲁士陆军大臣赫尔曼·冯·施泰因的信中，鲁登道夫要求"在1918年3月1日前大幅度加强空军力量"。他想组建40个新的飞行中队，要求每月生产2000架飞机和1500挺机枪——这是一组雄心勃勃的目标，被称为"美国计划"。但是它并不仅仅关乎飞机的数量，德国正在努力生产能在技术上与敌军飞机一样成熟的机型。最新型号的信天翁，即D5型，于1917年5月投入使用，却令人普遍失望，因为它只是D3型的轻量化版本，性能几乎没有改进。正如里希特霍芬在7月6日被击落并头部受伤后不久写道的："英国的单座飞机（大概是索普威斯骆驼型）比我们的飞机速度更快，爬升更高……除了质量更好外，他们还有数量优势……不再有人想当一名战斗机飞行员了。"[49]

　　德国将不得不保持耐心。几个月后，"美国计划"才能开

336

始实施，这意味着佛兰德地区的防御作战具有更重要的意义。在梅西讷攻势发起一周之后，弗里茨·冯·洛斯伯格奉命前往科特赖克，他乘着一辆指挥车从图尔奈（Tournai）驶往第四集团军司令部。在见到司令官弗里德里希·西克斯特·冯·阿明（Friedrich Sixt von Armin）后，洛斯伯格听取了形势简报。预计即将发生另一次袭击，德国军官们担心，敌人从梅西讷沿高地向盖鲁维特以西 1 英里处，被称作陶尔哈姆莱茨（Tower Hamlets）的地区推进，就会撬开我军的防线，使坚守伊普尔突出部几乎不再可能。洛斯伯格向最高统帅部汇报了他需要多少个师，包括守卫堑壕和进行反击的部队，同时也对防御做出部署。尽管英军的准备工作规模很大，但随着期待已久的攻击越来越近，鲁普雷希特集团军群的信心日益高涨。"我更加自信地等待着这次袭击，"鲁普雷希特在 7 月下旬写道，"因为我们从未有过如此强大和准备如此充分的预备队……" [50]

第十七章
可怕的屠杀

又过了一个月，黑格才拿到发起进攻的许可。7月18日，罗伯逊证实了进攻尚未获得正式批准，主要的担心是"你可能会努力向前推进且超越自己所说的范围"。帝国总参谋长继续解释说，战时内阁希望展开一场比黑格提议的更为谨慎的攻势，采取一种"逐步推进的方式"，仅限于炮火可以覆盖的范围。正如人们可能预测的那样，如果黑格认为这是对他的事务不必要的干涉，那么他是不会接受的。"在前期准备阶段，得知战时内阁当时还没有决定是否允许我展开进攻，有些令人吃惊，"他回复说，"内阁成员显然不明白在现有条件下准备进攻要牵涉到哪些工作，以及一旦准备工作全面展开，改变计划会在物资和士气上造成什么样的影响。"几个月前就已经向他传达了沿比利时海岸作战的重要性，至于他在计划哪一种作战方式，"此类事务应当交给现场的指挥官负责"。[1]

罗伯逊发现自己处在首相和总司令部之间的尴尬境地，两者的看法截然不同。他在7月21日告诉黑格，"事实是，首相仍然非常不喜欢你的进攻，似乎是希望在你开始进攻后一两天内就将注意力转移到意大利"。罗伯逊解释了他是如何告诉劳合·乔治的："除非在你这一方有很大的误判……我认为，在几周的时间里，不可能对你的行动能否成功做出判断。"[2]直到7月25日，也就是计划开始攻击的前几天，黑格才如愿以偿。罗伯逊与劳合·乔治正在巴黎参加一个有关协约国军战略的会

338 议，当帝国参谋长敦促劳合·乔治对是否批准黑格的计划做出决定时，他终于批准了。劳合·乔治看到黑格已将生米煮成熟饭，这才终于勉强同意。就在法军对埃纳河发动大规模攻势之前，罗伯逊曾告诫这位英军总司令："尼维勒是脖子上套着绞索开始行动的。"如今黑格也在做同样的事情。[3]

来自不列颠群岛各个角落的步兵团现在都集中在佛兰德地区，搭乘蜿蜒曲折的窄轨铁路到达前线。临时营房、帐篷营地和伤员急救站开始到处涌现，催生出一种越来越强烈的期待。支持这次进攻的火炮数量将达到空前的水平，有3000门大炮，其中包括近1000门中型或重型火炮，以及400多万发炮弹。晚间，几百门榴弹炮被排成长长的纵队运来，遍布乡村里所有能找到的地方。平坦的地面上没有太多的掩护，许多炮兵连暴露在外，用伪装网覆盖或藏在掩蔽物后面，以便尽可能隐藏炮口的闪光。在空中，协约国集结了包含200架法国战斗机在内的800多架飞机，奉命在敌军战线上方巡逻，而选定的轰炸中队则负责攻击已知的机场、补给站、临时兵营和指挥所。[4]

这次攻击交由休伯特·高夫将军的第五集团军执行。威风凛凛的高夫长着一个又大又宽的鼻子，这是他最容易识别的特征。他花了几周的时间，按照黑格的指示拟订了一份计划，夺取帕斯尚德勒 - 施塔登岭（Passchendaele -Staden Ridge）和鲁莱斯（Roulers）的铁路枢纽，这将使后续"夺取比利时海岸"的行动成为可能。尽管普卢默在梅西讷取得了胜利，但考虑到他过于谨慎，黑格不愿意把"北方行动"的主要任务托付给他，因此便转向高夫，想依靠后者以必需的进攻精神执行这次攻击任务。高夫沿着8英里长的前线地带部署了4个军团，希望在第一天能够夺取2英里，并且如果一切进展顺利，就最终推进到布鲁德桑德村（Broodseinde），使推进距离达到近3英里。[5]负责掩护其左翼的是保罗·安托万（Paul Anthoine）

将军的法国第一集团军，由 6 个师组成的这支部队配备了大量火炮，贝当已同意将其派到北边，虽然这位法军总司令一直对黑格的"北方行动"心存疑虑。

　　恶劣的天气使进攻推迟到 7 月 31 日的早晨，前一天夜里，空气潮湿，阴霾密布，战场已经湿透了，无人地带是一片弹坑形成的沼泽，首尾相连，这是为期两周的预先炮击的必然结果。一名英国军官描述了进攻零时那令人敬畏的炮击场面："炮弹次第爆炸的闪光组成一团连续舞动的火焰，照亮了东北、东和东南方向的整个地平线。"[6] 当步兵冲出战壕，跟随着移动弹幕争先恐后地前进时，他们发现大部分德国守军已经按照纵深防御原则撤出了前沿阵地。正因为如此，他们取得了不错的进展，跨过了艾泽尔运河，穿过皮盖玛。在松软地面上缓慢前进的三队坦克帮助他们处理了所有小规模的抵抗。在猛烈炮击的掩护下，法国部队也都按时达成了目标。一个法国士官报告说："我们从未见过这样的炮兵作业。"德军战壕被炮弹撕成了碎片，给他留下了深刻的印象。[7]

　　就在战场的南部边缘，地面朝着德军固守的盖鲁维特高地向上倾斜。此处的守军被部署在设防阵地、混凝土掩体和碉堡中，其中许多人在炮击中幸存下来，用密集的火力迎击进攻者。这场进攻"由于必须穿越非常泥泞的地面，从一开始就进展缓慢"，一位观察者指出，"敌人的机枪火力似乎穿过了我们的移动弹幕，再加上难以越过糟糕的地面，导致了进攻的失败"。[8] 当前锋占据第一道防线时，他们已经落后于计划，错过了本应护送他们前往第二个目标的移动弹幕。正如坦克军团指挥部预测的那样，前线的这一区域有许多灌木丛和小树林，不适合装甲车辆，只是第五集团军坚持无论如何都要使用它们。"首先，我们碰上的天气和地面都非常糟糕，"一个坦克乘员回忆道，"我们缓慢前进，最终到达了我方战线所在的山脊，在那里遇到可怕的弹幕，并遭到机枪的扫射……两分钟后，沉重的车辆有一半陷入了地面，停了下来。"[9]

即使在进展顺利的战线北段和中段地区，随着越来越多的德国部队投入战斗，到中午的时候，进攻速度也放缓了。正如洛斯伯格写的，防御计划就是让英军攻上来，当他们在机枪阵地前火力覆盖的致命迷宫挣扎向前时，等他们的力量逐渐耗尽，然后展开反击。6个介入师在中午得到向前推进的命令，尽管比之前更接近战场，他们还是不得不穿越一片毫无特色的地貌，处在几乎连续不断的炮火覆盖下。各个营乱作一团，地图在雨中破烂不堪，捕食猎物的飞机低空掠过战场，向他们能看到的任何东西进行扫射，一队队士兵四散躲避。一个德军上尉回忆道："为了将部队收拢起来，我们经历了无数次的停顿。"各师"在一大片浸透了毒气的沼泽地上"奋力前进。"没有敌人的迹象，只有各种口径的炮火无休止地从右侧倾泻而下。"他们投入战斗后，很快又听到步枪射击的噼啪声从头顶上掠过。[10]

介入师奋力向前，有时会发现自己处于错误的位置，但他们付出足够的努力挡住了高夫的主要进攻，并在某些地方将其击退。当天下午4点左右开始下雨，随着天色渐暗，战斗渐渐平息，英军占领了他们的前两个目标，前进了大约3000码，但是仍然缺少预期的重大突破。伤亡情况也相当严重。第五集团军总计约2.7万人阵亡、负伤和失踪，其中近4000人在战斗中丧生。坦克的损失同样惨重。在7月31日投入战斗的117辆以马克IV型为主的作战坦克中，约有一半已经发生故障，被丢弃或被击毁。[11]虽然这在很大程度上可以归咎于地面的问题，因为大雨使地表松软，但伊普尔战役是英军第一次遇到由大炮直射火力和机枪、步枪组成的环环相扣的反坦克防御，守军已经配发了具有穿甲作用的"K"弹药，进行支援的飞机投下信

341

号弹指示坦克的位置，然后由后方的炮兵连进行炮击。

高夫保持乐观，坚称这一天已经取得"勿庸置疑的成功"，尽管他承认大雨的到来"非常令人烦恼"。[12] 即使是通常对事情持乐观态度的黑格，也随着暴风雨的持续变得忧心忡忡。"这是一个可怕的雨天，"他在 8 月 1 日的日记中写道，"在这个低地国家，地面就如同沼泽！轻轨铁路和公路建设正在稳步推进。尽管如此，鉴于如此可怕的天气和地面状况，我认为我们很幸运没有推进到最远的那道'红线'（指高夫的最终目标），因为那样一来，就不可能为我们的火炮供应弹药，部队将受制于一场猛烈的反攻！"他视察了第五集团军的司令部，并与炮兵指挥官赫伯特·尤尼亚克（Herbert Uniacke）少将进行了交谈，后者告诉他，在重新开始行动之前，他需要"两天时间进行侦察"。[13] 但是雨不停地下了一个星期，激流从天而降，填满了弹坑，让跋涉在泥泞中的英军情绪低落。战场如今已经像是湿漉漉的月球表面，平坦的土地被炸得失去了农舍和绿篱，偶尔可见树上开过花的发黑枝条，还有无数英国士兵，他们的头盔下是没有表情的脸，穿着满身泥泞的卡其布制服，在前线来回穿梭。虽然此情此景在这样一场战争中并不罕见，凡尔登和索姆河都曾是令人气馁的地方，但伊普尔的场面似乎格外令人消沉。

在巴特克罗伊茨纳赫（Bad Kreuznach），德国最高统帅部正在努力平衡东西两线战场的需求，期待已久的英军在佛兰德地区发动的攻势，标志着"一段极度焦虑的时期"到来。克伦斯基攻势在 7 月的第一周就被遏制了，随后的每一天都更加清楚地显示出，俄国军队的腐败到底有多么严重。从未满足过的鲁登道夫希望在里加发起进攻，"为了让俄国这个巨人倒下而继续施加压力"，但是从加利西亚重新部署足够的师还需要一段时间。[14] 与此同时，他需要守住在法国和比利时的战线，除非必要，他不打算批准任何大规模的增援。这将使德国能够先干掉俄国，然后，或许在1918年春季，在西线战场上发动最后的决定性攻势。

所有事情中，最让鲁登道夫担心的是国内形势。7月31日，他向高级指挥官发布一项指示，警告他们民众的情绪已经"十分低落"，"在国内，除了疯狂的利己主义和享乐主义，危言耸听、悲观失望和玩忽职守也变得越发普遍，这可能危及战争的结果"。鲁登道夫承认，"此类现象"部分是由"真正的紧急状态"驱动的，包括"金融忧虑"、战争持续时间和严重的损失，但他也指责"个别分子的蓄意煽动"，意在利用困难激起不满和罢工等。这种令人担忧的士气低落不容忽视，他敦促指挥官们在部队中"鼓舞士气"。在陆军中，"有必要大力维护战斗精神，并以此保持胜利的信心，这在我们当前的局势下是绝对正确的"。他们还必须逐步培养"对皇帝和君主的敬爱以及对德意志祖国的强烈感情"，这将确保挫败"国内的煽动者、散布谣言者和意志薄弱者"。[15]

最高统帅部或许为贝特曼·霍尔维格的辞职而欢呼，但事实证明，很难找到一位能够获得议会支持的首相，正如兴登堡所说，议会"越来越倾向左翼"。[16] 尽管格奥尔格·米夏埃利斯被誉为德国版的大卫·劳合·乔治，他却丝毫没有英国首相的魄力与雄心。在他上任后不久，华沙总督汉斯·冯·贝泽勒（Hans von Beseler）向他做了情况简报，用后者的话说，他是一只"缺乏安全感的、胆怯的小兔子"。米夏埃利斯承认，他对战争是如何进行的知之甚少，这是他在担任战时食品办公室的一个行政职务后说的，而在得到新任命后的几天内，他宣布将与最高统帅部在行动中"始终保持一致"，这在帝国议会招致了意料之中的失望。"和平决议"通过后，米夏埃利斯对它敬而远之，宣称"如果要实现和平，我们必须首先确保德意志帝国边界的永久安全"。假如要达成某种协议，那么就必须保证"对手的武装联盟不会发展成为对我们实施经济进攻的联盟"。[17]

但和平仍然难以企及。8月1日，教宗本笃十五世（Benedict XV）发出呼吁，在共同裁军、"真正的海洋自由与共享"以及"彻底的相互宽恕"的基础上达成"公正而持久"的解决方案。这些还要再加上撤离比利时和所有被占领的法国领土，同时归还战争爆发后不久被夺走的德国殖民地。[18]当天，米夏埃利斯访问了维也纳，奥匈帝国外交大臣奥托卡尔·切尔宁（Ottokar Czernin）伯爵迫切地催促他在冬季之前结束战争，并表示假如德国在阿尔萨斯-洛林问题上做出某种妥协，奥地利将放弃对波兰的主张。但兴登堡和鲁登道夫对全面修改德国的战争目标几乎没有任何兴趣，当米夏埃利斯于8月9日访问克罗伊茨纳赫时，他发现他们坚持认为比利时必须"留在德国手中"，隆维-布里埃铁矿区也是"不可或缺的"，尽管他们确实接受可以将上阿尔萨斯的一些讲法语的地区归还法国。在东部，库尔兰和立陶宛必须与德国建立密切的经济关系，波兰必须处于"德国的军事、政治和经济权威"之下。[19]

米夏埃利斯没有多少回旋余地。协约国不相信教宗的和平倡议会有什么结果，潘勒韦只是在9月中旬发表了一份声明，重申了法国将以"不可动摇的决心"继续战争，直到它获得一项"公正的和平"。英国要求拿到一个有关德国战争目标的正式声明，包括其对比利时的立场，然后才能做出进一步承诺。但是他们并没有得到，米夏埃利斯拒绝了任何可能"造成混淆并损害德国利益"的"公开声明"。[20]教宗的斡旋努力徒劳无功，德国新任外交大臣里夏德·冯·库尔曼（Richard von Kühlmann）获得授权，试图分裂协约国。他询问英国是否会

344

就恢复比利时，同时返还德国殖民地，以及允许德国在俄国自由行动的可能性进行谈判。虽然与德国实现和平对劳合·乔治来说极具诱惑力，即便这意味着放弃俄国，任由其被命运摆布，但战时内阁担心这会使德国处于更有利的地位，发动一场未来的战争。当其他国家的大使得知了库尔曼的接洽，他们都明确表示，在实现他们的主要战争目标之前，不可能考虑妥协的和平。[21]

战争还望不到尽头，协约国中剩下的国家还在继续战斗——每个国家都以自己的方式坚信，进攻是摆脱困境的唯一途径。8月18日，意大利军队发动了第11次伊松佐战役，动用了令人难以置信的3750门大炮，轰击了整个伊松佐前线的奥军阵地。意大利人全力以赴地进攻，在起初几天冲破了防线，占领了贝恩西扎高原（Bainsizza Plateau）这一关键目标，但随后在超出其炮兵射程的进攻中举步维艰。[22]在贝当开始他的第二次有限进攻时——第一次是在佛兰德地区——凡尔登也发生了激烈的战斗。现在由阿道夫·吉约马（Adolphe Guillaumat）将军指挥的第二集团军要向北推进1~2公里，占领西岸一度血流成河的304高地和死人山，同时向东岸的博蒙进军。这将改善他们自己的阵地，并提供一个检验部队士气的机会，看看持续数月的动荡和不满能带来什么结果。

炮兵的准备工作于8月11日展开，在接下来的9天里，猛烈的炮击摇撼着裸露的高地，其间还不时夹杂着毒气弹。德国第五集团军司令加尔维茨将军发动了多次骚扰性进攻和突袭，试图打乱法军的准备工作，但是他只能眼睁睁地看着自己的前沿阵地被有条不紊地撕成碎片。"在8月18日至19日的午夜，炮击变得相当疯狂，"他报告说，"窗户不停地吱嘎乱响，天空中闪烁着火光。"他与参谋长进行了交谈，并授权在狂风暴雨般的炮击"持续不断"的情况下，将他的介入师部署

345

到更靠近前线的地方。[23] 8月20日黎明前，攻击开始了。4个法国军团投入战斗，得到3000门大炮的支援，进攻之前就已经发射了200万发炮弹。德军在前线只有6个师对抗法军的8个师，且火炮只有法军的一半，加尔维茨的人马在兵力和火力上都处在下风。[24] 大约2/3的德军火炮已经被彻底摧毁，或者受到毒气的压制。一道雷鸣般的移动弹幕以每3分钟100码的速度向前推进，在进攻步兵前面扫清了道路，德军散布在前线的大多数机枪很快就被炸得失去了战斗力。作为法军的目标，死人山看起来像"一个巨大的陨石坑"或"人工挖掘的废弃采石场"。"到处都能看到洞穴，有一堆堆的铁丝网、破布、丢弃的武器、堆在不同地方的大块泥土……"[25]

这片景象就仿佛是受到无数小行星撞击的月球，要在这样一块土地上寻找并保持方向，只能费力地跟随着"隆隆作响着的令人震耳欲聋的、惊人密集的"弹幕。[26] 在它的掩护之下，法军步兵得以按时占领死人山并包围了304号高地，并在几天后将它攻陷。战斗异常激烈，用加尔维茨的话说就是"可怕的屠杀"。守军拼死坚守，向一波又一波的进攻者投掷手榴弹，开枪射击，直到最后一刻。随后，沿着山坡的堑壕展开了浴血厮杀。抵抗者惨遭屠戮，被刺刀扎死、勒死或近距离射杀。尸体很快壅塞了堑壕，现在只剩下浅浅的壕沟，散落着作战留下的残砾。虽然发起了反击，但收效甚微。法军士兵站在护墙上向进攻的敌人开火，他们的伤亡人数非常少。这次攻势只导致4000多人阵亡，似乎证明了贝当的方法是正确的，他在几天后被授予大十字荣誉勋章。[27]

8月21日，加尔维茨建议在默兹河以东布拉邦和博蒙之间短暂地撤退，但最高统帅部不同意，认为这将意味着"一场失败的战斗"。鲁登道夫最终还是被怒气冲冲的加尔维茨说服，撤军是必要的，尽管他在电报中说，应当避免任何"自愿撤军

346

的印象"，而且要"高度重视尽可能少地放弃阵地"。这次失利的原因基本上与 1916 年 10 月 24 日杜奥蒙堡失守时遇到的问题一样，它证明了在敌人占据炮火优势的情况下，很难坚守在战术上处于不利位置的阵地。[28] 德军能做的不过如此，如果贝当要以这样的武力发动进攻，那就没有什么可以阻止他。

佛兰德地区的情况截然不同。在那里，德军指挥官更加积极，人们普遍认为战役已经结束。"英军的目标很明确，"赫尔曼·冯·库尔指出，"他们的意图是将伊普尔以东和以北的高地作为突破佛兰德平原的跳板。目前来看，他们的企图已经被遏制。"[29] 事实上，德军防御战术的合理性似乎终于得到了证实。介入师能够在第一天下午投入战斗，在恰当的时机与敌人交战并将其击退。况且，他们仍然坚守在关键的高地上，整个 8 月的激烈战斗也没能将他们赶走。1917 年 7 月推出的二氯二乙硫醚也让统帅部十分满意。这种被称为"黄十字"的新武器是由将氯气引入作战的那位德国化学家研发的，很快便因其特有的类似于大蒜、芥末或辣根的刺鼻气味而被命名为"芥子气"。它的毒性并不大，但是能在皮肤上造成疼痛的水泡，并刺激肺部和眼睛，产生与支气管炎或结膜炎相似的症状。芥子气的性质使它能在地面停留数周之久，因此它是一种特别有效的防御武器。在芥子气投入使用的三个星期内，英国远征军记录了 1.4 万个毒气病例，比前一年全年还要多。[30]

然而，伊普尔攻势拖延不决，它逐渐消耗掉更多的资源。高夫将军在整个 8 月持续进攻，在拼命保护盖鲁维特周围高地的同时，他发动了一系列规模相对较小的进攻。截至 8 月 20 日，德军在伊普尔的 17 个师已疲惫至极，库尔抱怨说，"只有将精疲力竭的各师派往西线战场上较为平静的防区，为佛兰德地区替换出部队，才能保证有新的部队投入战斗"。[31] 几乎不可能有更多的增援。8 月 19 日，鲁登道夫到访鲁普雷希特的司令部，向该部通报了他将于9月1日开始对东线的里加发动进攻的计划。他警告手下的指挥官，法军对凡尔登的攻击表明，他们"并不像我们曾经认为的那样筋疲力尽"，因此，必须尽可能长时间地"依靠我们在佛兰德地区的资源"。[32]

劳合·乔治怀着深深的疑虑勉强同意了"北方行动"，罗伯逊动用了所有权力阻挠战时内阁过早地叫停这次行动。黑格于8月21日完成了一份战役快报，他将作战行动"不可避免的延误"归咎于恶劣天气，同时还称赞了德国部队的顽强抵抗。"所有抵抗中，最激烈的部分发生在主山脊上，"他写道，"敌人意识到这块阵地的战术价值，为了守卫它集中了全部力量，我们在那里前进的每一步都经过了激烈的争夺，毫无疑问，在敌军抵抗力量被打垮之前，这样的争夺还会持续下去。"尽管如此，这次进攻的战果"十分可观"。守军伤亡了大约10万人，而"这些男孩子们的战斗力"并不高。"目前有确凿证据表明，敌人所有或几乎所有的1918年兵员都已经入编，并且遭受了严重伤亡。"于是，"应当遵循的正确路线"是"向佛兰德地区的敌人持续不断施压，拼尽我们的全力"。[33]

劳合·乔治本应该让黑格在佛兰德地区的战役戛然而止。他曾得到一个实现突破的承诺，最后却只有在持续不断的倾盆大雨中日益血腥而没有结果的战斗。但英国首相还是让战役继续下去，其他的紧迫问题分散了他的注意力，正如汉基所说，对于"政府干涉军事行动有多少正当性"，他"显然感到困惑"。[34] 意大利战线上的作战情况也让首相应接不暇，他敦促罗伯逊巩固意大利军队在伊松佐取得的初步胜利。他在8月26日写道："如果事后发现，我们因为准备不足，而未能好好利用意大利军队给我们带来的，为协约国的事业取得重大而深远的军事胜利的大好机会，那么我们所有人就都要进行深刻的

348

反思。"但罗伯逊对此并不感兴趣，几天后在唐宁街召开的会议上，他重申了先前商定的聚焦于西线战场的原则。如果战时内阁认为应该给意大利人更多的支持，就"意味着结束目前正在佛兰德地区展开的大规模战役"。那将对部队士气造成"非常严重"的影响，此外，他也怀疑能否及时把足够的火炮重新部署到伊松佐去发挥作用。但劳合·乔治唯恐内阁公开分裂，暂时搁置了这项决定。[35]

在法国，黑格感觉到形势开始对他不利。8 月 25 日，他驱车前往位于卡塞勒的第二集团军司令部，并告诉普卢默将军，后者现在将负责伊普尔的主要进攻，高夫的第五集团军会护卫其左翼，如果他愿意的话，就给他机会重新发起进攻，让他们登上并翻越盖鲁维特岭。今年早些时候，当黑格选择高夫领导佛兰德地区的进攻时，普卢默受到冷落，现在他明确表示，自己需要时间进行准备，而且，他想按照自己的方式去做。第二集团军已经认识到，敌人采用的"新防御体系"，即"纵深弹坑防线"和"随时准备反击"的大批预备队，意味着英军的战术必须改变。普卢默明白，"我们越深入敌人的防线，就越会发现他们实力强大且组织有序"，"我们也就越容易变得虚弱无力和混乱"。[36]因此，他想通过一系列"步伐"来实现自己的目标，每一步限于大约 1500 码，每 6 天完成一步。

普卢默不慌不忙。他要求用三周的时间来准备进攻，并采用现在已成为英国远征军常规的方法。各师在进攻战术、碉堡清除、火力和移动等方面开展了广泛的训练，建造了一个大型的阵地模型，让各营官兵乘车赶来观看，同时进行了大规模的空中侦察，并发动了全面的反制炮兵作战，以防德军的火炮干扰进攻。普卢默提出要求，而且得到了几乎是高夫 7 月 31 日动用的两倍数量的中重型火炮，总共 1295 门火炮中包括 575 门重型和中型火炮，以及 720 门野战炮与榴弹炮，辅之以 350

349

万发炮弹。[37] 同样重要的是，现在天气开始好转，温暖的阳光取代了 8 月的阴雨，使战场干燥，地面变硬。9 月 13 日预先炮击开始，在接下来的一周里，英军大炮系统地瞄准了那些埋伏的碉堡和机枪掩体，同时不遗余力地摧毁了在早先的进攻中被证明非常致命的德军炮兵连。

9 月 20 日上午 5 时 40 分，普卢默的大量炮兵开火了，此刻标志着佛兰德地区的斗争进入了一个新阶段。这场所谓的"梅嫩公路战役"（Battle of Menin Road）的规模是 7 月 31 日之后从未有过的。在一轮威力惊人的炮火掩护下，6 个军团的 11 个师冲出战壕发起进攻，形成五条独立的火力线，纵深大约 1000 码，制造出"尘土和浓烟形成的一道墙，夹杂着炮弹的爆炸"。根据充当前锋的第一澳新军团的一名军官的说法：

> 顷刻之间，一切都在昏暗中乱作一团。你仅能听见自己的叫喊。后方不断传来我军连珠炮的隆隆声。你只能看到几码远。在经常被德国佬的反弹幕炮弹破坏的区域里，部队奋力前进……就这样，我们紧跟着弹幕稳步推进到每一个目标，接着各个单位都在新占领的阵地上挖掘并巩固工事，同时"扫荡"仍散落在阵地前方弹坑等处的德国兵。[38]

围绕无数碉堡展开的战斗残酷而无情，但守军未能遏止进攻，甚至曾被寄予厚望的各个反攻师也无法击退英军。当洛斯伯格批准动用介入师的时候，他们向前推进，闯入机枪和迫击炮形成的弹雨中，而英国飞机也盘旋在头顶，通知他们的炮兵德军已经来了，一阵暴风雨般的炮火便落了下来。[39]

几天之内，又出现一次沉重打击。多边形林地（Polygon Wood）战斗于 9 月 26 日发动，还是由澳新军团打前锋，他

352

350

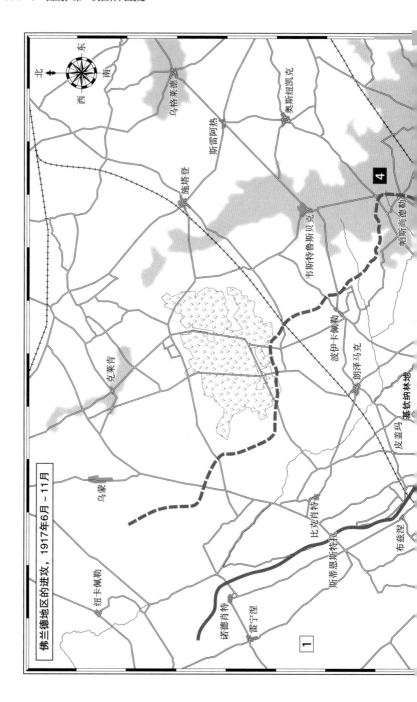

佛兰德地区的进攻，1917年6月～11月

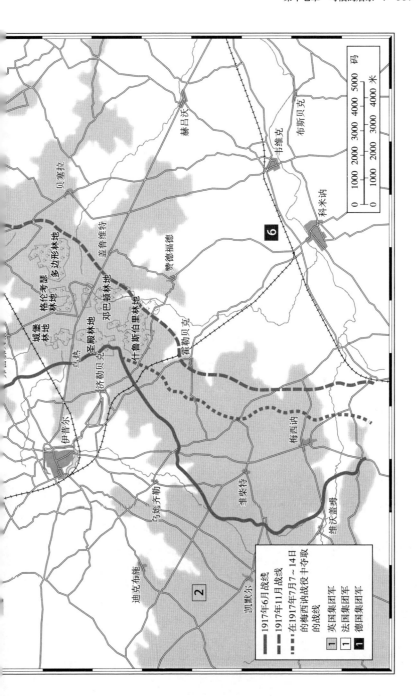

们向东穿过破碎的树林残骸，到达宗讷贝克（Zonnebeke）郊外。"这次进攻本身是我们经历过最棒的一次，"参加第一波次进攻的一个澳大利亚人回忆说，"炮兵射出的弹幕非常完美，我们紧随其后，只需迈步走进阵地便可以开始掘壕固守。士兵们从来没有这么好的情绪，一切都按计划进行，敌人已无心恋战！"德军的介入师再次向前推进，只是很难冲破普卢默降下的那道火墙：

> 大约 1 英里外，在一条低洼的道路上，我们先是看到德国人向我们的阵地蜂拥而来。很快，成千上万人毫无秩序地散落在开阔的田野上……就像一群在远处嬉戏的绵羊。然后突然发生了转变。一排士兵本来正在挖土、抛土，构筑工事，只过了一瞬间就变成一副丑陋的样子，无数挥舞着的刺刀逐渐排成一线，指向对手，仿佛有了生命一般跃动不止……然后，随着炮弹再次落下，大炮的轰鸣变得震耳欲聋。当我们望向远处时，地面仿佛开始抽搐，敌人消失在腾起的烟雾中。又一次反击被打退了。[40]

就在多边形林地战斗打响后几天，德国最高统帅部开始意识到他们在佛兰德地区陷入了多么深的困境。英军现在正一点一点地攀上山脊，同时慢慢消耗着越来越多的德国部队。9月 11 日至 30 日，有 3.8 万人在伊普尔阵亡、负伤或失踪，使鲁普雷希特及其参谋人员压力骤增。[41]即便通常给集团军群指挥部增添乐观情绪的库尔也承认，他们对这种恰当实施的有限进攻无能为力。"在猛烈的炮火中，我们部署在紧邻前线位置的'反攻师'在布满弹坑的地带行动不够迅速，往往来得太晚。他们的突进遇到了一支在弹幕掩护下已经形成梯次的守军……"他还意识到，无论使用什么战术，这种战斗都会给部

353

队的士气带来可怕的打击。"士兵们必须承受的痛苦、艰难和劳累是无法形容的，"他写道，"可怕的是他们孤身躲在弹坑里的精神负担，可怕的是日夜不停的炮击给神经造成的压力。"[42]

9月29日，当鲁登道夫返回科特赖克时，焦虑的气氛越发浓厚。对于一个军官所称的英军"著名的渗透战术"，德国人早就习以为常了，这完美地契合了他们的防御原则，但普卢默的方法与贝当在死人山的做法非常相似，几乎难以招架。[43]洛斯伯格建议他们恢复那种更传统的防御方式，在前线部署更多的士兵，努力抵挡敌人"咬"上来的第一口，同时保留他们的后备师，以便日后发动准备更充分的反攻，而非过早地将他们推上前线。双方就此达成一致，第四集团军于9月30日发布命令，确认他们必须"坚决战斗，哪怕是为了最小的一块土地"。他们的招数是迫使敌人在前线部署更多的士兵，这可以通过定期发动骚扰性进攻来实现。[44]

让每一口都更难"咬"的想法是对梅嫩路和多边形林地攻势的合理回应，但是在10月4日普卢默迈出的第三步——布鲁德桑德战役中，这个想法彻底破产。跟随着一道狂暴的弹幕，法国第二集团军的步兵再一次向前跃进，在一次洛斯伯格式的骚扰性进攻过程中，德军一个师被俘获，导致了一场大屠杀。用隶属于鲁普雷希特集团军群的参谋普拉格尔（Prager）少校的话说，布鲁德桑德肯定是"迄今为止发生的伤亡最惨重的杀戮，那是一场令人窒息的最大口径的连珠炮火"。[45]当天早晨，英国、澳大利亚和新西兰的各师部队在遍布德军尸体的田野上发动进攻，肃清了整个多边形林地，拿下了波伊卡佩勒（Poelcappelle）、格拉温施塔费（Gravenstafel）和布鲁德桑德这三个村庄，并占领了宗讷贝克和格拉温施塔费山嘴，那是高踞伊普尔突出部的帕斯尚德勒山脊前的最后一处高地壁垒。在很长的一段时间内，英军在佛兰德地区的行动似乎遭到了诅

354

咒，总是在持续的大雨里奋战于一片泽国中。然而，秋日的阳光在 9 月冲破了云层，给了黑格第二次收获一些战果的机会。协约国距离最终目标仍然很远，鲁莱斯的铁路枢纽尚在 7 英里之外，但 10 月 4 日晚上，总司令部里重新燃起了希望。这是"一次非常重要的胜利"，黑格写道，"我们很幸运，恰在我们发动猛烈炮击的时候，敌人将这么多个师集中在一起"。俘虏的敌军官兵超过了 3000 人。[46]

黑格只能耐住性子，因为从下午开始下雨了，再加上罗伯逊的一封信通报了英国政府"原则上同意"从法军手中接管更多防线的想法，这一决定让他沮丧地摇了摇头。"罗伯逊对此感觉很不好，在我看来，尤其是信中明确写着（战时内阁同意）对"没有我在场的情况下，不会与法国人就西线战场的作战行动进行讨论"这一原则未予理会。"[47]黑格于 10 月 8 日匆忙写就一份关于军事形势的紧急报告，确认他反对以"任何间接手段"攻击德国的立场，并重申他在伊普尔取得了良好进展。"敌人无疑受到了相当大的震动，已经夺取的阵地赋予我们相当大的优势，使我们在争取进一步胜利的过程中不再过于依赖天气……毫无疑问，我们的攻势在这种情况下必须尽可能长时间保持。"[48]

战时内阁仍然像以往一样充满分歧。当扬·斯穆茨提请注意在佛兰德地区妨碍作战行动的恶劣天气时，劳合·乔治并不在意。"在考虑目前这场进攻的时候，他们受到了黑格将军那些非常自信的文件的引导，而首相本人认为，如果不是受到他的乐观情绪的影响，没有人会投票支持这次进攻。"因此，"迫切需要……在即将到来的冬季，在某些战场采取行动"，他们"不应指望在明年 5 月之前在西线发动攻势"。劳合·乔治把注意力从意大利移开，希望向埃及派遣几个师，在巴勒斯坦发动新一轮进攻，那将开启把德国的盟友一个接一个剥离开来的进程。[49] 他无意让英国军队在比利时的徒劳进攻中血流成河，结果却在一两年后看到美国人赢得了这场战争。"如果我军在1918 年的一连串大规模进攻中消耗殆尽，便无法在 1919 年发动攻势，"他告诉汉基，"事实上，这正是法军目前所处的局面，兵力减少，士气低落。"[50]

而罗伯逊眼中则是一系列的困难，他徒劳地试图劝阻战时内阁增兵巴勒斯坦，辩称"削弱我们在西线战场的努力是不明智的"。[51]当劳合·乔治邀请亨利·威尔逊和约翰·弗伦奇爵士在 10 月 10 日的战时内阁会议上发表意见时，罗伯逊提出辞职，但陆军大臣德比勋爵爱德华·斯坦利（Edward Stanley）拒绝接受。于是，罗伯逊被留下来继续工作，人们经常可以看到他漫步在陆军部和唐宁街之间，表情严肃，双唇紧闭。"你的进展很出色，你对自身努力的累积效应的预测也被证明是有充分依据的，"他在给黑格的信中写道，"有人会认为，你所取得的成功足以让我身边的人们感到满意，但这并不明显，否则他们就会把巴勒斯坦忘到一边去。这是一场艰苦的战争，原因并不是德国佬，而是此处的这些人。"[52]

第十八章
只有战争

　　在回顾1917年的夏末和秋天时，潘兴将军的参谋长詹姆斯·哈博德记得，"在离家3000英里的地方等待部队的到来是一项烦人的工作"。第1常备师于6月下旬在潘兴率领下抵达法国，并迅速随同一个精锐的法国师接受全面训练，但直到9月底，第26国民警卫队师才作为第二个师加入进来。美国用了几个月的时间完成庞大陆军的集结工作，预计到1918年夏天将超过20个大型师。潘兴和他的参谋人员只得焦急地等待部队到来，同时还要回避法国人关于部队能够以多快速度到达战场这类难以回避的问题。美军总司令部最初设在巴黎的克里永饭店，9月1日正式转移到特鲁瓦（Troyes）以东50英里，一个围墙环绕的小镇肖蒙（Chaumont）。他们到达后的第二天，市政厅里举行了仪式，市长热情地握住将军的手，告诉他这是他们期盼的时刻。随后，人们为一块大理石碑揭幕，一支本地妇女代表团送给潘兴一面美国国旗，那是"她们用自己美丽的双手制成的"。[1]

　　美军总司令部占据了当勒蒙兵营（Caserne Damrémont），这是一个团级规模的营房，空间充足，并且靠近美军的交通线。潘兴有一间通风良好的办公室，"取暖只能用他的家乡密苏里州常见的老式底座燃烧火炉"。在这里，他开始规划自己的部队将如何以及在何处作战。美国参战后不久，各方达成一致，美国远征军将占领圣米耶勒和孚日山脉之间，凡尔登东南

方向洛林地区的部分法军防区。将美国远征军部署在法国东部
边境的决定是合乎逻辑的。在北边，英吉利海峡港口及其相关
铁路已承载了英军交通的沉重负担；而在南边，法军的精锐
则坐拥连接巴黎的路线。潘兴担心，如果美国远征军占据了这
二者之间的一段战线，就会"限制其活动范围"，并使"避免
合并或听从外国指挥"更加困难——这些难题事先就已经提出
来了。此外，在洛林的战斗能让远征军利用圣纳泽尔（Saint-
Nazaire）、巴森斯（Bassens）和拉帕利斯（La Pallice）的大
西洋港口，可以沿着从海岸延伸到内陆的复线铁路主干运送后
勤物资。但潘兴被洛林吸引也是因为它的战略意义和发动决定
性打击的可能性。办公室的墙上钉着一张巨大的西线战场地
图，潘兴在上面谋划出结束战争的方法。美国远征军如果能够
向北攻入阿登地区，指向梅斯，就可以同时威胁隆维–布里埃
铁矿区与斯特拉斯堡、梅斯、色当之间为西线德军供应物资的
重要的横向铁路线。[2]

　　潘兴可能还没有一支军队可以指挥——他只是哈博德所谓
的一个"徒有其表的象征"，但远征军的详细计划已在制订当
中。[3] 由于欧洲的标准师满员规模约为 1.5 万人——虽然无可否
认的是，英法两国的大多数师到 1917 年底时都难以达到这一
数字，所以最初人们以为美军也会效仿。但与陆军部讨论后取
得一致，美军参战各师的人数将大大增加，略超过 2.8 万人。
对军官短缺的担忧，以及如何通过让师的数量更少但规模更大
来缓解这种情况，是重要的考量因素。潘兴还意识到，更大的
师将适合他预计会在法国遭遇的战争类型。由于进攻行动可能
造成巨大的伤亡与损耗，美国的大型师将有实力和能力坚持多
日作战，实现突破，而如果是标准师，则必须进行替换。[4]

　　对于潘兴来说，在为实现美国军队的"有效作战"进行准
备的时候，所面临的"最重要的问题"是"训练"。[5] 他致力

于缔造一支基于他所主张的"西点军校标准"的军队。"在我们的驻法部队中，每一位军官和士兵都要保持严谨和专注，军姿笔挺，一丝不苟，毫无怨言地遵从军校学员的规范。"保持进攻精神至关重要。在1917年10月发布的一项指令中，他为美军如何在法国作战定下了标准。"指导战斗的一般原则在本质上保持不变，"他写道，"步枪和刺刀是步兵战士的主要武器。他们将在靶场和野外射击中接受训练，掌握神枪手的高超技能。必须培养一种好勇斗狠的精神，令士兵感觉自己在战斗中是一个不可战胜的刺刀勇士。"[6]

对这一战争愿景具有支配作用的是斯普林菲尔德1903式步枪，射程可达1000码，被视作当时最好的步枪之一。如果手下装备了这款步枪，潘兴深信他们能攻克敌方的防御工事并重新开启运动战。但因为仅有的两家美国工厂生产的这款步枪数量不足，便决定对现有的英国李-恩菲尔德步枪进行改装，更改弹仓以便使用斯普林菲尔德的0.30英寸口径子弹。其他武器几乎全部来自法军，包括霍奇基斯（Hotchkiss）重机枪、肖沙（Chauchat）自动步枪、法国75毫米野战炮和155毫米施耐德榴弹炮。[7]美国人应该使用多少火力仍然是一个争论的焦点。潘兴希望他的部队为"开阔地带的战事"做好准备，能够在战场上快速移动和思考，但这与法军目前采用的方法相反，后者只有经过精心准备并具备炮火优势才会发动进攻。

整个夏天，受到潘兴密切关注的第1师都驻扎在位于肖蒙东北约35英里的一个叫作贡德勒库尔（Gondrecourt）的村庄，接受第47师的指导，后者是一支精锐的阿尔卑斯山地猎兵，被称为"蓝色魔鬼"。分派给美军的任务是构筑包括支援阵地和后方阵地在内的各种训练战壕，然后接受武器操作指导和战术操练，包括如何使用炸弹和枪榴弹，以及如何在堑壕中可能遭遇的敌军炮击和毒气攻击等各种危险中生存下来。美国人被亲切地称作"炸面团"，他们与其"教员"之间的关系一般都很好，法国人因其对现代战争的深入了解而受到尊重，而美国人的热情和战斗精神受到广泛的好评。但潘兴担心过分强调"堑壕战手段"和炮火的重要性；他惊愕地得知贡德勒库尔的步枪射击目标距离只有 50~100 码，这让习惯于在 500 码以外命中目标的美国军官都十分惊讶。他们的教官只是耸耸肩，解释说，在战壕的封闭穴居环境里，那种稍纵即逝的目标是极不可能出现的。[8]

10 月 21 日晚上，在法军一个师的支援下，第 1 师的四个营在安维尔（Einville）进驻了一个平静的战区，由此很容易看出美军现在所面临的现实情况。经过几天的例行活动——通常是黎明时分的战备状态和偶尔的狙击——他们被发现了，德军几个月来一直在计划一次堑壕突袭，并渴望考验美国人的勇气。11 月 3 日凌晨 3 点，德军突然扑过来，打出一波猛烈的方形弹幕，将第 16 步兵团占领的区域分割出来，然后用迫击炮和大炮进行轰击。在密集的炮火中，当火花闪耀在夜空中，第 1 巴伐利亚后备师大约 200 人的精锐突击队越过了无人地带，侵入战壕。经过一场 15 分钟的切割、劈砍和射击，3 名美军阵亡，5 人负伤，另有 12 人被俘。就这样，以一种非常真实的、出自本能的方式，美国终于走入了战争。

在西线战场的其他地方，似乎只有一些代价高昂的僵局。截至 10 月中旬，黑格在佛兰德地区的推进又一次陷入停滞。尽管取得了布鲁德桑德的胜利，几乎让德国最高统帅部陷入一片恐慌，但 10 月 7 日重新下起的大雨再度淹没了战场，使得调动炮兵或空中侦察比以往任何时候都更难执行，而这些对普卢默的进攻至关重要。"大白天也几乎不可能分辨出地图上的位置，"一个英国军官回忆道，"因为每一个地形特征都被完全遮住了，林木和树篱只是零星散落，农场和村舍有时可以通过残砖碎瓦来识别。到处布满坑洼，一派凄凉荒芜的景象，弹坑挨着弹坑，全都灌满黄色的污水。"⁹ 10 月 9 日和 12 日的进一步攻击以灾难收尾，炮火支援软弱无力，地面是一片泽国，密集的步枪和机枪火力在进攻各营身上割开一道道血腥的伤口，让英军距离帕斯尚德勒山脊大约只剩 1 英里。

在 10 月 13 日举行的集团军司令会议上，黑格承认，他们不得不等天气好转以后再发动进攻："当地面变干，敌人的任何反抗都无法阻止我军人马。"但是，持续面对越发顽强的抵抗，人们不可避免地会对协约国战略的未来产生疑问，几天后，当黑格与贝当会面时，他收到了熟悉得令人厌烦的请他接管更多防线的要求。黑格写道："贝当的主要观点是，既然俄国有可能完全退出战争，我们就应该做出相应的防御安排。"他估计，敌人可能会从俄国撤回多达 45 个师，与此同时，他自己的一些师却在分崩离析。潘勒韦和福煦已经前往伦敦，他们显然与劳合·乔治解决了这个问题。黑格竭尽全力予以抗击。贝当的论点"在我看来似乎不尽合理"。他对可能来自东线的援军数字提出异议："经过我们的计算，最多只有 32 个师。"他解释说，抗拒德军压力的最好方法是继续进攻。然而，若是英国政府坚持接手更多防线，那么他会做出必要的安排。¹⁰

黑格和贝当二人的关系并不融洽，这次对抗只是加深了彼此间的隔阂。两人相互之间都深感困惑与恼怒，却还在努力寻找共同点。在他们起初的某次会面中，贝当直言不讳地说，他"比黑格先到达维米岭的山顶，而且他在香槟地区和凡尔登进行的战斗比索姆河战役更艰难"。根据前任驻英军总司令部联络官瓦利埃的说法，"贝当那干巴巴的刻薄语气"让黑格十分恼火，"从来没有哪位总司令曾如此强硬而直白地对他讲话"。

至于黑格，他经常用一种缺乏热情的赞扬批评这位法国总司令。在双方最初的一次交谈之后，他写道，贝当"务实、博学、言简意赅。对一个法国人来说，最后一点着实罕见！"[11]

从其他战线上传来一些貌似不可救药的坏消息，加剧了二人之间的分歧。在 9 月 1 日开始的对里加的进攻中，德军展示了一系列新的进攻战术，包括短时间的飓风式炮击，夹杂着重型毒气弹，目的是瘫痪而非摧毁敌军阵地，然后突击队员绕过所有据点向前推进，由后续部队将这些据点孤立并肃清。结果是毁灭性的。到第一天中午，俄军在 12 公里宽的防线上已被纵深突破 6 公里，守军纷纷投降。一直很难维持的俄军士气现在彻底崩溃。9 月最后一周向俄国最高司令部递交的一份军情报告承认，现在已开始流行"普遍的厌战情绪"，连同"强烈的失败主义情绪的骚动，伴随着拒绝执行命令、威胁指挥人员，以及试图与德国人亲善"。[12]

意大利似乎也是步履蹒跚地走在全面崩溃的边缘。10 月 24 日，奥德联军在卡波雷托镇（Caporetto）周边发动突然袭击，让意大利第二集团军狼狈不堪地逃回威尼斯平原。8 月贝恩西扎高原的突破引发奥地利最高司令部绝望的呼救，鲁登道夫随后派出一支由 6 个师组成的特遣部队，其中包括精锐的山地部队，由奥托·冯·贝洛将军指挥展开反攻。这次攻势开始于浓雾笼罩之中，并采用了首创于里加的战术。反制炮兵的火力打哑了意大利的火炮，数千发光气炮弹命中了指挥和控制设施，造成了瘫痪。德国和奥地利部队沿着山谷底部争先恐后地推进，完全背离了山地作战的常规做法，守军被包抄合围。最后是一场灾难，意大利军队丢盔卸甲，集体逃离阵地。一个月内超过 30 万士兵投降，整支军团都解体了。[13]

362

目前，英法两军各自继续进行着他们自己的战争。10 月 23 日，即卡波雷托战役的前一天，贝当开始了他的第三次也是最后一次有限进攻，目标是拉马尔迈松（La Malmaison）。这是一座被摧毁的堡垒，占据了整条贵妇小径上最有利的一个位置。它始建于 19 世纪 70 年代末，早已过时，在 1914 年德军横扫法国北部时就被废弃了，但由于具有绝佳的视野，被德军纳入防御体系。贝当指示保罗·迈斯特将军的第六集团军将部队派上去翻越山脊，希望能够完成这项早在 4 月的困难条件下就开始的任务。10 月 17 日启动预先炮击，在接下来的 6 天里，德军防御工事遭受了龙卷风般的炮火洗礼——大约是 1915 年 9 月香槟战役中炮火强度的五倍。前沿阵地被夷为平地，而德军的炮兵连则被淹没在包含光气和黄磷的"特殊炮弹"中，包括这一手段在内的一系列协调行动，目的是在进攻前瘫痪德军的防线，而不是予以物理上的消灭。[14]

　　早上 5 点 15 分，进攻在日出前打响了，空气在炮火中爆裂，炮弹在风中隆隆作响。隶属第 38 师的摩洛哥部队再次充当前锋，向着几乎完全笼罩在朦胧黑暗中的堡垒推进。"无人地带还没有遭受太多破坏，土壤干燥，通过加快速度，各部才能重新夺取计划中的相应位置，"一个老兵回忆道，"但是在我们前进的过程中，没有确切的地标，只有示踪炮弹、磷光和奇异的焰火以一片遥远的闪光照亮了战场。"[15]参与行动的 60 辆坦克只有大约一半能够越过德军的第一道防线，其余的不是被摧毁，就是被丢弃在因为早晨的降雨而变得更加柔软的无人地带。这将成为一个反复出现的问题。法军坦克的动力不足，容易发生机械故障，而固有的设计缺陷现在越发明显了。为了与施耐德坦克竞争而设计的更大的圣沙蒙（Saint-Chamond）坦克，被戏称为"长着羚羊腿的大象"，它最为人熟知的特征是突出壳体的 75 毫米炮。它的履带只比施耐德稍长一点，并不稳定，很容易翻倒。[16]

　　尽管存在这些弱点，还是有大约 20 辆坦克能够在进攻中发挥作用，在第一攻击波次过去后帮助扫荡德军阵地，并击退任何反击。甚至有 40 个德军向一辆坦克投降，他们看着糊满泥浆的坦克在无人地带呼啸而过，被那个东西的外形吓坏了，这成为一个非常有名的事情。虽然上述事件鼓舞了人心，而且在战斗结束后法国坦克军团的士气有所提高，但法军可动用的火炮数量，以及这一数字被更具想象力地用于压制或干扰守军的事实更为重要。"太可怕了，"一个进攻者回忆道，"一切都被摧毁，我们跌进了巨大的弹坑，到处都是德国人的尸体，有的被炸成碎片，其他的被毒气击倒，奄奄一息。这太可怕了，但是真的很棒。"[17] 拉马尔迈松堡被攻占，第六集团军向山脊前进了几公里，迫使德国最高统帅部批准向北撤退，离开了这处自 1914 年之后一直坚守的高地。1.1 万多名德军被俘，第六集团军缴获了大量武器，包括 200 门大炮、200 门迫击炮和 700 挺机枪，而付出的全部代价是 4000 人失去战斗力，正如后来评价的，这"似乎不算太多"。[18]

　　这些作战行动能否被充分利用尚不可知，一些针对贝当的批评人士迫不及待地提醒他，如果要解放整个法国，还需要实施多少次类似行动。但贝当不会仓促行事，他也不想开展有风险的进攻尝试，从而危及自己的胜利。"我不希望从一次成功的行动中提振的士气受到削弱。"[19] 拉马尔迈松战役正是他接替尼维勒之后一直想采取的行动，旨在恢复部队在进攻中的信心与勇气。甚至《泰晤士报》也能理解贝当的做法。这场战斗"必定成为贝当将军有限进攻理论的一个经典案例，在正确的时刻以明显的绝对确定性发动进攻，给敌人造成巨大损失，结果便是获得最有价值的新阵地"。[20] 尽管贝当很少表露自己的感情，他的思想隐藏在冷漠背后，但 10 月 23 日部队取得胜利的消息显然对他产生了影响。有个参谋起草了一份新闻稿，报告"整个进攻前线的进展"，贝当坚持亲自将其更正为"取得

364

了重大进展"。[21]

在佛兰德地区，情况并不乐观。由于黑格的部队还没有到达帕斯尚德勒山脊的最高处，也就不会有停止进攻的想法。但任何新的进攻都需要新的部队。黑格选择了加拿大军团，因为自9月中旬之后一直担任进攻先锋的第一和第二澳新军团已经疲惫不堪。加拿大军团的指挥官，中将阿瑟·库里（Arthur Currie）爵士对于攻占山脊缺乏热情，但黑格坚持认为那是绝对必要的，他将用"数量空前的火炮"来支持这次进攻。[22]道路和桥梁需要修复，轻轨铁路也要向前推进。除了几个破烂的碉堡外，几乎毫无遮拦，火炮都暴露在外，用防水布或瓦楞铁遮盖着。步兵只好行进在摇摇晃晃的板条道路和泥地里的木板小径上，而这些又经常被炸成碎片或沉入淤泥中。每门火炮都必须沿着一条曲折的路线运送，路上到处都是坏掉的卡车和死去的马匹，而炮弹通常都绑在骡子上，天黑后，骡子排成长长的队伍被蹒跚地牵到前线。第一次看到荒野上的泥泞和死水时，库里注意到的只是"战场看起来很糟糕——没有营救工作，死者很少（得到）埋葬"。[23]

渐渐地，加拿大人奋力爬上了山脊。10月26日，两个师顶着浓雾和大雨朝着山坡上仰攻，进入一片半淹没的碉堡和带刺铁丝网的地狱般场景。他们推进了约500码，随后4天里又进了一步，到达帕斯尚德勒的外围。库里绞尽了脑汁才将进攻继续下去。在11月6日的最后一次攻击中，加拿大部队在战线上每8米部署一门野战炮，每32米一门榴弹炮——鉴于恶劣的地面条件，这样的火力集中相当惊人。[24]但是从德军手中夺取山脊的重要性远远超过移动这些大炮，加拿大的进攻部队具备了所有勇猛好战、指挥精良的步兵的特征，他们渴望靠近敌人，用刺刀猛烈进攻。守军遭到无情的打击，被炮火击溃，被步枪火力撂倒，或被沾满泥泞的刺刀戳穿。最后，以接近

1.6 万人的伤亡为代价，这座山脊落入了他们的手中。

　　11 月 7 日，也就是帕斯尚德勒陷落的第二天，布尔什维克人在彼得格勒夺取了政权。随着临时政府被推翻，政变和随后几天发生的巷战对俄国的战事来说都是致命的。现在的东线战场上，俄国军队开始像阳光下的冰一样融化。成千上万饥肠辘辘的农民厌倦了战争，离开了他们的部队，踏上回家的漫长旅程。布尔什维克领导人弗拉基米尔·列宁从瑞士回国，他曾发誓要让俄国退出战争。很快，整个帝国范围内都颁布了法令要求废除私有财产的，刺激了进一步的骚乱，立即开始和平谈判，并鼓舞民众继续抗争。11 月 21 日，一条广播消息被发送给所有俄国军队，宣布战争终止："士兵们！和平掌握在你们手中……让守在战线上的各团立即选出代表，与期待停战的敌人开始正式谈判。"[25]

　　对于布尔什维克夺权的消息，德国最高统帅部有一种混杂着欣慰、喜悦和困惑的怪异感觉。兴登堡和鲁登道夫一直认为胜利之路指向东方，现在似乎证明了他们的观点。德国外交官哈里·格拉夫·凯斯勒（Harry Graf Kessler）此时拜访了最高统帅部，被这里充满阳光的乐观自信情绪深深打动。鲁登道夫"变得更结实了，但和一年前一样面色红润、神清气爽、充满活力，有着北德意志人的亚麻肤色和健康的身体状态"。他认为法国人"真的开始厌倦了"，而他"并不惧怕"美国人。"到目前为止，对方总共派出了 3 万人（这是一个低估的数字），也就是两个师。这在西线战场上根本不算什么。"兴登堡也对德军的胜利露出自豪的笑容。"他那庞大的身躯坐在那里，浑身透着自负，用简短的句式表现出一种慈祥的幽默感。他的声音听起来像喑哑的雷鸣，如同古老的战神沃坦（Wotan）的声音，而背后却隐藏着笑意。"凯斯勒注意到了这两个人的不

366

同之处：兴登堡是一个"充满勇气与力量的人，就像是拳击手"，鲁登道夫则"更具智慧，是一个不断变化的智者"。他们一起构成了德国战争的焦点："小而紧绷的羽毛弹簧，驱动并指挥着整场战争。"[26]

俄国的动乱为德国提供了一个独一无二的机会，可以将自身全部力量投入一场可以打赢的单线战争中。直到12月22日，与布尔什维克的和平谈判才在德国东线司令部所在的布列斯特-立陶夫斯克展开，而这对搭档已经提前开始谋划尽快在西线发动反攻。鲁登道夫坚持认为，在即将到来的战役中，不能采取防御态势，他的大多数高级指挥官都同意该观点。进攻似乎是唯一的选项；最后一次伟大的意志行动将切断束缚德国的"戈尔迪之结"（Gordian Knot）①，使德国能够向协约国提出和平谈判的条件。11月11日在蒙斯举行了一次有关未来战略的会议，鲁登道夫要求他最信任的军官们出席，包括鲁普雷希特、韦策尔、鲍尔和集团军群参谋长库尔和弗里德里希·冯·德·舒伦堡（Friedrich von der Schulenburg）伯爵。没有平民出席，鲁登道夫认为没有任何理由邀请11月1日接替格奥尔格·米夏埃利斯的新任帝国首相格奥尔格·冯·赫特林（Georg von Hertling）。

米夏埃利斯任职只有短短的三个月。一群水兵企图在公海舰队煽动一场叛乱，失败以后他们应当受到什么样的处置，米夏埃利斯就此问题与多数社会党（Majority Socialists）②成员发生了冲突，在此之后，社会党领袖弗里德里希·埃伯特（Friedrich Ebert）表示他们不再信任米夏埃利斯，并希望有

---

① 比喻难以解决的问题。在希腊神话中，按照神的旨意，能解开此结者即可为亚细亚国王，后被亚历山大大帝用剑斩断。

② 指德国多数社会民主党。这是德国社会民主党在1917~1922年使用的名称，以区别德国独立社会民主党。

一位新首相。尽管德皇并不关心议会的想法，但他意识到需要安抚帝国议会，并最终选择了赫特林。这位74岁的巴伐利亚天主教政治家有漫长而出色的职业生涯，其中包括担任慕尼黑大学哲学教授。[27] 尽管几乎已是一个盲人，但赫特林的性格沉稳随和，勤勉地管理着帝国议会，可是他很难与鲁登道夫建立良好的关系，后者在与布尔什维克的谈判中，以及在春季攻势计划上，一直把他晾在一边，而现在这两个问题都关系到德意志帝国的命运。

　　但是，这场进攻应该指向何处、针对何方呢？赫尔曼·冯·库尔已经制订了一项计划，通过巴约勒（Bailleul）和阿兹布鲁克（Hazebrouck）在北边发动袭击，目的是切断战线上的英军防区。"向北和向西都是大海，可能是最糟糕的作战位置。这是一场决战！"他指出，"不要过早向北摆动，而要实施大纵深的左翼包抄攻击以阻断英军。请记住，我们需要跨越在冬天被洪水淹没的利斯河低地。"这样一场攻势需要35个师和400个重炮连，所以在4月之前是行不通的。格奥尔格·韦策尔在11月9日草拟了一份备忘录，他别出心裁地表示，由于北边类似沼泽的地面湿软且紧靠预备队，不必考虑在那里发动进攻，最好的选择是，正如法金汉在1916年的想法，打击法军。"我认为，在法军防区，或者更广泛地说，在整个西线战场，只有一个绝好的机会，能够发动一场其胜利将带来最广泛影响的攻势。"韦策尔提议进攻位于凡尔登两侧的法军阵地，在不直接进攻这座要塞城市的情况下将它掐断。他认为，法国无法承受这样的进攻，凡尔登对战争的结局仍然是"至关重要的"。[28]

　　这两个计划都不能令鲁登道夫信服。跨越利斯河进攻的困难在于，必须在年初发动进攻，以取得对敌军任何行动的先发制人优势。但地面是否足够干燥？至于韦策尔的建议，也许可以在凡尔登发动一场转移注意力的佯攻，可鲁登道夫怀疑他们是否有足够的人员和弹药采取更多行动。"有希望的"替代方案是从圣康坦发起攻击，打破索姆河沿岸的防线，并向西北推进，席卷英军防线。鲁登道夫确信，出于"政治和军事原因"，他们应该攻击西线战场上的英军防区。英国是一个不那么强大的对手——用他的话说，这是"更容易、更安全的"——如果他们"在法国领土上遭到一场惨败"，他们就可能会祈求和平。经过 11 月 11 日长达三个小时的讨论，未能形成最终决定，但鲁登道夫明确表示，如果现在不干，就永远不可能了："俄国和意大利的局势使西线战场上的我们有可能在新的一年发起攻击。双方的力量对比将大致相当。我军约有 35 个师和 1000 门重炮可用于进攻。它们足以展开一次攻势，但另外一场可能作为佯攻的大规模进攻是不可能的。总体形势要求我们尽早发动进攻，可能是 2 月底或 3 月初，在美国能够派出强大兵力之前。我们必须击败英国人。"[29]

　　时间不多了。即便是对德国 U 型潜艇的成功满怀信心的最高统帅部，进入秋季以后也渐渐勉强能接受失败了。随着 9 月跨大西洋护航系统的引入，协约国的船舶损失已经稳步下降。当月被击沉的船只不到 20 万吨，尽管 10 月数量再次上升，但大部分是在地中海击沉的，那里的护航行动才刚刚开始。[30] 总体趋势是逐步下降的，这意味着除非德国能够找到打破西线僵局的办法，否则它就会眼看着自己堕入万劫不复的深渊。在后方，同盟国已经忍受了多年的匮乏，早被掏空的贫瘠人口出没在各个主要城市，渴望得到有可能实现和平的消息，对更多的牺牲越发地逆来顺受。早在 1915 年 1 月，柏林就开始实行面粉配给，在接下来的两年里，越来越多的食品受到政府的控制：土豆从 1916 年春季开始，油脂和牛奶从 1916 年夏秋季开始。现在有了各种各样的奶酪、糖、果酱和咖啡的替代品，

369

如果排几个小时的队，蔬菜还是可以买到的。相比于战前的3000卡路里，平民现在每天仅靠大约1400卡路里维生，只有士兵才能摄入保持体重所需的2500卡路里的推荐热量。[31]

11月20日早上6点10分，毫无征兆地，沿着康布雷西南方向7英里长的战线，1000门大炮齐声发出骇人的怒吼，378辆作战坦克在步兵的支援下隆隆推进。这是黑格于10月13日，即首次进攻帕斯尚德勒失利后第二天批准的坦克突袭行动。在朱利安·宾（Julian Byng）爵士指挥的第三集团军6个师的支援下，三个编队的坦克要突破兴登堡防线，占领康布雷市，并阻止德军增援部队向意大利转移。自夏天开始，坦克军团的军官们一直在祈求一个好机会，在此次袭击中终于得到了，在干燥的地面上大量动用坦克，同时让皇家炮兵部队尝试"按地图射击"，这样就可以事先校准火炮，而无须进行测距射击。有了气压、风向和温度的数据，每门火炮都可被单独校准，以确保射击尽可能准确，因而不需要进行长时间的预先炮击，也能在战场上产生出其不意的效果。

当坦克缓缓地开过来，用履带撕碎盘根错节的带刺铁丝网时，整条德军战壕线上都可以听到"坦克！"的疯狂叫喊。一阵反弹幕炮击立即落了下来，但是和英军的炮火相比微不足道，如一个守军所说："就仿佛是微弱的音乐对比大型音乐会。"[32]由于防线上只有三个师，德军的前哨阵地很快被攻克，英军前进了三四英里，解放了马尔宽镇（Marcoing），抵达马尼耶尔（Masnières）地区的圣康坦运河。在天上，英国飞机掌握了制空权，而浓雾造成这一地区的少数敌机停飞，他们充分利用了第3飞行中队的索普威斯骆驼型飞机，对德军机场发动了多次大胆的突袭。一名飞行员回忆起穿越战场上的烟雾飞行："在一幅生动的画面中，每辆坦克后面都有一小队步兵，他们点燃香烟，缓慢前行，瘫痪的坦克上火焰跳动着，周围站着一小队束手无策的步兵，当我们从德军战壕上方几英尺的高度掠过时，德军仰起脸来，脸上露出愚蠢的惊愕表情。"[33]

黑格拼命地扩大战果。他拜访了宾将军，两人讨论了向北进攻波隆林地（Bourlon Wood），力保运河渡口，为骑兵开辟道路等事。然而，利用最初打开的缺口并不容易。坦克损失惨重，其中179辆失去作战能力，65辆遭受直接打击，其余的或是出故障，或是被丢弃，只剩下宝贵的几辆可以用来复制第一天的成功。[34] 战场附近的步兵预备队数量也很有限，这令黑格非常头疼，只好四处搜罗增援部队。他获准动用指定用于意大利战场的两个师，但他们还需要一段时间才能投入战斗。与此同时，宾的部队继续向前推进。11月21日，骑兵从诺耶勒村（Noyelles）疾驰而过，此处距离康布雷仅有3英里。而在接下来的几天里，作为俯瞰通往康布雷道路的关键战术地形，波隆林地的大部分区域经过激烈的肉搏战被夺了下来。

没过多久，德军的预备队就出现在战场上。截至11月24日，英军情报部门获悉已有三个师抵达，预计未来几天还会有更多。空中也出现了更多的战斗机。里希特霍芬的"飞行马戏团"已从佛兰德地区飞了过来，德国战斗机的力量增加了两倍，扳回了空中力量的劣势。[35] 11月27日，鲁登道夫驱车前往勒卡托的第二集团军司令部，批准军队发动反击，攻打英军的右翼，像一把镰刀一样凶猛地向北席卷而去，进攻波隆的部队随后将向南推进。气候已进入冬季，降雪和浓雾掩盖了德国的企图，目前的计划是用在里加和卡波雷托大获成功的办法，以毒气弹和烟幕弹发起短时间的飓风式炮击，随后命令快速移动的步兵绕过抵抗的中坚位置。他们引用普鲁士军事思想家卡尔·冯·克劳塞维茨的话说："突然而有力的转守为攻，犹如复仇之剑的寒光一闪，是防守一方最伟大的时刻。"[36]

在德军反攻前夕，黑格所部的作战势头已急剧消退。由于缺乏增援，并且对敌军的移动掉以轻心，黑格以为这场战斗会平息下来，或许还将伴随德军的大规模撤退。英军也已筋疲力尽，缺乏足够人力强化和巩固简陋的防御工事。11 月 30 日，德军在黎明前发动攻击，对英军造成很大打击，如同一拳打在了肾脏上。从苍白寒冷的天空中，成群结队的飞机俯冲下来，有一些甚至低飞到 100 英尺高度，向英军阵地扫射，带来一片恐慌。主攻针对防线最薄弱的部分，朝着梅桑库居尔村（Metzen-Couture）推进，并威胁要切断第三集团军的后方。英军各营奋力协调防守，却发现自己已被包围，匆忙发起反击。只有位于古佐库尔（Gouzeaucourt）的近卫师经过一阵绝望的奋战，才使局势得以缓解。一个名叫菲利普·吉布斯（Philip Gibbs）的记者回忆，他看到近卫师的士兵"一边嚼着苹果，一边吹着口哨"上了前线，而一天之后，又看到该师的残部"躺在防水油布下面，浑身脏兮兮地沾满血迹"。[37]

天气好转，战斗又持续了一周。英军得以在北边的波隆周边遏制住极具威胁的钳形攻势，他们在那里的阵地更加坚固，机枪和火炮的连锁防御系统给德军纵队造成了可怕的杀伤，但右翼的主攻大大抵消了前一周的战绩，让朱利安·宾别无选择，只好撤退到弗雷斯吉亚（Flesquiéres）周边更易防守的战线上，因此这次战役得到一种非决定性的、不能令人满意的结果。英军伤亡人数约为 4.4 万人，其中包括 6000 人被俘，11 月 30 日还损失了 150 门火炮；德军的损失大致相等，4.1 万人伤亡，1.4 万人被俘。这些都证明了 1917 年最后几周的战斗是多么残酷。[38]

康布雷战役后来被解读为一场混乱的平局，但是对于 1918 年的战争会如何进行，它提供了重要的线索。在德军方面，最初人们感到的是一种失望，正如鲁普雷希特所说，反攻

372

的结果，"不像我们预期的那样成功"。如果可以进行更多的准备，11月30日的战术胜利就有可能取得更大的战果，但尽管面临"严酷的防御作战和食物短缺"，德军"仍然受到典型的进攻精神的鼓舞"。[39]鲁普雷希特和库尔准备1918年的进攻时，很快拿出了一系列有关此次战役之教训的报告。库尔在12月19日的日记中指出，"必须灵活机动，而不是固执地局限于在一个地点突破"。速度显然是成功的关键，要能够迅速地重新集结，然后在战线其他部分发起攻击。对库尔来说，英军的"突破"总是失败的原因是"他们把所有力量都用到一个地方，然后不断以其具备优势的物资和兵力反复打击"。如果德军也这般行事，结果将是一场代价高昂的"物资战"。"这不是我们的选项。"[40]

至于黑格，他在康布雷的困难处境前所未有，对其领导能力的信任首次遭到严重动摇。有关康布雷的谣言开始在英国媒体上传播，包括黑格是否被敌人的反击打了一个措手不及在内，此时劳合·乔治坚持要求对英国战略进行根本性的重新思考，并建议将黑格和罗伯逊提升到级别更高但是没有实权的职位，就像对待霞飞那样，但陆军部长德比勋爵不愿意这么做。尽管如此，德比确实写信给黑格，提出需要更新司令部的参谋人员，特别是他的情报主管约翰·查特利斯，有人指责他向黑格提供与实际情况不同的敌军实力评估。"战时内阁不断在说，你在不同时期就在士气和数量上削弱敌人提出的言论和观点，在你的部队所遭遇的抵抗中并没有得到证实，"德比在12月7日的一封信中写道，"我和这边的总参谋部都是这样认为的。"[41]黑格提出抗议，但最终还是同意让查特里斯离开。1918年1月，长期担任其参谋长的朗斯洛特·基格尔也被调走了。

剪除了黑格的左膀右臂，劳合·乔治并不满足，他继续搭建统一指挥架构，或至少有一些固定的军方人员帮助协调联合战略。建立一个"高级委员会"的提议已经流传了多年，而上一次是 1917 年春季，在尼维勒将军领导下进行的尝试并未获得满意的结果，这预示着任何重启该委员会的努力都将失败。然而，作为一个重要推动力，意大利可能退出战争的风险促使各方决定于 11 月初在意属里维埃拉（Italian Riviera）的拉帕洛（Rapallo）召开一次会议，会上同意推行有关名为最高战争委员会的计划。该委员会的总部将设在凡尔赛，由各协约国的常驻军事代表组成，其中包括法国的马克西姆·魏刚（Maxime Weygand）少将、意大利的路易吉·卡多尔纳（Luigi Cadorna）将军和英国的亨利·威尔逊爵士，美国陆军参谋长塔斯克·布利斯（Tasker Bliss）将军则被任命为美国代表。在入住特里亚农饭店（Hotel Trianon）后，军方代表及其参谋人员奉命"立即汇报意大利前线的现状"，作为"所有战场军事形势全面审查"的一部分，对需要哪些援助及如何实施进行研究。[42]

11 月 13 日潘勒韦内阁的倒台使局势趋于复杂。这位前陆军部长在 9 月接手了一个短命的政府，经历了一系列政治丑闻后，仍在苦苦挣扎，这些丑闻进一步削弱了在当年春季的重大失利中已经受损的公众信心。作为法国在战争期间唯一发生此类情况的内阁，潘勒韦在信任投票中败北，普恩加莱总统决定请参议员乔治·克列孟梭组织政府。早在 1876 年，克列孟梭首次当选众议员，而在议会内外的长期职业生涯，为他所支持的各项事业，引起了政界各方无论左派还是右派的敌意。他身材矮小，秃顶，厚厚的眉毛下有一双小眼睛，习惯拖着脚走路，双手戴着灰色丝绸手套，紧紧地背在身后，总是一眼就能辨认出来。于 1917 年 7 月被任命为军需大臣的温斯顿·丘吉尔此时结识了这位新总理，并在众议院观看了他的就职演说。

374

克列孟梭"从讲台的这边走到那边，不用便条、参考书，连一张纸片也没有。心中突然迸发出念头，他大声喊出尖锐、断续的句子，看起来就像一只在栏杆后面来回踱步的野兽，咆哮着，怒视着。一群与会者环绕在他周围，他们愿意尽一切努力避免让他出现在那里，可一旦把他放在那个位置，他们便又觉得必须服从"。[43]

克列孟梭是一个行事匆忙的人，一个知道该做什么并坚决去做的人。他任命自己兼任陆军部长，并请来一位获颁勋章的军人让·莫尔达克（Jean Mordacq）担任他的私人军事顾问，同时明确表示，他将尽可能频繁访问前线。他还要求剥夺前总理约瑟夫·卡约（Joseph Caillaux）的议会豁免权，因为后者被指控试图与敌人达成和平妥协，这坚定地表明了法国不会再有兴趣在战争目标上进行讨价还价。在 11 月 20 日黑格进攻康布雷的当天发表的第一份总理声明中，克列孟梭为即将到来的战斗定下了一个标准，并警告法国人民，从今往后，"作战区域"与内部区域将不再有区别。"不再有和平运动，不再有德国人的阴谋。既没有通敌，也不存在部分通敌：战争，只有战争。我们的军队不会再腹背受敌。正义必将得到伸张。这个国家会知道它是受到保护的。"[44] 克列孟梭承诺，法国将挺过这场战争，无论代价有多大。

第十九章

我们付出的最大努力

德国在集结全部力量到西线战场之前，必须先与俄国达成和平。与布尔什维克的和谈在布列斯特－立陶夫斯克进行，经过整个 12 月一直拖到了 1 月，布尔什维克派来的激进派人士列昂·托洛茨基竭力讨价还价，指望尽可能拖延时间，以足够让同盟国爆发革命。1 月 18 日，他怒气冲冲地离开了会议，直到月底才返回，这使鲁登道夫"火急火燎"地想要行动起来，他渴望解决东线的问题，以便将大批部队调往西线战场。[1] 兴登堡和鲁登道夫不愿就东欧国家人民自决权的意义与托洛茨基进行长时间争论，他们很快失去了耐心，在 2 月中旬采取了新的行动，德军占领了乌克兰和克里米亚的大片地区，把布尔什维克逼到了墙角。

3 月 3 日，布尔什维克回到谈判桌上，签署了摆在他们面前的全部协议，那是一份非常严厉的和约，将被长久地铭记。突然之间，俄国失去了一半的工业生产能力，大约 90% 的煤矿和 30% 的战前人口。芬兰和波罗的海国家、波兰和乌克兰将在名义上独立，使德国成为从波罗的海延伸至顿河的一个庞大新帝国的主人。德皇以其惯常的夸张语气宣布，这是"世界历史上最伟大的成就之一"，其重要意义只有我们的子孙后代才能理解。[2] 即便如此，也未能让最高统帅部的二人满足，他们要求攫取更多的领土，这让由外交大臣里夏德·冯·库尔曼率领的德国谈判小组感到震惊，并受到他们的抵制。鲁登道夫

376　主张彻底吞并被占领的地方，包括深入俄国腹地的领土。库尔曼在赫特林和德皇的支持下，拒绝同意这一点，声称在东方建立一条领土"防护带"会使德国受到削弱，而让数百万波兰人加入帝国将带来危险。[3]

　　库尔曼拒绝屈从于这些要求，不可避免地再次招来兴登堡以辞职相威胁，后者利用即将在法国发动攻势这个机会，清洗帝国政府中所有被他怀疑不可靠的人。在 1 月 7 日致德皇的一封信中，他承认外交大臣与统帅部之间出现了"困难的局面"，并对"无视"其建议的后果发出警告。那些必须在西线"准备和实施"军事行动的官兵肩负着沉重的担子，他称这次行动是"我们在整个战争中付出的最大努力"，这意味着他们必须得到皇帝"本人毫无保留的支持"。"感受到政治上的成功与军事上的胜利相匹配，他们和军方就一定会受到鼓舞。我以最谦卑的态度请求陛下做出这个十分重大的决定。"[4]

　　德皇鼓起全部勇气坚决抵制。尽管他支持将领们重启东线作战的决定，但他不会支持兴登堡在割地上的要求。他感谢这位陆军元帅"军人式的坦率"和"极度的清醒"，对德国最重要的两位军人褒奖有加。"在这件事上，您和鲁登道夫将军——您说他也认同您的观点——都表明了，你们所具备的献身精神与充沛精力对于我继续进行这场战争是不可或缺的。"对方和帝国首相在观点上的分歧，不能动摇德皇对他们的信心。"从这件事情的本质来看，它是历史上经常出现的古老现象，现在我一点也不感到惊讶。在这场有史以来世界上最伟大的联合作战过程中，军人和政治家应该从不同的角度看待有关战争目标与实现这些目标的方法等各方面问题。"因此，他希望兴登堡撤回他可能提出的更多反对意见，并"无怨无悔"地投入即将到来的战役。[5]

377　　在这些温馨的话语背后，德皇感到十分恼火，却只能无奈地生闷气。有一次，他"怒不可遏"地当着兴登堡的面摔门而去，大喊"我不需要你这慈父般的教海"！另一次，他信誓旦旦地说鲁登道夫是一个"作恶多端的人"，自己再也不会和他握手。[6] 但德皇的怒气几乎一发作完就马上消退，让他的形象显得比从前更加畏缩。他支持现任外交大臣库尔曼，但当有关鲁道夫·冯·瓦伦蒂尼（Rudolf von Valentini）的谣言开始流传时，德皇崩溃了。瓦伦蒂尼是他的私人办公室主任，受到最高统帅部的怀疑，这位曾与贝特曼·霍尔维格关系密切的保守的普鲁士贵族于 1 月 16 日辞职。兴登堡明确表示，东普鲁士省的省长弗里德里希·冯·贝格 – 马基宁（Friedrich von Berg-Markienen）将是一个理想的替代人选。贝格秃顶，留着稀疏的胡子，一双小眼睛从钢丝边眼镜后面向外凝望，他是所有将领都想要的政客：一位激进的保守主义者，在任何事情上都同意他们的意见，并不停地努力让威廉遵循最高统帅部为其规划的正确道路。[7]

　　清除可疑的官员并用更可靠、更强硬的角色替代，在兴登堡和鲁登道夫的 1918 年愿景中是一个基本要素，面对新一年的巨大需求，必须巩固大后方。德国最高统帅部里没有人对这项事业的重要意义抱有任何错觉，高级军官们在思忖未来时，重新表现出了严肃的态度。"为了确保我们在世界上的政治和经济地位，我们需要打败西方列强"，这是兴登堡直言不讳的看法，他预言这将需要"最大的牺牲"。[8] 鲁登道夫称之为"一支军队曾面临的最艰巨任务"，并以其特有的亢奋态度加以应对，他下令为两个主要集团军群的一系列作战行动制订计划。对每个特定的战线区域的行动都起了代号：阿尔芒蒂耶尔（Armentières）的是"格奥尔格一世"，伊普尔的是"格奥尔格二世"，阿拉斯的是"马尔斯"，巴波姆的是"米海尔一世"，佩罗讷的是"米海尔二世"，拉费尔的是"米海尔三世"，兰斯的是"阿喀琉斯"，阿戈讷的是"赫克托尔"，还有凡尔登的是"卡斯托尔与波吕克斯"。[9]

对于一处战场的选择，地形和气候是关键的因素，与敌人的兵力及可能达成的目标同样重要。鲁登道夫花了很多时间研究前线的地图，用手指描摹河流的走向与高地的轮廓，同时几乎每天都与库尔和舒伦堡这两个集团军群参谋长商谈，后者成为他制订计划的主要助手。1月中旬，他完全按照自己的方式巡视了前线，在情况允许时，便会透过双筒望远镜凝视战线，白垩土和泥土上细细的疤痕蜿蜒在大地上，看上去了无生机。攻击法军的请求无法让鲁登道夫信服，无论是在凡尔登还是在贵妇小径，他自己很清楚，最沉重的打击必须针对英军，最好是在北边。海峡港口陷落的危险是英国人萦绕不去的噩梦，但一大堆的困难似乎阻止了在那里发起果断进攻。英军实力太强，而且严阵以待，鲁登道夫承认，在他们可资利用的时间段里，不管是在阿拉斯还是伊普尔，右翼进攻都是不可行的："格奥尔格"行动过于依赖天气，而"马尔斯"行动在战术上困难重重。[10]

1月21日在阿韦讷举行的作战会议上，此事得到解决。集团军群的指挥官和参谋长出席了会议，鲁登道夫向他们介绍了有望供他们使用的兵力和可进攻的不同方向。当下，西线战场上有63个师处于预备状态，随时准备参加进攻。或许还可以动用目前驻扎在意大利或俄国的24个师，这样他们在3月初便有85~90个师能够参战。[11]考虑到这些因素，鲁登道夫的注意力不由得被吸引到战线的中间部分。情报显示，自贝当从10月开始要求换防之后，英国远征军的防线正在向南延伸，这些换防行动将使英军来到索姆河以南，一直越过瓦兹河。从这里进攻可以利用有利的地形条件，能在本年度早些时候发动，并有机会打击联合战线上一般来讲最薄弱的地方，即两支队伍接合的位置。因此，米海尔行动现在要成为他们努力的重点，德军将在阿拉斯东南方向的克鲁瓦西耶和圣康坦之间发起进攻。鲁登道夫承认，这样一场进攻缺乏"某些明确的界限"，但他相信，"如果这次打击成功，其战略成果可能着实巨大，因为我们会把英军大部与法军分割开来，并将其推向大海"。[12]

为了这次行动，正在组建两个新的集团军，第十七集团军要插入鲁普雷希特的第六和第二集团军之间的防线，第十八集团军计划占据圣康坦周边防线。每支部队都将由具有突破行动经验的人员指挥。第十七集团军司令奥托·冯·贝洛的满头白发开始谢顶，他曾策划对卡波雷托的决定性进攻，在这次攻击中将发挥最关键的作用，从阿拉斯突破战线，然后朝西北方向席卷英军防线。奥斯卡·冯·胡蒂尔（Oskar von Hutier）将军在 1917 年秋季对里加的袭击表明，渗透战术与短时飓风式炮击相结合的效果会有多么显著。他被派往第十八集团军，负责保卫一直延伸到佩罗讷的贝洛左翼。虽然两个集团军起初都由鲁普雷希特指挥，但鲁登道夫确认，他现在将把第十八集团军移交给威廉皇储的集团军群，这意味着不会由某一位指挥官单独负责这次攻势。[13]

鲁普雷希特一贯谨慎，当鲁登道夫的行动计划公布出来，他变得越发担心。在两个集团军群之间协调一场攻势就已经够麻烦的了，但真正的危险是，米海尔行动不会像他所说的那样，朝着一个"有利的方向"发展。他理解鲁登道夫对赢得战术成功的关注，但警告说，还要彻底解决更大的实操问题，而且进攻方向对结果至关重要。"对于笨拙的俄国人来说，可能都是一样的，但是对于英国人，尤其对于敏捷而熟练的法国人来说，情况就不一样了。"当他要求明确进攻中具体的作战步骤时，鲁登道夫只是耸了耸肩："在俄国，我们总是为自己设定一个非常接近的目标，然后再考虑如何改进。"[14]

380

随后几天内发布了很多命令，但鲁登道夫计划中的巨大漏洞——他们只关注关键目标——仍未填补。将攻势分散到各个集团军群的决定使最高统帅部和鲁登道夫保持了对局势的掌控，同时据说也是给皇储一个机会，重拾尚未从凡尔登战役恢复过来的声誉。但鲁登道夫最根本的关注点还是突破，并且本能地把注意力放在战线最薄弱的地方，而对其他任何方面都明显缺乏兴趣。自 1915 年之后，弗里茨·冯·洛斯伯格参与了德军大部分重要防御作战，他也对鲁登道夫的意图心存疑虑。有关德军的可能选择，他写了一份"战场报告"，并认为"把一切都放在单独一场重大进攻上，对我来说太冒险了"，而应该发动一系列"小规模进攻"，耗尽敌人的预备队，唯其如此，"我们才能在一条宽阔战线上发起大规模作战行动"。他建议攻击朗斯，进而包抄包括维米岭的阿拉斯周边英军的坚固防区，同时不惜一切代价避免在曾经的索姆河战场上作战，那里"包括一片片几乎无法穿越的弹坑"。他把报告交给了鲁登道夫，却发现自己的警告无人理睬，他的努力是多余的。[15]

在接下来的六周里，行动计划逐渐得到完善。米海尔仍然是进攻的主要焦点，但是将由阿拉斯的"马尔斯"（Mars）和瓦兹河以南的"大天使"（Archangel）这两个强有力的侧翼攻击行动提供支持。如果这些行动都失利了，那么一俟大批重型火炮重新部署停当，就会在香槟地区展开"罗兰"（Roland）行动，或是在佛兰德地区展开"格奥尔格"（Georg）行动。鲁登道夫沉浸在细节当中：敌军防御工事的性质，移动弹幕的速度，空军出动的数量，德军炮兵穿过前沿区域的路线，以及其他上千件事情。他把精力和决心倾注到完善进攻上，仿佛他可以单枪匹马地掀翻德国身上的重担。"西线的战斗是一支军队所承担的最艰巨的作战任务，"2 月 13 日，他告诉德皇，"我们不能把这次进攻想象成与加利西亚或意大利的战事一样；这将是一场宏大的斗争，从某一刻开始，持续到另一刻，需要很长时间；它会很艰难，但一定能取得胜利……"[16]

随着德国军队重启攻势，协约国方面开始计划一个充满不祥征兆的新年。1月5日，大卫·劳合·乔治在威斯敏斯特中央大厅的工会代表集会上发表讲话，以其惯常的华丽措辞发问，他们在为"哪一种或哪一些事业"而战。他竭力强调，他们不是在进行一场"针对德国人民的侵略战争"，无意"破坏或摧毁"德国。他们也不是为推翻其"军事独裁体制"而战——德国政治结构上的任何变化都是"由德国人民决定的问题"。相反，"我们被迫加入的这场战争是出于自卫，是为了捍卫受到挑战的欧洲国际公法，是为了彰显最庄严的条约义务，欧洲国际秩序的存在仰赖于这种义务，但是德国对比利时的入侵已经残酷地践踏了它"。任何和平方案都必须恢复比利时的独立与自由，并确保同盟国军队从所有被占领土上撤出，包括阿尔萨斯－洛林在内，同时足额地"赔偿违反国际法所造成的损害"。英国想要"公正而持久的和平"，而这只能建立在三项条件之上："条约的神圣不可侵犯"，基于"自决权或被统治者同意"的"领土方案"，以及"建立某种国际组织以……降低发生战争的可能性"。[17]

劳合·乔治的话与威尔逊总统成立"国际联盟"的呼吁如出一辙，从中可以看出，人们越来越意识到英国已经变得多么疲惫。现在最关键的是人力问题。在1917年里，黑格的各集团军共损失了82.2万人，使其远远小于组建时的规模，加剧了人们对英军总司令的批评。[18]劳合·乔治不打算提供任何超出绝对必要的增援，他顽强地坚持自己的立场，成立了一个内阁人力委员会，研究在下一年应当如何管理帝国资源。根据1月9日的报告，皇家海军和空军应当获得"绝对的优先权"，之后是建造舰船、坦克和飞机，最后是食品生产和木材砍伐。此外，报告承认英国、法国和意大利将在1918年被迫采取守势，敌人"在西线和意大利战线上将会非常强大，理论上不会有任何可能在这些战场上获得"有利于协约国的"决定性胜利"。因此，必须尽可能长时间"维持"协约国的"耐受力"，尤其是英国，它主要负责保持海上航道畅通，向其伙伴供应煤炭、弹药和粮食，还要跨越大西洋运送部队。[19]

黑格和罗伯逊发现自己已落下风，比以往受到了更严厉的审查。黑格在1月的第一周前往伦敦，并被授予了元帅权杖。他此时解释说，接下来的四个月将是"战争的关键时期"，很可能"敌人会同时攻击法军和我们，他将手握预备部队，随时准备在他取得胜利的地方扩大战果"。此外，他怀疑法军能否承受"一场坚决和持续的进攻"，而"最好的防御"就是继续佛兰德地区的攻势，以"保持主动，吸引德军预备队来对付我们"。[20]但是新攻势还没有列入首相的日程，也不会有成规模的增援。人力委员会向战时内阁做出报告的第二天，黑格接到整编其下属各师的命令，从每个旅中抽出一个步兵营，将每个师从12个营减少到9个营。这115个营将在冬季解散，人员会被重新分配到其他部队以保持其战斗力，而来自澳大利亚、新西兰和加拿大等自治领的部队保留了最初的作战序列，每个旅维持4个营，使得他们比来自母国的兄弟部队拥有更大的兵力优势。[21]

英国远征军的日子不好过，但法军的痛苦比他们还要严重。贝当已经在11月"解散"了三个师，不久将效仿英军的做法减少整个陆军中营的数目。接下来的一个月，对人员需求的详细评估令人沮丧，报告说除非征兵人数大幅提高，否则到1918年10月1日，将出现32.8万人的缺口，相当于25个师。[22]与黑格希望在春季恢复攻势不同，贝当相信俄国的崩溃

改变了他们的命运，必须做出相应的反应。12 月 22 日发布了
"第 4 号指令"："除非美国陆军能够将一定数量的大部队投入
战线，否则协约国无法恢复作战力量上的优势。在那之前，尽
管损失无法弥补，但我们必须保持观望的态度，并怀抱尽快恢
复攻势的想法，这将给我们带来最终的胜利。"[23]

令人担忧的是，美国距离提供这种优势还有很长的路要
走。到 1917 年底，只有 4 个美国作战师共 176655 人被运送到
法国，这在巴黎和伦敦引起了越来越多的警觉，即美军的集结
过于缓慢和艰难，无法抵消两国自身不断减少的后备力量。[24]
在潘兴将军于 12 月访问法国最高统帅部期间，贝当再次提将
美军各师"合并"到法军当中的要求。"不是按照彼时实施的
计划，从较小的部队单位开始，一步步地加以训练，"潘兴回
忆道，"而是想要以一种更快的方法，将我们每个师的四个步
兵团，分别加上适当比例的炮兵、工兵和其他部队，立即分配
给一个法军师。"几个月后，他的各个师会被重组为一个整体，
但在那之前，美军各团将被用于"他们所在的法军师承担的作
战任务"。[25]

将美军"合并"进法军的请求，已经在 1917 年 5 月被拒
绝，现在也没有比那时更受欢迎。潘兴反对这一提议，而且在
1 月 6 日给贝当的正式答复中解释说，在将他的各团编入法军
师进行战地服务的过程中，存在"许多真正的障碍"。"语言、
作战方法和民族特征的差异……将严重阻碍作战所必需的全面
合作。此外，美国人民不会同意放弃我军部队的完整性，将其
分散到法英两国部队中。"他认为，这种计划"将排除培训高
级指挥官及其参谋人员的可能性，并阻碍最终建立一支富有凝
聚力、进取心和自主性的美国军队，而必须依靠这样一支美
军，才能实施结束这场战争的最后打击"。[26]

私下里，潘兴对这些没完没了的要求日益厌倦，又担心法

384

国人以迫在眉睫的进攻为借口破坏美军的独立自主。而更让他失望的是，他发现法国新任总理克列孟梭一直在向华盛顿伸出触角，力图尽快解决他与贝当之间出现的"误解"。通过让法国大使与牛顿·贝克会面，克列孟梭竭力主张，美国部队加入法国师比"在防线上获得独立阵地"更为"安全"。美国陆军参谋长布利斯将军把这些谈话传达给了潘兴，但他同时表示，贝克乐于"将此事完全交由你来决定"。这种声援令潘兴感觉到欣慰，他坚持自己的立场，并在 1 月 8 日致电布利斯：

> 法国人并非完全坦诚的，非官方信息显示，他们是真的想把我们的团编入他们的师，以便如其所愿在战壕中服役……我们的士兵正在努力训练，训导工作也进展顺利。我们已表示愿意在紧急情况下以任何方式提供援助，但并不认为存在充分理由将各师拆分，把各团分散到法军和英军中作战，尤其是打着训导的幌子。由于我们自己现在已经参战，我们自身军队的完整性应尽可能得到维护。[27]

385

潘兴也承受着来自英国的压力。1 月 10 日，罗伯逊就"向英国步兵旅临时提供一部分美国营"的问题写了一封信。随着协约国人力"迅速减少"和德军向西调动，罗伯逊承认"英法两国政府对来年夏季感到非常焦虑"，他警告说，除非他们获得"大量"军事援助，否则就可能来不及了。主要问题是缺少运输船只。然而，国王陛下的政府准备在短期内减少粮食和战争物资的库存，以便为跨越大西洋运送额外 15 万美国士兵腾出舱位，让他们作为单独的营或旅部署在英国师中。潘兴对英国人的信任比对法国人还少，但他同意了罗伯逊的要求，同时警告说，这将被视为"应对可能出现的紧急情况的临时措施"，这些部队将"尽快"重组为完整的美国师。[28]

当罗伯逊和劳合·乔治为解决了一个难题而喜出望外时，潘兴却退缩了。1月29日在凡尔赛举行的英美联席会议上，英军代表团惊讶地获悉，该计划没有得到潘兴的批准，他和已前往巴黎的布利斯将军都对此持严重保留意见。取而代之，潘兴希望运送6个完整的师，包括其支援部队，这意味着只有72个营而不是英国人指望的150个营。劳合·乔治很快表达了反对意见，提出如果他们不将这些营"合并"进英国师，恐怕会引发灾难。"我们必须考虑到，如果德国以其全部资源向我们进攻，并部署可资利用的奥地利师，那将是一件多么可怕的事情。假如道格拉斯·黑格爵士向他报告说，出现了需要将英国营编入法国师的紧急军情，他自己会理解黑格将此视为迫不得已，而黑格对于采取这种行动的必要性做出的声明也会让他得到保护。"但潘兴不为所动。如果采取这些措施，可能会出现反对战争的"全面动荡"，"使总统承受许多批评"，更遑论"如果美国让其军队服务于英国军队中"会引发在美国的爱尔兰人的担忧。

386

"这些营会由美国军官指挥，"劳合·乔治说。

"旅级和师级指挥官将是英国人。"潘兴回答。[29]

如果美国人毫不动摇，英国人对此也无能为力，而劳合·乔治很清楚什么时候该放手。英国将提供额外的运输工具，美国部队将与英国各师一起训练，但他们会是完整的步兵及辅助和支援部队，而不是单个的营。法国人也达成了类似的妥协。美国各师将继续与法国同伴一起训练，包括适应性地进入防线，但他们认为，一旦准备就绪，将组成完整的师，并投入战线上的预定防区。然而，潘兴确实提出派给贝当由非裔美国士兵组建的4个团，它们仍在等待编入第93师。贝当欣喜地说他"非常高兴"能得到他们。[30]每个团被分配给一个法国师，成为美军中仅有的与法军正式"合并"的部队。

1月30日，最高战争委员会在富丽堂皇的特里亚农饭店举行了一次全体会议，克列孟梭、贝当、福煦、潘兴、布利斯、劳合·乔治、黑格和罗伯逊悉数出席。军方代表已经对协约国的态势进行了大量研究，并分发了一份标题为"第12号联合说明"的文件，其中指出，由于这一年里双方都不可能在西线战场达成"最终的，甚至仅是影响深远的决断"，协约国应当寻求"对土耳其发动一场决定性进攻，以期消灭它的军队，瓦解其抵抗"。[31] "第12号联合说明"上到处留有劳合·乔治的印记。英国首相热衷于把精力集中在巴勒斯坦，他认为这是最有希望夺取胜利的战场。艾伦比将军于1917年6月被派去指挥埃及远征军，并以意料之中的紧迫感推进作战行动，于12月9日占领了耶路撒冷，激起了人们对中东的战争能够迅速了结的希望。

心情恶劣的克列孟梭立即用一种奇怪的表情显露了他的不安，就像患有消化不良一样。作为贝当的坚定支持者，他知道在法国保持守势至关重要，但他不同意在"敌人叩响巴黎的大门"时，从西线战场上撤军。在场的大多数高级将领都反对进攻土耳其，可以预见当然包括黑格和罗伯逊，还有福煦和贝当，他们希望把所有可用资源集中于法国，以应对即将到来的战役。正如罗伯逊在给德比勋爵的一封信中提到的，这使得劳合·乔治"受到猛烈抨击，我从未见过他有如此惨败"。[32] 一夜之间气氛便冷却下来，在委员会第二天的会议上，"第12号联合说明"被批准，但附加了一项重要的限制条件，即不得动用西线战场的任何部队，对土耳其的进攻在两个月内不会启动，要等等看德国如何行事。

另一项议题是组建一支总预备队，由来自英、法、意三国的几个师组成，用以对付德军的任何进攻。这一想法被普遍接受，尽管这几个师从何而来以及由谁指挥尚不清楚。英军刚刚将防线向南延伸，没有多余的部队，法军已经筋疲力尽，当有人提议将意大利的几个师移交给法国时，意大利代表团以最强硬的措辞提出抗议。谁来指挥预备部队以及他们与各国总司令之间的关系也同样存在争议。罗伯逊希望每个国家的参谋长拥有联合指挥权，但劳合·乔治和英国军事代表亨利·威尔逊都不打算让罗伯逊染指这些部队，他们认为必须从凡尔赛进行指挥。[33] 出于这一层考量，劳合·乔治建议他们成立一个由委员会常驻军事代表组成的战争执行委员会，由斐迪南·福煦担任主席——这是一个法国人和美国人都可以接受的人选。福煦"不仅忠于法国，而且忠于协约国"，劳合·乔治在宣布委员会的决定时说，"当驻佛兰德地区的英军遭遇困难时，福煦将军竭尽全力为其提供援助。这种援助是如此迅速和慷慨，仿佛他本人就是一个英国人……我们可以非常肯定，作为委员会主席，福煦将军将会非常公正"。[34]

罗伯逊像往常一样嗅到了麻烦。"在最高战争委员会休会很久之后……"一位参加会议的低级助手回忆道，"房间里只剩下几个秘书，罗伯逊仍然独自坐在自己的位置上，一动不动，头枕着双手，静静地目视前方。"[35] 出于对威尔逊的不信任，还有一年前加来那次伏击事件的困扰，他将该委员会及其推动的组建总预备队工作视作一场危险的赌博，正如他告诉黑格的，这是一堆"该死的破烂"。凡尔赛会议在 2 月初结束后，罗伯逊向德比勋爵报告，关于总预备队的"真正问题"是"一个指挥的问题"，他们现在"实际上"有了一个"法国总司令"。此外，"我不知道如何或由谁授权一位既非战争委员会成员，也不是您的直接下属的军官向统帅大约 200 万人的总司令发布命令"。[36] 他拒绝在胁迫下支持劳合·乔治的计划，在接下来的两周里，关于总预备队的组建和黑格的各集团军在法国的地位，伦敦方面吵得一塌糊涂。首相提出，可以派罗伯逊

388

作为执行委员会的一员前往凡尔赛，其帝国总参谋长的职位由威尔逊接任，或者让罗伯逊在权力缩减的情况下留在伦敦，罗伯逊拒绝改变主意，并于 2 月 16 日提出辞职。

自霞飞那时候开始，人们就已经意识到，协约国内部需要加强凝聚力——或许可以通过设立一位总司令，可是由于种种原因，一直未能实现。而现在，在俄国崩溃和德国即将发动进攻的双重阴影下，协约国各方小心翼翼地趋向统一指挥的观念。"如果各国政府首脑能够完全依照个人判断行使权力，那么在 1918 年 1 月 30 日至 2 月 2 日的最高战争委员会的会议上，总司令这一职位很可能以某种形式得以设立，"在认真思考关于总预备队问题的长时间争斗时，塔斯克·布利斯写道，

> 他们知道它的重要性。他们知道肯定会是一个法国人。他们也了解福煦将军……其不屈不挠的精神和迅速准确的决断给他们留下了深刻印象，但各国政府首脑并不能随心所欲。他们背后的国民甚至曾为了比这更小的问题推翻了政府。军人之间也缺乏统一的观点，无论对于是否需要总司令，还是对于应当由谁担任总司令。所有这些人，不管是平民还是军人，在政府有所作为之前，他们都必须先吞下这颗绝望的苦果。[37]

*

鲁登道夫准备进攻的战线关键部分，现在由休伯特·高夫将军的第五集团军驻守，该部是从佛兰德地区重新部署过来的，作为黑格替换圣康坦周边法国第六集团军承诺的一部分。高夫于 12 月抵达后，不无沮丧地注意到还有多少工作量有待完成。电话线尚未铺设，他的人马进入新战壕后很快就开始抱

怨所处的环境。前沿阵地足够坚固，但后方缺少后备阵地和强化据点。使问题更加严重的是地面在 1917 年春季遭到破坏后尚未完全恢复，时而泥泞不堪，时而大雪覆盖。"四周一片死寂，"高夫的一名参谋记录道，"平民不被允许返回家园，尽管他们恳求我们让他们回去，但他们已经无家可归。他们住在废墟中的劳工营，仿佛穴居人一般与世隔绝。连续多日，天空都是一片铅灰色，道路在雨中闪闪发光，电线杆伫立在黑暗之中。间或还有一片片淡绿色的小草，雨水浸透的田野看上去毫无希望。"[38]

整个冬季，在高夫的紧张注视下，一个个步兵营得到中国劳工和各种东拼西凑起来的队伍的支持，在第五集团军的防御阵地上辛勤劳作。2 月 1 日，高夫警告总司令部，他可能会面临"一场猛烈而坚决的进攻"，并紧急要求额外的皇家工兵连帮助建造防御、住宿和通信设施。当发现对手是里加征服者胡蒂尔将军时，他最担心的事情得到了证实。"最近的德军攻势……"他补充道，"特点是以长达 6 小时的短时间炮击和尽最大努力完成突袭。我不确定能否打退这样的进攻……"黑格的新任参谋长赫伯特·劳伦斯（Herbert Lawrence）在一周以后回复说，"如果在宽阔的战线上对你的集团军发动一场猛烈的攻击，你的对策应该是不惜一切代价保护至关重要的佩罗讷核心地带和索姆河"。[39]

理论上，高夫的防线应当由前沿、交战和后防三个区域组成。前沿区域的部队要尽可能坚持更长时间，在交战区域打响关键战斗之前给敌人造成伤亡。第五集团军随后会发动反攻，将敌人击退——从中可以看出德军自 1916 年之后所采取的防御战术。但是这长达 42 英里的战线在英国远征军中是最长的，高夫担心自己能坚持多久。前沿区域令人满意，有许多连接良好的据点，但他的交战区域杂乱无章，后防区域则几乎不存

在。他有 12 个步兵师外加 3 个骑兵师，这意味着每个师都要
在 3 英里宽的战线上展开。在北边，朱利安·宾爵士的第三集
团军更为集中，战线仅有 28 英里，每个师负责 2 英里宽的防
区。但黑格出乎意料地轻松。在 3 月 2 日召开的集团军指挥官
会议上，他表示对各部的准备工作"非常满意"。"计划是完
善和彻底的，很多工作均已完成。我唯一担心的是敌人会发现
我们的防线如此强大，以至于他们会犹豫是否将其军队投入这
场几乎注定损失惨重的进攻。"[40]

并不存在这样的危险。在看似不可抗拒的意志推动下，
方方面面都开始就位，不可能再停下来。德国最高统帅部于
3 月 8 日转移到比利时的度假小镇斯帕（Spa），又在莫伯日
（Maubeuge）以南 12 英里的阿韦讷设立了一个前敌指挥部，
鲁登道夫在那里度过了大部分时间，而德皇则乘坐他的私人装
甲列车在前线往来穿梭。3 月 10 日，兴登堡签发了此次进攻
的最终作战命令。伴随其匆匆书写的笔尖，德国人手中的骰子
开始了最后一次旋转，马恩河决战与施利芬计划失败之后，德
国发动了最后一次绝望的努力。多年后回想起来，这位元帅一
点也不后悔。在整个 1918 年保持防守态势是不可思议的。"除
非敌人首先屈服，否则我们的命运无疑是在筋疲力尽中缓慢死
亡。"德国的盟友恳求其采取行动，德国不得不尽快结束战争。
"即使我们的对手将他们的物资与士气的作用发挥到极限，也
不可能压倒我们。如果我们不进攻，他们可能会将战争拖延数
年，即便任何一方不愿继续下去，也只会在对方的逼迫之下不
得不坚持。"[41]

到 3 月中旬，鲁登道夫已经在关键的阿拉斯－圣康坦地
区集结了大批攻击力量，总共从东线调来 48 个师。虽然在进
攻的第一天只有 6 个师参战，但其余部队能够接手前线不同地
段，腾出一些师来进行训练。[42]鲁登道夫的三支主力部队，第

十七、第二和第十八集团军，包括 77 个师，共计 100 多万人，有 6400 门野战炮和重型火炮，以及数千门迫击炮和几乎不限量的炮弹。为了尽可能保守部队集结的秘密，他们采取了一系列精心设计的措施。计划只在高级军官的"小圈子"里分发，在距离前线 60~70 公里的大片区域内，白天禁止部队和车辆的所有行动。大量的枪支、弹药、建筑材料和补给品要么被精心伪装，要么是在袭击前的最后几个小时才安置到位。"部队中不允许有任何人还在怀疑战斗已经开始，这场战斗是为了保守秘密和隐藏我们的准备工作，"袭击开始几周前发布的第二集团军安保命令中写道，"每个人都必须意识到，他自己就是这场战斗的一员，为了取得胜利，他必须将自己的谨慎与沉默也作为一种武器。"[43]

392

米海尔行动将于 3 月 21 日凌晨 4 点 40 分开始。按照曾在里加、卡波雷托和康布雷的反击中检验过的战术模式，用 5 个小时的炮击为步兵前进扫清道路。经过特殊训练的，装备轻机枪、手榴弹和火焰喷射器的突击队将迅速推进，绕过抵抗力量的中心，尽可能深入敌方阵地。鲁普雷希特集团军群的"第一个重要战术目标"将是"阻断康布雷突出部的英军"，并迅速移动到巴波姆和佩罗讷之间。在守住索姆河的防线后，进攻者将挥师指向西边的阿尔贝，然后向北旋转，席卷英军的防线。在左翼，皇储的集团军群要占领索姆河与克罗扎运河上的通道，保证左翼安全，同时阻止法军的任何反击，使鲁普雷希特能够不受阻碍地对付英军。之后情况如何是无法预见的，后续的攻击——"马尔斯"和"大天使"——"必须取决于作战行动的进展"。[44]

现在已万事俱备。此时集中于前线的德军士气高昂，排着长长的纵队铿锵行进在铺垫碎石的公路上，并充斥着防线后面的兵营。怀着 1914 年以后从未有过的强烈愿望，各级官兵都下

定了钢铁般的决心，这将是他们证明自己和取得胜利的最后机

393 会。一个正等待前进的下级军官思考着行动的意义："决定性的
战斗，最后的冲锋，就在这里。各个国家的命运将在此处决定，
它关乎世界的未来。我体会到这一时刻的分量，我想每个人都
会感觉他们的个体已经消散，心中的恐惧也已离去。"他记得当
时"那种奇特的心情，充满了紧张，还有几分兴奋"。[45] 每个人
都觉察到了，时间仿佛变慢并静止下来，如同那些挂在天空中
一动不动的星辰。发起进攻的前一天夜里，一个名叫阿尔布雷
希特·冯·特尔（Albrecht von Thaer）的参谋几乎无法写下
这一天的日记，他的双手不住颤抖："在西线这里，面对未来
的我们，就像站在一道漆黑的幕布前面。"[46]

第二十章

恐怕这意味着灾难

3月21日，即德军所称的"那一天"清晨，破晓时的一场灰白色浓雾笼罩了一切，飞机无法升空，观察员像被蒙上了双眼，精心计算的预先炮击时间表被完全打乱。前一天，鲁登道夫一直与气象学家施毛斯（Schmaus）博士保持密切联系，博士让他随时了解最新的大气条件，尤其是风力与风向。由于德军的计划制订者严重依赖毒气来瘫痪敌军防御，因此风力不能太强、风向不能错误就至关重要。还有雾的问题，雾会干扰士兵在战场上的行动。鲁登道夫无意取消这次攻击；正如他几年后指出的，这"本来是很难做到的"。[1]他的参谋人员努力做出必要的调整，各集团军群在中午时分接到通知，按原计划执行。虽然风在夜间逐渐减弱，但是雾的浓度超出了预期，战场罩上了一层奇怪而不祥的雾气，只有偶尔闪耀的火光将它穿透。

4点40分，随着一连串沉重的砰砰声，炮击开始了，之后是大量的野战炮和迫击炮加入，雷鸣般的轰响回荡在大地上，下沉、翻滚。沿着从斯卡尔普河到拉费尔的长达50英里的战线，英军前沿阵地下了一场毒气和炮弹的暴雨，它粉碎了战壕，将泥土溅向空中，像一股股巨大的喷泉一样。"浓雾像厚厚的一堵墙，充满了带着硫黄味道的闪光，可怕的噪声遮盖了其他任何声响，"一个德军亲历者写道，"只有自然灾害或世界末日才有这般威力。"[2]摧毁战壕和反制炮兵的不同炮火交替着持续了 5 个小时，切断了交通线路，并将炮兵连笼罩在毒气中。德军首先释放"蓝十字"，即三氯硝基甲烷或二苯氯胂，这是一种能够导致打喷嚏和呕吐的超细粉末，使受害者无法佩戴防毒面具。随后，释放几轮光气，此外对选定地点又进行了芥子气轰炸，特别是掐断康布雷附近的弗雷斯吉亚突出部，而不是直接进行攻击。在遭受数年的袭击、恐怖的坦克攻击、无休止的"连珠炮火"和长达一周的炮击之后，德军终于要报复了。

奥托·冯·贝洛将军率领的第十七集团军要完成公认最艰巨的任务，在阿拉斯向西南方向旋转，然后指向巴波姆。在 2 月 27 日的作战命令中，贝洛表示："必须首先以绝对占优的打击摧毁尽可能多的英军师，包括预备队在内，为下一步作战创造条件。"[3] 他的部队面对的是朱利安·宾将军的第三集团军，该部据守着精心构筑的防御阵地，与南边高夫的第五集团军不同，其预备队更方便动用。这场攻击最终在上午 9 点 40 分发起，"炮火压路机"半隐在朦胧之中，朝着目标缓缓爬行，贝洛的进攻各师跟在它后面向前推进，仍是部分隐藏在黑暗中。"在前几个攻击波次冲进了布满弹坑的无人地带，那里的浓烟正在沉降下来，"一份报告写道，"他们大声呼喊着迅速前进，根本不顾最初由己方火炮和迫击炮射出的近弹造成的伤亡，纷纷冲入英军的防线。"在 20 分钟之内，只遭遇"微不足道"的抵抗，宾的大部分前沿区域就被占领了。[4]

米海尔行动的左翼被交给了第十八集团军，该部奉命"将敌人击退到索姆河与克罗扎运河对岸"，而且要采取"势不可挡的动作"，这反映了司令官奥斯卡·冯·胡蒂尔将军的好胜与自信。[5] 他们将打击高夫第五集团军的南半部分，即从圣康坦延伸到瓦兹河长达 19 英里的防线。第一攻击波次包含 13 个师，而守军仅有 6 个师，德军在数量上占有相当大的优势。这段防线上的雾气浓重，遮挡住了步步逼近的进攻各营。英军哨兵窥视着反常的黑暗，直到冲突发生前最后一刻，才看到几乎撞在他们身上的突击队的身影，德军突击队员头顶着钢盔，脸上的防毒面具呈现一种很不自然的双眼凸出的形象。由于受到炮击的惊吓，与支援炮兵的联系也被切断，守军很快被打垮，要么当场被歼灭，要么成为俘虏。只用了几个小时，高夫全部兵力的大约 1/3 就被吞噬，在战线上留下了巨大的缺口。[6]

高夫不是一个喜欢在旁边等待消息的军人，所以他乘车去见军团指挥官，发现尽管前景越发暗淡，他们却仍乐观开朗。高夫告诉他们，"我们的策略是打一场拖延战，尽可能长时间地阻击敌人，不能让部队为坚守某处阵地而陷入决定性的搏斗"。[7]但是他的部队已经在为自己的生存而战了。在进攻的头几个小时里，前线大部分地区的损失是灾难性的。当天可能有多达 2.1 万名英军士兵被俘，在德军如潮水般席卷而来的时候，他们被围困在自己的防御工事里。有些人抵抗了几个小时，身边堆满了冒烟的废弹夹，而其他人很快意识到，在如此寡不敌众的情况下他们是没有希望的，于是一起投降了。抵抗的溃败如此惊人，说明这场战争变得多么让人灰心丧气。在当天参战的 21 个英国师中，有 19 个师曾在帕斯尚德勒作战，许多高级军官毫不犹豫地将战败的大部分责任归于前一年的激烈战斗以及英军各师规模的缩减。[8]

空中的战斗与地面一样残酷。在烟雾缭绕的战场上，德国战斗机形成一道密集的空中屏障，在前进中的陆军头顶巡逻。"美国计划"（Amerika Programme）带来飞机产量的猛增，在进攻开始的几天里，德国集中了 800 多架飞机，对阵英法两国的 600 架。[9]少数成功升空的协约国飞行员报告说，他们看到了长长的步兵和骑兵纵队，甚至还有少量德国坦克在行动。除了几辆经过整修的马克Ⅳ型，德军还将四辆自己的 A7V 突

击装甲车投入战斗，该战车使用霍尔特拖拉机的底盘，共有 18
名乘员。它速度相对较快，在平坦地面上最高时速 8 英里，而
且配备了机枪，但它的设计很笨拙，就像一个移动的碉堡，是
一个诱人的靶子。四辆战车被部署在圣康坦周边，但它们发挥
的作用微不足道，只能用于扫荡阵地，而不是引领进攻，这反
映了最高统帅部对机械化战争相当矛盾的心态。突破还是要依
靠德军步兵，他们就像嗅到猎物的猎犬一样，正朝着英军主要
防线，即交战区域扑了过去。

在英军总司令部，黑格还没有意识到吞没了他的南翼的这
场灾难有多么严重。当天早上 8 点，他正在穿衣服的时候，获
悉德军开始炮击，但直到 3 个小时后，才接到第三和第五集团
军的电话，报告发生了大规模步兵攻击。尽管这一消息令人不
安，他仍然保持着乐观。"第三和第五集团军前线的战斗一直
持续到晚上，"他写道，"我们的战士似乎表现得很出色。"[10]
高夫获准将其右翼撤过克罗扎运河，而作为总司令部预备队的
两个师奉命向努瓦永移动；午夜过后，也向贝当发出一份正式
战报，提醒他注意英军防区的严峻态势。双方曾经同意，在任
何进攻发生后的 4 天以内，法国第三集团军多达 6 个师的兵力
将集结在蒙迪迪耶（Montdidier）和努瓦永周围，现在黑格希
望"尽快"将他们召集起来。[11]

3 月 21 日，在贡比涅，贝当坐在自己的办公桌旁，听着
不断的隆隆炮声，参谋们紧张地互相对视，他却刻意地忽略散
布在最高统帅部走廊里的流言。他知道德国的这次攻击极其危
险，可能正是他们预料的大规模进攻，但他担心的是香槟地
区——那里已出现不同寻常的猛烈炮火——他想知道这是否预
示着进攻迫在眉睫。而随着英国第五集团军形势的恶化，甚至在
接到黑格的消息之前，他就已下令 3 个师第二天向北移动。[12] 普
恩加莱和克列孟梭恰巧都正在这里视察，并与贝当会面讨论了

局势。"法国总统和克列孟梭都很平静,"一位政府联络官报告说,"贝当将军也是,但人人一脸冷峻,因为我们能感觉到此刻局势的严重性。"[13]

到了傍晚,德军推进了大约 4.5 公里,按堑壕战的标准来看,已是一项扎扎实实的战果,但远未实现他们当日的目标。英军已经能够在交战区域站稳脚跟,他们在那里构筑了许多沙袋堡垒、设防农场或山丘。当进攻者袭击他们时,雾气已经消散,大批"战场灰"慢慢跑过长长的旷野,为英军的机枪手提供了极好的目标。北段的抵抗最为顽强,贝洛的部队努力调动了足够的火力压制守军。防线后面的狭窄道路被步兵拥塞,各个野战炮兵连在被雨水泡软的坑洼地面上奋力前行,花了几个小时才进入阵地。在康布雷的司令部里,鲁普雷希特担心未能取得足够的战绩。第一天的目标是夺取敌人的大量火炮,但是距离第二和第十七集团军的交接处埃科旺库尔(Équancourt)还有大约 6 公里,而且第二集团军只缴获了 50 门大炮。[14] 这一次,鲁登道夫和鲁普雷希特一样悲观:"根据报告……无论怎么说,战役第一天的结果都不能令人完全满意。"尽管如此,他也没有停止进攻的想法,所以晚间发布了继续攻击的命令。鲁登道夫又提醒 6 个后备师开始向第十八集团军后方挺进,并下定决心,他要做的就是巩固第十八集团军的胜利。[15]

第二天早上,战斗重新开始,鲁登道夫继续将各师投入战斗,拓宽了突破口,并让他的指挥官侦察残破的英军防线上的弱点。大多数前沿阵地已经被占领,发生了一系列追逐战,当第三和第五集团军后退时,有些地方的部队在原地坚守,另一些部队在尽快撤离。几年后,王储仍会清晰地记得米海尔行动最初几天的狂乱场面。"仿佛摆脱了可怕的噩梦,我们的步兵从战壕中一跃而起,凭借无与伦比的力量粉碎了所有抵抗,突破了敌人的防御系统。"3月22日上午，他驱车穿过圣康坦那只剩"一堆了无生气的石头"的街道，路上挤满了"望不到头的纵队，如一波波浪潮涌过"。"周围全是喜悦的面孔，"他写道，"冲着我的汽车欢呼叫嚷，车子艰难地向前行驶，部队前进的步伐势不可挡，仿佛胜利之师的脉搏跳动……"[16]

鲁登道夫对进攻的开幕日仍然感到失望，但3月23日星期六，他终于收获了期待已久的战果。那天早上，他兴奋地打电话给第二集团军的格奥尔格·冯·德·马尔维茨将军，告诉他"进展一切顺利"。[17]弗雷斯吉亚突出部被敌人放弃了，自前一年秋季的康布雷战役开始，它就一直是德军防线侧面的一根刺。为避免遭到包抄或合围，宾将军命令其部队撤出，同时，南边的胡蒂尔获准越过克罗扎运河向西挺进。当天晚上，他的人马甚至已抵达索姆河一线，向佩罗讷进军——一群群拿着手榴弹的德军穿过燃烧的街道与英军后卫作战。3月23日当天下午，黑格下令不惜一切代价守住从哈姆至佩罗讷的索姆运河一线："不得从该防线撤退。最重要的是，第五集团军应毫不延迟地在其右翼与法军会合。"[18]

鲁登道夫现在察觉到一个机会。3月23日下午，他在阿韦讷召开了一次有库尔和舒伦堡出席的会议，对其计划的一项重要变化做出解释。英国远征军有"相当一部分"目前已被击败，存在很大的可能性，法军将会发起一次解围性的攻势。因此，德军的作战目标是"通过一次沿索姆河两岸的迅猛推进"将英法两军分隔，然后"把英军赶入大海"。第十七集团军向西北方向的杜朗（Doullens）和圣波尔（Saint-Pol）大举挥师前进，第二集团军冲向亚眠，而第十八集团军朝努瓦永方向渡过索姆河，争取迫使法军退过埃纳河。[19]相比于将所有努力对准一个方向，鲁登道夫现在提议将进攻沿三条不同路线岔开，旨在同时打击英法两军。

　　库尔感到困惑。"如此说来，最高统帅部彻底改变它的计划，"他在几年以后如是写道，"迄今为止，第二和第十七集团军针对英军的进攻是主力进攻。（任何）针对法军的行动都属于第十八集团军的任务。现在的打算是将英法两军相互分隔，并同时予以打击。"而以现有兵力能否完成如此艰巨的任务却根本没提。"分散力量的危险无疑近在眼前。"但鲁登道夫没什么选择，甚至库尔深思后也承认如此。由于阿拉斯地区（维米岭战场就位于这一区域）防御工事坚固，不可能再向北进攻，即使部队可以从第十八集团军重新部署，派往北边去增援主力，他们可能也无法及时赶到，届时德军的两翼都要面临僵局。鲁登道夫不得不朝着尽可能多的方向奋力前进。第十八集团军击中了一个弱点，因此它要继续下去，希望敌人一旦开始逃窜就再也停不下来。[20]

　　有那么一刻，德军的进攻就像一条滔滔不绝的大河，将要势不可挡地冲破堤岸。巴波姆于 3 月 25 日陷落，第十八集团军现在已经占领了努瓦永和内勒，正在逼近绍讷（Chaulnes），而阿尔贝在 3 月 26 日下午被放弃，德军队伍经过了一座被摧毁的大教堂，它在 1916 年曾是德军的一个指路标志。"我们一次又一次地掘壕固守，付出了令人难以置信的努力，才将敌人置于我们想要他待的地方，也就是我们的步枪瞄准器的 V 型缺口中，却传来了撤退的命令"，这种熟悉的抱怨出自一名英国军官之口。[21] 高夫的第五集团军正在瓦解，从前那支纪律严明、富有战斗力的军队是多么令人骄傲，如今已支离破碎，士兵目光呆滞，筋疲力尽，在覆满尘土的队伍里蹒跚地走入夕阳之中。高夫试图保持士气，驱车在前线来回奔波，但随着大规模撤退开始，战线后方的恐慌情绪逐步加剧。一位目击者注意到："营地和食堂已经清理干净，铁路侧线上火车正在装载。华工和所有其他可用的人力都在军需品的临时堆栈忙碌，而无

401

法转移的东西全被炸毁。前沿的伤员急救站已经把帐篷收起并打包，篝火已被点燃清除垃圾。"[22]

在总司令部里也能发现犹疑不定的线索。到目前为止，黑格一直保持坚定的态度，确信敌人正在遭受一连串的打击，但英军防区上越来越宽的缺口是无法掩盖的，因此他急切地向南边寻求法军的支援。3月24日星期天，在亚眠以南3英里处一个安静的村庄迪里（Dury），两位总司令会面，黑格的前线指挥部就设在此处。自进攻开始，贝当不断地把一个个师派往北方，同时还将法军最北边的第一和第三集团军置于法约勒将军麾下，作为重新组建的后备集团军群的一部分，以协调防御作战，确保两军保持联系。但是当黑格要求贝当"尽其所能集中更多的兵力"，比如说20个师，"在亚眠附近尽快跨过索姆河以支援英军的右翼"时，贝当大吃一惊。这比之前双方商定的支援规模要大得多，况且，有"确切迹象"表明，他将在香槟地区遭到攻击——德军正在那里展开一场大规模佯攻——他担心自己小心囤积起来的宝贵的后备师会被耗尽，使他几乎没有部队来应对敌人的第二次打击。他会把"所有他能拿得出来的部队"交给法约勒，但如果下令撤退，他的人马就会往南朝着巴黎后退。[23]

黑格现在遭受的折磨，与1914年10月的暗黑日子里约翰·弗伦奇爵士的经历一模一样。他发现战争局势变化的速度比他预期的要快许多，而且，一反常态的是，他感觉自己开始受到神经质的困扰。接替罗伯逊担任帝国总参谋长的亨利·威尔逊爵士于3月25日见到了黑格，他忍不住记录下对方那副"吓坏了的"样子。黑格告诉威尔逊，"全部法军"都需要行动起来，否则他们就应该"在任何我们能争取到的条件下实现和平"。[24]高夫于3月27日被解职，同时黑格让亨利·罗林森官复原职，虽然后者原来的司令部已在1917年解散。这是第四集团军重组工作的一部分，黑格希望此举能巩固他越发岌岌可危的地位。随着对德军此次进攻规模的认识逐渐清晰，协约国各方政府的行动步伐已经明显加快。在伦敦，一直担心黑格会带来灾难的劳合·乔治很快决定正面应对危机。他派米尔纳勋爵作为他的特使，与法国人展开一系列匆匆安排的高层讨论，甚至连美方都没有受到邀请。"事情看来很糟糕。恐怕这意味着灾难，"他告诉报社老板里德尔（Riddell）勋爵，"敌人已经实现突破，问题是后面用什么阻止他们……法军现在正派上他们的预备队，但可能已经太晚了。"25

杜朗位于亚眠以北 18 英里，它的市政厅不太像一个召开协约国领导人紧急会议的场所。3 月 26 日的上午，黑格与他的集团军指挥官举行了一系列会议，但直到中午，法国代表团——普恩加莱和克列孟梭以及贝当和福煦——才抵达。英军总司令率先敦促"法军尽快以最大可能的兵力从南边增援，以支持从 21 日开始便一直坚持战斗的高夫将军的集团军，这是绝对必要的"。贝当于是明确提醒黑格，第五集团军"不再具备战斗力"，他已将 9 个师投入战斗，还有 15 个师在他讲话时正在下火车。讨论来来回回地进行了一段时间。每个人都同意"必须不惜一切代价掩护亚眠"，但他们如何解救高夫手下遭受沉重打击的各师呢？贝当说"他正在尽快调动一切力量"，而福煦则就"立即采取行动，并向所有部队表明他们不得放弃任何阵地的必要性"发表了一通老生常谈。26

黑格并不是唯一一担心贝当情绪的人。会议开始前不久，"晴朗的天空下和刺骨的寒冷中"，在市政厅周围一次短暂的散步中，贝当告诉克列孟梭，他已经给部队下达了命令，在万一被迫撤退的情况下掩护巴黎。

"德军将在开阔的原野上击败英军，"他告诉对方，"之后他们同样会打败我们。"

从未丧失战斗精神的克列孟梭认为这种失败主义态度是不可原谅的。他匆匆去见普恩加莱，并告诉他，贝当的悲观主义"令人恼火"，"作为一位将领，应该这样说甚至这样想吗"。

双手握在身后，正在附近徘徊的福煦很快证实了这些怀疑，但他补充说，形势并不像贝当想象的那样糟糕。"常识表明，当敌人想打开一个缺口时，你不能让缺口变大。你要把它堵上，或试图把它堵上。我们只要努力去做我们应该做的，剩下的就不用管了。我们坚守阵地，一步一步地防守。我们在伊普尔做到了，我们在凡尔登也做到了。"27

贝当显然缺乏福煦或黑格那样的信心来指挥即将到来的战斗。会议成员被分成几个小组，克列孟梭与米尔纳勋爵进行了会谈，然后把黑格叫了过来。双方同意，英军将接受福煦的指挥，后者"得到英法两国政府授权，负责协调英军和法军在亚眠正面的作战行动"。双方在这个问题上达成了一致，而黑格只是说，需要对整个西线战场的授权，贝当沉默地坐着，点头表示同意。会议结束后，将军们漫步在室外明媚的春风中，感觉肩头的重担已经卸下。索姆河战役之后被"解职"的福煦，至此已经顺利重返协约国的战场指挥层级，他并没有被自己面临的任务吓倒。作战计划很快形成，"法英两国军队必须紧密配合，以掩护亚眠"，"已经参战的部队必须不惜一切代价坚守阵地"，法军增援部队将首先"巩固"英国第五集团军，然后为未来的行动"提供大规模的机动"。贝当发布的朝西南方向撤退的命令旋即取消。28

黑格后来称，当时的贝当"十分沮丧，几乎精神失常，非常焦虑"，在可怕的压力下，他的神经崩溃了，他相信末日即将来临。但贝当表现得很好，最高统帅部的一个参谋注意到，"他在关键时刻表现出平静的外表和谨慎的谈吐"，唯一流露出担忧的是"他眼皮的眨动"。[29] 但关键是，贝当非常冷静，没有陷入慌乱，在 1918 年 3 月对他产生了不利影响的安排下，他也没有发生彻底的改变。在这场战争中，他一直努力保护自己的士兵免受现代战争的狂暴冲击，当法国军队差一点被过分狂热的领导人搞垮的时候，他担当起最高指挥官的职责。因此，他不会轻易地将部队送入熔炉当中，如果福煦想要这样做，那就随他去吧。他还不确信德军是否已经筋疲力尽，所有的军人直觉都告诉他，新的预备队正在某个地方集结，而他必须对此保持警惕。

在协约国做最后清算时，鲁登道夫的进攻却逐步失去动力。疲惫开始拖累德军士兵，如同一场他们无可躲避的逆风。天气好似寒冷的冬季，灰蒙蒙的天空马上就要降雪。在曾经的索姆河战场上，一片乱糟糟的"陨石坑"依然布满了腐烂的尸体和坍塌的战壕，令人沮丧，禁不住盼望着"去亚眠第一次嗅到大西洋的味道"。正如一位德国军官所说："没有哪块盐碱地比这里更荒凉。"[30] 当马尔维茨将军第一次乘车经过时，他只能惊叹周边的满目疮痍：

> 这片土地经历了怎样的变化啊！如今这里一片荒芜，看上去是那么可怕，失去行道树的大路上，一切都笼罩在无边无际的尘土中，灰暗得令人神伤。许多坦克兀自立在旁边，它们曾经被英国寄予厚望，偶尔能稳住军心，但是通常起不到什么作用……昨天经过了索姆河战役的交战区，那里有最令人悲伤的景象：只能十分艰难地找到一些地方，田野上布满刺眼的弹坑，覆盖着稀疏的枯草，其间散布着英军士兵小小的十字架。这段行程持续了好几个小时，经常走在货车道上。那就是法国北部！克服这种地形

405

对我们来讲都很困难，如果不是到处都有英军的兵营，这几乎是不可能的。然而部队拿出了超人般的表现，士气高昂。[31]

3月24日，马尔维茨乘车赶往在康布雷战役中被摧毁的村庄古佐库尔，在那里觐见了德皇和兴登堡。自进攻开始，最高战争统帅便陷入一种"倦怠的"情绪，但他用这样的想法安慰自己："领土上的收获始终大于法英两国所取得的战果。"[32]马尔维茨现身时，德皇正在吃早餐，于是很快给他递上了一碗汤和一枚指挥官级霍亨索伦十字勋章。

"但是，陛下，战役尚未结束。"

"这是此次大规模战役的第一阶段……"德皇回答。

马尔维茨接受了奖章并表示感谢，德皇转向兴登堡，指着他胸前那枚布吕歇尔勋章，那是因为"赢得了一场针对英国人的胜利"而颁发给他的。兴登堡并没有回避，"像一堵墙那样站着"，什么也没说。[33]

和过去一样，德皇的乐观情绪往往来得太早。的确，在不到一周的时间里，德军抓获了9万名战俘，占领了大片土地，远远超过了从1914年开始协约国所取得的任何战绩，但关键是他们并未对敌人造成致命打击。[34]英法两国军队受到重创，却尚未被分割，而福煦现在负责协调亚眠的防御，他们开始表现出比以往任何时候都更强大的凝聚力。德军也遭受了惨重而无法弥补的损失。3月21日至4月10日，进攻的三个集团军共承受了23.98万人的伤亡，率先进攻的各个精锐突击师首当其冲。这些部队现在越来越多地被次要单位取代，后者从东线抽调而来，缺乏斗志与技能。因此，西线部队发现自己的阵地十分脆弱，这条150公里长的战线从斯卡尔普河延伸到蒙迪迪耶，再经过努瓦永直到拉费尔，而在米海尔行动开始时，它只

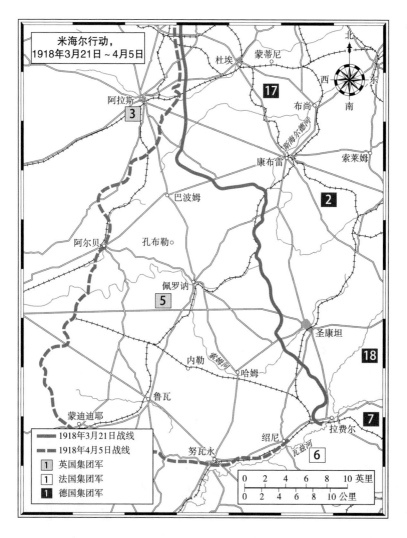

406

407

有90公里长。现在部队已处于开阔地带，把具备舒适性和保护性的兴登堡防线远远地抛在了身后。[35]

　　进攻的势头很快就消退了，这是行动如此之快又如此之远的必然结果。不论走过了多少英里，总像是还有更多的路要走。到3月下旬，第十八集团军已经距离铁路末端超过50

公里，它的补给纵队落在了后面。[36] 胡蒂尔尽全力催促他的人马，但他的部队正沿着越来越宽的战线伸展，不可避免地开始遵循拿破仑就地补给的箴言，只不过这一次，他们是从英军过剩的补给仓库中搜刮食物，那里满是罐装的肉类和炖菜、面包和威士忌。协约国的补给竟然如此丰富，这令德军士兵既吃惊又沮丧，他们一度以为潜艇战足以让敌人因挨饿而屈服，这种幻觉现在全破灭了。第十七集团军的一个营长霍尔特豪森（Holthausen）少校回忆说，在士兵们发现一个废弃的英军补给站后，他们的行进便停止了，"那里塞满了好东西，这些东西已经很久没有从他们的嘴唇上滑过了，而我们的军官要想把他们从面前如此诱人的盛宴上拽走，可真是不容易"。[37]

德国的进攻力量减退，对手的实力却在增长。在战役的第三天，法国战斗机中队就出现在索姆河上空，随后的每一天都有越来越多的协约国飞机出动，采取机枪扫射和投弹等一切手段对德军纵队发动突袭。一个德国司号兵报告说，他们的连队在渡过索姆河的过程中被敌军飞行员打死了 12 个人，另有 8 人受伤。突然，在我们面前"出现了 20 多架英国飞机，它们俯冲到大约一两百米的高度，然后，继续飞到距离地面两三米的地方，用机枪攻击我们。起初我们还以为他们打算降落，但很快就意识到了危险，并向他们猛烈地射击"。[38] 当天，他那个营击落了 5 架飞机，可其他部队没有这么幸运。当德军士兵抬头仰望天空，听到发动机的轰鸣声迫近时，他们的心中开始生出令人厌烦的不安。

408　　几天来，第十七和第二集团军都没有取得什么进展，宾将军的英国第三集团军正在为每一寸土地而奋战。法军各师也在迅速移动上来，他们占领了直到阿夫尔河（Avre river）畔的鲁瓦的战线。在匆忙推进的过程中，德军各部逐渐将谨慎抛到了九霄云外，放弃了在 3 月 21 日卓有成效的渗透战术，而在没有足够时间做好准备的情况下大举进攻。但鲁登道夫不能容忍任何拖延，下令持续攻击。当收到进展速度放缓的报告时，他变得越来越恼怒，随时都会给下属打电话。一天晚上，鲁登道夫给鲁普雷希特打电话，抱怨第十七集团军"一事无成"，鲁普雷希特回忆道，"他简直疯了"。随后，鲁普雷希特和他的参谋长商谈，讨论怎样才能最好地帮助贝洛将军；他们说，如果有必要，他"不应回避损失"。[39]

正如许多其他将领发现的那样，战争迟早会吃掉你。鲁登道夫的继子埃里希（Erich）于 3 月 23 日失踪。最终，在内勒附近一个浅浅的坟墓里发现了他的尸体，靠近他的飞机坠毁的地方。从这一刻起，鲁登道夫的举止中就暴露出粗暴的坏脾气，和一种难以掩饰的懊丧。他的勇气"已经完全消失了"，鲁普雷希特的一个参谋发现，"让他指挥部队是一种犯罪。我们所有的师都将被置于难以作战的位置上，在不利条件下面临更顽强的抵抗。因此，我们这些部队将变得毫无用处。如果把握得当，我们本可以赢得一场决定性胜利！"[40]鲁登道夫不在乎下属对他的看法，并冒险在侧翼持续进攻，扩大战线，希望能够突破战线并恢复攻势。

马尔斯行动于 3 月 28 日开启，三个军团进攻阿拉斯，试图从东南部席卷维米岭。一台重型"炮火压路机"走在进攻队伍前面，7 个师成功冲破了前沿堑壕，却在"几近完好无损"的第二道阵地停了下来。德军的损失"特别严重"——约 5000 人伤亡，包括 1000 多人在战斗中失踪。这一次，守军一切顺利。随后进行的反思得出结论，敌军的防御太坚固。尤其令人失望的是，未能压制住英军的炮兵连，在进攻师冲出战壕后不久，他们便发出"凶猛的火力"投入战斗。[41]马尔斯行动的惨败是一个转折点，这一天揭示了力量的天平是如何倒向不利于德国一边的。进攻战线上一个防守最为严密的区域形成了僵局，浪费了更多宝贵的时间。鲁登道夫的1918年计划基于必须在美国部署兵力之前速战速决，但随着时间的推移，他的兵力优势逐渐削弱。

潘兴将军虽然没有出席杜朗会议，但他全力支持福煦的指挥地位。3月28日，鲁登道夫的部队在阿拉斯被击退的那一天，潘兴驱车前往位于瓦兹河畔克莱蒙（Clermont-sur-Oise）的法国第三集团军司令部，一路穿行于"连绵不绝的卡车纵队"，然后他在一个小农舍里找到了福煦、贝当和克列孟梭，他们正"专心致志地研究桌上的地图"。福煦把潘兴拉到一边，解释说英军已经部署了大约30个师，法国又动用了17个师，并且已确知敌军有78个师参战。潘兴向对方保证，"美军已经做好准备，正迫不及待履行自己的职责"，自己将派出所有可用部队。潘兴说："他显然大受感动，热切地抓住我的胳膊，毫不犹豫地拉着我冲过草地走到其他人那里，让我重复刚才对他说过的话。"给当时正在接受训练的5个美国师的命令很快便起草了，要求他们立即进入前线，每个师替换两个法国师。"由于我们的师比他们的师大两倍多，"潘兴提到，"这几乎等于立刻增援了10个师。"[42]

4月3日，协约国领导人在博韦举行了另一次有美方参加的会议，确认并扩大了在杜朗给予福煦的权力。他被正式授权负责西线战场"军事行动的战略方向"。每个国家的指挥官都将"完全掌控各自军队的战术行动"，如果他们觉得福煦的命令"危及"了自己的军队，则有权向各自政府发出吁请。[43]这项安排最终在法国实现了统一指挥——一个漫长而曲折的过程业已结束——尽管它在实践当中效果如何仍有待观察。当天晚些时候，福煦发布了一项总指令，阐明了他打算通过跨索姆河两岸的法英联合攻势将敌人从亚眠铁路枢纽赶走的意图。几乎在顷刻之间，福煦的登场——凭借其勇气和意志——让人感觉到他的权威。法约勒写道："贝当深受福煦的影响，后者总是保持着同样大胆和严厉的气质。"[44]

马尔斯行动的失利让德国最高统帅部左右为难，陷入了停滞状态，难以确定下一步该做什么。三个进攻的集团军现在已止步不前，其力量已然耗尽。4月3日，即福煦被任命为总司令的那一天，德军发布了有关未来行动的"一般指导"。拉巴塞运河和阿尔芒蒂耶尔之间的一次进攻，即圣乔治（Saint-George）行动，起初只作为米海尔行动的"次要行动"，现在被重新拿出来并命名为乔吉特（Georgette）行动，由第六集团军的右翼朝西北方向跨过利斯河，假如英军防线出现崩溃的迹象，则第四集团军继续向北朝梅西讷进攻。但是现在，成功的把握被一种令人痛苦的不安取代。"于是，第二次大规模作战行动开始了，"库尔说，"希望它能带来对英军的决定性胜利，因为我们不能持续以这种方式作战，包括替换人员、弹药和马匹……"[45]

德军再一次集结。运来大量的弹药储备以满足火炮的需求，近500架飞机云集头顶。地形对于尝试突破来说并不理想，但鲁登道夫寄望异常干燥的春天能为他的人马提供穿越平坦沼泽的最佳机会。炮击于4月9日4点15分开始，持续了四个半小时，高爆弹夹杂着光气弹，以道路和露营地、堑壕和仍然立着的少数几座建筑为目标。未参与3月作战的8个师集结起来向前推进，其中半数合力对付葡萄牙第二师，该师占据的是新沙佩勒村周围的战线，这里是三年前黑格首次进行堑壕战的地方。1916年3月，葡萄牙人在他们的港口夺取了德国船只，加入了战争，并终于在一年之后把由两个师组成的一支远征军派往法国，他们与英国远征军并肩作战，却无法让人心安。英军觉得葡萄牙人是部队的薄弱部分，当地的军团指挥官曾警告说这个师可能会发生骚动，但在葡萄牙人被调出防线之前，德军就发起了攻击。

在"连绵不绝的弹雨"下，葡萄牙人的防线化为乌有。德军炮兵连向着他们发现的所有东西开炮——道路和铁轨、交通壕和指挥部、伤员急救站和后备阵地——让硝烟弥漫在整个利斯平原上。据一位目击者的记录，它"糟糕透顶"，"如同一场可恶的炽热的钢铁之雨"。[46] 很快，成群的守军就从他们的前沿阵地向后方涌去，毫不理睬他们的军官以及想把他们集合起来的绝望努力。英军的一个师参谋哈里·格雷厄姆（Harry Graham）上尉设法找到了他们的指挥官曼努埃尔·戈梅斯·达科斯塔（Manuel Gomes da Costa）少将，他还待在"半坍塌的城堡里……独自坐着，一副船长拒绝离开沉船的姿态"。[47] 当天，葡萄牙远征军伤亡 7000 多人，并在英军战线上留下一个巨大的缺口。

杜朗会议之后，黑格的情绪明显好转，但德军对利斯河的猛烈进攻再次唤起了他对海峡港口的所有恐惧。受到进攻的南段防区坚守阵地，第 55 师守卫着日旺希（Givenchy）的废墟，但在中段，德军得以冲破葡萄牙军队稀薄的屏障，在埃斯泰尔（Estaires）抵达利斯河一线，威胁要从南边转向阿尔芒蒂耶尔。当天，福煦拜访了英军总司令部，发现黑格陷入了消沉。他说这证明了德国人的目标就是"英军的毁灭"，所以认为他的战线应当立即缩减，使他能够组织一支预备队"将战斗继续下去"，同时给敌人"一个较小的打击目标"。但福煦很固执，他拒绝再交出其他地方需要的更多法国师，并希望黑格能坚持一下。此外，他提醒黑格，"保持对佛兰德地区当前战线的绝对控制与控制阿拉斯地区同样重要"，还有"任何的主动撤离，例如放弃帕斯尚德勒山脊，只能被敌人解读为示弱的迹象和发动进攻的鼓励，因此，除非受到敌军直接攻击，否则应避免这种情况"。[48]

英军总司令别无他法，只能四处搜集人手，结果发现他的预备队现在几乎用光了。3 月 21 日至 4 月 5 日，远征军伤亡17.8 万人，几乎相当于整整一个集团军的兵力。[49] 他去见了普卢默将军，对方拿出两个师的预备队，为他的防线提供了令人欣喜的增援，去应对毫无结束迹象的进攻。鲁登道夫在接下来的几天里加紧攻势，投入了更多的师，攻占了阿尔芒蒂耶尔，并向阿兹布鲁克的重要公路铁路枢纽推进。鉴于米海尔行动在开阔地带猛烈推进了数英里，跨过利斯河的进攻正在逼近多个有价值的目标，包括伊普尔和作为关键制高点的凯默尔山，以及布律埃（Bruay）煤矿，后者为法国的武器生产提供了大部分的燃料。它还威胁要将整个英军防区一分为二，如一把尖刀刺向黑格的咽喉。4 月 11 日，束手无策的黑格发布了"特别每日命令"，要求下属原地坚持作战："除了战斗，我们别无选择。每一处阵地都必须坚守到最后一人，绝对不允许后撤。我们已无路可退，要相信我们的事业是正义的，我们每个人都必须战斗到底。"[50]

黑格的话一反常态，完全不像一个感情内敛、沉默寡言的苏格兰人。总司令部里情绪低落，算得上这场战争的一个最低潮，因为败局似乎就在眼前。4 月 12 日，普卢默不顾福煦不要主动退却的忠告，命令他的人马撤离帕斯尚德勒山脊，缩短了战线，并腾出急需的兵力守住已遭重创的防线。但是，又一次，攻势凝固了，然后就停止了。德国部队占领了巴约勒，并设法到达距阿兹布鲁克 6 英里以内的区域，但随后乔古特行动便停滞不前了。地面很难通行，道路很少，而且大部分都是南北方向，而非与向前推进一致的东西方向，这导致很难调动足够的人力和火炮来支持随后的进攻。敌人的机枪好像隐藏在地面、农舍或弹坑的每一处褶缝里，德军在奋力前进中遭受了巨

413

大损失，而天上密布的阴云干扰了空中侦察和炮兵观察。但是还有其他的问题。进攻一方的战斗精神在 3 月非常高昂，现在却已经消失了。赫尔曼·冯·库尔的结论直言不讳，当被问到出了什么问题时，他只是说"部队好像已经完蛋了"。[51]

第二十一章
不惜一切守住防线

新任协约国军队最高指挥官不喜欢过于拥挤的博韦，于是他在密友兼参谋长马克西姆·魏刚的陪同下，于 4 月 7 日迁往西北方向约 20 英里的萨库村（Sarcus）。福煦的司令部在配置上仿照了他之前的集团军群指挥部，下辖的参谋从来没有超过 20 个——将军更喜欢安静而稳定的日常生活。主要问题是找到合适的驻地。"将军住在村子中心的一座城堡里，一侧靠着一个大型集市，另一侧被教堂占据，"魏刚说，"女主人 B 夫人的丈夫参军了，她在门口迎候将军，身边围着 5 个还很小的孩子。她问将军能不能继续放心地住在家里。将军向她做出了保证，语气中带着优雅和自信，我真希望全法国也都能像我一样听到。"[1]

前军团指挥官，中将约翰·杜凯恩（John Du Cane）爵士于 4 月 12 日前往萨库村担任黑格的联络官。黑格把杜凯恩从前线抽调出来，并告诉他"统一指挥"出现了问题，所以派他去"和福煦做点什么"。与瓦利耶 1915 年 12 月抵达英军总司令部时面临的情况非常相似，作为一个局外人，在能够证明自己的价值之前，他一直受到怀疑。在写给亨利·威尔逊爵士的信中，杜凯恩说自己起初觉得"很难理解"福煦，"他不停地重复某些短语，却并不解释自己想用它们表达什么……只有那些与他相处了一段时间并对他有信心的人才可以轻松地解读他的想法"。因此，杜凯恩发现自己要仰赖曾与福煦共事多年，

并"从他身上吸取了军事经验"的魏刚。虽然有如此评论，杜
凯恩还是对福煦留下了深刻的印象。"尽管他上了年纪，但在
我看来，他在身体和头脑上都异常警觉，是一个精明而坚定的
人。他知道自己想要什么，并能够切实做到。"[2]

他们每天都密切跟踪着敌军各师的数量与位置。福煦估
计，德军仍有多达 48 个师的预备队，随时准备投入战斗，这
迫使他小心翼翼地利用自己的资源。[3] 福煦对黑格和贝当的最
初指示是在索姆河以北建立一处坚固的防御阵地，与此同时，
为了使亚眠及其重要的铁路枢纽"摆脱"敌人的干扰而准备发
动一次进攻。[4] 但是，集结足够的力量展开一场适时的反击，
目前是不可能的，黑格和贝当都越发焦虑地注视着各自的战
线。福煦拒绝削减英军的防区，又不愿派足够的师北上帮助抵
御针对利斯河的新攻势，这让黑格大为光火，并且在寻求法军
预备队的过程中也毫不迟疑地争取高层支持。

福煦和黑格于 4 月 14 日在阿布维尔（Abbeville）会面，
由米尔纳勋爵陪同的英军总司令迫切要求采取行动。敌人的目
标是摧毁英国远征军，因此，法军有必要"更积极地参与战
斗"。但福煦拒绝在战斗进行当中，以及"在协约国预备队数量
不足的时候"抽调部队。他确实命令迈斯特将军第十集团军的
一个师在必要时向北进军，但不会再匀出更多部队。在他看来，
将更多的部队配属到英军防区是对法军预备队的"错误使用"，
因为这将使他们无法应对德军随后的进攻。[5] 杜凯恩记得福煦如
何反复使用同样的短语："永远不要撤退"和"永远不要在战
斗过程中接替疲惫的部队"。当黑格指出英吉利海峡港口的重
要性时，福煦反驳道："这一切我都明白。我曾在 1914 年为海
峡港口而战，我也将再次为它们而战。"[6]

英军总司令带着愤怒的情绪离开了阿布维尔。"在我看来，
福煦做事似乎不讲方法，对局势'鼠目寸光'，"他在日记中写

道，"例如，他不会向前看，也不会对某一地区在一周后可能需要什么做出预判和相应安排……此外，就像1914年在伊普尔一样，他非常不愿意让法军参加战斗。"[7]黑格被要求以书面形式表达自己的想法，于是他写了一封信并迅速发出，提醒福煦"在过去10天的战斗中"，他的手下遭受了"非常严重的损失"，并警告他，己方部队的兵力"严重削减"将使各师的重组"更加困难，甚至不可能"。因此，为了帮助远征军"继续在战争中发挥作用"，他希望尽快派遣几个师的预备队"确保局势稳定"。[8]

尽管福煦如此固执——在1914年，正是这种勇猛不屈的态度让卡斯泰尔诺大为光火，但他总能在必要时审时度势。亨利·威尔逊爵士于4月17日访问了萨库村并解释道，没有额外的增援，佛兰德地区的协约国军队就有必要进一步撤退，经过部分沿海地区，从伊普尔向圣奥梅尔撤退，甚至可能要放弃敦刻尔克。威尔逊被米尔纳派往法国，因为只有他才能"弥合鸿沟"，由他来告诉福煦或许更容易接受，后者仍然认为黑格夸大了威胁。福煦承认英国必须得到更多的支援，因而同意派遣增援部队，命令5个步兵师和3个骑兵师北上，作为由杰出的骑兵军官安托万·德米特里（Antoine de Mitry）将军率领的一支特遣部队的一部分，并在接下来的一周里开始慢慢投入战场。[9]

几个师向北移动不可避免地让法军总司令的怒火中烧。贝当的唯一关注点仍然是法军的生死存亡，他在4月24日的一封信中向福煦抱怨"英军最高司令部采取或构想的某些安排"，"在我看来，似乎预示着前景不妙"。贝当声称，英军并没有将全部人力投入战斗，当法国耗资源时，他们却在袖手旁观。"这场战役将持续很长一段时间，他们没有看到这一事实，打算逐渐减少英军的行动，过早地让现有的法军卷入英军的战斗，而这些部队对后续行动十分重要。"从这次大规模攻势开始起，已经有多达47个法国师参与了英军防区的战斗，而贝当得到的只是4个精疲力竭的英军师，他们被派到贵妇小径休整。"好像我们真的是欠了他们的！"贝当带着明显的气恼指出。他补充道，法国军队"明天将在英军前线作战，后天可能在比军前线作战，稍后在法军前线作战，而昨天是在意大利前线作战，如同在这唯一一条战线上的任何地方作战一样。但必须让我们确信，英国军队和大英帝国，与法国军队和法兰西一样，都有决心倾尽全力"。[10]

福煦理解这两个人身上的压力，但决定不向任何一方让步。这"两位好伙伴"需要"扶助、认可和支持"，他告诉他的妻子。4月19日，他警告说，不能再撤退，"必须实施寸土不让的防御"，要以至少包括两处阵地的"一系列防御配置"、"强大的炮火"和"反攻"为基础，而这种反攻也一定要由负责的官兵做出"预判、准备和决定"。[11]时间一天天过去，他在最高指挥官的岗位上越加自如，在战线上来回奔波，解决各种问题，在需要的时候慷慨激昂地鼓舞士气。4月中旬，普恩加莱到访萨库村时，他发现福煦"状态非常好"。"他很高兴被公认为协约国的总司令，但他希望得到一个正式的任命仪式和一份委任状，他是对的。"福煦确信"向阿兹布鲁克的进军"已被阻止，德军会在阿拉斯再次尝试。法国总统还注意到福煦对英军的抱怨比其他将领少得多。"他说，他与贝当关系融洽，作为一名在幕后工作的下属，贝当表现完美，但当被赋予责任时，他就会退缩，无法成为领军人物。"[12]

在协约国的行动变得更加连贯的同时，德军的战略正迅速化解为一系列互不关联的、断续展开的攻击。乔吉特行动原本是为了夺取阿兹布鲁克的重要枢纽，但随着行动停滞和伤亡增加，鲁登道夫变得越来越紧张。他现在转移了注意力，先是命

418

令第六集团军夺取巴约勒镇，并在攻占它以后，重新让第四集团军继续朝凯默尔山前进。[13] 这处海拔 150 多米的高地居高临下地控制着周边位于伊普尔西南部的地带，是一个很显眼的目标，但鲁普雷希特担心，德军可能会被一场艰难的战斗绊住而无法突破："如果进攻在头几天没有取得决定性进展，就必须停止，因为我们不能让部队耗费在一场毫无成效的'物资战'中。"[14] 鲁登道夫摈弃了这些担忧，下令尽快开始进攻，同时还批准马尔维茨将军的第二集团军向亚眠发起另一次进攻。

此间的第一场攻击在 4 月 24 日打响，4 个师向位于亚眠以东约 10 英里的开阔高原上的维莱布勒托讷（Villers-Bretonneux）发起进攻。13 辆 A7V 坦克集结起来发动攻击，足以碾压村庄周围英军的简陋防线，他们的逼近被清晨的浓雾和炮击的轰鸣掩盖。看到这些被目击者描述为"一个巨大而可怕的铁匣子"的车辆，守军惊呆了，由于附近没有反坦克枪或野战炮，他们几乎无法阻止这些车辆。一个英军师师长听说发现了德军坦克，便命令他所有的四辆坦克冲上去，其中两辆是雄性的马克IV型，而另两辆是雌性，之前一直停在卡希村附近作为预备队。它们隆隆向前，与其中一辆德军坦克打斗在一起，敌人这辆车直接击中了两辆雌性马克IV型，以 57 毫米炮将它们摧毁，结果又被雄性马克IV型的一枚 6 磅炮弹击中，导致三名乘员阵亡，其余人员逃走。[15]

维莱布勒托讷的这次作战以首次坦克对战而闻名，但是它对大局影响甚微。由两个澳大利亚旅迅速展开的反击挽救了局面，让德国部队仍然无法靠近亚眠。更危险的是在北边重启的激烈战斗。4 月 25 日凌晨 2 时 30 分，对凯默尔山的炮击开始，数千个炮口的闪光照亮了漆黑的天际。毒气炮弹落在英法两军炮兵连的阵地及后方区域，让那里弥漫着芥子气，而前沿战壕则遭到迫击炮的轰炸。"人们可以看到凯默尔的山脚，"一个

419

等待前进的巴伐利亚人记录道，"但随后，浓密的黑色烟幕挡住了视线，只有高爆炮弹迸出的火焰才能带来亮光。前方大约三四百码处是一派可怕的景象，一块块硕大的泥土飞向空中，落下时摔成碎片，一棵又一棵大树被从地上连根拔起，然后横着落下，倒地时砸在其他树上。"[16]

阿尔卑斯军团下属的 6 个德国师奉命占领高地，开辟通往海岸的路线。清晨 6 点，他们蜂拥向前，很快就撞上了一群群蓝灰色的法军，后者双手举在空中，在猛烈的炮击中晕头转向。作为德米特里将军特遣部队的一部分，这些守军刚刚接手防线，但很快发现他们自己被炮火"钉在了原地"。云集在战场上方的德国空军，恰如一位权威人士所说的，是"无可争辩的天空之主"，它们"从低空发起攻击"，向所有"零星的抵抗"开火，骚扰任何向战场进发的部队。[17] 凯默尔山陷落的消息提振了德国最高统帅部的情绪。4 月 21 日，在索姆河畔萨伊勒塞克（Sailly-le-Sec）附近，德国著名的"红色男爵"曼弗雷德·冯·里希特霍芬丧生于一阵地面火力，此后的统帅部一直情绪低落。因为最重型火炮现在能够到达加来和布洛涅，再一次推进可能就会导致协约国的整个北段阵地崩溃。第四集团军参谋长弗里茨·冯·洛斯伯格想继续推进，并告知最高统帅部他打算充分利用此次进展，尽快将支援的各师和炮兵调上来，但鲁登道夫却异常谨慎，警告他注意敌人的反攻。他们应该掘壕固守，等待己方炮兵移动上来后，第二天早上再次尝试。直到后来，德军指挥官才意识到协约国的防线在 4 月 25 日已经接近完全崩溃。法军只有 3 个营占据一道 4 公里长的关键防线，如果德军各师抓住优势并继续推进，他们可能就能突破了。[18]

福煦以巨大的紧迫感采取了行动。他打电话给黑格，告诉他"绝不能考虑"从伊普尔撤退，他正下令向佛兰德地区派去更多的火炮和飞机。[19] 一俟部队集结起来就立即发动反攻，英军、比军和法军像 1914 年在伊普尔那样联手作战。空中也发生了激烈的战斗，飞机低空扫射任何移动的物体，随后遭到地面火力的攻击。当天有 10 架德国飞机被击落，尽管前线大部分地区能见度很低，但新组建的英国皇家空军奉命对火车站和战线后方的进场路线发动了猛烈袭击。[20] 凯默尔周边的战斗异常激烈。一个法军士兵记得，他们行经一个榴弹炮连，炮手"就像面包师将面包扔进烤箱那样把炮弹塞进炮膛"。法军面前的场景几乎难以描述。地形"已无从辨认，只剩些坑洞和泥泞的沼泽，到处都是残破的车辆和乱七八糟的设备，一派饱经蹂躏、令人憎恶的荒凉"。他们替下了防线上的一个营，只看到"吓坏了的士兵蜷缩在弹坑里"。[21]

整夜下着大雨，地面很快就被水浸透，随着长长的增援队伍艰难地向被炸毁的高地进发，战线两侧的状况越发悲惨，笼罩在烟雾中的高地就像一座爆裂的火山。德军奉命于早上 8 点恢复进攻，但他们还没来得及开始，一系列零星的反攻就在凌晨爆发了，英军攻入了凯默尔村，但在其他地方都很难取得进展：地面已经湿透，移动弹幕很稀疏，侧翼的火力意味着进攻已偃旗息鼓。[22] 德军也开始显现疲惫，蒙受损失，从前一天早上开始，德军一直处于断断续续的炮火中。将足够的弹药经由被炮弹炸得坑坑洼洼的地面送上来很费时间，让人腻烦的芥子气的存在更是增加了困难，直到 4 月 29 日，德军的攻势才得以重启。再次由一辆高速行驶的"炮火压路机"为进攻开道，但这一次协约国的炮兵连能够回应以大量的反制炮火，削弱了德军的攻势。在几乎没有机会取得进一步战果的情况下，最高统帅部 5 月 1 日命令第四集团军转入防守。如果说在凯默尔山出现过取得关键胜利的时机，它现在也已经过去了。

无论是出于无知还是有意视而不见，从 1916 年 9 月开始领导德国战争的二人仍然相信他们握有战略优势。乔吉特行动失败后，第九后备军团的参谋阿尔布雷希特·冯·特尔上校前往阿韦讷。他确信，被他奉为"半神明"的最高统帅部没有得到有关德国部队在多大程度上已经"筋疲力尽"的正确信息。起初，佛兰德地区的进展很可观，但当进攻部队被预备队，尤其是那些早在3月便投入战斗的部队取代时，进攻很快就停止了。兴登堡"耐心地"倾听了这些忧虑，然后用"低沉、舒缓的嗓音"回答说，特尔错了，他只看到了这幅画面的某个局部：

> 我每天都收到来自各地的战报，既有关于战术局势的，也有关于部队情绪的。各处的士气都很好，甚至非常高昂，而根据我们的情报，敌人的情绪确实很糟糕。你们看，在俄国，无须再次打击，巨人就会倒下。我们在这里和那里反复攻击，突然之间一切就结束了。在西线也会如此。谢天谢地，在冬季来临之前，我们还有5个月的时间；所以我们仍然可以对他们展开一系列攻势——这里打一下，那里打一下，这里攻一下，那里攻一下……

当特尔设法见到鲁登道夫时，他发现这个人明显承受着压力，从他的手指敲击铅笔的动作中可以看出他"内心的焦虑不安"。当特尔试图解释情况时，鲁登道夫突然发表了一番激动的长篇大论："这些抱怨都是怎么回事？你们想从我这里得到什么？我应该不惜一切代价实现和平吗？如果部队越来越糟糕，如果他们的纪律越发涣散，那就是你们的错，是所有没有抓住机会的指挥官的错。要不然，怎么可能整师的部队都在缴获的敌军补给站里大快朵颐，而不是继续向前推进呢？对于大规模的3月攻势和现在的乔吉特行动，这当然就是未能取得更大进展的原因！"[23]

对于应如何行事，意见不一。4月19日，格奥尔格·韦策尔撰写了一份有关局势的备忘录，就像他自1917年11月起所做的那样，主张对法军发动攻击。由于协约国部队目前集结在北边，韦策尔认为不可能在佛兰德地区取得成功。相反，他们应该考虑在5月中旬集中25~30个师，沿贵妇小径发动"猛烈的突袭"，这有可能带来"深远的政治后果"。[24]韦策尔知道这与鲁登道夫1918年计划的核心原则相矛盾，该计划以摧毁英国远征军为基础，而对法军的任何攻击都只是为了转移注意力，但他在其他地方没有发现什么机会。尽管鲁登多夫仍然希望前线能发生一些事情，比如协约国的突然崩溃，但皇储受命开始计划突袭贵妇小径，代号为布吕歇尔行动（Operation Blücher），计划于5月20日进行，随后第十八集团军将在蒙迪迪耶和拉西尼之间发动另一次打击，即格奈泽瑙行动（Operation Gneisenau）。韦策尔相信，任何越过埃纳河的进攻都会让法军感到恐惧，令他们投入增援部队，从而削弱与英军的接合部，而后者就可能会被突破。"只有不久的将来，在蒙迪迪耶–兰斯一线才能取得决定性的战果，"他写道，"在那里，我们必须奋力争取一场大规模的胜利。"[25]

按照他自己的设计，这场战役应当已经取得了胜利，鲁登道夫很难理清头绪。5月4日，在图尔奈的集团军群司令部里，他和鲁普雷希特讨论了英国远征军距离全面而不可逆的崩溃还有多远。鲁登道夫坚持认为，没有法军的支援，英军将被"彻底击败"。"英国人短期内没有兵力补充他们的各个师。既然英国人已预计到我们进攻行动，如果他们真有增援力量，应该早就到法国了。"至于法军，过去两年里，他们已经解散了200个营，只有能力展开有限的进攻。他承认，协约国唯一的希望是美国人，是他们使这场战争依然处在微妙的平衡中。"格奥尔格和米海尔行动无疑给我们遭到相当程度的削弱。我

423

军承受了重大伤亡。正因为这一点，才需要重新思考我们的战术。"但是，鲁登道夫不相信胜利还很遥远。"无论怎么说，到5月底，我们都有可能获得很多已经做好充分战斗准备的师，足以让我们打出新的一击！"[26]

如何部署美国军队仍然是个大问题。潘兴已经向福煦做出了承诺，但如何将美军派上战场仍未解决。4月下旬，伦敦和华盛顿达成了一项协议，在5月期间优先运送6个师的步兵、机枪手、工兵和信号兵，大约12万人。[27]这标志着与之前的安排有了明显的不同——当时只是说要运送满员的师，但至关重要的是，这将使美国士兵人数以更快的速度增加。正如塔斯克·布利斯在给华盛顿的代理参谋长佩顿·C.马奇（Peyton C.March）的一封信中指出的那样，这是"我们能够承担的最快且最有效的人员供给方式"。一旦进入法国，这些部队将被编成旅，并"借给"英法两军，直到"当前的紧急状况结束"。布利斯和潘兴一样不喜欢这种方式，但他不认为还有其他办法能在可接受的时间范围内，让一支"训练有素而又独立的美国军队"奔赴战场。另一种选择是延续现行政策，那可能就意味着"在我们尚未有效参与的情况下结束战争"。[28]

5月1日，最高战争委员会在阿布维尔举行会议，再次讨论了这一问题，当时它是会议议程上的第一项。一向不够圆滑的克列孟梭抱怨说，没有就"伦敦协议"征求法方的意见，而且美国部队必须分配给法军。因此，他不得不坚持，下个月，也就是6月抵达的士兵将被交给贝当。米尔纳勋爵试图照顾克列孟梭的自尊心，辩称"从未想要阻挠法军得到美国部队"。事实上，该协议的唯一目的是"以尽可能短的延迟完成增援任务"，但这恰恰开启了一场关于将协议延长至夏季的激烈辩论。潘兴默不作声地旁观，肯定觉得英法两方为他的人马而争吵不休的场面令人不安。他原本计划在 6 月运来剩余的炮兵和辅助部队，使这 6 个师达到满员，但现在或许不可能了。他没有受到这番争吵的影响，拒绝在压力下匆忙行事，声称他"期待着有一天美国会拥有自己的军队"，它将是"完整的、同种族的，并接受美国最高指挥部的领导"。[29]

　　第二天，争斗再起。福煦首先概述了他们所面临的严峻形势。由于德军威胁巴黎和海峡港口，"在 5 月、6 月和 7 月，相对于其他部队，应当优先从美国运送至少 12 万步兵和机枪部队，这一点至关重要"。他理解潘兴的反对意见，但该反对意见将推迟组建独立的美军；他呼吁潘兴"在这个严峻的时刻，只考虑对他们所参与的事业负有的共同责任"。劳合·乔治接着又进一步劝说他。"我们现在已经到了资源枯竭的地步"，他警告说，他们征召了"18 岁的小伙子"和"50 岁的老汉"，现在英法两国都有可能"垮掉"。万一发生这种情况，那将是"一场光荣的战败，因为各方都已将最后一人投入了军队，而美国只投入了和比利时军队一样多的人力，然后就战败了……"[30]

　　当英国首相做出这种对比时，潘兴并没有畏缩。私下里，他会抱怨盟友们的态度，但在最高战争委员会面前，最好表现出他的刻板僵硬和难以捉摸。他理解"形势的严峻性"，并代表美国人民表达了"充分参与这场战斗的热切希望"，而他只是在"实现这一愿望的方法"上有不同意见。他提醒所有人，美国是"一个独立的大国"，美国军队的士气"取决于他们在自己旗帜下的战斗"。一瞬间，福煦的目光里闪过一丝愤怒："你愿意承担我们被赶回卢瓦尔河的风险吗？"

　　潘兴回答说："是的，我愿意冒这个险。"他明确表示，"将未经训练的美国新兵提供给协约国各部"是打不赢这场战争的。[31]

425

随着潘兴尽其所能地周旋，各方同意将"伦敦协议"延续到6月，之后再重新讨论。这些师将被派往英法两军"训练和服役"，直到潘兴与福煦协商后把它们召回。与此同时，劳合·乔治尽可能从巴勒斯坦和意大利撤回更多兵力，同时清空英国的人力储备中所有可以应召的人。克列孟梭以同样的毅力采取措施，于4月征召了1919年的新兵，并研究了从法国在非洲的殖民地吸引更多土著部队的方法。[32] 另一种可能性是用坦克、飞机、毒气等技术替代人力，但无论做出什么努力，协约国都迟早要重启攻势。

福煦于5月20日发布了"第3号总指令"，其中概述了他的战役计划。"在整条战线上付出了前所未有的努力之后，敌人停止了进攻；三个星期以来，他们没有对任何地方发动袭击。"不让德军承认他们的这场豪赌已经失败，就不能迫使其"按兵不动"，因此他们的行动很可能还会持续一段时间。然而，福煦决心保持主动，争取两项重要的战果：使亚眠地区，包括亚眠—巴黎铁路，免受敌人的干扰，并将德国人从最近佛兰德地区被占领的地盘上赶回去。[33] 因此，他通过贝当向法约勒将军下达了命令，开始制订在亚眠－蒙迪迪耶防区发起攻击的计划，这注定又引发了更多的争议。"贝当和福煦之间总是有分歧，"法约勒抱怨说，"后者想要进攻，而前者不想。贝当夸大了德国佬的力量，福煦并未认识到德国的实际力量。他们都有正确的一面，也都存在错误。如果两者结合起来，他们将形成一个真正完美的领导核心。"[34]

贵妇小径上发起的又一次大规模进攻——布吕歇尔行动让两人之间的争吵戛然而止。5月27日凌晨1点，超过4000门火炮沿着绍维尼（Chauvigny）和贝里欧巴克之间24英里的战线开火，炮弹落点远达战线后方12英里，集中在公路岔口、火车站、指挥部和已知的炮兵阵地。[35] "成千上万门各种口径的迫击炮和火炮朝着敌人的方向闪光与嘶鸣，发出爆裂和嘶吼的声音，"一个凝视着无人区的德军士兵回忆道，"远处的高地熊熊燃烧，闪耀的火光在敌人头上形成一道巨大的弧线……然后落入可怕的烟雾中。火焰的飓风引发一场风暴。空气中弥漫着刺耳的嗡嗡声，让人紧张不安。大地在猛烈的撞击下颤抖。无法用语言让别人理解这幅场景。汗流浃背的炮手和工兵飞速地操作，机械地相互碰撞。"[36] 这次进攻的目的是尽快夺取这道山脊，包括已在炮击中变成废墟的拉马尔迈松，然后向埃纳河冲下去，如果可能的话，"一鼓作气"抵达韦勒河（Vesle）。[37]

自 1917 年底战斗开始，埃纳河以北那些弹坑密布的高地一直很平静，双方都将它用作"托儿所"，没有经验的或筋疲力尽的部队可以驻扎在此。福煦的轮替政策让黑格手下疲惫的几个师转移到安静的法军防区，作为其中的一部分，4 个英国师 5 月初被派到上述地区。结果他们发现自己很不走运，而让情况更加不妙的是，他们与当地的法军指挥官德尼·奥古斯特·迪谢纳（Denis Auguste Duchêne）将军的分歧日益加剧。迪谢纳是一个粗鲁易怒的人，55 岁的他曾在 1914 年担任福煦的参谋长。迪谢纳选择派大量兵力坚守前沿，顺着山脊线部署他的各个师，他认为那里是击退任何德军进攻的最佳地点。他还担心，从已付出如此代价才占领的阵地上撤退，会给"公众舆论留下最坏的印象"。他的上司弗朗谢·德埃斯普雷听说了此事，认为迪谢纳应当精简人员配置，依照最高统帅部在 1917 年 12 月的一系列指示中规定的方式作战，也就是采取纵深防御。但迪谢纳不肯让步，而贝当任由这位将军自行其是，他担心在如此关键的时刻撤换他的后果，并相信让部下在部署兵力时拥有行事自由是有好处的。[38]

迪谢纳面临的困难是，当更多法国部队向北移动，在中部充当预备队的部队越来越少，他发现自己的辖区已经被延伸到了极限。第六集团军防守着从兰斯到努瓦永的 55 英里战线，相当于每个师占领 3.5 英里左右的防线，比 3 月 21 日分配给时运不济的英国第五集团军的战线还要长。[39] 中将亚历山大·汉密尔顿 – 戈登（Alexander Hamilton-Gordon）爵士指挥第九军团，下辖的四个疲惫不堪且兵力不足的英国师负责防守他的右翼，这也让迪谢纳感到不满。没有一位英国指挥官认为迪谢纳的做法是正确的，在 5 月 15 日一次令人不快的会议上，他们都主张应该缩小前沿区域，将他们的主要防线设在埃纳河以南，这将使他们在德军的进攻中有更好的幸存机会。但迪谢纳没有被说服。

"非常简单，"他告诉聚在一起的军官们，"各守其位，谁也不许后退。"[40]

在一段时间内，有关德军战线后方活动的零散情报不断涌入法国最高统帅部，但鲁登道夫的全面进攻清晰浮现出来的时候，为时已晚。在迪谢纳的对面，马克斯·冯·伯恩将军率领的第七集团军在第一波攻击中集结了 13 个师，另有 4 个师支援，对阵英法两军的区区 4 个师，拥有超过 4 : 1 的兵力优势。随着前沿阵地被孤立，德军的大炮开始集中火力压制法军的炮兵。在这场炮击的反炮兵阶段，只有 20% 的炮弹是高爆弹，其余是"蓝十字"和"绿十字"的混合，前者起到"突破面具"的作用，对受害者形成刺激，让他们无法佩戴防毒面具。随后是通常由氯气、光气和双光气混合而成的肺毒剂，目的是对肺部造成影响。[41] 后果非常可怕。应当在德军发起进攻后尽快开火的法军炮兵却陷入了沉寂，淹没在炸开的一团团毒气当中。士兵们纷纷摘下防毒面具，一边呕吐一边拼命喘气，然后在第二波毒气中窒息。

进攻零时设定在凌晨 3 点 40 分，在忽明忽暗的夜色中，德军突击队戴着他们那怪异的防毒面具，背着手榴弹，肩上扛

428

着步枪，从临时搭建的桥上跨过埃莱特河，然后爬上通往山脊线的斜坡。前沿区域的争夺很快结束了。一个法国军官沮丧地记录了敌军每个步兵团均由火焰喷射器、额外的机枪手和一连炮兵伴行。"那是横扫一切的浪潮，这群人向前涌去……分成数千个小纵队，通过条条小路渗透，绕过各处的机枪，跟随着一道非常可怕的移动弹幕，边行进边射击。"在中心位置，法国第 21 师和第 22 师很快被打垮，他们的士兵要么当场死去，要么惊魂未定，步履蹒跚，一群群地遭到包围和俘虏。6 名上校中有 5 名被"掩埋在指挥所"，所有营长都已伤亡。当天，第 21 师损失了 160 名军官和 6000 名士兵，而第 157 师更惨，只有 1200 名士兵幸免于难。[42]

到了早上 5 点 30 分，大部分山脊已经失守，法军防线上出现一个巨大的缺口。两翼的战斗更加激烈，而在中间，进攻者涌向埃纳河。迪谢纳下令摧毁桥梁，但并未来得及全部炸掉，到天黑时，德军已经前进了 12 英里，越过了埃纳河，甚至到达了韦勒河。"就像是在演习，"皇储几年后追忆道，"司令部的旗帜迎风飘扬，传令兵和摩托车手往来穿梭，电话响个不停。"[43] 法国第六集团军的残部一股股地从前线跌跌撞撞撤回来，各营各团混杂在一起，士兵脸上带着挥之不去的绝望。尽管有许多勇敢的表现，汉密尔顿 – 戈登第九军团的第 8 师和第 50 师已经"不再作为有组织的建制存在"。[44] 迪谢纳命令所有预备队出动，但他们未能阻止伯恩在接下来的几天里取得更大的进展。5 月 28 日，德军越过韦勒河，进入苏瓦松，推进了大约 5 英里，人们感到伟大的时刻终于到来了。

貝当知道他们必须守住马恩河，挡住通往巴黎的道路。他下令让日渐减少的预备队登上火车，十万火急地赶来，试图填补缺口。截至 5 月底，与 5 个英国师一起，有 32 个法国师

429

投入战斗，其中 17 个师已"完全"耗尽。另有 5 个师将在接下来的几天到达，但贝当警告福煦，法国的资源已经达到了极限，"不可能再从战线上的其他区域抽调更多的师"。在战线的安静地带上，有的师守卫着长达 8 英里的战壕，身后也没有预备队。[45] 福煦不打算屈服于失败的念头，即使贵妇小径的消息对他构成巨大的压力。5 月 28 日，他警告黑格，可以投入其战线的法军预备队数量现在将"大幅减少"。就目前而言，英军将不得不依靠自己的力量来对抗德军的任何进攻。几天后黑格见到福煦时，他认为这位法国人"似乎从未如此焦虑过"，抱怨手下"仗打得不好"，预备队"很快就消失了"。[46] 贝当集中力量派遣增援部队，守住目前在苏瓦松和兰斯之间撕开的巨大突出部的侧翼，结果德军继续向南推进，在行动的第四天到达马恩河，俘虏 4.2 万人，并缴获 400 门火炮，"完全超出了德国最高统帅部的预期"。[47]

好在终于有包括美军在内的协约国部队前来填补战线上的缺口。作为潘兴与福煦协议的一部分，美军各师正在进入战线的安静区域完成他们的训练。截至 5 月底，美国远征军的总兵力刚刚超过 60 万人，但并非全部都做好了投入战斗的准备。[48] 到目前为止，潘兴最有经验且训练有素的队伍是第 1 师，即所谓"红一师"，它已在 4 月 20 日至 21 日夜间进入前线，接受在蒙迪迪耶西北方向康蒂尼村（Cantigny）附近的法国第六军团指挥。这当然大受福煦赞赏，但美军和法军指挥官都想做得更多，他们要证明美军的作战能力。很快，第 1 师计划夺取并控制这个村庄。师长罗伯特·李·布拉德（Robert Lee Bullard）少将是一位 57 岁的亚拉巴马人，能讲一口流利法语的他决心不折不扣地遵循法军的指导。每个营都配备了一个机枪连以及迫击炮和 37 毫米速射炮。法国人还提供了空中掩护和专门的火焰喷射器小队，以及 12 辆施耐德坦克。炮兵支持十分强大，有 234 门火炮支持一个团的进攻，不可能再有比这更密集的火力了。[49]

经过一个小时的预先炮击，进攻在 5 月 28 日早上 6 点 45 分开始。"真是一派奇异的景象，"一个参谋通过他的双筒望远镜观察着进攻，"一团团巨大的烟雾从遭到炮击的区域滚滚升起，当中闪现着炮弹爆炸的火光。"潘兴应当是同意了他的部下认真考虑过的方法，即以"两个波次，每次排成两列"的方式穿过漫长的无人地带向前行进，"真的很棒，队列笔直，仿佛是在接受检阅"。[50] 村庄里有德军的两个团，但他们不是在炮击中被炸死炸伤，就是满身尘土地狼狈钻出掩体和地窖后被俘。不到半个小时，美军就拿下了这个村庄，尽管在接下来的两天里敌人六次企图重新夺回它，但美军还是坚持了下来。"虽然规模相对较小，但 28 日的康蒂尼战斗计划周密，执行出色，"潘兴电告华盛顿，"在这第一次进攻中，我们应该取得成功，我们应该守住阵地，这一点很重要，尤其是法国人此前曾两次占领康蒂尼，但每次都被德国人赶了出去……我坚信，我们的部队在欧洲是最好的，我们的参谋人员可以媲美任何一方。"[51]

当德军向马恩河以北的高地挺进时，潘兴命令另外两个师——第 2 师和第 3 师——立即部署到前线。"步兵爬上卡车，以最快的速度驶过 6 月的青翠田野，朝着火线进发，那里有德军香肠状的侦察气球在天空中做出的明显标记。"到 6 月 2 日，第 2 师挡住了从蒂耶里堡到巴黎的公路，对面是被称为"地平线上危险的皱眉"的贝洛林地（Belleau Wood），他们接到的命令是"不惜一切守住防线"。[52] 当天下午，德国人来了，他们没有意识到面前是一支生力军。"我听说过德军的攻势，但这不是我期望看到的密集阵形，"一个蹲在新挖的步枪射击掩体里的美国海军陆战队员说，"那些队形排列有致。两人之间至少相隔六七步……他们戴着'煤斗'钢盔，步枪上着刺刀，严阵以待，缓慢而坚定地前进。"经过训练的美军对手中的武器信心满满，他们从 100 码外开始射击。"在整条战线上，我看到自己的士兵在纷纷扣动扳机。我寻找德国人的前线。根本不存在了！那些人或死或伤，跌倒后消失在庄稼地里。"[53]

第 2 师不满足于守住防线，于 6 月 6 日转守为攻，向战壕纵横的破碎树林发动了多次袭击，虽然那里已被守军变成了一座要塞。双方都决心展示各自的作战实力，美军花了近三个星期的时间，才在法军的支持下肃清了这片树林。战斗是残酷的，美军士兵只凭借他们的步枪投入战斗，但很快发现需要更多的武器，诸如重型火炮、迫击炮和不计其数的手榴弹，才能在茂密的灌木丛中对付据壕固守的防御者。截至 6 月 16 日，第 2 师已遭受 4300 多人的伤亡，其中许多人死于芥子气中毒，但他们已经攻下了树林。曾为潘兴担任参谋长的詹姆斯·哈博德（James Harbord）在这次战斗中指挥了一个旅，他在战后表示，在贝洛林地，比"站在侵略者和美丽的巴黎之间"更重要的是，"这场斗争关乎对心理的掌控……经验、地形和声望上的有利条件都在德军一边，但最后的荣耀归于美军"。[54]

432

第二十二章

那将是荣耀的一天

　　西线战场可能已经沐浴在温暖的夏日阳光中，但是在整个德意志第二帝国，阴影却开始拉长。它的军队现在距离巴黎不超过 36 英里，但他们的攻击力已经下降，士气也日渐衰弱。到 5 月，种种不祥报道开始流传，比如德军补给站被抢劫——现在协约国的补给站更难找到了——以及小规模兵变和逃兵现象慢慢增多等。德军在到达前线时便缺少了 1/5 的兵力，士兵们试图凭运气跳下火车或消失在火车站的队伍后面，这些事情都不算罕见。就连鲁登道夫也感觉到需要些其他什么事情来打破这种僵局。6 月 8 日，他写信给首相格奥尔格·冯·赫特林，表示有必要在作战间隔中展开一场"政治攻势"，它将"使我们有机会充分利用军事上的胜利"。[1]

　　协调军事与政治活动是一个好主意，但为时已晚。在鲁登道夫提出"政治攻势"设想的前一周，鲁普雷希特告知赫特林，他们必须立即开启和平谈判，包括针对比利时的地位发表一项声明。"我们还可以再对西线的敌人打出几下重拳，但并不足以获得决定性的胜利。"而在可预见的未来，这样的僵局，也就是"令人沮丧的静态战事"，很可能会持续下去。在这种情形下，美国的援助会使协约国的境况逐渐好转，从而让德国处于不利。"我们目前仍握有一些王牌——比如新攻势的威胁……鲁登道夫将军也持同样的观点，即无论如何，用一场决定性胜利摧毁我军敌人已不再可能，但他仍然寄希望于出

434 现一股扭转乾坤之力，即如同俄国崩溃那样，西方列强中有一个突然从内部崩溃。"但鲁普雷希特对此持怀疑态度。"东西两线完全不同，没有一个西方国家像战前的俄罗斯帝国那样不稳固。"[2]

　　既然没有其他事情发生，鲁登道夫就指望着在西线再次发动进攻。由于英法两军都有多个师在瓦兹河以北，那么7月的某个时候在佛兰德地区发动最后一次进攻之前，他就需要让这部分敌军离开现有阵地。这项行动暂时被命名为哈根行动（Operation Hagen），用鲁登道夫的话说，它"将带来战争的结局"。与此同时，又批准了两项攻势，第十八集团军向南朝贡比涅进发，即格奈泽瑙行动；第七集团军向正西朝维莱科特雷（Villers-Cotterêts）进发，即锤击行动（Hammerschlag）。这两项作战的目的都是将德军在法军防线上凿出的巨大突出部拉直，并容许他们腾出对前线调动火炮和补给运输至关重要的东西向铁路线。[3]又一次，鲁登道夫的炮兵攻城车依靠铁路调了上来，成吨的炮弹堆积如山，军队要遵循如今已得到完善的攻击方式，在凌晨进行短暂而密集的炮击，包括对敌军炮兵连释放密集的毒气弹，目的是令守军在震惊中晕头转向，然后再由步兵向前推进。

　　只是这次有些许不同，法军知道他们要来了。空中侦察已经显示，佩罗讷、绍讷、鲁瓦和蒙迪迪耶附近的"活动增加"，侦察人员发现了重型火炮的移动和夜间篝火的光亮。逃兵也纷纷涌来，都急于透露一场进攻已迫在眉睫。[4]事实上，德军的准备工作如此明显，以至于法军情报部门甚至要问，是否该把它视为一种诡计，意在将他们的注意力从另一个防区引开。但当6月2日破解了德军新的无线电密码时，他们的怀疑得到了证实。6月8日下午，就在袭击预定开始的几个小时前，第三集团军司令乔治·安贝尔（Georges Humbert）将军命令他的部队开展一个谨慎的"反炮火准备"计划，对疑似集结区域进行"密集而短暂的"炮击，然后在晚上 11 点 50 分，即零点前十分钟，再以"最大强度"突然发起炮击。[5]

　　法军坚守防线的方式也在逐步改进。贝当最初号召在他的防区建造一套复杂的纵深防御系统，但缺乏人力和时间，只好让安贝尔凭借兵力守住前沿阵地，就像迪谢纳在埃纳河所做的那样。随着德军的活动更加明显，贝当和集团军司令法约勒都坚称那是一个错误。6 月 4 日，法约勒命令安贝尔将他的主要兵力放在距离后方 2~4 英里远的第二道阵地，同时在可能遭受最猛烈的迫击炮火力攻击的前线上，让他把兵力部署得稀疏一些，"部队的任务，如前所述，是确保第一道阵地的完整性。然而，我们从最近发生的战事中学到的是，有必要尽可能在敌人的猛烈炮击下保存实力……因此，主要防御线要尽量后退到支援线或堡垒线"。[6]

　　安贝尔的计划细致入微且颇富想象力，但是他很倒霉，德军的炮火准备比他预计的来得更早，削弱了他在 6 月 9 日早上实施的"反炮火准备"的效力。胡蒂尔将军的第十八集团军在第一波攻击中集结了 15 个师对阵法军的 9 个师，于 4 点 20 分冲上前线，其突击部队使用了各种武器——迫击炮和火焰喷射器，轻机枪和手榴弹——以期迅速切开安贝尔的前沿阵地，围捕仍分散躲避在掩体中的法军步兵。到当天结束时，第十八集团军已经前进了约 6 英里，俘虏了 8000 名战俘——这足够鼓舞人心，却远远没有达到 5 月 27 日那场胜利的规模。白天还遇到了许多问题，水汽与浓雾阻碍了观察，难以使移动弹幕在小山丘和小树林的破碎地形上保持稳步移动，弹药不足，电话线短缺，而且敌军炮火在下午陡然加强。[7]

　　进攻在 6 月 10 日继续，凉爽的薄雾天气，这是"战斗与反击交替变换"的一天，胡蒂尔又多占了几英里，但是战场上

435

436

并未出现彻底的溃败。相反，安贝尔正在策划一场有序的撤退，以消耗德军的实力，让他有时间动用预备队。[8] 福煦借助频繁的电话了解战斗的过程，传来的消息让他深受鼓舞，并已经开始考虑反击。当天，法约勒召见了夏尔·芒然将军，这位满面沧桑的"屠夫"，自前一年尼维勒攻势失败起一直处于焦躁不安的放逐状态中。法约勒告诉他，他被授予第十集团军的指挥权。然而，他在上任之前，需要立即指挥对敌军侧翼的反击，会有 5 个师由他指挥完成这项任务。

"你什么时候可以进攻？"法约勒问道，"我们必须赶快出发。"

"当然，"芒然回答，"但是德国佬在哪里？"

"那边，今天早上他们朝这条防线而来，"法约勒指点着桌上展开的一幅地图说，"我们现在还不是十分确定。"

"啊！那负责进攻的几个师呢？"

"两个师已经到达，一个师马上就到，还有两个师在路上，我们不知道确切位置。"

"啊！我要和您的参谋长聊一聊，然后我再告诉您什么时候可以进攻。"

然后，芒然被领去见福煦。

"你会进攻吗？"

"是的，将军。"

"明天早上？"

"我还不能确定发起攻击的具体时间。但是我会在……6 点见到我这 5 个师，并让他们 7 点就赶紧出发。"

随后，福煦和法约勒爆发出一阵大笑，让芒然的脸上满是惊讶。福煦告诉他，就他能多快地让手下各师行动起来，他们有过一次谈话。福煦说需要在第二天就发动攻击，法约勒坚称那是"绝对不可能的"。

"行，你看着吧！"福煦回答。[9]

芒然说到做到。他匆匆赶赴前线，想方设法把部队集结起来，准备反击——在几小时内完成了以前需要几天时间才能完成的任务。在四个营的施耐德和圣沙蒙坦克的支援下，芒然将德军从马茨河谷（Matz valley）赶了出去，向东攻击梅里（Méry）和屈维利（Cuvilly）这两个村庄周围的德军右翼，那是一片平坦的空地，十分利于坦克的行动。芒然的命令明确指出，不会再有撤退："明天的行动必须是我们持续近两个月的防御战的结束，它必须标志着德军的终点和我军攻势的重启，并带来胜利。每个人都必须明白。"[10] 一名法国军官记得，在攻击前的最后一刻，他们看着坦克向上移动，仿佛"从树林中爬出的怪物，离我们越来越近，它们如同一群河马在暗夜中滑过，一个装甲中队缓缓犁开绿色的麦田，后面跟着一长串漂亮的圣沙蒙坦克，它们沉重如堡垒，还有距铁、前线的大炮、捕捉器、带尖刺的履带和一片片的战斗装甲"。[11]

进攻在上午 11 点打响，随后 30 分钟的短暂炮击将德军阵地笼罩在烟雾、灰尘和弹片的浓云中。芒然在攻击开始前视察了最前线，重回前线并置身部下中间让他容光焕发。他对一个助手说："他们从来没有这么精神，这么充满活力。"[12] 守军不曾料到会有如此猛烈的进攻，看到坦克在麦田里来回滚动，碾碎了面前的一切时，他们在震惊中后退了。芒然手下各师推进了两三公里，抓到 1000 名战俘，但在下午 4 点左右停滞下来——士兵们筋疲力尽，坦克部队也瘫痪了。当天动用的 144 辆坦克中，有 69 辆无法运转，多数是由能在开阔视野中与它们交战的轻火炮造成的，这些炮弹击穿了它们薄薄的装甲，造成令人震惊的效果。[13] 然而，这次突袭的猛烈程度给德国最高统帅部留下了深刻的印象，他们不相信法军仍有能力发起这样的战斗。

鲁登道夫的第二阶段进攻, 即锤击行动, 比格奈泽瑙行动瓦解得更快。两个军团于 6 月 12 日发动进攻, 结果发现法军得到了预警, 已经撤出了他们的前沿阵地。预先炮击只有 90 分钟, 没有之前那样凶猛。"一阵阵砰砰的巨响, 像隆隆的雷声滚过, 这是我们重复多次的进攻中的习惯做法," 一个德军观察员指出, "但这次与 3 月 21 日或 5 月 27 日的情况不同。"他还注意到, 进攻的步兵"没有跟在移动弹幕后面顺利前进", 抱怨说"我们的士兵并不具备真正的斗志"。[14] 法军步兵一步一步地阻滞他们的行动, 迅速发起反击, 顽强地争夺每一块土地。当晚, 威廉集团军群直截了当地告诉最高统帅部, 敌人的抵抗"如此顽强且组织得当", 以至于我军获得的任何优势都将"与自身损失不相称", 并建议停止进攻。[15]

即便是最高统帅部为西线战场蒙上的那层厚厚的保密面纱, 也无法阻止战事进展不利的谣言传播开来。6 月 24 日, 里夏德·冯·库尔曼发表了一次演讲, 怀疑"只通过纯粹的军事手段, 而不需要任何外交谈判"是否就能"彻底结束"战争。他希望协约国明白, 战胜德国是"一场美梦和幻觉", 他们会"找到一种方式, 向我们提出与局势相符的和平提议, 并满足德国的重要诉求"。[16] 当统帅部的二人读到这篇演讲稿时, 他们大发雷霆, 抱怨库尔曼的演讲向他们的敌人暴露了德国处境的"弱点"。第二天, 他们匆匆给赫特林发去一封电报, 指责外交大臣给军队带来"毁灭性影响", 他们不能再与其合作。悲伤而压抑的德皇召见库尔曼, 告诉他必须辞职, "不是因为他没有得到皇帝的信任, 而是因为鲁登道夫和兴登堡对他缺乏信任"。海军上将保罗·冯·欣策 (Paul von Hintze) 被任命为库尔曼的继任者, 他是一位雄心勃勃的海军军官和侍臣, 曾担任驻挪威外交使节。[17]

439

最高统帅部的二人再一次得逞，迫使一位不认同他们对战争的强硬态度的政治人物出局。鲁登道夫至少在公开场合表示，协约国已在作战中受到沉重打击，就快要完蛋了。在一段时间内，他一直在考虑夺取兰斯，这将重新打通至关重要的拉昂－苏瓦松铁路线，并迫使协约国将其预备队调离原来的位置，由之后的哈根行动完成最后一击。战后很久，鲁登道夫总结了他当时面临的抉择：

> 怎么办？我们应该放下进攻性武器，向敌人闪亮的报复之刃投降吗？那意味着放弃军事上的胜利。我们如何定义伟大的指挥官？有一以贯之的力量，打消自己胸中所有的疑虑和怯懦，顽强地坚持一项重大的决定，这能使一个人的心灵更强大。福煦元帅将领袖的意志力描述为一个将军最引人注目的特征，即使在绝境之中，他也不会动摇对最终胜利的信念，这是非常正确的。在这场艰苦的战争中，我已经屡次以坚定不移和顽强的信念，把绝望的处境转变为向好的局面。我们当时的局面还远未到绝望。因此，对我来说，这也是毫无疑问的，必须调动全部力量制服敌人。[18]

作为对手，福煦决心看看鲁登道夫还藏着什么手段。在 7 月 1 日发布的"第 4 号指令"中，协约国军队总司令概述了德军再次进攻可能带来的巨大危险。敌人离敦刻尔克只有 18 英里，离加莱和巴黎都只有 36 英里。"向阿布维尔推进 24 英里就能切断与法国北部的交通，并将英法两军分割——这对战争走向具有相当重要的军事意义。而朝向巴黎的一次更小的推进，即使不会对军事行动产生任何决定性的作用，也会给公众舆论造成深远影响；因炮击威胁而让民众撤离首都，这无疑会束缚政府的手脚，而政府的行动自由对于战争而言又是如此不可或缺。"因此，福煦希望将他们的活动"集中"在从蒂耶里堡到朗斯的战线中部区域，这将使他们可以掩护巴黎和阿布维尔的核心重地，同时对佛兰德或香槟地区的任何佯攻行动做出快速反应。[19]

贝当还是那副闷闷不乐的样子，福煦对英国人的过分纵容令他恼火，而对任何干涉本人指挥权限的行为，他也高度敏感。在这段时间里与他密切合作的法约勒记录了贝当是如何"因缺乏信心而绝望"，并抱怨说"当你试图自保却无法反击时，随着时间的推移，危险只会因损耗而越来越大"。[20]福煦命令他替换其防区中一个师的英军，并派遣更多炮兵支援德米特里将军在佛兰德地区的特遣部队，埋怨他"拒绝"给予伊普尔"与巴黎同等的重视"，这让贝当尤其不快。参议院军事委员会正忙于调查被称为"法国的卡波雷托"的 5 月 27 日溃败，该委员会的冷嘲热讽也让他十分沮丧。贝当幸免于难——克列孟梭依然对他保持信心，但迪谢讷和弗朗谢·德埃斯普雷均被解职，贝当失去了他的参谋长保罗·安托万，福煦认为后者过于悲观，趁机将其调走。[21]

黑格的心情好些了，他从 1918 年 4 月那段最黑暗的日子里恢复过来，甚至还在 7 月 6 日请假一周。德军在 5 月和 6 月对法军的攻击使英国远征军获得了喘息之机，他得以重建麾下各师，如今有源源不断的兵员正在抵达法国。从 3 月 21 日到 8 月底，超过 50 万人被运过英吉利海峡，因为海外服役的最低年龄降低了，又从军需品工厂里挑选出很多工人。[22]然而黑格仍在担心北部可能受到攻击，并密切关注鲁普雷希特还有多少预备队，他估计是 25 个师。当福煦指示他腾出两个军团派往德军已有所行动的香槟地区时，黑格拒绝了，他辩称那只是为了转移英军的注意力，英军防线仍然受到威胁。"所以，总的来说，"他在 7 月 14 日写道，"我认为敌人的意图并不是很明确，我坚持此前的观点，即敌人最有效的做法是在香槟和佛兰德地区开展小规模的进攻行动，以分散和吸引协约国的预备队，随后在中心区域实施主要打击。"[23]

黑格低估了鲁登道夫的孤注一掷。第二天，即 7 月 15 日，"马恩河 – 兰斯行动"（Operation Marneschutz–Reims）在一条 70 公里长的战线上打响了，从西端的蒂耶里堡经过将被包抄的兰斯，然后沿着香槟地区的旧战场向东直到马西热和塞尔奈。德国第七集团军要冒险横渡马恩河，然后向东南方向的埃佩尔奈推进，希望在第一和第三集团军向南朝沙隆（Châlons）移动时与之会合。作战命令强调了速度的重要性——指挥官们受到警告，他们需要在第一天越过敌人的火炮战线并打败他们的预备队。同样，它看起来是另一个令人惊叹的宏大计划：48 个师、6353 门火炮、2000 门迫击炮和 900 架飞机集结一处，使进攻方在人员和火炮方面几乎拥有 2∶1 的优势。[24]

在兰斯攻势的整个策划阶段，鲁登道夫都是自信和坚定的，但在这大规模集中起来的力量背后，德国陆军正在逐渐锈蚀，最近几个月的重大损失已经把一个个营掏空，每天都有更多的人死于正在欧洲蔓延的致命流感。在皇储集团军群中，几乎每个师都受到流感的影响，第三集团军的记录显示战斗力"大幅下降"。[25] 在威廉皇储的指挥部里，当他们制订进攻计划时，可以明显地感到"某种精神上的压抑"。皇储承认，最高统帅部聚焦于从佛兰德地区打出最后一击似乎"在理论上是正确的"，但他想知道是否有足够的部队和火炮在兰斯展开初步行动。"因为来自后方的人员补给正在迅速减少，"他承认，"而且来的那些人，一般来说已经不再是最优级别的了。"对兰斯的进攻"可能是我们有能力发动的最后一次进攻"。[26]

尽管奇袭很重要，但它已绝无可能。协约国的情报部门现在对德国的进攻战术有了深刻的了解，对方的作战情报工作异常松懈，给予法军无价的优势。几周时间内，持续有战俘到来，他们全都急于透露正在发生的情况，皇储参谋部里的一个间谍报告说，香槟地区的攻势即将发动。[27] 福煦将战斗机集中在马恩河地区，包括英国和美国的中队，他们很快取得了空中优势。每天都要出动很多架次，寻找敌方部队移动的特殊迹象，即飞扬的尘土，这在漫长的夏日里是无法避免的。德国在5月引进了一款新型战斗机福煦 D7 型，尽管其性能优异，但生产数量还不足以为鲁登道夫的各个集团军提供急需的空中掩护。德国大约有一半的歼击机中队被派来支援这次进攻，但他们的 900 架战斗机在数量上仍然不及合兵一处的法、英、美三国的 1800 架，这场战争中的几次规模最大的空中决斗便在这一背景下展开。[28]

正当鲁登道夫准备进攻兰斯时，法军计划在 7 月 18 日进攻马恩河口袋的西侧，由芒然的第十集团军打头阵，向费尔昂塔德努瓦（Fère-en-Tardenois）推进，其右翼由让－马里·德古特（Jean-Marie Degoutte）将军的第六集团军掩护。这将是福煦和贝当精心安排的马恩河"双重战役"。魏刚注意到，在战斗前的几天里，福煦与贝当保持了"持续的联络"。"他把一切都安排到位，帮助对方尽力组织和巩固防守与反击。但他尤其注意和贝当在作战指挥中达成完美的一致。"法军的预备队包括 2000 多门火炮和 500 多辆坦克，正在为进行反攻而集中起来，福煦无论如何都不会让他们分散。魏刚补充说："芒然与德古特就像两匹急不可耐的赛马，两眼紧盯着发令员的旗子。"[29]

7 月 15 日，天空中乌云密布。浓雾紧贴着马恩河的水面，伯恩的德国第七集团军于凌晨 3 点 50 分发起了进攻。炮击彻底摧毁了前沿阵地，在烟幕弹的掩护下，进攻者得以借助舟艇或浮桥渡河，并深入了 5 公里，在多尔芒斯村（Dormans）两侧夺取了一个桥头堡。[30] 从那里，他们试图穿过远处河岸上树木繁茂的山丘，却遇到了顽强的抵抗，几乎无法取得更多进展。协约国的防线太过坚固，而且组织严密，无法像 5 月 27日那样轻易攻破。法国总参谋部一度感到担忧，害怕防线垮掉，但随着时间的推移，德军力量开始减弱。"森林里的进攻太可怕了，让人十分紧张"，一个德军士兵回忆道，他眼看着自己所在的排陷入了猛烈的炮火中。"空地……每隔五分钟就被一排轻型火炮击中，不一会儿就化为一个黑色的弹坑……我们的人漫无目的地跑来跑去，根本没有掩护！"[31] 增援部队奉命前进，但当他们奋力抵达时，战场已遭到猛烈攻击。到天黑的时候，德军防线上到处都是"混乱的一堆堆死伤的人员和马匹，以及被摧毁的车辆，阻碍着前行的每一步"。[32]

香槟地区的情况更加令人失望。这条防线上是法国第四集团军，由亨利·古罗（Henri Gouraud）将军指挥，50 岁的他是一个时尚的巴黎人，在加利波利失去了右臂。和芒然一样，他久经战火的考验，带着坚定而激动的心情期盼着战斗的那一天。"炮击将会非常可怕，"他在进攻前告诉部下，"你们要毫不示弱地承受……你们的胸膛里跳动的是一颗颗坚强而勇敢的自由人的心。没有人会回头，没有人会退让……因此，你的将军告诉你，那将是荣耀的一天。"[33] 他严格遵循贝当关于纵深防御的指示，将他的人马布置在第二道阵地，位于战线后方大约 2000 码，这使他们免遭最猛烈的炮击。前沿的堑壕很快被攻占，但在守军的主要防线上，进攻步伐慢了下来。法军阵地完好无损，防守严密，观察员定位了德军的纵队和大炮，随后以精准的炮火命中。当天晚上，德国最高统帅部沮丧地记录道，"总体印象是敌人预料到了我们的进攻"。[34]

鲁登道夫很快便失去了对局势的掌控。香槟地区的进攻匆忙停下，希望被寄托在兰斯以南法军防线的突然崩溃。第二

446

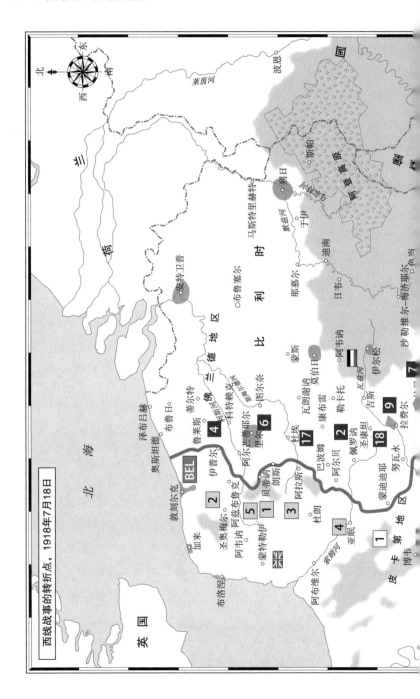

西线战事的转折点，1918年7月18日

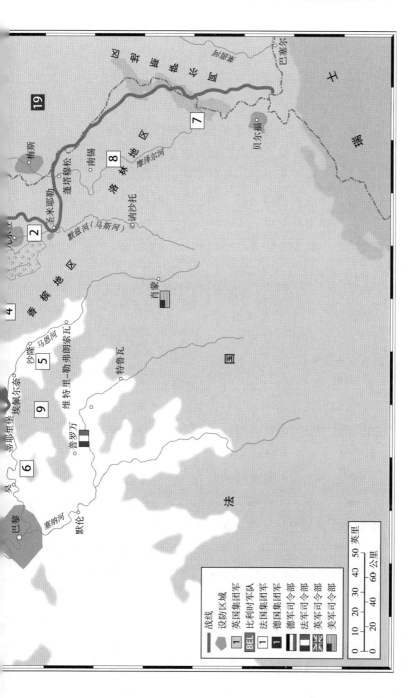

天，即 7 月 16 日晚上，赫尔曼·冯·库尔打电话给鲁登道夫，
发现对方"非常难过"，并敦促他继续进攻。库尔举出了 3 月
21 日的经历，认为当时他们并没有取得期望的战果，不过敌人
在随后的日子里崩溃了。但鲁登道夫不同意。下一步进攻将不
得不等一等，他们"不能冒着承担相关损失的风险"。[35] 7 月
16 日和 17 日，在马恩河两岸展开了殊死的搏斗，德军试图扩
大桥头堡，却不断遭到空袭，他们无法阻止协约国的飞机在河
面上进行数百架次的低空飞行，用机枪扫射德军纵队，并尝试
炸毁浮桥。英国皇家空军三天内在马恩河上损失了 15 架飞机，
但是帮助阻止了敌人的前进。7 月 17 日，第七集团军参谋长莱
因哈特（Reinhardt）上校报告说，对马恩河上桥梁的轰炸和
炮击非常猛烈，"现在建设的速度已经赶不上被破坏的速度"，
全部架桥部件有 70% 已被摧毁。[36]

眼看着自己的计划即将破产，鲁登道夫变得越发不安和沮
丧。最高统帅部的一个参谋抱怨说，对于第一军需总监和他的
"语无伦次"，我们需要提出"严肃的问题"。"阁下把自己累
垮了，深陷于各种细节当中。情况真的很严峻。"[37] 7 月 17 日
晚，他离开阿韦讷，前往北边的图尔奈，在那里指挥哈根行动
（前提是重新部署了足够的火炮），尽管现在这已是希望大于
预期。当鲁登道夫放弃马恩河战役时，芒然发动反攻的最后一
批部队正聚在一起。大量部队、火炮和坦克正在进入阵地，在
维莱科特雷得到浓密树林的掩护，无法从空中发现——尽管贝
当在最后一刻仍摇摆不定。7 月 15 日上午，当德军越过马恩
河时，他下令暂停芒然攻势的准备工作，希望重新部署法美两
国军队，但福煦否决了他。后者认为可以承受在不危及反攻的
情况下守住防线的风险，要继续准备反攻。"请理解，除非你
告知我出现新的危机，"福煦当天晚些时候发电报说，"否则不
得以任何方式放慢速度，更不用说停止芒然的准备工作。"[38]

　　7月18日早上，在猛烈的雷暴和倾盆大雨中，芒然对苏瓦松以南的德军防线发动了反攻。在法国第十集团军，皮埃尔·贝尔杜拉（Pierre Berdoulat）将军指挥的第二十军团负责关键的突出部北侧，他命令摩洛哥师与美国第1师和第2师一起充当进攻的前锋。没有进行炮火准备。正如英国人在康布雷所展示的那样，通过在战斗前进行火炮校准，可以在进攻的瞬间打出精确的移动弹幕，从而制造出出其不意的效果。进攻还要依靠大量装甲车辆，有240辆圣沙蒙或施耐德中型坦克，加上540辆雷诺FT17型。后者是一款具有革命性的轻型坦克，搭载两名乘员，它的全旋转炮塔很显眼，里面装配了机枪或37毫米加农炮。它在5月下旬首次投入战斗，但7月18日是它第一次在攻击中扮演主角，帮助压制步兵前方的机枪阵地和据点。[39]

　　进攻的第一个波次共有18个师，而对面伯恩指挥的德国第七集团军只有兵力不足的10个师，法国第十和第六集团军的兵力大大超过对手，但必须克服相当顽强的防守才能前进。大地绵延起伏，间或被一些林木茂盛的小径阻断，敌人的机枪手隐藏在田野上摇曳着的密密匝匝的成熟谷物中，或是躲在经过加固的农场建筑里。许多情况下，约占进攻步兵数1/3的美军到达他们的出发位置后只能稍作喘息。即便对经验丰富的部队来说，要在黑暗中穿越未知的地带也是一个巨大的考验。但这一点确保了进攻完全出乎敌人的意料。移动弹幕在4点35分轰鸣起来，将战场笼罩在浓重的白色烟雾中，进攻部队别无选择，只能尽快起身，冲进火光闪耀的黑暗之中。

　　进展很迅速。个别德军机枪手试图阻击法军前进，但是大多很快被制服，被坦克或移动弹幕击溃，或被尾随而来的步兵射杀或刺杀。一个美国兵记得，情况变成了"各自为战，一条不规则的残缺的战线，奋力穿过乱糟糟的障碍，爬过倒下的树

448

木，重重地跌进德国佬的步枪射击掩体。随处都有猛烈射击的马克沁机枪坚守阵地，直到有人——军官、士官或列兵——把几个人凑到一起，然后左右爬行，从侧翼把机枪压制住"。[40] 当遭遇更顽强的防守时，军官们迅速给努力帮助他们的坦克发信号，而雷诺坦克被证明特别有效，在遇到非常难对付的机枪掩体时，它们提供了如一份报告所称的"鼎力支持"，协助各营前进。随着时间的推移，坦克数量因机械故障和炮火而逐渐减少，而如果被大量使用，防守一方几乎对它们束手无策。[41]

到当天结束时，第十集团军已经和第六集团军一起前进了9公里，将进攻向南延伸，取得了推进5公里的战果。"傍晚来临时，"一个美军士兵回忆道，"战场上无烟火药燃烧的烟雾让人感到窒息和刺眼。一群群战俘被武装警卫驱赶到后方，担架员往返搬运着死伤人员。德军尸体散落各处。"[42] 协约国缴获的战利品十分惊人，包括2万名俘虏、518门火炮和300门迫击炮，其中美军一个团俘获了来自5个师的3000名德军。芒然匆匆下达了一份措辞恰当的命令，感谢美军凭借"非凡的勇气"和"不屈不挠的坚韧"，"出其不意地击溃了敌人"，"阻止了对方有生力量的反击"。他"为在这些日子里有幸指挥你们，并为拯救世界而与你们并肩战斗而感到骄傲"。[43]

另一方同样深感震惊。几年后，鲁登道夫坚持认为，马恩河－兰斯行动是基于"正确的军事理念"，但这是在多次失利后进行的一场绝望的赌博。[44] 他知道自己无法停止进攻，除非承认这场战争已经失败。那样做就会把主动权交给拥有"巨大的战争物质资源"的敌人。因此，他继续把希望寄托在佛兰德地区一场永远不会发生的最重要的战役上。但是，指挥链下层的其他人立即明白了芒然的反攻预示着什么。"从某种意义上说，敌人成功地实施了战略上的突袭"，在皇储的集团军群当晚的作战日志里如是记录道。人们曾假设，"我们自己的攻势将以不可抗拒的力量战胜惊慌失措的疲弱之敌，"在兰斯周边制造一场"灾难"，从而吸引协约国的预备队，但是这并没有发生。"敌人早就确切掌握了进攻兰斯和沙隆的备战工作，因此能够做好防御准备。"更令人担忧的是协约国现在发起攻击的方式。"他们动用的坦克数量前所未有，技术也更加完善，它们在步兵前面形成长长的连续队形。我们的防守不适应宽阔战线上的大规模进攻，只能在局部奏效。"7 月 18 日的战事成为"这场世界大战历史上的一个转折点"。[45]

7 月 24 日，协约国的指挥官们聚集在福煦的司令部里，"呈现出一种显而易见的乐观与自信"。福煦的司令部现在位于邦邦（Bombon），距离普罗万的最高统帅部只有很短的车程。[46] 就像第一次马恩河战役后的霞飞一样，福煦也想持续推动敌人。他宣布："是时候放弃总体的防御姿态了，那是人数上的劣势迫使我们不得不采取的，现在我们要转入攻势。"他想在前线展开一系列进攻，"目的是解放亚眠的重要铁路"和蒂耶里堡，以及位于凡尔登东南部，紧靠巴黎 – 阿夫里库尔（Avricourt）铁路线的圣米耶勒突出部，"这些不同的作战行动将需要多长时间，能把我们带到多远，现在都还无法确定"。虽然人们仍然预计胜利将在 1919 年而不是 1918 年到来，但他希望有可能在夏末或初秋发动新的攻势，如他所说，这将"扩大我们的优势，不给敌人留下喘息的机会"。[47]

在邦邦的四位将领中，贝当是最谨慎的，他对过度投入兵力非常警惕，并告诉福煦："经过四年的战争和最严峻的考验，当前的法国军队筋疲力尽，仿佛流尽了鲜血。"[48] 他已经厌倦了芒然没完没了的增援要求，精心守护着自己的预备队——担心持续的伤亡会让他的部队无法将战争坚持到 1919 年，因此，他要求得到更多时间考虑这些建议。黑格与潘兴更为乐观，并同意福煦的观点，即他们必须利用目前在兵力、坦克和飞机方面的优势，向敌人大力施压。当天，潘兴发布命令组建美国第一集团军，该部将于8月10日开始参战，任务是压缩圣米耶勒的突出部。目前尚不清楚这一行动何时启动，也不清楚美军各师何时能够重新部署并集中到洛林地区，但潘兴很高兴终于看到一个独立的美国集团军出现在眼前。

在飞扬的尘土中，萎靡不振的德军纵队一路走来，他们在迅速撤离马恩河口袋，退回韦勒河一线，并放弃了刚刚在8月6日夺回的苏瓦松。这意味着福煦提议的第一项行动——清除蒂耶里堡——现在几乎完成了。考虑到这一点，福煦在7月26日拜访了黑格，他们讨论了计划中对亚眠的进攻，这项任务将交给罗林森将军指挥的重组后的第四集团军。亨利·罗林森满心欢喜地重返战场。在最后一次索姆河攻势之后，他度过了令人沮丧的18个月，在伊普尔行动中被边缘化，直到3月底高夫将军被解除指挥权后，他才官复原职，所以他决心夺回失去的时间。进攻亚眠将采用协约国现在已然成熟的所有技术，大规模的欺骗活动，放弃预先炮击，大量使用坦克，以及大范围的空中掩护。澳大利亚和加拿大的部队集结一处参加这次作战，既然他们一整年都在回避重大战斗，也就意味着他们现在精力充沛、整装待发。与1916年7月1日进攻前的忧心忡忡相反，罗林森确信现在情况已大为不同。"没有任何证据表明德国佬知道索姆河以南会发生什么，"他在袭击前夕写道，"针对此段战线上的敌人，在这片完美的坦克可通行地带，我们将有状态良好的8个师和350辆坦克。还有3个骑兵师随时准备冲破他们打开的任何一个缺口。对我们将取得的巨大成功，我满怀期待。"[49]

攻击原定于8月10日，但福煦唯恐敌人从他们暴露在外的阵地上撤走，于是和黑格商量，并一致同意提前48小时行动。这给罗林森的参谋人员增加了额外的负担，但是好在没有造成太大的损害。到 8 月 7 日晚上，英国、澳大利亚、加拿大和法国的 14 个师，将近 10 万人排列在战线后方，并未引起敌人的怀疑。给他们提供支持的是 2000 多门火炮和 530 辆坦克，全部由伪装网覆盖或藏在帆布遮蔽物下面，等待着前进的时刻。[50] 炮击在 4 点 20 分开始，天空中短促地闪烁着白光，在仍隐藏于清晨薄雾中的德军防线上，随即迸发出一连串的爆炸。协约国完全出乎敌人的意料，在枪林弹雨中突破了薄弱的防线。德国第二集团军的士兵分散开来，组成机枪小组或小队，占据着草草挖就的步枪射击掩体，淹没在迎面而来的英军步兵中，只能做出断续的反应，坦克在战场上蜿蜒而行，不时地修正路线，压碎所有铁丝网，向任何移动的物体开火。

当薄雾消散时，从昂克尔河上的莫赫兰库尔到阿夫尔河以北的莫勒伊之间 20 公里长的战线上，德军的前沿防御已被攻破，英军预备队正在向他们的最终目标"跃进"。"这就像我们读过的古老的开阔地作战"，一位加拿大营长指出。现在已通过口头下达命令，"路边的一群军官竖起旅旗就是旅参谋部。指挥各营的军官们接到占领某些地区的命令便会疾驰而去，一个营负责一个地区，看起来像是一个岛屿散布的北国湖泊。这里是一片开阔的乡村，周围到处都是茂盛林木掩映下的村庄"。[51] 罗林森命令骑兵向前推进，还出动了他的轻型坦克，以及被称为"惠比特犬"的马克 I 型坦克。同时，英法两国的飞机在战场上轰炸，并用机枪扫射敌人长长的撤退队伍，敌军士兵在它们接近时四散奔逃。

德军的伤亡是灾难性的，一队队血淋淋的伤员和艰难跛行离开战场的士兵，讲述了一个绝望的故事。德国陆军公布的官方伤亡数字高达 3.65 万人，其中 2.75 万人失踪或被俘，还损失了 400 门火炮。[52] 进攻一方前进了 6~8 英里，彻底打乱了德军的防御，迫使其第二和第十八集团军重新部署。8 月 9 日上

452

午，当鲁普雷希特前去听取情况简报时，他被告知"除了撤过
索姆河，别无选择"。他意识到这是不可避免的，只是鲁登道
夫又打电话给库尔，并在与库尔的通话中要求第二集团军"坚
守阵地"。他正在派出阿尔卑斯军团作为增援部队，并打算
"为新到达的各营计划每一步行动"。库尔尽其所能安抚鲁登
道夫，一边点头一边不停地说"好的"或"我们还无法预测结
果如何，一切都取决于情势的发展"。鲁普雷希特只能惊恐地
看着。"我们的部队表现如此糟糕，这一悲惨的事实可以归咎
于各种原因：疲惫不堪，与早先相比糟糕的组织工作，以及对
当前局势的沮丧消沉……"[53]

453

　　似乎没有办法摆脱德国陷入的窘境。在 8 月 14 日于斯帕举
行的枢密院会议上，库尔曼强调了形势的惨淡。"此刻，敌人对
胜利的决心和信心比以往任何时候都更强。在一定程度上，这
可以从他们最近在西线取得的胜利中得到解释，但主要原因是
他们起初就秉持且不断增强的信念，即比较而言，协约国拥有
更取之不竭的人力、原材料和工业品的储备，必将及时推翻同
盟国的联合。"奥地利已经确认，"资源已经彻底枯竭"，不可
能"坚持到冬季之后"。兴登堡凭借其坚定的自信度过了许多
艰难的时刻，现在就连他也不得不承认，他们"不再指望用军
事行动摧毁敌人的意志"，而必须采取"战略防御"。[54] 战争失
利给最高战争统帅造成无比巨大的打击。"德皇保持着一种外在
的平静，"一段描述中记录道，"但任何人看到他的面孔，都可
以从那紧张的表情和深深的皱纹中发现一种情感上的创痛，在
他激动的眼神里，能找到为寻求出路而难以承受的内心焦虑。"

　　"我意识到我们必须进行全面分析，"他疲惫地说，"我们
已经达到了能力极限。这场战争必须结束。"[55]

第二十三章

要保持镇定

1918年8月7日，星期三，就在议会休会之前，也是罗林森将在亚眠发动首相并不知晓的攻击的前一天，大卫·劳合·乔治在下议院宣布："就目前的军事态势而言，基本事实已众所周知，这样一场前所未有的战斗已经持续了四个半月。双方军队的规模、冲突的激烈程度、施加和遭受的损失、参战人员所展示的英勇气概——这样一场前所未有的战斗——不仅这些，还有这场战斗悬而未决的局面。"他承认，已经出现了"非常非常令人焦虑的时刻，而了解最多的人最焦虑。人员上的损失是巨大的，尤其是被羁押的战俘数量，我很遗憾地说，还有物质上的损失"。但劳合·乔治确信，这些损失已经得到了弥补，增援部队已被派往法国，每一门失去的大炮，都被从国内运送过去的大炮取代，而且新的大炮数量更多。[1]

"下议院似乎很厌烦，议员们对首相的乐观不如往常那样热情"，《泰晤士报》派去报道这次演讲的一个记者说。即使走廊里"挤满了热切的听众"，"绿色的长椅上还是有很多空位"，连他的前任赫伯特·阿斯奎斯也缺席了。[2]劳合·乔治警告说，战争远未结束，但又解释道，德国人错误地估计了协约国对其攻势的反应速度，特别是弥补损失的速度——在这一点上，劳合·乔治肯定会赢得很高的赞誉——将美国军队运送到法国的速度越来越快，外加"第一次尝试统一指挥"取得了"巨大成果"。至于福煦的职位引发的争议，他毫不理会，并坚称对方并非"真正意义上的"总司令。"已经确立的是战略指挥的统一，它已经达成所有目的，同时如德国人非常清楚的那样，让他们付出了代价。"

尽管首相发出了乐观的声音，可是他仍对战争的方向感到忧虑。他怀疑法国政府利用福煦来牺牲联盟中伙伴的利益以保存本国的人力，他担心持续的激烈战斗会对英国在联盟中的地位产生影响。正如他在一次与最亲近的顾问们的会议上所做的解释，他不希望"英国军队大幅减员，以至于我们的军事实力到明年就沦为西线上的第三位"。[3] 他曾经试探能不能把黑格调走，并认为普卢默将军是可能的替代人选，但是当战争处在这样一种均势之中，他很难找到什么理由。关于亚眠的消息短暂地鼓舞了他，在纽波特市政厅的午餐会上，他赞扬了"我国军队与法国军队的卓越品质"，以及"道格拉斯·黑格爵士和罗林森将军英勇无畏的领导"，又警告不要自满。"我还是想再说一遍，"他最后补充道，"战争还没有结束……不要为此太过激动。要保持镇定。"[4]

"保持镇定"正是福煦想要做的。确保亚眠安全之后，法英两国军队在 8 月下旬发动了一系列后续攻击，行动范围不断扩大，将战事向南北两侧拓展。8 月 20 日，第十集团军攻向绍尼（Chauny），迅速在德军防线上打开又一个缺口，推进了3~4公里的距离，抓获 8000 名战俘并缴获 100 门大炮。[5] 芒然正是按照他的期望行事，沉重打击德军，迫使他们放弃阵地，即使他们在这个过程中没有遭受太大的痛苦。但芒然仍像候场的赛马一样急不可耐地撕咬着它的嚼子，他抱怨说，虽然已经感觉到敌人开始崩溃，却无法像自己设想的那样充分扩大战果。贝当再次拒绝向第十集团军派出更多的预备队，任由芒然孤立无援。"我必须采取行动，"芒然在 8 月 22 日的家信中写道，"他们没有满足我的大部分要求，我想他们会为此感到遗

憾的。"⁶

8 月 21 日，第三集团军司令朱利安·宾爵士开启了自己 456
的攻势，越过东边索姆河的旧战场，向巴波姆进发。与芒然不
同的是，宾小心翼翼地向前推进，并深知要保护自己手下的士
兵。他的 13 个师中至少有 50% 的步兵被形容为"男孩子"，
后来被称作"1918 年的 18 岁成人"，在 3 月攻势后的那些疯
狂日子里，他们被匆忙送上了前线。⁷宾夺取了德军的第一道
阵地，他的部队在浓烟弥漫的密集弹幕后面以间距宽大的"蠕
虫"队形推进。昂克尔河边泥泞的荒地在 1916 年的战斗中被
彻底破坏，部队穿越这里时遇到了相当大的困难，因此，宾选
择不再继续进攻，直到右翼的第四集团军赶上来并占领阿尔
贝。一旦这次进攻放慢节奏，另一次进攻就会发起。8 月 22 日，
第四集团军恢复了自己的前进，4 天以后，亨利·霍恩（Henry
Horne）爵士的第一集团军出发，与德军在前线交火，阻止了
敌军集结起来做出任何反应。

一连串攻击的覆盖面不断扩大，与 1915 年以后双方的历
次交战几乎没有什么相似之处。德军现在陷进了狭小的口袋
中，不得不依靠破坏严重的地面运送人员和补给，福煦没有像
他们那样，而是不断地向各个侧翼发起攻击，持续扩大自己的
战斗。"又一次，他寻求的不是突破，而是一场全面战役，"魏
刚在几年后说。"这正是应用了他从 1915 年 5 月 9 日起便不断
倡导的原则"，但一直无法实现，因为他缺乏这样做的手段。⁸

圣米耶勒将是这场"全面战役"的下一步。自从潘兴选择
洛林作为美国远征军的可能部署区域，他就把圣米耶勒视为一
个有用的试验场，可以让美军初试锋芒，并检验他们的作战组
织工作。马恩河战役大局已定，潘兴开始从这条战线上撤回手
下各师，把他们集中在美军位于沃埃夫尔的新防区。8 月 16 日，
攻击目标最后确定下来。美国第一集团军的 14 个师将"承担缩

457 小圣米耶勒突出部的任务"，而"最不理想的结果"也应当是"重新打通科梅尔西（Commercy）附近的巴黎 – 南锡铁路"。潘兴把目光投向了梅斯和隆维 – 布里埃铁矿区，他希望圣米耶勒的一次突破犹如利剑的穿刺，能够终结这场战争。大部分美军将沿着突出部的南侧部署，西侧则是辅助单位，他们将合力让整个德军阵地崩溃。攻击有望在 9 月 11 日发起。[9]

正当潘兴在利尼昂巴鲁瓦（Ligny-en-Barrois）的第一集团军司令部刚刚安顿下来，计划突然发生了变化，部分原因是现在黑格确信，决战终于就在眼前了。8 月 27 日，他在给福煦的信中解释道："为了利用目前的有利形势，我强烈主张，美军各师应立即积极参与战斗，我谨提请您考虑，他们应分散部署，以便能从康布雷、圣康坦和南线向梅济耶尔发动同心运动。"[10] 当月早些时候，潘兴要求在英国远征军受训的 5 个美国师尽快重归自己麾下，黑格感到沮丧。尽管双方同意让两个师留在黑格的部队里，但英军总司令认为美军集中在圣米耶勒是一种"古怪的"行为，正如他在写给亨利·威尔逊的信中解释的，那将"一无所获"。美军各师应该在英法两军之间"分配"，"以便毫不拖延地开始一致行动"。[11]

福煦立即看出黑格这项提议的价值，并于 8 月 30 日前往利尼向潘兴提出。寒暄过后，福煦立刻展开了一幅前线地图并解释道，"德国各集团军处在一定程度的混乱状态"，他们"绝不能允许敌人重新组织起来"。他现在希望美军削减圣米耶勒行动的目标，转而在默兹河与阿戈讷森林之间的凡尔登以西，和法国第四集团军并肩发起新的攻势，从那里向北朝梅济耶尔和色当推进，而不是最初同意的梅斯。潘兴简直不敢相信自己的耳朵。

458 "哎呀，元帅，这个变化太突然了"，凭借其久负盛名的自制力，潘兴没有发火，而是承认，"我们正要按照已经向您提议并征得您同意的方案推进，我不能理解您为什么要做出这些改变"。

"的确如此，"福煦回答，"但是，1918年战役的命运将取决于埃纳河地区形势，我想要缩减对沃埃夫尔（圣米耶勒）的进攻规模，以便让美军参与默兹河攻势，那将取得更大的战果。"

"福煦元帅……对于我们经过长期努力组织起来的美国军队，那将造成实质上的损害。"

两人争论了一段时间，绕着福煦摆放地图的桌子移动，为最后一击提出不同的目标、不同的路线、不同的方式。潘兴声称，福煦的提议将"阻碍或至少严重拖延组建一支与众不同立的美国军队"，并重申美军只会作为一支独立的军队集中作战，而不会分散部署到前线。福煦的观点是，他们需要迅速采取行动，集中全部资源展开攻击，英军向东推进，法军和美军向北推进，以钳形攻势粉碎鲁登道夫的各个集团军。这是一个合乎逻辑的看法，但当福煦坚持将美军分别配属法国第四和第二集团军时，便揭开了有关"合并"的所有旧疮疤。感觉这是又一次窃取他的人马去加强残破法军，吓得脸色苍白的潘兴一口回绝。离开利尼的福煦看上去"表情暗淡，显然已疲惫不堪"。[12]

福煦将美军从面向东北调整为面向正北的决定，后来引起了许多调查和争论，有些人声称这是合理和正确的，可以让潘兴在战线上的其他地方直接援助英法军队，另一些人则因为错过了向梅斯推进的机会而懊悔，在心中诅咒这一变化在阿戈讷造成的无序和混乱。第二天，潘兴给福煦写了一封长信，他在信中同意有必要充分利用这出乎意料的有利局势，但明确表示，他"不再同意任何涉及将我军分散部署的计划"。美国士兵"不会愿意被编入别国军队中"，至少对潘兴来说，在圣米耶勒发起进攻，然后在几天内集结12~16个师，向北进攻60

459

英里外的阿戈讷是"不可行的"。于是，要么放弃圣米耶勒，要么推迟对梅济耶勒的攻击。13

由于美国军队已经在为这次袭击训练，因此必须做出非此即彼的决定。无论多么懊恼，这两人都意识到他们是彼此依赖的，福煦需要美国士兵改变战争的力量对比，潘兴则需要巴黎提供的大炮、坦克、空中力量和后勤支持。9月2日，美国人前往邦邦，与福煦和贝当会面，他们同意把圣米耶勒的进攻目标限于消除突出部，然后与美军一起在默兹河以西发起新的进攻，由古罗的第四集团军在左翼支援。第二天，福煦发布了总指示："目前协约国正在成功地从斯卡尔普河向埃纳河推进，敌人被迫沿整条战线退却。为了扩大和加强这次攻势，至关重要的是协约国所有部队要毫不延迟地投入战斗，并合力进攻战线上任何有利区域。"英军和法军左翼要继续向康布雷和圣康坦进攻，法军的中路应将敌人赶回埃纳河与埃莱特河对岸，一俟圣米耶勒进攻开始，潘兴将在"不晚于9月20日至25日"，朝梅济耶勒的"大方向"挥师进攻。14

德皇于8月14日宣布必须结束战争，这并未带来任何具体的和平行动。保罗·冯·欣策向他保证，最近的失利只不过是"小小的挫折"，一旦敌人被挡住，他们将能够开启和平谈判。15他躲进了卡塞尔（Kassel）附近作为夏季住所的威廉高地宫（Schloss Wilhelmshöhe），在那里散步，接待客人，陪伴刚刚心脏病发作的妻子多娜（Dona）。皇后卧床不起，德皇也变得反复无常，他的情绪随战争的发展而越来越低落。

9月2日，他私下对助手说："这场战役失败了，从7月18日以来，部队一直在撤退。我们已筋疲力尽。不知道他们正在阿韦讷做什么。7月15日对马恩河战役开始时，我确信法国人的预备队不超过8个师，而英国人可能只有13个师。与此相反的是，敌人在维莱科特雷的森林里集结了好几个师，我们却没有发现，他们发起了攻击，在刺穿我军右翼后迫使我们撤退。从那以后，我们就一败再败。"[16]

这是对过去六周战事的准确概括，但德皇无法采取行动对抗最高统帅部的将领们。他一直在他偏爱的孤独中受到悉心呵护，得到其参谋人员的安慰。贝格－马基宁负责他的私人办公室，使他受到这位不惜一切代价保护君主制的强硬派的影响。当汉堡－美国航线的负责人、德皇的老朋友阿尔贝特·巴林（Albert Ballin）要求私下见面时，贝格坚持陪同他们。巴林漫步于威廉高地的庭院里，试图告诉威廉要开启与威尔逊总统的谈判，并在为时已晚之前对帝国的"政治结构"进行"现代化"，但他很难摆脱贝格的干扰。巴林后来承认，对他而言，似乎"不太可能说出德国局势的严峻性和可怕的危险，甚至都无法暗示。我的信心消失了"。[17]

甚至最高统帅部里的人也明显意识到德国正在输掉这场战争。9月2日，统帅部的一个部门主管默茨·冯·奎恩海姆（Mertz von Quirnheim）与鲁登道夫谈话，后者以"最严肃的心情"接待了他。鲁登道夫仔细查阅着态势图，坐在桌子对面，"毫不隐讳地承认"他不知道如何继续作战。当奎恩海姆问他是否已将"困难局面"通知欣策时，鲁登道夫摇了摇头。"他说他没有，又说他很难向外交部通报真实情况，它太吓人……"[18]当天送达的报告称，英军再次沿阿拉斯－康布雷公路发动攻击，迫使第十七集团军后退。霍恩的英国第一集团军以加拿大军团为前锋顽强作战，突破了称为被德罗库尔－凯昂线（Drocourt-Quéant Line）的兴登堡防线北部延长线。格奥尔格·韦策尔认为情况"极其严重"，而鲁登道夫"完全累垮了"。当兴登堡和鲁登道夫于9月6日在阿韦讷主持集团军群参谋长会议时，对协约国的进攻没有应对方案，只有借口。

兴登堡坚称不存在任何"操作上的失误"。相反，造成"不利局面"的原因是"太过轻率"，因为轻率而使马恩河－兰斯行动走漏了风声，未能提前预料到芒然在苏瓦松附近的反击。第二集团军的糟糕表现也负有责任。就连卡波雷托的胜利者奥托·冯·贝洛也未能免于批评——他在第十七集团军的指挥能力"不合格"。[19]

　　鲁登道夫的行为震惊了阿韦讷的那些人。他站在兴登堡身后，把大部分讲话时间留给了这位陆军元帅。库尔指出，"鲁登道夫给人的感觉是生病了"。弗里茨·冯·洛斯伯格已经被分配到由第七集团军前司令官马克斯·冯·伯恩指挥的一个新集团军群，并发现鲁登道夫"十分紧张"，这"与其惯常的坚定性格大不相同"。当鲁登道夫发言时，他并不认为造成危险处境的原因是糟糕的战略或作战决策。"他对部队提出很多批评意见，"洛斯伯格回忆道，"将最近发生的事情归咎于士兵和他们的指挥官，却不承认在很大程度上是自己的错误领导导致失利。"[20]尽管鲁登道夫承诺会在直接给下属打电话这个问题上做出改进，不再干涉他们的职权，却没人相信他。三天后，已在最高统帅部工作了两年多的韦策尔辞职了，他抱怨鲁登道夫习惯于绕过指挥链，也不愿听自己不得不说的那些话。

　　一段时间之前，人们已注意到鲁登道夫的神经质和高度紧张的状态。兴登堡的私人医生明特尔（Münter）汇报了他的行为，并告诉鲁登道夫他需要更多的放松、睡眠和体育活动。"巨大的日常工作量与职责""让他处于神经超负荷状态，表现为疲劳、易怒和心绪不宁"。明特尔建议请一位老朋友，前医务官霍赫海默尔（Hochheimer）医生来察看一下鲁登道夫的病情，后者同意了。霍赫海默尔为鲁登道夫做了一套精确的每日起居安排，要求他遵守并留心观察自己的情绪。"他晚上的睡眠配合着前线的战事，时刻竖着半只耳朵，睡眠时间是从半夜 12 点到凌晨 5 点，有时甚至更少！然后各种想法——战略的、战术的、政治的、经济的——又开始出现……这个人完全处在孤独状态，他娶了他的工作为妻。"[21]

德军情报部门已经发现了美军在圣米耶勒附近的活动迹象，不由得令人担心。9 月 3 日，当地指挥官加尔维茨将军请示最高统帅部，"如果敌人发动攻击"，他应该坚守还是撤退到被称为米海尔阵地的那道后方防线。直到 9 月 10 日，鲁登道夫才确认他们要放弃突出部。[22] 但是已经太晚了。美国第一集团军于 9 月 12 日上午发动进攻，击溃了正在撤离阵地的德军，取得了第一场决定性的胜利。潘兴确保他们的攻击拥有绝对优势兵力，包括其最有经验的部队在内的 9 个齐装满员的美国师，在贝当派来的精锐的第二殖民地军团的支持下，以 3 倍的步兵，5~6 倍的火炮，以及超过 7 倍的飞机，打败了对手。正如一个美军步兵写的："这是该营有史以来最轻松的一天。我希望有更多这样的日子，可我拿不准。"[23]

继圣米耶勒失利之后，紧接着又发生了一系列具有破坏性的重大事件。9 月 16 日，奥地利通过瑞典使馆正式向美国发出了和平建议，随后不久，保加利亚军队在萨洛尼卡前线溃败，将同盟国的南翼袒露出来。继而，保加利亚要求于 9 月 24 日停止敌对行动，并在 5 天后签署了停战协定。没有什么办法能够阻止同盟出现这种突然的分裂。兴登堡向军队发布了一道命令，敦促部队继续战斗："准备接受和平与我们为祖国冲锋陷阵的精神并不矛盾。"他回顾了 1916 年 12 月的和平提议，并强调"敌人以奚落与嘲讽回应了之前每一次准备接受和平的声明"。因此，"军队必须继续战斗……唯其如此，我们才更有可能粉碎敌人打败我们的意志"。[24]

截至 9 月的第二周，西线部队已经退至兴登堡防线，放弃了在斯卡尔普河与韦勒河之间占领的全部土地，他们一路顽强战斗，却只能在一两天的时间里顶住协约国的进攻。1918年3月，德国陆军曾集结起200多个师，但到9月底，已缩减到125个师，其中只有47个师被认为"适合作战"。损失是灾难性的，在8月和9月达到每月23万人以上，其中大约一半被列为失踪，这一"特别令人震惊"的事实有力地表明所有情况都不妙。[25]在流感的影响下，德国士兵意识到损失如此惨重，再也不相信还能取得胜利，他们在夏末秋初经历了一场士气上的危机。"从1918年的年中开始，它就结束了，"一位来自图林根的老兵回忆道，"在经历了漫长的煎熬之后，人们已彻底崩溃，都在尽一切努力挽救自己的生命。部队几乎没有轮换，每过一分钟炮火就变得越加可怕，一队队飞机成群结队地来袭。"士兵们迫不及待地想要回家。"战争的长期折磨，"他指出，"让士兵们陷入绝望，而且他们常常说，如果战争最终结束，我们宁愿半裸着也要走回家。"[26]

9月6日的会议结束后不久，德国最高统帅部离开阿韦讷，迁回了斯帕。现在，可否保住德国日益衰减的兵力，然后将协约国带到谈判桌上，在很大程度上取决于兴登堡防线能不能让敌人陷入困境。最近视察了兴登堡防线主体部分的弗里茨·冯·洛斯伯格对此并不乐观，他告诉鲁登道夫，在此处"不可能长期抵抗"。在他看来，德军应该立即撤退到当时还在规划的后方阵地，即安特卫普－默兹河防线，同时摧毁沿途的一切——如同1917年撤退的放大版本。但鲁登道夫不会这样做。他们要坚持战斗。与1915年以后成功实施的弹性纵深防御形成鲜明对比的是，德军现在坚持的是不惜一切代价守住主防线。一切都回到了原点。[27]

福煦将时间花在了邦邦，最终确定了在坏天气到来之前集中打击德军的相应安排。默兹－阿戈讷的法美联合进攻将于9

月 26 日展开，英国第一和第三集团军会在次日投入战斗。于是，9 月 28 日，在英国第四集团军和法国第一集团军加入进攻一天左右之后，在佛兰德地区将实现突破。[28]"接下来的作战要采取一种紧张、有力和精准的特别行动方式。"福煦的一位崇拜者记录道，"元帅最终将以行动证明战争的原则是不可改变的，他在军事学院的教学基础并未丧失任何价值。尽管德国发达的战争机器创造出令人生畏的东西，但拿破仑的观点依然清晰而灵活，保持了它的全部威力。"[29]

这场攻势能取得多大的成功是无法估计的。9 月 8 日，贝当给福煦发去一份长长的文稿，题为《1919 年战役》。这是一份包括附件在内长达 35 页的评估报告，描述了下一年战争可能的特点以及法国能够筹集的资源。贝当声称，在主要行动取得决定性胜利之前，应当实施一系列初步行动，以发现德军的预备队。[30]之前福煦已经听到过这种说法，而现在已不再对它感兴趣了。他确信敌人已彻底败退，只需再接再厉便能让他们继续奔逃。9 月 25 日，在马恩河畔圣迪济耶（Saint-Dizier）以北特鲁瓦方丹（Trois-Fontaines）的森林里，他接手了自己的指挥部，下达了最后的指示，强调了即将发生的事情的重要性。美军必须"尽可能远并尽可能快地"向比藏西（Buzancy）推进，法军将与他们肩并肩，以同样的"速度、决心和主动性"前进。[31]

465

黑格也确信，现在可以自由地承担风险了，而与贝当不同，他正在敦促指挥官尽可能采取积极行动。7 月下旬，亨利·威尔逊发布了一份有关"1918~1919 年英国军事政策"的备忘录，声称西线的"决战"要到第二年夏天才能展开，英军总司令对此不以为然。他在自己那份副本上草草写下："说！说！说！说了这么多！别的什么也没有！"9 月 10 日，他拜访了陆军部，与米尔纳勋爵见面，急迫地解释了前线已发生多大的变化。"在过去四周里，我们抓获了 7.7 万名战俘，缴获近 800 门大炮！英国历史上从未有过这样的胜利，其影响尚未显露。"黑格随后预测，"德国陆军的纪律正在迅速瓦解，那些德国军官已今非昔比。对我来说，这似乎就是终局的开始。"[32]

黑格比许多人怀疑的都正确。9 月 26 日，星期四，第一次雷鸣般的进攻开始了，法美两国部队向北进攻默兹－阿戈讷地区。地面十分难行，简直是进攻者的梦魇，山坡上树木茂盛，陡峭的小径穿插其间，布满战壕和机枪射位。潘兴率领三个大型军团，约 33 万人，进攻 6.1 万德军，意图以压倒性兵力施以重击。[33]经过 3 个小时的炮击，他们在清晨的昏暗光线中发起了攻击，取得了不错的进展，最远推进了 4 英里，但局势随后紧张起来，他们被困在很多坚固的阵地前面，尤其是在蒙福孔（Montfaucon）。这个位于山顶的小村庄俯视着战场，很快就有了"小直布罗陀"的绰号。"无法详尽地叙述这场惨烈的战斗，"一个参加进攻的步兵说，"我们依次敲掉了几十个机枪掩体，一边迅速地把它们消灭，一边迅速地冲进灌木丛，被刮伤并流血的我们继续前进，然后就发现了同样甚至更多的机枪。我们实施包抄，或者正面攻击，在 1 磅炮和机枪的协助下把它们夺了下来。勇士们从灌木丛中悄悄地向它们逼近，用手榴弹让它们安静下来。"[34]

在接下来的几天里，进展缓慢如爬行，德国人投入了更多的部队，英勇地为每一寸土地奋战。潘兴在司令部里焦急地等待着消息，因急躁而恼怒不已。第二天上午，他命令各师长和旅长尽可能向前移动，以"活力和迅捷"实施进攻："各级军官，如果在这种紧急情况下未能表现出必要的领导素质来完成我们的任务，军团指挥官和师长都应毫不迟疑地将他们当场解职。"[35]潘兴要继续前进的意愿是可以理解的，但在阿戈讷森林的茂密林木间，战斗演变成一场野蛮的近距离混战，不习惯于这种激烈战斗的美军各营开始失去凝聚力。出现了一大堆的问题，各单位之间联系不畅，重要物资短缺，缺乏适当的火力支援。当移动弹幕结束后，美军几乎没有任何炮火准备，只能在毫无支援的情况下继续前进，就这样日复一日地进攻，直到他们被替换下去。一个年轻的美国兵记得，他们碰上一块空地，到处都是"身穿橄榄色和灰色制服的死人、散乱的装备和残肢断臂……他们带着与葛底斯堡的皮克特旅一样的精神向前迈进，结果也与之相似"。[36] 在 4 天内，美国远征军遭受了 4.5 万人的伤亡，在组织越发混乱的情况下，潘兴别无选择，只好暂停了进攻。[37]

对于一支面对艰苦环境又经验不足的军队来说，潘兴在默兹 - 阿戈讷遇到的挫折并不意外，但是那些认为在圣米耶勒发动突然袭击是一个危险的错误的人从中获得了口实。潘兴在圣米耶勒动用了第 1 师、第 2 师和第 42 师这些训练有素且经验丰富的部队，也就意味着在 9 月 26 日参与大规模进攻的部队经验要少得多，战斗对他们的冲击是残酷的。虽然并不缺乏勇气和进取精神，但只有长期的战斗才有助于获得组织工作和作战的技巧。潘兴直面这一问题，于 10 月 2 日写信给牛顿·贝克，表示"这里的行动进展很顺利，但由于降雨和道路条件，推进并没有我希望的那样迅速。我们现在所处的地形是西线战场上最为困难的。到目前为止，我们的损失还不大。我已经撤下最新的三个师，换成了旧的部队。我们一两天后将做好再次进攻的准备"。[38]

北边的战果要大一些，那里的地形更有利，士兵也更有经验。英国第一和第三集团军于 9 月 27 日发动了一系列袭击，加拿大军团越过了北运河（Canal du Nord），为夺取康布雷和杜埃打开了通道。战斗随后向北而去，一个由阿尔贝国王指挥的英国和比利时联合集团军群，从伊普尔周围

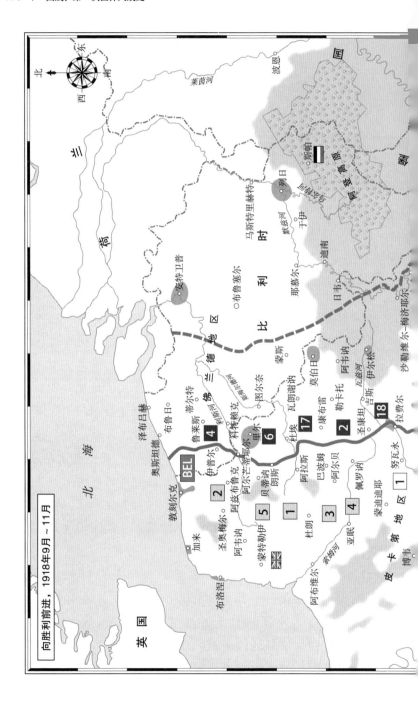

469

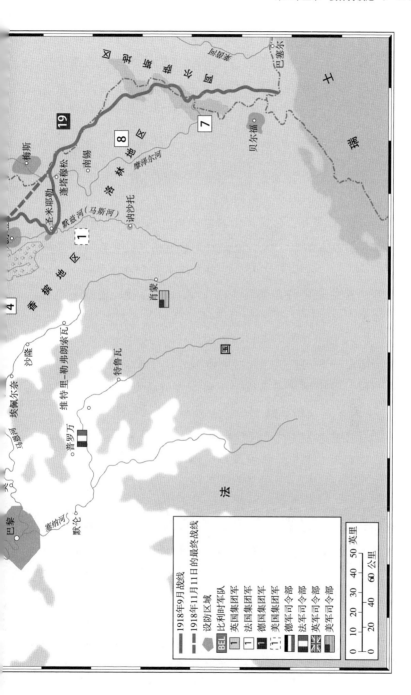

的狭小突出部一跃而出。自 4 月底对利斯河的攻势逐渐平息之后，这里一直保持平静。为了拼命守护战线的其他重要部分，鲁登道夫已将部队撤出佛兰德地区，只留下 5 个师据守从迪克斯迈德（Diksmuide）到伊普尔以南 4 英里的乌姆齐勒（Voormezeele）之间 17 英里长的战线，祈祷潮湿的天气和沼泽样地面能阻止协约国取得任何突破。[39] 德军在人数上处于 1∶2 的劣势，已经计划撤退到帕斯尚德勒山脊，但在 9 月 28 日凌晨对方发起进攻时，他们发现自身已孤立无援。一些分队顽强抵抗的机枪声一如既往，不得不费力地逐个将他们消灭。但德军几乎没有炮兵支援，他们的多数炮兵连在进攻零时受到密集炮火压制。在一天之内，进攻者几乎完全攻占了位于突出部北侧边缘的豪特许尔斯特（Houthulst）森林，以及布鲁德桑德和盖卢维尔特这两个重要的村庄。

470 　　9 月 29 日，福煦一系列进攻的最后一部分打响，目标是圣康坦运河沿岸的兴登堡防线的主体部分。与从未完工的北运河防线不同，圣康坦运河防线是一道令人望而生畏的水上障碍，宽达 35 英尺，并用铁丝网缠绕。在贝利库尔（Bellicourt），运河穿过一条长约 6000 码的隧道，沿着最佳射界布置的数条战壕、加固地穴和机枪掩体为这一区域提供了保护。赫伯特·里德（Herbert Read）少将的美国第二军团有两个师被潘兴留在英军战区，罗林森将隧道区域的主攻任务交给了他们。尽管缺乏经验，但罗林森相信这两个师可以完成任务。"在福煦的调教下，加上四年多战争的训练，我们真的学到了东西，"他在进攻前一晚写道，"不同攻击同步进行，这令人叹服……我对整体的前景感到非常乐观。美军即使缺乏经验，也满腔热忱，都是最棒的士兵。"黑格还来到第四集团军司令部祝他们好运。"他的情绪很好，"罗林森说，"对北边的战事进展以及第一和第三集团军感到满意。他认为我们会在今年结束战争，

我希望他说对了，但是这很难讲。"⁴⁰

攻击前一晚的 10 点 30 分，1000 门野战炮加上 600 门中型和重型火炮开始轰击，一直持续到进攻开始。由于德军的防线被浓雾笼罩，炮击的情况几乎看不到，但它们的威力不容小觑："宛如一场完美的龙卷风，不同口径的火炮发出狂暴的声音，混合在一起令人难以忍受"，它"撕裂了空气，让整个大地都在颤动"。⁴¹当进攻零时到来，美军在遍布地雷和密集铁丝网的前哨地带奋力挺进。就像一个美国兵所说，那些铁丝网"朝不同方向延伸，精心布置，为的就是把进攻者驱赶到机枪的虎口之中"。⁴²随着进攻左翼陷入停滞，取得决定性突破的重担便交给了南边的第九军团。清晨 5 点 50 分，英国部队奋勇前进，有的泅渡运河，有的经过摇摆的步行桥梁，向远处的据点发起猛攻。敌人的机枪火力密集但不够准确。大雾为进攻一方提供了掩护，他们几乎扑到了守军身上，之后对手便以残酷激烈的战斗做出应对。当雾气散去，很明显，防守运河的德军已经溃败。"突然之间，薄雾消散，我们'奥斯特利茨'（Austerlitz）的太阳升起来了，"在这次进攻中幸存下来的一个英国军官说，"从我们对面高耸的山脊上，走来一列长长的灰色队伍。我们从未见过这样的事情，经过清点，队列中有将近 1000 名战俘。半小时后，又出现一个类似的队伍，接着一个又一个——我们突破了兴登堡防线，单是我们一个师就收获了 4200 名俘虏、70 门大炮和 1000 多挺机枪。"⁴³

471

鲁登道夫不需要再等了。9 月 28 日傍晚 6 点，粉红色的天空中太阳正缓缓落下，鲁登道夫去见了兴登堡，告诉他，即便他们设法在西线坚持下来，处境也"只会变得更糟"。因此，他果断做出决定，他们需要请求停战。"元帅听了我的话，十分激动，"鲁登道夫回忆，"他的答复是，他本打算晚上对我说同样的话，他已经仔细考虑了整体形势，认为有必要迈出这一步。"他们必须提出一定的条件，允许德军从法国和比利时"有序撤离"，并"在我们自己的边界上恢复敌对行动"。两人随后握手告别，各自回到房间。他们心情沉痛地意识到，自己一切的付出和牺牲现在都要付诸东流了。[44]

第二天上午，这对搭档向保罗·冯·欣策提出了他们的建议。曾与德皇和首相一起前往斯帕的欣策，现在只能如此描述盟友的最新情况：保加利亚已经与德国"分道扬镳"，奥匈帝国很快也会效仿，而土耳其现在对德国而言只是一个累赘。鲁登道夫随后接过话头，告诉他"军队的状况"需要"立即停战以避免灾难"。[45] 欣策很难接受将军们的话，但他承认，如果真是这样，就只剩下三种选择：独裁，"自上而下的革命"，或者响应威尔逊总统"十四点原则"（这些原则已在1918年1月发表，包括"签定公开和约"、海上航行自由、人民自决和组建"全体国家的联盟"，即后来的国际联盟）[46] 所尊奉的"崇高理想"，立即停火。独裁政权的想法很快被抛弃，就只剩下转向更民主的议会政府体制的可能性。兴登堡和鲁登道夫都同意这一选择是必要的，即使他们担心它可能会推迟所有的谈判请求。

此时德皇加入进来。他最近患上了坐骨神经痛，只好挂着拐杖蹒跚而行，看起来比以往任何时候都更虚弱。这位最高战争统帅得到消息，军队"即将以最大限度的平静……结束抵抗"。[47] 欣策解释了当天上午的谈话，鲁登道夫的新任作战主任威廉·海耶（Wilhelm Heye）上校简单介绍了军队的可怕状况。人们反反复复地争论。冯·赫特林伯爵驳回了欣策实行议会民主的呼吁，并拒绝相信情况真像二人所认为的那样糟糕。欣策拒绝让步，并设法说服德皇立即开始谈判，同时为必要的政治改革开绿灯，签署文件扩大普鲁士的选举权，并承诺朝着这一方向实施进一步措施。感到震惊和绝望的威廉起身离开了会议。赫特林拒绝了任何进一步的措施并辞职，让威廉再找一位新首相。"上帝没有允许我们实现所期望的目标，却为我们选择了这条痛苦而悲惨的道路。"他在给皇后的信中写道。第二天，德皇启程前往波茨坦，并指示贝格－马基宁开始寻找一位新首相，用他自己的话来说，是一位可以带领他们走向那个看似"艰难而不可思议的黑暗"未来的首相。[48]

最终被选中接替赫特林的是 51 岁的巴登大公国继承人马克西米利安（Maximilian）亲王。在战争的大部分时间里，他都在与德国红十字会一起进行战俘救济工作，因而可以合理地以某种"温和"形象来监督政府的转型，即便他私下并不相信民主制度适合帝国。10 月 1 日，他会见了最高统帅部外事部门负责人汉斯·冯·黑夫滕（Hans von Haeften）上校，了解到有关军队的真相后，他哑口无言。充分恢复过来以后，马克西米利安问他们可否先不要发表声明，或许推迟到 11 月，结果却被告知这不可能。兴登堡于 10 月 3 日写信给他，坚持"立即向我们的敌人发出和平提议"，"局势每天都变得更加危急"。马克西米利安向贝格抱怨说，停战是一个"致命的错误"，他不会参与其中。贝格耸了耸肩。

"你的确不是我的候选人，但是我也没有其他人选。"

马克西米利安还是让步了，最终坚称他是在胁迫之下发布这份照会的，但他意识到，无论他批准与否，照会都要发出去。10 月 4 日，他宣誓就任首相并开始组建新政府，把关键职位留给多数社会党人，他们致力于进行进一步的宪法改革，并将尽一切努力结束战争。[49]

10 月 6 日下午晚些时候，瑞士驻华盛顿临时代办向威尔逊总统转达了德国的停战请求。德国接受威尔逊于 1 月 8 日制定的方案，即"十四点原则"，为了"避免进一步流血"，请求"在陆海空全面休战"。[50] 当最高统帅部的军官们得知这一消息时，全都陷入惊愕的沉默，然后变成"轻声的呻吟和抽泣"。参谋阿尔布雷希特·冯·塔尔一直记得鲁登道夫对他们的讲话，"他的脸上写满了最深切的悲伤，苍白如纸，但是他依然高昂着头。一个真正充满魅力的英勇的德国人的形象！我不由得想起被哈根的长矛杀死的西格弗里德①"。鲁登道夫承认了几个星期前就知道的事情：德国的盟友正在抛弃它，在战争中已经无法获胜。

"从 8 月 8 日开始，形势便急转直下，"他坦承，

474

> 一些部队如此不可靠，以至于不得不加快速度把他们撤离前线。如果用仍然愿意作战的部队代替他们，那么他们就会成为"兵贼"，并要求不再参战……因此，可以预期，有了英勇作战的美军帮助，在不久的将来，敌人将取得重大胜利，实现大范围的突破。然后，西线部队将失去最后的立足点，并撤退到莱茵河对岸，给德国带来一场革命。

说完这些，鲁登道夫低下头，转身走出了房间。[51]

---

① 西格弗里德曾用龙血沐浴，变得刀枪不入。但沐浴时，其肩部因被一片树叶遮住而未浸龙血，成了致命弱点。哈根用长矛刺中弱点，杀死了西格弗里德。

第二十四章
全面的胜利

尽管伍德罗·威尔逊有着出色的口才与演讲技巧，但他收到马克西米利安亲王的电报时，起初还是吃惊得不知说什么好。他立即派人去请当时正在纽约的亲密顾问，被称为"豪斯上校"的爱德华·曼德尔·豪斯（Edward Mandell House）。"我建议不要直接回复德国人的照会"，豪斯回电说，"白宫发表了一份声明称，上引号，总统将立即与协约国就德国政府的来函进行磋商，下引号，这应该足够了。"[1]第二天下午，豪斯回到华盛顿，与国务卿罗伯特·兰辛一起，讨论了这份照会可能带来的复杂难料的后果。德国人真的准备投降吗？如果不能保证德军会尊重他们的条件，协约国怎么可能同意休战呢？已经准备了一份草案，但威尔逊并不满意，他想加入一些内容，既要保持协约国的军事优势，又不能拒绝和解的机会。

10月8日做出的答复用了两天时间才最终确定。威尔逊并没有立即拒绝德国善意的提议，而是要求在谈判开始前进一步澄清："在对德意志帝国政府的请求做出答复之前，为了使该答复能够满足所涉及的重大利益要求的诚实与坦率，美国总统认为有必要充分了解帝国首相之照会的确切含义。"首相是否接受了"十四点原则"，随后的讨论是否仅仅"就落实这些原则的实际细节达成一致"？此外，当同盟国的军队还在参战各国的土地上时，总统不认为"可以随意"提议休战。德国必须"从被占领土上撤军"，总统还想知道"帝国首相是否全权代表迄今为止一直在进行战争的帝国合法政府"。[2]

对于德国发出照令的消息，各协约国政府的反应混合着惶恐和喜悦。劳合·乔治仔细研究了威尔逊的答复，发现没有具体提到阿尔萨斯－洛林地区，而关于"十四点原则"的老生常谈则从未深入探讨问题的本质，"海上航行的绝对自由"是英国政府永远不会接受的。[3] 在巴黎，德国的照会引发了普恩加莱与克列孟梭之间的激烈争吵，他们很快对是否同意停战产生了分歧。法国总统写道，一切都不予考虑，直到德国军队不再占领法国领土，然后他们应该向柏林进军。此时克列孟梭以提出辞职回击，除非普恩加莱收回他的意见，并指责总统试图建立"个人统治"。"在收到第一次停战要求时，我几乎疯了，是高兴得疯了，"克列孟梭后来告诉一位朋友，"它终于结束了。我在前线看到了太多，有太多积水的弹坑，士兵们已经在里面待了四年……"[4]

普恩加莱不喜欢这位老资格的参议员，但在这个需要头脑冷静的重大决策时刻，又无法摈弃他。最高战争委员会于10月7日召开会议，劳合·乔治、克列孟梭和意大利总理维托里奥·奥兰多（Vittorio Orlando）同意考虑在满足以下条件的情况下与德国停战：撤出法国、阿尔萨斯－洛林、比利时、卢森堡和意大利；德军退过莱茵河；同盟国军队撤出特伦蒂诺和伊斯特拉，以及塞尔维亚和黑山；立即恢复俄国和罗马尼亚在战前拥有的全部领土；停止潜艇战。这些内容被通报给了因流感而缺席的美国代表塔斯克·布利斯，但是他拒绝在没有华盛顿指示的情况下签署决议。[5]

随着讨论的持续，对于美国人会越过各协约国与德国签署和平条约的担心开始加剧。10月9日晚间，就在威尔逊的答477复发出之后几个小时，三位首相和总理联名向总统发出一封电报，呼吁将"一位拥有美国政府完全信任的美国代表"派往法国，让他们随时"充分了解"美国的政策。[6]与之同时进行的还有愤怒的幕后游说，这都是在警告美国不要单独媾和。10月15日，美国驻伦敦临时代办欧文·劳克林（Irwin Laughlin）向兰辛报告说："对于总统可能会在没有与协约国协商并考虑各方意愿的情况下，在朝向最终解决方案的道路上走得更远的担心……即使可以避免过早停战的危险，人们依然害怕会被这虚伪地挥舞白旗的动作欺骗，从而达成某种虚幻的和平，而错失触手可及的实质性的完全胜利，这样的和平将为德国未来继续作恶提供不应有的机会。"[7]

协约各方犹疑不决，给了德国急需的喘息空间，危险很快显现出来。10月9日，鲁登道夫被召去面见马克西米利安亲王，此前他被问及很多有关军队还能坚持多久的问题。马克西米利安承受着来自各方的压力，包括那些希望与协约国断绝一切联系并拒绝撤退要求的人。鲁登道夫比几周前更为乐观，他承认和这个月初的情况相比，最高统帅部"感觉不那么紧张了"，这是对9月最后一周协约国的猛烈进攻逐渐放缓的反应。但他仍然认为谈判不可以中断。"部队需要休息"，他告诉马克西米利安，希望能得到一些喘息的机会，让他的士兵得以恢复，然后在德国边境上站稳脚跟。[8]10月12日又发出了一份照会，接受了总统的条件，前提是与美国结盟的其他列强也同样接受。德国现在"完全准备遵守总统照会中有关撤军的部分"，并建议威尔逊召集一个"混合委员会"，以"做出必要的安排"。首相还希望向华盛顿保证，"现任德国政府"得到了帝国议会中"绝大多数"的支持，马克西米利安亲王是"以德国政府和德国人民的名义发言"。[9]

当第二份德国照会发表时，华盛顿变得越来越强硬。10月10日，英国客轮"皇家莱因斯特号"（RMS *Leinster*）在都柏林湾以外被击沉，造成500多人丧生，这引发了对德国继

478

续实施潜艇战的愤怒。经过豪斯、兰辛和贝克的进一步讨论，第二份照会于 10 月 14 日下午发出。"只要德国武装部队继续他们仍在坚持的非法和不人道行径"，美国政府和其他各协约国均不会"同意考虑停战"。不仅德国潜艇"在海上击沉客船"，其从西线撤退的军队也"在肆意破坏，这始终被视为直接违反了文明战争的规则与惯例"。因此，任何安排都不会被接受，除非他们提供了"绝对令人满意的保障措施，以维持美国军队及其盟友目前在战场上的军事优势"。[10]

到 10 月初，协约国的进攻已陷入僵局，这是兴登堡防线上的激烈战斗，加上更恶劣的天气和全力投入后的筋疲力尽所带来的不可避免的结果。福煦视察了香槟地区旧战场上令人失望的状况，古罗的第四集团军在那里的推进已经停滞，福煦坚持认为他们应该行动起来。"经过 8 天连续作战，第四集团军无疑取得了辉煌的战果，但也肯定没有达到预期，他们面前的敌人已是四面楚歌，只能在个别时候，以其筋疲力尽、形形色色、仓促组建的部队进行抵抗……"他提醒贝当，每位高级军官"都必须身先士卒，用尽最后一丝气力亲自指挥"。[11]贝当的确是这么做的，命令他的指挥官们忘记疲劳，以更充沛的精力行动起来。"目前正在进行的这样一场伟大战役中"，他写道，胜利将落在最坚韧的人身上；"你必须接受，并与你的下属分享这种信念"。[12]

10 月 4 日早上 5 点 30 分，针对罗马涅（Romagne）和库内勒（Cunel）起伏不平的高地，潘兴重新开始了进攻。"对侧翼机动、部队混编和指挥官之间的密切合作"发布了特别的指示，这些都是 9 月 26 日行动中特别欠缺的。[13]潘兴还坚持要求为他的士兵分配"连续的目标"，将"允许不够成熟的部队在继续推进之前随时改进"，这算是承认了美军的进攻中需要更多的秩序和方法。他们现在正接近兴登堡防线通往默兹河的一段，即克里姆希尔德阵地（Kriemhilde Stellung）。这是一个本应在第一天就攻陷的目标，而现在当地守军仍在坚守。几个星期前，德军增援部队已经涌入默兹河地区，到潘兴重启攻势的时候，他面对的是 27 个师，另有 17 个师的预备队，而 9 月 26 日的时候共有 30 个师。[14] 潘兴只好听天由命了，在法国的战争就是以这种方式进行的，这样的意识取代了他早先的勃勃野心。"今天早上 5 点 25 分恢复进攻。阻力相当大，进展非常缓慢，"他在日记中写道，"这不能说是出于任何人的过错，而是德国人顽强防守的自然结果。我们的士兵每前进 100 码都必须奋力激战，看来我们的前进会是迟缓而艰难的……除了战斗之外，别无选择，尽可能利用现在对德军有利的地形。"[15]

美军艰苦战斗了一周时间才扫清了阿戈讷。一次又一次，美军各营发现自身凝聚力在破碎的林地中逐渐消失，他们分散成越来越小的单位，对抗一个看都看不见、更不用说消灭的敌人，而补给的困难，如何为前沿阵地提供足够的食物、弹药和水，让第一集团军的参谋们担心不已。"这条战线根本不是一条线，而是许多不规则的炮弹坑，由相距 25 码或更远距离的小组士兵占据，在如此浓密的灌木和树丛中，士兵们有时都看不到他们的邻居，"一个美国兵谈到当初的战斗时写道，"每个弹坑通常有三四个人驻守。德国佬的防线显然多变而灵活，大约远在 50~100 码开外。每一方都会时不时地悄悄靠近并投掷手榴弹。给这些人提供食物的唯一方法是在夜间，由一支小分队冲向某个弹坑，把口粮扔进去后转身就跑。德国佬很紧张，稍微有一点移动的迹象，就会开机枪扫射，随后就是一波手榴弹。"[16]

再往北，10 月 7 日的大雨后来变成了绵绵细雨，黑格的部队恢复了前进。康布雷于 10 月 8 日至 9 日夜间被德军放弃，加拿大士兵分散到该市各处，试图扑灭撤退的德国人点燃的大

480

火。在 9 月下旬精心策划的战斗之后，作战过程变得更加变幻莫测，并且需要一套不同于堑壕战的技能。德军的后卫占据了最好的防御阵地，英法两军的突前巡逻队在此因长时间受德军牵制，不得不趁着夜色逃脱。除了铁路被炸毁、桥梁被拆除和道路遭损毁等始终存在的问题外，诱杀装置和延时地雷也司空见惯。密集的毒气弹轰击也造成了持续的伤亡。在康布雷东南方向的旺拜（Wambaix）作战的一个英国士兵描述了 10 月 9 日的进攻："如果没有弹幕的噪声，我们就像是在进行野外训练。这片土地十分开阔，几乎是平坦的田野，零散地有几棵树，而且没有堑壕——终于迎来一场真正的'运动战'。前面是炮弹炸裂形成的一堵墙，爆炸的烟雾在微风中飘散，跟在弹幕后面的是排成一线的士兵，彼此相隔约 10 英尺，提着上了刺刀的步枪向前行进……"[17]

黑格于 10 月 10 日见到了福煦。他记录道，这位总司令"精神非常好"，"高度赞扬了英军的表现"。[18]福煦刚刚发布了一项新的指令，其中描述了协约国目前正在进行的三场"围攻"，分别朝向比利时；索莱姆（Solesmes）和瓦西尼（Wassigny）；埃纳河与默兹河。"考虑到英军取得的胜利，能带来最大收益的是索莱姆－瓦西尼攻势，"指令中写道，"所以我们要尽最大力量实施这一行动，以便让它与埃纳河－默兹河方向同时取得进展。"此外，还将实施解放里尔周边地区的行动，由英军从斯海尔德河与桑布尔河之间向东北方向移动。[19]指令下达完毕后，黑格将指令交给了他的参谋长赫伯特·劳伦斯。"劳伦斯感冒了，所以今晚看什么事情都很悲观。"黑格说。他"预见到了未来的许多危险"，并告诉黑格，"英国军队正在进行所有的战斗，法军什么都不会做，而美军也没有能力做什么"。黑格对这种悲观情绪不屑一顾。"我认为形势非常令人满意，我们的胜利将产生极为深远的影响……"[20]

481

　　10 月 14 日的寒冷早晨，阿尔贝国王的集团军群在佛兰德地区向前推进。意识到德国第四集团军已在尽力撤离更多的人员和物资，该部渴望尽快再次出动。法国和比利时军队将向蒂尔特（Tielt）和根特（Ghent）挺进，而普卢默将军的第二集团军则通过向科特赖克推进来保卫他们的右翼。尽管泥泞的地面上有无数的碉堡和机枪掩体，德军并未像通常那样坚守，而是在移动弹幕打响之后马上开始撤退。比军前进了 8 公里，俘虏了 1 万多人。夜幕降临时，鲁莱斯被放弃，普卢默的两个军团抵达梅嫩的北郊。"当天的法比联合进攻"，比利时陆军总参谋长西里亚克·吉兰（Cyriaque Gillain）中将记录道，"彻底摧毁了敌人的防御组织，他们身后已经没有任何防御工事了。在很大程度上，敌军在战线上的各个师可以说是出局了"，而其他各师只是一些素质低下或完全疲惫不堪的部队。[21]

　　截至 10 月中旬，英国第四集团军已到达勒卡托和塞勒河（River Selle）的河谷。这条河本身只是一条 18 英尺宽的小溪，但是其东岸的良好观察视野使它变成一项更加困难的任务，罗林森的部队不得不奋力穿过很多果园和浸水草甸，并在树篱中穿插。[22] 他克制住冲过去的念头，等了好几天，火炮到来以后才下达命令，于 10 月 15 日开始进行 48 小时的预先炮击。第四集团军拥有 1300 多门火炮，发射的炮弹几乎与 8 月在亚眠的数量一样多，彻底击败了防守的德军各师，敌人现在只剩下几个脆弱的营。[23] 10 月 17 日上午进攻开始后，工兵们在几分钟内就架起了横跨塞勒河的桥梁，在弹幕和浓雾掩护下，步兵毫不费力地过了河。"我们的炮击在 7 点准时开始，大炮在我们眼前形成完美的弹幕——一道真正的火墙"，一个英国下级军官回忆道。谢天谢地，"大炮已经完成了它们的工作，只有少数德军时不时从弹坑和掩体中冒出来。如有看上去准备顽抗的，我们的同伴就给他们来一个三发'速射'——他们中的大多数只是举起手投降，嘴里大声叫喊着'朋友'"。[24]

　　鲁登道夫于 10 月 17 日抵达柏林，向首相递交了一份军事报告。尽管前线发生了可怕的逆转，但他"不担心军队垮掉"，并相信部队将"井然有序"地撤退。增援西线部队的各种计划都被重新翻了出来，包括从东部调来更多的师，并对工业部门进行梳理，以获得 60 万人的"强大增援力量"。鲁登道夫欣然接受这一提议，并表示，如果有了这些兵力，他就可以"满怀信心地面对未来"。[25]但是，即使能够集结起这些预备队，如何回应威尔逊的答复这个问题依旧很急迫。第二天，兴登堡发表了自己对局势的"判断"，这引起了对于威尔逊和福煦之间存在"巨大差异"的关注。"威尔逊希望实现一个以和解与理解为基础的公正的和平。福煦则要彻底羞辱德国，满足法国的虚荣心。"他认为，哪一方能够胜出，"将完全取决于德国的态度"。如果能守住战线，威尔逊就会获胜，相反，任何动摇都会让福煦占上风。"屈服于福煦的要求将意味着德国的灭亡和所有和平前景的破灭。"[26]

483 　　对于如今深深陷入沮丧的鲁普雷希特来说，他们能做的只有一件事，就是立即退过默兹河，让他们的士兵有时间重新集结。"最高统帅部仍旧认为，有可能借助迅速投入预备队来抵消局部的挫败，但我们实际上已没有任何适合作战的预备队，而像最高统帅部以前那样不断地重新部署各师，会使我们的部队疲惫不堪，作战表现受到严重影响。"[27]此前有人提出过迅速撤往默兹河的想法，但鲁登道夫不能同意如此大胆的重新部署，认为它不仅没有可行性，而且可能削弱德国在与威尔逊谈判中的地位。10 月 19 日，他向下属指挥官发出指令，警告他们，由于安特卫普－默兹河防线尚未完工，有必要尽可能争取时间让工程继续下去。[28]此外，德国只应接受容许从法国和比利时"有序撤离"的休战条款。任何少于两三个月时间的条件都应该拒绝。他们也不应"接受任何让我们无法重启敌对行动的条款"。他告诉自己的参谋人员，他不想失信于威尔逊，但他们不可能做出任何有悖"国家荣誉"的事情。[29]

几天来，马克西米利安亲王一直在思考对威尔逊 10 月 14 日照会的答复。他写道，这是一份"可怕的文件"，它"从根本上改变了德国的局势"，"如大坝决口一般"在全国掀起了一波失望的浪潮。[30]经过 10 月 17 日的战时内阁会议和帝国议会的进一步讨论，各方同意谈判必须继续。德皇禁止所有针对客轮的袭击，但拒绝退位。10 月 21 日，一封回函被发给威尔逊，向他保证德意志帝国在政治结构上已经发生了"极其重要的变化"。"现行政府是完全按照民众代表的愿望组成的，是通过平等、普遍、秘密和直接的投票产生的。"在未来，只有在帝国议会中占多数的政府才能执政。因此，德国相信美国总统不会"批准任何与德国人民的荣誉和准备实现的公正和平不相容的要求"。[31]

在华盛顿，威尔逊身边缺少了顾问豪斯，后者正在作为总统私人代表前往法国，但总统并不缺乏决断力。他无意相信柏林发出的诚恳声明，在 10 月 24 日发出的第三份照会中重申，他唯一可以接受的停战协议"是让美国及其盟国能够执行使德国无法恢复敌对状态的可能达成的全部安排"。他对德国发生的政治变化并不在意，并指出德国人民"没有办法约束帝国的军事当局顺从民众的意愿"，因为"普鲁士国王"的权力目前还"未受损害"。如果美国必须和"德国的军事寡头和专制君主"打交道，那么它将"要求投降而非和平谈判"。[32]正如《纽约时报》的一篇社论所言："人们相信，对这些措辞不可能出现任何误解，众所周知，总统对他所使用的词语一向是精挑细选的。如果此种停战条件得到福煦元帅和其他协约国军事顾问的

484

同意，且他们不会批准任何其他类型的停战协议，那么无疑德国军队只能彻底投降……"[33]

　　这个月的大部分时间，德皇待在柏林，沉浸在思索当中。无论马克西米利安把什么文件摆在面前，他都照签不误。当威尔逊的第三份照会发出，明确要求进一步的政治改革时，他的脸上写满了极度的悲伤。"每一次照会都提出更多的要求，"他埋怨说，"威尔逊想要规定德国应当采用什么样的宪法，并想彻底实现德意志各邦诸侯的臣服与退位。我是不会离开的。"[34]这足以引发最高统帅部那二人的全面反抗，如今摆在他们面前的是乞求停战所带来的合乎逻辑的后果。怒气冲冲的兴登堡在10月24日发出的一封电报中警告他的各集团军司令，由于威尔逊"要求军队投降"，是"我们这些军人不能接受的"，他们唯一的答复将是"竭尽全力继续我们的抵抗"。[35]这进而引发了马克西米利安亲王拒绝留任，除非将领们受到控制。兴登堡带有挑衅性的通电是"一种无理的干涉"，完全破坏了新政府在此极为重要的时刻证明其独立于最高统帅部的努力。马克西米利安不想采取反对兴登堡的行动，他承认让他继续履职或许是明智之举，"避免引起军队和人民不必要的恐慌"，但要求将鲁登道夫解职或是他主动辞职。[36]

　　10月26日，德皇和他的将领们摊牌了。当天早上，鲁登道夫已经准备好辞呈，但兴登堡恳求他"不要在这个时候抛弃皇帝与军队"，并设法去见马克西米利安亲王。但是，首相因流感而卧床不起，陷入了焦虑和苦恼，所以二人被召到贝尔维尤宫去见德皇。鲁登道夫一如往常的暴躁，对于祖国受到的威胁以及为什么要拒绝威尔逊的照会，发出了一连串愤怒的警告，但德皇并不感兴趣。他明确表示，兴登堡10月24日的通电破坏了自己和首相的权威，这是不可接受的。鲁登道夫随后说，由于不再得到陛下的信任，他要辞职。

"很好，"德皇回答，"那么你得到批准了。"[37]

兴登堡无言以对，也提出辞职，但是遭到拒绝。

德皇只对他说了一句"你留任"，然后就让他们退出去了。汉斯·冯·普勒森默默地站在一旁，觉得"这是一次非常艰难、令人非常感伤的会面"。德皇在整个过程中都"相当被动"。[38]

同盟国正在四分五裂。10月24日是卡波雷托战役的纪念日，意大利军队在维托里奥打响了最后一战，导致皮亚韦河（Piave）沿岸奥地利军队的崩溃。经过几天的艰苦战斗，奥地利的部队拒绝上前线，开始逃离战场或成批地投降。5天后，这个帝国终于乞求和平。继保加利亚和奥地利之后，下一个倒下的国家是土耳其，它在10月30日接受了停战条件。只有德国还在作战。马克西米利安亲王在病床上帮助起草了德国致威尔逊的最后答复。现在，人们普遍推测，德皇将要退位，和平会在几个小时之内达成，因此没有中断谈判的意愿。在一份简短的声明中，马克西米利安重申了"德意志宪法"已经发生了"意义深远的变化"，"军事力量"现在从属于政府。因此，德国"现在正等待着停战的动议"。[39]

威廉·格勒纳中将被选为鲁登道夫的继任者。有很多其他军官被考虑，包括库尔和洛斯伯格，但格勒纳更受青睐，因为需要一个"能力超出纯军事领域"的人。1917年8月离开陆军部以后，格勒纳被调到乌克兰的一个集团军群担任参谋长，因此对德国的战争努力有着深刻的体会。当德国的战争力量开始瓦解时，他接受了这个新职位，没有什么喜悦的心情，只有一种巨大的失落感。他宁愿拒绝这个岗位，就像他告诉一位朋友的，自己会成为德国失败的替罪羊，"这项工作不会带来荣誉"。[40]

格勒纳于10月30日抵达斯帕，兴登堡向他做了形势简报，

486

并告诉他，鲁登道夫应该为他自己被解职负责，"现在与首相之间的困难已经解决"。一见到兴登堡，格勒纳便直面了可怕的现实。前一天，一个后备师（有许多阿尔萨斯人和波兰人），此前一直在东线战场服役，现在整个师拒绝上前线。尽管将对暴动者采取"最严厉的措施"，格勒纳也知道这不会对军队"动摇的士气"产生太大影响。[41] 他出发走访各集团军群，对前线发生的事情有了更多的了解，但每个小时都会收到更令人沮丧的消息。11月1日当天，沿着默兹河的新一轮进攻终于突破了德军的薄弱防线，美军夺取了巴里库尔（Barricourt）和比藏西，并向支撑西线部队的重要铁路线逼近。现在担任第五集团军参谋长的格奥尔格·韦策尔发电报说，美军"向施泰尼的大方向全线压上"，"部队正在英勇作战，但无能为力"，因此，必须立即撤退到默兹河对岸。[42]

到达斯帕后不久，格勒纳命令参谋洛泽（Loose）上尉巡视前线，收集有关部队士气的情况。11月3日，洛泽汇报说，指挥官和参谋人员一致认为，各处部队的士气都很低落。许多士兵出现了神经衰弱或精神崩溃。德皇、兴登堡和鲁登道夫的肖像被从各地的食堂里取下来。"士兵们不顾一切地想要和平。"[43] 第二天早上，格勒纳下令立即向安特卫普－默兹河防线撤退，这是一个明智的决定，但是已经太晚了。混乱正在德国各地爆发并蔓延。11月4日，基尔的公海舰队发生兵变，恶劣的条件和厌战情绪几个月来一直在侵蚀部队纪律。有人说德皇计划调动舰队出海进行一次"死亡巡航"，与英国皇家海军进行最后决战，当谣言传开时，水手们开始拒绝服从命令，选举出自己的组织机构，并上街游行。当局试图控制局势，却没有成功。到11月6日格勒纳被紧急召回柏林时，其他沿海城镇已落入要求"和平与面包"的革命者手中。

回到首都，格勒纳在帝国首相府的花园里见到了马克西米利安亲王，告诉他说，他们需要在几天之内停战。马克西米利安提出或许再等上一周，格勒纳摇了摇头。"即使等上几天也太长了……我曾经希望我们能够等待 8~10 天，直到我们在安特卫普－默兹河防线上站稳脚跟……我的结论是，尽管这很痛苦，但我们必须迈出向福煦发出请求这一步。"[44]

终点开始靠近，但它的轮廓还模糊不清。福煦在 10 月中旬把司令部迁至巴黎以北 30 英里的桑利斯（Senlis），并投入大部分时间草拟可能与德国达成的停战协议。10 月 19 日，他下达了最后指令，命令阿尔贝国王的集团军群解放布鲁塞尔，其他的英军部队"把敌人赶进阿登高原那几乎无法穿越的山峦之中"，法美两军向拉卡佩勒（La Capelle）和希迈（Chimay）、梅济耶尔和色当推进。[45]福煦继续鼓动他的指挥官们前进，敦促他们不顾疲劳，仍要精力充沛地行动。黑格现在"疲惫不堪，相当易怒"，想到还要再打一年，他突然间似乎失去了勇气、信心与乐观。贝当也变得越来越孤僻。最高统帅部一个参谋的结论是："他宁愿逃离这里，把自己隔绝起来。"在战争的最后几周，就连潘兴也到了崩溃的边缘，人们看到他坐在指挥车里，在路边抽泣，呼唤着已故的妻子。[46]

所有人都出席了 10 月 25 日在桑利斯举行的军事会议。福煦首先表示，他"受各协约国政府的委托，负责起草与德国最终停战协议的大纲"，他需要了解应当包括哪些条款。黑格相信"德国军队的很大一部分已经被击败"，但并没有"瓦解"，而且在他看来，敌人"仍然有能力撤退到更短的战线，并在那里有效对抗同等甚至占优势的力量"。另外，他们"相当疲惫"，英法两军缺乏步兵，美军需要"时间强大起来"。因此，他们应该要求敌人立即撤出比利时和法国，撤离阿尔萨斯－洛林、梅斯和斯特拉斯堡，"归还"德国扣押的全部车辆，并遣返居民。这些条件将"使我们驻扎在德国边境，以防再次出现敌对行动"。[47]

福煦觉得黑格反常的悲观主义难以理解。他们"面对的这支军队三个月来每天都在遭受打击，正在一条400公里长的战线上一败涂地。自7月15日起，他们已经损失了超过25万名战俘和4000门火炮。这是一支在体力和士气上都被彻底打垮的军队"。此外，现在正是要保持压力的时候。"当一个人猎捕野兽并最终把猎物逼入绝境时，他会面临更大的危险，但此时不能停下来，而是要加倍用力地打击，而不必理会自己受到的攻击。"对贝当来说，任何停战条件都要允许在"有利形势"下重启敌对行动，他建议占领莱茵河全线。潘兴表示同意。如果德国政府是认真对待和平的，那么它就不应该反对"苛刻的条件"。因此，德军应当在30天内撤出法国和比利时，并从莱茵河以东撤离，允许协约国军队占领需要的全部桥头堡，不得干涉美军的跨海运输，所有U型潜艇及其基地都应移交给中立国，直至另行通知。

10月26日，也就是鲁登道夫被解职的那天，福煦写下了他们一致同意的各项条款。首先，德国必须在两周内撤出所有占据的领土。福煦推测，这将迫使他们留下大部分战争物资，包括多数重型火炮。莱茵河左岸必须非军事化，协约国军队将占领美因茨、科布伦茨、科隆和斯特拉斯堡四个具有战略意义的桥头堡。德国还被要求交出5000辆机车、1.5万辆铁路货车和150艘潜艇，公布陆上和海上所有雷场的位置，并将其海军舰队转移到波罗的海。我们始终都不清楚福煦是否真的指望德国人签字，他很可能是经过深思熟虑后才冒着风险提出严苛的条件，但这尚未达到无条件投降的程度。如果德国人签字了，那么就这样了。如果他们不接受，他们就会继续作战，而且极有可能在国内爆发革命。[48]

在雨水和寒冷中，经过整个 10 月，又进入了 11 月，进攻一直在持续。英军向东进发，美军向北攻击，法军被留在中心地带推进。战果称不上惊人，但也在逐步扩大，却带来了越来越多的挫败感。芒然将军努力督促部队前进，通常是仅凭着纯粹的意志力，但他不得不满足于对敌人的追击，而不是长期寻求的决定性打击。贝当一直不愿意给他足够的预备队，现在战争的结束就在眼前，他禁不住感到沮丧。法国的城镇在燃烧，道路被损毁，让人想起了 1917 年德军撤退的情景，他要求在这些破坏得到修复以前，不要让德军战俘回国，但是这一条没有获得批准。[49] 11 月，芒然被调到南锡，他在那里接到命令，计划向洛林发动一次法美联合大规模进攻。他相信这次进攻将是毁灭性的。"敌人的崩溃是不可避免的，撤退是不可能的"，他这样写道，同时意识到在这一地区推进会迫使敌人进入荷兰的南端和萨尔兰州（Saarland）之间不断缩小的缺口中。"洛林战役定于 11 月 14 日开始。但停战协定在 11 日签字了。德国军队在开阔地带投降，躲过了这场灾难。"[50]

对于协约国是否应该停止作战，潘兴也心存疑虑。10 月 30 日，他以"彻底的胜利"为题致函最高战争委员会，并主张，力量平衡现在明显朝着有利于他们的方向倾斜，他们应该避免给予德国任何优于无条件投降的待遇。他预测，停战将"重振德军低落的士气，有利于他们进行重组和后续抵抗，将会因为没有在军事方面完全发挥当下的优势而让协约国丧失全面的胜利"。他警告说，如果和平会议失败，恢复敌对行动即便可能，也会非常困难。[51] 如此乐观的态度部分源于他天生的好斗，但也出自对美军战斗力的日益认可。潘兴一直认为自己的部下优于他们的盟友，现在他有了真正的理由相信这一点。11 月 1 日的进攻占领了巴里库尔山脊，迫使德军在默兹河全线撤退，充分证明美国远征军的战斗力。

他们最终也变成了老兵，习惯了西线战场的节奏与要求。美国远征军现在被分成第一和第二两个集团军，其规模终于可以匹敌欧洲国家的军队。他们也变得更加熟练。潘兴事实上是一位集团军群指挥官了，由亨特·利格特（Hunter Liggett）将军指挥第一集团军，他利用手中的每一件武器执行了这次进攻。军队从空中对长达 3 英里的整条战线进行了拍摄并绘制出地图，动用 600 门火炮，每 20 码战线一门，而在头顶上，美国飞行员轰炸并扫射地面目标，或赶走仍留在空中的少数敌机。[52] 11 月 1 日凌晨 3 点 30 分开始两个小时的预先炮击，随后形成了一个猛烈的、分层的、包括毒气弹和高爆弹的移动弹幕，机枪和迫击炮的火力使弹幕更加密集。"我们身后的天空是一片闪烁的红光，"一个准备冲出战壕的进攻者回忆道，"轰鸣声仿佛无数的战鼓同时擂响，头顶上的空气呼啸着，就像送给即将离去的德国佬的拜访卡……射击停下以后是一片绝对的寂静……"[53]

美军士兵在零星而分散的抵抗中前进了 6 英里，到下午攻占了目标。偶尔会有一个步枪射击掩体或机枪小组需要用拼刺刀来清除，但非常猛烈的炮击终结了任何有效的抵抗，使美军得以向巴里库尔高地挺进，将他们的重炮安置在色当至梅斯铁路线的射程之内。"在收官之战中，我们终于在战争中第一次拥有了一支真正意义上的美国军队，"利格特说，"过去，法国炮兵、航空兵和其他技术部队弥补了我们的不足……此时，我们在前线上如同在国内一样，从事通信、电报线、供水、弹药和补给站等几乎所有后勤工作的是美国人，负责制订作战计划的是美国人，执行战斗任务的还是美国人。"正如潘兴当晚在日记中所写："每个人都知道他的任务，并且能很好地完成。"[54]

自春季的最低潮起，协约国在战争的最后几天终于取得了令人瞩目的战果。现在，战线从根特穿过蒙斯和莫伯日，沿着默兹河一直延伸到梅济耶尔和施泰尼。投降的德军士兵数量惊人，越来越多地成群向协约国防线涌来。从 7 月 18 日的苏瓦松反攻到停战之间，有 38.5 万德军投降，并缴获 6615 门火炮。多数士兵都看到大量的投降敌军，而此前只是小股地出现。[55]"天空终于放晴了，随着 11 月临近，天气变得异常寒冷，降雪和结冰使行动变得危险，很难提供掩护，前进的节奏慢了下来，"一个英军老兵说，"那时候，未能及时到达炮兵和补给，在一定程度上不得不在作战中自给自足。好在当时敌人的抵抗并不激烈，俘虏们成群结队投降。我们好奇地注视着那些衣衫褴褛的灰色身影，他们多数不是太老就是太年轻，眼神呆滞、面无表情地踽踽而行，他们肯定不是从阿尔贝开始让我们付出如此惨重代价的德国佬吧？"[56]德军被打败了，现在只剩下最后的清算。

组成德国停战代表团的 8 个人于 11 月 7 日中午离开斯帕，乘车前往吉斯（Guise）前线。1917 年 7 月"和平决议"的草拟者马蒂亚斯·埃茨贝格尔（Matthias Erzberger）这次应召担任主席，还有驻保加利亚大使阿尔弗雷德·冯·奥伯恩多夫（Alfred von Oberndorff）伯爵、前驻巴黎武官德特洛夫·温特费尔特（Detlof von Winterfeldt）少将和代表帝国海军的恩斯特·范泽洛上尉（Ernst Vanselow），以及一位翻译、一位领队和两名秘书。这趟行程花了几个小时。在绍尼，"没有一栋房子还立着；废墟连着废墟，"埃茨贝格尔回忆道，"幽灵般的遗迹隐约浮现在月光下的天空中，没有丝毫生命的迹象。"早上 4 点，他们抵达位于泰尔尼耶（Tergnier）的火车站，登上一趟专列。喝着干邑白兰地，他们出发了。"我们没有被告知目的地，只是被命令在旅途中不要打开窗户。"[57]

他们要去贡比涅森林中的雷赫通德（Rethondes），福煦的私人车厢就在那里。11月8日上午9点，在护送之下，他们沿着木板小径穿过一片湿漉漉的小树林，来到总司令正在等候他们的地方。"他的表情很严肃，语气冷淡，却不傲慢。"魏刚写道。他当场分发了福煦的条款副本，并宣布对方有72个小时的时间签字。在签署之前，敌对行动仍将持续。[58]德国代表团的反应是震惊和恐惧。作为在场级别最高的德国军人，温特费尔特脸色苍白，埃茨贝格尔询问是否可以立即终止军事行动，理由是德国的革命情绪高涨。福煦对此不屑一顾，声称这样一种局面是"败军当中流行的通病"，并重申他不会叫停手下部队，直到德国签字。经过斟酌，埃茨贝格尔起草了一份致马克西米利安亲王的电报，等待进一步的指示。[59]

又过了36个小时，埃茨贝格尔才获得授权。在柏林，政府开始分裂。社会民主党发表了一份最后通牒，要求德皇退位，革命团体正在全国各地夺取政权。到11月7日，不伦瑞克和科隆上空红旗飘扬，慕尼黑甚至宣布成立共和国，导致国王路德维希三世（Ludwig III）逃亡。德皇已经离开首都前往斯帕，在那里他和最亲密的顾问们蜷缩在一起。用马克西米利安亲王的话说，他竭力让德皇"认清真相"。11月8日晚，他打电话到斯帕，解释说退位"已经成为使德国免于内战的必要条件"。[60]但威廉拒绝考虑这种可能，声称如果他这样做，德国将陷入混乱，军队也会解体。他正在考虑率领依然忠诚的部队回国重建秩序，并相信人民会团结在他的权威下。

这是一种令人欣慰的错觉，尽管它是徒劳的。一个由50名军官组成的团队被邀请到斯帕汇报西线部队的士气，但只有39人能够参加。当他们聚在一起时，兴登堡解释说，德国爆发了革命，德皇被要求放弃皇位。最高统帅部将尽其所能防止这种情况发生，但需要知道它能否得到军队的支持，以返回后方并平息动乱。在进行了一系列投票后，海耶上校把这个消息告诉了德皇，直言不讳地说，士兵们已经筋疲力尽，迫切需要停战。

"部队仍然忠于皇帝陛下，但是他们因疲惫而默然，除了休息与和平，什么都不想要。现在这种时候，即使陛下摁着他们的头，他们也不会向德国进军。他们不会向布尔什维克进军。他们只想要一件事——尽早实现停战。"[61]

最后一击留给格勒纳来完成。"军队将在其领袖和指挥官，而非陛下的带领下，秩序井然地返回家园。"

德皇的脸上闪现出愤怒——"他消瘦且蜡黄面孔扭曲抽搐着"。不久之后，他同意放弃皇位，流亡荷兰。[62]

11 月 11 日 5 点 15 分，在雷赫通德，福煦的条款得到签署，敌对行动将在 6 小时以内停止。在协议完成并盖章后，埃茨贝格尔准备和他的团队返回那个已经被革命和混乱撕裂的祖国。在此之前，他停下来发表了一份简短的声明，抗议强加给他们的条款，认为这些条款不可能得到执行，而且可能"使德国人民陷入无政府状态和饥荒当中"。埃茨贝格尔接着补充了最后一句话，令人禁不住感伤并思索——"在 50 个月的时间里，德国人民不顾一切暴力，与一个充满敌意的世界抗争，维护了他们的自由和团结。7000 万人民承受苦难，但他们绝不会毁灭。"[63] 福煦始终站在一旁，拒绝与德国代表团的任何成员握手，冷漠地看着他们离开。然后，他轻轻叹了一口气，抬头看了看魏刚和英国代表罗斯林·威姆斯（Rosslyn Wemyss）爵士，以及聚在身边的一众参谋人员。

"好吧，先生们，"他说，"都结束了。走吧。"

尾　声

　　没有坐具齐备的火车车厢来载着德军将领们回国。在布鲁塞尔，当收到巴伐利亚爆发革命的消息时，鲁普雷希特正因流感而疲乏虚弱。他向部队发布了一份公告，呼吁就人民与皇室之间的未来关系进行投票，然后烧掉了自己的文件，前往西班牙大使馆避难。在那里，他被冠以一个假名——"兰茨贝格先生"，并在停战协定签署后的第二天越过边界进入荷兰。[1]与他同为集团军群指挥官的皇储也采取了同样的行动，只是稍稍拖延了一下。眼看着父亲流亡海外后，他驱车前往自己的司令部，打算带领手下回国。但这个计划在11月11日上午突然破灭了，他收到新政府的一封信，通知他政府已不再需要他了。由于担心自己会卷入内战，几天后他也越过边境进入荷兰。荷兰政府把他送到了寒冷又多雾的须得海（Zuider Zee）上的维林根岛（Isle of Wieringen）。"在寒风中冻僵的我们，"他后来写道，"内心煎熬着，流落在异国的土地上……接下来的几天和几周都是如此的阴郁和沉闷，简直无法忍受。"[2]

　　在柏林，兴登堡同意继续担任总参谋长，致力于镇压革命和复兴军队。11月15日，最高统帅部迁往威廉高地，由格勒纳组织西线部队撤退。福煦给了德军两周时间撤离法国，包括阿尔萨斯－洛林，以及比利时和卢森堡，外加17天时间穿过现在将成为协约国占领区的西岸地区，渡过莱茵河。300万军队加上大量伤员，如此大规模的人员调配是一项艰巨的任务，但是到 11 月底，大部分军队已经返回了德国。参谋人员的出色工作，再加上害怕被俘，都迫使他们在布满车辙的道路上快速行进，路旁如今到处是废弃的装备和补给。3

在西线战场的作战中，德军阵亡 149.3 万人，另有 300 万人受伤。在西线部队突然的灾难性崩溃中，德意志祖国感到失落与困惑。4 德国目前陷入了共产党人和右翼准军事团体之间的激烈巷战，新成立的弗里德里希·埃伯特（Friedrich Ebert）政府企图镇压全国各地的一系列左翼暴动。人们意识到德国的抗争——正如埃茨贝格尔所说的"针对一个充满敌人的世界"——是徒劳的，这引发了某种惊人的内在反应。有些人永远无法接受战败的事实，反而指责懦弱的政治家、布尔什维克和犹太人组成的邪恶联盟破坏了军队，削弱了德国的战斗意志。难道德国军队没有在俄国取得胜利吗？难道它的敌人没有为了打破它在西线的防御而白白地流尽鲜血吗？德国军队不是还四处驻扎在外国领土上吗？这些最终成了"刀刺在背"的传说，它将为阿道夫·希特勒和纳粹党夺取政权奠定基础，他们发誓要为 1918 年的失败复仇，并将"11 月罪行"的记忆永远埋葬。

对于那些相信普鲁士军队战无不胜，依旧对最高统帅部的指挥官抱有信心的人来说，德军并没有在 1918 年被打败的说法很容易理解。但是，到了战争的最后几个月，德军的士气和身体均已枯竭，他们只能在一两天内暂时阻挡协约国的进攻，然后再次痛苦地蹒跚撤退。1918 年春夏之际，德军通过采用短时间飓风式炮击、毒气弹和突击队战术，取得了突破，有时还是惊人的突破，但仍未能取得决定性胜利。与之对抗的是一个强大的联盟，虽然遭到重创，却还有能力，后来又可以利用美国取之不尽的力量。正是在最后几个月里，为了获取能在一定程度上打破僵局的战术优势，战场上展开的漫长的优势争夺

497　战变得无法遏制——横扫了西线部队残存的一切，并开启了一个新的联合兵种作战的时代，飞机、坦克、步兵和火炮以越发复杂的方式联合起来。

　　对于领导这个联盟的人来说，停战就是一场胜利。黑格的联络官约翰·杜凯恩爵士于11月11日晚7点拜访了福煦，发现这位总司令独自坐在椅子上抽烟，而平时陪伴他的魏刚因为前一天整夜没睡，一直都在做最后的安排，现在已经上床睡觉了。两个人聊了一个小时，讨论谈判进展如何。然后，杜凯恩问，考虑到芒然计划于三天之后进攻洛林，福煦是否对战争结束得太快感觉有些失望。

　　"不，"福煦回答，"我对停战条件十分满意。他们给了我们想要的一切。归根结底，打仗的目的是什么呢？无非是执行自己的政策。我们的政策是什么？是把德国人赶出法国和比利时，让他们无法继续战争，最终实现和平。相比继续战斗，我们应尽一切努力把它更快地结束，而且我们不必再牺牲更多的生命。是的，我非常满意。"[5]

　　并非福煦的所有指挥官都和他一样心满意足。在战争的最后几周，贝当突然感到不安。想到法国在没有取得决定性胜利的情况下就签署停战协定，他不禁怀疑谈判是否为时过早。11月9日，他致信福煦，谈道："我们在当下位置达成的协议与法国战胜德国的一场辉煌而显著的胜利有着天壤之别。"[6]对于在必要限度以外再继续战斗，哪怕是一天，福煦都不愿意。但贝当禁不住沉浸在这样的念头中，让德国达成协议的代价是多么巨大，几乎难以想象。法国在战争中的阵亡人数高达138.3万，400万人负伤，其中近100万人重伤或永久残疾。[7]法国东北部边境地区饱受战火摧残，德军对其进行了彻底的破坏，需要几十年时间才能恢复。而对于贝当来说，法国虽然曾有机会，但现在很可能无法再将德国化为齑粉，这将长久地困扰着他。他在职业生涯中第一次落了泪。

潘兴理解贝当的沮丧。停战当天的上午，这位美国将军在
他位于肖蒙的办公室里，站在墙上挂着的大幅地图前，双手合
十，看着时钟的指针走向上午 11 点。

"我想我们的战事结束了，"他说，"但是如果再持续几天，
会有多么大的不同啊。"[8]

他像贝当一样更希望看到德军被彻底消灭，但这种可能几
乎不存在。威尔逊总统"并非出于自私的目的"而投入战争，
他蔑视传统的均势理论，并致力于对德国采取基于原则的处
置，而不是报复。[9]这种宽宏大量的意识对美国人来说更容易，
因为美国远征军仅损失了 11.7 万人，只相当于法国或英国所
付出的血腥代价的一小部分，而到停战时，美国远征军的规模
已超过英国远征军，几乎与法军一样强大。[10]美军在 1918 年
胜利中的重要性，后来有人提出争论。但是他们毕竟抵达了色
当，切断了兴登堡的颈静脉，也就是服务于西线大部分地区的
梅济耶尔－蒙梅迪（Montmédy）铁路线。这理应带来骄傲，
但大多数美国兵都会承认，对前线其他地区的持续施压给他们
很大帮助，他们收获的战果得益于英法两军从 1914 年起艰苦
卓绝而貌似徒劳的血腥抗争。

击败德军的代价从来都不便宜。1918 年 8 月至 11 月，英
军的损失接近 30 万人，是战争中最为困难的一个时期，这强
烈地提醒着人们，自亚眠战役开始之后，英国远征军经历了多
少艰苦的战斗。[11]即便如此，英军总司令部并没有沮丧或不安，
只感到满足和感激。黑格的坚定性格，在大多数情况下的平静
沉稳，使他完好无损地经受了这场严峻的考验。作为一位亲密
的私人朋友，尊敬的乔治·邓肯（George Duncan）牧师在
停战几天后见到了这位英军总司令，并注意到严酷的战争并没
有给他带来多少改变。"当我们坐在那里时，我觉得他精力很

充沛，也许比以前更瘦了，肩膀也没有从前那么厚实了，但依然柔韧而强健，让我想到他在那些可怕岁月里经受了何等的考验。"当邓肯问他是否想过跟随敌人进入德国时，黑格并不感兴趣。"我们在一场公平的搏斗中战胜了他们，"他回答，"这对我来说已经足够了。"邓肯发现了黑格的与众不同，"没有兴奋，没有痛苦"，也"没有一丝仇恨"，只有对德国的苦难日益增长的同情。在思索着和平的前景时，黑格说："就我个人而言，我更愿意轻易地放过他们。"[12]

现在，打败德意志帝国的战士们隐入了背景中，作为各战胜国的领导人，威尔逊、克列孟梭、劳合·乔治和奥兰多组成所谓的"四大巨头"，试图在巴黎的和平会议上将停战转变为对欧洲秩序的永久安排。但要给一个战火蹂躏的世界带来某些秩序与常态，那是一项吃力不讨好的、不可能完成的任务。在从前属于奥匈帝国、俄罗斯帝国和奥斯曼帝国的大部分地区，已经爆发了一系列革命和内部冲突，各个种族和民族群体重提历史主张并为创建独立国家而斗争。这道暴力的弧线向北延伸到波罗的海，向南一直绵延到中东，这些土地在很大程度上超出了西线战场上协约国各方的影响范围。

在1919年的政治人物中，伍德罗·威尔逊的重要作用无人能及。这位满身学究气的普林斯顿大学前校长，作为世界上最强大国家的领导人，站上了权力的巅峰。威尔逊宣称自己必须出席和平会议，并于12月4日离开纽约，9天后抵达布雷斯特。他受到当地市长的热烈欢迎，对方向这位"正义与和平的使者"致敬。"威尔逊总统万岁！"市长高呼，"国际正义的捍卫者和倡导者万岁！"总统随后乘车赶往火车站，沿路两旁是大批挥舞着彩旗向他欢呼的人群，以及成千上万的美法两国军人。一位等待着的记者气喘吁吁地报道说，这场"精彩的表演"是"民众热情和两国和谐的体现，即使其他到访法国的外国政府首脑也曾受过如此礼遇……那也是十分罕见的"。[13]

除了中途短暂地返回华盛顿，威尔逊一直待在欧洲，直到会议在夏天闭幕。1919 年 1 月 18 日，在凡尔赛宫，克列孟梭的一篇动人演说开启了这次会议。他要为自己的国家伸张正义，因为它"承受了比任何其他国家都多的战争创痛，一个个省份全都变成广阔的战场，遭到侵略者系统性的蹂躏，同时它也付出了最惨重的生命代价"。此外，这场灾难的罪魁祸首显而易见。"浸透了鲜血的真相已经从帝国档案中泄露……为了先掌握欧洲霸权，而后征服世界，被一个秘密的阴谋捆绑在一起的同盟国借由最令人厌恶的借口，试图粉碎塞尔维亚，并向东方进军。与此同时，只为了征服比利时并长驱直入法国的核心地带，他们否认了最庄严的承诺。"[14]

会议间歇性地持续进行，直到 6 月 28 日正式签约。"四巨头"定期会面，反复商讨共同立场，但这项任务很快就被证明十分棘手，因为英、法、意三国付出如此代价赢得战争的目标和领土主张，与威尔逊仍然信守的民族自决理念相抵触。4 月，由于其他国家拒绝按照 1915 年《伦敦条约》的承诺，将亚得里亚海沿岸港口阜姆（Fiume）作为战利品交给意大利，作为这个最弱国家的领导人，奥兰多拂袖而去。对于德国应该受到多么严重的惩罚，也存有分歧。劳合·乔治和威尔逊对法国坚持削弱德国越发感到不安，担心进一步的惩罚只会激起报复的欲望，危及未来的贸易关系。至于威尔逊，他很快就厌倦了日复一日令人疲惫至极的讨论和会议。4 月下旬，他可能发生了某种"心血管意外"，一次轻微的中风，在读写上出现了困难。[15]

最终条款于 5 月 7 日递交德国代表团。"战争罪行条款"规定，德国要承担发动战争的责任。它的军队将缩减为不超过 10 万人的"永久警察部队"，不得拥有坦克、毒气、重型火炮

501　或飞机。总参谋部将被解散，义务兵役制也要废除。其舰队将限于6艘战列舰，并禁止拥有潜艇——所有其他舰只移交各协约国。在它的边界上也会进行重大的领土调整。莱茵兰地区将实现非军事化，左岸由协约国或其他参战国军队占领15年。阿尔萨斯－洛林交还法国，西普鲁士和波森并入波兰，从而把东普鲁士与德国分隔，但泽将成为国际联盟控制下的"自由市"。战争期间被协约国占领的德国殖民地，将在英法两国的监督下实行"委任"统治。德国还必须同意按照一定程序向各协约国支付战争赔款，其数额待定。[16]

在5月29日递交的德国正式答复中，外交大臣乌尔里希·冯·布罗克多夫－兰曹（Ulrich von Brockdorff-Rantzau）伯爵表达了一种竭力控制下的失望和愤怒。"我们希望得到许诺给我们的正义的和平。"他告诉克列孟梭，"从这份文件中看到敌人在获胜的狂热下向我方提出的要求，我们深感震惊。"该条约将"超出德国人民的承受能力"，而对于他所认为的，协约国政治家先前的保证与向他们提出的条件之间的矛盾，他做出了谴责。[17]随后他拿出一系列"反提案"，主要就是为了减少条款，但对方完全不予理会，并断然回答，这些条件不是全面接受，就是拒绝。如果德国不签署这项条约，停战协定将被终止，"各协约国及参战各国将采取他们认为必要的措施来执行这些条款"。[18]

头顶着战争威胁的德国代表团于6月28日返回凡尔赛，签署了条约。克列孟梭坚持要在镜厅里进行，也就是普法战争后德意志帝国宣告胜利的那个金碧辉煌的房间。而且在他的安排下，德国人走过一排面目被损毁的法国退伍军人，这是"对德国所造成伤害的生动提醒"。[19]《凡尔赛和约》的正义与否

502　将留下长久的争论，但是在欧洲上空长长的战争阴影消除后，此时只有一片喜悦。"当4点30分的第一声炮响宣告和平终于

实现时，巴黎人都走上了街头，"一位英国记者报道，"不到 6 点，人群已经变得十分拥挤，导致主要干道上的交通全部暂停……实际上，巴黎或许从未像今晚这样完全沉浸在纯粹的欢乐之中。这座城市的肩膀仿佛卸下了沉重的负担。"[20] 战胜国的领导人随后分道扬镳：克列孟梭返回巴黎，劳合·乔治登上一艘开往多佛的轮船，威尔逊回到布雷斯特，并从那里回国。最近几周，他几乎失去了行动能力，现在仅部分恢复。

在荷兰，协约国顾及不到的是从前的德皇，他在乌得勒支东部多伦镇郊区的一座庄园里过着流亡生活。协约国定期要求对他进行审判和惩罚，但始终没有结果。这位曾经的最高战争统帅在 1922 年发表回忆录，为自己的行为辩护，并驳斥了他的批评者。"我不在乎我的敌人怎么评价我，"他愤怒地写道，"我不承认他们是我的法官。"[21] 他一直苟活到纳粹德国入侵苏联的 1941 年 6 月，而他去世时也无人哀悼："一个身在异国他乡的逃亡者，已经被人们半遗忘了。"[22] 到那时，世界大战已经成为大肆屠戮与徒劳无功的代名词，这是一场毫无意义的演练，除了谋杀整整一代人之外，一无所成，它带来的和平为第二次世界大战埋下了种子。霞飞、福煦、贝当、黑格和潘兴，这群非凡的人物在西线战场上赢得的胜利黯然失色，它仅是一场巨大悲剧的第一幕。

人物表

ALBERT I

比利时国王阿尔贝一世（1875~1934），1914 年 8 月负责指挥比利时军队，战争余下的时间里，他和他的部下在艾泽尔河后面的一座小房子里度过。

ALLENBY

上将埃德蒙·亨利·海因曼·艾伦比爵士（1861~1936），1914 年指挥英国骑兵师，1915 年至 1917 年指挥第三集团军，1917 年 6 月调任埃及远征军。

ASQUITH

赫伯特·亨利·阿斯奎斯（1852~1928），自由党政治家，1908 年至 1916 年任英国首相。

BADEN

马克西米利安·亚历山大·弗里德里希·威廉·冯·巴登亲王（1867~1929），德国红十字会巴登分会荣誉会长，1918 年 10 月 3 日被任命为帝国首相。

BAKER

牛顿·迪尔·贝克（1871~1937），1916 年至 1921 年任美国陆军部长。

BALFOUR

阿瑟·詹姆斯·贝尔福，第一代贝尔福伯爵（1848~1930），保守党政治家，1915 年 5 月被任命为海军大臣，随后一年担任外交大臣。

BAUER

马克斯·赫尔曼·鲍尔上校（1869~1929），作为炮兵专家在整个大战过程中服务于德国最高统帅部作战处。

BAYERN

鲁普雷希特·玛丽亚·卢伊特波尔德·冯·拜恩王储（1869~1955），巴伐利亚王位继承人。1914年至1916年指挥德国第六集团军，1916年至1918年指挥鲁普雷希特集团军群。

BELOW

弗里茨·威廉·特奥多尔·卡尔·冯·贝洛将军（1853~1918），1915年接手卡尔·冯·比洛的德国第二集团军，直到1916年调任第一集团军，后在1918年6月奉命指挥第九集团军。

BELOW

奥托·恩斯特·芬岑特·莱奥·冯·贝洛将军（1857~1944），1914年至1917年曾在东线、巴尔干和意大利战场服役。1918年2月从意大利调回西线战场，接掌德国第十七集团军。

BERG-MARKIENEN

弗里德里希·威廉·贝尔纳德·冯·贝格－马基宁（1866~1939），东普鲁士省长，1918年1月被任命为德皇的私人办公室主任。

BETHMANN HOLLWEG

特奥巴尔德·特奥多尔·弗里德里希·阿尔弗雷德·冯·贝特曼·霍尔维格（1856~1921），1909年至1917年任德意志帝国首相。

BLISS

塔斯克·霍华德·布利斯将军（1853~1930），1917年至

1918 年任美国陆军参谋长。1917 年 11 月被任命为驻最高战争委员会美方常驻军事代表。

BOEHN

马克斯·费迪南德·卡尔·冯·伯恩将军（1850~1921），1915 年至 1918 年任德国第七集团军司令，1918 年 8 月晋升为集团军群指挥官。

BRIAND

阿里斯蒂德·皮埃尔·亨利·白里安（1862~1932），法国政治家，1915 年 10 月至 1917 年 3 月担任总理。

BÜLOW

卡尔·威廉·保罗·冯·比洛元帅（1846~1921），1914 年至 1915 年任德国第二集团军司令，并在 1914 年 8 月短暂负责协调第一和第三集团军，1915 年 3 月心脏病发作。

BYNG

朱利安·赫德沃斯·宾将军阁下（1862~1935），1917 年至 1918 年任英国第三集团军司令。

CASTELNAU

诺埃尔·爱德华·玛丽·屈里埃·德·卡斯泰尔诺将军（1851~1944），1914 年至 1915 年任法国第二集团军司令，1915 年指挥中部集团军群，退役后又在 1916 年 12 月被召回，指挥东部集团军群。

CHURCHILL

温斯顿·伦纳德·丘吉尔（1874~1965），1911 年至 1915 年任海军大臣，1915 年 10 月从政府辞职。1917 年至 1918 年担任军需大臣。

CLEMENCEAU

乔治·欧仁·邦雅曼·克列孟梭（1841~1929），法国参议员和参议院军事委员会成员，1917 年 11 月 16 日被任命为总理。

CONRAD VON HÖTZENDORF

弗兰茨·克萨维尔·约瑟夫·格拉夫·康拉德·冯·霍岑多夫元帅（1852~1925），1906年至1917年任奥匈帝国陆海军总参谋长。

CURZON

乔治·纳撒尼尔·寇松勋爵，第一代凯德尔斯顿（Kedleston）寇松侯爵（1859~1925），英国政治家，1898年至1905年曾任印度总督，1915年至1916年担任掌玺大臣，并在1916年至1924年担任上议院领袖。

505

DE MITRY

安托万·德米特里将军（1857~1924），法国骑兵军官，1918年4月和5月间，指挥一支"北方特遣部队"。

DUBAIL

奥古斯丁·伊冯·迪巴伊将军（1851~1934），1914年任法国第一集团军司令，1915年至1916年任东部集团军群司令。

DUCHÊNE

德尼·奥古斯特·迪谢纳将军（1862~1950），1916年至1917年任法国第十集团军司令，1917年至1918年任第六集团军司令。1918年6月被解职。

D'URBAL

维克多·路易·吕西安·杜巴尔将军（1858~1943），骑兵军官，1914年至1915年指挥法国第八集团军，1915年至1916年指挥第十集团军。

EINEM

卡尔·威廉·格奥尔格·奥古斯特·冯·艾内姆将军（1853~1934），在1914年9月至1918年11月任德国第三集团军司令。

EMMICH

阿尔贝特·特奥多尔·奥托·冯·埃米希将军（1848~1915），1914年8月指挥一支特遣部队攻占了列日。

ERZBERGER

马蒂亚斯·埃茨贝格尔（1875~1921），德国天主教中央党政治家，是1918年10月组成的第一届议会政府成员。在贡比涅率领停战代表团。

FALKENHAUSEN

路德维希·亚历山大·弗里德里希·奥古斯特·菲利普·冯·法尔肯豪森将军（1844~1936），1916年至1917年任德国第六集团军司令，1917年4月被任命为比利时总督。

FALKENHAYN

埃里希·格奥尔格·塞巴斯蒂安·安东·法金汉将军（1861~1922），1913年至1915年任普鲁士陆军大臣，1914年至1916年任总参谋长。1916年8月解除指挥权后，被任命为驻罗马尼亚的第九集团军司令，并率领土耳其的F集团军群。

FAYOLLE

马里·埃米尔·法约勒将军（1852~1928），退役后于1914年被召回任师长，后于1915年接替贝当指挥第三十三军团。1916年担任第六集团军司令，1916年至1917年担任第一集团军司令，1918年3月接掌后备集团军群。

FERRY

阿贝尔·于勒·爱德华·费里（1881~1918），法国政治家和军人。1914年成为外交部次长，后在1914年至1915年作为团长在前线服役，1918年9月视察前线时在炮击中受致命伤。

FOCH

斐迪南·福煦元帅（1851~1929），1914年8月指挥法国第二十兵团，很快于1914年内晋升为第九集团军司令，1915

年至 1916 年任北部集团军群司令。1917 年 5 月被任命为陆军参谋长，1917 年 4 月被任命为协约国军队最高指挥官。

FRANCHET D'ESPÈREY

路易·弗朗谢·德埃斯普雷将军（1856~1942），1914 年任法国第一军团指挥官，在马恩河战役之前接掌第五集团军。1916 年担任东部集团军群指挥官。

FRENCH

元帅约翰·登顿·平克斯通·弗伦奇爵士（1852~1925），1914 年至 1915 年任英国远征军总司令。1915 年 12 月回国之后指挥英国本土部队。1918 年至 1921 年担任爱尔兰总督。

GALLIÉNI

约瑟夫·西蒙·加利埃尼将军（1849~1916），获颁勋章的殖民地军人，退休后于 1914 年被召回，成为巴黎军事长官。1915 年 10 月至 1916 年 10 月担任陆军部长。

GALLWITZ

马克斯·卡尔·威廉·冯·加尔维茨将军（1852~1937），1916 年 7 月被任命为索姆河的德国第二集团军司令，并接掌加尔维茨集团军群，随后于 1916 年至 1918 年指挥第五集团军。

GOUGH

休伯特·德·拉·普尔·高夫爵士（1870~1963），英国后备集团军，后在 1916 年至 1918 年改名为第五集团军的司令。1918 年 3 月 27 日第五集团军崩溃之后被解职。

GOURAUD

亨利·约瑟夫·欧仁·古罗将军（1867~1946），曾在达达尼尔海峡任法国远征军团指挥官，受伤后右臂截肢。1917 年至 1918 年任法国第四集团军司令。

GROENER

卡尔·爱德华·威廉·格勒纳（1867~1939），1914 年任德军总参谋部铁路部门主管，后于 1916 年调任陆军部。1918 年 10 月接替鲁登道夫担任第一军需总监。

HAIG

元帅道格拉斯·黑格爵士（1861~1928），率英国第一军团参战，后于 1915 年接掌第一集团军，同年 12 月代替约翰·弗伦奇爵士担任英国远征军总司令。

HANKEY

莫里斯·帕斯卡尔·阿勒斯·汉基（1877~1963），在 1914 年到 1918 年间，先后担任帝国国防委员会、达达尼尔委员会、战争委员会和战时内阁的秘书。

HARBORD

詹姆斯·格斯里·哈博德准将（1866~1947），1917 年 4 月被任命为潘兴将军的参谋长。1918 年 6 月接掌美国第 4 海军陆战旅。

HAUSEN

马克斯·克莱门斯·洛塔尔男爵·冯·豪森将军，（1846~1922），战争爆发时指挥皇家萨克森集团军，即第三集团军。1914 年 9 月因患病被解除职务。

HERTLING

格奥尔格·格拉夫·冯·赫特林（1843~1919），帝国议会中天主教中央党代表。1917 年 11 月 1 日被任命为帝国首相和普鲁士总理。1918 年 10 月 3 日辞职。

HINDENBURG

保罗·路德维希·汉斯·安东·冯·贝内肯多夫·翁德·冯·兴登堡（1847~1934），1914 年 8 月从退休中复出，接掌东普鲁士的德国第八集团军。1916 年 8 月接替法金汉担任总参谋长。

HINTZE

保罗·冯·欣策（1864~1941），德国前海军军官，外交

507

官，1914年出任驻中国大使，1917年任驻挪威大使，1918年7月被任命为外交大臣。

HOHENZOLLERN

皇储弗里德里希·威廉·维克托·奥古斯特·恩斯特·霍亨索伦（1882~1951），德皇的长子。1914年8月接掌德国第五集团军，之后在1917年至1918年指挥皇储集团军群。

HOHENZOLLERN

德皇弗里德里希·威廉·维克托·阿尔贝特·霍亨索伦，"威廉二世"（1859~1941），德意志皇帝，普鲁士国王，执政时间从1888年到1918年。1918年11月9日退位。

HOLTZENDORFF

亨宁·鲁道夫·阿道夫·卡尔·冯·霍尔岑多夫海军上将（1853~1919），无限制潜水艇战的坚定支持者，1915年至1918年担任海军总参谋长。

HOUSE

爱德华·曼德尔·豪斯"上校"（1858~1938），威尔逊总统的顾问，1918年10月作为总统的私人代表前往法国。

HUTIER

奥斯卡·埃米尔·冯·胡蒂尔将军（1857~1934），在东线战场服役后，1918年被派往法国指挥新组建的第十八集团军参加春季攻势。

JELLICOE

海军元帅翰·拉什沃斯·杰利科（1859~1935），在战争爆发时被任命为皇家海军大舰队司令，在1916年5月至6月指挥了最重要的日德兰海战。1916年至1917年担任第一海务大臣。

JOFFRE

约瑟夫·雅克·塞泽尔·霞飞元帅（1852~1931），1911

508

年被任命为法国总参谋长，战争爆发时被任命为总司令。他在1916年12月辞职，次年率领法国驻美国军事代表团。

KITCHENER

元帅霍拉肖·赫伯特·基钦纳勋爵（1850~1916），1914年至1916年任英国陆军大臣。1916年6月在皇家海军汉普郡号沉没时失踪。

KLUCK

亚历山大·海因里希·鲁道夫·冯·克卢克将军（1846~1934），1914年至1915年指挥德国第一集团军。1915年3月被弹片击伤后退出现役。

KNOBELSDORF

康斯坦丁·施密特·冯·克诺贝尔斯多夫（1860~1936），1914年至1916年担任德国第五集团军参谋长。

KUHL

赫尔曼·约瑟夫·冯·库尔中将（1856~1958），曾担任各级参谋职务，包括1914年任德国第一集团军参谋长，1915年任第十二和第六集团军参谋长。1916年至1918年被任命为鲁普雷希特集团军群参谋长。

KüHLMANN

里夏德·冯·库尔曼（1873~1948），1916年至1917年任德国驻君士坦丁堡大使，1917年至1918年任外交大臣。

LANGLE DE CARY

费尔南·德·朗格勒·德卡里将军（1849~1927），1914年至1915年任法国第四集团军司令，1915年至1916年任中央集团军群司令。

LANREZAC

夏尔·路易·朗勒扎克将军（1852~1925），1914年任法国第五集团军司令。1914年9月5日，在马恩河战役的前夜被解职。

LANSING

罗伯特·兰辛（1964~1928），1915 年至 1920 年任美国国务卿。

LEMAN

杰哈德·马蒂厄·约瑟夫·乔治·勒芒将军（1851~1920），环绕列日的防御工事指挥官，比利时第 3 师师长。在隆桑堡被俘，一直被监禁到 1917 年，后出于健康原因被遣送到瑞士。

509

LIGGETT

亨特·利格特将军（1857~1935），第二次马恩河战役和米耶勒战役中的美国第一军团指挥官。1918 年 10 月被任命为美国第一集团军司令。

LLOYD GEORGE

大卫·劳合·乔治（1863~1945），自由党政治家，1915年 5 月被任命为军需大臣。在基钦纳于 1916 年 6 月去世后被任命为陆军大臣。1916 年 12 月接替阿斯奎斯担任英国首相。

LOSSBERG

弗里德里希·卡尔·"弗里茨"·冯·洛斯伯格上校（1868~1942），德军防御专家，曾担任很多参谋职位，包括 1915 年任第三集团军参谋长，1916 年任第一集团军参谋长，1917 年至 1918 年任第四集团军参谋长，以及 1918 年的伯恩和阿尔布雷希特公爵集团军群的参谋长，被人们称作"防御雄狮"。

LUDENDORFF

埃里希·鲁登道夫·弗里德里希·威廉·鲁登道夫将军（1865~1937），1914 年随德国第二集团军参战，后被调任东普鲁士的第八集团军。1916 年 8 月被任命为第一军需总监。

1918 年 10 月 26 日辞职。

LYAUTEY

路易·于贝尔·利奥泰元帅（1854~1934），1912 年至 1916 年任法国驻摩洛哥总督，1916 年被任命为陆军部长。1917 年 3 月辞职。

MAISTRE

保罗·安德烈·马里·迈斯特（1858~1922），1917 年 5 月被任命为法国第六集团军司令。在短暂地指挥驻意大利法军以后，他于 1918 年回到西线战场指挥第十集团军，同年 7 月以后指挥中部集团军群。

MANGIN

夏尔·埃马纽埃尔·芒然将军（1866~1925），殖民地军人，在 1914 年至 1916 年担任师级和军团级指挥官，1917 年接掌法国第六集团军。在尼维勒攻势后被解职，1918 年 6 月重新指挥第十集团军，领导了马茨河与马恩河的反攻。

MARWITZ

格奥尔格·科尼利厄斯·阿达尔贝特·冯·德·马尔维茨将军（1856~1929），骑兵军官，1916 年 12 月被任命为德国第二集团军司令。1918 年 10 月调任阿戈讷地区指挥第五集团军。

MAUD'HUY

路易·埃内斯特·德·莫德休伊将军（1857~1921），1914 年至 1915 年任法国第十集团军司令，1915 年任第七集团军司令。后被降职为军团指挥官，又在 1918 年 6 月被解职。

MAUNOURY

米歇尔·约瑟夫·莫努里将军（1847~1923），1914 年至 1915 年任法国第六集团军司令，因被狙击而受重伤以后，于 1915 年 3 月退出现役。

510

MICHAELIS

格奥尔格·马克斯·路德维希·米夏埃利斯（1857~
1936），1917 年 7 月至 11 月担任帝国首相和普鲁士总理。

MICHELER

约瑟夫·阿尔弗雷德·米歇勒将军（1861~1931），1916
年任法国第十集团军司令，后被任命为后备集团军群指挥官参
加尼维勒攻势。

MILLERAND

艾蒂安·亚历山大·米勒兰（1859~1943），1914 年至
1915 年任法国陆军部长

MILNER

艾尔弗雷德·米尔纳子爵，（1854~1925），殖民地行政
长官，1916 年至 1918 年任战时内阁成员，1918 年 4 月被任
命为陆军大臣。

MOLTKE

赫尔穆特·约翰内斯·路德维希·冯·毛奇大将（1848~
1916），1906 年至 1914 年任总参谋长，是 1914 年德国战争
计划的设计师之一。1914 年 9 月 14 日被法金汉取代。

NIVELLE

罗贝尔·乔治·尼维勒将军（1856~1924），炮兵军官，
1916 年 5 月在凡尔登被任命为法国第二集团军司令，又继霞
飞之后担任总司令，领导了 1917 年春季的尼维勒攻势。1917
年 5 月 15 日被解职。

PAINLEVÉ

保罗·潘勒韦（1863~1933），受人尊敬的数学家，曾任
法国陆军部发明委员会主任。1917 年 3 月被任命为陆军部长，
并在 1917 年 9 月至 11 月期间组织了一届政府。

PERSHING

约翰·约瑟夫·潘兴将军（1860~1948），美国远征军总司令。

PéTAIN

亨利·菲利普·伯诺尼·奥梅尔·贝当元帅（1856~1951），1915年阿图瓦战役中担任法国第三十三军团指挥官，1915年7月被任命为第二集团军司令，1916年5月晋升为中部集团军群指挥官，1917年5月继尼维勒之后担任总司令。

PLESSEN

汉斯·格奥尔格·赫尔曼·冯·普勒森（1841~1929），德皇的密友和顾问。1914年至1918年担任最高统帅部司令官和陛下的副官长。

511

PLUMER

赫伯特·查尔斯·翁斯洛·普卢默爵士（1857~1932），1915年至1918年任英国第二集团军司令。

POINCARé

雷蒙·尼古拉·朗德里·普恩加莱（1860~1934），1913年至1920年任法兰西共和国总统。

RAWLINSON

亨利·西摩·罗林森爵士（1864~1925），1916年至1918年任英国第四集团军司令。

RIBOT

亚历山大·费里克斯·约瑟夫·里博（1842~1923），1914年至1917年任法国财政部长，在1917年3月至9月期间曾组建了一届短命的政府。

RICHTHOFEN

曼弗雷德·阿尔布雷希特·"男爵"·冯·里希特霍芬上尉（1892~1918），德国著名战斗机飞行员，第二飞行中队队长，1918 年 4 月 21 日在空战中被击落后阵亡。

ROBERTSON

威廉·罗伯逊爵士（1860~1933），1914 年至 1915 年任军需总监和英国远征军参谋长。1915 年至 1918 年担任帝国总参谋长。

ROQUES

皮埃尔·奥古斯特·罗克（1856~1920），1916 年 3 月至 6 月间任法国陆军部长。

SCHULENBURG

弗里德里希·伯恩哈德·卡尔·古斯塔夫·乌尔里希·埃里克·格拉夫·冯·德·舒伦堡将军（1865~1939），骑兵军官，1916 年 10 月被任命为皇储集团军群参谋长。

SMITH-DORRIEN

将军霍勒斯·洛克伍德·史密斯 – 多伦爵士（1858~1930），1914 年至 1915 年任英国第二军团指挥官和第二集团军司令。1815 年 5 月 6 日解职。

SMUTS

扬·克里斯蒂安·斯穆茨元帅（1870~1950），南非政治家和军官。1917 年至 1918 年任帝国战时内阁和战争政策委员会成员。

STANLEY

爱德华·乔治·维利尔斯·斯坦利，第 17 代德比伯爵（1865~1948），英国外交官和军人。1916 年 12 月被任命为陆军大臣，1918 年至 1920 年担任驻法国大使。

TAPPEN

迪特里希·格哈德·埃米尔·特奥多尔·塔彭将军（1866~1953），1914 年至 1916 年任德国最高统帅部作战主任。

TIRPITZ

阿尔弗雷德·彼得·弗里德里希·冯·提尔皮茨海军元帅

（1849~1930），1897 年至 1916 年任德意志帝国海军大臣。

VALLIÈRES

皮埃尔·德·瓦利埃将军（1868~1918），1915 年至 1917 年任法国驻英国远征军代表团团长，1918 年 5 月 28 日在瑞维尼（Juvigny）阵亡。

512

VIVIANI

勒内·让·拉菲尔·阿德里安·维维亚尼（1863~1925），1914 年 5 月至 1915 年 10 月期间任法国总理。

WETZELL

格奥尔格·韦策尔中将（1869~1947），1916 年至 1918 年任德国最高统帅部作战主任。

WEYGAND

马克西姆·魏刚将军（1867~1965），在大战的多数时间里担任福煦的参谋长。1917 年 11 月至 1918 年 4 月，被任命为法国驻最高军事委员会常驻军事代表，之后返回了福煦的参谋部。

WILSON

中将亨利·休斯·威尔逊爵士（1864~1922），曾任陆军部作战局局长，1914 年被任命为约翰·弗伦奇爵士的副参谋长。他是最高战争委员会中的英国常驻军事代表，后于 1918 年 2 月接替罗伯逊担任帝国总参谋长。

WILSON

托马斯·伍德罗·威尔逊（1856~1924），第 28 任美国总统，任期为 1913 年至 1921 年。

WüRTTEMBERG

符腾堡公爵阿尔布雷希特（1865~1939），1914 年至 1917 年任德国第四集团军司令，1917 年至 1918 年任阿尔布雷希特公爵集团军群指挥官。

缩略词

AEF: American Expeditionary Force
美国远征军
AFGG: *Les Armées françaises dans la Grande guerre*
《大战中的法国军队》
ANZAC: Australian and New Zealand Army Corps
澳新军团
AWM: Australian War Memorial, Canberra
澳大利亚战争纪念馆，堪培拉
BA-MA:Bundesarchiv-Militärarchiv, Freiburg
联邦档案馆 – 军事档案馆，弗赖堡
BEF: British Expeditionary Force
英国远征军
BLO: Bodleian Library, Oxford
博德莱安图书馆，牛津
CAB: Cabinet Office files
（英）内阁办公室文件
CIGS: Chief of the Imperial General Staff
（英）帝国总参谋长
GHQ: General Headquarters (British Expeditionary Force)
总司令部（英国远征军）
GQG: *Grand Quartier Général* (French High Command)
法国最高统帅部

IWM: Imperial War Museum, London

帝国战争博物馆，伦敦

LAC: Library & Archives Canada, Ottawa

加拿大图书档案馆，渥太华

LOC: Library of Congress, Washington DC

国会图书馆，华盛顿特区

MHI: Military History Institute, Carlisle, Pennsylvania

军事历史研究所，宾夕法尼亚州卡莱尔

NCO: Non-commissionedofficer

士官

OHL: *Oberste Heeresleitung* (German Supreme Army Command)

德国最高统帅部

RAF: Royal Air Force

（英国）皇家空军

RFC: Royal Flying Corps

（英国）皇家飞行队

TNA: The National Archives, Kew

（美国）国家档案馆，基尤

USAWW: *United States Army in the World War, 1917–1919*

《世界大战中的美国陆军，1917~1919》

VC: Victoria Cross

维多利亚十字勋章

WO: War Office files

陆军部档案

注 释

序 言

1 AWM: 3DRL/2206, A. G. Thomas diary, 21 July 1916.

2 *Statistics of the Military Effort of the British Empire during the Great War. 1914–1920* (London: HMSO, 1922), p. 243.

3 J. B. A. Bailey, 'The First World War and the Birth of Modern Warfare', in M. Knox and W. Murray (eds.), *The Dynamics of Military Revolution, 1300–2050* (Cambridge: Cambridge University Press, 2001), pp. 132–53.

前奏：一种战争行为

1 'Imperial German Legation in Belgium-Brussels, 2 August 1914', in A. Mombauer (ed. and trans.), *The Origins of the First World War. Diplomatic and Military Documents* (Manchester: Manchester University Press, 2013), pp. 532–3.

2 'The Austro-Hungarian Ultimatum to Serbia', and 'Serbia's Reply to the Austro-Hungarian Ultimatum', in ibid., pp. 291–5, 352–6.

3 E. J. Galet, *Albert, King of the Belgians in the Great War. His Military Activities Set Down with His Approval*, trans. E. Swinton (London: Putnam, 1931), pp. 46, 49–50.

4 '4 August: Bethmann Hollweg's Reichstag Speech', in Mombauer (ed. and trans.), *The Origins of the First World War*, pp. 571–2.

5 'Message from M. Poincaré', Appendix II, in R. Poincaré, *The Memoirs of Raymond Poincaré (1913–1914)*, trans. G. Arthur (London: William Heinemann, 1928), pp. 309–10.

6 B. Whitlock, *Belgium. A Personal Narrative* (New York: D. Appleton and Company, 1919), p. 63.

第一部分　战争可不像演习：从列日到第二次香槟战役（1914 年 8 月 ~1915 年 11 月）

第一章　仿佛看到了阿提拉

1　F. Fischer, *Germany's Aims in the First World War* (New York: W. W. Norton & Co., 1967; first publ. 1961), p. 50.

2　'Comments by Moltke on the Memorandum, c. 1911', in R. T. Foley (trans. and ed.), *Alfred von Schlieffen's Military Writings* (London: Frank Cass, 2003), p. 179.

3　E. J. Galet, *Albert, King of the Belgians in the Great War. His Military Activities Set Down with His Approval*, trans. E. Swinton (London: Putnam, 1931), pp. 73–4.

4　J. Lipkes, *Rehearsals. The German Army in Belgium, August 1914* (Leuven: Leuven University Press, 2007), p. 39.

5　M. O. Humphries and J. Maker (eds.), *Germany's Western Front. Translations from the German Official History of the Great War. 1914, Part 1* (Waterloo, Ont.: Wilfrid Laurier Press, 2013), p. 104.

6　Galet, *Albert, King of the Belgians*, p. 56; and Commander-in-Chief of the Belgian Army, *The War of 1914. Military Operations of Belgium in Defence of the Country to Uphold Her Neutrality* (London: W. H. & L. Collingridge, 1915), pp. 11–13.

7　E. Ludendorff, *My War Memories 1914–1918* (2 vols., London: Hutchinson & Co., 1919), I, pp. 32–6.

8　Galet, *Albert, King of the Belgians*, p. 80.

9　C. Donnell, *Breaking the Fortress Line 1914* (Barnsley: Pen & Sword, 2013), pp. 60–62.

10　E. and L. Klekowski, *Americans in Occupied Belgium, 1914–1918. Accounts of the War from Journalists, Tourists, Troops and Medical Staff* (Jefferson, NC: McFarland & Company, 2014), p. 14.

11　'German Letter from an Officer in the Assault', in C. F. Horne (ed.), *Source Records of the Great War* (7 vols., USA: National Alumni, 1923), II, pp. 47–8.

12　'A French Gunner', *General Joffre* (London: Simpkin, Marshall, Hamilton, Kent & Co., n.d.), pp. 13–14.

13 'The French Plan of Campaign', Appendix 9, in Sir J. Edmonds, *Military Operations. France and Belgium, 1914* (2 vols., London: Macmillan and Co., 1933), I, pp. 445–9.

14 Lanrezac to Joffre, 14 August 1914, in Ministère de la Guerre, *Les Armées françaises dans la Grande guerre* (Paris: Imprimerie Nationale, 1922–39) [hereafter *AFGG*], Book 1/1 – *Annexes*, Vol. 1, No. 283, pp. 290–91.

15 Joffre to Lanrezac, 14 August 1914, in *AFGG*, Book 1/1 – *Annexes*, Vol. 1, No. 270, p. 280.

16 'General Instructions No. 1', 8 August 1914, Appendix IV, in S. Tyng, *The Campaign of the Marne 1914* (London: Humphrey Milford, 1935), pp. 362–4.

17 'Note du général commandant l'armée au sujet de l'attitude à tenir pour attaquer des organisations défensives', 15 August 1914, in *AFGG*, Book 1/1 – *Annexes*, Vol. 1, No. 319, p. 317.

18 R. A. Doughty, *Pyrrhic Victory. French Strategy and Operations in the Great War* (London and Cambridge, Mass.: Harvard University Press, 2005), p. 61.

19 J. Boff, *Haig's Enemy. Crown Prince Rupprecht and Germany's War on the Western Front* (Oxford: Oxford University Press, 2018), p. 23.

20 R. Poincaré, *The Memoirs of Raymond Poincaré 1914*, trans. G. Arthur (London: William Heinemann, 1929), p. 51.

21 J. C. Joffre, *The Memoirs of Marshal Joffre*, trans. T. Bentley Mott (2 vols., London: Geoffrey Bles, 1932), I, pp. 161–2.

22 '6 August: Minutes of British War Council Meeting', in A. Mombauer (ed. and trans.), *The Origins of the First World War. Diplomatic and Military Documents* (Manchester: Manchester University Press, 2013), pp. 587–90.

23 'Instructions to Sir John French from Lord Kitchener August 1914', Appendix 8, in Edmonds, *Military Operations. 1914*, I, pp. 499–500.

24 W. J. Philpott, 'Gone Fishing? Sir John French's Meeting with General Lanrezac, 17 August 1914', *Journal of the Society for Army Historical Research*, Vol. 84, No. 339 (Autumn 2006), pp. 254–9.

25 Humphries and Maker (eds.), *Germany's Western Front. 1914, Part 1*, p. 81.

26 BA-MA: RH 61/1235, Moltke to Bülow, 11 August 1914.

27 I. Senior, *Invasion 1914. The Schlieffen Plan to the Battle of the Marne* (Oxford: Osprey, 2012), p. 366.

28 A. von Kluck, *The March on Paris and the Battle of the Marne 1914* (London: Edward Arnold, 1920), p. 9.

29 A. Mombauer, *Helmuth von Moltke and the Origins of the First World War* (Cambridge: Cambridge University Press, 2001), pp. 232–4; and Kaiser Wilhelm II quoted in S. McMeekin, *July 1914. Countdown to War* (London: Icon Books, 2013), p. 343.

30 W. Bloem, *The Advance from Mons 1914* (London: Peter Davis, 1930), p. 38.

31 BA-MA: N550/1, 'Die Operationen der 1 Armee bis zum Eintreffen in der Aisne–Stellung (vom 9 August bis zum 12 September 1914)', p. 6.

32 H. H. Herwig, *The Marne, 1914. The Opening of World War I and the Battle That Changed the World* (New York: Random House, 2011; first publ. 2009), pp. 171–2.

33 A. Kramer, *Dynamic of Destruction. Culture and Mass Killing in the First World War* (Oxford: Oxford University Press, 2007), p. 8.

34 J. Horne and A. Kramer, *German Atrocities, 1914. A History of Denial* (New Haven, Conn., and London: Yale University Press, 2001), pp. 24, 26, 43.

35 Tyng, *Marne*, pp. 79–80; E. D. Brose, *The Kaiser's Army. The Politics of Military Technology in Germany during the Machine Age, 1870–1918* (Oxford: Oxford University Press, 2001), p. 196; and C. Delvert, *From the Marne to Verdun. The War Diary of Captain Charles Delvert, 101st Infantry, 1914–1916*, trans. I. Sumner (Barnsley: Pen & Sword, 2016), p. 36.

36 P. Lintier, *My Seventy-Five. Journal of a French Gunner (August–September 1914)* (London: Peter Davis, 1929), p. 55.

37 H. Strachan, *The First World War. I. To Arms* (Oxford: Oxford University Press, 2003; first publ. 2001), p. 218.

38 H. Contamine, *9 Septembre 1914. La Victoire de la Marne* (Paris: Éditions Gallimard, 1970), p. 120.

39 A. Grasset, *La Guerre en action. Surprise d'une Division: Rossignol–Saint-Vincent* (Nancy: Éditions Berger-Levrault, 1932), p. 76.

40 E. Greenhalgh, *The French Army and the First World War* (Cambridge: Cambridge University Press, 2014), p. 41.

41 F. de Langle de Cary, *Souvenirs de commandement 1914–1916* (Paris: Payot, 1935), pp. 136–7.

42 Ruffey to GQG, 23 August 1914, in *AFGG*, Book 1/1 – *Annexes*, Vol. 1, No. 1088, p. 865.

43 Strachan, *The First World War*. I. *To Arms*, p. 207; and R. A. Prete, *Strategy and Command. The Anglo-French Coalition on the Western Front, 1914* (Montreal: McGill–Queen's University Press, 2009), pp. 27–8.

44 Tyng, *Marne*, p. 102.

45 Sir E. Spears, *Liaison 1914. A Narrative of the Great Retreat* (London: Eyre & Spottiswoode, 1968; first publ. 1930), p. 110.

46 Edmonds, *Military Operations. 1914*, I, p. 68.

47 IWM: Documents 2304, 'Anonymous Account of the Battle of Mons, August 1914'.

48 Sir H. Smith-Dorrien, *Memories of Forty-Eight Years' Service* (London: John Murray, 1925), pp. 385–6.

49 F. Engerand, *Lanrezac* (Paris: Éditions Bossard, 1926), p. 40.

50 Humphries and Maker (eds.), *Germany's Western Front. 1914, Part 1*, pp. 239, 241.

第二章 直到最后一刻

1 Sir E. Spears, *Liaison 1914. A Narrative of the Great Retreat* (London: Eyre & Spottiswoode, 1968; first publ. 1930), p. 192.

2 'The G.Q.G.'s Instructions on Tactics', 24 August 1914, Appendix XXII, in Spears, *Liaison 1914*, pp. 517–18.

3 R. Recouly, *Joffre* (London and New York: D. Appleton & Company, 1931), p. 92.

4 'General Instructions No. 2', 25 August 1914, Appendix VII, in S. Tyng, *The Campaign of the Marne 1914* (London: Humphrey Milford, 1935), pp. 369–71.

5 Sir J. E. Edmonds, *Military Operations. France and Belgium, 1914* (2 vols., London: Macmillan and Co., 1933), I, pp. 140–41.

6 Sir H. Smith-Dorrien, *Memories of Forty-Eight Years' Service* (London: John Murray, 1925), pp. 386, 411.

7 M. von Poseck, *The German Cavalry. 1914 in Belgium and France* (Berlin: E. S. Mittler & Sohn, 1923), p. 65.

8 Ministère de la Guerre, *Les Armées françaises dans la Grande guerre* (Paris: Imprimerie Nationale, 1922–39) [hereafter *AFGG*], Book 1/2, p. 121.

9 L.-E. Mangin, *Le Général Mangin 1866–1925* (Paris: Éditions Fernand Lanore, 1986), pp. 149–50.

10 Letter, 29 August 1914, in H. von Moltke, *Erinnerungen. Briefe. Dokumente 1877–1916* (Stuttgart: Der Kommende Tag A.G. Verlag, 1922), p. 382.

11 'Von Moltke's General Directive to the German Armies after the Battle of the Frontiers', 27 August 1914, Appendix VIII, in Tyng, *Marne*, pp. 371–4.

12 'Memorandum of 1905', in R. T. Foley (trans. and ed.), *Alfred von Schlieffen's Military Writings* (London: Frank Cass, 2003), p. 172.

13 A. Mombauer, *Helmuth von Moltke and the Origins of the First World War* (Cambridge: Cambridge University Press, 2001), p. 243.

14 A. von Kluck, *The March on Paris and the Battle of the Marne 1914* (London: Edward Arnold, 1920), pp. 69, 164.

15 Ibid., p. 83.

16 Ibid., p. 94.

17 BA-MA: N550/1, 'Die Operationen der 1 Armee bis zum Eintreffen in der Aisne–Stellung (vom 9 August bis zum 12 September 1914)', p. 31.

18 Tyng, *Marne*, p. 200. Emphasis added.

19 J. C. Joffre, *The Memoirs of Marshal Joffre*, trans. T. Bentley Mott (2 vols., London: Geoffrey Bles, 1932), I, pp. 220–21, 236–8.

20 Spears, *Liaison 1914*, p. 322; and R. A. Prete, *Strategy and Command. The Anglo-French Coalition on the Western Front, 1914* (Montreal: McGill–Queen's University Press, 2009), p. 107.

21 French to Kitchener, 30 August 1914, in Sir G. Arthur, *Life of Lord Kitchener* (3 vols., London: Macmillan and Co., 1920), III, p. 47.

22 French to Kitchener, 31 August 1914, in R. Holmes, *The Little Field Marshal. A Life of Sir John French* (London: Cassell, 2005; first publ. 1981), p. 231.

23 Kitchener to French, 31 August 1914, in G. H. Cassar, *Kitchener. Architect of Victory* (London: William Kimber, 1977), p. 235.

24 'General Joffre's Instruction for the Battle of the Marne', 4 September 1914, Appendix 30, in Edmonds, *Military Operations. 1914*, I, pp. 543–4.

25 Joffre, *Memoirs*, I, p. 255.

26 E. Herbillon, *Souvenirs d'un officier de liaison pendant la Guerre mondiale. Du général en chef au gouvernement* (2 vols., Paris: Jules Tallandier, 1930), I, p. 27 (entry, 6 September 1914).

27 H. H. Herwig, *The Marne, 1914. The Opening of World War I and the Battle That Changed the World* (New York: Random House, 2011; first publ. 2009), pp. 240–42.

28 R. Dahlmann, *Die Schlacht vor Paris. Das Marnedrama 1914, Part 4* (Berlin: Gerhard Stalling, 1928), p. 49.

29 C. Mallet, *Impressions and Experiences of a French Trooper, 1914–15* (New York: E. P. Dutton & Company, 1916), pp. 43–4.

30 Herwig, *The Marne, 1914*, p. 311.

31 T. von Bose, *Das Marnedrama 1914. Die Kämpfe des Gardekorps und des rechten Flügels der 3. Armee von 5. bis 8. September* (Berlin: Gerhard Stalling, 1928), p. 157.

32 Herwig, *The Marne, 1914*, pp. 217–18.

33 J. de Pierrefeu, *French Headquarters 1915–1918*, trans. Major C. J. C. Street (London: Geoffrey Bles, 1924), p. 43.

34 Joffre, *Memoirs*, I, p. 254.

35 Edmonds, *Military Operations. 1914*, I, p. 343.

36 K. von Bülow, *Mein Bericht zur Marneschlacht* (Berlin: A. Scherl, 1919), p. 60.

37 Letter, 8 September 1914, in Moltke, *Erinnerungen*, p. 384.

38 BA-MA: RH 61/986, Tappen diary, 8 September 1914.

39 Reichsarchiv, *Der Weltkrieg 1914 bis 1918. IV. Der Marne-Feldzug. Die Schlacht* (Berlin: E. S. Mittler & Sohn, 1926), p. 23.

40 Herwig, *The Marne, 1914*, p. 274.

41 Reichsarchiv, *Der Weltkrieg. IV. Der Marne-Feldzug. Die Schlacht*, p. 31.

42 H. von Kuhl, *Der Marnefeldzug 1914* (Berlin: E. S. Mittler & Sohn, 1921), p. 219.

43 Recouly, *Joffre*, p. 183.

44 Spears, *Liaison 1914*, p. 446.

45 'Communication du général commandant la IXe armée aux troupes', 9 September 1914, in *AFGG*, Book 1/3 – *Annexes*, Vol. 2, No. 2121, p. 547.

46 R. Poincaré, *The Memoirs of Raymond Poincaré 1914*, trans. G. Arthur (London: William Heinemann, 1929), p. 156.

47 'Radio Allemande intercepté à Belfort', 30 August 1914, in *AFGG*, Book 1/2 – *Annexes*, Vol. 2, No. 1396, p. 7.

48 BA-MA: RH 61/1235, Bülow to his wife, Molly, 16 September 1914.

49 W. Bloem, *The Advance from Mons 1914* (London: Peter Davis, 1930), p. 167.

50 P. Maze, *A Frenchman in Khaki* (London: William Heinemann, 1934), p. 62.

51 'État numérique des pertes pendant le mois de septembre 1914', in *AFGG*, Book 1/3 – *Annexes*, Vol. 4, No. 5296, p. 845; and Herwig, *The Marne, 1914*, p. 315.

52 BA-MA: N550/1, 'Die Operationen der 1 Armee bis zum Eintreffen in der Aisne–Stellung (vom 9 August bis zum 12 September 1914)', p. 44.

53 Edmonds, *Military Operations. 1914*, I, pp. 419–20.

54 M. Bauer, *Der große Krieg in Feld und Heimat. Erinnerungen und Betrachtungen* (Tübingen: Oslander'sche Buchhandlung, 1922), p. 58.

第三章 真正有价值的人

1 Sir H. Smith-Dorrien, *Memories of Forty-Eight Years' Service* (London: John Murray, 1925), p. 435.

2 Joffre to Millerand, 18 September 1914, in Ministère de la Guerre, *Les Armées françaises dans la Grande guerre* (Paris: Imprimerie Nationale, 1922–39) [hereafter *AFGG*], Book 1/4 – *Annexes*, Vol. 1, No. 394, p. 368.

3 Joffre to Millerand, 20 September 1914, in *AFGG*, Book 2 – *Annexes*, Vol. 1, No. 19, pp. 12–13.

4 L. Cecil, *Wilhelm II. 2. Emperor and Exile, 1900–1941* (Chapel Hill, NC: University of North Carolina Press, 1996), p. 216.

5 S. Tyng, *The Campaign of the Marne 1914* (London: Humphrey Milford, 1935), p. 170.

6 E. von Falkenhayn, *General Headquarters 1914–1916 and Its Critical Decisions* (London: Hutchinson & Co., 1919), p. 22.

7 *AFGG*, Book 1/2, p. 477.

8 BA-MA: RH 61/986, Tappen diary, 16 September 1914.

9 Reichsarchiv, *Der Weltkrieg 1914 bis 1918. V. Der Herbst-Feldzug 1914*, Part 1: *Im Westen bis zum Stellungskrieg, im Osten bis zum Rückzug* (Berlin: E. S. Mittler & Sohn, 1929), p. 63.

10 M. Gilbert, *Winston S. Churchill. III. 1914–1916* (London: Heinemann, 1971), p. 98.

11 W. S. Churchill, *The World Crisis 1911–1918. Abridged and Revised Edition* (London: Macmillan and Co., 1943), pp. 205, 212.

12 E. J. Galet, *Albert, King of the Belgians in the Great War. His Military Activities Set Down with His Approval* (London: Putnam, 1931), p. 263.

13 M. Jauneaud, 'Souvenirs de la bataille d'Arras (Octobre 1914)', *Revue des Deux Mondes*, Vol. 58 (August 1920), p. 574.

14 J. C. Joffre, *The Memoirs of Marshal Joffre*, trans. T. Bentley Mott (2 vols., London: Geoffrey Bles, 1932), I, p. 295.

15 A. Grasset, *Le Maréchal Foch* (Nancy: Berget-Levrault, 1919), p. 3.

16 F. Foch, *The Memoirs of Marshal Foch*, trans. T. Bentley Mott (London: William Heinemann, 1931), pp. 127, 135.

17 Jauneaud, 'Souvenirs de la bataille d'Arras (Octobre 1914)', p. 577.

18 Ibid., p. 588.

19 M. Jauneaud, 'Souvenirs de la bataille d'Arras: II', *Revue des Deux Mondes*, Vol. 58 (August 1920), p. 835.

20 Viscount French, *1914* (London: Constable, 1919), p. 166.

21 Crown Prince R. von Bayern, *Mein Kriegstagebuch* (3 vols., Berlin: E. S. Mittler, 1929), I, p. 203 (entry, 13 October 1914).

22 Reichsarchiv, *Der Weltkrieg*. V. *Der Herbst-Feldzug 1914*, Part 1, pp. 282–3.

23 *AFGG*, Book 1/4, p. 307.

24 Foch, *Memoirs*, pp. 168, 169.

25 G. Sheffield and J. Bourne (eds.), *Douglas Haig. War Diaries and Letters 1914–1918* (London: Weidenfeld & Nicolson, 2005), p. 73 (entries, 16 and 19 October 1914).

26 Ibid., p. 74 (entry, 21 October 1914).

27 G. von der Marwitz, *Weltkriegsbriefe*, ed. E. von Tschischwitz (Berlin: Steiniger-Verlage, 1940), p. 53.

28 Reichsarchiv, *Der Weltkrieg*. V. *Der Herbst-Feldzug 1914*, Part 1, pp. 304–5.

29 O. Schwink, *Ypres 1914. An Official Account Published by Order of the German General Staff*, trans. G.C W. (London: Constable, 1919), pp. 36, 42.

30 French, *1914*, p. 228.

31 G. H. Cassar, *The Tragedy of Sir John French* (London and Toronto: Associated University Presses, 1985), p. 164.

32 Sir J. E. Edmonds, *Military Operations. France and Belgium, 1914* (2 vols., London: Macmillan and Co., 1933), II, p. 192.

33 Ibid., pp. 222, 241.

34 Ibid., p. 282.

35 M. von Poseck, *The German Cavalry. 1914 in Belgium and France* (Berlin: E. S. Mittler & Sohn, 1923), p. 215.

36 Sir J. Marshall-Cornwall, *Foch as Military Commander* (London: B. T. Batsford, 1972), p. 139.

37 Lord Loch (liaison officer at GHQ) quoted in K. Jeffery, *Field Marshal Sir Henry Wilson. A Political Soldier* (Oxford: Oxford University Press, 2006), p. 138.

38 H. F. Stacke, *The Worcestershire Regiment in the Great War* (2 vols., Uck-field: Naval & Military Press, 2002; first publ. 1928), I, pp. 33–4.

39 Schwink, *Ypres 1914*, p. x.

40 P. Witkop (ed.), *German Students' War Letters*, trans. A. F. Wedd (Phila-delphia, Pa.: First Pine Street Books, 2002; first publ. 1929), p. 123.

41 Edmonds, *Military Operations. 1914*, II, pp. 467–8.

42 H. H. Herwig, *The First World War. Germany and Austria–Hungary 1914–1918* (London: Arnold, 1997), p. 119.

43 BA-MA: RH 61/933, Plessen diary, 25 December 1914.

44 French, *1914*, p. 237.

45 Edmonds, *Military Operations. 1914*, II, pp. 466–7.

46 Foch to Joffre, 13 November 1914, in *AFGG*, Book 1/4 – *Annexes*, Vol. 4, No. 4252, pp. 893–6.

47 R. T. Foley, *German Strategy and the Path to Verdun. Erich von Falkenhayn and the Development of Attrition, 1870–1916* (Cambridge: Cambridge Uni-versity Press, 2005), p. 112 n. 15.

48 Reichsarchiv, *Der Weltkrieg. VI. Der Herbst-Feldzug 1914*, Part 2: *Der Abschluß der Operationen im Westen und Osten* (Berlin: E. S. Mittler & Sohn, 1929), pp. 406–7.

49 F. Fischer, *Germany's Aims in the First World War* (New York: W. W. Norton & Co., 1967; first publ. 1961), pp. 103–4.

50 W. Görlitz (ed.), *The Kaiser and His Court. The Diaries, Note Books and Let-ters of Admiral Georg Alexander von Müller, Chief of the Naval Cabinet, 1914–1918* (London: Macdonald & Co., 1961; first publ. 1959), p. 47 (entry, 1 December 1914).

第四章 新状况

1 R. Poincaré, *The Memoirs of Raymond Poincaré 1914*, trans. G. Arthur (London: William Heinemann, 1929), p. 222.

2 F. Foch, *The Memoirs of Marshal Foch*, trans. T. Bentley Mott (London: William Heinemann, 1931), pp. 183–4.

3 Poincaré, *Memoirs 1914*, pp. 225–6.

4 P. Simkins, *Kitchener's Army. The Raising of the New Armies, 1914–16* (Manchester: Manchester University Press, 1988), p. 41.

5 I. Beckett, T. Bowman and M. Connelly, *The British Army and the First World War* (Cambridge: Cambridge University Press, 2017), p. 94.

6 G. H. Cassar, *Kitchener. Architect of Victory* (London: William Kimber, 1977), pp. 249–50.

7 R. Holmes, *The Little Field Marshal. A Life of Sir John French* (London: Cassell, 2005; first publ. 1981), p. 254.

8 Foch to Joffre, 9 November 1914, in J. C. Joffre, *The Memoirs of Marshal Joffre*, trans. T. Bentley Mott (2 vols., London: Geoffrey Bles, 1932), I, p. 319.

9 R. A. Prete, *Strategy and Command. The Anglo-French Coalition on the Western Front, 1914* (Montreal: McGill–Queen's University Press, 2009), pp. 173–4.

10 'Instruction générale no. 8 pour les généraux commandant les armées', 8 December 1914, in Ministère de la Guerre, *Les Armées françaises dans la Grande guerre* (Paris: Imprimerie Nationale, 1922–39) [hereafter *AFGG*], Book 2 – *Annexes*, Vol. 1, No. 280, pp. 375–7.

11 Foch to Joffre, 14 December 1914, in *AFGG*, Book 2 – *Annexes*, Vol. 1, No. 341, p. 473.

12 'Note pour les corps d'armée', 14 December 1914, in *AFGG*, Book 2 – *Annexes*, Vol. 1, No. 345, p. 476.

13 E. Fayolle, *Cahiers secrets de la Grande guerre*, ed. H. Contamine (Paris: Plon, 1964), p. 65 (entry, 18 December 1914).

14 Langle de Cary to Joffre, 13 January 1915, in *AFGG*, Book 2 – *Annexes*, Vol. 1, No. 607, pp. 869–70.

15 'Note au sujet de la conduite des attaques (suite à la note no. 923 du 2 janvier)', 15 January 1915, in *AFGG*, Book 2 – *Annexes*, Vol. 1, No. 631, pp. 910–11.

16 Hindenburg to Wilhelm II, 9 January 1915, in M. O. Humphries and J. Maker (eds.), *Germany's Western Front. Translations from the German Official History of the Great War*. II. *1915* (Waterloo, Ont.: Wilfrid Laurier Press, 2009), p. 16.

17 P. von Hindenburg, *Out of My Life*, trans. F. A. Holt (London: Cassell and Company, 1920), p. 132.

18 E. von Falkenhayn, *General Headquarters 1914–1916 and Its Critical Decisions* (London: Hutchinson & Co., 1919), p. 56.

19 R. Foley, 'East or West? Erich von Falkenhayn and German Strategy, 1914–1915', in M. Hughes and M. Seligmann (eds.), *Leadership in Conflict 1914–1918* (London: Leo Cooper, 2000), p. 127.

20 BA-MA: RH 61/933, Plessen diary, 24 October 1914.

21 A. Mombauer, *Helmuth von Moltke and the Origins of the First World War* (Cambridge: Cambridge University Press, 2001), p. 276.

22 W. Görlitz (ed.), *The Kaiser and His Court. The Diaries, Note Books and Letters of Admiral Georg Alexander von Müller, Chief of the Naval Cabinet, 1914–1918* (London: Macdonald & Co., 1961; first publ. 1959), p. 40 (entry, 26 October 1914).

23 C. Clark, *Kaiser Wilhelm II* (Harlow: Pearson Education, 2000), p. 227; and letter, 2 January 1915, in Grand Admiral von Tirpitz, *My Memoirs* (2 vols., New York: Dodd, Mead and Company, 1919), II, p. 282.

24 L. Sondhaus, *The Great War at Sea. A Naval History of the First World War* (Cambridge: Cambridge University Press, 2014), p. 139.

25 'The German Declaration of a Naval War Zone (February 4, 1915)', in J. V. Fuller (ed.), *Papers Relating to the Foreign Relations of the United States, 1915, Supplement, The World War* (Washington: Government Printing Office, 1928), Document 123.

26 J. P. Guéno and Y. Laplume (eds.), *Paroles de poilus. Lettres et carnets du front 1914–1918* (Paris: Radio France, 1998), p. 90.

27 Foch to Joffre, 1 January 1915, in *AFGG*, Book 2 – *Annexes*, Vol. 1, No. 526, pp. 742–3.

28 E. Greenhalgh, *The French Army and the First World War* (Cambridge: Cambridge University Press, 2014), p. 96.

29 Ibid., p. 81; and G. E. Torrey, 'L'Affaire de Soissons, January 1915', *War in History*, Vol. 4, No. 4 (October 1997), pp. 398–410.

30 Joffre, *Memoirs*, I, p. 323.

31　Kitchener to French, 2 January 1915, in G. H. Cassar, *The Tragedy of Sir John French* (London and Toronto: Associated University Presses, 1985), p. 197. Original emphasis.

32　Cassar, *Kitchener*, p. 268.

33　French to Kitchener, 3 January 1915, in Cassar, *The Tragedy of Sir John French*, p. 198.

34　Viscount French, *1914* (London: Constable, 1919), pp. 308–10.

35　French to Joffre, 18 February 1915, and Joffre to French, 19 February 1915, in *AFGG*, Book 2 – *Annexes*, Vol. 2, Nos. 917 and 927, pp. 235–7, 247–8.

36　D. R. Stone, *The Russian Army in the Great War. The Eastern Front, 1914–1917* (Lawrence, Kan.: University Press of Kansas, 2015), p. 137.

37　Humphries and Maker (eds.), *Germany's Western Front. II. 1915*, p. 25.

38　*AFGG*, Book 2, p. 425.

39　Joffre, *Memoirs*, II, p. 339.

40　A. von Kirchbach, *Kämpfe in der Champagne (Winter 1914–Herbst 1915)* (Oldenburg: Gerhard Stalling, 1919), p. 11.

41　J. Alter (ed.), *Ein Armeeführer erlebt den Weltkrieg. Persönliche Aufzeichnungen des Generalobersten v. Einem* (Leipzig: v. Hase & Koehler, 1938), p. 98.

42　BA-MA: RH 61/986, Tappen diary, 20 February 1915.

43　Humphries and Maker (eds.), *Germany's Western Front. II. 1915*, pp. 35–7.

44　R. A. Doughty, *Pyrrhic Victory. French Strategy and Operations in the Great War* (London and Cambridge, Mass.: Harvard University Press, 2005), p. 143. Losses for the German Third Army were 1,100 officers and 45,000 other ranks. Reichsarchiv, *Der Weltkrieg 1914 bis 1918. VII. Die Operationen des Jahres 1915, Part 1: Die Ereignisse im Winter und Frühjahr* (Berlin: E. S. Mittler & Sohn, 1931), p. 53.

45　'Compte rendu des opérations du 18 mars', 18 March 1915, in *AFGG*, Book 2 – *Annexes*, Vol. 2, No. 1223, pp. 671–2.

46　Kirchbach, *Kämpfe in der Champagne*, p. 48.

第五章　真是件糟糕的事情

1　H. Domelier, *Behind the Scenes at German Headquarters* (London: Hurst and Blackett, 1919), pp. 17–23, 36.

2 Grand Admiral von Tirpitz, *My Memoirs* (2 vols., New York: Dodd, Mead and Company, 1919), II, pp. 468–70 (letters, 28 and 29 September 1914).

3 F. von Lossberg, *Lossberg's War. The World War I Memoirs of a German Chief of Staff*, trans. D. T. Zabecki and D. J. Biedekarken (Lexington, Ky.: University of Kentucky Press, 2017), p. 126.

4 Domelier, *Behind the Scenes*, p. 120.

5 M. O. Humphries and J. Maker (eds.), *Germany's Western Front. Translations from the German Official History of the Great War. II. 1915* (Waterloo, Ont.: Wilfrid Laurier Press, 2009), pp. 85, 89–91.

6 Ibid., pp. 92–3.

7 R. T. Foley, *German Strategy and the Path to Verdun. Erich von Falkenhayn and the Development of Attrition, 1870–1916* (Cambridge: Cambridge University Press, 2005), pp. 157–63.

8 R. L. DiNardo, *Breakthrough. The Gorlice–Tarnow Campaign, 1915* (Santa Barbara, Calif.: Praeger, 2010), p. 25; and Foley, *German Strategy*, pp. 128–9.

9 Falkenhayn to Conrad, 13 April 1915, and Conrad to Falkenhayn, 13 April 1915, in E. von Falkenhayn, *General Headquarters 1914–1916 and Its Critical Decisions* (London: Hutchinson & Co., 1919), pp. 83–4.

10 J. B. Scott (ed.), *The Proceedings of the Hague Peace Conferences. Translation of the Official Texts. The Conference of 1899* (New York: Oxford University Press, 1920), pp. 266, 438.

11 M. Bauer, *Der große Krieg in Feld und Heimat. Erinnerungen und Betrachtungen* (Tübingen: Oslander'sche Buchhandlung, 1922), p. 67.

12 U. Trumpener, 'The Road to Ypres: The Beginnings of Gas Warfare in World War I', *Journal of Modern History*, Vol. 47, No. 3 (September 1975), pp. 466–7, 472–3.

13 D. Preston, *A Higher Form of Killing. Six Weeks in World War I That Forever Changed the Nature of Warfare* (London and New York: Bloomsbury, 2015), p. 87.

14 L. F. Haber, *The Poisonous Cloud. Chemical Warfare in the First World War* (Oxford: Oxford University Press, 1986), p. 31.

15 R. Recouly, *Joffre* (London and New York: D. Appleton & Company, 1931), pp. 231–3.

16 A. Bourachot, *Marshal Joffre. The Triumphs, Failures and Controversies of France's Commander-in-Chief in the Great War*, trans. A. Uffindell (Barnsley: Pen & Sword, 2014), p. 148.

17 Kitchener to French, 3 March 1915, and French to Kitchener, 7 March 1915, in R. Holmes, *The Little Field Marshal. A Life of Sir John French* (London: Cassell, 2005; first publ. 1981), pp. 270–71.

18 French to Winifred Bennett, 5 March 1915, in Holmes, *The Little Field Marshal*, p. 277. Original emphasis.

19 Sir J. E. Edmonds and G. C. Wynne, *Military Operations. France and Belgium, 1915* (2 vols., London: Macmillan and Co., 1927), I, p. 151; and G. French (ed.), *Some War Diaries, Addresses, and Correspondence of Field Marshal the Right Honble. The Earl of Ypres* (London: Herbert Jenkins, 1937), pp. 183–4 (entries, 11 and 14 March 1915). French was being over-optimistic. German losses were around 10,000 (not the 17,000–18,000 that he predicted). Humphries and Maker (eds.), *Germany's Western Front. II. 1915*, p. 67.

20 Edmonds and Wynne, *Military Operations. 1915*, I, pp. 154–5.

21 'Extrait du procès-verbal de la conférence du 27 mars [sic] entre lord Kitchener et le maréchal French d'une part, M. le ministre de la Guerre et le général en chef d'autre part', 30 March 1915, in Ministère de la Guerre, *Les Armées françaises dans la Grande guerre* (Paris: Imprimerie Nationale, 1922–39) [hereafter *AFGG*], Book 3 – *Annexes*, Vol. 1, No. 23, pp. 38–9.

22 French (ed.), *Some War Diaries*, p. 188 (entry, 31 March 1915).

23 H. von Kuhl, *Der Weltkrieg 1914–1918. Dem deutschen Volke dargestellt* (Berlin: Verlag Tradition Wilhelm Kolk, 1929), pp. 194–5.

24 J. Mordacq, *Le Drame de l'Yser. La Surprise des gaz (Avril 1915)* (Paris: Éditions des Portiques, 1933), pp. 62, 64–5.

25 Humphries and Maker (eds.), *Germany's Western Front. II. 1915*, p. 165.

26 Foch to Joffre, 23 April 1915, in *AFGG*, Book 2 – *Annexes*, Vol. 2, No. 1422, pp. 983–4

27 Kitchener to French, 24 April 1915, in Sir G. Arthur, *Life of Lord Kitchener* (3 vols., London: Macmillan and Co., 1920), III, p. 234.

28 H. Matthews quoted in G. H. Cassar, *Hell in Flanders Fields. Canadians at the Second Battle of Ypres* (Toronto: Dundurn Press, 2010), pp. 182–3.

29 French to Kitchener, 24 April 1915, in Arthur, *Lord Kitchener*, III, p. 233.

30 Holmes, *The Little Field Marshal*, p. 284.

31 Sir C. E. Callwell, *Field-Marshal Sir Henry Wilson. His Life and Diaries* (2 vols., London: Cassell and Company, 1927), I, p. 224.

32 Kuhl, *Der Weltkrieg 1914–1918*, p. 195.

33 Lossberg, *Lossberg's War*, pp. 144–6.

34 'Note du général Foch', March 1915, in *AFGG*, Book 3 – *Annexes*, Vol. I, No. 24, p. 40. Original emphasis.

35 'Note', 14 February 1915, in *AFGG*, Book 2 – *Annexes*, Vol. 2, No. 874, pp. 163–4.

36 *AFGG*, Book 3, pp. 27, 34.

37 S. Ryan, *Pétain the Soldier* (South Brunswick, NJ, and New York: A. S. Barnes, 1969), p. 17.

38 P. Guedalla, *The Two Marshals. Bazaine. Pétain* (London: Hodder and Stoughton, 1943), p. 282.

39 C. Williams, *Pétain* (London: Little, Brown, 2005), p. 109.

40 D'Urbal to Foch, 8 May 1915, in *AFGG*, Book 3 – *Annexes*, Vol. I, No. 143, p. 224.

41 *Pages de gloire de la Division Marocaine* (Paris: Primerie et Librairie Militaire, n.d.), p. 22; and J. Krause, *Early Trench Tactics in the French Army. The Second Battle of Artois, May–June 1915* (Farnham: Ashgate, 2013), p. 70.

42 M. Daille, *Histoire de la Guerre mondiale. Joffre et la guerre d'usure 1915–1916* (Paris: Payot, 1936), p. 115.

43 Crown Prince R. von Bayern, *Mein Kriegstagebuch* (3 vols., Berlin: E. S. Mittler, 1929), I, pp. 336–8 (entry, 9 May 1915).

44 Lossberg, *Lossberg's War*, p. 147.

45 'Note pour les généraux commandants de C. A., au général commandant l'artillerie', 10 May 1915, in *AFGG*, Book 3 – *Annexes*, Vol. I, No. 184, pp. 269–70.

46 Krause, *Early Trench Tactics*, p. 79.

47 Reichsarchiv, *Der Weltkrieg 1914 bis 1918. VIII. Die Operationen des Jahres 1915*, Part 2: *Die Ereignisse im Westen im Frühjahr und Sommer, im Osten vom Frühjahr bis zum Jahresschluß* (Berlin: E. S. Mittler & Sohn, 1932), p. 66.

48 W. Beumelburg, *Schlachten des Weltkrieges. 17. Loretto* (Berlin: Gerhard Stalling, 1927), p. 151.

49 R. von Bayern, *Mein Kriegstagebuch*, I, p. 338 (entry, 9 May 1915).

第六章　按兵不动是可耻的

1 House of Commons Debates, 15 June 1915, Vol. 72, cc. 559–60.

2 'The Prime Minister's Speech', *The Times*, 16 June 1915.

3 Sir J. E. Edmonds, *Military Operations. France and Belgium, 1915* (2 vols., London: Macmillan and Co., 1928), II, p. 39 n. 3.

4 G. H. Cassar, *The Tragedy of Sir John French* (London and Toronto: Associated University Presses, 1985), p. 238; and Viscount French, *1914* (London: Constable, 1919), p. 357.

5 'Need for Shells', *The Times*, 14 May 1915.

6 G. H. Cassar, *Kitchener. Architect of Victory* (London: William Kimber, 1977), p. 356.

7 Edmonds, *Military Operations. 1915*, II, p. 41.

8 R. Poincaré, *The Memoirs of Raymond Poincaré 1915*, trans. G. Arthur (London: William Heinemann, 1930), p. 120.

9 Ibid., pp. 93–5, 120.

10 A. Ferry, *La Guerre vue d'en bas et d'en haut (Lettres, notes, discours et rapports)* (Nancy: Bernard Grasset, 1920), pp. 35–6. Original emphasis.

11 Poincaré, *Memoirs 1915*, p. 141.

12 M. M. Farrar, 'Politics Versus Patriotism: Alexandre Millerand as French Minister of War', *French Historical Studies*, Vol. 11, No. 4 (Autumn 1980), pp. 597–8; and E. Greenhalgh, *The French Army and the First World War* (Cambridge: Cambridge University Press, 2014), p. 100.

13 N. Stone, *The Eastern Front 1914–1917* (New York: Charles Scribner's Sons, 1975), pp. 136, 139; and R. L. DiNardo, *Breakthrough. The Gorlice–Tarnow Campaign, 1915* (Santa Barbara, Calif.: Praeger, 2010), p. 99.

14 Crown Prince R. von Bayern, *Mein Kriegstagebuch* (3 vols., Berlin: E. S. Mittler, 1929), I, p. 365 (entry, 7 June 1915).

15 M. O. Humphries and J. Maker (eds.), *Germany's Western Front. Translations from the German Official History of the Great War. II. 1915* (Waterloo, Ont.: Wilfrid Laurier Press, 2009), pp. 187–8.

16 J. Boff, *Haig's Enemy. Crown Prince Rupprecht and Germany's War on the Western Front* (Oxford: Oxford University Press, 2018), pp. 76–7.

17 W. Groener, *Lebenserinnerungen. Jugend. Generalstab. Weltkrieg* (Göttingen: Vandenhoeck & Ruprecht, 1957), p. 245.

18 TNA: WO 32/5323, 'Proposals for the Technical Methods to be Adopted in an Attempt to Break through a Strongly Fortified Position, Based on the Knowledge Acquired from the Errors Which Appear to Have been Committed by the French during the Winter Campaign in Champagne'.

19 TNA: WO 32/5323, 'Experiences Gained in the Winter Battle in Champagne from the Point of View of the Organization of the Enemy's Line of Defences and the Means of Combating an Attempt to Pierce Our Line'.

20 R. T. Foley, *German Strategy and the Path to Verdun. Erich von Falkenhayn and the Development of Attrition, 1870–1916* (Cambridge: Cambridge University Press, 2005), p. 164.

21 M. Bauer, *Der große Krieg in Feld und Heimat. Erinnerungen und Betrachtungen* (Tübingen: Oslander'sche Buchhandlung, 1922), p. 86.

22 P. Witkop (ed.), *German Students' War Letters*, trans. A. F. Wedd (Philadelphia, Pa.: First Pine Street Books, 2002; first publ. 1929), pp. 224–5.

23 D'Urbal to Joffre, 19 May 1915, in Ministère de la Guerre, *Les Armées françaises dans la Grande guerre* (Paris: Imprimerie Nationale, 1922–39) [hereafter *AFGG*], Book 3 – *Annexes*, Vol. 1, No. 291, pp. 389–92.

24 J. Krause, *Early Trench Tactics in the French Army. The Second Battle of Artois, May–June 1915* (Farnham: Ashgate, 2013), p. 134.

25 *AFGG*, Book 3, pp. 92, 96; and 'Note au sujet de l'emploi du canon de 75', 19 June 1915, in *AFGG*, Book 3 – *Annexes*, Vol. 1, No. 676, pp. 864–5.

26 M. Daille, *Histoire de la Guerre mondiale. Joffre et la guerre d'usure 1915–1916* (Paris: Payot, 1936), p. 123.

27 E. Fayolle, *Cahiers secrets de la Grande guerre*, ed. H. Contamine (Paris: Plon, 1964), p. 112 (entry, 17 June 1915).

28 'Instruction pour le général Foch', 12 July 1915, and 'Instruction pour le général de Castelnau', 12 July 1915, in *AFGG*, Book 3 – *Annexes*, Vol. 2, Nos. 896 and 897, pp. 147–8, 150–52.

29 TNA: WO 159/4/6, 'An Appreciation of the Military Situation in the Future', 26 June 1915.

30 Lord Hankey, *The Supreme Command 1914–1918* (2 vols., London: George Allen and Unwin, 1961), I, p. 349.

31 P. Guinn, *British Strategy and Politics 1914 to 1918* (Oxford: Clarendon Press, 1965), p. 90.

32 'Procès-verbal de la conférence des représentants des différentes armées alliées tenue à Chantilly, le 7 juillet 1915', in *AFGG*, Book 3 – *Annexes*, Vol. 2, No. 860, pp. 75–84.

33 Stone, *The Eastern Front*, pp. 182–3.

34 E. von Falkenhayn, *General Headquarters 1914–1916 and Its Critical Decisions* (London: Hutchinson & Co., 1919), pp. 126–7.

35 Humphries and Maker (eds.), *Germany's Western Front. II. 1915*, pp. 217–18.

36 F. von Lossberg, *Lossberg's War. The World War I Memoirs of a German Chief of Staff*, trans. D. T. Zabecki and D. J. Biedekarken (Lexington, Ky.: University of Kentucky Press, 2017), p. 158.

37 J. Alter (ed.), *Ein Armeeführer erlebt den Weltkrieg. Persönliche Aufzeichnungen des Generalobersten v. Einem* (Leipzig: v. Hase & Koehler, 1938), p. 131.

38 N. Lloyd, *Loos 1915* (Stroud: Tempus, 2006), pp. 34–5.

39 TNA: WO 158/13, French to Joffre, 10 August 1915, and Joffre to French, 12 August 1915.

40 Lloyd, *Loos 1915*, pp. 39–40; and TNA: CAB 22/2, Minutes of Dardanelles Committee Meeting, 20 August 1915. Original emphasis.

41 BLO: MS. Asquith 8, Asquith to King George V, 20 August 1915.

42 TNA: CAB 22/2, Minutes of Dardanelles Committee Meeting, 3 September 1915; and Cassar, *Kitchener*, p. 389.

43 Poincaré, *Memoirs 1915*, p. 197.

44 'Réunion des commandants de groupe d'armées du 11 juillet [sic]', in *AFGG*, Book 3 – *Annexes*, Vol. 2, No. 1150, pp. 554–8.

45 E. Greenhalgh, *Foch in Command. The Forging of a First World War General* (Cambridge: Cambridge University Press, 2011), p. 126.

46 Edmonds, *Military Operations. 1915*, II, pp. 151–2.

47 TNA: WO 95/158, 'IV Corps Proposals for an Attack on Loos and Hill 70', 22 August 1915.

第七章　没有完成任务

1 B. Serrigny, *Trente ans avec Pétain* (Paris: Librairie Plon, 1959), p. 33.

2 'Projet d'opérations en Champagne', 21 July 1915, in Ministère de la Guerre, *Les Armées françaises dans la Grande guerre* (Paris: Imprimerie Nationale, 1922–39) [hereafter *AFGG*], Book 3 – *Annexes*, Vol. 2, No. 981, p. 277.

3 *AFGG*, Book 3, pp. 535–6; and Sir J. E. Edmonds, *Military Operations. France and Belgium, 1915* (2 vols., London: Macmillan and Co., 1928), II, pp. 163, 177.

4 M. Daille, *Histoire de la Guerre mondiale. Joffre et la guerre d'usure 1915–1916* (Paris: Payot, 1936), pp. 186–7.

5 'Instruction préparatoire aux attaques', 5 September 1915, in *AFGG*, Book 3 – *Annexes*, Vol. 2, No. 1335, pp. 803–7.

6 A. von Kirchbach, *Kämpfe in der Champagne (Winter 1914–Herbst 1915)* (Oldenburg: Gerhard Stalling, 1919), p. 75.

7 J. Alter (ed.), *Ein Armeeführer erlebt den Weltkrieg. Persönliche Aufzeichnungen des Generalobersten v. Einem* (Leipzig: v. Hase & Koehler, 1938), pp. 149–50.

8 Ibid., p. 150.

9 TNA: WO 95/158, GHQ to Haig, 18 September 1915.

10 N. Lloyd, *Loos 1915* (Stroud: Tempus, 2006), pp. 125–6.

11 'Instruction personnelle et secrète à Messieurs les généraux commandants de corps d'armée', 1 September 1915, and 'Instruction personnelle et secrète pour MM. les généraux commandants de corps d'armée', 4 September 1915, in *AFGG*, Book 3 – *Annexes*, Vol. 2, Nos. 1315 and 1332, pp. 772, 798.

12 IWM: Documents 6874, Major P. H. Pilditch, 'The War Diary of an Artillery Officer 1914–1918', p. 158.

13 T. Cook, *No Place to Run. The Canadian Corps and Gas Warfare in the First World War* (Vancouver: UBC Press, 1999), p. 77.

14 Lloyd, *Loos 1915*, pp. 131, 158.

15 Crown Prince R. von Bayern, *Mein Kriegstagebuch* (3 vols., Berlin: E. S. Mittler, 1929), I, pp. 382–4 (entry, 25 September 1915).

16 Reichsarchiv, *Der Weltkrieg 1914 bis 1918. IX. Die Operationen des Jahres 1915*, Part 3: *Die Ereignisse im Westen und auf dem Balkan vom Sommer bis zum Jahresschluß* (Berlin: E. S. Mittler & Sohn, 1933), p. 54.

17 M. O. Humphries and J. Maker (eds.), *Germany's Western Front. Transla-tions from the German Official History of the Great War*. II. *1915* (Waterloo, Ont.: Wilfrid Laurier Press, 2009), p. 294.

18 *AFGG*, Book 3, p. 372; and 'Message téléphoné', 25 September 1915, in *AFGG*, Book 3 – *Annexes*, Vol. 3, No. 1739, p. 107.

19 'Compte rendu des opérations du 14e corps d'armée pendant les journées des 25 au 30 septembre 1915', in *AFGG*, Book 3 – *Annexes*, Vol. 3, No. 2513, p. 746; and *AFGG*, Book 3, p. 369.

20 R. Christian-Frogé, *La Grande guerre vécue, racontée, illustrée par les com-battants* (2 vols., Paris: Aristide Quillet, 1922), I, p. 259.

21 'Ordre annexe à l'ordre d'opérations pour la journée du 26 septembre', in *AFGG*, Book 3 – *Annexes*, Vol. 3, No. 1645, p. 41.

22 Alter (ed.), *Ein Armeeführer*, pp. 150–51.

23 BA-MA: RH 61/1495, 'Die Leitung des deutschen Westheeres im Sep-tember und Oktober 1915 seit dem Beginn der Herbstschlacht in der Champagne und im Artois', pp. 12, 14–15.

24 F. von Lossberg, *Lossberg's War. The World War I Memoirs of a German Chief of Staff*, trans. D. T. Zabecki and D. J. Biedekarken (Lexington, Ky.: University of Kentucky Press, 2017), pp. 163–73.

25 Humphries and Maker (eds.), *Germany's Western Front*. II. *1915*, p. 304.

26 TNA: CAB 45/121, Account of Major J. Buckley, 1 January 1927.

27 TNA: CAB 45/120, Account of Lieutenant L. G. Duke, 20 November 1918.

28 Edmonds, *Military Operations. 1915*, II, p. 342 n. 1.

29 *AFGG*, Book 3, pp. 444–5.

30 I. Sumner, *They Shall Not Pass. The French Army on the Western Front 1914–1918* (Barnsley: Pen & Sword, 2012), p. 59.

31 Pétain to Castelnau, 28 September 1915, in *AFGG*, Book 3 – *Annexes*, Vol. 3, No. 2109, p. 404.

32 BA-MA: RH 61/1495, 'Die Leitung des deutschen Westheeres . . .', p. 27.

33 Lossberg, *Lossberg's War*, pp. 173–4.

34 TNA: PRO 30/57/53, Haig to Kitchener, 29 September 1915.

35 Lloyd, *Loos 1915*, pp. 63–7.

36 G. Sheffield and J. Bourne (eds.), *Douglas Haig. War Diaries and Letters 1914–1918* (London: Weidenfeld & Nicolson, 2005), p. 159 (entry, 28 Sep-tember 1915).

37 French to Winifred Bennett, 27 September and 2 October 1915, in R. Holmes, *The Little Field Marshal. A Life of Sir John French* (London: Cassell, 2005; first publ. 1981), p. 305. Original emphasis.

38 Y. Gras, *Castelnau ou l'art de commander 1851–1944* (Paris: Éditions Denoël, 1990), p. 251; and C. Baussan, 'General de Castelnau', *Studies. An Irish Quarterly Review*, Vol. 6, No. 24 (December 1917), p. 597.

39 Lossberg, *Lossberg's War*, p. 175.

40 BA-MA: RH 61/1495, 'Die Leitung des deutschen Westheeres . . .', p. 47.

41 Humphries and Maker (eds.), *Germany's Western Front. II. 1915*, p. 323.

42 H. Ludwig quoted in J. Sheldon, *The German Army on the Western Front 1915* (Barnsley: Pen & Sword, 2012), pp. 278–80.

43 Alter (ed.), *Ein Armeeführer*, p. 167.

44 *AFGG*, Book 3, p. 489.

45 R. Poincaré, *The Memoirs of Raymond Poincaré 1915*, trans. G. Arthur (London: William Heinemann, 1930), pp. 253–4.

46 *AFGG*, Book 3, pp. 537–40; and Edmonds, *Military Operations. 1915*, II, p. 391.

47 'Rapport sur les opérations de la Xe armée pendant la période du 25 septembre au 11 octobre 1915', in *AFGG*, Book 3 – *Annexes*, Vol. 4, No. 3050, pp. 193–4.

48 'Rapport sur les opérations de la IIe armée en Champagne et enseignements à en tirer', 1 November 1915, in *AFGG*, Book 3 – *Annexes*, Vol. 4, No. 3042, p. 168. Original emphasis.

49 E. von Falkenhayn, *General Headquarters 1914–1916 and Its Critical Decisions* (London: Hutchinson & Co., 1919), p. 172.

50 J. Boff, *Haig's Enemy. Crown Prince Rupprecht and Germany's War on the Western Front* (Oxford: Oxford University Press, 2018), p. 90.

51 Reichsarchiv, *Der Weltkrieg. IX. Die Operationen des Jahres 1915*, Part 3, pp. 89, 97.

52 Bernstorff to Lansing, 1 September 1915, in J. V. Fuller (ed.), *Papers Relating to the Foreign Relations of the United States, 1915, Supplement, The World War* (Washington: Government Printing Office, 1928), Document 767.

53 A. Watson, *Ring of Steel. Germany and Austria–Hungary at War, 1914–1918* (London: Allen Lane, 2015; first publ. 2014), p. 240.

54 'Through German Eyes', *The Times*, 12 October 1915.

55 O. Johnson, 'Père Joffre', *The Times*, 21 October 1915.

56 'Note sur l'emploi des forces anglaises pendant la campagne d'hiver 1915–1916', 7 October 1915, in *AFGG*, Book 3 – *Annexes*, Vol. 3, No. 2792, pp. 1023–4.

第二部分　命运的天平：从凡尔登到第二次埃纳河战役 （1915 年 12 月 ~1917 年 5 月）

第八章　行刑之地

1 J. Charteris, *At G.H.Q.* (London: Cassell and Company, 1931), p. 121.

2 Haig to Leopold Rothschild, 9 December 1915, in G. Sheffield and J. Bourne (eds.), *Douglas Haig. War Diaries and Letters 1914–1918* (London: Weidenfeld & Nicolson, 2005), p. 172.

3 J. C. Joffre, *The Memoirs of Marshal Joffre*, trans. T. Bentley Mott (2 vols., London: Geoffrey Bles, 1932), II, pp. 415–16.

4 W. S. Churchill, *The World Crisis 1911–1918 Abridged and Revised Edition* (London: Macmillan and Co., 1943), p. 640.

5 J. Charteris, *Field-Marshal Earl Haig* (New York: Charles Scribner's Sons, 1929), p. 70; and Sheffield and Bourne (eds.), *Douglas Haig*, p. 173 (entry, 14 December 1915).

6 'Instructions for General Sir D. Haig', Appendix 5, in Sir J. E. Edmonds et al., *Military Operations. France and Belgium, 1916. Appendices* (2 vols., London: Macmillan and Co., 1932–8), I, pp. 40–41.

7 Ministère de la Guerre, *Les Armées françaises dans la Grande guerre* (Paris: Imprimerie Nationale, 1922–39) [hereafter *AFGG*], Book 4/1, pp. 11–16.

8 Vallières to Joffre, Report No. 125, 1 January 1916, in E. Greenhalgh (ed. and trans.), *Liaison. General Pierre des Vallières at British General Headquarters, January 1916 to May 1917* (Stroud: History Press, 2016), pp. 47–8.

9 J. K. Tanenbaum, *General Maurice Sarrail 1856–1929. The French Army and Left-Wing Politics* (Chapel Hill, NC: University of North Carolina Press, 1974), pp. 53–4.

10 Joffre, *Memoirs*, II, pp. 401–2.

11 J. de Pierrefeu, *French Headquarters 1915–1918*, trans. Major C. J. C. Street (London: Geoffrey Bles, 1924), pp. 47–8.

12 Lord Hankey, *The Supreme Command 1914–1918* (2 vols., London: George Allen and Unwin, 1961), I, p. 424.

13 J. Grigg, *Lloyd George. From Peace to War 1912–1916* (London: Penguin Books, 2002; first publ. 1985), p. 313.

14 G. H. Cassar, *Kitchener. Architect of Victory* (London: William Kimber, 1977), p. 429.

15 G. H. Cassar, *Asquith as War Leader* (London: Hambledon, 1994), pp. 136–7, 145; and Sir G. Arthur, *Life of Lord Kitchener* (3 vols., London: Macmillan and Co., 1920), III, p. 185.

16 TNA: CAB 24/1, No. 33, 'Memorandum on the Conduct of the War', 8 November 1915.

17 'The Worn Kaiser', *The Times*, 26 January 1916.

18 Reichsarchiv, *Der Weltkrieg 1914 bis 1918. X. Die Operationen des Jahres 1916. Bis zum Wechsel in der Obersten Heeresleitung* (Berlin: E. S. Mittler & Sohn, 1936), pp. 1–2.

19 Ibid., pp. 5–6.

20 E. von Falkenhayn, *General Headquarters 1914–1916 and Its Critical Decisions* (London: Hutchinson & Co., 1919), pp. 209–18.

21 R. T. Foley, *German Strategy and the Path to Verdun. Erich von Falkenhayn and the Development of Attrition, 1870–1916* (Cambridge: Cambridge University Press, 2005), p. 189.

22 'Le général de division Dubail, commandant le groupe d'armées de l'Est, à Monsieur le général commandant la Ire armée, la région fortifiée de Verdun', 9 August 1915, in *AFGG*, Book 3 – *Annexes*, Vol. 2, No. 1135, pp. 533–4.

23 Foley, *German Strategy*, pp. 190–91.

24 Reichsarchiv, *Der Weltkrieg. X. Die Operationen des Jahres 1916*, p. 27.

25 M. Bauer, *Der große Krieg in Feld und Heimat. Erinnerungen und Betrachtungen* (Tübingen: Oslander'sche Buchhandlung, 1922), p. 101.

26 Reichsarchiv, *Der Weltkrieg. X. Die Operationen des Jahres 1916*, p. 27.

27 F. von Lossberg, *Lossberg's War. The World War I Memoirs of a German Chief of Staff*, trans. D. T. Zabecki and D. J. Biedekarken (Lexington, Ky.: University of Kentucky Press, 2017), p. 195.

28 Crown Prince Wilhelm, *My War Experiences* (London: Hurst and Black-ett, n.d.), p. 166.

29 Foley, *German Strategy*, p. 215 and n. 26; and Crown Prince Wilhelm, *My War Experiences*, pp. 170–71.

30 R. G. Head, *Oswald Boelcke. Germany's First Fighter Ace and Father of Air Combat* (London: Grub Street, 2016), p. 87; and E. W. von Hoeppner, *Germany's War in the Air. The Development and Operations of German Military Aviation in the World War*, trans. J. Hawley Larned (Nashville, Tenn. Battery Press, 1994; first publ. 1921), p. 49.

31 Crown Prince Wilhelm, *My War Experiences*, pp. 178–9.

32 W. Groener, *Lebenserinnerungen. Jugend. Generalstab. Weltkrieg* (Göttingen: Vandenhoeck & Ruprecht, 1957), p. 291.

33 R. A. Doughty, *Pyrrhic Victory. French Strategy and Operations in the Great War* (London and Cambridge, Mass.: Harvard University Press, 2005), pp. 267–9.

34 Crown Prince Wilhelm, *My War Experiences*, p. 180.

35 BA-MA: RH 61/986, Tappen diary, 21 February 1916.

36 *AFGG*, Book 4/1, p. 218.

37 I. Ousby, *The Road to Verdun. France, Nationalism and the First World War* (London: Jonathan Cape, 2002), p. 69.

38 Reichsarchiv, *Der Weltkrieg. X. Die Operationen des Jahres 1916*, p. 83.

39 H. Wendt, *Verdun 1916. Die Angriffe Falkenhayns im Maasgebiet mit Richtung auf Verdun als strategisches Problem* (Berlin: Mittler & Sohn, 1931), p. 74; and A. Horne, *The Price of Glory. Verdun 1916* (Harmondsworth: Penguin, 1964; first publ. 1962), p. 111.

40 Langle de Cary to Herr, 23 February 1916, in *AFGG*, Book 4/1 – *Annexes*, Vol. 1, No. 511, p. 674. Emphasis added.

41 Joffre, *Memoirs*, II, pp. 439–40.

42 Ibid., p. 444.

43 'Message téléphoné', in *AFGG*, Book 4/1 – *Annexes*, Vol. 1, No. 681, p. 781.

44 B. Serrigny, *Trente ans avec Pétain* (Paris: Librairie Plon, 1959), p. 46.

45 Ibid., pp. 48–9.

46 'The First Attack, February 21st, described by a French Staff Officer', in C. F. Horne (ed.), *Source Records of the Great War* (7 vols., USA: National Alumni, 1923), IV, p. 54.

47 H. Bordeaux quoted in D. Mason, *Verdun* (Moreton-in-Marsh: Windrush Press, 2000), p. 73.

48 H. P. Pétain, *Verdun*, trans. M. Mac Veagh (New York: The Dial Press, 1930), pp. 78–9, 84–7.

第九章　昂贵而致命的苦差事

1 W. Groener, *Lebenserinnerungen. Jugend. Generalstab. Weltkrieg* (Göttingen: Vandenhoeck & Ruprecht, 1957), p. 295.

2 Crown Prince Wilhelm, *My War Experiences* (London: Hurst and Blackett, n.d.), p. 185.

3 E. von Falkenhayn, *General Headquarters 1914–1916 and Its Critical Decisions* (London: Hutchinson & Co., 1919), p. 234; and R. T. Foley, *German Strategy and the Path to Verdun. Erich von Falkenhayn and the Development of Attrition, 1870–1916* (Cambridge: Cambridge University Press, 2005), p. 224.

4 I. Sumner, *They Shall Not Pass. The French Army on the Western Front 1914–1918* (Barnsley: Pen & Sword, 2012), p. 104.

5 E. Greenhalgh, *The French Army and the First World War* (Cambridge: Cambridge University Press, 2014), p. 141.

6 H. P. Pétain, *Verdun*, trans. M. Mac Veagh (New York: The Dial Press, 1930), p. 123.

7 M. Daille, *Histoire de la Guerre mondiale. Joffre et la guerre d'usure 1915–1916* (Paris: Payot, 1936), p. 321.

8 I. Sumner, *Kings of the Air. French Aces and Airmen of the Great War* (Barnsley: Pen & Sword, 2015), p. 71.

9 H. M. Mason, Jr, *High Flew the Falcons. The French Aces of World War I* (Philadelphia and New York: J. B. Lippincott, 1965), pp. 67, 71–2.

10 A. Schwencke, *Die Tragödie von Verdun 1916*, Part 2. *Das Ringen um Fort Vaux* (Berlin: Gerhard Stalling, 1928), pp. 17–18.

11 L. Loiseau and G. Bénech (eds.), *Carnets de Verdun* (Paris: Librio, 2006), p. 29.

12 Crown Prince Wilhelm, *My War Experiences*, p. 189.

13 Reichsarchiv, *Der Weltkrieg 1914 bis 1918.* X. *Die Operationen des Jahres 1916. Bis zum Wechsel der Obersten Heeresleitung* (Berlin: E. S. Mittler & Sohn, 1936), p. 213; and L. Gold, *Die Tragödie von Verdun 1916*, Parts 3 and 4. *Die Zermürbungsschlacht* (Berlin: Gerhard Stalling, 1929), p. 18.

14 W. Görlitz (ed.), *The Kaiser and His Court. The Diaries, Note Books and Letters of Admiral Georg Alexander von Müller, Chief of the Naval Cabinet, 1914–1918* (London: Macdonald & Co., 1961; first publ. 1959), p. 140 (entry, 2 March 1916).

15 Falkenhayn, *General Headquarters*, pp. 214–15.

16 Görlitz (ed.), *The Kaiser and His Court*, p. 145 (entry, 10 March 1916).

17 Grand Admiral von Tirpitz, *My Memoirs* (2 vols., New York: Dodd, Mead and Company, 1919), II, pp. 419–20.

18 H. Wendt, *Verdun 1916. Die Angriffe Falkenhayns im Maasgebiet mit Richtung auf Verdun als strategisches Problem* (Berlin: Mittler & Sohn, 1931), p. 243.

19 P. Simkins, *Kitchener's Army. The Raising of the New Armies, 1914–16* (Manchester: Manchester University Press, 1988), pp. 156–7.

20 'Resources of The Allies', *The Times*, 22 February 1916.

21 TNA: CAB 42/12/5, Sir W. Robertson, 'Future Military Operations', 31 March 1916.

22 J. Grigg, *Lloyd George. From Peace to War 1912–1916* (London: Penguin Books, 2002; first publ. 1985), p. 377.

23 G. Sheffield and J. Bourne (eds.), *Douglas Haig. War Diaries and Letters 1914–1918* (London: Weidenfeld & Nicolson, 2005), p. 183 (entry, 29 March 1916).

24 TNA: CAB 42/12/5, 'Minutes of the Eightieth Meeting of the War Committee', 7 April 1916.

25 Sheffield and Bourne (eds.), *Douglas Haig*, p. 183 (entry, 29 March 1916).

26 Joffre to Haig, 27 March 1916, in Ministère de la Guerre, *Les Armées françaises dans la Grande guerre* (Paris: Imprimerie Nationale, 1922–39) [hereafter *AFGG*], Book 4/1 – *Annexes*, Vol. 2, No. 1553, pp. 775–7.

27 Haig to Joffre, 10 April 1916, in *AFGG*, Book 4/1 – *Annexes*, Vol. 3, No. 1926, pp. 319–22.

28 Rawlinson quoted in R. Prior and T. Wilson, *Command on the Western Front. The Military Career of Sir Henry Rawlinson 1914–18* (Barnsley: Pen & Sword, 2004; first publ. 1992), p. 139.

29 TNA: WO 158/233, 'Plans for Offensive by Fourth Army', 3 April 1916.

30 Rawlinson quoted in Prior and Wilson, *Command on the Western Front*, p. 141.

31 N. Lloyd, '"With Faith and Without Fear": Sir Douglas Haig's Command of First Army during 1915', *Journal of Military History*, Vol. 71, No. 4 (October 2007), pp. 1051–76; and S. Marble, 'General Haig Dismisses Attritional Warfare, January 1916', *Journal of Military History*, Vol. 65, No. 4 (October 2001), pp. 1061–5.

32 TNA: WO 256/9, Haig diary, 5 April 1916.

33 TNA: WO 158/233, Lieutenant-General Sir L. E. Kiggell (Haig's Chief of Staff) to Rawlinson, 13 April 1916.

34 TNA: WO 158/233, Rawlinson to Kiggell, 19 April 1916, and Kiggell to Rawlinson, 16 May 1916.

35 H. Afflerbach, *Falkenhayn. Politisches Denken und Handeln im Kaiserreich* (Munich: Oldenbourg, 1994), pp. 374–5.

36 Groener, *Lebenserinnerungen*, p. 305.

37 Foley, *German Strategy*, pp. 240–41.

38 Rupprecht quoted in J. Boff, *Haig's Enemy. Crown Prince Rupprecht and Germany's War on the Western Front* (Oxford: Oxford University Press, 2018), p. 95.

39 BA-MA: RH 61/986, Tappen diary, 28 April 1916.

40 'The American Note of April 18, 1916 on the "Sussex"' and 'German Reply of May 4, 1916', in J. V. Fuller (ed.), *Papers Relating to the Foreign Relations of the United States, 1916, Supplement, The World War* (Washington: Government Printing Office, 1929), Documents 308, 337. 'Visit and search' referred to the right of warships to board merchant vessels to ascertain their status and cargo.

41 Wendt, *Verdun 1916*, pp. 128–9. After despatching this letter, General Mudra was summarily dismissed and sent to the Argonne.

42 Crown Prince Wilhelm, *My War Experiences*, pp. 194–5, 199, 200.

43 Joffre to Pétain, 2 April 1916, in *AFGG*, Book 4/1 – *Annexes*, Vol. 3, No. 1672, pp. 28–9.

44 E. Greenhalgh, *Victory Through Coalition. Britain and France during the First World War* (Cambridge: Cambridge University Press, 2005), p. 47.

45 E. Greenhalgh, *Foch in Command. The Forging of a First World War General* (Cambridge: Cambridge University Press, 2011), p. 154.

46 R. A. Doughty, *Pyrrhic Victory. French Strategy and Operations in the Great War* (London and Cambridge, Mass.: Harvard University Press, 2005), pp. 284–5.

47 J. C. Joffre, *The Memoirs of Marshal Joffre*, trans. T. Bentley Mott (2 vols., London: Geoffrey Bles, 1932), II, p. 451.

48 C. Mangin, *Lettres de Guerre 1914–1918* (Paris: Librairie Arthème Fayard, 1950), p. 111.

49 'L'attaque du plateau de Douaumont par la 5e division d'infanterie', 31 May 1916, in *AFGG*, Book 4/2 – *Annexes*, Vol. 1, No. 748, p. 1072.

50 *Historique du 43e Régiment d'Artillerie de Campagne* (Paris: Henri Charles-Lavauzelle, 1920), p. 19.

51 'Message téléphoné', 22 May 1916, in *AFGG*, Book 4/2 – *Annexes*, Vol. 1, No. 468, p. 687; and A. Horne, *The Price of Glory. Verdun 1916* (Harmondsworth: Penguin, 1964; first publ. 1962), pp. 235–6.

第十章　四面楚歌

1 L. V. Smith, *Between Mutiny and Obedience. The Case of the French Fifth Infantry Division during World War I* (Princeton, NJ: Princeton University Press, 1994), p. 144.

2 'L'attaque du plateau de Douaumont par la 5e division d'infanterie', 31 May 1916, in Ministère de la Guerre, *Les Armées françaises dans la Grande guerre* (Paris: Imprimerie Nationale, 1922–39) [hereafter *AFGG*], Book 4/2 – *Annexes*, Vol. 1, No. 748, p. 1078.

3 Nivelle to Pétain, 25 May 1916, in *AFGG*, Book 4/2 – *Annexes*, Vol. 1, No. 582, p. 808.

4 C. Delvert, *From the Marne to Verdun. The War Diary of Captain Charles Delvert, 101st Infantry, 1914–1916*, trans. I. Sumner (Barnsley: Pen & Sword, 2016), p. 159.

5 L. Gold, *Die Tragödie von Verdun 1916*, Parts 3 and 4. *Die Zermürbungsschlacht* (Berlin: Gerhard Stalling, 1929), p. 115.

6 A. H. Boer, *The Great War from the German Trenches. A Sapper's Memoir, 1914–1918*, trans. and ed. B. van Boer and M. L. Fast (Jefferson, NC: McFarland & Co., 2016), pp. 114–15.

7 *Journal du Commandant Raynal. Le Fort de Vaux* (Paris: Albin Michel, 1919), pp. 95, 102; and Crown Prince Wilhelm, *My War Experiences* (London: Hurst and Blackett, n.d.), p. 213.

8 Pétain to Joffre, 11 June 1916, in *AFGG*, Book 4/2 – *Annexes*, Vol. 2, No. 1153, pp. 12–13.

9　J. C. Joffre, *The Memoirs of Marshal Joffre*, trans. T. Bentley Mott (2 vols., London: Geoffrey Bles, 1932), II, p. 456.

10　Joffre to Pétain, 12 June 1916, in *AFGG*, Book 4/2 – *Annexes*, Vol. 2, No. 1183, pp. 49–50.

11　S. Lauzanne, 'A French Statesman, Aristide Briand', *North American Review*, Vol. 214, No. 790 (September 1921), p. 289.

12　'Comité secret du 16 juin 1916', in Assemblée Nationale, *Journal officiel de la République française. Débats parlementaires. Chambre des députés: compte rendu in-extenso* (Paris: Journal officiel, 1919), pp. 1–3.

13　Ibid., '"(suite)". 19 juin 1916', pp. 63, 65.

14　R. Poincaré, *Au service de la France. VIII. Verdun 1916* (Paris: Librairie Plon, 1931), pp. 274–7; and J. C. King, *Generals and Politicians. Conflict between France's High Command, Parliament and Government, 1914–1918* (Berkeley and Los Angeles: University of California Press, 1951), p. 122.

15　N. Stone, *The Eastern Front 1914–1917* (New York: Charles Scribner's Sons, 1975), pp. 249, 254.

16　Reichsarchiv, *Der Weltkrieg 1914 bis 1918. X. Die Operationen des Jahres 1916. Bis zum Wechsel der Obersten Heeresleitung* (Berlin: E. S. Mittler & Sohn, 1936), pp. 320–21.

17　Ibid., p. 192; and Crown Prince Wilhelm, *My War Experiences*, p. 218.

18　L. Madelin, *Verdun* (Paris: Librairie Félix Alcan, 1920), p. 101.

19　A. Horne, *The Price of Glory. Verdun 1916* (Harmondsworth: Penguin Books, 1964; first publ. 1962), p. 289.

20　L. Loiseau and G. Bénech (eds.), *Carnets de Verdun* (Paris: Librio, 2006), p. 66.

21　Reichsarchiv, *Der Weltkrieg. X. Die Operationen des Jahres 1916*, p. 193.

22　'Aux soldats de l'armée de Verdun', 23 June 1916, in *AFGG*, Book 4/2 – *Annexes*, Vol. 2, No. 1472, p. 403.

23　H. P. Pétain, *Verdun*, trans. M. Mac Veagh (New York: The Dial Press, 1930), p. 179.

24　Reichsarchiv, *Der Weltkrieg. X. Die Operationen des Jahres 1916*, p. 195; Crown Prince Wilhelm, *My War Experiences*, p. 219; and Knobelsdorf to OHL, 27 June 1916, in H. Wendt, *Verdun 1916. Die Angriffe Falkenhayns im Maasgebiet mit Richtung auf Verdun als strategisches Problem* (Berlin: Mittler & Sohn, 1931), p. 170.

25 R. T. Foley, *German Strategy and the Path to Verdun. Erich von Falkenhayn and the Development of Attrition, 1870–1916* (Cambridge: Cambridge University Press, 2005), pp. 253, 254 n. 72.

26 'Great Naval Battle', *The Times*, 3 June 1916.

27 J. Pollock, *Kitchener. Comprising the Road to Omdurman and Saviour of the Nation* (London: Constable, 2001; first publ. 1998), pp. 482–3.

28 'The Man and the Soldier', *The Times*, 7 June 1916.

29 J. Charteris, *At G.H.Q.* (London: Cassell and Company, 1931), p. 146.

30 Rawlinson quoted in Pollock, *Kitchener*, p. 487.

31 Sir J. E. Edmonds, *Military Operations. France and Belgium, 1916* (2 vols., London: Macmillan and Co., 1933), I, pp. 300–301.

32 J. H. Morrow, Jr, *The Great War in the Air. Military Aviation from 1909 to 1921* (Tuscaloosa, Ala.: University of Alabama Press, 2009; first publ. 1993), p. 170.

33 TNA: WO 256/10, Haig diary, 30 June 1916.

34 Edmonds, *Military Operations. 1916*, I, pp. 313–14.

35 R. Atwood, *General Lord Rawlinson. From Tragedy to Triumph* (London: Bloomsbury Academic, 2018), p. 142.

36 IWM: Documents 22872, Memoir of Lieutenant W. V. C. Lake.

37 A. J. Evans cited in M. Mace and J. Grehan (eds.), *Slaughter on the Somme 1 July 1916. The Complete War Diaries of the British Army's Worst Day* (Barnsley: Pen & Sword, 2013), p. 54.

38 'General Sir Walter Congreve, V.C.', *The Times*, 1 March 1927.

39 Second Lieutenant K. Macardle quoted in H. Sebag-Montefiore, *Somme. Into the Breach* (London: Viking, 2016), p. 204.

40 E. Fayolle, *Cahiers secrets de la Grande guerre*, ed. H. Contamine (Paris: Plon, 1964), p. 165 (entry, 1 July 1916).

41 Captain de Suzannet and Major Héring quoted in E. Greenhalgh (ed. and trans.), *Liaison. General Pierre des Vallières at British General Headquarters, January 1916 to May 1917* (Stroud: History Press, 2016), pp. 119, 121–3.

42 TNA: WO 256/11, Haig diary, 2 and 5 July 1916.

43 Lloyd George quoted in J. P. Harris, *Douglas Haig and the First World War* (Cambridge: Cambridge University Press, 2008), p. 242.

44 W. Langford, *Somme Intelligence. Fourth Army HQ 1916. Prisoner Interrogations and Captured Documents* (Barnsley: Pen & Sword, 2013),

p. 31; and Reichsarchiv, *Der Weltkrieg. X. Die Operationen des Jahres 1916*, p. 352.

45 W. Miles, *Military Operations. France and Belgium, 1916* (2 vols., London: Macmillan and Co., 1938), II, p. 27; and Reichsarchiv, *Der Weltkrieg. X. Die Operationen des Jahres 1916*, p. 355.

46 F. von Lossberg, *Lossberg's War. The World War I Memoirs of a German Chief of Staff*, trans. D. T. Zabecki and D. J. Biedekarken (Lexington, Ky.: University of Kentucky Press, 2017), p. 212.

47 J. Sheldon, *The German Army on the Somme 1914–1916* (Barnsley: Pen & Sword, 2012; first publ. 2005), p. 179.

48 Reichsarchiv, *Der Weltkrieg. X. Die Operationen des Jahres 1916*, p. 321.

49 TNA: WO 256/11, Haig diary, 11 July 1916, original emphasis; and WO 158/234, 'Note of discussion as to attack on LONGUEVAL plateau and the C-in-C's decision thereon'.

50 Miles, *Military Operations. 1916*, II, pp. 67–82.

51 Reichsarchiv, *Der Weltkrieg. X. Die Operationen des Jahres 1916*, p. 414.

52 M. von Gallwitz, *Erleben im Westen 1916–1918* (Berlin: E. S. Mittler & Sohn, 1932), p. 60.

第十一章　比以往更加暗淡的未来

1 M. von Gallwitz, *Erleben im Westen 1916–1918* (Berlin: E. S. Mittler & Sohn, 1932), p. 61.

2 Reichsarchiv, *Der Weltkrieg 1914 bis 1918. X. Die Operationen des Jahres 1916. Bis zum Wechsel der Obersten Heeresleitung* (Berlin: E. S. Mittler & Sohn, 1936), p. 366.

3 Gallwitz, *Erleben im Westen*, p. 80.

4 Reichsarchiv, *Der Weltkrieg. X. Die Operationen des Jahres 1916*, pp. 349, 371, 375.

5 F. von Below, 'Experience of the German 1st Army in the Somme Battle' [General Staff (Intelligence), General Headquarters, 3 May 1917], p. 5.

6 Ibid., p. 6. Original emphasis.

7 É. Fayolle, *Cahiers secrets de la Grande guerre*, ed. H. Contamine (Paris: Plon, 1964), p. 168 (entry, 16 July 1916).

8 Sir H. Gough, *The Fifth Army* (London: Hodder and Stoughton, 1931), p. 139.

9 AWM: 2DRL/0547, Captain H. S. Davis, letter, 3 September 1916.

10 A. von Stosch, *Somme-Nord*, Part II. *Die Brennpunkte der Schlacht im Juli 1916* (Berlin: Gerhard Stalling, 1927), p. 81.

11 Ibid., p. 88.

12 W. Miles, *Military Operations. France and Belgium, 1916* (2 vols., London: Macmillan and Co., 1938), II, p. 108 n. 2.

13 E. Greenhalgh, *Foch in Command. The Forging of a First World War General* (Cambridge: Cambridge University Press, 2011), p. 174; and 'Note. Remise au général Sir Douglas Haig', 19 July 1916, in Ministère de la Guerre, *Les Armées françaises dans la Grande guerre* (Paris: Imprimerie Nationale, 1922–39) [hereafter *AFGG*], Book 4/2 – *Annexes*, Vol. 3, No. 2491, pp. 106–7.

14 C. Duffy, *Through German Eyes. The British and the Somme 1916* (London: Phoenix, 2007; first publ. 2006), p. 193.

15 S. Robbins (ed.), *The First World War Letters of General Lord Horne* (Stroud: History Press for the Army Records Society, 2009), p. 182 (letter, 23 July 1916).

16 'The Valiant Soldiers of France', *The Times*, 2 August 1916.

17 'Mémorandum pour la réunion des commandants de groupes d'armées', 20 August 1916, in *AFGG*, Book 5/1 – *Annexes*, Vol. 1, No. 2, pp. 9, 22.

18 TNA: WO 256/11, Haig diary, 3 July 1916. Original emphasis.

19 'Journal de marche de Joffre', 11 August 1916, in E. Greenhalgh (ed. and trans.), *Liaison. General Pierre des Vallières at British General Headquarters, January 1916 to May 1917* (Stroud: History Press, 2016), pp. 150–51.

20 Miles, *Military Operations. 1916*, II, pp. 196–7.

21 J. Charteris, *Field-Marshal Earl Haig* (New York: Charles Scribner's Sons, 1929), p. 196; and J. Beach, *Haig's Intelligence. GHQ and the German Army, 1916–1918* (Cambridge: Cambridge University Press, 2013), p. 207.

22 G. Sheffield and J. Bourne (eds.), *Douglas Haig. War Diaries and Letters 1914–1918* (London: Weidenfeld & Nicolson, 2005), p. 213 (entry, 1 August 1916). Original emphasis.

23 Robertson to Kiggell, 5 July 1916, in D. R. Woodward (ed.), *The Military Correspondence of Field-Marshal Sir William Robertson, Chief of the*

Imperial General Staff, December 1915–February 1918 (London: Bodley Head for the Army Records Society, 1989), pp. 64–6.

24 Sheffield and Bourne (eds.), *Douglas Haig*, pp. 213–14 (entry, 1 August 1916).

25 TNA: WO 158/235, Kiggell to Rawlinson and Gough, 2 August 1916.

26 'The King's Visit to France', *The Times*, 17 August 1916.

27 G. H. Cassar, *Asquith as War Leader* (London: Hambledon Press, 1994), p. 194.

28 Lloyd George to Maurice, 2 September 1916, in J. Grigg, *Lloyd George. From Peace to War 1912–1916* (London: Penguin, 2002; first publ. 1985), p. 387; and D. R. Woodward, *Field Marshal Sir William Robertson. Chief of the Imperial General Staff in the Great War* (Westport, Conn.: Praeger, 1998), p. 62.

29 TNA: WO 256/13, Haig diary, 17 September 1916.

30 Crown Prince Wilhelm, *My War Experiences* (London: Hurst and Blackett, n.d.), pp. 228–9.

31 Ibid., pp. 229–30.

32 H. Afflerbach, *Falkenhayn. Politisches Denken und Handeln im Kaiserreich* (Munich: Oldenbourg, 1994), pp. 437–42.

33 E. von Falkenhayn, *General Headquarters 1914–1916 and Its Critical Decisions* (London: Hutchinson & Co., 1919), p. 324.

34 Gallwitz, *Erleben im Westen*, p. 57.

35 W. Groener, *Lebenserinnerungen. Jugend. Generalstab. Weltkrieg* (Göttingen: Vandenhoeck & Ruprecht, 1957), p. 317.

36 Afflerbach, *Falkenhayn*, p. 450.

37 W. Görlitz (ed.), *The Kaiser and His Court. The Diaries, Note Books and Letters of Admiral Georg Alexander von Müller, Chief of the Naval Cabinet, 1914–1918* (London: Macdonald & Co., 1961; first publ. 1959), p. 199 (entry, 30 August 1916).

38 Reichsarchiv, *Der Weltkrieg 1914 bis 1918. XI. Die Kriegführung im Herbst 1916 und im Winter 1916/17. Vom Wechsel in der Obersten Heeresleitung bis zum Entschluß zur Rückzug in die Siegfried-Stellung* (Berlin: E. S. Mittler & Sohn, 1938), p. 3.

39 Ibid., p. 20.

40 Ibid., pp. 32–5.
41 F. von Lossberg, *Lossberg's War. The World War I Memoirs of a German Chief of Staff*, trans. D. T. Zabecki and D. J. Biedekarken (Lexington, Ky: University of Kentucky Press, 2017), p. 242.
42 Rupprecht quoted in J. Boff, *Haig's Enemy. Crown Prince Rupprecht and Germany's War on the Western Front* (Oxford: Oxford University Press, 2018), p. 125.
43 M. Bauer, *Der große Krieg in Feld und Heimat. Erinnerungen und Betrachtungen* (Tübingen: Oslander'sche Buchhandlung, 1922), p. 107.
44 Boff, *Haig's Enemy*, pp. 122–4.
45 J. H. Morrow, Jr, *The Great War in the Air. Military Aviation from 1909 to 1921* (Tuscaloosa, Ala.: University of Alabama Press, 2009; first publ. 1993), p. 151.
46 Gallwitz, *Erleben im Westen*, pp. 95, 111.
47 Ibid., pp. 109–10.

第十二章　获胜将军的面孔

1 TNA: WO 158/235, 'Preliminary Notes on Tactical Employment of Tanks'.
2 Rawlinson quoted in R. Prior and T. Wilson, *Command on the Western Front. The Military Career of Sir Henry Rawlinson 1914–18* (Barnsley: Pen & Sword, 2004; first publ. 1992), p. 229.
3 Ibid., pp. 227–35.
4 C. Duffy, *Through German Eyes. The British and the Somme 1916* (London: Phoenix, 2007; first publ. 2006), pp. 212–14.
5 W. Miles, *Military Operations. France and Belgium, 1916* (2 vols., London: Macmillan and Co., 1938), II, p. 364.
6 Ibid., p. 293 n. 1.
7 C. Headlam, *History of the Guards Division in the Great War 1915–1918* (3 vols., London: John Murray, 1924), I, p. 165 n.
8 Rupprecht quoted in Duffy, *Through German Eyes*, pp. 230–31.
9 F. von Lossberg, *Lossberg's War. The World War I Memoirs of a German Chief of Staff*, trans. D. T. Zabecki and D. J. Biedekarken (Lexington, Ky.: University of Kentucky Press, 2017), p. 246.

10 Hans Frimmel quoted in A. Watson, *Enduring the Great War. Combat, Morale and Collapse in the German and British Armies, 1914–1918* (Cambridge: Cambridge University Press, 2008), p. 167.

11 Miles, *Military Operations. 1916*, II, p. 344.

12 R. Prior and T. Wilson, *The Somme* (New Haven, Conn., and London: Yale University Press, 2005), p. 244.

13 Haig to King George V, 5 October 1916, in G. Sheffield and J. Bourne (eds.), *Douglas Haig. War Diaries and Letters 1914–1918* (London: Weidenfeld & Nicolson, 2005), p. 236.

14 TNA: WO 256/13, Haig diary, 5 October 1916.

15 TNA: CAB 42/21/3, Haig to Robertson, 7 October 1916.

16 TNA: WO 158/236, Note, A. A. Montgomery, 13 October 1916.

17 Reichsarchiv, *Der Weltkrieg 1914 bis 1918. XI. Die Kriegführung im Herbst 1916 und im Winter 1916/17. Vom Wechsel der Obersten Heeresleitung bis zum Entschluß zum Rückzug in die Siegfried-Stellung* (Berlin: E. S. Mittler & Sohn, 1938), pp. 77, 78.

18 Crown Prince R. von Bayern, *Mein Kriegstagebuch* (3 vols., Berlin: E. S. Mittler, 1929), II, p. 34 (entry, 27 September 1916).

19 J. Boff, *Haig's Enemy. Crown Prince Rupprecht and Germany's War on the Western Front* (Oxford: Oxford University Press, 2018), p. 129.

20 M. von Gallwitz, *Erleben im Westen 1916–1918* (Berlin: E. S. Mittler & Sohn, 1932), p. 117; and R. von Bayern, *Mein Kriegstagebuch*, II, pp. 26–7 (entry, 19 September 1916).

21 W. Jürgensen, *Das Füsilier-Regiment 'Königin' Nr. 86 im Weltkriege* (Berlin: Gerhard Stalling, 1925), p. 132; and *Histories of Two Hundred and Fifty-One Divisions of the German Army Which Participated in the War (1914–1918)* (Washington DC: Government Printing Office, 1920), pp. 19, 56, 366.

22 A. Watson, *Ring of Steel. Germany and Austria–Hungary at War, 1914–1918* (London: Allen Lane, 2015; first publ. 2014), pp. 325–6; and G. Hirschfeld et al., *Die Deutschen an der Somme 1914–1918. Krieg, Besatzung, Verbrannte Erde* (Essen: Klartext Verlag, 2006), p. 147.

23 Gallwitz, *Erleben im Westen*, pp. 114, 127; and R. von Bayern, *Mein Kriegstagebuch*, II, p. 39 (entry, 4 October 1916).

24 Reichsarchiv, *Der Weltkrieg. XI. Die Kriegführung im Herbst 1916 und im Winter 1916/17* pp. 77–8.

25 H. von Kuhl, *Der Weltkrieg 1914–1918. Dem deutschen Volke dargestellt* (Berlin: Verlag Tradition Wilhelm Kolk, 1929), p. 527.

26 Duffy, *Through German Eyes*, p. 310.

27 J. Werner, *Knight of Germany. Oswald Boelcke, German Ace*, trans. C. W. Sykes (Havertown, Pa: Casemate, 2009; first publ. 1985), p. 4.

28 H. A. Jones, *The War in the Air. Being the Story of the Part Played in the Great War by the Royal Air Force* (6 vols., Oxford: Clarendon Press, 1922–37), II, pp. 296–7.

29 Miles, *Military Operations. 1916*, II, p. 459.

30 E. Greenhalgh (ed. and trans.), *Liaison. General Pierre des Vallières at British General Headquarters, January 1916 to May 1917* (Stroud: History Press, 2016), pp. 184–5 (entry, 24 October 1916).

31 J. C. King, *Generals and Politicians. Conflict between France's High Command, Parliament and Government, 1914–1918* (Berkeley and Los Angeles: University of California Press, 1951), p. 130.

32 R. Poincaré, *Au service de la France. VIII. Verdun 1916* (Paris: Librairie Plon, 1931), p. 337.

33 Ministère de la Guerre, *Les Armées françaises dans la Grande guerre* (Paris: Imprimerie Nationale, 1922–39) [hereafter *AFGG*], Book 4/3, p. 383.

34 'Note', 17 October 1916, in ibid., *Annexes*, Vol. 1/2, No. 1076, p. 1601.

35 Reichsarchiv, *Der Weltkrieg. XI. Die Kriegführung im Herbst 1916 und im Winter 1916/17*, p. 139.

36 'Traduction d'un message trouvé sur un pigeon voyageur allemand', 24 October 1916, in *AFGG*, Book 4/3 – *Annexes*, Vol. 2/1, No. 1227, p. 198.

37 L. Madelin, *Verdun* (Paris: Librairie Félix Alcan, 1920), p. 134; and 'Compte rendu des opérations exécutées par la 38e division du 23 octobre (inclus) au 30 octobre (inclus)', in *AFGG*, Book 4/3 – *Annexes*, Vol. 2/1, No. 1508, p. 658.

38 J. C. Joffre, *The Memoirs of Marshal Joffre*, trans. T. Bentley Mott (2 vols., London: Geoffrey Bles, 1932), II, p. 494.

39 *Le Matin*, 26 October 1916.

40 Henry Bordeaux quoted in L.-E. Mangin, *Le Général Mangin 1866–1925* (Paris: Éditions Fernand Lanore, 1986), p. 244.

41 Nivelle to Joffre, 11 November 1916, in *AFGG*, Book 4/3 – *Annexes*, Vol. 2/1, No. 1587, pp. 788–90.

42 Prior and Wilson, *The Somme*, pp. 271–2.

43 TNA: WO 158/236, Haig to his army commanders, 29 October 1916, and Rawlinson to Haig, 7 November 1916.

44 TNA: WO 256/14, Haig diary, 13 November 1916.

45 'Décisions prises par les généraux en chef des armées alliées ou leurs représentants accrédités, à l'issue de la conférence, tenue à Chantilly les 15 et 16 novembre 1916', in *AFGG*, Book 5/1 – *Annexes*, Vol. 1, No. 119, pp. 217–19.

46 J. H. Boraston (ed.), *Sir Douglas Haig's Despatches (December 1915–April 1919)* (London: J. M. Dent & Sons, 1919), p. 58.

47 Miles, *Military Operations. 1916*, II, p. xvi.

48 TNA: CAB 37/159/32, Lansdowne Memorandum, 13 November 1916.

49 Watson, *Ring of Steel*, p. 324.

50 R. von Bayern, *Mein Kriegstagebuch*, II, p. 63 (entry, 10 November 1916).

51 R. B. Talbot Kelly, *A Subaltern's Odyssey. Memoirs of the Great War 1915–1917* (London: William Kimber, 1980), p. 118.

第十三章　非常危险的决定

1 W. Görlitz (ed.), *The Kaiser and His Court. The Diaries, Note Books and Letters of Admiral Georg Alexander von Müller, Chief of the Naval Cabinet, 1914–1918* (London: Macdonald & Co., 1961; first publ. 1959), p. 222 (entry, 6 December 1916); and F. von Lossberg, *Lossberg's War. The World War I Memoirs of a German Chief of Staff*, trans. D. T. Zabecki and D. J. Biedekarken (Lexington, Ky.: University of Kentucky Press, 2017), p. 262.

2 A. Watson, *Ring of Steel. Germany and Austria–Hungary at War, 1914–1918* (London: Allen Lane, 2015; first publ. 2014), pp. 332–3; and 'Ten Months in Germany', *The Times*, 8 December 1916.

3 'Proposals for Peace Negotiations Made by Germany, 12 December 1916', and 'Note of President Wilson', 18 December 1916, in J. B. Scott (ed.), *Official Statements of War Aims and Peace Proposals. December 1916 to November 1918* (Washington DC: Carnegie Endowment for International Peace, 1921), pp. 2–3, 13.

4 'Entente Reply to German Proposals', 29 December 1916, in ibid., p. 27.

5 D. Steffen, 'The Holtzendorff Memorandum of 22 December 1916 and Germany's Declaration of Unrestricted U-Boat Warfare', *Journal of Military History*, Vol. 68, No. 1 (January 2004), pp. 215–24.

6 Hindenburg to Bethmann Hollweg, 23 December 1916, in E. Ludendorff, *The General Staff and Its Problems*, trans. F. A. Holt (2 vols., London: Hutchinson & Co., 1920), I, pp. 293–4. Original emphasis.

7 Bethmann Hollweg to Hindenburg, 24 December 1916, in ibid., I, pp. 295–7.

8 Hindenburg to Bethmann Hollweg, 26 December 1916, in ibid., I, pp. 298–9.

9 'Notes of the Conference between the Imperial Chancellor, Field-Marshal von Hindenburg and General Ludendorff at Pless at 11.15 a.m. on January 1, 1917', in ibid., I, pp. 304–6.

10 Watson, *Ring of Steel*, p. 422; and Görlitz (ed.), *The Kaiser and His Court*, p. 230 (entry, 9 January 1917).

11 Ministère de la Guerre, *Les Armées françaises dans la Grande guerre* (Paris: Imprimerie Nationale, 1922–39) [hereafter *AFGG*], Book 4/3, p. 477.

12 'Ordre général no. 189', 18 December 1916, in *AFGG*, Book 4/3 – *Annexes*, Vol. 2/2, No. 1930, p. 1484.

13 R. Poincaré, *Au service de la France*. IX. *L'Année trouble 1917* (Paris: Librairie Plon, 1932), p. 14.

14 A. G. Lennox (ed.), *The Diary of Lord Bertie of Thame 1914–1918* (2 vols., London: Hodder and Stoughton, 1924), II, p. 85 (entry, 18 December 1916).

15 J. C. Joffre, *The Memoirs of Marshal Joffre*, trans. T. Bentley Mott (2 vols., London: Geoffrey Bles, 1932), II, p. 536.

16 E. L. Spears, *Prelude to Victory* (London: Jonathan Cape, 1939), p. 31.

17 'Gen. Nivelle's Parting Blow', *The Times*, 18 December 1916. Original emphasis.

18 J. de Pierrefeu, *French Headquarters 1915–1918*, trans. Major C. J. C. Street (London: Geoffrey Bles, 1924), p. 120; and 'Le Général Nivelle', *L'Écho de Paris*, 13 December 1916.

19 E. Greenhalgh, *Foch in Command. The Forging of a First World War General* (Cambridge: Cambridge University Press, 2011), pp. 201–2; and

Nivelle to Foch, 16 December 1916, and Minister of War to Nivelle, 20 December 1916, in *AFGG*, Book 5/1 – *Annexes*, Vol. 1, Nos. 298 and 324, pp. 518, 549.

20 B. H. Liddell Hart, *Foch. The Man of Orleans* (London: Eyre & Spottiswoode, 1933), p. 233.

21 R. Recouly, *Joffre* (London and New York: D. Appleton & Company, 1931), pp. 336–7.

22 E. Greenhalgh (ed. and trans.), *Liaison. General Pierre des Vallières at British General Headquarters, January 1916 to May 1917* (Stroud: History Press, 2016), p. 194.

23 J. Grigg, *Lloyd George. From Peace to War 1912–1916* (London: Penguin Books, 2002; first publ. 1985), pp. 450–51.

24 The Earl of Crawford (President of the Board of Agriculture and Fisheries) quoted in ibid., p. 438.

25 C. Clifford, *The Asquiths* (London: John Murray, 2003; first publ. 2002), pp. 367–8.

26 Lord Hankey, *The Supreme Command 1914–1918* (2 vols., London: George Allen and Unwin, 1961), II, p. 573.

27 House of Commons Debates, 19 December 1916, Vol. 88, cc. 1333–9.

28 D. French, *The Strategy of the Lloyd George Coalition, 1916–1918* (Oxford: Clarendon Press, 1995), p. 14.

29 TNA: CAB 28/2, 'The Conference of the Allies at Rome on January 5, 6, and 7, 1917'.

30 French, *Lloyd George Coalition*, pp. 50–51.

31 TNA: WO 256/14, Haig diary, 15 December 1916.

32 Nivelle to Haig, 21 December 1916, Appendix 2, in Sir J. E. Edmonds et al., *Military Operations. France and Belgium, 1917. Appendices* (London: Macmillan and Co., 1940), pp. 4–6.

33 'Conférence du 15 janvier 1917 (à la Trésorerie, Downing Street)', in *AFGG*, Book 5/1 – *Annexes*, Vol. 1, No. 447, pp. 777–84.

34 Ibid. Original emphasis.

35 Ibid.

36 Ibid., *Annexes*, Vol. 1, No. 456, p. 808.

37 A. J. P. Taylor (ed.), *Lloyd George. A Diary by Frances Stevenson* (London: Hutchinson & Co., 1971), pp. 138–9 (entry, 15 January 1917).

38 Bernstorff to Lansing, 31 January 1917, in J. V. Fuller (ed.), *Papers Relating to the Foreign Relations of the United States, 1917, Supplement 1, The World War* (Washington DC: United States Government Printing Office, 1931), Document 92.

39 Lossberg, *Lossberg's War*, p. 265.

40 G. P. Neumann, *The German Air Force in the Great War*, trans. J. E. Gurdon (London: Hodder and Stoughton, 1921), pp. 223–4; and Reichsarchiv, *Der Weltkrieg 1914 bis 1918. XI. Die Kriegführung im Herbst 1916 und im Winter 1916/17. Vom Wechsel in der Obersten Heeresleitung bis zum Entschluß zum Rückzug in die Siegfried-Stellung* (Berlin: E. S. Mittler & Sohn, 1938), p. 510.

41 Crown Prince R. von Bayern, *Mein Kriegstagebuch* (3 vols., Berlin: E. S. Mittler, 1929), II, p. 85 (entry, 17 January 1917).

42 *Grundsätze für die Führung in der Abwehrschlacht im Stellungskriege vom 1 Dezember 1916* (Berlin: Reichsdruckerei, 1916), pp. 9–10; and TNA: WO 157/22, 'German Instructions for a Counter-Attack Organized in Depth', in GHQ Summary of Information, 29 July 1917.

43 E. Ludendorff, *My War Memories 1914–1918* (2 vols., London: Hutchinson & Co., 1919), I, p. 308; and G. C. Wynne, *If Germany Attacks. The Battle in Depth in the West* (London: Faber & Faber, 1939), p. 138.

44 Reichsarchiv, *Der Weltkrieg. XI. Die Kriegführung im Herbst 1916 und im Winter 1916/17*, pp. 511–12.

45 Ibid., pp. 513, 514–16.

46 'Address of the President of the United States to Congress', 3 February 1917, in Fuller (ed.), *Foreign Relations, 1917, Supplement 1*, Document 100.

第十四章 全新的局面

1 J. de Pierrefeu, *French Headquarters 1915–1918*, trans. Major C. J. C. Street (London: Geoffrey Bles, 1924), p. 131.

2 'Plan d'opérations pour 1917', 25 January 1917, in Ministère de la Guerre, *Les Armées françaises dans la Grande guerre* (Paris: Imprimerie Nationale, 1922–39) [hereafter *AFGG*], Book 5/1 – *Annexes*, Vol. 2, No. 518, pp. 947–51.

3 132 Schneider CA1 tanks were deployed on 16 April 1917. T. Gale, *The French Army's Tank Force and Armoured Warfare in the Great War. The Artillerie Spéciale* (Farnham: Ashgate, 2013), p. 42.

4　D. Rolland, *Nivelle. L'Inconnu du Chemin des Dames* (Paris: Imago, 2012), pp. 83–4.

5　E. L. Spears, *Prelude to Victory* (London: Jonathan Cape, 1939), p. 66.

6　C. Falls, *Military Operations. France and Belgium, 1917* (3 vols., London: Macmillan and Co., 1940), I, p. 53; and Nivelle to Haig, 26 January 1917, in *AFGG*, Book 5/1 – *Annexes*, Vol. 2, No. 523, p. 961.

7　Vallières to Nivelle, 26 January 1917, in E. Greenhalgh (ed. and trans.), *Liaison. General Pierre des Vallières at British General Headquarters, January 1916 to May 1917* (Stroud: History Press, 2016), p. 221.

8　*AFGG*, Book 5/1, pp. 223, 234 n. 1; and 'Proposed Organization of Unified Command on the Western Front, 26th February 1917', Appendix 18, in Sir J.E. Edmonds et al., *Military Operations. France and Belgium, 1917. Appendices* (London: Macmillan and Co., 1940), p. 62.

9　Falls, *Military Operations. 1917*, I, p. 536 n. 1.

10　J. Grigg, *Lloyd George. War Leader 1916–1918* (London: Penguin Books, 2003; first publ. 2002), p. 41.

11　Lord Hankey, *The Supreme Command 1914–1918* (2 vols., London: George Allen and Unwin, 1961), II, p. 616; and 'Agreement Signed at Anglo-French Conference Held at Calais, 26th/27th February 1917', Appendix 19, in Edmonds et al., *Military Operations. 1917. Appendices*, pp. 64–5.

12　D. R. Woodward, *Lloyd George and the Generals* (London and Toronto: Associated University Presses, 1983), p. 150.

13　TNA: CAB 24/6, GT 93, 'Note by the Chief of the Imperial General Staff Regarding the Calais Agreement of 27th February 1917.'

14　S. McMeekin, *The Russian Revolution. A New History* (New York: Basic Books, 2017), pp. 95–100; and 'Abdication Proclamation of March 14, 1917', in C. F. Horne (ed.), *Source Records of the Great War* (7 vols., USA: National Alumni, 1923), V, p. 85.

15　Page to Lansing, 24 February 1917, in J. V. Fuller (ed.), *Papers Relating to the Foreign Relations of the United States, 1917, Supplement 1, The World War* (Washington DC: US Government Printing Office, 1931), Document 158.

16　'Acting Secretary of State to the Diplomatic Representatives in All Countries', 26 February 1917, in Fuller (ed.), *Foreign Relations, 1917, Supplement 1*, Document 162.

17 'President Sounds Warlike Note in Inaugural', *Washington Times*, 5 March 1917.

18 F. von Lossberg, *Lossberg's War. The World War I Memoirs of a German Chief of Staff*, trans. D. T. Zabecki and D. J. Biedekarken (Lexington, Ky.: University of Kentucky Press, 2017), p. 269; and E. Ludendorff, *My War Memories 1914–1918* (2 vols., London: Hutchinson & Co., 1919), II, p. 405.

19 Ludendorff, *My War Memories*, I, p. 333; and A. Watson, *Ring of Steel. Germany and Austria–Hungary at War, 1914–1918* (London: Allen Lane, 2015; first publ. 2014), pp. 378–84.

20 Hindenburg to Lyncker, 27 March 1917, in H. Michaelis, E. Schraepler and G. Scheel (eds.), *Ursachen und Folgen. Vom deutschen Zusammenbruch 1918 und 1945 bis zur staatlichen Neuordnung Deutschlands in der Gegenwart: Die Wende des ersten Weltkrieges und der Beginn der innenpolitischen Wandlung 1916/1917* (Berlin: Herbert Wendler & Co., 1958), p. 196.

21 'Aus einem Feldpostbrief', in ibid., p. 191.

22 'Erlaß Hindenburgs zur Ernährungslage', 23 March 1917, in ibid., p. 194.

23 *Frightfulness in Retreat* (London: Hodder & Stoughton, 1917), p. 12.

24 J. Boff, *Haig's Enemy. Crown Prince Rupprecht and Germany's War on the Western Front* (Oxford: Oxford University Press, 2018), pp. 150–51; and Crown Prince R. von Bayern, *Mein Kriegstagebuch* (3 vols., Berlin: E. S. Mittler, 1929), II, p. 116 (entry, 15 March 1917).

25 G. von der Marwitz, *Weltkriegsbriefe*, ed. E. von Tschischwitz (Berlin: Steiniger-Verlage, 1940), p. 218.

26 Reichsarchiv, *Der Weltkrieg 1914 bis 1918. XII. Die Kriegführung im Frühjahr 1917* (Berlin: E. S. Mittler & Sohn, 1939), pp. 137, 145.

27 D. French, 'Failures of Intelligence: The Retreat to the Hindenburg Line and the March 1918 Offensive', in M. Dockrill and D. French (eds.), *Strategy and Intelligence. British Policy during the First World War* (London: Hambledon Press, 1996), pp. 77–84.

28 É. Fayolle, *Cahiers secrets de la Grande guerre*, ed. H. Contamine (Paris: Plon, 1964), pp. 205–6 (entry, 9 March 1917).

29 Spears, *Prelude to Victory*, pp. 209–10.

30 J. C. King, *Generals and Politicians. Conflict between France's High Command, Parliament and Government, 1914–1918* (Berkeley and Los Angeles: University of California Press, 1951), pp. 147–8.

31 R. Poincaré, *Au service de la France*. IX. *L'Année trouble 1917* (Paris: Librairie Plon, 1932), pp. 75, 77.

32 'More Evidence of German Infamy', *The Times*, 22 March 1917.

33 'Bulletin de renseignements No. 65', 23 March 1917, in *AFGG*, Book 5/1 – *Annexes*, Vol. 3, No. 1008, p. 214; and Fayolle, *Cahiers secrets*, p. 207 (entry, 21 March 1917).

34 P. Painlevé, *Comment j'ai nommé Foch et Pétain. La Politique de guerre de 1917: Le Commandement unique interallié* (Paris: Librairie Félix Alcan, 1923), pp. 42–3.

35 Micheler to Nivelle, 22 March 1917, in *AFGG*, Book 5/1 – *Annexes*, Vol. 3, No. 994, pp. 193–5.

36 'Directive pour les armées britanniques, l'armée belge et les groupes d'armées françaises', 4 April 1917, in *AFGG*, Book 5/1 – *Annexes*, Vol. 3, No. 1167, pp. 547–9. Original emphasis.

37 Spears, *Prelude to Victory*, p. 356.

38 Poincaré, *Au service de la France*. IX, p. 97.

39 Ibid., p. 107; and Rolland, *Nivelle*, p. 155.

40 Painlevé, *Comment j'ai nommé Foch et Pétain*, pp. 53–4; and R. A. Doughty, *Pyrrhic Victory. French Strategy and Operations in the Great War* (London and Cambridge, Mass.: Harvard University Press, 2005), p. 344.

41 Painlevé, *Comment j'ai nommé Foch et Pétain*, p. 54.

第十五章　饱经蹂躏的大地

1 L. James, *Imperial Warrior. The Life and Times of Field-Marshal Viscount Allenby* (London: Weidenfeld & Nicolson, 1993), p. 92.

2 M. Bechthold, 'Bloody April Revisited: The Royal Flying Corps at the Battle of Arras, 1917', *British Journal of Military History*, Vol. 4, No. 2 (February 2018), pp. 50–69.

3 C. Falls, *Military Operations. France and Belgium, 1917* (3 vols., London: Macmillan and Co., 1940), I, p. 182.

4 R. MacLeod, 'Sight and Sound on the Western Front: Surveyors, Scientists, and the "Battlefield Laboratory", 1915–1918', *War & Society*, Vol.

18, No. 1 (May 2000), pp. 34–7; and B. Rawling, *Surviving Trench War-fare. Technology and the Canadian Corps, 1914–1918* (Toronto: University of Toronto Press, 2014; first publ. 1992), p. 111.

5　J. Boff, *Haig's Enemy. Crown Prince Rupprecht and Germany's War on the Western Front* (Oxford: Oxford University Press, 2018), p. 157.

6　A. Dieterich, 'The German 79th Reserve Infantry Division in the Battle of Vimy Ridge, April 1917', *Canadian Military History*, Vol. 15, No. 1 (April 2012), p. 76.

7　G. W. L. Nicholson, *Official History of the Canadian Army in the First World War. Canadian Expeditionary Force 1914–1919* (Ottawa: Queen's Printer, 1962), pp. 253–4.

8　Falls, *Military Operations. 1917*, I, pp. 179–80.

9　Captain R. Monypenny quoted in J. Nicholls, *Cheerful Sacrifice. The Battle of Arras 1917* (Barnsley: Pen & Sword, 2013; first publ. 1990), p. 125.

10　Falls, *Military Operations. 1917*, I, p. 231.

11　F. von Lossberg, *Lossberg's War. The World War I Memoirs of a German Chief of Staff*, trans. D. T. Zabecki and D. J. Biedekarken (Lexington, Ky.: University of Kentucky Press, 2017), pp. 273–5.

12　TNA: WO 158/37, Haig to Nivelle, 12 April 1917.

13　Haig to King George V, 9 April 1917, in G. Sheffield and J. Bourne (eds.), *Douglas Haig. War Diaries and Letters 1914–1918* (London: Weidenfeld & Nicolson, 2005), p. 278. Original emphasis.

14　R. A. Doughty, *Pyrrhic Victory. French Strategy and Operations in the Great War* (London and Cambridge, Mass.: Harvard University Press, 2005), p. 349.

15　T. Gale, *The French Army's Tank Force and Armoured Warfare in the Great War. The Artillerie Spéciale* (Farnham: Ashgate, 2013), pp. 38–9.

16　'Plan de défense', 12 February 1917, and 'Étude des organisations défensives allemandes sur le front du CA', 14 February 1917, in Ministère de la Guerre, *Les Armées françaises dans la Grande guerre* (Paris: Imprimerie Nationale, 1922–39) [hereafter *AFGG*], Book 5/1 – *Annexes*, Vol. 2, Nos. 664 and 680, pp. 1204–9, 1238.

17　'Rapport sur les conditions dans lesquelles s'est effectuée la préparation d'artillerie pour l'attaque du 16 avril', 7 May 1917, in *AFGG*, Book 5/1– *Annexes*, Vol. 4, No. 1883, pp. 1484–6.

18 Reichsarchiv, *Der Weltkrieg 1914 bis 1918*. XII. *Die Kriegführung im Früh-jahr 1917* (Berlin: E. S. Mittler & Sohn, 1939), pp. 290–91.

19 Ibid., p. 295.

20 Doughty, *Pyrrhic Victory*, p. 345.

21 J.-Y. Le Naour, *1917. La Paix impossible* (Paris: Perrin, 2015), pp. 90–92.

22 E. L. Spears, *Prelude to Victory* (London: Jonathan Cape, 1939), p. 487.

23 *AFGG*, Book 5/1, p. 637.

24 N. Offenstadt (ed.), *Le Chemin des Dames. De l'évènement à la mémoire* (Paris: Stock, 2004), pp. 160–61.

25 'Compte rendu des évènements du 16 avril (nuit du 15 au 16)', in *AFGG*, Book 5/1 – *Annexes*, Vol. 4, No. 1462, pp. 965–6.

26 Gale, *The French Army's Tank Force*, p. 50.

27 J. de Pierrefeu, *French Headquarters 1915–1918*, trans. Major C. J. C. Street (London: Geoffrey Bles, 1924), p. 152.

28 'Compte rendu du commandant Tournès, officier de liaison à la VIe armée', 16 April 1917, in *AFGG*, Book 5/1 – *Annexes*, Vol. 3, No. 1359, p. 878.

29 'Compte rendu de fin de journée', 16 April 1917, and 'Le général Guérin, commandant la 15e division d'infanterie coloniale, à M. le général commandant le 2e corps d'armée colonial', 16 April 1917, in *AFGG*, Book 5/1 – *Annexes*, Vol. 3, Nos. 1413 and 1414, pp. 924, 925.

30 R. Poincaré, *Au service de la France*. IX. *L'Année trouble 1917* (Paris: Librairie Plon, 1932), pp. 114, 118.

31 'Die Schlacht an der Aisne', *Berliner Tageblatt*, 17 April 1917.

32 BA-MA: PH 5-I/8, 'Bisherige Erfahrungen aus den Kämpfen im April', 25 April 1917.

33 BA-MA: PH 5-I/11, 'Erfahrungen aus den Kämpfen im Ap. 1917 u.a. bei Arras.'

34 E. Ludendorff, *My War Memories 1914–1918* (2 vols., London: Hutchinson & Co., 1919), II, p. 430; and Boff, *Haig's Enemy*, p. 160.

35 Crown Prince R. von Bayern, *Mein Kriegstagebuch* (3 vols., Berlin: E. S. Mittler, 1929), II, p. 136 (entry, 9 April 1917).

36 Reichsarchiv, *Der Weltkrieg*. XII. *Die Kriegführung im Frühjahr 1917*, p. 543.

37 Falls, *Military Operations. 1917*, I, p. 556; and Reichsarchiv, *Der Weltkrieg*. XII. *Die Kriegführung im Frühjahr 1917*, pp. 410, 546.

38 '250,000 Strikers in Berlin', *The Times*, 20 April 1917; and A. Watson, *Ring of Steel. Germany and Austria–Hungary at War, 1914–1918* (London: Allen Lane, 2015; first publ. 2014), p. 479.

39 I. V. Hull, *The Entourage of Kaiser Wilhelm II 1888–1918* (Cambridge: Cambridge University Press, 1982), p. 284. The three-class franchise grouped voters into different classes and gave greater weight to those that paid more in taxation.

40 'Die kaiserliche Osterbotschaft', 7 April 1917, in H. Michaelis, E. Schraepler and G. Scheel (eds.), *Ursachen und Folgen. Vom deutschen Zusammenbruch 1918 und 1945 bis zur staatlichen Neuordnung Deutschlands in der Gegenwart: Die Wende des ersten Weltkrieges und der Beginn der innenpolitischen Wandlung 1916/1917* (Berlin: Herbert Wendler & Co., 1958), p. 319.

41 J. C. G. Röhl, *Wilhelm II. Into the Abyss of War and Exile, 1900–1941*, trans. S. de Bellaigue and R. Bridge (Cambridge: Cambridge University Press, 2014), p. 1166.

42 W. Görlitz (ed.), *The Kaiser and His Court. The Diaries, Note Books and Letters of Admiral Georg Alexander von Müller, Chief of the Naval Cabinet, 1914–1918* (London: Macdonald & Co., 1961; first publ. 1959), pp. 260–61 (entry, 23 April 1917).

43 H. H. Herwig, *The First World War. Germany and Austria–Hungary 1914–1918* (London: Arnold, 1997), p. 318.

44 Reichsarchiv, *Der Weltkrieg. XII. Die Kriegführung im Frühjahr 1917*, p. 549.

45 Doughty, *Pyrrhic Victory*, p. 354.

46 Sir J. Davidson, *Haig. Master of the Field* (London: Peter Nevill, 1953), p. 14.

47 E. Greenhalgh (ed. and trans.), *Liaison. General Pierre des Vallières at British General Headquarters, January 1916 to May 1917* (Stroud: History Press, 2016), p. 252 (entry, 24 April 1917).

48 E. Greenhalgh, *The French Army and the First World War* (Cambridge: Cambridge University Press, 2014), pp. 194–5.

49 Micheler to Nivelle, 29 April 1917, in E. Herbillon, *Le Général Alfred Micheler (1914–1918)* (Paris: Librairie Plon, 1933), p. 186.

50 TNA: CAB 45/201, Major-General G. S. Clive diary, 28 April 1917. Original emphasis.

51 D. Rolland, *Nivelle. L'Inconnu du Chemin des Dames* (Paris: Imago, 2012), p. 201.

52 B. Serrigny, *Trente ans avec Pétain* (Paris: Librairie Plon, 1959), p. 85.

53 'Directive No. 1', 19 May 1917, in *United States Army in the World War, 1917–1919* (17 vols., Washington DC: US Government Printing Office, 1948), II, pp. 1–2.

第三部分　指挥的问题：从梅西讷岭到贡比涅 （1917 年 6 月 ~1918 年 11 月）

第十六章　耐心与韧性

1 LOC: Pershing diary, 13 June 1917.

2 *Le Matin*, 14 June 1917.

3 J. J. Pershing, *My Experiences in the World War* (2 vols., New York: Frederick A. Stokes, 1931), I, pp. 58–9.

4 S. L. A. Marshall, *World War I* (Boston and New York: Houghton Mifflin, 2001; first publ. 1964), p. 279.

5 R. O'Connor, *Black Jack Pershing* (New York: Doubleday & Co., 1961), p. 13.

6 D. F. Trask, *The AEF and Coalition Warmaking, 1917–1918* (Lawrence, Kan.: University Press of Kansas, 1993), p. 12.

7 R. B. Bruce, *A Fraternity of Arms. America and France in the Great War* (Lawrence, Kan.: University Press of Kansas, 2003), p. 98.

8 Joffre to Painlevé, 20 May 1917, in Ministère de la Guerre, *Les Armées françaises dans la Grande guerre* (Paris: Imprimerie Nationale, 1922–39) [hereafter *AFGG*], Book 5/2 – *Annexes*, Vol. 1, No. 249, p. 427.

9 *United States Army in the World War, 1917–1919* (17 vols., Washington DC: US Government Printing Office, 1948), I, p. 3.

10 Pershing, *My Experiences*, I, p. 63.

11 J. G. Harbord, *Leaves from a War Diary* (New York: Dodd, Mead and Company, 1925), p. 49.

12 Pershing to Baker, 9 July 1917, in A. S. Link (ed.), *The Papers of Woodrow Wilson* (69 vols., Princeton, NJ: Princeton University Press, 1966–94), Vol. 43, pp. 262–4.

13 *AFGG*, Book 5/2, p. 193.

14 E. Greenhalgh, *The French Army and the First World War* (Cambridge: Cambridge University Press, 2014), pp. 211–12. Soldiers' pay was increased in March 1917 with a franc a day combat allowance (for each day spent in the front line), as well as a further long-service allowance of 0.2 francs a day for those who had served two years beyond their obligation.

15 'Rapport', 30 May 1917, and Maistre to Franchet d'Espèrey, 28 May 1917, in *AFGG*, Book 5/2 – *Annexes*, Vol. 1, Nos. 372 and 354, pp. 591, 616.

16 *AFGG*, Book 5/2, p. 195.

17 'Général commandant en chef à toutes autorités', in *AFGG*, Book 5/2 – *Annexes*, Vol. 1, No. 459, pp. 766–7.

18 Greenhalgh, *French Army*, pp. 208–11.

19 'Pourquoi nous nous battons', *L'Écho de Paris*, 27 June 1917.

20 'Directive No. 2', 20 June 1917, in *AFGG*, Book 5/2 – *Annexes*, Vol. 1, No. 542, pp. 906–7.

21 'Directive No. 3', 4 July 1917, in *AFGG*, Book 5/2 – *Annexes*, Vol. 1, No. 629, pp. 1055–64.

22 'Note sur la situation actuelle', 5 June 1917, in *AFGG*, Book 5/2 – *Annexes*, Vol. 1, No. 426, p. 719.

23 Sir J. E. Edmonds, *Military Operations. France and Belgium, 1917* (3 vols., London: HMSO, 1948), II, p. 54 n. 2.

24 Ibid., pp. 35–8.

25 IWM: 95/16/1, 'Recollections by A. Sambrook', p. 58.

26 Sir C. Harington, *Plumer of Messines* (London: John Murray, 1935), pp. 97–8.

27 'Compte rendu d'opération de la journée du 7 juin', in *AFGG*, Book 5/2 – *Annexes*, Vol. 1, No. 456, pp. 762–4.

28 Harington, *Plumer*, p. 101.

29 S. Marble, *British Artillery on the Western Front in the First World War. 'The Infantry cannot do with a gun less'* (Farnham: Ashgate, 2013), p. 185.

30 D. French, *The Strategy of the Lloyd George Coalition, 1916–1918* (Oxford: Clarendon Press, 1995), pp. 67, 74.

31 D. R. Woodward (ed.), *The Military Correspondence of Field-Marshal Sir William Robertson, Chief of the Imperial General Staff, December 1915– February 1918* (London: Bodley Head for the Army Records Society, 1989), p. 193.

32 Robertson to Haig, 13 June 1917, in R. Blake (ed.), *The Private Papers of Douglas Haig, 1914–1919* (London: Eyre & Spottiswoode, 1952), p. 239. Original emphasis.

33 Ibid., pp. 238, 240 (entries, 12 and 19 June 1917).

34 TNA: CAB 27/6, 'Cabinet Committee on War Policy', 19 June 1917.

35 Ibid., 21 June 1917.

36 French, *Lloyd George Coalition*, p. 113; and D. Lloyd George, *War Memoirs of David Lloyd George* (2 vols., London: Odhams Press, 1933–6), II, p. 1292.

37 Reichsarchiv, *Der Weltkrieg 1914 bis 1918. XII. Die Kriegführung im Frühjahr 1917* (Berlin: E. S. Mittler & Sohn, 1939), p. 554.

38 Reichsarchiv, *Der Weltkrieg 1914 bis 1918. XIII. Die Kriegführung im Sommer und Herbst 1917. Die Ereignisse außerhalb der Westfront bis November 1918* (Berlin: E. S. Mittler & Sohn, 1942), pp. 2–3.

39 Hindenburg to Bethmann Hollweg, 19 June 1917, in E. Ludendorff, *The General Staff and Its Problems*, trans. F. A. Holt (2 vols., London: Hutchinson & Co., 1920), II, p. 448.

40 Reichsarchiv, *Der Weltkrieg. XIII. Die Kriegführung im Sommer und Herbst 1917*, p. 7.

41 'Events in the Reichstag', *The Times*, 10 July 1917; and 'Resolution on Peace Terms Passed by the Reichstag', in J. B. Scott (ed.), *Official Statements of War Aims and Peace Proposals. December 1916 to November 1918* (Washington DC: Carnegie Endowment for International Peace, 1921), pp. 114–15.

42 Hindenburg to the Kaiser and Ludendorff to the Kaiser, 12 July 1917, in Ludendorff, *The General Staff*, II, pp. 461, 462.

43 K. H. Jarausch, *The Enigmatic Chancellor. Bethmann Hollweg and the Hubris of Imperial Germany* (New Haven, Conn., and London: Yale University Press, 1973), pp. 346–7, 372.

44 J. Sheldon, *The German Army at Passchendaele* (Barnsley: Pen & Sword, 2007), p. 315.

45 Edmonds, *Military Operations. 1917*, II, p. 72 n. 2.

46 P. Hart, *Bloody April. Slaughter in the Skies over Arras, 1917* (London: Cassell, 2006; first publ. 2005), p. 11.

47 J. H. Morrow, Jr, *The Great War in the Air. Military Aviation from 1909 to 1921* (Tuscaloosa, Ala.: University of Alabama Press, 2009; first publ. 1993), p. 216.

48 V. M. Yeates, *Winged Victory* (London: Grub Street, 2010; first publ. 1934), p. 31.

49 J. H. Morrow, Jr, *German Air Power in World War I* (Lincoln, Neb.: University of Nebraska Press, 1982), pp. 95–6, 109.

50 F. von Lossberg, *Lossberg's War. The World War I Memoirs of a German Chief of Staff*, trans. D. T. Zabecki and D. J. Biedekarken (Lexington, Ky.: University of Kentucky Press, 2017), pp. 287–8; and Crown Prince R. von Bayern, *Mein Kriegstagebuch* (3 vols., Berlin: E. S. Mittler, 1929), II, p. 232 (entry, 31 July 1917).

第十七章　可怕的屠杀

1 Robertson to Haig, 18 July 1917, and Haig to Robertson, 21 July 1917, in D. R. Woodward (ed.), *The Military Correspondence of Field-Marshal Sir William Robertson, Chief of the Imperial General Staff, December 1915– February 1918* (London: Bodley Head for the Army Records Society, 1989), pp. 203–6.

2 Robertson to Haig, 21 July 1917, in ibid., pp. 206–7.

3 TNA: CAB 24/21, GT 1532, 'War Cabinet. Allied Conference at Paris 25th–26th July 1917. Future Military Policy'; and Robertson to Haig, 14 April 1917, in Woodward (ed.), *Military Correspondence*, p. 171.

4 Sir J. E. Edmonds, *Military Operations. France and Belgium, 1917* (3 vols., London: HMSO, 1948), II, p. 138 n. 2; and H. A. Jones, *The War in the Air. Being the Story of the Part Played in the Great War by the Royal Air Force* (6 vols., Oxford: Clarendon Press, 1922–37), IV, pp. 142–3.

5 Sir H. Gough, *The Fifth Army* (London: Hodder and Stoughton, 1931), p. 192; and N. Lloyd, *Passchendaele. A New History* (London: Viking, 2017), pp. 39–42, 75–6.

6 IWM: Documents 20504, W. B. St Leger diary, 31 July 1917.

7 E. Greenhalgh, *The French Army and the First World War* (Cambridge: Cambridge University Press, 2014), p. 233.

8 TNA: WO 95/642, 'Narrative of Operations on July 31st, 1917 by II Corps', p. 4.

9 I. Verrinder, *Tank Action in the Great War. B Battalion's Experiences 1917* (Barnsley: Pen & Sword, 2009), p. 77.

10 J. Sheldon, *The German Army at Passchendaele* (Barnsley: Pen & Sword, 2007), pp. 81–2.

11 Edmonds, *Military Operations. 1917*, II, pp. 178 n. 1, 179 n. 1.

12 Gough, *The Fifth Army*, p. 201.

13 TNA: WO 256/21, Haig diary, 1 August 1917.

14 E. Ludendorff, *My War Memories 1914–1918* (2 vols., London: Hutchinson & Co., 1919), II, p. 478.

15 Ludendorff to higher commanders, 31 July 1917, in H. Michaelis, E. Schraepler and G. Scheel (eds.), *Ursachen und Folgen. Vom deutschen Zusammenbruch 1918 und 1945 bis zur staatlichen Neuordnung Deutschlands in der Gegenwart: Die Wende des ersten Weltkrieges und der Beginn der innenpolitischen Wandlung 1916/1917* (Berlin: Herbert Wendler & Co., 1958), pp. 224–5.

16 P. von Hindenburg, *Out of My Life*, trans. F. A. Holt (London: Cassell and Company, 1920), p. 312.

17 L. Cecil, *Wilhelm II. 2. Emperor and Exile, 1900–1941* (Chapel Hill, NC: University of North Carolina Press, 1996), p. 252; F. Fischer, *Germany's Aims in the First World War* (New York: W. W. Norton & Co., 1967; first publ. 1961), p. 401; and D. Stevenson, *1917. War, Peace, and Revolution* (Oxford: Oxford University Press, 2017), p. 250.

18 'Peace Proposal of Pope Benedict XV', 1 August 1917, in J. B. Scott (ed.), *Official Statements of War Aims and Peace Proposals. December 1916 to November 1918* (Washington DC: Carnegie Endowment for International Peace, 1921), pp. 129–31.

19 Reichsarchiv, *Der Weltkrieg 1914 bis 1918*. XIII. *Die Kriegführung im Sommer und Herbst 1917. Die Ereignisse außerhalb der Westfront bis November 1918* (Berlin: E. S. Mittler & Sohn, 1942), pp. 15–16.

20 'Statement of Premier Painlevé in the Chamber of Deputies in Paris on Peace Terms: Alsace–Lorraine', 18 September 1917, and 'Address of Chancellor Michaelis to the Main Committee of the Reichstag', 28 September 1917, in Scott (ed.), *Official Statements*, pp. 136, 147.

21 D. French, *The Strategy of the Lloyd George Coalition, 1916–1918* (Oxford: Clarendon Press, 1995), pp. 144–7.

22 M. Thompson, *The White War. Life and Death on the Italian Front 1915–1919* (London: Faber & Faber, 2008), p. 279.

23 M. von Gallwitz, *Erleben im Westen 1916–1918* (Berlin: E. S. Mittler & Sohn, 1932), p. 220.

24 R. A. Doughty, *Pyrrhic Victory. French Strategy and Operations in the Great War* (London and Cambridge, Mass.: Harvard University Press, 2005), p. 380; and Reichsarchiv, *Der Weltkrieg*. XIII. *Die Kriegführung im Sommer und Herbst 1917*, p. 104.

25 Ministère de la Guerre, *Les Armées françaises dans la Grande guerre* (Paris: Imprimerie Nationale, 1922–39) [hereafter *AFGG*], Book 5/2, p. 829; and R. Christian-Frogé, *La Grande guerre vécue, racontée, illustrée par les combattants* (2 vols., Paris: Aristide Quillet, 1922), II, p. 82.

26 Christian-Frogé, *La Grande guerre*, II, p. 81.

27 Greenhalgh, *French Army*, pp. 239, 240.

28 Reichsarchiv, *Der Weltkrieg*. XIII. *Die Kriegführung im Sommer und Herbst 1917*, pp. 107, 108.

29 R. McLeod and C. Fox, 'The Battles in Flanders during the Summer and Autumn of 1917 from General von Kuhl's *Der Weltkrieg 1914–18* ', *British Army Review*, No. 116 (August 1997), p. 82.

30 T. Cook, *No Place to Run. The Canadian Corps and Gas Warfare in the First World War* (Vancouver: UBC Press, 1999), p. 120.

31 McLeod and Fox, 'The Battles in Flanders', p. 87.

32 Crown Prince R. von Bayern, *Mein Kriegstagebuch* (3 vols., Berlin: E. S. Mittler, 1929), II, p. 247 (entry, 20 August 1917).

33 TNA: CAB 24/24/GT1814, 'Report on Operations in Flanders from 4th August to 20th August, 1917.'

34 Lord Hankey, *The Supreme Command 1914–1918* (2 vols., London: George Allen and Unwin, 1961), II, p. 693.

35 Lloyd George to Robertson, 26 August 1917, in Woodward (ed.), *Military Correspondence*, p. 220; and TNA: CAB 23/13, 'War Cabinet 225 A', 28 August 1917.

36 'Second Army's Notes on Training and Preparation for Offensive Operations', 31 August 1917, Appendix XXV, in Edmonds, *Military Operations. 1917*, II, p. 459.

37 Edmonds, *Military Operations. 1917*, II, p. 238.

38 AWM: 3DRL/1465, Account of A. D. Hollyhoke, pp. 2–3.

39 Lloyd, *Passchendaele*, pp. 179–83.

40 AWM: 2DRL/0277, S. E. Hunt, 'The Operation at Polygon Wood', pp. 7, 9–10.

41 Reichsarchiv, *Der Weltkrieg.* XIII. *Die Kriegführung im Sommer und Herbst 1917*, p. 77 n. 1.

42 McLeod and Fox, 'The Battles in Flanders', pp. 85, 86. Original emphasis.

43 A. von Thaer, *Generalstabsdienst an der Front und in der O.H.L.* (Göttingen: Vandenhoeck & Ruprecht, 1958), p. 140 (entry, 28 September 1917).

44 Sheldon, *The German Army at Passchendaele*, p. 185; and J. Boff, *Haig's Enemy. Crown Prince Rupprecht and Germany's War on the Western Front* (Oxford: Oxford University Press, 2018), p. 180.

45 Reichsarchiv, *Der Weltkrieg.* XIII. *Die Kriegführung im Sommer und Herbst 1917*, p. 79 n. 1.

46 G. Sheffield and J. Bourne (eds.), *Douglas Haig. War Diaries and Letters 1914–1918* (London: Weidenfeld & Nicolson, 2005), p. 332 (entry, 4 October 1917).

47 Ibid., pp. 331–2 (entry, 3 October 1917).

48 TNA: CAB 24/28/GT2243, Haig to Robertson, 8 October 1917.

49 TNA: CAB 27/6, 'Eighteenth Meeting of the Cabinet Committee on War Policy', 3 October 1917.

50 Hankey quoted in French, *Lloyd George Coalition*, p. 157. Original emphasis.

51 TNA: CAB 24/28/GT2242, 'Future Military Policy', 9 October 1917.

52 Robertson to Haig, 6 October 1917, in Woodward (ed.), *Military Correspondence*, pp. 233–4.

第十八章　只有战争

1 J. G. Harbord, *The American Army in France 1917–1919* (Boston: Little, Brown, and Company, 1936), pp. 134, 153.

2 J. J. Pershing, *My Experiences in the World War* (2 vols., New York: Frederick A. Stokes, 1931), I, pp. 80–84.

3 Harbord, *The American Army*, p. 152.

4 M. E. Grotelueschen, *The AEF Way of War. The American Army and Combat in World War I* (New York: Cambridge University Press, 2007), pp. 27–8.

5 Pershing, *My Experiences*, I, p. 150.

6 US Department of the Army, *Final Report of Gen. John J. Pershing. Commander-in-Chief American Expeditionary Forces* (Washington DC: Government Printing Office, 1919), pp. 14–15.

7 Grotelueschen, *The AEF Way of War*, pp. 28–9.

8 *History of the First Division during the World War, 1917–1919* (Philadelphia, Pa.: John C. Winston, 1922), pp. 19–21; and R. B. Bruce, *A Fraternity of Arms. America and France in the Great War* (Lawrence, Kan.: University Press of Kansas, 2003), pp. 118–19.

9 IWM: Documents 22753, Captain G. N. Rawlence diary, 12 October 1917.

10 TNA: WO 256/23, Haig diary, 13 and 18 October 1917. Original emphasis.

11 E. Greenhalgh (ed. and trans.), *Liaison. General Pierre des Vallières at British General Headquarters, January 1916 to May 1917* (Stroud: History Press, 2016), pp. 258, 268 (entries, early May 1917 and 18 May 1917); and G. Sheffield and J. Bourne (eds.), *Douglas Haig. War Diaries and Letters 1914–1918* (London: Weidenfeld & Nicolson, 2005), p. 294 (entry, 18 May 1917).

12 Reichsarchiv, *Der Weltkrieg 1914 bis 1918. XIII. Die Kriegführung im Sommer und Herbst 1917. Die Ereignisse außerhalb der Westfront bis November 1918* (Berlin: E. S. Mittler & Sohn, 1942), p. 194; and S. McMeekin, *The Russian Revolution. A New History* (New York: Basic Books, 2017), p. 196.

13 D. Stevenson, *1917. War, Peace, and Revolution* (Oxford: Oxford University Press, 2017), p. 226; and V. Wilcox, 'Generalship and Mass Surrender during the Italian Defeat at Caporetto', in I. F. W. Beckett (ed.), *1917. Beyond the Western Front* (Leiden and Boston: Brill, 2009), p. 30.

14 A. Bostrom, 'The Influence of Industry on the Use and Development of Artillery', in J. Krause (ed.), *The Greater War. Other Combatants and Other Fronts, 1914–1918* (Basingstoke: Palgrave Macmillan, 2014), pp. 56–7.

15 G. Gras, *Malmaison. 23 Octobre 1917* (Paris: Imprimeries Vieillemard, 1934), p. 69.

16 T. Gale, *The French Army's Tank Force and Armoured Warfare in the Great War. The Artillerie Spéciale* (Farnham: Ashgate, 2013), pp. 27–8.

17 Ibid., pp. 103–4; and H. Desagneaux, *A French Soldier's War Diary 1914–1918*, trans. G. J. Adams (Barnsley: Pen & Sword, 2014; first publ. 1975), p. 55.

18 Ministère de la Guerre, *Les Armées françaises dans la Grande guerre* (Paris: Imprimerie Nationale, 1922–39) [hereafter *AFGG*], Book 5/2, p. 1106.

19 *AFGG*, Book 5/2, p. 1110.

20 'The French Victory on the Aisne', *The Times*, 25 October 1917.

21 J. de Pierrefeu, *French Headquarters 1915–1918*, trans. Major C. J. C. Street (London: Geoffrey Bles, 1924), p. 187.

22 N. Lloyd, *Passchendaele. A New History* (London: Viking, 2017), p. 254. Original emphasis.

23 G. W. L. Nicholson, *Official History of the Canadian Army in the First World War. Canadian Expeditionary Force 1914–1919* (Ottawa: Queen's Printer, 1962), p. 313.

24 Lloyd, *Passchendaele*, p. 280.

25 W. Rutherford, *The Tsar's War 1914–1917. The Story of the Imperial Russian Army in the First World War* (Cambridge: Ian Faulkner, 1992), p. 277.

26 L. M. Easton (ed. and trans.), *Journey to the Abyss. The Diaries of Count Harry Kessler, 1880–1918* (New York: Alfred A. Knopf, 2011), pp. 781–4 (entry, 3 October 1917).

27 L. Cecil, *Wilhelm II. 2. Emperor and Exile, 1900–1941* (Chapel Hill, NC: University of North Carolina Press, 1996), pp. 258–61.

28 Reichsarchiv, *Der Weltkrieg 1914 bis 1918. XIV. Die Kriegführung an der Westfront im Jahre 1918* (Berlin: E. S. Mittler & Sohn, 1944), pp. 52–3.

29 Ibid., pp. 53–4.

30 C. Ernest Fayle, *Seaborne Trade. III. The Period of Unrestricted Submarine Warfare* (New York: Longmans, Green & Co., 1924), pp. 182, 187.

31 A. Watson, *Ring of Steel. Germany and Austria–Hungary at War, 1914–1918* (London: Allen Lane, 2015; first publ. 2014), p. 351; and Reichsarchiv, *Der Weltkrieg. XIV. Die Kriegführung an der Westfront im Jahre 1918*, p. 10.

32 G. Strutz, *Schlachten des Weltkrieges. 31. Die Tankschlacht bei Cambrai* (Berlin: Gerhard Stalling, 1929), p. 18.

33 H. A. Jones, *The War in the Air. Being the Story of the Part Played in the Great War by the Royal Air Force* (6 vols., Oxford: Clarendon Press, 1922–37), IV, pp. 236–7.

34 W. Miles, *Military Operations. France and Belgium, 1917* (3 vols., London: HMSO, 1948), III, p. 90 n. 1.

35 Ibid., pp. 140, 149.

36 Strutz, *Tankschlacht bei Cambrai*, p. 171. The quote is from C. von Clausewitz, *On War*, ed. and trans. M. Howard and P. Paret (Princeton, NJ: Princeton University Press, 1984; first publ. 1976), p. 370.

37 P. Gibbs, *Now It Can be Told* (New York and London: Harper & Brothers, 1920), p. 491.

38 Miles, *Military Operations. 1917*, III, p. 273; and Reichsarchiv, *Der Weltkrieg. XIII. Die Kriegführung im Sommer und Herbst 1917*, p. 143.

39 Miles, *Military Operations. 1917*, III, p. 227; and Reichsarchiv, *Der Weltkrieg. XIII. Die Kriegführung im Sommer und Herbst 1917*, p. 144.

40 Reichsarchiv, *Der Weltkrieg. XIV. Die Kriegführung an der Westfront im Jahre 1918*, p. 59 n. 1.

41 D. French, *The Strategy of the Lloyd George Coalition, 1916–1918* (Oxford: Clarendon Press, 1995), p. 167; and G. Mead, *The Good Soldier. The Biography of Douglas Haig* (London: Atlantic Books, 2014; first publ. 2007), pp. 309–10.

42 Sir J. E. Edmonds, *Military Operations. France and Belgium, 1918* (5 vols., London: Macmillan and Co., 1935), I, p. 32.

43 W. S. Churchill, *Great Contemporaries* (London: Odhams Press, 1949; first publ. 1937), p. 244.

44 J. C. King, *Generals and Politicians. Conflict between France's High Command, Parliament and Government, 1914–1918* (Berkeley and Los Angeles: University of California Press, 1951), p. 195; and D. R. Watson, *Georges Clemenceau. A Political Biography* (London: Eyre Methuen, 1974), p. 271.

第十九章　我们付出的最大努力

1 E. Ludendorff, *My War Memories 1914–1918* (2 vols., London: Hutchinson & Co., 1919), II, p. 553.

2 H. H. Herwig, *The First World War. Germany and Austria–Hungary 1914–1918* (London: Arnold, 1997), p. 384; and 'Aus einer Rede des Grafen Westarp im Reichstag am 19. März 1918', in H. Michaelis, E. Schraepler and G. Scheel (eds.), *Ursachen und Folgen. Vom deutschen Zusammenbruch 1918 und 1945 bis zur staatlichen Neuordnung Deutschlands in der Gegenwart:*

Der militärische Zusammenbruch und das Ende des Kaiserreichs (Berlin: Herbert Wendler & Co., n.d.), p. 183.

3 L. Cecil, *Wilhelm II. 2. Emperor and Exile, 1900–1941* (Chapel Hill, NC: University of North Carolina Press, 1996), pp. 264–5.

4 Hindenburg to the Kaiser, 7 January 1918, in Michaelis, Schraepler and Scheel (eds.), *Ursachen und Folgen*, pp. 133–5.

5 The Kaiser to Hindenburg, January 1918, in E. Ludendorff, *The General Staff and Its Problems*, trans. F. A. Holt (2 vols., London: Hutchinson & Co., 1920), II, pp. 531–2.

6 W. Görlitz (ed.), *The Kaiser and His Court. The Diaries, Note Books and Letters of Admiral Georg Alexander von Müller, Chief of the Naval Cabinet, 1914–1918* (London: Macdonald & Co., 1961; first publ. 1959), pp. 324–5 (entries, 16–17 January 1918).

7 I. V. Hull, *The Entourage of Kaiser Wilhelm II 1888–1918* (Cambridge: Cambridge University Press, 1982), p. 288.

8 Hindenburg to the Kaiser, 7 January 1918, in Michaelis, Schraepler and Scheel (eds.), *Ursachen und Folgen*, p. 135.

9 Reichsarchiv, *Der Weltkrieg 1914 bis 1918*. XIV. *Die Kriegführung an der Westfront im Jahre 1918* (Berlin: E. S. Mittler & Sohn, 1944), p. 16; and D. T. Zabecki, *The German 1918 Offensives. A Case Study in the Operational Level of War* (London and New York: Routledge, 2006), p. 107.

10 Reichsarchiv, *Der Weltkrieg*. XIV. *Die Kriegführung an der Westfront im Jahre 1918*, p. 75.

11 Ibid.

12 Ludendorff, *My War Memories*, II, p. 590.

13 Reichsarchiv, *Der Weltkrieg*. XIV. *Die Kriegführung an der Westfront im Jahre 1918*, p. 77 n. 3.

14 Crown Prince R. von Bayern, *Mein Kriegstagebuch* (3 vols., Berlin: E. S. Mittler, 1929), II, p. 322 (entry, 21 January 1918); and Zabecki, *The German 1918 Offensives*, p. 109.

15 F. von Lossberg, *Lossberg's War. The World War I Memoirs of a German Chief of Staff*, trans. D. T. Zabecki and D. J. Biedekarken (Lexington, Ky.: University of Kentucky Press, 2017), pp. 311–18.

16 Zabecki, *The German 1918 Offensives*, p. 115; and Ludendorff, *My War Memories*, II, pp. 587–8.

17 'British War Aims', *The Times*, 7 January 1918.

18 K. Grieves, *The Politics of Manpower, 1914–18* (Manchester: Manchester University Press, 1988), p. 166.

19 TNA: CAB 24/4, G185, 'War Cabinet. Cabinet Committee of Man-Power. Draft Report'.

20 R. Blake (ed.), *The Private Papers of Douglas Haig, 1914–1919* (London: Eyre & Spottiswoode, 1952), pp. 277–8 (entry, 7 January 1918). Original emphasis.

21 Sir J. E. Edmonds, *Military Operations. France and Belgium, 1918* (5 vols., London: Macmillan and Co., 1935), I, pp. 54–5.

22 R. A. Doughty, *Pyrrhic Victory. French Strategy and Operations in the Great War* (London and Cambridge, Mass.: Harvard University Press, 2005), p. 416.

23 'Directive no. 4 pour les groupes d'armées et les armées', 22 December 1917, in Ministère de la Guerre, *Les Armées françaises dans la Grande guerre* (Paris: Imprimerie Nationale, 1922–39) [hereafter *AFGG*], Book 6/1 – *Annexes*, Vol. 1, No. 202, p. 359.

24 D. F. Trask, *The AEF and Coalition Warmaking, 1917–1918* (Lawrence, Kan.: University Press of Kansas, 1993), p. 24.

25 J. J. Pershing, *My Experiences in the World War* (2 vols., New York: Frederick A. Stokes, 1931), I, p. 272.

26 Pershing to Pétain, 6 January 1918, in *United States Army in the World War, 1917–1919* (17 vols., Washington DC: US Government Printing Office, 1948) [hereafter *USAWW*], III, p. 262.

27 Bliss to Pershing, 2 January 1918, and Pershing to Bliss, 8 January 1918, in ibid., III, pp. 259, 264.

28 Robertson to Pershing, 10 January 1918, and Pershing to Robertson, 15 January 1918, in ibid., III, pp. 11–13, 18–19.

29 'Conference Held at Trianon Palace, Versailles', 29 January 1918, in ibid., III, pp. 29–31.

30 GHQ, AEF War Diary, 11 January 1918, in ibid., III, p. 268.

31 'Joint Note No. 12', Appendix 9, in *Military Operations. France and Belgium, 1918. Appendices* (London: Macmillan and Co., 1935), pp. 37–42.

32 Robertson to Derby, 2 February 1918, in D. R. Woodward (ed.), *The Military Correspondence of Field-Marshal Sir William Robertson, Chief of the Imperial General Staff, December 1915–February 1918* (London: Bodley Head for the Army Records Society, 1989), p. 280.

33 D. R. Woodward, *Lloyd George and the Generals* (London and Toronto: Associated University Presses, 1983), pp. 258–9.

34 Lloyd George quoted in T. H. Bliss, 'The Evolution of the Unified Command', *Foreign Affairs*, Vol. 1, No. 2 (15 December 1922), p. 16.

35 P. E. Wright, *At the Supreme War Council* (New York and London: G. P. Putnam's Sons, 1921), p. 65.

36 Robertson to Haig, 24 January 1918, and Robertson to Lord Derby, 2 February 1918, in Woodward (ed.), *Military Correspondence*, pp. 274, 280.

37 Bliss, 'The Evolution of the Unified Command', p. 30.

38 P. Maze, *A Frenchman in Khaki* (London: William Heinemann, 1934), pp. 267–8.

39 Gough to GHQ, 1 February 1918, Appendix 11, and GHQ Instructions, 9 February 1918, Appendix 13, in Sir J. E. Edmonds et al., *Military Operations. France and Belgium, 1918. Appendices*, pp. 46, 51.

40 M. Middlebrook, *The Kaiser's Battle* (London: Penguin, 2000; first publ. 1978), p. 71; and G. Sheffield and J. Bourne (eds.), *Douglas Haig. War Diaries and Letters 1914–1918* (London: Weidenfeld & Nicolson, 2005), p. 385 (entry, 2 March 1918).

41 P. von Hindenburg, *Out of My Life*, trans. F. A. Holt (London: Cassell and Company, 1920), p. 341.

42 G. Fong, 'The Movement of German Divisions to the Western Front, Winter 1917–1918', *War in History*, Vol. 7, No. 2 (April 2000), pp. 229, 232.

43 Reichsarchiv, *Der Weltkrieg. XIV. Die Kriegführung an der Westfront im Jahre 1918*, p. 101; and Zabecki, *The German 1918 Offensives*, p. 125.

44 Edmonds, *Military Operations. 1918*, I, p. 147.

45 E. Jünger, *Storm of Steel*, trans. M. Hofmann (London: Penguin Books, 2003; first publ. 1920), p. 231.

46 Thaer quoted in Herwig, *The First World War*, p. 394.

第二十章　恐怕这意味着灾难

1 E. Ludendorff, *My War Memories 1914–1918* (2 vols., London: Hutchinson & Co., 1919), II, pp. 597–8.

2 P. C. Ettighoffer, *Sturm 1918. Sieben Tage deutsches Schicksal* (Gütersloh: Bertelsmann, 1938), p. 110.

3　Reichsarchiv, *Der Weltkrieg 1914 bis 1918*. XIV. *Die Kriegführung an der Westfront im Jahre 1918* (Berlin: E. S. Mittler & Sohn, 1944), p. 110.

4　H. von Wolff, *Kriegsgeschichte des Jäger-Bataillon von Neumann (1. Schles.) Nr. 5, 1914–1918* (Zeulenroda: Bernhard Sporn, 1930), p. 217; and Reichsarchiv, *Der Weltkrieg*. XIV. *Die Kriegführung an der Westfront im Jahre 1918*, p. 111.

5　Reichsarchiv, *Der Weltkrieg*. XIV. *Die Kriegführung an der Westfront im Jahre 1918*, p. 125.

6　D. Stevenson, *With Our Backs to the Wall. Victory and Defeat in 1918* (London: Penguin Books, 2012; first publ. 2011), p. 54.

7　Sir H. Gough, *The Fifth Army* (London: Hodder and Stoughton, 1931), p. 266.

8　M. Middlebrook, *The Kaiser's Battle* (London: Penguin Books, 2000; first publ. 1978), p. 322; and Sir J. E. Edmonds, *Military Operations. France and Belgium, 1918* (5 vols., London: Macmillan and Co., 1935), I, p. 254.

9　J. H. Morrow, Jr, *The Great War in the Air. Military Aviation from 1909 to 1921* (Tuscaloosa, Ala.: University of Alabama Press, 2009; first publ. 1993), p. 297.

10　Edmonds, *Military Operations. 1918*, I, pp. 164–5; and G. Sheffield and J. Bourne (eds.), *Douglas Haig. War Diaries and Letters 1914–1918* (London: Weidenfeld & Nicolson, 2005), pp. 389–90 (entry, 21 March 1918).

11　Edmonds, *Military Operations. 1918*, I, p. 102; and Ministère de la Guerre, *Les Armées françaises dans la Grande guerre* (Paris: Imprimerie Nationale, 1922–39) [hereafter *AFGG*], Book 6/1, p. 237.

12　*AFGG*, Book 6/1, p. 236.

13　E. Herbillon, *Souvenirs d'un officier de liaison pendant la Guerre mondiale. Du général en chef au gouvernement* (2 vols., Paris: Jules Tallandier, 1930), II, p. 227 (entry, 21 March 1918).

14　Reichsarchiv, *Der Weltkrieg*. XIV. *Die Kriegführung an der Westfront im Jahre 1918*, pp. 111, 121–2; Edmonds, *Military Operations. 1918*, I, p. 260; and Crown Prince R. von Bayern, *Mein Kriegstagebuch* (3 vols., Berlin: E. S. Mittler, 1929), II, p. 345 (entry, 21 March 1918).

15　Reichsarchiv, *Der Weltkrieg*. XIV, p. 133; and D. T. Zabecki, *The German 1918 Offensives. A Case Study in the Operational Level of War* (London and New York: Routledge, 2006), p. 141.

16 Crown Prince Wilhelm, *My War Experiences* (London: Hurst and Black-ett, n.d.), p. 303.

17 Reichsarchiv, *Der Weltkrieg*. XIV. *Die Kriegführung an der Westfront im Jahre 1918*, p. 166.

18 Gough, *The Fifth Army*, p. 281.

19 Reichsarchiv, *Der Weltkrieg*. XIV. *Die Kriegführung an der Westfront im Jahre 1918*, p. 167.

20 H. von Kuhl, *Genesis, Execution and Collapse of the German Offensive in 1918*. Part Two. *The Execution and Failure of the Offensive*, trans. H. Hoss-feld (Washington DC: US Army War College, 1934), pp. 37–8.

21 IWM: 89/21/1, Account of Captain J. E. March, p. 41.

22 P. Maze, *A Frenchman in Khaki* (London: William Heinemann, 1934), p. 291.

23 TNA: WO 158/28, 'Conference at Dury at 11 p.m., Sunday, March 24th, 1918'; and Edmonds, *Military Operations. 1918*, I, p. 392.

24 Wilson quoted in E. Greenhalgh, 'Myth and Memory: Sir Douglas Haig and the Imposition of Allied Unified Command in March 1918', *Journal of Military History*, Vol. 68, No. 3 (July 2004), pp. 800–801.

25 G. A. Riddell, *Lord Riddell's War Diary 1914–1918* (London: Ivor Nichol-son & Watson, 1933), p. 320 (entry, 23 March 1918).

26 TNA: WO 158/28, 'Record of Third Conference held at DOULLENS at 12 noon, 26th March, 1918.' Original emphasis.

27 R. Poincaré, *Au service de la France*. X. *Victoire et armistice 1918* (Paris: Librairie Plon, 1933), pp. 87–8.

28 Edmonds, *Military Operations. 1918*, I, p. 542; and F. Foch, *The Memoirs of Marshal Foch*, trans. T. Bentley Mott (London: William Heinemann, 1931), pp. 301–3.

29 Sheffield and Bourne (eds.), *Douglas Haig*, p. 392 n. 1 (24 March 1918); and J. de Pierrefeu, *French Headquarters 1915–1918*, trans. Major C. J. C. Street (London: Geoffrey Bles, 1924), p. 235.

30 R. Binding, *A Fatalist at War*, trans. I. F. D. Morrow (Boston and New York: Houghton Mifflin, 1929), p. 207.

31 G. von der Marwitz, *Weltkriegsbriefe*, ed. E. von Tschischwitz (Berlin: Steiniger-Verlage, 1940), pp. 285–6.

32 Reichsarchiv, *Der Weltkrieg*. XIV. *Die Kriegführung an der Westfront im Jahre 1918*, p. 133.

33 Marwitz, *Weltkriegsbriefe*, pp. 284–5.

34 M. Kitchen, *The German Offensives of 1918* (Stroud: Tempus, 2005; first publ. 2001), p. 99.

35 Reichsarchiv, *Der Weltkrieg*. XIV. *Die Kriegführung an der Westfront im Jahre 1918*, p. 255 n. 1.

36 Zabecki, *The German 1918 Offensives*, p. 151.

37 'The German 24th Division in the Offensive of March, 1918', *Royal United Services Institution. Journal*, Vol. 69, No. 474 (1924), p. 346.

38 H. A. Jones, *The War in the Air. Being the Story of the Part Played in the Great War by the Royal Air Force* (6 vols., Oxford: Clarendon Press, 1922–37), IV, p. 316.

39 R. von Bayern, *Mein Kriegstagebuch*, II, p. 357 (entry, 26 March 1918).

40 Wilhelm Ritter von Leeb quoted in J. Boff, *Haig's Enemy. Crown Prince Rupprecht and Germany's War on the Western Front* (Oxford: Oxford University Press, 2018), p. 217.

41 Reichsarchiv, *Der Weltkrieg*. XIV. *Die Kriegführung an der Westfront im Jahre 1918*, pp. 219, 220.

42 J. J. Pershing, *My Experiences in the World War* (2 vols., New York: Frederick A. Stokes, 1931), I, pp. 364–5.

43 Edmonds, *Military Operations. 1918*, p. 115.

44 E. Fayolle, *Cahiers secrets de la Grande guerre*, ed. H. Contamine (Paris: Plon, 1964), p. 265 (entry, 28 March 1918).

45 Edmonds, *Military Operations. 1918*, II, pp. 153–5; and Reichsarchiv, *Der Weltkrieg*. XIV. *Die Kriegführung an der Westfront im Jahre 1918*, p. 266.

46 R. A. Pereira, *A Batalha do Lys a 9 de Abril de 1918 e A Acção Notavel das Tropas Portuguêsas na Mesma Batalha* (Porto: Fernando d'Alcantara, 1930), p. 20.

47 F. E. Whitton, *History of the 40th Division* (Uckfield: Naval & Military Press, 2004; first publ. 1926), p. 210.

48 Sheffield and Bourne (eds.), *Douglas Haig*, p. 400 (entry, 9 April 1918); and 'Note', 10 April 1918, in *AFGG*, Book 6/1 – *Annexes*, Vol. 3, No. 1579, p. 314.

49 Edmonds, *Military Operations. 1918*, II, p. 490.

50 'Special Order of the Day', 11 April 1918, Appendix 10, in Edmonds, *Military Operations. 1918*, II, p. 512.

51 Stevenson, *With Our Backs to the Wall*, p. 75.

第二十一章　不惜一切守住防线

1 M. Weygand, *Mémoires. Idéal vécu* (Paris: Ernest Flammarion, 1953), p. 505.

2 Sir J. P. Du Cane, *Marshal Foch* (privately printed, 1920), pp. 1–2, 5.

3 Sir J. E. Edmonds, *Military Operations. France and Belgium, 1918* (5 vols., London: Macmillan and Co., 1937), II, p. 315.

4 F. Foch, *The Memoirs of Marshal Foch*, trans. T. Bentley Mott (London: William Heinemann, 1931), pp. 319–20.

5 Edmonds, *Military Operations. 1918*, II, pp. 313–14.

6 Du Cane, *Marshal Foch*, pp. 11–13.

7 G. Sheffield and J. Bourne (eds.), *Douglas Haig. War Diaries and Letters 1914–1918* (London: Weidenfeld & Nicolson, 2005), p. 404 (entry, 14 April 1918).

8 Haig to Foch, 18 April 1918, in *United States Army in the World War, 1917–1919* (17 vols., Washington DC: US Government Printing Office, 1948) [hereafter *USAWW*], II, p. 328.

9 K. Jeffery, *Field Marshal Sir Henry Wilson. A Political Soldier* (Oxford: Oxford University Press, 2006), p. 224; and Foch, *Memoirs*, pp. 335–7.

10 Pétain to Foch, 24 April 1918, in *USAWW*, II, pp. 345–8.

11 E. Greenhalgh, *Foch in Command. The Forging of a First World War General* (Cambridge: Cambridge University Press, 2011), p. 319; and 'Note by the General-in-Chief of the Allied Armies in France', 19 April 1918, Appendix 16, in Edmonds, *Military Operations. 1918*, II, pp. 519–20. Original emphasis.

12 R. Poincaré, *Au service de la France. X. Victoire et armistice 1918* (Paris: Librairie Plon, 1933), p. 123.

13 D. T. Zabecki, *The German 1918 Offensives. A Case Study in the Operational Level of War* (London and New York: Routledge, 2006), p. 202.

14 Crown Prince R. von Bayern, *Mein Kriegstagebuch* (3 vols., Berlin: E. S. Mittler, 1929), II, p. 387 (entry, 19 April 1918).

15 C. E. W. Bean, *The Official History of Australia in the War of 1914–1918* (13 vols., Sydney: Angus & Robertson, 1941–2), V, p. 552; and D. R. Higgins, *Mark IV vs A7V: Villers-Bretonneux 1918* (Oxford: Osprey, 2012), pp. 63–4.

16 'The Loss of Mount Kemmel, 25th April, 1918', *Royal United Services Institution. Journal*, Vol. 66, No. 461 (1921), p. 129.

17 Ministère de la Guerre, *Les Armées françaises dans la Grande guerre* (Paris: Imprimerie Nationale, 1922–39) [hereafter *AFGG*], Book 6/1, p. 499.

18 Edmonds, *Military Operations. 1918*, II, pp. 428–9; and Reichsarchiv, *Der Weltkrieg 1914 bis 1918*. XIV. *Die Kriegführung an der Westfront im Jahre 1918* (Berlin: E. S. Mittler & Sohn, 1944), p. 297.

19 Edmonds, *Military Operations. 1918*, II, p. 437.

20 H. A. Jones, *The War in the Air. Being the Story of the Part Played in the Great War by the Royal Air Force* (6 vols., Oxford: Clarendon Press, 1922–37), IV, p. 398.

21 H. Desagneaux, *A French Soldier's War Diary 1914–1918*, trans. G. J. Adams (Barnsley: Pen & Sword, 2014; first publ. 1975), p. 59.

22 Edmonds, *Military Operations. 1918*, II, pp. 432–3.

23 'Aus den Tagebuchaufzeichnungen des Obersten im Generalstabe von Thaer vom 26/27 April und 2 Mai 1918', in H. Michaelis, E. Schraepler and G. Scheel (eds.), *Ursachen und Folgen. Vom deutschen Zusammenbruch 1918 und 1945 bis zur staatlichen Neuordnung Deutschlands in der Gegenwart: Der militärische Zusammenbruch und das Ende des Kaiserreichs* (Berlin: Herbert Wendler & Co., n.d.), pp. 255–8.

24 Reichsarchiv, *Der Weltkrieg*. XIV. *Die Kriegführung an der Westfront im Jahre 1918*, pp. 312–13.

25 Zabecki, *The German 1918 Offensives*, p. 210.

26 Reichsarchiv, *Der Weltkrieg*. XIV. *Die Kriegführung an der Westfront im Jahre 1918*, pp. 314–15.

27 'London Agreement', 24 April 1918, in *USAWW*, II, pp. 342–4.

28 Bliss to March, 20 April 1918, in ibid., p. 333.

29 First Meeting, 5th Session, Supreme War Council, 1 May 1918, in ibid., pp. 360–65.

30 Third Meeting, 5th Session, Supreme War Council, 2 May 1918, in ibid., pp. 366–71.

31 J. J. Pershing, *My Experiences in the World War* (2 vols., New York: Frederick A. Stokes, 1931), II, pp. 28–9.

32 E. Greenhalgh, *The French Army and the First World War* (Cambridge: Cambridge University Press, 2014), pp. 287–9.

33 'General Directive No. 3', 20 May 1918, Appendix II, in Edmonds, *Military Operations. 1918*, III, pp. 339–41.

586 / 西线: 第一次世界大战史

34 E. Fayolle, *Cahiers secrets de la Grande guerre*, ed. H. Contamine (Paris: Plon, 1964), p. 274 (entry, 19 May 1918).

35 Edmonds, *Military Operations. 1918*, III, p. 47.

36 T. von Bose, *Schlachten des Weltkrieges. 32. Deutsche Siege 1918* (Berlin: Gerhard Stalling, 1929), p. 29.

37 Reichsarchiv, *Der Weltkrieg*. XIV. *Die Kriegführung an der Westfront im Jahre 1918*, p. 339.

38 Duchêne to Franchet d'Espèrey, 28 April 1918, in *AFGG*, Book 6/2 – *Annexes*, Vol. 1, No. 68, p. 162; and R. A. Doughty, *Pyrrhic Victory. French Strategy and Operations in the Great War* (London and Cambridge, Mass.: Harvard University Press, 2005), pp. 449–50.

39 Edmonds, *Military Operations. 1918*, III, p. 32.

40 T. Travers, *How the War was Won. Command and Technology in the British Army on the Western Front, 1917–1918* (Barnsley, Pen & Sword, 2005; first publ. 10 1992), p. 101.

41 Edmonds, *Military Operations. 1918*, III, p. 50; and Greenhalgh, *French Army*, p. 294.

42 R. Christian-Frogé, *La Grande guerre vécue, racontée, illustrée par les combattants* (2 vols., Paris: Aristide Quillet, 1922), II, pp. 130–32.

43 Crown Prince Wilhelm, *My War Experiences* (London: Hurst and Blackett, n.d.), p. 320.

44 Edmonds, *Military Operations. 1918*, III, p. 82.

45 Ibid., pp. 147–8.

46 Foch to Haig, 28 May 1918, in *AFGG*, Book 6/2 – *Annexes*, Vol. 1, No. 505, pp. 659–60; and Sheffield and Bourne (eds.), *Douglas Haig*, p. 416 (entry, 31 May 1918).

47 Reichsarchiv, *Der Weltkrieg*. XIV. *Die Kriegführung an der Westfront im Jahre 1918*, p. 363.

48 Pershing to Peyton C. March (US Chief of Staff), 1 June 1918, in *USAWW*, II, p. 434.

49 M. E. Grotelueschen, *The AEF Way of War. The American Army and Combat in World War I* (New York: Cambridge University Press, 2007), pp. 75–6.

50 'Account by an Eye-Witness of the Attack on Cantigny', 29 May 1918, in *USAWW*, IV, pp. 321–2.

51 Pershing to March and Newton, 1 June 1918, in ibid., II, p. 434.

52 J. H. Hallas (ed.), *Doughboy War. The American Expeditionary Force in World War I* (Boulder, Colo.: Lynne Rienner, 2000), p. 85; and J. G. Harbord, *The American Army in France 1917–1919* (Boston: Little, Brown, and Company, 1936), p. 283.

53 F. M. Wise, *A Marine Tells It to You* (New York: J. H. Sears & Co., 1929), p. 203.

54 E. G. Lengel, *Thunder and Flames. Americans in the Crucible of Combat, 1917–1918* (Lawrence, Kan.: University Press of Kansas, 2015), p. 169; and Harbord, *The American Army*, p. 300.

第二十二章　那将是荣耀的一天

1 A. Watson, *Ring of Steel. Germany and Austria–Hungary at War, 1914–1918* (London: Allen Lane, 2015; first publ. 2014), p. 525; and Ludendorff to Hertling, 8 June 1918, in H. Michaelis, E. Schraepler and G. Scheel (eds.), *Ursachen und Folgen. Vom deutschen Zusammenbruch 1918 und 1945 bis zur staatlichen Neuordnung Deutschlands in der Gegenwart: Der militärische Zusammenbruch und das Ende des Kaiserreichs* (Berlin: Herbert Wendler & Co., n.d.), p. 262.

2 Rupprecht to Hertling, 1 June 1918, in Michaelis, Schraepler and Scheel (eds.), *Ursachen und Folgen*, p. 260.

3 Reichsarchiv, *Der Weltkrieg 1914 bis 1918*. XIV. *Die Kriegführung an der Westfront im Jahre 1918* (Berlin: E. S. Mittler & Sohn, 1944), p. 415; and D. T. Zabecki, *The German 1918 Offensives. A Case Study in the Operational Level of War* (London and New York: Routledge, 2006), p. 233.

4 Ministère de la Guerre, *Les Armées françaises dans la Grande guerre* (Paris: Imprimerie Nationale, 1922–39) [hereafter *AFGG*], Book 6/2, pp. 262–4.

5 R. A. Doughty, *Pyrrhic Victory. French Strategy and Operations in the Great War* (London and Cambridge, Mass.: Harvard University Press, 2005), p. 456; and 'Ordre particulier no. 1285', 8 June 1918, in *AFGG*, Book 6/2 – *Annexes*, Vol. 2, No. 1277, p. 461.

6 *AFGG*, Book 6/2, p. 281.

7 Sir J. E. Edmonds, *Military Operations. France and Belgium, 1918* (5 vols., London: Macmillan and Co., 1939), III, p. 179; and Reichsarchiv, *Der Weltkrieg*. XIV. *Die Kriegführung an der Westfront im Jahre 1918*, pp. 398–9.

8 Reichsarchiv, *Der Weltkrieg*. XIV. *Die Kriegführung an der Westfront im Jahre 1918*, p. 401.

9 C. Mangin, *Lettres de Guerre 1914–1918* (Paris: Librairie Arthème Fayard, 1950), pp. 268–9.

10 *AFGG*, Book 6/2, p. 322.

11 R. Christian-Frogé, *La Grande guerre vécue, racontée, illustrée par les combattants* (2 vols., Paris: Aristide Quillet, 1922), II, p. 144.

12 'Compte rendu', 11 June 1918, in *AFGG*, Book 6/2 – *Annexes*, Vol. 2, No. 1436, p. 619.

13 R. G. Tindall, 'Tanks at Cantigny and in the Mangin Counterattack of 11 June 1918', *Command and General Staff School Quarterly*, Vol. XVIII, No. 69 (June 1938), p. 96.

14 H. Sulzbach, *With the German Guns. Four Years on the Western Front 1914–1918*, trans. R. Thonger (London: Leo Cooper, 1973), p. 192.

15 Reichsarchiv, *Der Weltkrieg*. XIV. *Die Kriegführung an der Westfront im Jahre 1918*, p. 385.

16 'German War Aims. Von Kühlmann's Declaration', *The Times*, 26 June 1918.

17 Reichsarchiv, *Der Weltkrieg*. XIV. *Die Kriegführung an der Westfront im Jahre 1918*, p. 511; and L. Cecil, *Wilhelm II. 2. Emperor and Exile, 1900–1941* (Chapel Hill, NC: University of North Carolina Press, 1996), p. 271.

18 Ludendorff quoted in W. Foerster, *Der Feldherr Ludendorff im Unglück* (Wiesbaden: Limes Verlag, 1952), p. 13.

19 Edmonds, *Military Operations. 1918*, III, pp. 217–18.

20 E. Fayolle, *Cahiers secrets de la Grande guerre*, ed. H. Contamine (Paris: Plon, 1964), p. 283 (entry, 12 June 1918).

21 Doughty, *Pyrrhic Victory*, p. 459; and E. Greenhalgh, *The French Army and the First World War* (Cambridge: Cambridge University Press, 2014), p. 300.

22 D. Stevenson, *With Our Backs to the Wall. Victory and Defeat in 1918* (London: Penguin Books, 2012; first publ. 2011), p. 66.

23 TNA: WO 158/29, Haig to Foch, 14 July 1918.

24 Reichsarchiv, *Der Weltkrieg*. XIV. *Die Kriegführung an der Westfront im Jahre 1918*, p. 437; and Zabecki, *The German 1918 Offensives*, pp. 257–9.

25 Reichsarchiv, *Der Weltkrieg. XIV. Die Kriegführung an der Westfront im Jahre 1918*, p. 441 n. 1.

26 Crown Prince Wilhelm, *My War Experiences* (London: Hurst and Blackett, n.d.), p. 330.

27 E. Greenhalgh, *Foch in Command. The Forging of a First World War General* (Cambridge: Cambridge University Press, 2011), pp. 388–9.

28 E. R. Hooton, *War over the Trenches. Air Power and the Western Front Campaigns 1916–1918* (Hersham: Ian Allen, 2010), p. 229.

29 M. Weygand, *Mémoires. Idéal vécu* (Paris: Ernest Flammarion, 1953), p. 564.

30 *AFGG*, Book 6/2, p. 499.

31 'The Marne-Drama of July 15th, 1918' in C. F. Horne (ed.), *Source Records of the Great War* (7 vols., USA: National Alumni, 1923), VI, p. 253.

32 W. Beumelburg, *Schlachten des Weltkrieges. 34. Der letzte deutsche Angriff, Reims 1918* (Berlin: Gerhard Stalling, 1930), p. 72.

33 'By General Gouraud', in Horne (ed.), *Source Records*, VI, pp. 243–4.

34 Reichsarchiv, *Der Weltkrieg. XIV. Die Kriegführung an der Westfront im Jahre 1918*, p. 451.

35 Ibid., p. 451 n. 2.

36 'Colonel Reinhardt's Report on the Situation South of the Marne', 17 July 1918, in *United States Army in the World War, 1917–1919* (17 vols., Washington DC: US Government Printing Office, 1948) [hereafter *USAWW*], V, p. 183.

37 Foerster, *Der Feldherr Ludendorff im Unglück*, p. 28.

38 Foch quoted in Edmonds, *Military Operations. 1918*, III, p. 234.

39 T. Gale, *The French Army's Tank Force and Armoured Warfare in the Great War. The Artillerie Spéciale* (Farnham: Ashgate, 2013), p. 166.

40 J. W. Thomason, Jr, *Fix Bayonets!* (New York and London: Charles Scribner's Sons, 1927), pp. 98–101.

41 Gale, *The French Army's Tank Force*, pp. 175–6.

42 MHI: WWI 2487, 'My Memories of World War I', by Captain M. B. Helm, pp. 16–17.

43 M. S. Neiberg, *The Second Battle of the Marne* (Bloomington, Ind.: Indiana University Press, 2008), p. 130; and Mangin quoted in J. J. Pershing,

My Experiences in the World War (2 vols., New York: Frederick A. Stokes, 1931), II, pp. 161–2.

44 E. Ludendorff, *My War Memories 1914–1918* (2 vols., London: Hutchinson & Co., 1919), II, p. 640.

45 War Diary, Army Group German Crown Prince, 18 July 1918, in *USAWW*, V, pp. 678–80.

46 Pershing, *My Experiences*, II, p. 171.

47 'Memorandum by General Foch', 24 July 1918, Appendix XX, in Edmonds, *Military Operations. 1918*, III, pp. 367–70.

48 Pétain quoted in F. Foch, *The Memoirs of Marshal Foch*, trans. T. Bentley Mott (London: William Heinemann, 1931), p. 430.

49 Sir F. Maurice (ed.), *The Life of General Lord Rawlinson of Trent* (London: Cassell and Company, 1926), p. 227.

50 Edmonds, *Military Operations. 1918*, IV, pp. 23, 24.

51 LAC: RG41, Vol. 7, Account of Colonel D. H. C. Mason.

52 Reichsarchiv, *Der Weltkrieg. XIV. Die Kriegführung an der Westfront im Jahre 1918*, p. 567.

53 Crown Prince R. von Bayern, *Mein Kriegstagebuch* (3 vols., Berlin: E. S. Mittler, 1929), II, p. 435 (entry, 9 August 1918).

54 'Signed Minutes of the Conference at General Headquarters on August 14, 1918', in E. Ludendorff, *The General Staff and Its Problems*, trans. F. A. Holt (2 vols., London: Hutchinson & Co., 1920), II, pp. 580–83.

55 A. Niemann, *Kaiser und Revolution. Die entscheidenden Ereignisse im Großen Hauptquartier* (Berlin: August Scherl, 1922), p. 43.

第二十三章　要保持镇定

1 House of Commons Debates, 7 August 1918, Vol. 109, cc. 1412–28.

2 'British War Effort. Prime Minister's Review', *The Times*, 8 August 1918.

3 D. French, *The Strategy of the Lloyd George Coalition, 1916–1918* (Oxford: Clarendon Press, 1995), p. 272.

4 'Mr Lloyd George on the Battle', *The Times*, 12 August 1918.

5 Ministère de la Guerre, *Les Armées françaises dans la Grande guerre* (Paris: Imprimerie Nationale, 1922–39) [hereafter *AFGG*], Book 7/1, p. 228.

6　C. Mangin, *Lettres de Guerre 1914–1918* (Paris: Librairie Arthème Fayard, 1950), p. 299.

7　Sir J. E. Edmonds, *Military Operations. France and Belgium, 1918* (5 vols., London: Macmillan and Co., 1947), IV, p. 181.

8　M. Weygand, *Mémoires. Idéal vécu* (Paris: Ernest Flammarion, 1953), p. 595.

9　'Reduction of St-Mihiel Salient', 16 August 1918, in *United States Army in the World War, 1917–1919* (17 vols., Washington DC: US Government Printing Office, 1948) [hereafter *USAWW*], VIII, pp. 129–30.

10　TNA: WO 158/29, Haig to Foch, 27 August 1918.

11　Haig to Wilson, 27 August 1918, in G. Sheffield and J. Bourne (eds.), *Douglas Haig. War Diaries and Letters 1914–1918* (London: Weidenfeld & Nicolson, 2005), p. 450.

12　J. J. Pershing, *My Experiences in the World War* (2 vols., New York: Frederick A. Stokes, 1931), II, pp. 243–7.

13　Ibid., pp. 248–50.

14　'Conference of September 2' and 'Plan for Converging Attack by Combined Allied Forces on the Western Front', 3 September 1918, in *USAWW*, VIII, pp. 47, 50.

15　L. Cecil, *Wilhelm II. 2. Emperor and Exile, 1900–1941* (Chapel Hill, NC: University of North Carolina Press, 1996), p. 274.

16　W. Görlitz (ed.), *The Kaiser and His Court. The Diaries, Note Books and Letters of Admiral Georg Alexander von Müller, Chief of the Naval Cabinet, 1914–1918* (London: Macdonald & Co., 1961; first publ. 1959), p. 383 (entry, 2 September 1918).

17　Ibid., pp. 384–5 (entry, 4 September 1918); and L. Cecil, *Albert Ballin. Business and Politics in Imperial Germany, 1888–1918* (Princeton, NJ: Princeton University Press, 1967), p. 338.

18　'Niederschrift des Obersten und Abteilungschefs in der Obersten Heeresleitung, Mertz von Quirnheim', in H. Michaelis, E. Schraepler and G. Scheel (eds.), *Ursachen und Folgen. Vom deutschen Zusammenbruch 1918 und 1945 bis zur staatlichen Neuordnung Deutschlands in der Gegenwart: Der militärische Zusammenbruch und das Ende des Kaiserreichs* (Berlin: Herbert Wendler & Co., n.d.), pp. 292–3.

19　'Aus dem privaten Kriegstagebuch des Generals von Kuhl', in ibid., p. 304.

20 F. von Lossberg, *Lossberg's War. The World War I Memoirs of a German Chief of Staff*, trans. D. T. Zabecki and D. J. Biedekarken (Lexington, Ky.: University of Kentucky Press, 2017), p. 356.

21 W. Foerster, *Der Feldherr Ludendorff im Unglück* (Wiesbaden: Limes Verlag, 1952), pp. 72–3; and Hochheimer quoted in N. Lloyd, *Hundred Days. The End of the Great War* (London: Viking, 2013), p. 141.

22 Gallwitz to Supreme Command, 3 September 1918, and reply, 10 September 1918, in *USAWW*, VIII, pp. 289–90, 294–5.

23 Reichsarchiv, *Der Weltkrieg 1914 bis 1918*. XIV. *Die Kriegführung an der Westfront im Jahre 1918* (Berlin: E. S. Mittler & Sohn, 1944), pp. 601; and MHI: WWI 146, J. E. Ausland, 'The Last Kilometer. Saint-Mihiel' (entry, 12 September 1918).

24 Reichsarchiv, *Der Weltkrieg*. XIV. *Die Kriegführung an der Westfront im Jahre 1918*, p. 628.

25 H. H. Herwig, *The First World War. Germany and Austria–Hungary 1914–1918* (London: Arnold, 1997), p. 424; and Reichsarchiv, *Der Weltkrieg*. XIV. *Die Kriegführung an der Westfront im Jahre 1918*, p. 621.

26 B. Ziemann, *Violence and the German Soldier in the Great War. Killing, Dying, Surviving*, trans. A. Evans (London: Bloomsbury Academic, 2017), p. 152.

27 Lossberg, *Lossberg's War*, p. 357; and J. Boff, *Haig's Enemy. Crown Prince Rupprecht and Germany's War on the Western Front* (Oxford: Oxford University Press, 2018), p. 238.

28 'Note', 23 September 1918, in *AFGG*, Book 7/1 – *Annexes*, Vol. 2, No. 1257, p. 624.

29 A. Grasset, *Le Maréchal Foch* (Nancy: Berger-Levrault, 1919), p. 82.

30 E. Greenhalgh, *The French Army and the First World War* (Cambridge: Cambridge University Press, 2014), pp. 336–7.

31 'Note', 25 September 1918, in *AFGG*, Book 7/1 – *Annexes*, Vol. 2, No. 1286, pp. 665–6.

32 Sheffield and Bourne (eds.), *Douglas Haig*, pp. 434, 458 (entry, 10 September 1918).

33 G. Wawro, *Sons of Freedom. The Forgotten American Soldiers Who Defeated Germany in World War I* (New York: Basic Books, 2018), p. 307.

34 R. N. Johnson, *Heaven, Hell, or Hoboken* (Cleveland, O.: O. S. Hubbell, 1919), pp. 95–6.

35　H. Drum (Chief of Staff, First Army) to I, III, IV and V Corps, 27 September 1918, in *USAWW*, IX, pp. 138–40.

36　W. S. Triplet, *A Youth in the Meuse–Argonne. A Memoir, 1917–1918*, ed. R. Ferrell (Columbia, Mo.: University of Missouri Press, 2000), p. 171.

37　G. Mead, *Doughboys. America and the First World War* (London: Penguin Books, 2000), p. 307.

38　Pershing to Baker, 2 October 1918, in Pershing, *My Experiences*, II, p. 312.

39　Sir F. Maurice, *The Last Four Months. The End of the War in the West* (London: Cassell and Company, 1919), p. 158.

40　Sir F. Maurice (ed.), *The Life of General Lord Rawlinson of Trent* (London: Cassell and Company, 1926), p. 238.

41　R. E. Priestley, *Breaking the Hindenburg Line. The Story of the 46th (North Midland) Division* (London: T. Fisher Unwin, 1919), p. 49.

42　MHI: WWI 1827, Account of W. J. Strauss, p. 57.

43　IWM: 84/11/2, Account of Major H. J. C. Marshall, p. 9.

44　E. Ludendorff, *My War Memories 1914–1918* (2 vols., London: Hutchinson & Co., 1919), II, p. 721.

45　'Staatssekretär von Hintze über die Vorgänge im Großen Hauptquartier in Spa am 29. September 1918', in Michaelis, Schraepler and Scheel (eds.), *Ursachen und Folgen*, pp. 319–20; and Ludendorff, *My War Memories*, II, pp. 722–3.

46　'Address to Congress Stating the Peace Terms of the United States, 8 January 1918', in *America Joins the World. Selections From the Speeches and State Papers of President Wilson, 1914–1918* (New York: Association Press, 1919), pp. 70–79.

47　Görlitz (ed.), *The Kaiser and His Court*, p. 397 (entry, 29 September 1918).

48　Cecil, *Wilhelm II. 2. Emperor and Exile*, p. 279.

49　Prince M. von Baden, *The Memoirs of Prince Max of Baden*, trans. W. M. Calder and C. W. H. Sutton (2 vols., London: Constable & Co., 1928), II, pp. 3–23.

50　'German Request for an Armistice', 6 October 1918, in J. B. Scott (ed.), *Official Statements of War Aims and Peace Proposals. December 1916 to November 1918* (Washington DC: Carnegie Endowment for International Peace, 1921), p. 415.

51 'Auszug aus den Tagebuchnotizen des Obersten von Thaer vom 30. September und 1. Oktober 1918', in Michaelis, Schraepler and Scheel (eds.), *Ursachen und Folgen*, pp. 322–3.

第二十四章　全面的胜利

1 House to Wilson, 6 October 1918, in A. S. Link (ed.), *The Papers of Woodrow Wilson* (69 vols., Princeton, NJ: Princeton University Press, 1966–94), Vol. 51, p. 254.

2 'Answer to German Peace Proposal', 8 October 1918, in *United States Army in the World War, 1917–1919* (17 vols., Washington DC: US Government Printing Office, 1948) [hereafter *USAWW*], X, pp. 7–8.

3 J. Grigg, *Lloyd George. War Leader 1916–1918* (London: Penguin Books, 2003; first publ. 2002), p. 625.

4 D. R. Watson, *Georges Clemenceau. A Political Biography* (London: Eyre Methuen, 1974), p. 326.

5 'Armistice Terms', 7 October 1918, in *USAWW*, X, pp. 4–5; and D. F. Trask, *The United States in the Supreme War Council. American War Aims and Inter-Allied Strategy, 1917–1918* (Westport, Conn.: Greenwood Press, 1978; first publ. 1961), p. 154.

6 Diplomatic Liaison Officer with the Supreme War Council to the Secretary of State, 9 October 1918, in J. V. Fuller (ed.), *Papers Relating to the Foreign Relations of the United States, 1918, Supplement 1, The World War. I* (Washington: Government Printing Office, 1933), Document 295.

7 Laughlin to Lansing, 15 October 1918, in ibid., Document 312.

8 Prince M. von Baden, *The Memoirs of Prince Max of Baden*, trans. W. M. Calder and C. W. H. Sutton (2 vols., London: Constable & Co., 1928), II, pp. 66–9.

9 'German Reply to President Wilson's Note', 12 October 1918, in *USAWW*, X, p. 9.

10 'President Wilson's Reply to the German Note of October 12, 1918', 14 October 1918, in *USAWW*, X, p. 10.

11 Foch to Pétain, 4 October 1918, in Ministère de la Guerre, *Les Armées françaises dans la Grande guerre* (Paris: Imprimerie Nationale, 1922–39) [hereafter *AFGG*], Book 7/2 – *Annexes*, Vol. 1, No. 137, p. 214.

12 Pétain to Maistre, 4 October 1918, in *AFGG*, Book 7/2 – *Annexes*, Vol. I, No. 139, p. 216.

13 'Operations Report, October 1–6, 1918', in *USAWW*, IX, p. 228.

14 J. J. Pershing, *My Experiences in the World War* (2 vols., New York: Frederick A. Stokes, 1931), II, pp. 290, 324.

15 LOC: Pershing diary, 4 October 1918.

16 MHI: WWO 6855, Account of Major S. W. Fleming, p. 64.

17 F. E. Noakes, *The Distant Drum. A Memoir of a Guardsman in the Great War* (London: Frontline Books, 2010; first publ. 1952), p. 183.

18 G. Sheffield and J. Bourne (eds.), *Douglas Haig. War Diaries and Letters 1914–1918* (London: Weidenfeld & Nicolson, 2005), pp. 471–2 (entry, 10 October 1918).

19 Sir J. E. Edmonds and R. Maxwell-Hyslop, *Military Operations. France and Belgium, 1918* (5 vols., London: HMSO, 1947), V, pp. 232–3.

20 Sheffield and Bourne (eds.), *Douglas Haig*, p. 472 (entry, 10 October 1918). Original emphasis.

21 *AFGG*, Book 7/2, pp. 130–31.

22 Sir A. Montgomery, *The Story of the Fourth Army in the Battles of the Hundred Days, August 8th to November 11th, 1918* (London: Hodder and Stoughton, 1920), p. 204.

23 R. Prior and T. Wilson, *Command on the Western Front. The Military Career of Sir Henry Rawlinson 1914–18* (Barnsley: Pen & Sword, 2004; first publ. 1992), p. 383.

24 Second Lieutenant C. Carter quoted in M. Brown, *The Imperial War Museum Book of 1918. Year of Victory* (London: Pan, 1999; first publ. 1998), pp. 264–5.

25 Baden, *Memoirs*, II, pp. 99, 109.

26 'Estimate of Political Situation', 18 October 1918, in *USAWW*, X, pp. 12–13.

27 Crown Prince R. von Bayern, *Mein Kriegstagebuch* (3 vols., Berlin: E. S. Mittler, 1929), II, p. 463 (entry, 18 October 1918).

28 Reichsarchiv, *Der Weltkrieg 1914 bis 1918. XIV. Die Kriegführung an der Westfront im Jahre 1918* (Berlin: E. S. Mittler & Sohn, 1944), pp. 656–7.

29 E. Ludendorff, *My War Memories 1914–1918* (2 vols., London: Hutchinson & Co., 1919), II, p. 754.

30 Baden, *Memoirs*, II, p. 89.

31 'The German Reply to President Wilson's Note of October 14, 1918', 21 October 1918, in *USAWW*, X, pp. 15–16.

32 'President Wilson's Reply to the German Note of October 21, 1918', 24 October 1918, in *USAWW*, X, pp. 17–18.

33 'Calls for Dictated Peace', *The New York Times*, 24 October 1918.

34 L. Cecil, *Wilhelm II. 2. Emperor and Exile, 1900–1941* (Chapel Hill, NC: University of North Carolina Press, 1996), pp. 281, 283.

35 Hindenburg to Army Group Gallwitz, 24 October 1918, in *USAWW*, X, p. 19.

36 Baden, *Memoirs*, II, pp. 195–7.

37 Ludendorff, *My War Memories*, II, p. 763; and N. Lloyd, *Hundred Days. The End of the Great War* (London: Viking, 2013), pp. 234–5.

38 Plessen quoted in W. Foerster, *Der Feldherr Ludendorff im Unglück* (Wiesbaden: Limes Verlag, 1952), pp. 116–17; and Cecil, *Wilhelm II. 2. Emperor and Exile*, p. 285.

39 'German Reply to President Wilson's Note of October 24, 1918', 27 October 1918, in *USAWW*, X, p. 24.

40 G. W. Rakenius, *Wilhelm Groener als Erster Generalquartiermeister. Die Politik der Obersten Heeresleitung 1918/19* (Boppard am Rhein: Harald Boldt, 1977), p. 16.

41 W. Groener, *Lebenserinnerungen. Jugend. Generalstab. Weltkrieg* (Göttingen: Vandenhoeck & Ruprecht, 1957), pp. 440–43.

42 Group of Armies Gallwitz, War Diary, 2 November 1918, in *USAWW*, IX, p. 576.

43 S. Stephenson, *The Final Battle. Soldiers of the Western Front and the German Revolution of 1918* (Cambridge: Cambridge University Press, 2009), p. 73.

44 Baden, *Memoirs*, II, pp. 300–301.

45 F. Foch, *The Memoirs of Marshal Foch*, trans. T. Bentley Mott (London: William Heinemann, 1931), pp. 501–2.

46 D. Dutton (ed.), *Paris 1918. The War Diary of the British Ambassador, the 17th Earl of Derby* (Liverpool: Liverpool University Press, 2001), p. 295 (entry, 26 October 1918); J. de Pierrefeu, *French Headquarters 1915–1918*, trans. Major C. J. C. Street (London: Geoffrey Bles, 1924), pp. 298–9; and W. T. Walker, *Betrayal at Little Gibraltar. A German Fortress, a Treacherous*

American General, and the Battle to End World War I (New York: Simon & Schuster, 2016), p. 237.

47 'Proceedings of Military Conference at Senlis', 25 October 1918, in *USAWW*, X, pp. 19–23.

48 E. Greenhalgh, *Foch in Command. The Forging of a First World War General* (Cambridge: Cambridge University Press, 2011), pp. 474–5.

49 Lloyd, *Hundred Days*, p. 209.

50 C. Mangin, *Comment finit la Guerre* (Paris: Librairie Plon, 1920), p. 215.

51 Pershing to the Supreme War Council, 30 October 1918, in *USAWW*, X, pp. 28–30.

52 G. Wawro, *Sons of Freedom. The Forgotten American Soldiers Who Defeated Germany in World War I* (New York: Basic Books, 2018), pp. 446–7.

53 B. A. Colonna, *The History of Company B, 311th Infantry in the World War* (Freehold, NJ: Transcript Printing House, 1922), pp. 70–71.

54 H. Liggett, *A.E.F. Ten Years Ago in France* (New York: Dodd, Mead and Company, 1928), p. 224; and LOC: Pershing diary, 1 November 1918.

55 Edmonds and Maxwell-Hyslop, *Military Operations. 1918*, V, p. 557.

56 IWM: 81/21/1, Account of A. J. Turner, p. 53.

57 'Aus einem Bericht Erzbergers über seine Fahrt nach Compiègne am 7. November 1918', in H. Michaelis, E. Schraepler and G. Scheel (eds.), *Ursachen und Folgen. Vom deutschen Zusammenbruch 1918 und 1945 bis zur staatlichen Neuordnung Deutschlands in der Gegenwart: Der militärische Zusammenbruch und das Ende des Kaiserreichs* (Berlin: Herbert Wendler & Co., n.d.), p. 475.

58 M. Weygand, *Mémoires. Idéal vécu* (Paris: Ernest Flammarion, 1953), p. 639.

59 Foch, *Memoirs*, pp. 549–52.

60 Baden, *Memoirs*, II, pp. 336, 341.

61 M. Baumont, *The Fall of the Kaiser*, trans. E. I. James (London: George Allen and Unwin, 1931), p. 111.

62 Crown Prince Wilhelm, *Memoirs of the Crown Prince of Germany* (New York: Charles Scribner's Sons, 1922), pp. 290, 294.

63 'German Declaration at Signature of Armistice', 11 November 1918, in *USAWW*, X, p. 51.

尾　声

1　J. Boff, *Haig's Enemy. Crown Prince Rupprecht and Germany's War on the Western Front* (Oxford: Oxford University Press, 2018), pp. 245–7.

2　Crown Prince Wilhelm, *Memoirs of the Crown Prince of Germany* (New York: Charles Scribner's Sons, 1922), pp. 352, 358.

3　S. Stephenson, *The Final Battle. Soldiers of the Western Front and the German Revolution of 1918* (Cambridge: Cambridge University Press, 2009), pp. 154–5.

4　W. S. Churchill, *The World Crisis 1911–1918. Abridged and Revised Edition* (London: Macmillan and Co., 1943), p. 823.

5　Sir J. P. Du Cane, *Marshal Foch* (privately printed, 1920), pp. 81–2.

6　R. Griffiths, *Marshal Pétain* (London: Constable, 1970), p. 85.

7　E. Greenhalgh, *The French Army and the First World War* (Cambridge: Cambridge University Press, 2014), p. 377; and R. A. Doughty, *Pyrrhic Victory. French Strategy and Operations in the Great War* (London and Cambridge, Mass.: Harvard University Press, 2005), p. 508.

8　D. Smythe, *Pershing: General of the Armies* (Bloomington and Indianapolis, Ind.: Indiana University Press, 2007; first publ. 1986), p. 232.

9　R. H. Zieger, *America's Great War. World War I and the American Experience* (Lanham, Md.: Rowman & Littlefield, 2000), p. 174.

10　G. Wawro, *Sons of Freedom. The Forgotten American Soldiers Who Defeated Germany in World War I* (New York: Basic Books, 2018), pp. 482, 507.

11　Sir J. E. Edmonds and R. Maxwell-Hyslop, *Military Operations. France and Belgium, 1918* (5 vols., London: HMSO, 1947), V, p. 562.

12　G. S. Duncan, *Douglas Haig As I Knew Him* (London: George Allen and Unwin, 1966), p. 91.

13　'Greeted by High Officials', *The New York Times*, 14 December 1918.

14　'Preliminary Peace Conference, Protocol No. 1, Session of January 18, 1919', in J. V. Fuller (ed.), *Papers Relating to the Foreign Relations of the United States, The Paris Peace Conference, 1919*. III (Washington: Government Printing Office, 1943), Document 3.

15　A. Scott Berg, *Wilson* (New York: Berkley Books 2013), p. 586.

16　'Preliminary Peace Conference, Protocol No. 6, Plenary Session of May 6, 1919', in Fuller (ed.), *Foreign Relations, 1919*. III, Document 8.

17 Brockdorff-Rantzau to Clemenceau, 29 May 1919, in J. V. Fuller (ed.), *Papers Relating to the Foreign Relations of the United States, The Paris Peace Conference, 1919.* VI, Document 89.

18 Clemenceau to Brockdorff-Rantzau, 16 June 1919, in Fuller (ed.), *Foreign Relations, 1919.* VI, Document 93.

19 R. Gerwath, *The Vanquished. Why the First World War Failed to End, 1917–1923* (London: Penguin Books, 2017; first publ. 2016), p. 199.

20 'Peace with Germany', *The Times,* 30 June 1919.

21 Wilhelm II, *The Kaiser's Memoirs,* trans T. R. Ybarra (New York and London: Harper & Brothers, 1922), p. 337.

22 'Ex-Kaiser William II', *The Times,* 5 June 1941.

参考文献

Afflerbach, H., *Falkenhayn. Politisches Denken und Handeln im Kaiserreich* (Munich: Oldenbourg, 1994)

Alter, J. (ed.), *Ein Armeeführer erlebt den Weltkrieg. Persönliche Aufzeichnungen des Generalobersten v. Einem* (Leipzig: v. Hase & Koehler, 1938)

Arthur, Sir G., *Life of Lord Kitchener* (3 vols., London: Macmillan and Co., 1920)

Atwood, R., *General Lord Rawlinson. From Tragedy to Triumph* (London: Bloomsbury Academic, 2018)

Baden, Prince M. von, *The Memoirs of Prince Max of Baden*, trans. W. M. Calder and C. W. H. Sutton (2 vols., London: Constable & Co., 1928)

Bailey, J. B. A., 'The First World War and the Birth of Modern Warfare', in M. Knox and W. Murray (eds.), *The Dynamics of Military Revolution, 1300–2050* (Cambridge: Cambridge University Press, 2001), pp. 132–53

Bauer, M., *Der große Krieg in Feld und Heimat. Erinnerungen und Betrachtungen* (Tübingen: Oslander'sche Buchhandlung, 1922)

Baumont, M., *The Fall of the Kaiser*, trans. E. I. James (London: George Allen and Unwin, 1931)

Bayern, Crown Prince R. von, *Mein Kriegstagebuch* (3 vols., Berlin: E. S. Mittler, 1929)

Beach, J., *Haig's Intelligence. GHQ and the German Army, 1916–1918* (Cambridge: Cambridge University Press, 2013)

Bean, C. E. W., *The Official History of Australia in the War of 1914–1918* (13 vols., Sydney: Angus & Robertson, 1941–2)

Bechthold, M., 'Bloody April Revisited: The Royal Flying Corps at the Battle of Arras, 1917', *British Journal of Military History*, Vol. 4, No. 2 (February 2018), pp. 50–69

Beckett, I. F. W., T. Bowman and M. Connelly, *The British Army and the First World War* (Cambridge: Cambridge University Press, 2017)

Beumelburg, W., *Schlachten des Weltkrieges. 34. Der letzte deutsche Angriff, Reims 1918* (Berlin: Gerhard Stalling, 1930)

Binding, R., *A Fatalist at War*, trans. I. F. D. Morrow (Boston and New York: Houghton Mifflin, 1929)

Blake, R. (ed.), *The Private Papers of Douglas Haig, 1914–1919* (London: Eyre & Spottiswoode, 1952)

Bliss, T. H., 'The Evolution of the Unified Command', *Foreign Affairs*, Vol. 1, No. 2 (15 December 1922), pp. 1–30.

Bloem, W., *The Advance from Mons 1914* (London: Peter Davis, 1930)

Boff, J., *Winning and Losing on the Western Front. The British Third Army and the Defeat of Germany in 1918* (Cambridge: Cambridge University Press, 2012)

——, *Haig's Enemy. Crown Prince Rupprecht and Germany's War on the Western Front* (Oxford: Oxford University Press, 2018)

Boraston, J. H. (ed.), *Sir Douglas Haig's Despatches (December 1915–April 1919)* (London: J. M. Dent & Sons, 1919)

Bose, T. von, *Das Marnedrama 1914. Die Kämpfe des Gardekorps und des rechten Flügels der 3. Armee vom 5. bis 8. September* (Berlin: Gerhard Stalling, 1928)

——, *Schlachten des Weltkrieges. 32. Deutsche Siege 1918* (Berlin: Gerhard Stalling, 1929)

Bourachot, A., *Marshal Joffre. The Triumphs, Failures and Controversies of France's Commander-in-Chief in the Great War*, trans. A. Uffindell (Barnsley: Pen & Sword, 2014)

Brose, E. D., *The Kaiser's Army. The Politics of Military Technology in Germany during the Machine Age, 1870–1918* (Oxford: Oxford University Press, 2001)

Bruce, R. B., *A Fraternity of Arms. America and France in the Great War* (Lawrence, Kan.: University Press of Kansas, 2003)

Bülow, K. von, *Mein Bericht zur Marneschlacht* (Berlin: A. Scherl, 1919)

Callwell, Sir C. E., *Field-Marshal Sir Henry Wilson. His Life and Diaries* (2 vols., London: Cassell and Company, 1927)

Cassar, G. H., *Kitchener. Architect of Victory* (London: William Kimber, 1977)

——, *The Tragedy of Sir John French* (London and Toronto: Associated University Presses, 1985)

——, *Asquith as War Leader* (London: Hambledon, 1994)

——, *Hell in Flanders Fields. Canadians at the Second Battle of Ypres* (Toronto: Dundurn Press, 2010)

Cecil, H. and P. H. Liddle (eds.), *Facing Armageddon. The First World War Experienced* (Barnsley: Leo Cooper, 1996)

Cecil, L., *Wilhelm II. 2. Emperor and Exile, 1900–1941* (Chapel Hill, NC: University of North Carolina Press, 1996)

Charteris, J., *Field-Marshal Earl Haig* (New York: Charles Scribner's Sons, 1929)

——, *At G.H.Q.* (London: Cassell and Company, 1931)

Christian-Frogé, R., *La Grande Guerre vécue, racontée, illustrée par les combattants* (2 vols., Paris: Aristide Quillet, 1922)

Churchill, W. S., *The World Crisis, 1911–1918. Abridged and Revised Edition* (London: Macmillan and Co., 1943)

Clark, C., *Kaiser Wilhelm II* (Harlow: Pearson Education, 2000)

——, *The Sleepwalkers. How Europe Went to War in 1914* (London: Penguin Books, 2013; first publ. 2012)

Clifford, C., *The Asquiths* (London: John Murray, 2003; first publ. 2002)

Contamine, H., *9 Septembre 1914. La Victoire de la Marne* (Paris: Éditions Gallimard, 1970)

Cook, T., *No Place to Run. The Canadian Corps and Gas Warfare in the First World War* (Vancouver: UBC Press, 1999)

Dahlman, R., *Die Schlacht vor Paris. Das Marnedrama 1914,* Part 4 (Berlin: Gerhard Stalling, 1928)

Daille, M., *Histoire de la Guerre mondiale. Joffre et la guerre d'usure 1915–1916* (Paris: Payot, 1936)

Davidson, Sir J., *Haig. Master of the Field* (London: Peter Nevill, 1953)

Delvert, C., *From the Marne to Verdun. The War Diary of Captain Charles Delvert, 101st Infantry, 1914–1916*, trans. I. Sumner (Barnsley: Pen & Sword, 2016)

Desagneaux, H., *A French Soldier's War Diary 1914–1918*, trans. G. J. Adams (Barnsley: Pen & Sword, 2014; first publ. 1975)

Domelier, H., *Behind the Scenes at German Headquarters* (London: Hurst and Blackett, 1919)

Donnell, C., *Breaking the Fortress Line 1914* (Barnsley: Pen & Sword, 2013)

Doughty, R. A., *Pyrrhic Victory. French Strategy and Operations in the Great War* (London and Cambridge, Mass.: Harvard University Press, 2005)

Du Cane, Sir J. P., *Marshal Foch* (privately printed, 1920)

Duffy, C., *Through German Eyes. The British and the Somme 1916* (London: Phoenix, 2007; first publ. 2006)

Duncan, G. S., *Douglas Haig As I Knew Him* (London: George Allen and Unwin, 1966)

Dutton, D. (ed.), *Paris 1918. The War Diary of the British Ambassador, the 17th Earl of Derby* (Liverpool: Liverpool University Press, 2001)

Easton, L. M. (ed. and trans.), *Journey to the Abyss. The Diaries of Count Harry Kessler, 1880–1918* (New York: Alfred A. Knopf, 2011)

Edmonds, Sir J. E., et al., *Military Operations. France and Belgium, 14 vols.* (London: Macmillan and Co., 1922–48)

Engerand, F., *Lanrezac* (Paris: Éditions Bossard, 1926)

Ettighoffer, P. C., *Sturm 1918. Sieben Tage deutsches Schicksal* (Gütersloh: Bertelsmann, 1938)

Falkenhayn, E. von, *General Headquarters 1914–1916 and Its Critical Decisions* (London: Hutchinson & Co., 1919)

Fayolle, E., *Cahiers secrets de la Grande guerre*, ed. H. Contamine (Paris: Plon, 1964)

Ferry, A., *La Guerre vue d'en bas et d'en haut (lettres, notes, discours et rapports)* (Paris: Bernard Grasset, 1920)

Fischer, F., *Germany's Aims in the First World War* (New York: W. W. Norton & Co., 1967; first publ. 1961)

Foch, F., *The Memoirs of Marshal Foch*, trans. T. Bentley Mott (London: William Heinemann, 1931)

Foerster, W., *Der Feldherr Ludendorff im Unglück* (Wiesbaden: Limes Verlag, 1952)

Foley, R. T., 'East or West? General Erich von Falkenhayn and German Strategy, 1914–15', in M. Hughes and M. Seligmann (eds.), *Leadership in Conflict, 1914–1918* (Barnsley: Leo Cooper, 2000), pp. 117–37

——, *German Strategy and the Path to Verdun. Erich von Falkenhayn and the Development of Attrition, 1870–1916* (Cambridge: Cambridge University Press, 2005)

Foley, R. T. (trans. and ed.), *Alfred von Schlieffen's Military Writings* (London: Frank Cass, 2003)

Fong, G., 'The Movement of German Divisions to the Western Front, Winter 1917–1918', *War in History*, Vol. 7, No. 2 (April 2000), pp. 225–35

French, D., *British Strategy and War Aims 1914–16* (London: Allen and Unwin, 1986)

——, *The Strategy of the Lloyd George Coalition, 1916–1918* (Oxford: Clarendon Press, 1995)

French, G. (ed.), *Some War Diaries, Addresses, and Correspondence of Field Marshal the Right Honble. The Earl of Ypres* (London: Herbert Jenkins, 1937)

French, Sir J. D. P., *1914* (London: Constable, 1919)

Gale, T., *The French Army's Tank Force and Armoured Warfare in the Great War. The Artillerie Spéciale* (Farnham: Ashgate, 2013)

Galet, E. J., *Albert King of the Belgians in the Great War. His Military Activities Set Down with His Approval* (London: Putnam, 1931)

Gallwitz, M. von, *Erleben im Westen 1916–1918* (Berlin: E. S. Mittler & Sohn, 1932)

Gibbs, P., *Now It Can be Told* (New York and London: Harper & Brothers, 1920)

Gilbert, M., *Winston S. Churchill*. III. *1914–1916* (London: Heinemann, 1971)

Gold, L., *Die Tragödie von Verdun 1916*, Parts 3 and 4. *Die Zermürbungsschlacht* (Berlin: Gerhard Stalling, 1929)

Görlitz, W. (ed.), *The Kaiser and His Court. The Diaries, Note Books and Letters of Admiral Georg Alexander von Müller, Chief of the Naval Cabinet, 1914–1918* (London: Macdonald & Co., 1961; first publ. 1959)

Gough, Sir H., *The Fifth Army* (London: Hodder and Stoughton, 1931)

Goya, M., *La Chair et l'acier. L'Armée française et l'invention de la guerre moderne (1914–1918)* (Paris: Tallandier, 2004)

Gras, G., *Malmaison. 23 Octobre 1917* (Paris: Imprimeries Vieillemard, 1934)

Gras, Y., *Castelnau, ou l'art de commander 1851–1944* (Paris: Éditions Denoël, 1990)

Grasset, A., *Le Maréchal Foch* (Nancy: Berger-Levrault, 1919)

——, *La Guerre en action. Surprise d'une Division: Rossignol–Saint-Vincent* (Paris: Éditions Berger-Levrault, 1932)

Greenhalgh, E., 'Myth and Memory: Sir Douglas Haig and the Imposition of Allied Unified Command in March 1918', *Journal of Military History*, Vol. 68, No. 3 (July 2004), pp. 771–820

——, *Victory Through Coalition. Britain and France during the First World War* (Cambridge: Cambridge University Press, 2005)

——, *Foch in Command. The Forging of a First World War General* (Cambridge: Cambridge University Press, 2011)

——, *The French Army and the First World War* (Cambridge: Cambridge University Press, 2014)

Greenhalgh, E. (ed. and trans.), *Liaison. General Pierre des Vallières at British General Headquarters, January 1916 to May 1917* (Stroud: History Press, 2016)

Grieves, K., *The Politics of Manpower, 1914–18* (Manchester: Manchester University Press, 1988)

Griffiths, R., *Marshal Pétain* (London: Constable, 1970)

Grigg, J., *Lloyd George. From Peace to War 1912–1916* (London: Penguin Books, 2002; first publ. 1985)

——, *Lloyd George. War Leader 1916–1918* (London: Penguin Books, 2003; first publ. 2002)

Groener, W., *Lebenserinnerungen. Jugend. Generalstab. Weltkrieg* (Göttingen: Vandenhoeck & Ruprecht, 1957)

Grotelueschen, M. E., *The AEF Way of War. The American Army and Combat in World War I* (New York: Cambridge University Press, 2007)

Guéno, J. P. and Y. Laplume (eds.), *Paroles de poilus. Lettres et carnets du front 1914–1918* (Paris: Radio France, 1998)

Guinn, P., *British Strategy and Politics 1914 to 1918* (Oxford: Clarendon Press, 1965)

Haber, L. F., *The Poisonous Cloud. Chemical Warfare in the First World War* (Oxford: Oxford University Press, 1986)

Hallas, J. H. (ed.), *Doughboy War. The American Expeditionary Force in World War I* (Boulder, Colo.: Lynne Rienner, 2000)

Hankey, Lord, *The Supreme Command 1914–1918* (2 vols., London: George Allen and Unwin, 1961)

Harbord, J. G., *Leaves from a War Diary* (New York: Dodd, Mead and Company, 1925)

——, *The American Army in France 1917–1919* (Boston: Little, Brown, and Company, 1936)

Harington, Sir C., *Plumer of Messines* (London: John Murray, 1935)

Harris, J. P., *Douglas Haig and the First World War* (Cambridge: Cambridge University Press, 2008)

Hart, P., *Bloody April. Slaughter in the Skies over Arras, 1917* (London: Cassell, 2006; first publ. 2005)

Head, R. G., *Oswald Boelcke. Germany's First Fighter Ace and Father of Air Combat* (London: Grub Street, 2016)

Herbillon, E., *Souvenirs d'un officier de liaison pendant la Guerre mondiale. Du général en chef au gouvernement* (2 vols., Paris: Jules Tallandier, 1930)

——, *Le Général Alfred Micheler (1914–1918)* (Paris: Librairie Plon, 1933)

Herwig, H. H., *The First World War. Germany and Austria–Hungary 1914–1918* (London: Arnold, 1997)

——, *The Marne, 1914. The Opening of World War I and the Battle That Changed the World* (New York: Random House, 2011; first publ. 2009)

Hindenburg, P. von, *Out of My Life*, trans. F. A. Holt (London: Cassell and Company, 1920)

Hoeppner, E. W. von, *Germany's War in the Air. The Development and Operations of German Military Aviation in the World War*, trans. J. Hawley Larned (Nashville, Tenn.: Battery Press, 1994; first publ. 1921)

Holmes, R., *The Little Field Marshal. A Life of Sir John French* (London: Cassell, 2005; first publ. 1981)

Hooton, E. R., *War over the Trenches. Air Power and the Western Front Campaigns 1916–1918* (Hersham: Ian Allen, 2010)

Horne, A., *The Price of Glory. Verdun 1916* (Harmondsworth: Penguin Books, 1964; first publ. 1962)

Horne, C. F. (ed.), *Source Records of the Great War* (7 vols., USA: National Alumni, 1923)

Horne, J. and A. Kramer, *German Atrocities, 1914. A History of Denial* (New Haven, Conn., and London: Yale University Press, 2001),

House, E. M., *The Intimate Papers of Colonel House*, ed. C. Seymour (4 vols., London: Ernest Benn, 1926–8)

Hull, I. V., *The Entourage of Kaiser Wilhelm II 1888–1918* (Cambridge: Cambridge University Press, 1982)

Humphries, M. O. and J. Maker (eds.), *Germany's Western Front. Translations from the German Official History of the Great War. II. 1915* (Waterloo, Ont.: Wilfrid Laurier Press, 2009)

——, *Germany's Western Front. Translations from the German Official History of the Great War. 1914, Part 1* (Waterloo, Ont.: Wilfrid Laurier Press, 2013)

Jarausch, K. H., *The Enigmatic Chancellor. Bethmann Hollweg and the Hubris of Imperial Germany* (New Haven, Conn., and London: Yale University Press, 1973)

Jauneaud, M., 'Souvenirs de la bataille d'Arras (Octobre 1914)', *Revue des Deux Mondes*, Vol. 58 (August 1920), pp. 571–98

——, 'Souvenirs de la bataille d'Arras: II', *Revue des Deux Mondes*, Vol. 58 (August 1920), pp. 825–56

Jeffery, K., *Field Marshal Sir Henry Wilson. A Political Soldier* (Oxford: Oxford University Press, 2006)

Joffre, J. C., *The Memoirs of Marshal Joffre*, trans. T. Bentley Mott (2 vols., London: Geoffrey Bles, 1932)

Johnson, R. N., *Heaven, Hell, or Hoboken* (Cleveland, O.: O. S. Hubbell, 1919)

Jones, H. A., *The War in the Air. Being the Story of the Part Played in the Great War by the Royal Air Force* (6 vols., Oxford: Clarendon Press, 1922–37)

Jünger, E., *Storm of Steel*, trans. M. Hofmann (London: Penguin Books, 2003; first publ. 1920)

King, J. C., *Generals and Politicians. Conflict between France's High Command, Parliament and Government, 1914–1918* (Berkeley and Los Angeles: University of California Press, 1951)

Kirchbach, A. von, *Kämpfe in der Champagne (Winter 1914–Herbst 1915)* (Oldenburg: Gerhard Stalling, 1919)

Kitchen, M., *The German Offensives of 1918* (Stroud: Tempus, 2005; first publ. 2001)

Kluck, A. von, *The March on Paris and the Battle of the Marne 1914* (London: Edward Arnold, 1920)

Krause, J., *Early Trench Tactics in the French Army. The Second Battle of Artois, May–June 1915* (Farnham: Ashgate, 2013)

Krause, J. (ed.), *The Greater War. Other Combatants and Other Fronts, 1914–1918* (Basingstoke: Palgrave Macmillan, 2014)

Kuhl, H. von, *Der Marnefeldzug 1914* (Berlin: E.S. Mittler & Sohn, 1921)

——, *Der Weltkrieg 1914–1918. Dem deutschen Volke dargestellt* (Berlin: Verlag Tradition Wilhelm Kolk, 1929)

——, *Genesis, Execution and Collapse of the German Offensive in 1918*. Part Two. *The Execution and Failure of the Offensive*, trans. H. Hossfeld (Washington DC: US Army War College, 1934)

Langle de Cary, F. de, *Souvenirs de commandement 1914–1916* (Paris: Payot, 1935)

Le Naour, J.-Y., *1917. La Paix Impossible* (Paris: Perrin, 2015)

Lengel, E. G., *Thunder and Flames. Americans in the Crucible of Combat, 1917–1918* (Lawrence, Kan.: University Press of Kansas, 2015)

Lennox, A. G. (ed.), *The Diary of Lord Bertie of Thame 1914–1918* (2 vols., London: Hodder and Stoughton, 1924)

Liddell Hart, B., *Foch, the Man of Orleans* (Westport, Conn.: Greenwood Press, 1980; first publ. 1931)

Liggett, H., *A.E.F. Ten Years Ago in France* (New York: Dodd, Mead and Company, 1928)

Link, A. S. (ed.), *The Papers of Woodrow Wilson* (69 vols., Princeton, NJ: Princeton University Press, 1966–94)

Lintier, P., *My Seventy-Five. Journal of a French Gunner (August–September 1914)* (London: Peter Davis, 1929)

Lipkes, J., *Rehearsals. The German Army in Belgium, August 1914* (Leuven: Leuven University Press, 2007)

Lloyd, N., 'Lord Kitchener and "the Russian News": Reconsidering the Origins of the Battle of Loos', *Defence Studies*, Vol. 5, No. 3 (September 2005), pp. 346–65

——, *Loos 1915* (Stroud: Tempus, 2006)

——, '"With Faith and Without Fear": Sir Douglas Haig's Command of First Army during 1915', *Journal of Military History*, Vol. 71, No. 4 (October 2007), pp. 1051–76

——, 'Allied Operational Art in the Hundred Days 1918', *British Army Review*, No. 156 (Winter 2012–13), pp. 116–25

——, *Hundred Days. The End of the Great War* (London: Viking, 2013)

——, *Passchendaele. A New History* (London: Viking, 2017)

Lloyd George, D., *War Memoirs of David Lloyd George* (2 vols., London: Odhams Press, 1933–6)

Loiseau, L. and G. Bénech (eds.), *Carnets de Verdun* (Paris: Librio, 2006)

Lossberg, F. von, *Lossberg's War. The World War I Memoirs of a German Chief of Staff*, trans. D. T. Zabecki and D. J. Biedekarken (Lexington, Ky.: University of Kentucky Press, 2017)

Ludendorff, E., *My War Memories 1914–1918* (2 vols., London: Hutchinson & Co., 1919)

——, *The General Staff and Its Problems*, trans. F. A. Holt (2 vols., London: Hutchinson & Co., 1920)

Madelin, L., *Verdun* (Paris: Librairie Félix Alcan, 1920)

Mallet, C., *Impressions and Experiences of a French Trooper, 1914–15* (New York: E. P. Dutton & Company, 1916)

Mangin, C., *Comment finit la Guerre* (Paris: Librairie Plon, 1920)

——, *Lettres de Guerre 1914–1918* (Paris: Librairie Arthème Fayard, 1950)

Mangin, L.-E., *Le Général Mangin 1866–1925* (Paris: Éditions Fernand Lanore, 1986)

Marshall-Cornwall, Sir J., *Foch as Military Commander* (London: B. T. Batsford, 1972)

Marwitz, G. von der, *Weltkriegsbriefe*, ed. E. von Tschischwitz (Berlin: Steiniger-Verlage, 1940)

Mason, D., *Verdun* (Moreton-in-Marsh: Windrush Press, 2000)

Mason, Jr, H. M., *High Flew the Falcons. The French Aces of World War I* (Philadelphia and New York: J. B. Lippincott, 1965)

Maurice, Sir F., *The Last Four Months. The End of the War in the West* (London: Cassell and Company, 1919)

—— (ed.), *The Life of Lord Rawlinson of Trent* (London: Cassell and Company, 1926)

Maze, P., *A Frenchman in Khaki* (London: William Heinemann, 1934)

McLeod, R. and C. Fox, 'The Battles in Flanders during the Summer and Autumn of 1917 from General von Kuhl's *Der Weltkrieg 1914–18*', *British Army Review*, No. 116 (August 1997), pp. 78–88

McMeekin, S., *July 1914. Countdown to War* (London: Icon Books, 2013)

——, *The Russian Revolution. A New History* (New York: Basic Books, 2017)

Mead, G., *Doughboys. America and the First World War* (London: Penguin Books, 2000)

——, *The Good Soldier. The Biography of Sir Douglas Haig* (London: Atlantic Books, 2014; first publ. 2007)

Michaelis, H., E. Schraepler and G. Scheel (eds.), *Ursachen und Folgen. Vom deutschen Zusammenbruch 1918 und 1945 bis zur staatlichen Neuordnung Deutschlands in der Gegenwart. Die Wende des ersten Weltkrieges und der Beginn der innenpolitischen Wandlung 1916/1917* (Berlin: Herbert Wendler & Co., 1958)

——, *Ursachen und Folgen. Vom deutschen Zusammenbruch 1918 und 1945 bis zur staatlichen Neuordnung Deutschlands in der Gegenwart. Der militärische Zusammenbruch und das Ende des Kaiserreichs* (Berlin: Herbert Wendler & Co., n.d.)

Middlebrook, M., *The First Day on the Somme. 1 July 1916* (London: Penguin Books, 1984; first publ. 1971)

——, *The Kaiser's Battle* (London: Penguin Books, 2000; first publ. 1978)

Ministère de la Guerre, *Les Armées françaises dans la Grande guerre* (Paris: Imprimerie Nationale, 1922–39)

Moltke, H. von, *Erinnerungen. Briefe Dokumente 1877–1916* (Stuttgart: Der Kommende Tag A.G. Verlag, 1922)

Mombauer, A., *Helmuth von Moltke and the Origins of the First World War* (Cambridge: Cambridge University Press, 2001)

Mombauer, A. (ed. and trans.), *The Origins of the First World War. Diplomatic and Military Documents* (Manchester: Manchester University Press, 2013)

Montgomery, Sir A., *The Story of Fourth Army in the Battles of the Hundred Days, August 8th to November 11th, 1918* (London: Hodder and Stoughton, 1920)

Mordacq, J., *Le Drame de l'Yser. La Surprise des gaz (Avril 1915)* (Paris: Éditions des Portiques, 1933)

Morrow, Jr, J. H., *German Air Power in World War I* (Lincoln, Nebr.: University of Nebraska Press, 1982)

——, *The Great War in the Air. Military Aviation from 1909 to 1921* (Tuscaloosa, Ala.: University of Alabama Press, 2009; first publ. 1993)

Nebelin, M., *Ludendorff. Diktator im Ersten Weltkrieg* (Munich: Siedler Verlag, 2010)

Neiberg, M. S., *The Second Battle of the Marne* (Bloomington, Ind.: Indiana University Press, 2008)

Neumann, P., *The German Air Force in the Great War*, trans. J. E. Gurdon (London: Hodder and Stoughton, 1921)

Nicholls, J., *Cheerful Sacrifice. The Battle of Arras 1917* (Barnsley: Pen & Sword, 2003; first publ. 1990)

Nicholson, G. W. L., *Official History of the Canadian Army in the First World War. Canadian Expeditionary Force 1914–1919* (Ottawa: Queen's Printer, 1962)

Niemann, A., *Kaiser und Revolution. Die entscheidenden Ereignisse im Großen Hauptquartier* (Berlin: August Scherl, 1922)

Noakes, F. E., *The Distant Drum. A Memoir of a Guardsman in the Great War* (London: Frontline Books, 2010; first publ. 1952)

O'Connor, R., *Black Jack Pershing* (New York: Doubleday & Co., 1961)

Offenstadt, N. (ed.), *Le Chemin des Dames. De l'évènement à la mémoire* (Paris: Stock, 2004)

Ousby, I., *The Road to Verdun. France, Nationalism and the First World War* (London: Jonathan Cape, 2002)

Painlevé, P., *Comment j'ai nommé Foch et Pétain. La politique de guerre de 1917: Le commandement unique interallié* (Paris: Librairie Félix Alcan, 1923)

Passingham, I., *Pillars of Fire. The Battle of Messines Ridge, June 1917* (Stroud: Sutton, 1998)

Pershing, J. J., *My Experiences in the World War* (2 vols., New York: Frederick A. Stokes, 1931)

Pétain, H. P., *Verdun*, trans. M. Mac Veagh (New York: The Dial Press, 1930)

Philpott, W. J., *Anglo-French Relations and Strategy on the Western Front, 1914–18* (London: Macmillan, 1996)

——, 'Gone Fishing? Sir John French's Meeting with General Lanrezac, 17 August 1914', *Journal of the Society for Army Historical Research*, Vol. 84, No. 339 (Autumn 2006), pp. 254–9

——, *Bloody Victory. The Sacrifice on the Somme and the Making of the Twentieth Century* (London: Little, Brown, 2009)

Pierrefeu, J. de, *L'Offensive du 16 Avril. La Vérité sur l'affaire Nivelle* (Paris: Renaissance du Livre, 1919)

——, *French Headquarters 1915–1918*, trans. Major C. J. C. Street (London: Geoffrey Bles, 1924)

Poincaré, R., *Au service de la France* (10 vols., Paris: Librairie Plon, 1926–33)

——, *The Memoirs of Raymond Poincaré (1913–1914)*, trans. G. Arthur (London: William Heinemann, 1928)

——, *The Memoirs of Raymond Poincaré 1914*, trans. G. Arthur (London: William Heinemann, 1929)

——, *The Memoirs of Raymond Poincaré 1915*, trans. G. Arthur (London: William Heinemann, 1930)

Pollock, J., *Kitchener. Comprising the Road to Omdurman and Saviour of the Nation* (London: Constable, 2001; first publ. 1998)

Porch, D., *The March to the Marne. The French Army 1871–1914* (Cambridge: Cambridge University Press, 1981)

Poseck, M. von, *The German Cavalry. 1914 in Belgium and France* (Berlin: E. S. Mittler & Sohn, 1923)

Prete, R. A., *Strategy and Command. The Anglo-French Coalition on the Western Front, 1914* (Montreal: McGill–Queen's University Press, 2009)

Priestley, R. E., *Breaking the Hindenburg Line. The Story of the 46th (North Midland) Division* (London: T. Fisher Unwin, 1919)

Prior, R. and T. Wilson, *Command on the Western Front. The Military Career of Sir Henry Rawlinson, 1914–1918* (Barnsley: Pen & Sword, 2004; first publ. 1992)

——, *Passchendaele. The Untold Story* (New Haven, Conn., and London: Yale University Press, 2002; first publ. 1996)

——, *The Somme* (New Haven, Conn, and London: Yale University Press, 2005)

Rakenius, G. W., *Wilhelm Groener als Erster Generalquartiermeister. Die Politik der Obersten Heeresleitung 1918/19* (Boppard am Rhein: Harald Boldt, 1977)

Rawling, B., *Surviving Trench Warfare. Technology and the Canadian Corps, 1914–1918* (Toronto: University of Toronto Press, 2014; first publ. 1992)

Recouly, R., *Joffre* (London and New York: D. Appleton & Company, 1931)

Reichsarchiv, *Der Weltkrieg 1914 bis 1918* (15 vols., Berlin: E. S. Mittler & Sohn, 1925–44)

Richthofen, M. von, *The Red Baron* (Barnsley: Pen & Sword, 2009; first publ. 1994)

Riddell, G. A., *Lord Riddell's War Diary 1914–1918* (London: Ivor Nicholson & Watson, 1933)

Röhl, J. C. G., *Wilhelm II. Into the Abyss of War and Exile, 1900–1941*, trans. S. de Bellaigue and R. Bridge (Cambridge: Cambridge University Press, 2014)

Rolland, D., *Nivelle. L'Inconnu du Chemin des Dames* (Paris: Imago, 2012)

Ryan, S., *Pétain the Soldier* (South Brunswick, NJ, and New York: A. S. Barnes, 1969)

Schwink, O., *Ypres 1914. An Official Account Published by Order of the German General Staff*, trans G.C.W. (London: Constable, 1919)

Scott, J. B. (ed.), *Official Statements of War Aims and Peace Proposals. December 1916 to November 1918* (Washington DC: Carnegie Endowment for International Peace, 1921)

Serrigny, B., *Trente ans avec Pétain* (Paris: Librairie Plon, 1959)

Sheffield, G., *Forgotten Victory. The First World War: Myths and Realities* (London: Headline, 2001)

——, *The Somme* (London: Cassell, 2003)

——, *The Chief. Douglas Haig and the British Army* (London: Aurum Press, 2011)

Sheffield, G. and J. Bourne (eds.), *Douglas Haig. War Diaries and Letters 1914–1918* (London: Weidenfeld & Nicolson, 2005)

Sheldon, J., *The German Army at Passchendaele* (Barnsley: Pen & Sword, 2007) Simkins, P., *Kitchener's Army. The Raising of the New Armies, 1914–16* (Manchester: Manchester University Press, 1988)

——, *The German Army on the Somme 1914–1916* (Barnsley: Pen & Sword, 2012; first publ. 2005)

Smith, L. V., *Between Mutiny and Obedience. The Case of the French Fifth Infantry Division during World War I* (Princeton, NJ: Princeton University Press, 1994)

Smith-Dorrien, Sir H., *Memories of Forty-Eight Years' Service* (London: John Murray, 1925)

Smythe, D., *Pershing. General of the Armies* (Bloomington and Indianapolis, Ind.: Indiana University Press, 2007; first publ. 1986)

Sondhaus, L., *The Great War at Sea. A Naval History of the First World War* (Cambridge: Cambridge University Press, 2014)

Spears, Sir E. L., *Liaison 1914. A Narrative of the Great Retreat* (London: Eyre & Spottiswoode, 1968; first publ. 1930)

——, *Prelude to Victory* (London: Jonathan Cape, 1939)

Statistics of the Military Effort of the British Empire during the Great War. 1914–1920 (London: HMSO, 1922)

Steffen, D., 'The Holtzendorff Memorandum of 22 December 1916 and Germany's Declaration of Unrestricted U-Boat Warfare', *Journal of Military History*, Vol. 68, No. 1 (January 2004), pp. 215–24

Stephenson, S., *The Final Battle. Soldiers of the Western Front and the German Revolution of 1918* (Cambridge: Cambridge University Press, 2009)

Stevenson, D., *1914–1918. The History of the First World War* (London: Penguin Books, 2005; first publ. 2004)

——, *With Our Backs to the Wall. Victory and Defeat in 1918* (London: Penguin Books, 2012; first publ. 2011)

——, *1917. War, Peace, and Revolution* (Oxford: Oxford University Press, 2017)

Stone, N., *The Eastern Front 1914–1917* (New York: Charles Scribner's Sons, 1975)

Stosch, A. von, *Somme-Nord*. Part II. *Die Brennpunkte der Schlacht im Juli 1916* (Berlin: Gerhard Stalling, 1927)

Strachan, H., *The First World War*. I. *To Arms* (Oxford: Oxford University Press, 2003; first publ. 2001)

Strutz, G., *Schlachten des Weltkrieges*. 31. *Die Tankschlacht bei Cambrai* (Berlin: Gerhard Stalling, 1929)

Sulzbach, H., *With the German Guns. Four Years on the Western Front 1914–1918*, trans. R. Thonger (London: Leo Cooper, 1973)

Sumner, I., *They Shall Not Pass. The French Army on the Western Front 1914–1918* (Barnsley: Pen & Sword, 2012)

——, *Kings of the Air. French Aces and Airmen of the Great War* (Barnsley: Pen & Sword, 2015)

Talbot Kelly, R. B., *A Subaltern's Odyssey. Memoirs of the Great War 1915–1917* (London: William Kimber, 1980)

Tanenbaum, J. K., *General Maurice Sarrail 1856–1929. The French Army and Left-Wing Politics* (Chapel Hill, NC: University of North Carolina Press, 1974)

Taylor, A. J. P. (ed.), *Lloyd George. A Diary by Frances Stevenson* (London: Hutchinson & Co., 1971)

Thaer, A. von, *Generalstabsdienst an der Front und in der O.H.L.* (Göttingen: Vandenhoeck & Ruprecht, 1958)

Thomason, Jr, J. W., *Fix Bayonets!* (New York and London: Charles Scribner's Sons, 1927)

Tirpitz, Grand Admiral von, *My Memoirs* (2 vols., New York: Dodd, Mead and Company, 1919)

Torrey, G. E., '*L'Affaire de Soissons*, January 1915', *War in History*, Vol. 4, No. 4 (October 1997), pp. 398–410

Trask, D. F., *The United States in the Supreme War Council. American War Aims and Inter-Allied Strategy, 1917–1918* (Westport, Conn.: Greenwood Press, 1978; first publ. 1961)

——, *The AEF and Coalition Warmaking, 1917–1918* (Lawrence, Kan.: University Press of Kansas, 1993)

Travers, T., *The Killing Ground. The British Army, the Western Front and the Emergence of Modern Warfare 1900–1918* (Barnsley: Pen & Sword, 2003; first publ. 1987)

——, *How the War was Won. Command and Technology in the British Army on the Western Front, 1917–1918* (Barnsley: Pen & Sword, 2005; first publ. 1992)

Triplet, W. S., *A Youth in the Meuse–Argonne. A Memoir, 1917–1918*, ed. R. Ferrell (Columbia, Mo.: University of Missouri Press, 2000)

Trumpener, U., 'The Road to Ypres: The Beginnings of Gas Warfare in World War I', *Journal of Modern History*, Vol. 47, No. 3 (September 1975), pp. 460–80

Tyng, S., *The Campaign of the Marne 1914* (London: Humphrey Milford, 1935)

United States Army in the World War, 1917–1919 (17 vols., Washington DC: US Government Printing Office, 1948)

US Department of the Army, *Final Report of Gen. John J. Pershing. Commander-in-Chief American Expeditionary Forces* (Washington DC: Government Printing Office, 1919)

Watson, A., *Enduring the Great War. Combat, Morale and Collapse in the German and British Armies, 1914–1918* (Cambridge: Cambridge University Press, 2008)

——, *Ring of Steel. Germany and Austria–Hungary at War, 1914–1918* (London: Allen Lane, 2015; first publ. 2014)

Watson, D. R., *Georges Clemenceau. A Political Biography* (London: Eyre Methuen, 1974)

Wawro, G., *Sons of Freedom. The Forgotten American Soldiers Who Defeated Germany in World War I* (New York: Basic Books, 2018)

Wendt, H., *Verdun 1916. Die Angriffe Falkenhayns im Maasgebiet mit Richtung auf Verdun als strategisches Problem* (Berlin: Mittler & Sohn, 1931)

Werner, J., *Knight of Germany. Oswald Boelcke, German Ace*, trans. C. W. Sykes (Havertown, Pa.: Casemate, 2009; first publ. 1985)

Weygand, M., *Mémoires. Idéal vécu* (Paris: Ernest Flammarion, 1953)

Wilhelm II, *The Kaiser's Memoirs*, trans T. R. Ybarra (New York and London: Harper & Brothers, 1922)

Wilhelm, Crown Prince of Germany, *Memoirs of the Crown Prince of Germany* (New York: Charles Scribner's Sons, 1922)

——, *My War Experiences* (London: Hurst and Blackett, n.d.)

Williams, C., *Pétain* (London: Little, Brown, 2005)

Wise, F. M., *A Marine Tells It to You* (New York: J. H. Sears & Co., 1929)

Woodward, D. R., *Lloyd George and the Generals* (London and Toronto: Associated University Presses, 1983)

Woodward, D. R. (ed.), *The Military Correspondence of Field-Marshal Sir William Robertson, Chief of the Imperial General Staff, December 1915–February 1918* (London: Bodley Head for the Army Records Society, 1989)

Zabecki, D. T., *The German 1918 Offensives. A Case Study in the Operational Level of War* (London and New York: Routledge, 2006)

Zwehl, H. von, *Maubeuge, Aisne–Verdun. Das VII. Reserve-Korps im Weltkriege von seinem Beginn bis Ende 1916* (Berlin: Karl Curtius, 1921)

索　引

（此部分页码为原书页码，即本书页边码）

British – *cont'd.*
request that it take over more of
the line, 354, 360; as target of
spring offensive, 368, 378–9; at
Cambrai, 369–72; changes at
GHQ, 372–3; moves troops
south, 378; manpower issues and
reorganization, 381–3; 1917
casualties, 381–2; Pershing rejects
requests for some of AEF to be
amalgamated into, 385–6; move
towards idea of unified Allied
command, 387–9; defensive
preparations in run-up to spring
offensive, 389–91; and spring
offensive, 394–401, 405–9,
410–13, 418–21, 426–9; Foch to
take command of both French
and British in defence of
Amiens, 402–4; Foch takes over
unified command, 409–10;
reinforced with US troops and
troops from other fronts, 423–5;
Pétain's attitude, 440; extra
recruits arrive, 440; and Hundred
Days offensive, 450–53, 456,
460–61, 464, 467–71, 480–82, 488,
489; and Meuse–Argonne
offensive, 464; at Saint-Quentin
Canal, 467–71; casualties in last
months, 498
FIRST ARMY: at Neuve Chapelle, 92,
105; at Second Artois, 112,
120–21; at Third Artois, 133, 137,
139, 141, 142–3, 148–9, 150–51,
154, 161; relieves French near
Arras, 192; at Arras, 296, 297, 298,
299–300; and Hundred Days
offensive, 456, 460–61, 464, 467
SECOND ARMY: formed, 92; at
Messines, 326–8; at Third Ypres,

348–54, 359–60; and Hundred
Days offensive, 481
THIRD ARMY: and Third Artois, 133;
relieves French near Arras, 192; at
Arras, 296–301, 312–13; at
Cambrai, 369–72; deployed north
of Fifth Army in run-up to spring
offensive, 390; and spring
offensive, 395, 398–9, 407–8; and
Hundred Days offensive, 456,
464, 467
FOURTH ARMY: joins Western Front,
192; at the Somme, 214–19,
221–2, 225–8, 230, 240–46,
255–6; moves south to relieve
French, 296; Rawlinson takes
over, 402; at Amiens, 450–53;
and Hundred Days offensive,
456, 464, 480–82; and Meuse–
Argonne offensive, 464
FIFTH ARMY (FORMERLY RESERVE
ARMY): at the Somme, 225–6, 245,
246, 255, 256–7; at Third Ypres,
338–41, 346–7, 348; moves south
to round Saint-Quentin and
works on defensive positions,
389–90; and spring offensive,
395–6, 397, 398–9, 400–401;
broken, 402; French to
consolidate, 403
OTHER UNITS: I Corps, 66–7; II
Corps, 28–9, 33, 64, 69; 2/
Worcestershire Regiment, 71–2;
4th Division, 255; 6th Indian
Division, 191; 7th Division, 61;
8th Division, 429; VIII Corps,
225–6; IX Corps, 106, 427–9,
470; X Corps, 225–6; XIII
Corps, 217, 218; XV Corps, 228;
XX Corps, 106; 36th (Ulster)
Division, 216; 46th (North

Midland) Division, 80; 50th
Division, 429; 55th Division, 411;
Guards Division, 244, 371; Indian
Corps, 73; Manchester
Regiment, 217
Brockdorff-Rantzau, Count Ulrich
von, 501
Broodseinde, 338
Broodseinde, Battle of (1917), 353–4
Bruay coal mines, 412
Brunswick, 493
Brusilov offensive (1916), 208–9,
232, 238
Brussels, 20, 37, 487–8
Bucharest, 260
Bulgaria, 132, 156, 166, 462–3
Bullard, Major-General Robert
Lee, 430
Bülow, Field Marshal Karl Wilhelm Paul
von: overview, 504; background
and character, 18; Moltke writes to,
18–19; relationship with von Kluck,
19; Kluck made subordinate to, 21;
attacks towards Meuse, 28; redirects
Kluck towards Oise, 37–8; at First
Marne, 44, 47–8, 49; on German
mood after First Marne, 51–2;
ordered to keep French from
reinforcing left, 59; suffers heart
attack, 99
Buzancy, 486
Byng, General Hon. Sir Julian
Hedworth George: overview,
504; at Cambrai, 369, 370, 371–2;
deployment north of Fifth Army
in run-up to spring offensive, 390;
and spring offensive, 395, 399,
407–8; and Hundred Days
offensive, 456

Cadorna, General Luigi, 373

Caillaux, Joseph, 374
Calais, 250, 280–82
Cambrai, 250, 278, 293, 467, 480
Cambrai, Battle of (1917), 369–72
Canadian forces: at Second Ypres, 108,
109, 110; at Arras, 296, 297, 298,
299; at Third Ypres, 364–5;
organization, 382–3; at Amiens,
451, 452; and Hundred Days
offensive, 460–61, 467, 480
Canal du Nord, 467–70
Cantigny, action at (1918), 430–31
Caporetto, Battle of (1917), 361–2, 379
Capper, Major-General Thompson, 151
Carency, 82
Castelnau, Second Lieutenant Charles
de Curières de, 61
Castelnau, Hugues de, 151–2
Castelnau, General Noël Édouard
Marie Joseph Curières de:
overview, 504; background and
character, 46–7, 138–9; goes on
the offensive, 15; fight for
Nancy, 44, 46; given extra
responsibilities round the Aisne,
56; loss of son, xxi, 61; struggles
with responsibilities, 61–2;
resents Foch's interference, 64;
given command in the centre,
123; at Second Champagne, 129,
135–6, 138, 149, 150, 153; loss of
another son, xxi, 151–2;
appointed Joffre's Chief of Staff,
164; at Verdun, 177–8; Joffre's
suspicions of, 251; passed over to
replace Joffre, 266; appointed
commander of Eastern Army
Group, 267; attends Council of
War to discuss forthcoming
Nivelle offensive, 294
casualty totals, xix, 496, 497, 498

图书在版编目（CIP）数据

西线：第一次世界大战史 /（英）尼克·劳埃德
(Nick Lloyd) 著；祁长保译 . -- 北京：社会科学文献
出版社，2025.1. -- ISBN 978-7-5228-3882-3

Ⅰ . K143

中国国家版本馆 CIP 数据核字第 2024CJ2089 号

审图号：GS（2024）3661 号

西线：第一次世界大战史

著　　者 /〔英〕尼克·劳埃德（Nick Lloyd）
译　　者 / 祁长保

出 版 人 / 冀祥德
组稿编辑 / 段其刚
责任编辑 / 周方茹
文稿编辑 / 卢　玥
责任印制 / 王京美

出　　版 / 社会科学文献出版社·教育分社（010）59367151
　　　　　　地址：北京市北三环中路甲29号院华龙大厦　邮编：100029
　　　　　　网址：www.ssap.com.cn
发　　行 / 社会科学文献出版社（010）59367028
印　　装 / 北京盛通印刷股份有限公司

规　　格 / 开　本：889mm×1194mm 1/32
　　　　　　印　张：21.625　插　页：0.75　字　数：520千字
版　　次 / 2025年1月第1版　2025年1月第1次印刷
书　　号 / ISBN 978-7-5228-3882-3
著作权合同
　　　　　 / 图字01-2024-4923号
登 记 号
定　　价 / 139.00元

读者服务电话：4008918866